一本书读懂
2022年版《协调制度》

THE HARMONIZED COMMODITY
DESCRIPTION AND CODING SYSTEM

《一本书读懂2022年版〈协调制度〉》编委会 ◎ 编著

中国海关出版社有限公司
·北京·

图书在版编目（CIP）数据

一本书读懂 2022 年版《协调制度》/《一本书读懂 2022 年版〈协调制度〉》编委会编著. —北京：中国海关出版社有限公司，2021.10
ISBN 978-7-5175-0526-6

Ⅰ.①一… Ⅱ.①一… Ⅲ.①进出口商品—海关税则—基本知识—中国 Ⅳ.①F752.53

中国版本图书馆 CIP 数据核字（2021）第 195328 号

一本书读懂 2022 年版《协调制度》

YIBENSHU DUDONG 2022 NIAN BAN《XIETIAO ZHIDU》

作　　者：	《一本书读懂 2022 年版〈协调制度〉》编委会
责任编辑：	刘　婧　景小卫　吴　婷　刘白雪
助理编辑：	衣尚书　李　萌
出版发行：	中国海关出版社有限公司
社　　址：	北京市朝阳区东四环南路甲 1 号　　邮政编码：100023
网　　址：	www.hgcbs.com.cn
编 辑 部：	01065194242-7538（电话）
发 行 部：	01065194238/4246/4254/5127（电话）
社办书店：	01065195616（电话）
	https://weidian.com/?userid=319526934
印　　刷：	北京盛通印刷股份有限公司　　经　销：新华书店
开　　本：	787mm×1092mm　1/16
印　　张：	40　　字　数：996 千字
版　　次：	2021 年 10 月第 1 版
印　　次：	2021 年 10 月第 1 次印刷
书　　号：	ISBN 978-7-5175-0526-6
定　　价：	240.00 元

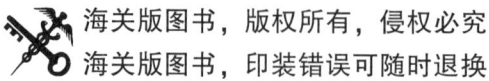

海关版图书，版权所有，侵权必究
海关版图书，印装错误可随时退换

前　言

《商品名称及编码协调制度》（Harmonized Commodity Description and Coding System，简称 HS）（以下简称《协调制度》）是由世界海关组织（WCO）以《商品名称及编码协调制度公约》为框架编制的国际贸易商品分类目录，是当今国际贸易及相关领域商品分类的通用语言，是我国积极参与经济贸易全球化进程和国际经贸合作交流的一项重要工具。《协调制度》还是一部包罗万象的大百科全书，有着完整、系统的国际贸易商品分类体系，且根据科学技术、贸易实践的发展变化及时进行更新修订。2022年版《协调制度》目录在2017年版的基础上进行了351组修订，涉及类注释、章注释、品目及子目条文等的修改，并将于2022年1月1日在全球范围内正式实施。以《协调制度》为基础编制的我国《进出口税则》及《协调制度》的类注释、章注释、归类总规则是我国进出口商品归类的法律依据。为了帮助进出口企业全方位了解修订的背景、具体内容及涉及的重点商品，更高效地进行进出口申报，我们组织编写了《一本书读懂2022年版〈协调制度〉》。

本书紧贴2022年版《协调制度》修订内容，按类、章的层级依次展开。对2022年版《协调制度》目录修订涉及的各章的总体情况简明扼要地进行概述；对相关类注释、章注释、品目/子目条文、列目结构及其注释的修订情况条分缕析地进行阐释；同时配以相关修订背景、商品知识、已公告的WCO的归类决定和子目调整等介绍，以加深读者对相关商品归类规则的理解。

除上述内容外，本书还收录了2022年版《协调制度》修订目录（法文、英文）（附录1）、WCO 2022—2017年版《协调制度》目录修订转换关系对照表（附录2）、WCO 2017—2022年版《协调制度》目录修订转换关系对照表（附录3）、海关总署根据WCO归类意见作出的商品归类决定（与2022年版《协调制度》转版相关）（附录4）。

本书的编写人员包括丁林伟、李媛、黄蕙珍、袁中元、陶琳、陈绮虹、杨博、王雅敏、沈诣、李亚杰、温朝柱、臧华、陈雄杰、刘川、韩洁、赵龙刚、穆雪梅、王伟、陈超、林虹、廖春华、殷菲、陈征科、张峰、杨宇、蔡荔菽、肖晖、陈静婉、宋慧玲、杜勇、郭正民、宋彦魁、郑琦、李旭辉、张楠等；统稿人员包括温朝柱、李鹏、甘露。

在本书的编写过程中，我们参考了有关书籍及互联网资讯，在此一并向相关单位及作者表示感谢。书中述及的商品归类仅供参考，有关商品归类以相关法律法规及规定为准。

由于时间仓促，编者水平有限，书中的不妥及疏漏之处在所难免，敬请广大读者批评指正。

编委会

2021 年 9 月

目　录

第一类	**活动物；动物产品**	1
第一章	活动物	1
第二章	肉及食用杂碎	1
第三章	鱼、甲壳动物、软体动物及其他水生无脊椎动物	3
第四章	乳品；蛋品；天然蜂蜜；其他食用动物产品	13
第五章	其他动物产品	20
第二类	**植物产品**	21
第六章	活树及其他活植物；鳞茎、根及类似品；插花及装饰用簇叶	21
第七章	食用蔬菜、根及块茎	21
第八章	食用水果及坚果；柑橘属水果或甜瓜的果皮	30
第九章	咖啡、茶、马黛茶及调味香料	32
第十章	谷　物	33
第十一章	制粉工业产品；麦芽；淀粉；菊粉；面筋	35
第十二章	含油子仁及果实；杂项子仁及果实；工业用或药用植物；稻草、秸秆及饲料	35
第十三章	虫胶；树胶、树脂及其他植物液、汁	37
第十四章	编结用植物材料；其他植物产品	37
第三类	**动、植物或微生物油、脂及其分解产品；精制的食用油脂；动、植物蜡**	38
第十五章	动、植物或微生物油、脂及其分解产品；精制的食用油脂；动、植物蜡	38
第四类	**食品；饮料、酒及醋；烟草、烟草及烟草代用品的制品；非经燃烧吸用的产品，不论是否含有尼古丁；其他供人体摄入尼古丁的含尼古丁的产品**	48
第十六章	肉、鱼、甲壳动物、软体动物及其他水生无脊椎动物、以及昆虫的制品	48
第十七章	糖及糖食	50
第十八章	可可及可可制品	50

第十九章　谷物、粮食粉、淀粉或乳的制品；糕饼点心 ········· 50
第二十章　蔬菜、水果、坚果或植物其他部分的制品 ············· 51
第二十一章　杂项食品 ··· 55
第二十二章　饮料、酒及醋 ··· 56
第二十三章　食品工业的残渣及废料；配制的动物饲料 ············· 57
第二十四章　烟草、烟草及烟草代用品的制品；非经燃烧吸用的产品，不论是否含有尼古丁；其他供人体摄入尼古丁的含尼古丁的产品 ········ 57

第五类　矿产品 ·· 63
第二十五章　盐；硫磺；泥土及石料；石膏料、石灰及水泥 ······· 63
第二十六章　矿砂、矿渣及矿灰 ··· 66
第二十七章　矿物燃料、矿物油及其蒸馏产品；沥青物质；矿物蜡 ······ 67

第六类　化学工业及其相关工业的产品 ·· 69
第二十八章　无机化学品；贵金属、稀土金属、放射性元素及其同位素的有机及无机化合物 ··· 70
第二十九章　有机化学品 ··· 74
第三十章　药品 ··· 123
第三十一章　肥料 ··· 132
第三十二章　鞣料浸膏及染料浸膏；鞣酸及其衍生物；染料、颜料及其他着色料；油漆及清漆；油灰及其他类似胶粘剂；墨水、油墨 ·········· 132
第三十三章　精油及香膏；芳香料制品及化妆盥洗品 ················· 136
第三十四章　肥皂、有机表面活性剂、洗涤剂、润滑剂、人造蜡、调制蜡、光洁剂、蜡烛及类似品、塑型用膏、"牙科用蜡"及牙科用熟石膏制剂 ······ 137
第三十五章　蛋白类物质；改性淀粉；胶；酶 ···························· 140
第三十六章　炸药；烟火制品；火柴；引火合金；易燃材料制品 ···· 141
第三十七章　照相及电影用品 ··· 142
第三十八章　杂项化学产品 ··· 145

第七类　塑料及其制品；橡胶及其制品 ·· 153
第三十九章　塑料及其制品 ··· 153
第四十章　橡胶及其制品 ··· 155

第八类　生皮、皮革、毛皮及其制品；鞍具及挽具；旅行用品、手提包及类似容器；动物肠线（蚕胶丝除外）制品 ············· 157
第四十一章　生皮（毛皮除外）及皮革 ······································· 157

第四十二章 皮革制品；鞍具及挽具；旅行用品、手提包及类似容器；动物肠线（蚕胶丝除外）制品 ………………………………………………………… 157

第四十三章 毛皮、人造毛皮及其制品 ……………………………………… 158

第九类 木及木制品；木炭；软木及软木制品；稻草、秸秆、针茅或其他编结材料制品；篮筐及柳条编结品 …………………… 159

第四十四章 木及木制品；木炭 ……………………………………………… 159

第四十五章 软木及软木制品 ………………………………………………… 183

第四十六章 稻草、秸秆、针茅或其他编结材料制品；篮筐及柳条编结品 …… 183

第十类 木浆及其他纤维状纤维素浆；回收（废碎）纸或纸板；纸、纸板及其制品 ………………………………………………………… 185

第四十七章 木浆及其他纤维状纤维素浆；回收（废碎）纸或纸板 ………… 185

第四十八章 纸及纸板；纸浆、纸或纸板制品 ……………………………… 185

第四十九章 书籍、报纸、印刷图画及其他印刷品；手稿、打字稿及设计图纸 ………………………………………………………………… 188

第十一类 纺织原料及纺织制品 …………………………………………… 190

第五十章 蚕丝 ………………………………………………………………… 192

第五十一章 羊毛、动物细毛或粗毛；马毛纱线及其机织物 ……………… 192

第五十二章 棉花 ……………………………………………………………… 192

第五十三章 其他植物纺织纤维；纸纱线及其机织物 ……………………… 192

第五十四章 化学纤维长丝；化学纤维纺织材料制扁条及类似品 ………… 192

第五十五章 化学纤维短纤 …………………………………………………… 192

第五十六章 絮胎、毡呢及无纺织物；特种纱线；线、绳、索、缆及其制品 … 195

第五十七章 地毯及纺织材料的其他铺地制品 ……………………………… 195

第五十八章 特种机织物；簇绒织物；花边；装饰毯；装饰带；刺绣品 …… 197

第五十九章 浸渍、涂布、包覆或层压的纺织物；工业用纺织制品 ……… 199

第六十章 针织物及钩编织物 ………………………………………………… 204

第六十一章 针织或钩编的服装及衣着附件 ………………………………… 204

第六十二章 非针织或非钩编的服装及衣着附件 …………………………… 207

第六十三章 其他纺织制成品；成套物品；旧衣着及旧纺织品；碎织物 …… 212

第十二类 鞋、帽、伞、杖、鞭及其零件；已加工的羽毛及其制品；人造花；人发制品 ……………………………………………… 215

第六十四章 鞋靴、护腿和类似品及其零件 ………………………………… 215

第六十五章 帽类及其零件 …………………………………………………… 215

第六十六章	雨伞、阳伞、手杖、鞭子、马鞭及其零件	215
第六十七章	已加工羽毛、羽绒及其制品；人造花；人发制品	215

第十三类 石料、石膏、水泥、石棉、云母及类似材料的制品；陶瓷产品；玻璃及其制品 ……… 216

第六十八章	石料、石膏、水泥、石棉、云母及类似材料的制品	216
第六十九章	陶瓷产品	221
第七十章	玻璃及其制品	223

第十四类 天然或养殖珍珠、宝石或半宝石、贵金属、包贵金属及其制品；仿首饰；硬币 ……… 235

第七十一章	天然或养殖珍珠、宝石或半宝石、贵金属、包贵金属及其制品；仿首饰；硬币	235

第十五类 贱金属及其制品 ……… 238

第七十二章	钢　铁	243
第七十三章	钢铁制品	243
第七十四章	铜及其制品	243
第七十五章	镍及其制品	244
第七十六章	铝及其制品	245
第七十七章	（保留为《协调制度》将来所用）	245
第七十八章	铅及其制品	245
第七十九章	锌及其制品	246
第八十章	锡及其制品	247
第八十一章	其他贱金属、金属陶瓷及其制品	247
第八十二章	贱金属工具、器具、利口器、餐匙、餐叉及其零件	252
第八十三章	贱金属杂项制品	252

第十六类 机器、机械器具、电气设备及其零件；录音机及放声机、电视图像、声音的录制和重放设备及其零件、附件 ……… 253

第八十四章	核反应堆、锅炉、机器、机械器具及其零件	257
第八十五章	电机、电气设备及其零件；录音机及放声机、电视图像、声音的录制和重放设备及其零件、附件	297

第十七类 车辆、航空器、船舶及有关运输设备 ……… 341

第八十六章	铁道及电车道机车、车辆及其零件；铁道及电车道轨道固定装置及其零件、附件；各种机械（包括电动机械）交通信号设备	341

  第八十七章 车辆及其零件、附件，但铁道及电车道车辆除外 …………… 341
  第八十八章 航空器、航天器及其零件 …………………………………… 348
  第八十九章 船舶及浮动结构体 ………………………………………… 358

第十八类 光学、照相、电影、计量、检验、医疗或外科用仪器及
     设备；钟表；乐器；上述物品的零件、附件 ……………………… 362
  第九十章 光学、照相、电影、计量、检验、医疗或外科用仪器及设备、精密仪器
     及设备；上述物品的零件、附件 …………………………………… 362
  第九十一章 钟表及其零件 ……………………………………………… 371
  第九十二章 乐器及其零件、附件 ……………………………………… 372

第十九类 武器、弹药及其零件、附件 …………………………………… 373
  第九十三章 武器、弹药及其零件、附件 ……………………………… 373

第二十类 杂项制品 …………………………………………………………… 374
  第九十四章 家具；寝具、褥垫、弹簧床垫、软座垫及类似的填充制品；未列名
     灯具及照明装置；发光标志、发光铭牌及类似品；活动房屋 …… 374
  第九十五章 玩具、游戏品、运动用品及其零件、附件 …………………… 385
  第九十六章 杂项制品 …………………………………………………… 390

第二十一类 艺术品、收藏品及古物 ………………………………………… 395
  第九十七章 艺术品、收藏品及古物 …………………………………… 395

附 录 ……………………………………………………………………… 402
  附录1 2022年版《协调制度》修订目录（法文、英文）……………………… 402
  附录2 WCO 2022—2017年版《协调制度》目录修订转换关系对照表 ……… 514
  附录3 WCO 2017—2022年版《协调制度》目录修订转换关系对照表 ……… 579
  附录4 海关总署根据WCO归类意见作出的商品归类决定
     （与2022年版《协调制度》转版相关）………………………………… 605

第一类　活动物；动物产品

本类共有 5 章，即第一章至第五章。2022 年版《协调制度》章注释新增 5 条；4 位数品目新增 1 条，修改 6 条；5、6 位数子目新增 5 条，删除 2 条，修改 15 条。

第一章　活动物

本章未作任何修改。

第二章　肉及食用杂碎

一、概述

本章章注释新增 1 条。

二、章注释及子目注释的修改情况

新增章注释二

为明确可食用的死昆虫的归类，新增章注释二"<u>二、可食用的死昆虫（品目 04.10）；</u>"[①]。

由于新增章注释二，原章注释二和三的序号顺延为章注释三和四。修改后的条文如下：

"<u>三、</u>动物的肠、膀胱、胃（品目 05.04）或动物血（品目 05.11、30.02）；或

"<u>四、</u>品目 02.09 所列产品以外的动物脂肪（第十五章）。"

本章无子目注释。

三、目录结构及品目条文的调整情况

本章目录结构及品目条文未作修改。

---

① 本次《协调制度》目录修订变化内容均用下划线标出。

第二章注释二的修订（为昆虫类食品新增章注释）

一、修订背景

联合国粮食和农业组织（以下简称联合国粮农组织）建议在2022年版《协调制度》品目02.08和02.10项下增列昆虫的子目，具体修订建议如下：

品目02.08下新增子目0208.70"昆虫的"

品目02.10下新增子目0210.94"昆虫的"

二、主要观点及讨论情况

讨论过程中，有成员方提出根据品目02.08和02.10的条文，这两个品目仅包括肉及食用杂碎，而不是整个动物，昆虫不能被视为第二章的肉或内脏，如果想要第二章的商品含整只昆虫，则第二章的条文需要修改。最后成员方达成一致意见，在品目04.10项下为昆虫增列子目0410.10"昆虫的"和0410.90"其他"，以涵盖各种形式的食用昆虫。

关于品目04.10的修订，为避免与相应的注释条文中所述的品目02.08和02.10项下的商品范围相混淆，世界海关组织秘书处（以下简称秘书处）倾向于设立新的第二章注释一（二），将品目04.10中的食用昆虫产品从第二章中排除。此外，为了明确不适用于人类食用的昆虫的归类，秘书处还建议在第四章中创建新的注释四（一），将这些产品归入第五章（品目05.11）。

秘书处认为新子目0410.10的范围应在该子目的新注释条文中阐述，其中包括昆虫产品所呈现的状态和形式。品目04.10及其注释条文对列入本品目的产品形式没有任何限制，这意味着食用昆虫产品可以是全部或部分粉末，可以是新鲜、冷藏、冷冻、干燥、盐腌或以其他方式制备或保存的。

在秘书处后续草拟2017—2022年版《协调制度》目录双向对照表，在品目04.10项下为食用昆虫新增子目引起商品转移时，秘书处不确定在2017年版《协调制度》中食用昆虫是归入品目02.08、品目02.10还是品目04.10。考虑到各国文化不同，对昆虫的归类不同，世界海关组织（WCO）建议保留两个转换版本，在2022年版转版中，不同国家可根据各国的情况自行选择。

由可食用昆虫制品的归类引发的第十六章条文和注释修改，具体情况如下：

各成员方同意参照第十六章的现有标题，在品目和子目对昆虫进行单独分类可能会引起对章节范围的混淆，因此同意修改第十六章的标题，以明确昆虫制品的归类，并拟定第十六、十八、十九、二十和二十一章的标题、条文及注释修订方案，为第十六章的昆虫制品与其他含有少量昆虫产品的归类提供明确指导。

三、结论

为明确昆虫及昆虫制品的归类，《协调制度》目录做如下修订：新增第二章注释二、第四章注释五（一）及六，修订品目04.10条文及新增子目0410.10和

0410.90 条文，修订第十六章标题、章注释一及二、子目注释一、品目 16.01 及 16.02，修订第十八章注释一、第十九章注释一、第二十章注释一及第二十一章注释一。

第三章　鱼、甲壳动物、软体动物及其他水生无脊椎动物

一、概述

本章章注释新增 1 条；4 位数品目新增 1 条，品目条文修改 4 条；5、6 位数子目新增 2 条，删除 1 条，修改 15 条。

二、章注释及子目注释的修改情况

新增章注释三

由于为鱼、甲壳动物、软体动物和其他水生物脊椎动物的细粉、粗粉及团粒新增品目 03.09，为明确此类商品的归类，新增章注释三"三、品目 03.05 至 03.08 不包括适合供人食用的细粉、粗粉及团粒（品目 03.09）"。

本章无子目注释。

三、目录结构及品目条文的调整情况

由于修改鲣的拉丁文学名，对子目 0302.3、0302.33、0303.4、0303.43、0304.87 条文进行了修改；由于修改"狭鳕鱼（阿拉斯加狭鳕鱼）"的英文名称，对子目 0302.55、0303.67、0304.75、0304.94、0304.95 的条文进行了修改，以上两部分只是条文修改，商品范围无变化。此外为明确鱼、甲壳动物、软体动物和其他水生无脊椎动物的细粉、粗粉及团粒，新增品目 03.09，相应对品目 03.05、03.06、03.07、03.08 的条文进行了修改，删除适合供人食用的细粉、粗粉及团粒相关子目，删除的商品全部转移至新增的品目 03.09 项下。由于扇贝所涵盖产品的英、法文本不一致，对品目 03.07 的条文进行了调整。具体调整如下：

（一）品目 03.02 的调整

1. 子目 0302.3 的调整

将子目 0302.3 的条文由"金枪鱼（金枪鱼属）、鲣鱼或狐鲣（鲣），但子目 0302.91 至 0302.99 的可食用鱼杂碎除外"修改为"金枪鱼（金枪鱼属）、鲣，但子目 0302.91 至 0302.99 的可食用鱼杂碎除外"。将 6 位数子目 0302.33 的条文由"鲣鱼或狐鲣"修改为"鲣"，商品范围无变化。

2. 子目 0302.55 的调整

将子目 0302.55 的条文由"狭鳕鱼"修改为"阿拉斯加狭鳕鱼"，商品范围无变化。

（二）品目 03.03 的调整

1. 子目 0303.4 的调整

将子目 0303.4 的条文由"金枪鱼（金枪鱼属）、<u>鲣鱼或狐鲣（鲣）</u>，但子目 0303.91 至 0303.99 的可食用鱼杂碎除外"修改为"金枪鱼（金枪鱼属）、<u>鲣</u>，但子目 0303.91 至 0303.99 的可食用鱼杂碎除外"。将 6 位数子目 0303.43 的条文由"<u>鲣鱼或狐鲣</u>"修改为"<u>鲣</u>"，商品范围无变化。

2. 子目 0303.67 的调整

将子目 0303.67 的条文由"<u>狭鳕鱼</u>"修改为"<u>阿拉斯加狭鳕鱼</u>"，商品范围无变化。

（三）品目 03.04 的调整

1. 子目 0304.75 的调整

将子目 0304.75 的条文由"<u>狭鳕鱼</u>"修改为"<u>阿拉斯加狭鳕鱼</u>"，商品范围无变化。

2. 子目 0304.87 的调整

将子目 0304.87 的条文由"金枪鱼（金枪鱼属）、<u>鲣鱼或狐鲣（鲣）</u>"修改为"金枪鱼（金枪鱼属）、<u>鲣</u>"，商品范围无变化。

3. 子目 0304.94 的调整

将子目 0304.94 的条文由"<u>狭鳕鱼</u>"修改为"<u>阿拉斯加狭鳕鱼</u>"，商品范围无变化。

4. 子目 0304.95 的调整

将子目 0304.95 的条文由"犀鳕科、多丝真鳕科、鳕科、长尾鳕科、黑鳕科、无须鳕科、深海鳕科及南极鳕科鱼，<u>狭鳕鱼</u>除外"修改为"犀鳕科、多丝真鳕科、鳕科、长尾鳕科、黑鳕科、无须鳕科、深海鳕科及南极鳕科鱼，<u>阿拉斯加狭鳕鱼</u>除外"，商品范围无变化。

（四）品目 03.05 的调整

1. 修改品目 03.05 的条文

将品目 03.05 的条文由"干、盐腌或盐渍的鱼；熏鱼，不论在熏制前或熏制过程中是否烹煮；<u>适合供人食用的鱼的细粉、粗粉及团粒</u>"修改为"干、盐腌或盐渍的鱼；熏鱼，不论在熏制前或熏制过程中是否烹煮"。

条文修改后，商品范围缩小，即品目 03.05 项下的"适合供人食用的鱼的细粉、粗粉及团粒"移到了新增品目 03.09 项下。

2. 删除子目 0305.10

删除子目"0305.10-适合供人食用的鱼的细粉、粗粉及团粒"，删除子目的商品转移到新增的品目 03.09 项下。

（五）品目 03.06 的调整

1. 修改品目 03.06 的条文

将品目 03.06 的条文由"带壳或去壳的甲壳动物，活、鲜、冷、冻、干、盐腌或盐渍的；熏制的带壳或去壳甲壳动物，不论在熏制前或熏制过程中是否烹煮；蒸过或用水煮过的带壳甲壳动物，不论是否冷、冻、干、盐腌或盐渍的；适合供人食用的甲壳动物的细粉、粗粉及团粒"修改为"带壳或去壳的甲壳动物，活、鲜、冷、冻、干、盐腌或盐渍的；熏制的带壳或去壳甲壳动物，不论在熏制前或熏制过程中是否烹煮；蒸过或用水煮过的带壳甲壳动物，不论是否冷、冻、干、盐腌或盐渍的"。

条文修改后，商品范围缩小，即品目03.06项下的"适合供人食用的甲壳动物的细粉、粗粉及团粒"移到了新增的品目03.09项下。

2. 修改子目0306.19的条文

将子目0306.19的条文由"其他，包括适合供人食用的甲壳动物的细粉、粗粉及团粒"修改为"其他"。

条文修改后，商品范围缩小了。

3. 修改子目0306.39的条文

将子目0306.39的条文由"其他，包括适合供人食用的甲壳动物的细粉、粗粉及团粒"修改为"其他"。

条文修改后，商品范围缩小了。

4. 修改子目0306.99的条文

将子目0306.99的条文由"其他，包括适合供人食用的甲壳动物的细粉、粗粉及团粒"修改为"其他"。

条文修改后，商品范围缩小。

品目03.06调整后的列目结构如表3-1所示。

表3-1 品目03.06调整后的列目结构

HS编码	商品名称	备注
03.06	带壳或去壳的甲壳动物，活、鲜、冷、冻、干、盐腌或盐渍的；熏制的带壳或去壳甲壳动物，不论在熏制前或熏制过程中是否烹煮；蒸过或用水煮过的带壳甲壳动物，不论是否冷、冻、干、盐腌或盐渍的：	商品范围缩小
	-冻的：	
0306.11	--岩礁虾和其他龙虾（真龙虾属、龙虾属、岩龙虾属）	
0306.12	--螯龙虾（螯龙虾属）	
0306.14	--蟹	
0306.15	--挪威海螯虾	
0306.16	--冷水小虾及对虾（长额虾属、褐虾）	
0306.17	--其他小虾及对虾	
0306.19	--其他	条文修改，商品范围缩小
	-活、鲜或冷的：	
0306.31	--岩礁虾及其他龙虾（真龙虾属、龙虾属、岩龙虾属）	

表3-1 续

HS 编码	商品名称	备注
0306.32	--鳌龙虾（鳌龙虾属）	
0306.33	--蟹	
0306.34	--挪威海鳌虾	
0306.35	--冷水小虾及对虾（长额虾属、褐虾）	
0306.36	--其他小虾及对虾	
0306.39	--其他	条文修改，商品范围缩小
	-其他：	
0306.91	--岩礁虾及其他龙虾（真龙虾属、龙虾属、岩龙虾属）	
0306.92	--鳌龙虾（鳌龙虾属）	
0306.93	--蟹	
0306.94	--挪威海鳌虾	
0306.95	--小虾及对虾	
0306.99	--其他	条文修改，商品范围缩小

（六）品目 03.07 的调整

1. 修改品目 03.07 的条文

将品目 03.07 的条文由"带壳或去壳的软体动物，活、鲜、冷、冻、干、盐腌或盐渍的；熏制的带壳或去壳软体动物，不论在熏制前或熏制过程中是否烹煮；适合供人食用的软体动物的细粉、粗粉及团粒"修改为"带壳或去壳的软体动物，活、鲜、冷、冻、干、盐腌或盐渍的；熏制的带壳或去壳软体动物，不论在熏制前或熏制过程中是否烹煮"。

条文修改后，商品范围缩小，即品目 03.07 项下的"适合供人食用的软体动物的细粉、粗粉及团粒"移到了新增的品目 03.09 项下。

2. 修改子目 0307.2 的条文

由于子目 0307.2 所涵盖的扇贝范围在英、法文本中不一致而对该子目条文进行相应的修订，将子目 0307.2 的条文由"扇贝，包括海扇"修改为"扇贝及其他扇贝科的软体动物"。

条文修改后，商品范围扩大，原子目 0307.91、0307.92 和 0307.99 的部分商品转移该子目。

3. 子目 0307.9 的调整

将子目 0307.9 的条文由"其他，包括适合供人食用的细粉、粗粉及团粒"修改为"其他"。

条文修改后，商品范围缩小，即子目 0307.9 项下的"适合供人食用的软体动物的细粉、粗粉及团粒"转移到新增的品目 03.09 项下。

品目03.07调整后的列目结构如表3-2所示。

表3-2　品目03.07调整后的列目结构

HS编码	商品名称	备注
03.07	带壳或去壳的软体动物，活、鲜、冷、冻、干、盐腌或盐渍的；熏制的带壳或去壳软体动物，不论在熏制前或熏制过程中是否烹煮：	商品范围缩小
	-牡蛎（蚝）：	
0307.11	--活、鲜或冷的	
0307.12	--冻的	
0307.19	--其他	
	-扇贝及其他扇贝科的软体动物：	条文修改，商品范围扩大
0307.21	--活、鲜或冷的	
0307.22	--冻的	
0307.29	--其他	
	……	
	-其他：	条文修改，商品范围缩小
0307.91	--活、鲜或冷的	
0307.92	--冻的	
0307.99	--其他	

（七）品目03.08的调整

修改品目03.08的条文

删除品目03.08原条文中的"适合供人食用的不属于甲壳动物及软体动物的水生无脊椎动物的细粉、粗粉及团粒"。修改后的条文为"不属于甲壳动物及软体动物的水生无脊椎动物，活、鲜、冷、冻、干、盐腌或盐渍的；熏制的不属于甲壳动物及软体动物的水生无脊椎动物，不论在熏制前或熏制过程中是否烹煮"。

条文修改后，商品范围缩小，即品目03.08项下的"适合供人食用的不属于甲壳动物及软体动物的水生无脊椎动物的细粉、粗粉及团粒"转移到了新增的品目03.09项下。

（八）新增品目03.09

新增品目"<u>03.09　适合供人食用的鱼、甲壳动物、软体动物和其他水生无脊椎动物的细粉、粗粉及团粒</u>"并在此基础上再拆分为子目"<u>0309.10-鱼的</u>"和"<u>0309.90-其他</u>"。新增品目03.09的列目结构如表3-3所示。

表 3-3　新增品目 03.09 的列目结构

HS 编码	商品名称	备注
03.09	适合供人食用的鱼、甲壳动物、软体动物和其他水生无脊椎动物的细粉、粗粉及团粒：	新增
0309.10	-鱼的	新增
0309.90	-其他	新增

新增子目 0309.10 的商品为原子目 0305.10 项下的全部商品，子目 0309.90 的商品为原子目 0306.19、0306.39、0306.99、0307.91、0307.92、0307.99 及 0308.90 项下的供人食用的细粉、粗粉及团粒。

四、相关商品知识介绍

（一）阿拉斯加狭鳕鱼

阿拉斯加狭鳕鱼，脊索动物门、鳕形目、鳕亚科、鳕科、狭鳕属。鱼体后部侧扁，头侧面呈尖三角形。眼间隔宽，口大，下颌长于上颌，颏须不发达，尾柄细，头体有小圆鳞，有 3 个背鳍、2 个臀鳍，尾鳍呈浅叉状，腹鳍喉位，背侧为绿褐色，两侧银白，腹侧为白色，背鳍为绿褐色，腹鳍、臀鳍为灰色，下腮盖骨特别肥厚。体长可达 90 厘米。如图 3-1 所示。

图 3-1　阿拉斯加狭鳕鱼

（二）鲣

鲣，脊索动物门、硬骨鱼纲、鲈形目、金枪鱼科、鲣属。鱼体呈纺锤形、粗壮。尾柄短细，两侧各有 1 条中央隆起嵴和 2 条上下隆起嵴。仅体侧胸甲和侧线被圆鳞，体表光滑。第二背鳍和臀鳍后方各具 8 个小鳍，腹鳍胸位，尾鳍非常发达，尾鳍呈新月形。体侧有 4~7 条纵条纹，体背为蓝褐色，腹部银白，各鳍为浅灰色。体长可达 100 厘米以上。如图 3-2 所示。

图 3-2　鲣

第三章注释三的修订（为鱼、甲壳动物、软体动物和其他水生无脊椎动物的细粉、粗粉及团粒产品新增章注释）

详细修订背景及会议讨论过程见"品目 03.05、03.06、03.07、03.08 条文的修订（删除适合供人食用的细粉、粗粉及团粒相关子目）"。

品目 03.02、03.03、03.04、03.05 条文的修订之鲣鱼
（基于鲣鱼、狭鳕鱼学名修改的修订）

一、修订背景

秘书处收到成员方提案，要求对子目 0302.3、0302.33、0303.4、0303.43、0304.87 和 1604.14 中"鲣"的拉丁学名和英文名称进行修订。

成员方提出子目 0302.3、0303.4、0304.87 下所述的"鲣"，其拉丁学名已经不是"*Euthynnus（Katsuwonus）pelamis*"而是"*Katsuwonus pelamis*"，因此提议审查相关《协调制度》文本。而且在联合国粮农组织的网站上，"鲣"（拉丁名称为"*Katsuwonus pelamis*"）的对应英文为"Skipjack Tuna"，因此子目 0302.33、0303.43 和 1604.14 的条文应作相应修订。

2014 年版的联合国粮农组织水产科学与渔业情报系统（ASFIS）清单中证实了这一变化。拉丁综合信息系统网站（www.itis.gov）、海洋环境保护组织网站（www.oceana.org）和世界鱼类数据库网站（www.fishbase.org）也提供了相同的信息。

成员方建议将子目 0302.3、0302.33、0303.4、0303.43、0304.87 和 1604.14 条文中"鲣"的拉丁名称由"*Euthynnus（Katsuwonus）pelamis*"修订为"*Katsuwonus pelamis*"，英文文本中的"Skipjack or Stripe-bellied bonito"及"Skipjack"修订为"Skipjack Tuna"。

二、主要观点及讨论情况

秘书处同意成员方提议中关于拉丁学名的修订，将"*Euthynnus（Katsuwonus）pelamis*"修订为"*Katsuwonus pelamis*"。但在英文版本的修订上，秘书处认为"*Stripe-bellied Bonito*"作为"*Skipjack Tuna*"的同义词，在许多场合仍然在使用，因此建议 WCO 考虑是否要将其从子目文本中删去。

三、结论

没有任何争议，各方一致同意将子目 0302.3、0302.33、0303.4、0303.43、0304.87、1604.14 条文中"鲣"的拉丁名称由"*Euthynnus（Katsuwonus）pelamis*"修改为"*Katsuwonus pelamis*"，并同意秘书处的意见，保留了作为同义词的两个英文名称"*Stripe-bellied Bonito*"和"*Skipjack Tuna*"。

最终与"鲣"相关的条文由"stripe-bellied bonito orskipjack tuna（*Euthynnus（Katsuwonus）pelamis*）"修改为"skipjack tuna（stripe-bellied bonito）（*Katsuwonus pelamis*）"。

此次，WCO 仅对"鲣"的通用名、拉丁学名和英文条文进行了规范和修订，以使商品范围更加明确。修订前的英文条文"stripe-bellied bonito or skipjack tuna"容易被理解为不同的物种，中文就翻译成了"鲣鱼或狐鲣"，而新修订的英文条文"skipjack tuna（stripe-bellied bonito）"明确表明两个英文名称是同义词。通过拉丁学名，确定"skipjack tuna（stripe-bellied bonito）（*Katsuwonus pelamis*）"仅指鲣属的唯一的一种鱼"鲣"，《协调制度》目录中子目 0302.3、0302.33、0303.4、0303.43、0304.87、1604.14 条文的条文作相应调整。

最终修订结果详见品目 03.02、03.03、03.04、16.04。

品目 03.02、03.03、03.04、03.05 条文的修订之狭鳕鱼（基于鲣鱼、狭鳕鱼学名修改的修订）

一、修订背景

有成员方提出经过广泛的基因学调查研究，已经确定了鳕鱼种属间的进化关系。狭鳕鱼（Alaska Pollock）应该与三个主要的鳕鱼种（大西洋鳕鱼、格陵兰鳕鱼、太平洋鳕鱼）归于同一属下。品目 03.02、03.03、03.04 及 03.05 中狭鳕鱼的学名应由"*Theragra chalcogramma*"改为"*Gadus chalcogrammus*"。并提出以下修改建议：

（1）将现行《协调制度》目录中"狭鳕鱼"的拉丁学名由"*Theragra chalcogramma*"改为"*Gadus chalcogrammus*"，英文名称由"Alaska Pollack"改为"Alaska Pollock"。

（2）因狭鳕鱼已被确定属于鳕鱼，而现行的涉及鳕鱼的相关子目中，只包含大西洋鳕鱼、格陵兰鳕鱼、太平洋鳕鱼三个物种，故建议修改相应子目条文，将狭鳕鱼排除在外。例如，"0302.51--鳕鱼（大西洋鳕鱼、格陵兰鳕鱼、太平洋鳕鱼），狭鳕鱼除外"。

二、主要观点及讨论情况

秘书处指出，在 2012 年版《协调制度》中，已经应联合国粮农组织的要求对狭鳕鱼单独列目，目的是更好地对该物种的生产贸易进行统计和监控。除子目 0305.51 和 0305.62 外，成员方提出的上述修订方案并不改变现行第三章的鳕鱼所涉的子目范围，狭鳕鱼也仍然归入其具体列名的子目中。

针对上述提案，联合国粮农组织答复如下：自 2014 年 8 月以来，水产科学与渔业情报系统（ASFIS）目录并没有大的变化，在这个目录中，阿拉斯加鳕鱼的学名仍然为"*Theragra chalcogramma*"。ASFIS 修改程序是务实和保守的，ASFIS 清单的主要目的是实现国家行政部门、地区和国际组织之间的数据交换。因此，标准的审查中要确保科学名称和科学文献中被分类学家建议的新物种的变化都包含在清单中，只有当修正意见已被在大多数渔业事务处理以及渔业统计之中接受后才可通过，即使在没有反对意见的情况下，一般也需要数年才能审定新学名。

"Gadus chalcogrammus"这个学名仍很少出现在出版物和科学文献中。在过去的三年中，"Gadus chalcogrammus"只被使用了三次，但"Theragra chalcogramma"有101次。联合国粮农组织将继续监测，当"Gadus chalcogrammus"较"Theragra chalcogramma"的接受度高时，才会在ASFIS清单中予以变更。在现阶段，联合国粮农组织不能确定ASFIS的修订生效日期，也就不能就2022年版《协调制度》中关于ASFIS清单的事项提出修订意见。

三、结论

经讨论，各成员方同意修改阿拉斯加狭鳕的英文名称而不修改拉丁学名，英文名称由"Alaska Pollack"修改为"Alaska Pollock"。

此次2022年版《协调制度》转版，为使翻译名称更准确，商品范围更清晰，经征求主管部门意见，将"狭鳕鱼"翻译为"阿拉斯加狭鳕鱼"。

最终修订结果详见品目03.02、03.03、03.04、03.05。

品目03.05、03.06、03.07、03.08条文的修订
（删除适合供人食用的细粉、粗粉及团粒相关子目）

一、修订背景

有成员方向WCO提出冻干墨鱼粉的归类议题。冻干墨鱼粉由新鲜墨鱼制得，常用于制作食物。提出议题的成员方提出，墨鱼的学名是"*Sepia officinalis*"，应归入子目0307.4"墨鱼及鱿鱼"项下，而子目0307.9的条文是"其他，包括适合供人食用的细粉、粗粉及团粒"，故冻干墨鱼粉应归入子目0307.4还是子目0307.9存在争议。需明确子目0307.90涵盖所有种类软体动物的细粉、粗粉及团粒还是仅仅只包括子目0307.1至0307.8中没有具体列名的软体动物的细粉、粗粉及团粒。

有成员方认为，第三章的所有子目都是按照物种来划分的，最后一个子目是"其他"，未列名物种归入此子目项下。因此，第三章的子目级别的归类是由物种来决定的。"墨鱼"在子目0307.4中已经列名了，根据归类总规则一及六，冻干墨鱼粉应归入子目0307.49，同时建议删除品目03.06和03.07条文中"包括细粉、粗粉及团粒"的表述。

还有成员方提出，不能仅根据归类总规则一解决该产品的归类问题，该产品有可能归入两个子目，即子目0307.4和0307.9，因此应该先使用归类总规则三（一）。但是，子目0307.4和0307.9对该产品列名同样具体，故该产品应根据归类总规则三（三）归入子目0307.99。

经讨论，WCO首先对子目的归类进行了投票，表决将该产品归入子目0307.99。然后WCO又对子目级别归类的法律依据进行了投票，最终投票结果为该产品根据归类总规则一及六，按照"适合供人食用的细粉、粗粉及团粒"归入品目03.07（子目0307.99）。大部分代表认为品目03.06和03.07的子目级别都应该修订，从而明确"细粉、粗粉及团粒"的归类。

最后，WCO 提请协调制度委员会审议分委会审议：对注释条文可能的修订，作为 2022 年版《协调制度》修订之前的一个暂时的解决方案；对法律文本的可能的修订，以在子目级别上明确品目 03.05~03.08 中对"适合供人食用的细粉、粗粉及团粒"的归类。

秘书处提出的修改建议：为第三章增加章注释三；修改品目 03.05 至 03.08 的条文；新增品目 03.09。

二、主要观点及讨论情况

协调制度委员会审议分委会审议了可能的修订方案并达成共识，建议给第三章增加一条子目注释，并以勘误表形式对 2012 年版和 2017 年版注释条文进行修订。

对于秘书处提出的《协调制度》目录的修订建议，协调制度委员会审议分委会讨论了其中的两个建议，即方案一，修改当前的子目条文；方案二，为细粉、粗粉及团粒新增子目。

关于新品目 03.09 项下是否设立子目 0309.10（鱼的）和 0309.90（其他），各代表有不同的意见。部分代表认为应该分设上述两个子目，虽然 2009—2011 年新子目 0309.10 贸易量未达标准（5000 万美元），但考虑到贸易量可能逐年增长，协调制度委员会审议分委会可以依据最近几年的贸易量再作考虑。另一部分代表认为不需要在 03.09 项下拆分子目，基于以下三点原因：使新品目 03.09 结构简化；要区分是鱼还是其他动物的细粉、粗粉及团粒比较困难；贸易额未达标准。联合国贸易数据库数据秘书处指出，新子目 0309.10（目前子目 0305.10）过往三年平均贸易量达到了标准。会议一致同意该修订。

三、结论

为明确团粒类产品的归类，《协调制度》目录做如下修订：新增第三章注释三，修订品目 03.05 至 03.08，新增品目 03.09。

品目 03.07 条文的修订（为扇贝修订子目条文）

一、修订背景

有成员方向 WCO 提出议题，子目 0307.2 的英文版本条文很清楚：包括扇贝属（*Pecten*）、栉孔扇贝属（*Chlamys*）、巨扇贝属（*Placopecten*）三个属的扇贝，因此其他扇贝科的软体动物（如海湾扇贝属）应归入兜底子目 0307.9。而子目 0307.2 的法语版本条文超出英文版本，其列出的范围是扇贝科的软体动物，不仅限于英文条文中提及的三个属的扇贝。因此无法判断是否法文子目条文列出特定的三类是仅指还是包括所有的。故建议修改子目 0307.2 项下的子目条文，使英、法文版本一致，以明确软体动物扇贝科商品的归类。提出议题成员方认为扇贝科的所有软体动物包括在一个子目（0307.2）项下比将其分为两处（子目 0307.2 和 0307.9）更符合逻辑。

二、主要观点及讨论情况

秘书处的档案显示，目前子目0307.2可追溯到1988年版《协调制度》目录第一版。但不清楚当时为什么协调制度委员会及起草目录的委员会仅将三类列入该子目。关于两种语言版本的不同条文，秘书处追溯到了协调制度委员会第五次会议的文件，其建议在条文中列出具体的商品名称，在英文中是"Scallops（Pectinidae）…"。

虽然英文"扇贝"使得该子目的条文更具体，但是在法文中没有对应的词，法文中对应英文"扇贝"的词都有单独的名称，而没有统称，只能将所有的都列出，所以英文及法文的条文不一致。

秘书处同意提出议题成员方的意见，认为相关条文由于使用的语言版本不同，使得对子目0307.2的商品范围理解不一致，因此认为应该将两种语言版本统一。秘书处的意见是如果严格按照英文版本理解，会将扇贝科的不同属的软体动物分别归入子目0307.2及0307.9。但根据联合国粮农组织网站的信息，扇贝科的软体动物具有类似的生物学特征。

在前两次审议循环的修订中，联合国粮农组织提出修订的一个主要原因就是第三章需要将具有类似生物学特征的种类归入相同的品目或子目。因此秘书处倾向于支持提出议题成员方的建议，将所有扇贝科软体动物归入单一的子目（子目0307.2）。

三、结论

大会经讨论，同意对子目0307.2的英文进行修改，使英、法文本一致；明确子目0307.2包括所有扇贝科的扇贝，将子目0307.2的条文由"扇贝，包括海扇"修改为"扇贝及其他扇贝科的软体动物"。最终修订结果详见品目03.07。

品目03.09条文的修订（为鱼、甲壳动物、软体动物和其他水生无脊椎动物的细粉、粗粉及团粒产品新增品目）

详细修订背景及会议讨论过程见"品目03.05、03.06、03.07、03.08条文的修订（删除适合供人食用的细粉、粗粉及团粒相关子目）"。

第四章 乳品；蛋品；天然蜂蜜；其他食用动物产品

一、概述

本章章注释新增3条，4位数品目条文修改2条，5、6位数子目新增3条，删除1条。

二、章注释及子目注释的修改情况

（一）新增章注释二

为明确"酸乳"的归类，新增章注释二"二、品目 04.03 所称'酸乳'可以浓缩或调味，可以含糖或其他甜味物质、水果、坚果、可可、巧克力、调味香料、咖啡或咖啡提取物、其他植物或植物的部分、谷物或面包制品，但添加的任何物质不能用于全部或部分取代任何乳成分，而且产品需保留酸乳的基本特征。"

（二）调整章注释序号并新增章注释五（一）

原章注释二至注释四的序号调整为章注释三至五。

同时，为明确不适合供人食用的死昆虫的归类，在原章注释四（调整后的序号为章注释五）的基础上，新增章注释五（一），即"不适合供人食用的死昆虫（品目 05.11）"，相应地，原章注释四（一）至四（三）的序号调整为章注释五（二）至章注释五（四）。

调整后，章注释三至章注释五的条文如下：

"三、品目 04.05 所称：

"（一）'黄油'，仅指从乳中提取的天然黄油、乳清黄油及调制黄油（新鲜、加盐或酸败的，包括罐装黄油），按重量计乳脂含量在 80% 及以上，但不超过 95%，乳的无脂固形物最大含量不超过 2%，以及水的最大含量不超过 16%。黄油中不含添加的乳化剂，但可含有氯化钠、食用色素、中和盐及无害乳酸菌的培养物。

"（二）'乳酱'是一种油包水型可涂抹的乳状物，乳脂是该制品所含的唯一脂肪，按重量计其含量在 39% 及以上，但小于 80%。

"四、乳清经浓缩并加入乳或乳脂制成的产品，若同时具有下列三种特性，则视为乳酪归入品目 04.06：

"（一）按干重计乳脂含量在 5% 及以上的；

"（二）按重量计干质成分至少为 70%，但不超过 85% 的；以及

"（三）已成型或可以成型的。

"五、本章不包括：

"（一）不适合供人食用的死昆虫（品目 05.11）；

"（二）按重量计乳糖含量（以干燥无水乳糖计）超过 95% 的乳清制品（品目 17.02）；

"（三）以一种物质（例如，油酸酯）代替乳中一种或多种天然成分（例如，丁酸酯）而制得的产品（品目 19.01 或 21.06）；或

"（四）白蛋白（包括按重量计干质成分的乳清蛋白含量超过 80% 的两种或两种以上的乳清蛋白浓缩物）（品目 35.02）及球蛋白（品目 35.04）。"

（三）新增章注释六

根据联合国粮农组织的建议，为明确昆虫的范围，新增章注释六"六、品目 04.10 所称'昆虫'是指全部或部分食用的死昆虫，新鲜的、冷藏的、冷冻的、干燥的、烟熏的、盐腌或盐渍的；以及适合供人食用的昆虫的细粉和粗粉。但本品目不包括用其

他方法制作或保藏的食用的死昆虫（第四类）。"

本章子目注释未作修改。

三、目录结构及品目条文的调整情况

根据欧盟提交的议案以及联合国粮农组织的建议，对品目 04.03 和 04.10 及相应子目作出如下修改：

（一）品目 04.03 的调整

1. 修改品目 04.03 的条文

将品目 04.03 的条文由"酪乳、结块的乳及稀奶油、酸乳、酸乳酒及其他发酵或酸化的乳和稀奶油，不论是否浓缩、加糖、加其他甜物质、加香料、加水果、加坚果或加可可"修改为"酸乳；酪乳、结块的乳及稀奶油、酸乳酒及其他发酵或酸化的乳和稀奶油，不论是否浓缩、加糖、加其他甜物质、加香料、加水果、加坚果或加可可"。

条文修改后，原品目 19.01 的部分商品转移至该品目，商品范围扩大。

2. 删除子目 0403.10

删除"0403.10-酸乳"，删除的商品转移至新增的子目 0403.20 项下。

3. 新增子目 0403.20

新增子目"0403.20-酸乳"。虽然新增子目 0403.20 的条文与已删除的 0403.10 的条文相同，但商品范围发生了变化。与原子目 0403.10 的酸乳相比，新增子目 0403.20 项下的酸乳产品允许添加的成分增多，将原归入品目 19.01 的部分商品转移至新增的子目 0403.20 项下，即新增子目的商品既包括已删除的子目 0403.10 的全部商品，也包括原子目 1901.90 的部分商品，商品范围扩大。

品目 04.03 调整后的列目结构如表 4-1 所示。

表 4-1　品目 04.03 调整后的列目结构

HS 编码	商品名称	备注
04.03	酸乳；酪乳、结块的乳及稀奶油、酸乳酒及其他发酵或酸化的乳和稀奶油，不论是否浓缩、加糖、加其他甜物质、加香料、加水果、加坚果或加可可：	条文修改，商品范围扩大
0403.20	-酸乳	新增
0403.90	-其他	

（二）品目 04.10 的调整

1. 修改品目 04.10 的条文

由于为昆虫增列子目，将品目 04.10 的条文由"其他品目未列名的食用动物产品"修改为"其他品目未列名的昆虫及其他食用动物产品"。商品范围无变化。

2. 新增子目 0410.10 和 0410.90

由于为昆虫增列子目，将品目 04.10 拆分为子目"0410.10-昆虫"和"0410.90-

其他"。

品目04.10调整后的列目结构如表4-2所示。

表4-2 品目04.10调整后的列目结构

HS 编码	商品名称	备注
04.10	其他品目未列名的昆虫及其他食用动物产品：	条文修改，商品范围不变
0410.10	-昆虫	新增
0410.90	-其他	新增

四、相关商品知识介绍

(一) 发酵乳

1. 我国发酵乳的分类

我国发布的《食品安全国家标准 发酵乳》（GB 19302—2010）将发酵乳分为酸乳和风味发酵乳。发酵乳中的酸乳（yoghurt）的定义为：以牛（羊）乳或乳粉为原料，经杀菌、接种嗜热链球菌和保加利亚乳杆菌（德式乳杆菌保加利亚亚种）发酵制成的产品。风味发酵乳的定义为：以80%以上生牛（羊）乳或乳粉为原料，添加其他原料，经杀菌、发酵后pH值降低，发酵前或后添加或不添加食品添加剂、营养强化剂、果蔬、谷物等制成的产品。

2. 国际上发酵乳的分类

国际食品法典委员会的标准 CODEX STAN 243-2003（Revision 2008）将发酵乳分为四类。

（1）发酵乳

基于所用发酵菌种的不同，发酵乳又分为：酸奶（yoghurt）、非经典酸奶（alternate culture yoghout）、嗜酸菌酸奶（acidophilus milk）、开菲尔（kefir）、马奶酒（kumys）。如表4-3所示。

表4-3 发酵乳的分类

分类	菌种
酸奶（yoghurt）	嗜热链球菌和德式乳杆菌保加利亚亚种
非经典酸奶（alternate culture yoghout）	嗜热链球菌和其他乳酸杆菌
嗜酸菌酸奶（acidophilus milk）	嗜酸乳杆菌

表4-3 续

分类	菌种
开菲尔（kefir）	所用发酵剂为开菲尔粒（kefir grains），主要包括乳酸菌和酵母菌。其中，乳酸菌主要包括开菲尔乳杆菌、明串珠菌属、乳球菌属、醋酸杆菌属；酵母菌主要包括利用乳糖发酵的马克思克鲁维酵母以及不利用乳糖的酿酒酵母、单孢酵母、少孢酵母
马奶酒（kumys）	德式乳杆菌保加利亚亚种和马克思克鲁维酵母

(2) 浓缩发酵乳

浓缩发酵乳是一种在发酵前或发酵后增加蛋白质含量的发酵乳，其蛋白质含量大于5.6%。

(3) 风味发酵乳

风味发酵乳是一种复合乳制品。其中非乳成分和（或）香精的含量最大不超过50%，这些非乳成分包括：甜味剂、果蔬及其加工制品（如果汁、果酱、果肉）、谷物、蜂蜜、巧克力、坚果、咖啡、调味料。这些非乳成分可以在发酵前或发酵后添加到产品中。

(4) 发酵乳饮品

发酵乳饮品也是一种复合奶制品，它是通过将发酵乳与饮用水混合而获得，其中还可以添加（或不添加）其他成分，如乳清、其他非乳配料和香料。发酵乳饮品中至少含有40%的纯发酵乳。

(二) 可食用昆虫及其制品

2013年，联合国粮农组织发布了一项名为《可食用昆虫：食物和饲料保障的未来前景》的报告。报告中提到，全世界可供人类食用的昆虫超过1900种，许多昆虫富含优质蛋白质、多种维生素、纤维和矿物质，可以作为人类食物的主要来源，有助于缓解当前全球粮食和饲料短缺问题。

报告指出，可食用昆虫有很多优点，例如繁殖快，污染少，蛋白质、脂肪和矿物质含量高，需要的饲料相对很少。全球20多亿人已经将昆虫作为辅助性食品，食用昆虫的人群主要分布在亚洲、非洲和拉丁美洲等地。

报告显示，许多昆虫富含蛋白质和钙、铁、锌等元素。以蝗虫为例，它的蛋白质含量高达74.88%、脂肪含量为5.25%，其氨基酸含量比鱼类高1.8%~28.2%，与传统肉类（牛肉）对比，每100克牛肉（干重）铁的含量为6毫克，而每100克蝗虫（干重）的铁含量则为8~20毫克。

报告认为，黄蜂、甲虫和其他许多昆虫作为食物的一种，其潜力尚未被充分发挥；解决全球粮食和饲料短缺问题有许多方式，养殖这些可食用昆虫正是其中的一种。同样生产1千克的蛋白质，喂给供养牲畜是昆虫的12倍，用水方面是昆虫的20000倍，而在温室气体的排放上，昆虫只有牲畜的百分之一。可以说，昆虫用更少的资源换来了更多的食物，而且减轻了环境负担。

常见的可食用昆虫食品主要分为昆虫原型食品、改变形态的昆虫食品、昆虫蛋白质食品和昆虫保健制品。

1. 昆虫原型食品

昆虫原型食品是开发利用可食用昆虫的主流方式之一,通过简单的烹饪后,食用昆虫原型。

2. 改变形态的昆虫食品

改变形态的昆虫食品通常是将昆虫研磨成粉末加入其他食品中,以肉眼无法直接看到的形态存在。

3. 昆虫蛋白质食品

昆虫蛋白质食品是指利用昆虫含有的丰富优质的蛋白质和氨基酸,通过提取和加工后制作成的食品。

4. 昆虫保健制品

昆虫保健制品是指通过提取昆虫体内活性物质,加工后制成的昆虫保健滋补品和药品。

第四章注释二及品目 04.03 条文的修订(为酸乳修订注释和品目条文)

一、修订背景

有成员方向 WCO 提交议案,希望对 04.03 项下子目进行修改,以方便对酸奶的归类。

品名 04.03 目前的列目结构如下:

04.03　酪乳、结块的乳及稀奶油、酸乳、酸乳酒及其他发酵或酸化的乳和稀奶油,不论是否浓缩、加糖、加其他甜物质、加香料、加水果、加坚果或加可可:

0403.10 -酸乳

0403.90 -其他

根据《商品名称及编码协调制度注释》(以下简称《协调制度注释》),品目 04.03 的酸乳还可含有糖或其他甜物质、香料、坚果、水果(包括果肉及果酱)或可可。但市面上很多添加了其他物质的酸奶,也被冠以"酸奶"出售。提出议题的成员根据《协调制度注释》将添加了注释规定允许添加的物质之外的物质的酸奶不归入品目 04.03,大多数归入第十九章,但认为将同一类产品分开在不同的章节是不合适的,特别是根据国际食品法典委员会的标准 CODEX STAN 243-2003,现在允许酸奶中添加各种成分,如蔬菜、谷类、咖啡、香料。因此建议将品目 04.03 的条文修改为:

04.03　酪乳、结块的乳及奶油、酸乳酒及其他发酵或酸化的乳和奶油,不论是否浓缩、加糖、加其他甜物质、加香料、加水果、加坚果或加可可;酸奶,不论是否浓缩或添加糖或其他甜味物质或调味品或含有添加的水果、坚果、可可,植物、植物成分、谷物或烘焙制品。

0403.1 -酸乳

0403.11--酸奶，不论是否浓缩或添加糖或其他甜味物质或调味品或含有添加的水果、坚果、可可

0403.19--其他

0403.90-其他

二、主要观点及讨论情况

秘书处总体上同意议题提出成员方的建议，认为对品目04.03商品范围的修改可以使《协调制度》更贴近国际食品法典委员会的标准。但是秘书处认为有一些技术问题需要讨论：

（1）提交的酸奶添加物范围小于国际食品法典委员会的标准中允许的添加范围，是否有必要扩大范围。

（2）国际食品法典委员会的标准中还允许添加一些蜜饯等保存的水果，秘书处认为没有必要在04.03的品目中体现出来，但是应该在《协调制度注释》中加以说明。

（3）因为有些香料超出了"芳香"（flavoured）的概念，所以秘书处认为应该在品目条文中体现"香料"（spices）。

（4）联合国粮农组织标准中允许添加咖啡和巧克力，但实际上没有在酸奶中添加咖啡的，但是有添加巧克力的。应在品目中标注"巧克力"。

（5）由于在市场上只能找到添加了"饼干"（biscuits）的酸奶，秘书处建议用"饼干"来替换"烘焙制品"（baker's wares）。

（6）为了给出一个更清晰的概念，秘书处建议用"植物、其他植物成分"来代替"植物、植物成分"。

（7）针对提出的第四章子目注释一，秘书处理解提出议题成员方的意思是要强调"添加的物质不能用来替代乳中的成分"，但是秘书处对添加的"植物、植物成分、谷物、烘焙制品"是否会起到替代的作用存疑。基于此，秘书处建议注释必须标明"添加物不能代替酸奶原有的成分"。

（8）基于上述考虑，秘书处形成了一个新的品目04.03的修改意见，提请协调制度委员会审议分委会讨论。

具体修改内容：

［第四章

新增子目注释一：

子目0403.19的酸奶，可以含有植物、植物成分、谷物或烘焙制品。仅适用于由乳制成的酸奶，添加的上述物质不是全部或部分用于代替乳中的成分。

原子目注释一、二的序号顺延为二、三。

品目04.03

删除和替换：

04.03 酪乳、结块的乳及奶油、酸乳、酸乳酒及其他发酵或酸化的乳和奶油，不论是否浓缩、加糖、加其他甜物质、加香料、加水果、加坚果或加可可；[酸奶，不论是否浓缩、加糖、加其他甜味物质、调味的（flavoured）、加水果、加坚果、加可可，加植物或植物成分、加谷物或加烘焙制品。——成员方建议][酸奶，不论是否浓缩、加糖、加其他甜味物质、调味的（flavoured）、加水果、加坚果、加蔬菜、加植物成分、加香料（spices）、加可可、加巧克力、加谷物或加饼干（biscuits）。——秘书处建议]

[0403.1-酸乳

0403.11--酸奶，不论是否浓缩、加糖、加其他甜味物质、调味的（flavoured）、加水果、加坚果或加可可

0403.19--其他

0403.90-其他]①。

三、结论

关于拟新增第四章子目注释以明确"酸乳"的商品范围，WCO同意在秘书处所提供的方案基础上进行改动，并将之升级为第四章注释二。该修订最终获得通过。关于品目04.03的条文，有代表提出在条文前添加"酸乳"，将原来带方框号的内容全部删除，协调制度委员会审议分委会同意该建议。关于子目0403.1的拆分问题，WCO同意拆分一级子目"0403.10-酸乳"，其下不再拆分二级子目。

最终修订结果详见第四章注释二及品目04.03。

第四章注释五（一）、六及品目04.10条文的修订
（为昆虫类食品修订品目条文及新增子目）

详细修订背景及会议讨论过程见"第二章注释二的修订（为昆虫类食品新增章注释）"。

第五章 其他动物产品

本章未作任何修改。

---

① 本书中方括号表示此处修订方案未确定，需要讨论是否采纳方括号中的内容。

第二类 植物产品

本类共有 9 章，即第六章至第十四章。2022 年版《协调制度》章注释新增 2 条，修改 2 条；4 位数品目修改 2 条；5、6 位数子目新增 10 条，修改 2 条。

第六章 活树及其他活植物；鳞茎、根及类似品；插花及装饰用簇叶

本章未作任何修改。

第七章 食用蔬菜、根及块茎

一、概述

本章章注释新增 1 条；4 位数品目条文修改 1 条；5、6 位数子目新增 6 条，修改 1 条。

二、章注释及子目注释的修改情况

新增章注释五

根据联合国粮农组织的建议，新增章注释五"五、品目 07.11 适用于使用前在运输或贮存时仅为暂时保藏而进行处理（例如，使用二氧化硫气体、盐水、亚硫酸水或其他防腐液）的蔬菜，但不适于直接食用的。"

本章无子目注释。

三、目录结构及品目条文的调整情况

（一）品目 07.04 的调整

修改子目 0704.10 的条文

子目 0704.10 的条文由"菜花及硬花甘蓝"修改为"菜花及西兰花"。条文修改后，原子目 0704.9 项下的部分商品转移至子目 0704.10 项下，即子目 0704.10 的商品范围扩大，包括所有品种的西兰花。

（二）品目 07.09 的调整

根据联合国粮农组织的建议，新增子目"0709.52--牛肝菌属蘑菇""0709.53--鸡油菌属蘑菇""0709.54--香菇""0709.55--松茸（松口蘑、美洲松口蘑、雪松口蘑、甜味松口蘑、欧洲松口蘑）""0709.56--块菌（松露属）"。

新增子目的商品均来自原子目 0709.59 项下，调整后子目 0709.59 的商品范围

缩小。

品目07.09调整后的列目结构如表7-1所示。

表7-1 品目07.09调整后的列目结构

HS编码	商品名称	备注
07.09	鲜或冷藏的其他蔬菜：	
0709.20	-芦笋	
0709.30	-茄子	
0709.40	-芹菜，但块根芹除外	
	-蘑菇及块菌：	
0709.51	--伞菌属蘑菇	
0709.52	--牛肝菌属蘑菇	新增
0709.53	--鸡油菌属蘑菇	新增
0709.54	--香菇	新增
0709.55	--松茸（松口蘑、美洲松口蘑、雪松口蘑、甜味松口蘑、欧洲松口蘑）	新增
0709.56	--块菌（松露属）	新增
0709.59	--其他	商品范围缩小
0709.60	-辣椒属及多香果属的果实	
0709.70	-菠菜	
	-其他：	
0709.91	--洋蓟	
0709.92	--油橄榄	
0709.93	--南瓜、笋瓜及瓠瓜（南瓜属）	
0709.99	--其他	

（三）品目07.11的调整

由于新增章注释五对品目07.11的商品范围进行了解释，所以删除品目07.11条文中解释性文字。品目07.11条文由"暂时保藏（例如，使用二氧化硫气体、盐水、亚硫酸水或其他防腐液）的蔬菜，但不适于直接食用的"修改为"暂时保藏的蔬菜，但不适于直接食用的"。

（四）品目07.12的调整

根据联合国粮农组织的建议，新增列子目"0712.34--香菇"。

新增子目的商品来自原子目0712.39项下，调整后子目0712.39的商品范围缩小。

品目07.12调整后的列目结构如表7-2所示。

表 7-2　品目 07.12 调整后的列目结构

HS 编码	商品名称	备注
07.12	干蔬菜，整个、切块、切片、破碎或制成粉状，但未经进一步加工的：	
0712.20	-洋葱	
	-蘑菇、木耳、银耳及块菌：	
0712.31	--伞菌属蘑菇	
0712.32	--木耳	
0712.33	--银耳	
0712.34	--香菇	新增
0712.39	--其他	商品范围缩小
0712.90	-其他蔬菜；什锦蔬菜	

四、相关商品知识介绍

（一）蘑菇

蘑菇是由菌丝特化成的繁殖器官，类似纤维构成衣服，它的作用相当于人类的子宫，是孕育下一代的地方，学名叫"子实体"。子实体包括菌盖、菌褶、菌柄等部位，但子实体并非就是蘑菇的一切，蘑菇最重要的组织是菌丝，只要菌丝还活着，就算子实体干枯消失了，它也能继续生长。如图 7-1 所示。

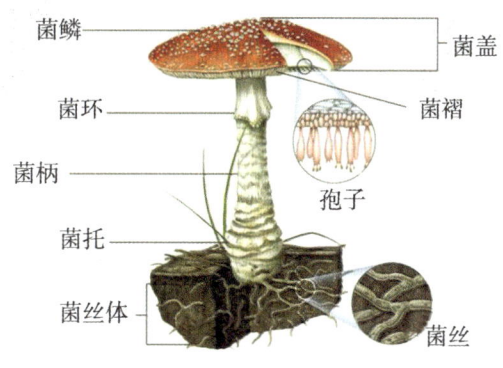

图 7-1　蘑菇的组成结构

辨认各种菇类，除了根据形状、颜色识别外，还可根据它们的边缘纹路、凸起等特征进行识别，有些菌盖上面还带有鳞片，那是幼菌时包围子实体的外菌幕退化所成的。图 7-2 为不同形状菌盖的蘑菇。

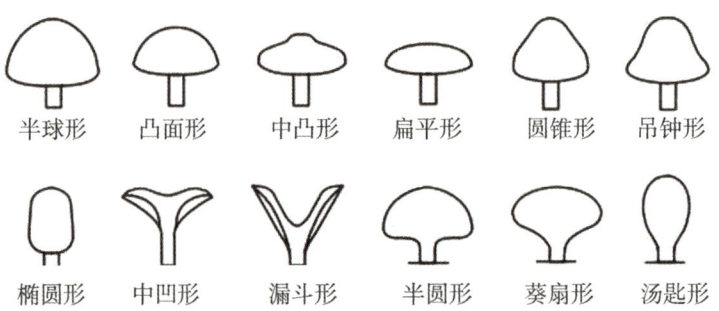

图 7-2　不同形状菌盖的蘑菇

菌褶也是进一步辨认各种菇类的重要依据，观察菌褶与菌柄的联结方式，不同排列、形状以及割开后变色与否等，都是常用的鉴别方法。对于某些外观极其相似的品种，还可以通过制作孢子印加以区分，菌褶表面的子实层孕育有不同颜色的孢子，切断菌柄，倒扣纸上，数小时后便能得到真实颜色的孢子印。例如，草菇与致命的鬼笔鹅膏外观十分相似，而草菇的孢子印为粉红色，鬼笔鹅膏是白色。图 7-3 为菌褶与菌柄的不同联结方式以及孢子印。

图 7-3　菌褶与菌柄的不同联结方式以及孢子印

1. 牛肝菌属蘑菇

牛肝菌属属真菌界、担子菌门、伞菌纲、牛肝菌目、牛肝菌科。可食用的牛肝菌主要有：白牛肝菌、黄牛肝菌、黑牛肝菌、红牛肝菌。

（1）白牛肝菌

白牛肝菌，又称美味牛肝菌。菌盖扁半球形，光滑、不粘、淡裸色，菌肉白色，有酱香味，可入药。味道鲜美，菌体较大，肉肥厚，柄粗壮。食味香甜可口，营养丰富。白牛肝菌生长于云南松、高山松、麻栎、金皮栎、青冈栎等针叶林和混交林地带，单生或群生。常与栎树和松树的根形成菌根。产于 6~10 月，温暖地区出得稍早些，温凉、高寒地区出得晚一些。如图 7-4 所示。

图 7-4 白牛肝菌

（2）黄牛肝菌

黄牛肝菌，菌体肥大，其子实体在牛肝菌中最为壮硕，口味香甜，具有清热解烦、养血和中、追风散寒、舒筋和血、补虚提神等功效，是中药制剂"舒筋丸"的原料之一，亦为妇科良药。主产于云南，采收时间通常为 7~10 月。如图 7-5 所示。

图 7-5 黄牛肝菌

（3）黑牛肝菌

黑牛肝菌外边和菌肉都是黑色的。夏季生马尾松，油茶林中地上，多长在夏季的阔叶林地中，是我国特有的品种。营养丰富，口感香脆，味道鲜美，还具有较高的营养价值。其含有的维生素 A、B 可治疗风湿，预防视力减退；主治养血，具有清热解烦，养血等功效。如图 7-6 所示。

图 7-6 黑牛肝菌

（4）红牛肝菌

红牛肝菌，又名见手青（用手摸菌褶后会变青）。需要注意的是，生红牛肝菌是有毒的，需要高温烹饪消解毒素，切勿生吃。如图 7-7 所示。

图 7-7 红牛肝菌

2. 鸡油菌属蘑菇

鸡油菌，又名黄丝菌、黄菌、黄花蘑、黄食菌、杏菌、鸡蛋黄菌、蛋黄菌、伏菌子等。分类学家普遍认为，鸡油菌隶属鸡油菌科、鸡油菌属（*Cantharellus*），是鸡油菌目、科、属的模式种。鸡油菌常与松、栎、杉等针阔叶树的根系共生，菌朵较小，金黄色，香味独特，脆嫩可口，营养丰富，具有极高的食用及药用价值，是一种食药兼用的野生稀有菇品，为全球六大著名菌根性食用菌之一。如图 7-8 所示。

图 7-8 鸡油菌

3. 松口蘑

松口蘑（Trichiloma Matsutake）也称松茸，属担子菌纲、伞菌目、口蘑科、口蘑属。生长于海拔 1600~2600 米的温带和寒温带松树与栎树混交林带的林地上，与松属、栎属的须根发生共生关系形成菌根，它属于树木的外生菌根菌，子实体一般单生，少数 2~4 个丛生，菌盖直径 5~10 厘米，扁平球形至近平展菌根所在地形成直径 2~10 米的蘑菇圈，长出子实体，污白色，具黄褐色至栗褐色平伏的丝毛状鳞片，老熟时鳞片变为栗褐色，中央色暗，呈辐射状，表面干燥。菌肉白色，厚，有特殊香气；褶白色或稍带乳黄色、密、弯生、不等长。菌柄较粗壮，长 6~13.5 厘米，粗 2~6 厘米，菌环以上污白色，带粉粒，菌环以下具栗褐色纤毛状鳞片，内实，基部有时稍膨大。菌环生于菌柄的上部，丝膜状上面白色，下面与菌柄同色。如图 7-9 所示。

图 7-9 松口蘑

（二）块菌

块菌也称松露，属盘菌目、块菌科、块菌属（Tube spp.）。呈不规则球形，椭圆形，表面有明显的如桑椹状的突疣，疣突多圆钝，由深网状沟缝分隔，果直径（2.5~

5.5）厘米×（2.1~4）厘米或更大。生于华山松、杉、麻栎、马桑等针阔叶混交林的浅表土层或植物根际的土中，具有独特的香味、口感和营养价值。块菌富含17种氨基酸、8种维生素、适量的蛋白质以及雄性酮、甾醇、鞘脂、脂肪酸、氨基酸及微量元素等50余种生理活性成分，并且含有人体自身不能合成的氨基酸、锌、锰、铁、钙、磷、硒等必需营养素，具有增强免疫力、抗衰老、益胃、清神、止血、疗痔等药用价值，具有抗癌活性，对癌细胞有一定的抑制作用。如图7-10所示。

图7-10　块菌

第七章注释五、品目07.11条文的修订
（为暂时保藏的蔬菜新增注释及修订品目条文）

一、修订背景

有成员方向WCO提出，"暂时保藏"的标准难以确定，所有的蔬菜产品即使经过保藏处理，其保质期都是有限的，因此在某种程度上看，所有的保藏措施都是临时性的。"不适合直接食用"的标准也存在相同的问题，一般认为不经过处理就无法即刻食用，但事实上不同国家、地区的差异很大，取决于人们的食用习惯。因此，建议在第七章新增章注释五及第八章新增章注释四以明确"暂时保藏""不适合供人食用"的定义。

第七章新增章注释五：品目07.11所称"暂时保藏"仅指为运输或保藏的需要进行的处理，不适合直接食用。用第七章未包括的工艺进行处理的蔬菜不归入品目07.11，无论这种处理是否在暂时保藏之前还是经其他保存的工艺处理（例如，发酵）。"不适合直接食用"是指由于保藏的工艺使其不适合直接食用，这些蔬菜需要经过反向加工（例如，去盐）。品目07.11项下的蔬菜如果仅经过正常的加工工艺（例如，蒸煮通常不生吃的蔬菜），仍视为适合直接食用。

第八章新增章注释四：表述同新增第七章注释五，将其中涉及的品目修改为08.12。

二、主要观点及讨论情况

秘书处指出除品目07.11、08.12外，品目05.10、08.14的注释也涉及"暂时保藏"的表述。根据注释，品目05.11与品目07.11、08.12所涉及的暂时保藏都是为了储存和运输需要；但是品目05.11包括的是用于制造器官治疗药品用的非常特殊的产品，不适合人类食用，而且所使用的保藏剂也比较特殊，如甘油、丙酮等，不适用于第七、八章的产品。而品目08.14中所提到的保藏方法与品目07.11、08.12几乎一样（用盐水、亚硫酸盐水或其他防腐液）。

除去以上品目，"保藏"的概念在第二、三、七、八、十六、二十章均有出现，但都没有提及任何保藏或后续工艺。例如，第十六章不包括用第二、三章所列方法制作或保藏的产品，第二十章不包括用第七、八章所列方法制作或保藏的产品。因此，《协调制度》中关于产品"保藏"概念难以统一，既然讨论的是品目07.11、08.12，只要研究这两个品目条文涉及的概念即可。

有成员方认为，将品目07.11、08.12条文中保藏方法的表述转化为新章注释是可行的，建议将这两个品目条文结合进行修订，以形成新章注释。从简化《协调制度》条文的角度出发，有成员方建议将品目07.11、08.12中关于保藏方式的条文删除，转化为新章注释条文。

秘书处提出的讨论稿如下：

新增第七章注释五："品目07.11适用于［最终］使用前运输或贮存时［仅］［主要］为暂时保藏而进行的处理［（例如，存于二氧化硫气体、盐水、亚硫酸水或其他防腐液中）］，但不适于直接食用的蔬菜。"

将品目07.11条文替换为"07.11　暂时保藏的蔬菜，但不适于直接食用"。

第八章新增章注释四："品目08.12适用于［最终］使用前运输或贮存时［仅］［主要］为暂时保藏而进行的处理［（例如，存于二氧化硫气体、盐水、亚硫酸水或其他防腐液中）］，但不适于直接食用的水果及坚果。"

将品目08.12条文替换为"08.12　暂时保藏的水果及坚果，但不适于直接食用"。

三、结论

经讨论，最终各成员方同意新增第七章注释五和第八章注释四，并简化品目07.11、08.12的条文。

品目07.04条文的修订（为西兰花修订子目条文）

一、修订背景

有成员方提出议案，关于品目07.04项下子目"0704.10菜花及硬花甘蓝"（Cauliflowers and heading broccoli），其认为在英语中对于通用名称"硬花甘蓝"（Heading broccoli）理解范围不一致，导致归入该子目的商品与归入子目0704.90的其他花茎甘蓝（西兰花）易混淆。

议案提出方提出了针对子目0704.10条文的两种修订建议：

方案一：修改为"0704.10-Cauliflowers and broccoli"；

方案二：修改为"0704.10-Cauliflowers"。

二、主要观点及讨论情况

有成员方认为"Cauliflowers"（菜花）和"Broccoli"（西兰花）属于同一

属，难以区分，应将其列在同一子目中，这样不需要区分，因此不建议采用方案二。

也有成员方认为，不同国家对俗称"Broccoli"（西兰花）在植物学上的分类是不同的，因各成员方的语言问题，不同类型的"Broccoli"归入不同的子目，而且还存在一些类型的西兰花在有些国家是未知的情况，因此倾向于把所有类型的西兰花归入同一子目，因此同意方案一。

还有成员方指出，2017 年版《协调制度》子目 0704.10 的法文条文（choux brocolis）和英语（Heading broccoli）条文对应的商品范围不同，会引起归类的不同。联合国粮农组织的数据库和布鲁塞尔大学的意见是，在法文中"choux brocolis"适用于所有品种的西兰花，基于此，认为方案一的英文表述和法文版本是一致的。

秘书处倾向于添加拉丁文以明确"Broccoli"的具体商品范围，即菜花（*Brassica oleracea var. botrytis*）和西兰花（*Brassica oleracea var. italica*）。

三、结论

经讨论，会议通过方案一，将菜花和所有类型的西兰花归入同一子目，对子目 0704.10 的条文作修改。

品目 07.09 条文的修订（为蘑菇及块菌类新增子目）

一、修订背景

联合国粮农组织建议在 2022 年版《协调制度》中修订第七章，在品目 07.09 项下新增子目 0709.52 至 0709.56：

0709.52--牛肝菌属蘑菇

0709.53--鸡油菌属蘑菇

0709.54--香菇

0709.55--松茸

0709.56--松露

二、主要观点及讨论情况

各成员方同意增列子目，会议对英文条文进行了讨论。有成员方提出为明确商品范围，建议在条文中增加拉丁文。

三、结论

最终修订结果详见品目 07.09。

品目 07.12 条文的修订（为香菇新增子目）

一、修订背景

联合国粮农组织建议在 2022 年版《协调制度》中修订第七章，在品目 07.12 项下新增子目"0712.34--香菇"。

二、主要观点及讨论情况

各成员方同意增列子目，会议对英文条文进行了讨论。有成员方提出为明确商品范围，建议在条文中增加拉丁文。

三、结论

最终修订结果详见品目 07.12。

第八章　食用水果及坚果；柑橘属水果或甜瓜的果皮

一、概述

本章章注释新增 1 条；4 位数品目条文修改 1 条；5、6 位数子目新增 3 条，修改 1 条。

二、章注释及子目注释的修改情况

新增章注释四

根据联合国粮农组织的建议，新增章注释四"四、品目 08.12 适用于使用前在运输或贮存时仅为暂时保藏而进行处理（例如，使用二氧化硫气体、盐水、亚硫酸水或其他防腐液）的水果及坚果，但不适于直接食用的。"

本章无子目注释。

三、目录结构及品目条文的调整情况

（一）品目 08.02 的调整

为了给松子增列子目，在原子目 0802.9 的基础上拆分为子目 "0802.91--未去壳松子" "0802.92--去壳松子" "0802.99--其他"。

调整后，子目 0802.9 的商品范围并未发生变化。新增子目的商品来自原子目 0802.9 项下。

品目 08.02 调整后的列目结构如表 8-1 所示。

表 8-1　品目 08.02 调整后的列目结构

HS 编码	商品名称	备注
08.02	鲜或干的其他坚果，不论是否去壳或去皮：	
	……	
	-其他：	
0802.91	--未去壳松子	新增
0802.92	--去壳松子	新增
0802.99	--其他	新增

（二）品目 08.05 的调整

子目 0805.40 条文的修改

葡萄柚是柚子和甜橙的自然杂交品种，因此葡萄柚可以被认为是柚子的一个分支。根据国际果汁生产者联合会的建议，修改子目 0805.40 以及子目 2009.2 的条文，使英文和法文保持一致。子目 0805.40 的条文由"葡萄柚，<u>包括柚</u>"修改为"葡萄柚<u>及柚</u>"。

（三）品目 08.12 的调整

由于新增章注释四对品目 08.12 的商品范围进行了解释，删除品目 08.12 条文中的解释性文字。品目 08.12 的条文由"暂时保藏<u>（例如，使用二氧化硫气体、盐水、亚硫酸水或其他防腐液）</u>的水果及坚果，但不适于直接食用的"修改为"暂时保藏的水果及坚果，但不适于直接食用的"。

第八章注释四的修订（为暂时保藏的蔬菜新增注释及修订品目条文）

详细修订背景及会议讨论过程见"第七章注释五、品目 07.11 条文的修订（为暂时保藏的蔬菜新增注释及修订品目条文）"。

品目 08.02 条文的修订（为松子仁新增子目）

一、修订背景

联合国粮农组织建议在 2022 年版《协调制度》中修订第八章品目 08.02 项下子目 0802.90 条文：

-其他：

0802.91--松子，带壳的

0802.92--松子，去壳的

0802.99--其他

二、主要观点及讨论情况

各成员方同意增列子目，该商品原本应该在一级子目项下增列，由于一级子目资源已经用完，只能在 0802.9 项下增列。

三、结论

最终修订结果详见品目 08.02。

品目 08.12 条文的修改（为暂时保藏的蔬菜新增注释及修订品目条文）

详细修订背景及会议讨论过程见"第七章注释五、品目 07.11 条文的修订（为暂时保藏的蔬菜新增注释及修订品目条文）"。

品目 08.05 及品目 20.09 条文的修订（为使英、法文保持一致修订子目条文）

一、修订背景

国际果汁生产者联合会致函秘书处，提出了一个涉及柚子及其果汁（子目 0805.40 和 2009.2）的修订建议。国际果汁生产者联合会指出，在《协调制度》中柚子包含在葡萄柚中。然而在国际食品法典委员会标准（CODEX STAN 247-2005）中，它们被认为是两种不同的水果，国际果汁生产者联合会认为《协调制度》应该通过分列子目或者编写注释来明确葡萄柚和柚子是两种不同类型的水果。

秘书处发现，子目 0805.40 和 2009.2 条文的英语及法语版本并不一致：

0805.40：

英文："-葡萄柚，包括柚"

法文："-葡萄柚和柚子"

2009.2：

英文："-葡萄柚（包括柚）汁"

法文："-葡萄柚汁或柚汁"

根据秘书处获得的信息，葡萄柚是柚子和甜橙的自然杂交品种，因此葡萄柚可以被认为是柚子的一个分支。然而，子目 0805.40 和 2009.2 的英文子目条文中两者的包含关系正好相反，而法文版子目条文表示两者是并列关系。因此，秘书处提出一项修正案，使子目 0805.40 和 2009.2 的英文与法文一致，成员方同意秘书处的观点，因此提交协调制度委员会审议分委会审议。

秘书处起草了一项修正案，使得子目 0805.40 和子目 2009.2 的英文文本和法文文本一致，修订方案为：

将子目 0805.40 的条文修改为：葡萄柚和柚子。

将子目 2009.2 的条文修改为：葡萄柚汁或柚汁。

二、主要观点及讨论情况

部分代表支持秘书处的修订建议，还有代表指出，根据秘书处的修订建议，两种果汁的混合果汁会归入该子目，所以需要明确英文条文中"；"与"or"（或）的区别。

三、结论

最终修订结果详见品目 08.05、20.09。

第九章　咖啡、茶、马黛茶及调味香料

本章未作任何修改。

第十章　谷　物

一、概述

本章章注释修改 1 条。

二、章注释及子目注释的修改情况

修改章注释一（二）

为明确全部或部分去皮以分离皂苷的昆诺阿藜的归类，修改章注释一（二），修改后的条文为"一、（二）本章不包括已去壳或经其他加工的谷物。但去壳、碾磨、磨光、上光、半熟或破碎的稻米仍应归入品目 10.06。同样，已全部或部分去皮以分离皂苷，但没有经过任何其他加工的昆诺阿藜仍应归入品目 10.08。"

本章子目注释未作修改。

三、目录结构及品目条文的调整情况

本章目录结构及品目条文未作任何修改。

四、相关商品知识介绍

藜麦（昆诺阿藜）

藜麦是藜科藜属植物。穗部可呈红、紫、黄，植株形状类似灰灰菜，成熟后穗部类似高粱穗。植株大小受环境及遗传因素影响较大，0.3~3 米不等，茎部质地较硬，可分枝或不分。单叶互生，叶片呈鸭掌状，叶缘分为全缘型与锯齿缘型。藜麦花两性，花序呈伞状、穗状、圆锥状，藜麦种子较小，呈小圆药片状，直径 1.5~2 毫米，千粒重 1.4~3 克。其籽如图 10-1 所示。

图 10-1　藜麦籽

藜麦原产于南美洲安第斯山脉的哥伦比亚、厄瓜多尔、秘鲁等中高海拔山区。具有一定的耐旱、耐寒、耐盐性，生长范围约为海平面到海拔 4500 米左右的高原上，最适的高度为海拔 3000~4000 米的高原或山地地区。藜麦富含的维生素、多酚、类黄酮类、皂苷和植物甾醇类物质，具有多种健康功效。藜麦具有高蛋白，其所含脂肪中不饱和脂肪酸占 83%，还是一种低果糖、低葡萄糖的食物，能在糖脂代谢过程中发挥有益功效。

第十章注释一（二）的修订（为经加工去除皂苷层的昆诺阿藜修订注释）

一、修订背景

WCO 收到成员方提出的关于明确已经去除皂苷层的昆诺阿藜（藜麦）的归类的议题。昆诺阿藜的皂苷层通过洗涤、机械加工或者两者组合的方式而去除。议题讨论的焦点是昆诺阿藜的皂苷层是否视为其"外壳"，通过洗涤、机械加工或者两者组合的方式去除皂苷层是否属于超出品目 10.08 所述的经过其他加工方法加工，即应归入品目 10.08 还是品目 11.04。

二、主要观点及讨论情况

争议涉及品目 10.08 和 11.04，对此各代表有不同理解。

1. 品目 10.08

根据第十章注释一（二），该章不包括已经去壳或经其他加工的谷物，并且品目 11.04 包括其他加工的谷物（例如，去壳、滚压、制片、制成粒状、切片或粗磨）。因此，如果该产品归入第十章，它最外面的皂苷层不能被考虑作为上述的外壳，并且经过洗涤或机械加工后去除皂苷层也不应视为"其他加工"。

争议的焦点是皂苷层是否被视为其他谷物的外壳，和大多数谷物的情况不同，昆诺阿藜的皂苷层是一种几乎水溶性的薄膜，并不是作为一个单独的壳存在，也不易用肉眼区分。

争论的另一个焦点是去除皂苷层的昆诺阿藜是否能视为一种"其他加工"的产品。经过处理的昆诺阿藜与收获后的形状一样，产品不符合品目 11.04 的"其他加工"，品目 11.04 的"其他加工"被认为是一种原始状态的改变。

事实上也不可能用肉眼区分皂苷层是否已通过洗涤或机械加工去除。同时收获后经过处理的产品是不能与原来的产品一起归类的。

2. 品目 11.04

根据第十章注释一（二），该章不包括已经去壳或经其他加工的谷物，并且品目 11.04 包括其他加工的谷物（例如，去壳、滚压、制片、制成粒状、切片或粗磨）。除非认为谷物的壳或果皮被仅限于可与谷物仁区别，否则昆诺阿藜的皂苷层可以被宽泛的认为是谷物的外壳。该产品是在昆诺阿藜被收获后经过洗涤或机械加工，皂苷层已经被移除。因此，可以认为是经过"其他加工"。

提出议题的代表认为昆诺阿藜（藜麦）是一种结构与其他谷物不同的谷物，其有一层肉眼不可见的皂苷外层，皂苷很容易被去除，也不影响昆诺阿藜（藜麦）的外形，皂苷不应视为普通的谷物外层，不应该用果壳的表述，议题中的商品应该归入品目 10.08。他还指出 2012 年版《协调制度》中专门在品目 10.08 下为昆诺阿藜（藜麦）增列了子目，而在品目 11.04 下没有子目，进行贸易的昆诺阿藜（藜麦）是去除了皂苷层的，如果归入第十一章，品目 10.08 下的子目可能会成为空号，也会使得统计数据不一致。

有代表认为相关商品没有外壳，只有化学物质的外层。不认为水洗或物理方法是去除了外壳，认为应该归入品目10.08。也有代表提出该商品应该归入品目11.04、子目1104.29，如果希望保持一致性，可以修订品目10.08，规定无论是否去除了皂苷层，昆诺阿藜（藜麦）都归入第十章。还有代表表示该产品应归入品目11.04，昆诺阿藜（藜麦）的皂苷层去除的目的有些是为了食品加工，有些是为了获得皂苷。去除皂苷的工艺可以是洗涤，采用物理摩擦方式处理，或用加热、过滤程序处理。

会议最终决定投票表决，表决结果为根据归类总规则一［第十章注释一（二）］及六，将该商品归入品目11.04、子目1104.29。

表决后有代表提出应直接交协调制度委员会审议分委会讨论修订第十章注释一（二），因为上述归类决定可能会使得相关商品子目成为空号。

三、结论

WCO将去除了皂苷层的藜麦归入品目11.04（子目1104.29），形成归类决定的同时，同意对2022年版《协调制度》进行修订，将不论是否去除皂苷层的藜麦均归入品目10.08。

最终修订结果详见第十章注释一（二）。

第十一章　制粉工业产品；麦芽；淀粉；菊粉；面筋

本章未作任何修改。

第十二章　含油子仁及果实；杂项子仁及果实；工业用或药用植物；稻草、秸秆及饲料

一、概述

本章5、6位数子目新增1条。

二、章注释及子目注释的修改情况

本章章注释及子目注释未作修改。

三、目录结构及品目条文的调整情况

品目12.11的调整

根据联合国粮农组织的建议，新增子目"1211.60-非洲李的树皮"，新增子目的商

品为原子目 1211.90 的部分商品。

新增子目 1211.60 的英文条文为"Bark of African cherry (*Prunus africana*)",其中"*Prunus africana*"对应的英文为"African cherry",在行业中通常直译为"非洲樱桃木",亦有称为"非洲刺李"。但是,中华人民共和国濒危物种进出口管理办公室公布的《濒危野生动植物种国际贸易公约》中文译本将 *Prunus africana* 译为"非洲李"。为保证口岸执法一致性,故选用"非洲李"作为正式译名。

由于原子目 1211.90 的部分商品转移至新增子目 1211.60 项下,调整后子目 1211.90 的商品范围缩小。

品目 12.11 调整后的列目如表 12-1 所示。

表 12-1　品目 12.11 调整后的列目结构

HS 编码	商品名称	备注
12.11	主要用作香料、药料、杀虫、杀菌或类似用途的植物或这些植物的某部分（包括子仁及果实），鲜、冷、冻或干的，不论是否切割、压碎或研磨成粉：	
1211.20	-人参	
1211.30	-古柯叶	
1211.40	-罂粟秆	
1211.50	-麻黄	
1211.60	-非洲李的树皮	新增
1211.90	-其他	商品范围缩小

品目 12.11 条文的修订（为非洲李的树皮新增子目）

一、修订背景

联合国粮农组织建议在 2022 年版《协调制度》中修订第十二章,在品目 12.11 下新增子目"1211.60-非洲李的树皮"。

二、主要观点及讨论情况

各代表对在第十二章为非洲樱桃木树皮增列子目的建议没有异议,会议通过该议题。

三、结论

最终修订结果详见品目 12.11。

第十三章　虫胶；树胶、树脂及其他植物液、汁

一、概述

本章章注释修改 1 条。

二、章注释及子目注释的修改情况

章注释七的修改

为调整诊断和检测试剂盒的归类，删除子目"3006.20-血型试剂"，该子目删除后，它所包括的商品转移至新增的子目 3822.13 项下，因此相应修改本章注释七，修改后的条文为"七、品目 30.03 或 30.04 的药品及品目 38.22 的血型试剂；"。

本章无子目注释。

三、目录结构及品目条文的调整情况

本章目录结构及品目条文未作任何修改。

第十四章　编结用植物材料；其他植物产品

本章未作任何修改。

第三类　动、植物或微生物油、脂及其分解产品；精制的食用油脂；动、植物蜡

本类共有1章，即第十五章。2022年版《协调制度》类标题修改1条；章标题修改1条；子目注释新增1条；4位数品目修改4条；5、6位数子目新增7条，删除1条。

类标题的修改

为明确微生物油、脂的归类，将类标题修改为"第三类　动、植物或微生物油、脂及其分解产品；精制的食用油脂；动、植物蜡"。

第十五章　动、植物或微生物油、脂及其分解产品；精制的食用油脂；动、植物蜡

一、概述

本章章标题修改1条；子目注释新增1条；4位数品目条文修改4条；5、6位数子目新增7条，删除1条。

章标题的修改

为明确微生物油、脂的归类，将章标题修改为"第十五章　动、植物或微生物油、脂及其分解产品；精制的食用油脂；动、植物蜡"。

二、章注释及子目注释的修改情况

本章章注释未作修改，只修改了子目注释。

新增子目注释一

为明确初榨油橄榄油的归类，新增子目注释一"一、子目1509.30所称'初榨油橄榄油'，游离酸度（以油酸计）不超过2.0克/100克，可根据《食品法典标准》（33-1981）与其他初榨油橄榄油类别加以区分。"

由于新增子目注释一，原子目注释的序号调整为子目注释二，条文内容未变，调整后的条文为"二、子目1514.11及1514.19所称'低芥子酸菜子油'，是指按重量计芥子酸含量低于2%的固定油。"

三、目录结构及品目条文的调整情况

根据国际橄榄油理事会的建议以及我国海关的提案，对品目15.09、15.10、15.15、15.16、15.17、15.18及相应子目进行修改，以明确对橄榄油、微生物油脂的

归类。具体调整如下：

（一）品目 15.09 的调整

1. 删除子目 1509.10

删除子目"1509.10-初榨的"，删除子目的商品转移至新增的子目 1509.20、1509.30、1509.40 项下。

2. 新增子目 1509.20、1509.30、1509.40

新增子目"1509.20-特级初榨油橄榄油""1509.30-初榨油橄榄油""1509.40-其他初榨油橄榄油"，新增子目的商品均为原子目 1509.10 的商品。

品目 15.09 调整后的列目结构如表 15-1 所示。

表 15-1　品目 15.09 调整后的列目结构

HS 编码	商品名称	备注
15.09	油橄榄油及其分离品，不论是否精制，但未经化学改性：	
1509.20	-特级初榨油橄榄油	新增
1509.30	-初榨油橄榄油	新增
1509.40	-其他初榨油橄榄油	新增
1509.90	-其他	

（二）品目 15.10 的调整

为粗提油橄榄果渣油增列子目，在原品目 15.10 的基础上拆分为子目"1510.10-粗提油橄榄果渣油""1510.90-其他"，上述子目商品均来自原子目 1510.00 项下。

品目 15.10 调整后的列目结构如表 15-2 所示。

表 15-2　品目 15.10 调整后的列目结构

HS 编码	商品名称	备注
15.10	其他橄榄油及其分离品，不论是否精制，但未经化学改性，包括掺有品目 15.09 的油或分离品的混合物：	
1510.10	-粗提油橄榄果渣油	新增
1510.90	-其他	新增

（三）品目 15.15 的调整

1. 品目 15.15 条文的修改

为微生物油、脂及其分离品增列子目，将品目 15.15 的条文由"其他固定植物油、脂（包括希蒙得木油）及其分离品，不论是否精制，但未经化学改性"修改为"其他固定植物或微生物油、脂（包括希蒙得木油）及其分离品，不论是否精制，但未经化学改性"。

2. 新增子目 1515.60

新增子目"1515.60-微生物油、脂及其分离品",新增子目的商品为原子目 1515.90 的部分商品。

由于原子目 1515.90 的部分商品转移至新增子目 1515.60 项下,调整后子目 1515.90 的商品范围缩小。

品目 15.15 调整后的列目结构如表 15-3 所示。

表 15-3 品目 15.15 调整后的列目结构

HS 编码	商品名称	备注
15.15	其他固定植物或微生物油、脂(包括希蒙得木油)及其分离品,不论是否精制,但未经化学改性:	条文修改
	-亚麻子油及其分离品:	
1515.11	--初榨的	
1515.19	--其他	
	-玉米油及其分离品	
1515.21	--初榨的	
1515.29	--其他	
1515.30	-蓖麻油及其分离品	
1515.50	-芝麻油及其分离品	
1515.60	-微生物油、脂及其分离品	新增
1515.90	-其他	商品范围缩小

(四)品目 15.16 的调整

1. 品目 15.16 条文的修改

为微生物油、脂及其分离品增列子目,将品目 15.16 的条文由"动、植物油、脂及其分离品,全部或部分氢化、相互酯化、再酯化或反油酸化,不论是否精制,但未经进一步加工"修改为"动、植物或微生物油、脂及其分离品,全部或部分氢化、相互酯化、再酯化或反油酸化,不论是否精制,但未经进一步加工"。

2. 新增子目 1516.30

新增子目"1516.30-微生物油、脂及其分离品",新增子目的商品为原子目 1516.20 项下的部分商品,调整后子目 1516.20 的商品范围缩小。

品目 15.16 调整后的列目结构如表 15-4 所示。

第三类 动、植物或微生物油、脂及其分解产品；精制的食用油脂；动、植物蜡

表 15-4 品目 15.16 调整后的列目结构

HS 编码	商品名称	备注
15.16	动、植物或微生物油、脂及其分离品，全部或部分氢化、相互酯化、再酯化或反油酸化，不论是否精制，但未经进一步加工：	条文修改
1516.10	-动物油、脂及其分离品	
1516.20	-植物油、脂及其分离品	商品范围缩小
1516.30	-微生物油、脂及其分离品	新增

（五）品目 15.17 的调整

为微生物油、脂及其分离品增列子目，将品目 15.17 的条文由"人造黄油；本章各种动、植物油、脂及其分离品混合制成的食用油、脂或制品，但品目 15.16 的食用油、脂及其分离品除外"修改为"人造黄油；本章各种动、植物或微生物油、脂及其分离品混合制成的食用油、脂或制品，但品目 15.16 的食用油、脂及其分离品除外"。

（六）品目 15.18 的调整

为微生物油、脂及其分离品增列子目，将品目 15.18 的条文由"动、植物油、脂及其分离品，经过熟炼、氧化、脱水、硫化、吹制或在真空、惰性气体中加热聚合及用其他化学方法改性的，但品目 15.16 的产品除外；本章各种油、脂及其分离品混合制成的其他品目未列名的非食用油、脂或制品"修改为"动、植物或微生物油、脂及其分离品，经过熟炼、氧化、脱水、硫化、吹制或在真空、惰性气体中加热聚合及用其他化学方法改性的，但品目 15.16 的产品除外；本章各种油、脂及其分离品混合制成的其他品目未列名的非食用油、脂或制品"。

四、相关商品知识介绍

（一）初榨橄榄油及相关产品

1. 工艺说明

《橄榄油和橄榄果渣油标准》于 1981 年通过，1989 年、2003 年、2015 年修订，2009 年、2013 年、2017 年修正。

橄榄油：仅取自橄榄树果实，不包括使用溶剂浸提或再酯化处理获得的油脂或其他种类的混合油。

初榨橄榄油：是指在一定条件下，特别是在温热条件下，橄榄树果实仅经过清洗、滗析、离心和过滤等机械或其他物理手段处理得到的、未改变油脂性质的油类。

橄榄果渣油：对橄榄果渣进行除卤化溶剂以外的溶剂浸提，或通过其他物理手段处理得到的油类，不包括通过再酯化处理或与其他油类混合得到的油类。

2. 基本成分和质量指标

特级初榨橄榄油：初榨橄榄油游离酸的含量，以油酸计，不超过 0.8 克/100 克，其他特性应符合该类别的相关规定。

初榨橄榄油：初榨橄榄油游离酸的含量，以油酸计，不超过2.0克/100克，其他特性应符合该类别的相关规定。

普通橄榄油：初榨橄榄油游离酸的含量，以油酸计，不超过3.3克/100克，其他特性应符合该类别的相关规定。

(二) 微生物油脂

微生物油脂，即微生物来源的油脂，也称为单细胞油脂，是通过某些油质的微生物发酵制成的，例如，酵母、真菌、细菌和微藻类。

1. 微生物油脂的成分

微生物油脂是一种含多不饱和脂肪酸或特殊脂肪酸的油脂。

2. 微生物油脂的种类

典型的微生物油脂包括DHA藻油和花生四烯酸（ARA）油脂。

（1）DHA藻油

DHA藻油是裂壶藻、寇氏隐甲藻或吾肯氏壶藻，是富含长链不饱和脂肪酸的油脂。

（2）花生四烯酸（ARA）油脂

花生四烯酸（ARA）油脂是采用高山被孢霉经发酵、分离、提纯得到的天然混合脂肪酸甘油酯，是一种来源于微生物的油脂。该混合油脂中甘油三酯含量为95%~98%、甘油二酯及甘油一酯含量2%~5%。主要成分是花生四烯酸、亚麻酸、棕榈酸等多种脂肪酸的甘油酯。花生四烯酸（ARA）油脂常温下为浅黄色或橙黄色液态，低温（低于4℃）时呈固态，具有该商品特有的气味，易溶于正己烷或石油醚等有机溶剂，不溶于水。由于该商品含有大量的不饱和脂肪酸甘油酯，所以容易发生自然氧化，一般低温（4℃）充氮保护。

3. 微生物油脂的加工工艺

DHA藻油的加工工艺：经发酵、提取、脱色、除杂等。

花生四烯酸（ARA）油脂的加工工艺：原材料验收、配料、发酵培养（菌种制备——一级种子罐—二级种子罐—发酵罐）、离心、提取、脱胶脱酸、脱色、脱臭、灌装。

4. 微生物油脂的用途

微生物油脂与植物油脂类似，可应用于多个方面，如食品、饲料和油脂化工行业等，甚至可以将其转化为脂肪酸酯类的生物柴油。例如，在医药保健行业中用于合成前列腺素前体，心血管调节、神经细胞生长发育调节药物；在化妆品行业中作为有效成分添加于护肤护发防皱等美容产品，以保护皮肤水分，延缓皮肤衰老，治疗慢性湿疹；在食品及饲料行业中作为添加剂使用。

第三类 动、植物或微生物油、脂及其分解产品；精制的食用油脂；动、植物蜡

第十五章子目注释一及品目 15.09、15.10 条文的修订
（为油橄榄油和橄榄渣油修订子目注释及增列子目）

一、修订背景

秘书处收到国际橄榄油理事会的信件，希望WCO考虑将《协调制度》中的品目15.09、15.10对标国际橄榄油理事会标准中有关橄榄油和橄榄渣油的定义。

国际橄榄油理事会提议将每个子目都和该理事会标准最大贸易量的某一类别或者一组类别联系，且达到超过5000万美元的贸易量的要求，这样可以达到促进市场透明、防范假冒，最终保障产品质量和消费者权益的目的。

现行的《协调制度》定义与国际橄榄油理事会的定义不匹配。《协调制度》中只是单独列出了"初榨的"和"其他"。但是国际橄榄油理事会为了适应消费需要，把子目1509.10的初榨区分为三个等级："特级初榨油橄榄油""初榨油橄榄油""普通初榨油橄榄油"。此外，国际橄榄油理事会对"不适宜直接食用的初榨橄榄灯油"也有标准，而《协调制度》中将其归入子目1509.90"其他"。

品目15.10指"其他橄榄油及其分离品，不论是否精制，但未经化学改性，包括掺有品目15.09的油或分离品的混合物"，且没有拆分子目。国际橄榄油理事会标准则将其区分为三个等级："橄榄渣油""精制橄榄渣油""粗提油橄榄果渣油（不适合直接食用）"。需要注意的是，国际橄榄油理事会标准中制定的名称与国际食品法典委员会的分类一致。然而，国际食品法典委员会的适用于供人食用的油类中并未提及初榨橄榄灯油和粗提油橄榄果渣油。似乎需要在法律文本和品目注释中同时新增清晰的指标，以明确区分所讨论的不同类型的橄榄油。

国际橄榄油理事会建议对品目15.09及15.10的条文作如下修订：

子目1509.10删除并替换为：

1509.20-特级初榨橄榄油

1509.30-初榨橄榄油

1509.40-其他初榨橄榄油

品目15.10删除并替换为：

15.10 其他油及分离品，完全由橄榄果渣获得，不论是否精制，但未经化学改性，包括掺有子目1509.20和子目1509.30的油类或分离品的混合物及分离品：

1510.10-粗提橄榄渣油

1510.90-其他

二、主要观点及讨论情况

在审议此议题时,代表们赞同国际橄榄油理事会提出的标准,包括国际食品法典委员会的标准,可以明确描述品目 15.09 的各种橄榄油,但对于能否区分品目 15.10 的橄榄油仍存在不确定性。相关事项最终提交至协调制度委员会科学分委会讨论。

在协调制度委员会科学分委会会议上,有代表指出国际食品法典委员会的标准局限于可食用的橄榄油,而国际橄榄油理事会的标准还包含非食用橄榄油。故倾向于在《协调制度》注释中增加相关的标准索引,而不是标准中的所有指标。同时,欧盟希望对国际橄榄油理事会建议中品目 15.10 的条文进行修订,如果该国际橄榄油理事会的建议被批准,则可能造成橄榄渣油与初榨橄榄油的混合物可能被排除在品目 15.10 之外。故希望将品目 15.10 条文修改建议中的"子目 1509.20 或 1509.30"修改为"品目 15.09","完全由橄榄果渣获得"修改为"仅从油橄榄渣果获取"。有代表质疑该观点,认为可能会引发产品的转移,如橄榄籽油,该商品也有一定的市场份额。

最后,主席总结:协调制度委员会科学分委会不支持在注释中包括所有的化学指标,而应以相应标准(方法)索引代替。相关的标准索引应由国际橄榄油理事会在下次协调制度委员会审议分委会会议前提供;部分代表指出基于安全考虑,用于区分橄榄油和其他油的感官分析方法,在部分国家是被禁止的;与会全体代表倾向于国际橄榄油理事会的建议;国际橄榄油理事会提供标准可用于区分品目 15.10 的橄榄油,最好也能被纳入海关实验室指引;在口岸对橄榄油产品开展感官分析是不可取的。

2018 年,秘书处收到国际橄榄油理事会来信,根据之前协调制度委员会科学分委会会议的意见,对品目 15.09 和 15.10 注释修订建议作简化处理,修订方案如下:

15.09 油橄榄油及其分离品,不论是否精制,但未经化学改性:

1509.20-特级初榨橄榄油

1509.30-初榨橄榄油

1509.40-其他初榨橄榄油

1509.90-其他

15.10 其他橄榄油及其分离品,仅从[橄榄果渣][橄榄]获得,不论是否精制,但未经化学改性,包括掺有[子目 1509.20 或 1509.30][品目 15.09]的油的混合物。

1510.10-初榨橄榄渣油

1510.90-其他

第 54 次协调制度委员会审议分委会会议上,国际橄榄油理事会代表建议品目 15.10 的条文需再修改,由品目 15.10 与 15.09 组成的混合物,应该是可食用

第三类　动、植物或微生物油、脂及其分解产品；精制的食用油脂；动、植物蜡

的混合物。有代表提出通过感观分析的方法进行区分可能带有主观性，这种分析方法也不能执行，且可能会增加海关的分析成本。因此，建议将子目 1509.20 及 1509.30 合并，不需要区分。有其他代表则希望增列子目 1509.20、1509.30 和 1509.40。他指出根据国际橄榄油理事会的解释，有通过认证的机构可以对橄榄油的种类进行检测，且相关检测费用不高，海关可以承认该检测结果。

国际橄榄油理事会代表则指出感官鉴定不是主观的，而是有质量标准的，由经过培训认证的多位测试人员进行鉴定。还有代表指出，建议的子目 1509.30 的条文是"virgin olive oil"，而另一个子目 1509.40 是"other virgin olive oil"，这两个条文的表述非常矛盾，都含有"初榨橄榄油"。询问国际橄榄油理事会是否有其他可代替的建议条文。国际橄榄油理事会观察员指出，这看似有矛盾，但不同种类的初榨橄榄油之间也是有区别的，区分为特级初榨、初榨、普通和橄榄灯油等几个类别。在建议的子目中，普通和橄榄灯油两种油属于子目 1509.40 项下，且后者不可食用。有代表建议保留这两个子目，但需对子目 1509.30 增加一个子目注释，用于解释"初榨橄榄油"，并建议秘书处起草相关注释。

大会同意在品目 15.10 条文中保留"橄榄"以取代"橄榄果渣"，并删除方括号中"子目 1509.20 或 1509.30"。同时也同意将相关提议提交至下次会议继续讨论。根据上次会议讨论情况，秘书处草拟了相关子目注释，具体修订方案如下：

"［第 15 章

"［新增子目注释一：

"子目 1509.30 中，初榨橄榄油以油酸计，其游离脂肪酸含量为每 100 克油中不超过 2.0 克，且能通过国际食品法典委员会的标准 Codex Alimentarius Standard 33-1981 所列指标与其他类别的初榨橄榄油区分。

"［删除并替换子目 1509.10：

"1509.20-特级初榨橄榄油

"1509.30 初榨橄榄油

"1509.40 其他初榨橄榄油］

"品目 15.10 修改为：

"［15.10　其他橄榄油及其分离品，仅从橄榄获得，不论是否精制，但未经化学改性，包括掺有品目 15.09 的油的［可食用］混合物。

"1510.10-初榨橄榄渣油

"1510.90-其他］。"

在第 55 次协调制度委员会审议分委会会议上，关于在第十五章增设子目注释一的建议，大部分代表均表示支持。有代表指出，根据 CODEX 的标准，特级初榨橄榄油的游离脂肪酸含量为每 100 克油中不超过 0.8 克，但根据新增的子目注释一，初榨橄榄油的游离脂肪酸含量为每 100 克油中不超过 2.0 克。他向国际橄榄油理事会提出疑问，这类的初榨橄榄油能否只能通过化学手段区分。

国际橄榄油理事会观察员对此回应，游离脂肪酸只是一系列鉴别指标之一，可通过 CODEX 及国际橄榄油理事会标准规定其他的感官分析及理化分析加以区分。还有代表向国际橄榄油理事会提出疑问，在注释中对酸含量进行定义是否比游离酸浓度更为可取。

国际橄榄油理事会观察员解释，酸含量和游离酸是不同的指标。所有橄榄油都有高含量的脂肪酸，油酸含量从55%至83%不等，这些在所有的初榨橄榄油类别中都是相似的。但是，游离脂肪酸则可用于区分不同的橄榄油类别。

协调制度委员会审议分委会最终同意新增的子目注释一的条文。

关于品目15.10条文中是否加入"可食用"（edible）。大部分代表表示支持。有代表指出，目前的品目15.10包括可食用和非可食用的橄榄油，建议将对"可食用"的修订在子目中体现。大会主席提醒，如果在条文中涉及"可食用"可能会被理解为该品目将不可食用的排除在外。

最后，协调制度委员会审议分委会一致同意子目注释一的条文，以及新增子目1510.10、1510.90，不增列子目1510.20、1510.30和1510.40，品目15.10的条文中没有"可食用"的表述。

三、结论

最终修订结果详见第十五章新增子目注释一及品目15.09、15.10条文。

品目15.15至15.18条文的修订（为微生物油脂修订品目条文及增列子目）

一、修订背景

协调制度委员会讨论了成员方提交的花生四烯酸（ARA）油脂的归类问题。花生四烯酸（ARA）油脂采用高山被孢霉经发酵、分离、提纯得到的天然混合脂肪酸甘油酯，是一种来源于微生物的油脂。

归类的焦点是由与真菌发酵产生的油脂的归类在《协调制度》没有明确的法律依据，在注释中也没用任何指引，花生四烯酸（ARA）油脂是归入第十五章的动物油脂或植物油脂，还是归入品目21.06其他未列名食品。代表普遍认为该商品有类似于油脂的化学结构，应归入品目15.15。最终协调制度委员会决定采用总规则一、四、六将其归入品目15.15（子目1515.90）。

WCO同时要求审议为明确微生物油脂的归类而产生的相应的税目、注释修订案。提出议题的成员方提出的品目15.16、15.17和15.18条文修订方案，以及增列子目1516.30，在会议上进行了讨论。

方案一：增列品目"15.19 微生物油脂及其分离品，不论是否精制，但未经化学改性"。

方案二：考虑到《协调制度》第十五章的结构，各品目是根据油脂加工程度进行编排的。建议协调制度委员会审议分委会考虑将微生物油脂增列入品目15.15中，并为其新增子目1515.60。

无论采纳方案一还是方案二，品目 15.16、15.17 和 15.18 均应作如下修订：

品目 15.16 修改为"动、植物、微生物油、脂及其分离品，全部或部分氢化、相互酯化、再酯化或反油酸化，不论是否精制，但未经进一步加工"。

新增子目 1516.30 "微生物油、脂及其分离品"。

品目 15.17 修改为"人造黄油；本章各种动、植物、微生物油、脂及其分离品混合制成的食用油、脂或制品，但品目 15.16 的食用油、脂及其分离品除外（+）"。

品目 15.18 修改为"动、植物、微生物油、脂及其分离品，经过熟炼、氧化、脱水、硫化、吹制或在真空、惰性气体中加热聚合及用其他化学方法改性的，但品目 15.16 的产品除外；本章各种油、脂及其分离品混合制成的其他品目未列名的非食用油、脂或制品"。

二、主要观点及讨论情况

协调制度委员会审议分委会会议审议修订方案，根据议题提出成员方提供的贸易量信息，微生物油脂的贸易量已经达到了增列品目的要求。并且从第十五章品目的排列顺序是根据油脂的加工程度来进行的角度考虑，协调制度委员会审议分委会决定采用修订方案二，将微生物油脂列在品目 15.15 项下，并创建新的子目 1515.60。

多位代表指出，微生物油脂和植物油脂在成分上十分类似，因此必须在注释中明确其不同之处，以保证其归类的独立性和准确性。有代表提出了微生物油脂在提炼过程中会产生油渣饼或其他残留物，故是否需要修改品目 23.06。会议同时也采纳了提议的成员方对"微生物油脂"相关注释进行修订的意见。

三、结论

会议通过修改第三类类标题、第十五章章标题、品目 15.15、15.16、15.17、15.18、23.06 和子目 1518.00 的条文，以及增列子目 1515.60、1516.30，来明确微生物油脂及其制品的归类。

最终修订结果详见第三类类标题、第十五章章标题、品目 15.15 至 15.18。

第四类 食品；饮料、酒及醋；烟草、烟草及烟草代用品的制品；非经燃烧吸用的产品，不论是否含有尼古丁；其他供人体摄入尼古丁的含尼古丁的产品

本类共有9章，即第十六章至第二十四章。2022年版《协调制度》类标题修改1条；章标题修改2条；章注释新增5条，修改6条；子目注释修改1条；4位数品目新增1条，修改5条；5、6位数子目新增8条，修改5条。

类标题的修改

为新型烟草产品新增品目24.04，相应地将第四类标题由"食品；饮料、酒及醋；烟草、烟草及烟草代用品的制品"修改为"食品；饮料、酒及醋；烟草、烟草及烟草代用品的制品；非经燃烧吸用的产品，不论是否含有尼古丁；其他供人体摄入尼古丁的含尼古丁的产品"。

第十六章 肉、鱼、甲壳动物、软体动物及其他水生无脊椎动物、以及昆虫的制品

一、概述

本章章标题修改1条；章注释修改2条；子目注释修改1条；4位数品目条文修改2条；5、6位数子目修改1条。

章标题的修改

为明确昆虫食品的归类，相应地将第十六章的标题由"肉、鱼、甲壳动物、软体动物及其他水生无脊椎动物的制品"修改为"肉、鱼、甲壳动物、软体动物及其他水生无脊椎动物、以及昆虫的制品"。

二、章注释及子目注释的修改情况

(一) 章注释一和章注释二的修改

为明确昆虫食品或含有昆虫食品的归类，对章注释一和章注释二进行了修改，修改后的条文如下：

"一、本章不包括用第二章、第三章、第四章注释六及品目05.04所列方法制作或保藏的肉、食用杂碎、鱼、甲壳动物、软体动物或其他水生无脊椎动物及昆虫。

"二、本章的食品按重量计必须含有20%以上的香肠、肉、食用杂碎、动物血、昆虫、鱼、甲壳动物、软体动物或其他水生无脊椎动物及其混合物。对于含有两种或两种以上前述产品的食品，则应按其中重量最大的产品归入第十六章的相应品目。但本

第四类 食品;饮料、酒及醋;烟草、烟草及烟草代用品的制品;非经燃烧吸用的产品,不论是否含有尼古丁;其他供人体摄入尼古丁的含尼古丁的产品

条规定不适用于品目 19.02 的包馅食品和品目 21.03 及 21.04 的食品。"

（二）子目注释一的修改

由于子目 1602.10 项下增加了含昆虫食品的"均化食品"，相应地修改子目注释一，修改后的条文为"一、子目 1602.10 的'均化食品'，是指用肉、食用杂碎、动物血<u>或昆虫</u>经精细均化制成适合供婴幼儿食用或营养用的零售包装食品（每件净重不超过 250 克）。为了调味、保藏或其他目的，均化食品中可以加入少量其他配料，还可以含有少量可见的肉粒、食用杂碎粒<u>或昆虫碎粒</u>。归类时该子目优先于品目 16.02 的其他子目"。

三、目录结构及品目条文的调整情况

为明确可食用昆虫类食品的归类，对品目 16.01 和 16.02 的条文进行了调整，具体修改情况如下：

（一）**品目 16.01 的调整**

将品目 16.01 的条文由"肉、食用杂碎<u>或</u>动物血制成的香肠及类似产品；用香肠制成的食品"修改为"肉、食用杂碎、动物血<u>或昆虫</u>制成的香肠及类似产品；用香肠制成的食品"。

修改后，由于原子目 0410.00 和原子目 2106.90 的部分商品转移至该品目项下，故品目 16.01 的商品范围扩大。

（二）**品目 16.02 的调整**

将品目 16.02 的条文由"其他方法制作或保藏的肉、食用杂碎<u>或</u>动物血"修改为"其他方法制作或保藏的肉、食用杂碎、动物血<u>或昆虫</u>"。

修改后，由于原子目 0410.00 和原子目 2106.90 的部分商品转移至该品目项下，故品目 16.02 的商品范围扩大。

（三）**品目 16.04 的调整**

子目 1604.14 条文的修改

将子目 1604.14 条文由"金枪鱼、<u>鲣鱼</u>及狐鲣（狐鲣属）"修改为"金枪鱼、鲣及狐鲣（狐鲣属）"，商品范围无变化。

第十六章注释一、二、子目注释一及品目 16.01、16.02 条文的修订（为昆虫类食品修订注释及品目条文）

详细修订背景及会议讨论过程见"第二章注释二的修订（为昆虫类食品新增章注释）"。

品目 16.04 的修订［基于鲣鱼学名修改的修订（仅英文文字修改）］

详细修订背景及会议讨论过程见"品目 03.02、03.03、03.04、03.05 条文的修订之鲣鱼（基于鲣鱼、狭鳕鱼学名修改的修订）"。

第十七章　糖及糖食

本章未作任何修改。

第十八章　可可及可可制品

一、概述

本章章注释新增 1 条，修改 1 条。

二、章注释及子目注释的修改情况

章注释一的修改

为明确含黑巧克力和可可的辣椒炖菜等食品不归入本章，新增章注释一（一）；同时将原章注释一的序号调整为一（二），并明确品目 19.02 的商品也不归入本章。

修改后的章注释一条文如下：

"一、本章不包括：

"（一）按重量计含香肠、肉、食用杂碎、动物血、昆虫、鱼、甲壳动物、软体动物或其他水生无脊椎动物及其混合物超过 20% 的食品（第十六章）；

"（二）品目 04.03、19.01、19.02、19.04、19.05、21.05、22.02、22.08、30.03、30.04 的制品。"

本章无子目注释。

三、目录结构及品目条文的调整情况

本章目录结构及品目条文未作修改。

第十八章注释一的修订（关于昆虫类食品的修订）

详细修订背景及会议讨论过程见"第二章注释二的修订（为昆虫类食品新增章注释）"。

第十九章　谷物、粮食粉、淀粉或乳的制品；糕饼点心

一、概述

本章章注释修改 1 条。

第四类 食品；饮料、酒及醋；烟草、烟草及烟草代用品的制品；非经燃烧吸用的产品，不论是否含有尼古丁；其他供人体摄入尼古丁的含尼古丁的产品

二、章注释及子目注释的修改情况

章注释一的修改

为明确昆虫类食品的归类，对章注释一（一）进行修改。修改后的条文为"（一）按重量计含香肠、肉、食用杂碎、动物血、<u>昆虫</u>、鱼、甲壳动物、软体动物、其他水生无脊椎动物及其混合物超过 20% 的食品（第十六章），但品目 19.02 的包馅食品除外；"。

本章无子目注释。

三、目录结构及品目条文的调整情况

本章目录结构及品目条文未作修改。

第十九章注释一（一）的修订（关于昆虫类食品的修订）

详细修订背景及会议讨论过程见"第二章注释二的修订（为昆虫类食品新增章注）"。

第二十章 蔬菜、水果、坚果或植物其他部分的制品

一、概述

本章章注释新增 1 条，修改 1 条；4 位数品目条文修改 1 条；5、6 位数子目修改 4 条。

二、章注释及子目注释的修改情况

章注释一的修改

为使品目 20.09 的英文版本和法文版本一致，修改章注释一。具体修订如下：

为明确植物油、脂不归入本章，新增章注释一（二）；

原章注释一（二）至章注释一（四）的序号相应地调整为章注释一（三）至章注释一（五）；

为明确昆虫类食品的归类，在原章注释一（二）的条文中添加"<u>昆虫</u>、"。

修改后，章注释一的条文如下：

" 一、本章不包括：

"（一）用第七章、第八章或第十一章所列方法制作或保藏的蔬菜、水果或坚果；

"（<u>二</u>）植物油、脂（第十五章）；

"（<u>三</u>）按重量计含香肠、肉、食用杂碎、动物血、<u>昆虫</u>、鱼、甲壳动物、软体动

物、其他水生无脊椎动物及其混合物超过20%的食品（第十六章）；

"（四）品目19.05的烘焙糕饼及其他制品；或

"（五）品目21.04的均化混合食品。"

本章子目注释未作修改。

三、目录结构及品目条文的调整情况

（一）品目20.08的调整

子目2008.93条文的修改

国际果汁生产者联合会提出，在《协调制度》中，"越橘"被包括在"蔓越橘"中，但在国际食品法典委员会标准中，越橘不被视为蔓越橘的一种。为使子目2008.93的英文版本和法文版本保持一致，将子目2008.93的条文"蔓越橘（大果蔓越橘、小果蔓越橘、越橘）"修改为"蔓越橘（大果蔓越橘、小果蔓越橘）、越橘"。

仅条文修改，商品范围不变。

（二）品目20.09的调整

1. 品目20.09条文的修改

为使品目20.09的英文版本和法文版本一致，修改品目20.09的条文，将"未发酵及未加酒精的水果汁（包括酿酒葡萄汁）、蔬菜汁，不论是否加糖或其他甜物质"修改为"未发酵及未加酒精的水果汁或坚果汁（包括酿酒葡萄汁及椰子水）、蔬菜汁，不论是否加糖或其他甜物质"。

条文修改，商品范围无变化。

2. 子目2009.2条文的修改

葡萄柚是柚子和甜橙的自然杂交品种，因此葡萄柚可以被认为是柚子的一个分支。根据国际果汁生产者联合会的建议，为使英文版本和法文版本保持一致，将子目2009.2的条文"葡萄柚（包括柚）汁"修改为"葡萄柚汁；柚汁"。

3. 子目2009.8条文的修改

根据国际果汁生产者联合会的建议，为使英文版本和法文版本一致，将子目2009.8的条文"其他未混合的水果汁或蔬菜汁"修订为"其他未混合的水果汁、坚果汁或蔬菜汁"。

4. 子目2009.81条文的修改

国际果汁生产者联合会提出，在《协调制度》中"越橘"被包括在"蔓越橘"中，但在国际食品法典委员会标准中，越橘不被视为蔓越橘的一种。为使子目2009.81的英文版本和法文版本保持一致，将子目2009.81的条文"蔓越橘汁（大果蔓越橘、小果蔓越橘、越橘）"修改为"蔓越橘汁（大果蔓越橘、小果蔓越橘）、越橘汁"。

调整后，品目20.09的列目结构如表20-1所示。

表 20-1 品目 20.09 调整后的列目结构

HS 编码	商品名称	备注
20.09	未发酵及未加酒精的水果汁或坚果汁（包括酿酒葡萄汁及椰子水）、蔬菜汁，不论是否加糖或其他甜物质：	条文修改
	……	
	-葡萄柚汁；柚汁：	条文修改
2009.21	--白利糖度值不超过 20 的	
2009.29	--其他	
	……	
	其他未混合的水果汁、坚果汁或蔬菜汁：	条文修改
2009.81	--蔓越橘汁（大果蔓越橘、小果蔓越橘）、越橘汁	条文修改
2009.89	--其他	
2009.90	-混合汁	

四、相关商品知识介绍

（一）椰子

椰子是棕榈科椰子属植物，由外果皮、中果皮、种皮、椰子肉（固态胚乳）、椰子水（液态胚乳）、胚组成。椰子的组成结构如图 20-1 所示。

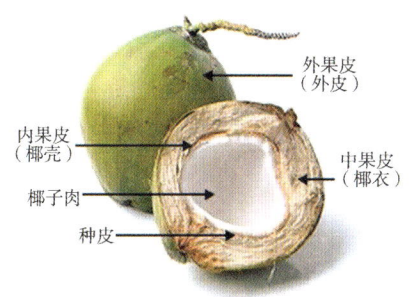

图 20-1 椰子的组成结构

（二）椰子水

椰子水是椰子发育期间存在于胚乳中的悬浮液，即液态胚乳，颜色接近透明，如图 20-2 所示。

图 20-2 椰子水

第二十章注释一(二)及品目 20.09、22.02 条文的修订
(为使英、法文保持一致修订章注释及品目条文)

一、修订背景

有成员方提出椰子水的归类问题。协调制度委员会会议上,通过投票,根据归类总规则一和六将椰子水视为水果汁归入子目 2009.89。随后有成员方对该归类决定提出保留意见,请求在协调制度委员会会议上重新讨论该产品的归类问题。该成员方提出,从植物学上讲,椰子是一种水果。但是,在《协调制度》归类中,水果和其他商品如蔬菜的分界线并不是按照植物学来划分的,因此椰子是作为坚果归入品目 08.01 的,而不是水果。而且他们认为,《协调制度》命名中"水果"和"坚果"的英语版本和法语版本的不一致问题长期以来一直存在(法语文本中的"水果"包括英语文本中的"水果"和"坚果")。由于品目 20.09 的英语文本中仅包括"水果"而不包括"坚果",该品目的范围就应该仅限于包括水果汁而不包括坚果汁。因此,基于对法律文本的正确理解,该商品不应看作水果汁归入品目 20.09,而应依据归类总规则一及六归入品目 22.02。如果 WCO 决定将椰子水归入品目 20.09,那么品目 20.09 的法律文本就需要修订,将坚果加入品目条文中。

WCO 投票表决再次肯定了之前的决议,根据归类总规则一及六,将椰子水按照果汁归入品目 20.09(子目 2009.89)。同时认为品目 20.09 的英文文本应该与法文文本一致。由于对品目 20.09 的修订无法在 2022 年 1 月 1 日前生效,作为一项临时措施,协调制度委员会将会讨论用于明确品目 20.09 的注释条文中"果汁"范畴的修订,同时协调制度委员会审议分委会讨论对于《协调制度》的相关修订。

二、主要观点及讨论情况

协调制度委员会审议分委会讨论了相关修订建议,会议代表同意品目 20.09

的条文应该修订以明确"水果汁"也包括从坚果得到的汁。但是以怎样的形式进行修订,各代表有不同看法。

部分代表认为椰子只是一个特例,为此来修订品目20.09的条文将所有水果汁的表述改为水果及坚果汁没有必要,建议仅在品目20.09相关条文中加包括"椰子水"的表述。但也有部分代表认为仅增加包括"椰子水"的表述,无法从根本上解决该品目条文英、法文不一致引起的归类争议问题,建议在条文中增加坚果汁的表述,使英文版、法文版对应的商品范围一致。

三、结论

会议最终决定,为使英文版本和法文版本一致,在品目20.09的条文中增加"坚果汁"的表述,并在条文中明确包括"椰子水"以及相应地对品目22.02条文进行修订。最终修订结果详见第二十章注释一(二)及品目20.09、22.02。

第二十章注释一(三)的修订(关于昆虫类食品的修订)

详细修订背景及会议讨论过程见"第二章注释二的修订(为昆虫类食品新增章注释)"。

第二十一章　杂项食品

一、概述

本章章注释新增1条,修改1条。

二、章注释及子目注释的修改情况

章注释一的修订

1. 章注释一(五)条文的修改

为明确可食用含昆虫食品不归入本章,在原章注释一(五)条文的基础上添加"昆虫、"。

2. 新增章注释一(六)

由于为尼古丁产品和新型烟草产品新增品目24.04,为了明确本章不包括品目24.04的商品,新增章注释一(六)。

3. 调整原章注释一(六)和章注释一(七)的序号

由于新增注释一(六),将原章注释一(六)和一(七)的序号调整为章注释一(七)和章注释一(八),条文内容不变。

修改后,章注释一的条文如下:

"一、本章不包括：

"……

"（五）按重量计含香肠、肉、食用杂碎、动物血、昆虫、鱼、甲壳动物、软体动物、其他水生无脊椎动物及其混合物超过20%的食品（第十六章），但品目21.03或21.04的产品除外；

"（六）品目24.04的产品；

"（七）品目30.03或30.04的药用酵母及其他产品；或

"（八）品目35.07的酶制品。"

本章无子目注释。

三、目录结构及品目条文的调整情况

本章目录结构及品目条文未作修改。

第二十一章注释一的修订（为尼古丁产品及昆虫类食品修订章注释）

详细修订背景及会议讨论过程见"第二章注释二的修订（为昆虫类食品新增章注释）"。

第二十二章　饮料、酒及醋

一、概述

本章4位数品目条文修改1条。

二、章注释及子目注释的修改情况

本章章注释及子目注释未作修改。

三、目录结构及品目条文的调整情况

品目22.02的调整

根据国际果汁生产者联合会的建议，为使英文版本和法文版本一致，修改品目22.02的条文，修改后的条文为"22.02　加味、加糖或其他甜物质的水，包括矿泉水及汽水，其他无酒精饮料，但不包括品目20.09的水果汁、坚果汁或蔬菜汁"。

第二十三章　食品工业的残渣及废料；配制的动物饲料

一、概述

本章 4 位数品目条文修改 1 条。

二、章注释及子目注释的修改情况

本章章注释及子目注释未作修改。

三、目录结构及品目条文的调整情况

品目 23.06 的调整

为明确加工微生物油脂时所产生的固体残渣的归类，修改品目 23.06 的条文，修改后的条文为"23.06　品目 23.04 或 23.05 以外的提炼植物或微生物油脂所得的油渣饼及其他固体残渣，不论是否碾磨或制成团粒（+）"。

品目 23.06 条文的修订（为微生物油脂修订品目条文）

详细修订背景及会议讨论过程见"品目 15.15 至 15.18 条文的修订（为微生物油脂修订品目条文及增列子目）"。

第二十四章　烟草、烟草及烟草代用品的制品；非经燃烧吸用的产品，不论是否含有尼古丁；其他供人体摄入尼古丁的含尼古丁的产品

一、概述

本章章标题修改 1 条；章注释新增 2 条；4 位数品目新增 1 条；5、6 位数子目新增 8 条。

章标题的修改

由于为新型烟草产品新增品目 24.04，相应地将第二十四章的标题由"烟草及烟草代用品的制品"修改为"烟草及烟草代用品的制品；非经燃烧吸用的产品，不论是否含有尼古丁；其他供人体摄入尼古丁的含尼古丁的产品"。

二、章注释及子目注释的修改情况

（一）调整原章注释序号

将原章注释的序号调整为注释一，调整后的条文为"一、本章不包括药用卷烟（第三十章）"。

（二）新增章注释二

为明确品目 24.04 优先于本章的其他品目，新增章注释二"二、既可归入品目 24.04 又可归入本章其他品目的产品，应归入品目 24.04"。

（三）新增章注释三

为明确"非经燃烧吸用"的使用方式，新增章注释三"三、品目 24.04 所称'非经燃烧吸用'，是指不通过燃烧，而是通过加热或其他方式吸用"。

本章子目注释未作修改。

三、目录结构及品目条文的调整情况

新增品目 24.04

为非经燃烧吸用的含烟草代产品新增品目 24.04 "24.04 含烟草、再造烟草、尼古丁、或烟草或尼古丁代用品，非经燃烧吸用的产品；其他供人体摄入尼古丁的含尼古丁的产品"。

在该品目项下，再拆分为子目"2404.1-非经燃烧吸用的产品""2404.9-其他"。

在子目 2404.1 项下，又按所含的成分不同拆分为子目"2404.11--含烟草或再造烟草的""2404.12--其他，含尼古丁的""2404.19--其他"。

其中新增子目 2404.11 的商品为原子目 2403.91 和 2403.99 的部分商品；新增子目 2404.12 的商品为原子目 3824.99 的部分商品；新增子目 2404.19 的商品为原子目 2403.99 和 3824.99 的部分商品。

在子目 2404.9 项下，又按使用方式拆分为子目"2404.91--经口腔摄入的""2404.92--经皮肤摄入的""2404.99--其他"。

其中新增子目 2404.91 的商品为原子目 2106.90 的部分商品；子目 2404.92 的商品为原子目 3824.99 的部分商品；子目 2404.99 的商品为原子目 3824.99 的部分商品。

新增品目 24.04 的列目结构如表 24-1 所示。

表 24-1 品目 24.04 的列目结构

HS 编码	商品名称	备注
24.04	含烟草、再造烟草、尼古丁、或烟草或尼古丁代用品，非经燃烧吸用的产品；其他供人体摄入尼古丁的含尼古丁的产品：	新增
	-非经燃烧吸用的产品：	新增
2404.11	--含烟草或再造烟草的	新增

表24-1 续

HS 编码	商品名称	备注
2404.12	--其他，含尼古丁的	新增
2404.19	--其他	新增
	-其他：	新增
2404.91	--经口腔摄入的	新增
2404.92	--经皮肤摄入的	新增
2404.99	--其他	新增

四、相关商品知识介绍

（一）电子烟系统

电子烟系统（Electrically Heated Tobacco System，EHTS）分为三个独立的部分：电加热烟草产品（Electrically Heated Tobacco Product，EHTP，也被称为"烟弹"）、加热棒（使用时盛装 EHTP 并通过电热给其加热）、充电仓（给加热棒充电）。如图 24-1 所示。

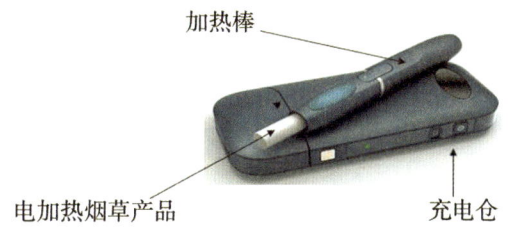

图 24-1　电子烟系统

（二）电加热烟草产品

电加热烟草产品（图 24-1 中的白色部分），为圆柱形，长 45 毫米，直径 7.3 毫米，形似卷烟。

1. 电加热烟草产品的组成

电加热烟草产品的组成如下：

（1）烟草栓，长 12 毫米，由 100%模制烟叶制成。模制烟叶是由多种烟草粉末、粘合剂和保湿剂（水、瓜尔豆胶和天然纤维素）、甘油（使更易雾化）等混合而成。将这些原料混合后形成的浆状物浇入模具干燥成薄片状，再裁切成指定大小，将其卷起成为烟草栓。

（2）中空的醋酸纤维素制空心管，用于隔开烟草栓和一级过滤。

（3）高分子过滤膜，用于过滤烟气中的悬浮物（主要是苯酚），并降低烟气温度至人体可承受的范围。

（4）低密度醋酸纤维素制的滤嘴。

（5）烟纸和滤嘴纸。

电加热烟草产品的结构如图24-2所示。

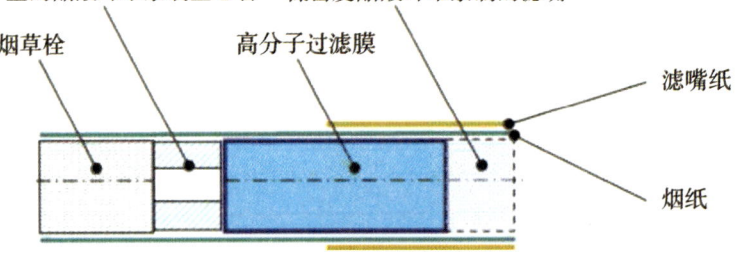

图24-2 电加热烟草产品的结构示意图

产品质量为0.8克，其中烟草栓质量为305.8毫克。包装形式为20个为一盒。该产品被设计与带有温控的加热装置配套使用。高浓度的甘油是为了在使用温度下产生肉眼可见的气溶胶（主要成分是水、甘油和尼古丁）。

2. EHTP的使用方法

将EHTP含有烟草的一端插入加热棒中，按下加热棒的开关，加热棒开始对其进行预加热，加热完成后（有指示灯指示），即可开始吸烟。

3. 新型烟草产品的列目背景

在WCO协调制度委员会第59次会议上，秘书处提出对电加热烟草产品的归类进行讨论，并建议基于协调制度技术委员会的讨论结果重新审议品目24.02、24.03的列目结构，以明确此类新型烟草产品的归类。

经过讨论，协调制度委员会决定在2022年版《协调制度》中为尼古丁产品和新型卷烟产品新增品目24.04。品目24.04包括非经燃烧吸用的含烟草、再造烟草、尼古丁或烟草/尼古丁代用品的产品以及其他供人体摄入尼古丁的含尼古丁的产品。

同时，2022年版《协调制度》中为使用电加热烟草产品的电子雾化设备增列子目"8543.40-电子烟及类似的个人电子雾化设备"。对于一次性电子烟产品，协调制度委员会认为是组合货品，且基本特征是烟草产品或含溶剂的尼古丁，应根据归类总规则三（二）归入第二十四章。

第二十四章注释及品目24.04的修订
（为尼古丁产品和新型烟草产品新增章注释及新增品目）

一、修订背景

在协调制度委员会会议上，秘书处提出对电加热烟草产品的归类进行讨论，并建议基于讨论结果重新审议品目24.02、24.03的列目结构，以便于明确此类新型烟草产品的归类。

秘书处建议，将所有区别于传统卷烟的新产品和其他人用尼古丁制品统一归

入新增的品目24.04。此后,秘书处和各成员方提交了品目、子目修订方案如下:

方案一:

[24.04 含有烟草、尼古丁或烟草及尼古丁代用品的产品,吸用时不点燃烟草、尼古丁、烟草代用品或尼古丁代用品;其他供人使用的含有尼古丁的产品

-供人吸用的不点燃的产品:

2404.11--[基于烟草的][含有烟草的]

2404.12--[其他,基于尼古丁的][其他,含有尼古丁的]

2404.19--其他

-其他:

2404.91--经口使用

2404.92--经皮使用

2404.99-其他]

方案二:

[24.04 用于电子烟或类似电子设备的制剂,不论是否含有尼古丁;其他[基于尼古丁][含有尼古丁]的[供人使用]的产品[,用于供人摄入尼古丁]

-用于电子烟或类似电子设备的制剂:

2404.11--含尼古丁

2404.12--不含尼古丁

-尼古丁替代疗法产品:

2404.21--经口使用的

2404.22--经皮使用的

2404.29--其他

2404.90--其他]

二、主要观点及讨论情况

有代表提出,难以区分加热到什么程度应该归入新品目,因此范围比较模糊,认为方案一是更完全的解决方法,而且其为未来产品的发展留出了空间。也有代表认为非经燃烧吸用反映了该类新型烟草产品的特征,且由于该方案中传统烟草产品与新型产品容易区分,更易于实施,故支持方案一。

经充分讨论,协调制度委员会审议分委会通过了以下品目24.04条文:

24.04 含有烟草、再造烟草、尼古丁以及烟草或尼古丁代用品,用于非经燃烧吸用的产品;其他含有尼古丁,用于供人体摄入尼古丁的产品

秘书处说明,尼古丁代用品是指不含有尼古丁,但可以减轻戒烟者戒断反应的产品。这样可以将之前归入品目38.24的不含尼古丁的电子烟烟弹归入品目24.04。有代表提出,为解决同时可以归入品目24.03(或品目24.02)和品目24.04的商品的归类问题,建议新增第二十四章注释二。

方案一：

"［二、品目 24.04 不包括品目 24.02 和 24.03 的产品。］"

方案二：

"［二、既可归入品目 24.04，又可归入本章其他品目的产品，应归入品目 24.04。］"

方案一认为品目 24.03（或品目 24.02）优先，方案二认为品目 24.04 优先。秘书处指出，品目 24.03 较 24.04 范围更大，也就是说所有品目 24.04 条文第一部分所述商品，根据归类总规则一，都可以归入品目 24.03，这导致品目 24.04 项下大多数子目都是空号。如果选择方案一，含有烟草、再造烟草或烟草代用品的，用于非经燃烧吸用的产品（例如，烟草胶囊和电加热烟草产品），应归入品目 24.03 或 24.02，而非品目 24.04，这样就失去了增列品目 24.04 的意义。经讨论，选择方案二。

为明确解释"非经燃烧吸入"，会议对第二十四章新增章注释三的修订建议进行了讨论。

有代表提出需要明确对一次性、不可重复装填的设备的归类。这是一种组合品，部件包括电池、电子加热器、含有溶液的烟弹、外壳，部件不可拆卸。这种产品的使用时间远远超过电子烟或电加热烟草产品，大约相当于 40~50 支卷烟。但是一旦溶液或烟草用完，该产品就不能再使用了。

三、结论

经过讨论，协调制度委员会决定在 2022 年版《协调制度》中为尼古丁产品和新型卷烟产品新增品目 24.04。品目 24.04 包括非经燃烧吸用的含烟草、再造烟草、尼古丁或烟草/尼古丁代用品的产品以及其他供人体摄入尼古丁的含尼古丁的产品。

同时增列第二十四章注释，一是明确既可归入品目 24.04 又可归入第二十四章其他品目的产品，优先归入品目 24.04；二是明确品目 24.04 所称"非经燃烧吸用"是指不通过燃烧，而是通过加热或其他方式吸用。

2022 年版《协调制度》还对第三十章的章注释进行了修改，将原章注释规定的应归入品目 21.06 或 38.24 的用于帮助吸烟者戒烟的制剂，例如，片剂、咀嚼胶及透皮贴片修改为将含尼古丁并用于帮助吸烟者戒烟的产品，如片剂、咀嚼胶及透皮贴片归入品目 24.04。同时，通过品目 24.04 中子目列目明确其他供人体摄入尼古丁的方式主要有经口腔摄入和经皮肤摄入。

2022 年版《协调制度》中为使用电加热烟草产品的电子雾化设备增列子目"8543.40-电子烟及类似的个人电子雾化设备"。对于一次性电子烟产品，协调制度委员会认为是组合货品，且基本特征是烟草产品或含溶剂的尼古丁，应根据归类总规则三（二）归入第二十四章。

最终修订结果详见第二十四章注释及品目 24.04。

第五类 矿产品

本类共有3章，即第二十五章至第二十七章。2022年版《协调制度》章注释新增1条，修改1条；子目注释修改1条；4位数品目条文修改1条；5、6位数子目删除1条。

第二十五章 盐；硫磺；泥土及石料；石膏料、石灰及水泥

一、概述

本章章注释新增1条；4位数品目条文修改1条；5、6位数子目删除1条。

二、章注释及子目注释的修改情况

章注释二的修改

1. 新增章注释二（五）

因将品目25.18项下的"夯混白云石"转移到品目38.16项下，在章注释二的排他条款中新增章注释二（五）。

2. 调整原章注释二（五）至原章注释二（九）的序号

将原章注释二（五）至原章注释二（九）的序号相应地调整为章注释二（六）至章注释二（十）。

章注释二调整后的条文如下：

"二、本章不包括：

"……

"（五）夯混白云石（品目38.16）；

"（六）长方砌石、路缘石、扁平石（品目68.01）、镶嵌石或类似石料（品目68.02）及铺屋顶、饰墙面或防潮用的板岩（品目68.03）；

"（七）宝石或半宝石（品目71.02或71.03）；

"（八）每颗重量不低于2.5克的氯化钠或氧化镁培养晶体（光学元件除外）（品目38.24）；氯化钠或氧化镁制的光学元件（品目90.01）；

"（九）台球用粉块（品目95.04）；或

"（十）书写或绘画用粉笔及裁缝划粉（品目96.09）。"

本章无子目注释。

三、目录结构及品目条文的调整情况

品目 25.18 的调整

1. 修改品目 25.18 的条文

因将夯混白云石转移到品目 38.16 项下，对品目 25.18 的条文进行修改，删去原品目 25.18 条文中的"夯混白云石"，该品目的条文由"白云石，不论是否煅烧或烧结、粗加修整或仅用锯或其他方法切割成矩形（包括正方形）的板、块；夯混白云石"修改为"白云石，不论是否煅烧或烧结、粗加修整或仅用锯或其他方法切割成矩形（包括正方形）的板、块"。

条文修改后，商品范围缩小。

2. 删除子目 2518.30

删除子目"2518.30-夯混白云石"，该商品转移至品目 38.16 项下。

修改后，品目 25.18 的列目结构如表 25-1 所示。

表 25-1　品目 25.18 调整后的列目结构

HS 编码	商品名称	备注
25.18	白云石，不论是否煅烧或烧结、粗加修整或仅用锯或其他方法切割成矩形（包括正方形）的板、块：	条文修改，商品范围缩小
2518.10	-未煅烧或烧结的白云石	
2518.20	-已煅烧或烧结的白云石	

第二十五章注释二、品目 25.18 及品目 38.16 的修订
（夯混白云石所属品目转移及修订注释）

一、修订背景

该议题为 2017 年 10 月 WCO 协调制度委员会某成员方提交的议案，希望为耐高温陶瓷制品对第二十五章、第六十九章和品目 25.18、38.16、68.15 和 69.03 的条文进行修改。

该议案整体分为三部分：

（一）为夯混白云石修改品目 25.18 和 38.16

因夯混白云石与品目 38.16 项下的耐火混合物相似度极高，作如下修改：

品目 25.18 修改为：

25.18　白云石，不论是否煅烧或烧结、粗加修整或仅用锯或其他方法切割成矩形（包括正方形）的板、块；夯混白云石：

2518.10-未煅烧或未烧结的白云石

2518.20-已煅烧或烧结的白云石

2518.30-夯混白云石

品目38.16修改为：

38.16 耐火的水泥、灰泥、混凝土及类似耐火混合制品，夯混白云石，但品目38.01的产品除外

（二）品目68.15条文修改及其与第六十九章产品的区别

68.15 其他品目未列名的石制品及其他矿物制品（包括碳纤维及其制品和泥煤制品）：

6815.10-非电器用的石墨或其他碳精制品

6815.20-泥煤制品

　　-其他制品：

6815.91--含有菱镁矿、方镁石形式的氧化镁、煅烧白云石形式的白云石或加热温度800℃以下铬铁矿的

6815.99--其他

800℃的加热温度可以区分68.15与69.03的烧结，明确氧化镁砖归入6815.91而非6815.99。

（三）品目69.03条文修改

品目69.03修改为：

69.03 其他耐火陶瓷制品（例如，甑、坩埚、马弗罩、喷管、栓塞、支架、烤钵、管子、护套及棒条、滑阀、滚筒、坯料、成型工具、罐），但硅质化石粉及类似硅土制的除外：

6903.10-含有按重量计超过50%的单体碳

6903.20-含有按重量计超过50%的三氧化二铝或三氧化二铝和二氧化硅的混合物或化合物

6903.90-其他

二、主要观点及讨论情况

2017年11月WCO会议，有成员方代表提出建议方案，指出夯混白云石作为一种耐火材料，从品目25.18转移到品目38.16是很有必要的，这样有助于统一类似材料的归类。该代表同时提醒秘书处，品目68.15和品目69.03关于温度的界定来自耐火材料行业惯例，子目6815.91将低于800℃作为一个阈值可以有效区分非烧结产品；并解释说，生产商通常所用的"单体碳（free carbon）"较"石墨、其他碳或其混合物"的表述更清晰。另有代表建议新增第六十九章章注一（三），也有代表认为调整夯混白云石和修改第六十九章章注一（二）都是应该的，但是没有必要在品目68.15和69.03项下增列子目。

2018年5月，WCO会议一致同意为夯混白云石修订品目25.18和38.16。

关于品目 68.15，有成员方代表不希望修订子目 6815.91，认为该子目应该包括未烧和以较低温度烧结的商品，如果修订可能会改变其商品范围；也有代表认为需要修订，因为目前范围不明确，相同商品可能归入不同章，修订后会明确将未烧制的包括在内。关于品目 69.03，有代表认为相关修订可以在注释中明确，不需要在品目条文中列出；也有代表支持修订品目，因为建议修订所涉商品贸易量大，从归类的角度来说非常重要。关于"单体碳"的表述，有代表不支持修订；也有代表表示不反对用"单体碳"，但需要添加解释，此外目前《协调制度》有其他碳相关的表述，若要修改，《协调制度》中的其他相关条文也需要修改。

2018 年 9 月 WCO 会议继续讨论子目 6815.91 条文的修订，一致同意删除"加热温度 800℃ 以下"及增加"方镁石形态的氧化镁""包括以煅烧白云石形式的"。

2018 年 11 月 WCO 会议同意增列第六十九章注释一（二）和（三）。关于对品目 69.03 的修订，有代表解释 "slide gates" 在行业中广泛应用，无须再次明确；同意在品目 69.03 中仅增加 "slide gates（滑阀）" 一词。关于修订子目 6903.10，有成员方代表解释"单体碳"是指石墨及其他未与其他元素连接的碳，较现在条文中所用的"石墨、其他碳或其混合物"的表述更为明确，且改用"单体碳"后子目的范围并未改变；也有代表认为关于"单体碳"并未有统一的理解，担心如何测量以重量计的"单体碳"。另有代表提出本方的"单体碳"是通过在 900℃ 燃烧后测定所产生的二氧化碳来测量的，因此"单体碳"的值可能不包括金属无机碳的值，但表示如果子目范围不改变，其可接受"单体碳"这一表述方式。

2019 年 3 月 WCO 会议同意基于 ISO 标准，使用"单体碳"的表述，并建议在《协调制度注释》第六十九章相关子目注释中对"单体碳"进行解释。

三、结论

最终修订结果详见品目 25.18、38.16、69.03，子目 6815.91。

第二十六章　矿砂、矿渣及矿灰

一、概述

本章章注释修改 1 条。

二、章注释及子目注释的修改情况

章注释一(六)的修改

根据《控制危险废物越境转移及处置巴塞尔公约》(以下简称《巴塞尔公约》)[①],为若干类别的废物进行修改。因为主要用于回收贵金属的电子电气废弃物及碎料从品目 71.12 转移至品目 85.49 项下,所以本章注释一(六)也作相应调整,即在条文中增加了"或 85.49"的表述。修改后的条文为"(六)贵金属或包贵金属的废碎料;主要用于回收贵金属的含贵金属或贵金属化合物的其他废碎料(品目 71.12 <u>或 85.49</u>);或"。

本章子目注释未作修改。

三、目录结构及品目条文的调整情况

本章目录结构及品目条文未作修改。

第二十六章注释一(六)的修订(基于《巴塞尔公约》的修订)

详细修订背景及会议讨论过程见"第十六类类注释六的修订(基于《巴塞尔公约》的修订)"。

第二十七章 矿物燃料、矿物油及其蒸馏产品;沥青物质;矿物蜡

一、概述

本章子目注释修改 1 条。

二、章注释及子目注释的修改情况

本章章注释未作修改,只修改了子目注释。

---

① 《控制危险废物越境转移及处置巴塞尔公约》(Basel Convention on the Control of Transboundary Movements of Hazardous Wastes and Their Disposal),由联合国环境规划署制定,并在 1989 年 3 月 22 日瑞士巴塞尔召开的世界环境保护会议上获得通过,于 1992 年 5 月 5 日正式生效。其是全球首部规范危险废物越境转移和环境无害化管理的综合性国际法律文书。我国政府于 1990 年 3 月 22 日签署了《巴塞尔公约》,该公约于 1992 年 5 月 5 日在我国生效。

子目注释五的修订

因品目15.15的条文中新增"微生物油、脂",明确了微生物油脂为与动植物油脂并列的一类油脂,本章子目注释五中对"生物柴油"的来源也作相应修改,即在条文中加入"<u>或微生物油脂</u>"。修改后的子目注释五为"五、品目27.10的子目所称'生物柴油',是指从动植物油脂<u>或微生物油脂</u>(不论是否使用过)得到的用作燃料的脂肪酸单烷基酯"。

三、目录结构及品目条文的调整情况

本章目录结构及品目条文未作修改。

第二十七章子目注释五的修订(微生物油脂引起的修订)

详细修订背景及会议讨论过程见"品目15.15至15.18条文的修订(为微生物油脂修订品目条文及增列子目)"。

第六类　化学工业及其相关工业的产品

一、概述

本类共有 11 章，即第二十八章到第三十八章。2022 年版《协调制度》类注释新增 1 条；章注释新增 3 条，删除 1 条，修改 9 条（其中 1 条仅英文修改，中文无变化）；子目注释修改 2 条；分章标题修改 1 条；4 位数品目新增 1 条，修改 4 条；5、6 位数子目新增 103 条，删除 35 条，修改 10 条。

二、类注释的修改情况

新增类注释四

根据《蒙特利尔破坏臭氧层物质管制议定书》（以下简称《蒙特利尔议定书》）①管制的臭氧层消耗物质，秘书处建议在第三十八章，为"其他品目未列名的，含甲烷、乙烷或丙烷的卤化衍生物的混合物"新增品目 38.27。为明确该类商品的归类，新增类注释四，新增的类注释条文为"四、其列名或功能既符合第六类中一个或多个品目的规定，又符合品目 38.27 的规定的产品，应按列名或功能归入相应品目，而不归入品目 38.27"。

第六类注释四的修订（基于《蒙特利尔议定书》的修订）

详细修订背景及会议讨论过程见"品目 29.03 的修订（基于《蒙特利尔议定书》的修订）"。

---

① 《蒙特利尔破坏臭氧层物质管制议定书》（Montreal Protocol on Substances that Deplete the Ozone Layer），是联合国为了避免工业产品中的氟氯碳化物对地球臭氧层继续造成恶化及损害，承续 1985 年保护臭氧层维也纳公约的大原则，于 1987 年 9 月 16 日邀请所属 26 个会员在加拿大蒙特利尔所签署的环境保护公约。该公约自 1989 年 1 月 1 日起生效。《伦敦修正案》是该议定书中非常重要的一个修正案，于 1990 年 6 月 29 日在伦敦签署，1992 年 8 月 10 日生效。1991 年 6 月 14 日，我国正式签署加入该修正案。

第二十八章 无机化学品；贵金属、稀土金属、放射性元素及其同位素的有机及无机化合物

一、概述

本章5、6位数子目新增7条。

二、章注释及子目注释的修改情况

本章章注释及子目注释未作修改。

三、目录结构及品目条文的调整情况

（一）品目28.44的调整

根据两用物项管理的需要，在子目2844.4项下为氚等19种放射性元素、同位素及其化合物，含这19种放射性元素、同位素及其化合物的合金、分散体（包括金属陶瓷）、陶瓷产品及混合物进行拆分，即子目"2844.41--氚及其化合物；含氚及其化合物的合金、分散体（包括金属陶瓷）、陶瓷产品及混合物""2844.42--锕-225、锕-227、锎-253、锔-240、锔-241、锔-242、锔-243、锔-244、锿-253、锿-254、钆-148、钋-208、钋-209、钋-210、镭-223、铀-230或铀-232及其化合物；含这些元素及其化合物的合金、分散体（包括金属陶瓷）、陶瓷产品及混合物""2844.43--其他放射性元素、同位素及其化合物；其他含这些元素、同位素及其化合物的合金、分散体（包括金属陶瓷）、陶瓷产品及混合物""2844.44--放射性残渣"。

上述新增子目的商品均来自原子目2844.40项下。

调整后，品目28.44的列目结构如表28-1所示。

表28-1 品目28.44调整后的列目结构

HS编码	商品名称	备注
28.44	放射性化学元素及放射性同位素（包括可裂变或可转换的化学元素及同位素）及其化合物；含上述产品的混合物及残渣：	
2844.10	-天然铀及其化合物；含天然铀或天然铀化合物的合金、分散体（包括金属陶瓷）、陶瓷产品及混合物	
2844.20	-铀-235浓缩铀及其化合物；钚及其化合物；含铀-235浓缩铀、钚或它们的化合物的合金、分散体（包括金属陶瓷）、陶瓷产品及混合物	
2844.30	-铀-235贫化铀及其化合物；钍及其化合物；含铀-235贫化铀、钍或它们的化合物的合金、分散体（包括金属陶瓷）、陶瓷产品及混合物	

表28-1 续

HS 编码	商品名称	备注
	-除子目 2844.10、2844.20 及 2844.30 以外的放射性元素、同位素及其化合物；含这些元素、同位素及其化合物的合金、分散体（包括金属陶瓷）、陶瓷产品及混合物；放射性残渣：	
2844.41	--氚及其化合物；含氚及其化合物的合金、分散体（包括金属陶瓷）、陶瓷产品及混合物	新增
2844.42	--锕-225、锕-227、锎-253、锔-240、锔-241、锔-242、锔-243、锔-244、锿-253、锿-254、钆-148、钋-208、钋-209、钋-210、镭-223、铀-230 或铀-232 及其化合物；含这些元素及其化合物的合金、分散体（包括金属陶瓷）、陶瓷产品及混合物	新增
2844.43	--其他放射性元素、同位素及其化合物；其他含这些元素、同位素及其化合物的合金、分散体（包括金属陶瓷）、陶瓷产品及混合物	新增
2844.44	--放射性残渣	新增

（二）品目 28.45 的调整

根据两用物项管理的需要，在品目 28.45 项下新增子目"2845.20-硼-10 浓缩硼及其化合物""2845.30-锂-6 浓缩锂及其化合物""2845.40-氚-3"。

上述新增子目的商品均来自原子目 2845.90 项下。相应地，子目 2845.90 的商品范围缩小。

调整后，品目 28.45 的列目结构如表 28-2 所示。

表 28-2 品目 28.45 调整后的列目结构

HS 编码	商品名称	备注
28.45	品目 28.44 以外的同位素；这些同位素的无机或有机化合物，不论是否已有化学定义：	
2845.10	-重水（氧化氘）	
2845.20	-硼-10 浓缩硼及其化合物	新增
2845.30	-锂-6 浓缩锂及其化合物	新增
2845.40	-氚-3	新增
2845.90	-其他	商品范围缩小

四、相关商品知识介绍

（一）氚

氚，又称超重氢，符号为 T 或 ^3H，是原子核由一个质子和两个中子组成的氢的放射性同位素，主要用于核燃料、β 辐射源和示踪剂等。

(二) 硼-10

硼-10，符号为^{10}B。自然界中硼元素含^{10}B和^{11}B两种稳定同位素。^{10}B是一种高效热中子吸收剂。

(三) 锂-6

锂-6，符号为^6Li。自然界中锂元素含^6Li和^7Li两种稳定同位素。^6Li可用于核聚变和氚的制造。

(四) 氦-3

氦-3，符号为^3He。自然界中氦元素含^3He和^4He两种稳定同位素。^3He为热核聚变的宝贵材料，亦用来制造^3He-Ne激光器、^3He中子探测器，以及用于低温物理研究。

品目28.44及品目28.45的修订（为两用物项增列子目）

一、修订背景

在2012年11月举办的WCO有关战略贸易管制实施（STCE）会议上，来自90多个WCO成员的约200名代表探讨了有关STCE的议题。为了满足对促进战略商品监管的诉求，WCO相关部门成立工作组，参与《协调制度》修订的分析工作。

二、主要观点及讨论情况

根据工作组的意见，秘书处初拟了为相关商品修订《协调制度》的建议。

1. 放射性物质

建议将如下战略放射性物质在品目28.44至28.45中具体列名：

（1）在品目28.44项下具体列名：氚、锕-225、锕-227、锎-253、锔-240、锔-241、锔-242、锔-243、锔-244、锿-253、锿-254、钆-148、钋-208、钋-209、钋-210、镭-223、铀-230或铀-232；

（2）在品目28.45项下具体列名：富集硼-10、富集锂-6、氦-3。

为了列名上述（1）中的放射性物质，秘书处提议将现有品目28.44的子目细分为：氚及其化合物；含氚及其化合物的合金、分散体（包括金属陶瓷）、陶瓷产品及混合物；其他放射性元素及其化合物；含这些元素及其化合物的合金、分散体（包括金属陶瓷）、陶瓷产品及混合物；放射性残渣。

对于品目28.45，秘书处提议就上述物质及其化合物新增子目。

2. 碳纤维

碳纤维一般成卷轴状，在航空航天工业、风能、自动化工业以及运动器材等领域中用于强化复合材料。为了便于监控碳纤维贸易，秘书处建议在现有的一级子目6815.9项下新增二级子目以具体列名碳纤维。

3. 高纯度的铋

铋因可用于制造钋-210而被认为具有战略性。对其贸易监控的意义集中于按重量计铋含量高于99.99%的高纯度铋。

秘书处建议在品目81.06项下，为高纯度的铋新增子目。然而，需要注意的是，尽管原则上高纯度的铋均具有战略性，但实际上，高纯度的铋通常以珠状、针状、颗粒以及粉末等形式存在。因此，会议需考虑修改提议，使高纯度的铋仅包含除物品和废碎料以外的所有形态。

4. 核等级锆

核等级锆由其足够低的铪含量确定。"低铪"锆被核供应国集团和国际原子能组织定义为"按重量计铪与锆重量比低于1∶500"。

由于建议区分品目81.09中的所有"低铪"锆产品，秘书处提议将该品目的现有子目全部拆分。

5. 铪和铼

基于战略商品贸易监管，所有的铪和铼制品都具有战略性。秘书处建议在品目81.12项下，按照现行的5位数子目8112.9结构，更精确地为这些贱金属制品新增子目。但是，协调制度委员会审议分委会认为并不一定要遵循这个结构，也可为铪和铼增列一级子目。

2015年11月WCO会议，各方均对该议题表示了原则性的支持。秘书处指出两用物项控制的商品清单非常长，本议题提交的相关商品是贸易中常见的。

6. 品目28.44和28.45

考虑到修订提议的技术性，需进一步审议以下问题：

（1）建议新增的子目条文所述的放射性物质，及其相关的化合物、合金、分散体、陶瓷产品的归类是否恰当。

（2）海关实验室能否或者是否需要更多的专业分析方法和设备来区分这些放射性物质，甚至化合物的结构等。

7. 品目68.15

有必要阐明：

（1）新增的有关碳纤维的子目和现行品目68.15项下的相关子目的区别。

（2）新增的子目涵盖什么样的碳纤维，是否涵盖其他石墨纤维。

8. 品目81.09

有成员方倾向将新增子目8109.21的文字调整为"包含按重量计小于0.2%的铪"。因此，需要明确能否测量锆中的铪含量。

2016年1月WCO会议继续审议并回答了相关问题。

1. 品目28.44和28.45

（1）建议新增的子目条文所述的放射性物质及其相关的化合物、合金、分散体、陶瓷产品的归类是恰当的。

(2) 大多数放射性材料需要使用昂贵的专用仪器设备检测。海关实验室普遍缺乏专业的化验人员和设备，无法精准处理及分析这些材料。

2. 品目 81.09

需要非常精密复杂的设备［如电感耦合等离子体质谱仪（ICP-MS）、电感耦合等离子体原子发射光谱仪（ICP-AES）等］才能测量锆中的铪含量，多数海关实验室无法开展此类分析。此外，关于新修子目条文（例如，"按重量计铪与锆重量比低于 1∶500"）是否恰当的问题。有代表提出参考《协调制度》中常用的百分比来表示含量，将"重量比"改为"百分比"，但秘书处指出"重量比"是核工业上识别核等级的指标，且"百分比"因合金的成分不同而波动。

2016 年 3 月 WCO 会议根据前期的讨论情况，决定：

同意新增子目 2844.41、2844.42、2844.43 和 2844.44 以及新增子目 2850.20、2845.30 和 2845.40。

同意新增子目 8103.91、8103.99、8106.10、8106.90、8112.31、8112.39、8112.41 和 8112.49。

同意有关新增子目 8109.21 锆中的铪含量按照按铪和锆的重量比来描述。

三、结论

最终修订结果详见品目 28.44、28.45、81.03、81.09、81.12。

第二十九章　有机化学品

一、概述

本章章注释修改 2 条（其中 1 条仅英文语序调整，中文无变化）；修改分章标题 1 条；4 位数品目条文修改 1 条；5、6 位数子目新增 42 条，删除 14 条，修改 10 条。

修改第四分章的标题

由于缩醛及半缩醛过氧化物所属品目的调整，第四分章的标题由"醚、过氧化醇、过氧化醚、过氧化酮、三节环环氧化物、缩醛及半缩醛及其卤化、磺化、硝化或亚硝化衍生物"修改为"醚、过氧化醇、过氧化醚、<u>缩醛及半缩醛过氧化物</u>、过氧化酮、三节环环氧化物、缩醛及半缩醛及其卤化、磺化、硝化或亚硝化衍生物"。

二、章注释及子目注释的修改情况

（一）章注释一（七）条文的修改

为便于识别或安全的目的，在添加的物质中增加了"催吐剂"，对章注释一（七）进行了修改。修改后的条文为"（七）为了便于识别或安全起见，加入抗尘剂、着色剂、气味剂<u>或催吐剂</u>的上述（一）、（二）、（三）、（四）、（五）、（六）各款产品，但所加剂料并不使原产品改变其一般用途而适合于某些特殊用途;"。

(二) 章注释四的调整

为明确第二十九章注释四的应用和有机过氧化物的归类,第二十九章注释四最后一段只是英文语序有所调整,中文条文不变。

本章子目注释未作修改。

三、目录结构及品目条文的调整情况

(一) 品目 29.03 的调整

根据《蒙特利尔议定书》,为加强对消耗臭氧层物质的监控与管理,对品目 29.03 进行如下调整:

1. 删除子目 2903.3

删除"2903.3-无环烃的氟化、溴化或碘化衍生物",原子目商品转移至新增的子目 2903.4 至子目 2903.6 项下。

2. 新增子目 2903.4

新增"2903.4-无环烃的饱和氟化衍生物",同时将该子目拆分为 9 个 6 位数子目,即子目 2903.41 至子目 2903.49,上述子目的商品均来自已删除的子目 2903.39 项下。

3. 新增子目 2903.5

新增"2903.5-无环烃的不饱和氟化衍生物",同时将该子目拆分为 2 个 6 位数子目,即子目 2903.51 和子目 2903.59,上述子目的商品均来自已删除的子目 2903.39 项下。

4. 新增子目 2903.6

新增"2903.6-无环烃的溴化或碘化衍生物",同时将该子目拆分为 3 个 6 位数子目,即子目 2903.61、子目 2903.62 和子目 2903.69。其中,子目 2903.61 和子目 2903.69 的商品来自已删除的子目 2903.39 项下,子目 2903.62 的商品来自已删除的子目 2903.31 项下。

5. 子目 2903.71 至子目 2903.76 条文的修改

在子目 2903.71 至子目 2903.76 的条文中,增加了英文缩写代码。

调整后,品目 29.03 的列目结构如表 29-1 所示。

表 29-1 品目 29.03 调整后的列目结构

HS 编码	商品名称	备注
29.03	烃的卤化衍生物:	
	……	
	-无环烃的饱和氟化衍生物:	新增
2903.41	--三氟甲烷(HFC-23)	新增
2903.42	--二氟甲烷(HFC-32)	新增

表29-1 续

HS 编码	商品名称	备注
2903.43	--一氟甲烷（HFC-41）、1,2-二氟乙烷（HFC-152）及 1,1-二氟乙烷（HFC-152a）	新增
2903.44	--五氟乙烷（HFC-125）、1,1,1-三氟乙烷（HFC-143a）及 1,1,2-三氟乙烷（HFC-143）	新增
2903.45	--1,1,1,2-四氟乙烷（HFC-134a）及 1,1,2,2-四氟乙烷（HFC-134）	新增
2903.46	--1,1,1,2,3,3,3-七氟丙烷（HFC-227ea）、1,1,1,2,2,3-六氟丙烷（HFC-236cb）、1,1,1,2,3,3-六氟丙烷（HFC-236ea）、1,1,1,3,3,3-六氟丙烷（HFC-236fa）	新增
2903.47	--1,1,1,3,3-五氟丙烷（HFC-245fa）及 1,1,2,2,3-五氟丙烷（HFC-245ca）	新增
2903.48	--1,1,1,3,3-五氟丁烷（HFC-365mfc）及 1,1,1,2,2,3,4,5,5,5-十氟戊烷（HFC-43-10mee）	新增
2903.49	--其他	新增
	-无环烃的不饱和氟化衍生物：	新增
2903.51	--2,3,3,3-四氟丙烯（HFO-1234yf）、1,3,3,3-四氟丙烯（HFO-1234ze）及（Z）-1,1,1,4,4,4-六氟-2-丁烯（HFO-1336mzz）	新增
2903.59	--其他	新增
	-无环烃的溴化或碘化衍生物：	新增
2903.61	--甲基溴（溴甲烷）	新增
2903.62	--二溴乙烷（ISO）（1,2-二溴乙烷）	新增
2903.69	--其他	新增
	-含有两种或两种以上不同卤素的无环烃卤化衍生物：	
2903.71	--一氯二氟甲烷（HCFC-22）	条文修改
2903.72	--二氯三氟乙烷（HCFC-123）	条文修改
2903.73	--二氯一氟乙烷（HCFC-141, 141b）	条文修改
2903.74	--一氯二氟乙烷（HCFC-142, 142b）	条文修改
2903.75	--二氯五氟丙烷（HCFC-225, 225ca, 225cb）	条文修改
2903.76	--溴氯二氟甲烷（Halon-1211）、溴三氟甲烷（Halon-1301）及二溴四氟乙烷（Halon-2402）	条文修改
2903.77	--其他，仅含氟和氯的全卤化物	
2903.78	--其他全卤化衍生物	
2903.79	--其他	
	……	

(二) 为明确缩醛及半缩醛过氧化物的归类进行的调整

为明确第二十九章注释四的应用和有机过氧化物的归类，将缩醛及半缩醛的过氧化物从品目 29.11 转移至品目 29.09 项下。为此，修改了品目 29.09 条文，同时商品范围也发生了变化。

1. 品目 29.09 条文的修改

在原有品目条文的基础上，增加了"缩醛及半缩醛过氧化物、"，修改后，该品目的商品范围扩大。

2. 子目 2909.60 商品范围扩大

由于原品目 29.11 项下的缩醛及半缩醛过氧化物移至该子目，商品范围扩大。

调整后，品目 29.09 的列目结构如表 29-2 所示。

表 29-2　品目 29.09 调整后的列目结构

HS 编码	商品名称	备注
29.09	醚、醚醇、醚酚、醚醇酚、过氧化醇、过氧化醚、<u>缩醛及半缩醛过氧化物</u>、过氧化酮（不论是否已有化学定义）及其卤化、磺化、硝化或亚硝化衍生物：	条文修改，商品范围扩大
	-无环醚及其卤化、磺化、硝化或亚硝化衍生物：	
2909.11	--乙醚	
2909.19	--其他	
2909.20	-环烷醚、环烯醚或环萜烯醚及其卤化、磺化、硝化或亚硝化衍生物	
2909.30	-芳香醚及其卤化、磺化、硝化或亚硝化衍生物	
	-醚醇及其卤化、磺化、硝化或亚硝化衍生物：	
2909.41	--2,2'-氧联二乙醇（二甘醇）	
2909.43	--乙二醇或二甘醇的单丁醚	
2909.44	--乙二醇或二甘醇的其他单烷基醚	
2909.49	--其他	
2909.50	-醚酚、醚醇酚及其卤化、磺化、硝化或亚硝化衍生物	
2909.60	-过氧化醇、过氧化醚、<u>缩醛及半缩醛过氧化物</u>、过氧化酮及其卤化、磺化、硝化或亚硝化衍生物	条文修改，商品范围变大

3. 品目 29.11 商品范围缩小

由于缩醛及半缩醛过氧化物由原品目 29.11 转移至子目 2909.6 项下，调整后品目 29.11 的商品范围缩小。

(三) 根据《关于禁止发展、生产、储存和使用化学武器及销毁此种武器的公约》(以下简称《禁止化学武器公约》)① 进行的调整

为加强相关商品的监控与管理,根据《禁止化学武器公约》进行如下调整:

1. 品目 29.30 的调整

在品目 29.30 项下,新增子目"2930.10-2-(N,N-二甲基氨基)乙硫醇",该子目的商品来自原子目 2930.90 项下。

调整后,品目 29.30 的列目结构如表 29-3 所示。

表 29-3 品目 29.30 调整后的列目结构

HS 编码	商品名称	备注
29.30	有机硫化合物:	
2930.10	-2-(N,N-二甲基氨基)乙硫醇	新增
2930.20	-硫代氨基甲酸盐(或酯)及二硫代氨基甲酸盐	
2930.30	-一硫化二烃氨基硫羰、二硫化二烃氨基硫羰及四硫化二烃氨基硫羰	
2930.40	-甲硫氨酸(蛋氨酸)	
2930.60	-2-(N,N-二乙基氨基)乙硫醇	
2930.70	-二(2-羟乙基)硫醚[硫二甘醇(INN)]	
2930.80	-涕灭威(ISO)、敌菌丹(ISO)及甲胺磷(ISO)	
2930.90	-其他	商品范围缩小

2. 品目 29.31 的调整

(1) 删除子目 2931.3

删除子目"2931.3-其他有机磷衍生物"及该子目项下的 6 位数子目,该子目删除的商品分别转移至新增的子目 2931.4 至 2931.5 项下。

(2) 新增子目 2931.4 及相应的子目 2931.41 至子目 2931.49

新增子目"2931.4-非卤化有机磷衍生物",同时将该子目拆分为 9 个 6 位数子目。其中,新增子目"2931.41--甲基膦酸二甲酯"的商品来自原子目 2931.31 项下,新增子目"2931.42--丙基膦酸二甲酯"的商品来自原子目 2931.32 项下,新增子目

---

① 《关于禁止发展、生产、储存和使用化学武器及销毁此种武器的公约》(Convention on the Prohibition of the Development, Production, Stockpiling and Use of Chemical Weapons and on Their Destruction),是第一个关于全面禁止、彻底销毁一整类大规模杀伤性武器,并规定了严格核查制度和无限期有效的国际条约。该公约于 1993 年 1 月 13 日开放供签署,1997 年 4 月 29 日生效,截至 2021 年 2 月,已有 193 个缔约方。为了预防和惩治利用有毒化学品等实施恐怖活动的行为,2001 年 12 月,第九届全国人民代表大会常务委员会第二十五次会议通过了《中华人民共和国刑法修正案(三)》,明确将非法制造、运输、储存或投放毒害性物质等危害公共安全的行为定为犯罪,并规定了相应的刑事处罚。根据《禁止化学武器公约》缔约方大会相关决定,我国于 2020 年对《各类监控化学品名录》进行了修订,将公约增列的附表化学品纳入其清单,并于 2020 年 6 月 3 日起施行。

"2931.43--乙基膦酸二乙酯"来自原子目2931.33项下，新增子目"2931.44--甲基膦酸"的商品来自原子目2931.39项下，新增子目"2931.45--甲基膦酸和胩基尿素（1：1）生成的盐"的商品来自原子目2931.38项下，新增子目"2931.46--1-丙基磷酸环酐"的商品来自原子目2931.35项下，新增子目"2931.47--（5-乙基-2-甲基-2-氧代-1,3,2-二氧磷杂环己-5-基）甲基膦酸二甲酯"的商品来自已删除的子目2931.36项下，新增子目"2931.48--3,9-二甲基-2,4,8,10-四氧杂-3,9-二磷杂螺［5,5］十一烷-3,9二氧化物"的商品来自原子目2931.39项下，新增子目"2931.49--其他"的商品来自原子目2931.34、子目2931.37和子目2931.39项下。

（3）新增子目2931.5及相应的子目2931.51至子目2931.59

新增子目"2931.5-卤化有机磷衍生物"，同时将该子目拆分为5个6位数子目。

其中，子目"2931.51--甲基膦酰二氯"的商品来自原子目2931.39项下，新增子目"2931.52--丙基膦酰二氯"的商品来自原子目2931.39项下，子目"2931.53--O-(3-氯丙基)-O-[4-硝基-3-(三氟甲基)苯基]甲基硫代膦酸酯"的商品来自原子目2931.39项下，"2931.54--敌百虫（ISO）"是根据《关于在国际贸易中对某些危险化学品和农药采用事先知情同意程序的鹿特丹公约》（以下简称《鹿特丹公约》）[①]进行调整的，该子目的商品来自原子目2931.39项下，新增子目"2931.59--其他"来自原子目2931.39项下。

调整后，品目29.31的列目结构如表29-4所示。

表29-4 品目29.31调整后的列目结构

HS编码	商品名称	备注
29.31	其他有机-无机化合物：	
2931.10	-四甲基铅及四乙基铅	
2931.20	-三丁基锡化合物	
	-非卤化有机磷衍生物：	新增
2931.41	--甲基膦酸二甲酯	新增
2931.42	--丙基膦酸二甲酯	新增
2931.43	--乙基膦酸二乙酯	新增
2931.44	--甲基膦酸	新增
2931.45	--甲基膦酸和胩基尿素（1：1）生成的盐	新增
2931.46	--1-丙基磷酸环酐	新增

---

① 《关于在国际贸易中对某些危险化学品和农药采用事先知情同意程序的鹿特丹公约》（Convention on International Prior Informed Consent Procedure for Certain Trade Hazardous Chemicals and Pesticides in International Trade Rotterdam），简称《鹿特丹公约》（The Rotterdam Convention）或《PIC公约》。《鹿特丹公约》于1998年9月10日在鹿特丹制定，2005年6月20日在我国生效。

表29-4 续

HS 编码	商品名称	备注
2931.47	--(5-乙基-2-甲基-2-氧代-1,3,2-二氧磷杂环己-5-基)甲基膦酸二甲酯	新增
2931.48	--3,9-二甲基-2,4,8,10-四氧杂-3,9-二磷杂螺[5,5]十一烷-3,9 二氧化物	新增
2931.49	--其他	新增
	-卤化有机磷衍生物:	新增
2931.51	--甲基膦酰二氯	新增
2931.52	--丙基膦酰二氯	新增
2931.53	--O-(3-氯丙基)-O-[4-硝基-3-(三氟甲基)苯基]甲基硫代膦酸酯	新增
2931.54	--敌百虫（ISO）	新增
2931.59	--其他	新增
2931.90	-其他	

（四）根据《鹿特丹公约》进行的调整

为加强对《鹿特丹公约》相关商品的监控与管理，根据公约秘书处要求对《协调制度》进行修订，在品目29.32项下新增子目"2932.96--克百威（ISO）"，该子目的商品来自原子目2932.99项下。

调整后，品目29.32的列目结构如表29-5所示。

表29-5 品目29.32调整后的列目结构

HS 编码	商品名称	备注
29.32	仅含有氧杂原子的杂环化合物:	
	……	
2932.91	--4-丙烯基-1,2-亚甲二氧基苯（异黄樟脑）	
2932.92	--1-(1,3-苯并二噁茂-5-基)丙烷-2-酮	
2932.93	--3,4-亚甲二氧基苯甲醛（胡椒醛）	
2932.94	--4-烯丙基-1,2-亚甲二氧基苯（黄樟脑）	
2932.95	--四氢大麻酚（所有的异构体）	
2932.96	--克百威（ISO）	新增
2932.99	-其他	商品范围缩小

（五）根据《1961年联合国麻醉品单一公约》进行的调整

为加强对芬太尼类商品的监控与管理，依据《1961年联合国麻醉品单一公约》调整如下：

1. 品目 29.33 的调整

(1) 2933.33 条文的修改

在品目 29.33 项下,修改了 2933.33 的条文,在原有条文的基础上增加了"卡芬太尼(INN)""瑞芬太尼(INN)"两种商品,子目 2933.33 商品范围扩大,增加的这两种商品来自原子目 2933.39 项下。

(2) 新增子目 2933.34 至子目 2933.37

新增 4 个 6 位子目,即子目"2933.34--其他芬太尼及它们的衍生物""2933.35--3-奎宁醇""2933.36--4-苯氨基-N-苯乙基哌啶(ANPP)""2933.37--N-苯乙基-4-哌啶酮(NPP)",以上 4 个新增 6 位子目的商品均来自原子目 2933.39 项下。其中子目 2933.35 是根据《禁止化学武器公约》进行的调整。

调整后,品目 29.33 的列目结构如表 29-6 所示。

表 29-6　品目 29.33 调整后的列目结构

HS 编码	商品名称	备注
29.33	仅含有氮杂原子的杂环化合物:	
	……	
2933.30	-结构上含有一个非稠合吡啶环(不论是否氢化)的化合物:	
2933.31	--吡啶及其盐	
2933.32	--六氢吡啶(哌啶)及其盐	
2933.33	--阿芬太尼(INN)、阿尼利定(INN)、苯氰米特(INN)、溴西泮(INN)、卡芬太尼(INN)、地芬诺新(INN)、地芬诺酯(INN)、地匹哌酮(INN)、芬太尼(INN)、凯托米酮(INN)、哌醋甲酯(INN)、喷他左辛(INN)、哌替啶(INN)、哌替啶中间体 A(INN)、苯环利定(INN)、苯哌利定(INN)、哌苯甲醇(INN)、哌氰米特(INN)、哌丙吡胺(INN)、瑞芬太尼(INN)和三甲利定(INN)以及它们的盐	条文修改,商品范围扩大
2933.34	--其他芬太尼及它们的衍生物	新增
2933.35	--3-奎宁醇	新增
2933.36	--4-苯氨基-N-苯乙基哌啶(ANPP)	新增
2933.37	--N-苯乙基-4-哌啶酮(NPP)	新增
2933.39	--其他	商品范围缩小
	……	

2. 品目 29.34 的调整

在品目 29.34 项下,新增子目"2934.92--其他芬太尼以及它们的衍生物",该子目的商品来自原子目 2934.99 项下。

调整后品目 29.34 的列目结构如表 29-7 所示。

表 29-7　品目 29.34 调整后的列目结构

HS 编码	商品名称	备注
29.34	核酸及其盐,不论是否已有化学定义;其他杂环化合物:	
	……	
	-其他:	
2934.91	--阿米雷司(INN),溴替唑仑(INN),氯噻西泮(INN),氯噁唑仑(INN),右吗拉胺(INN),卤噁唑仑(INN),凯他唑仑(INN),美索卡(INN),噁唑仑(INN),匹莫林(INN),苯巴曲嗪(INN),芬美曲嗪(INN)和舒芬太尼(INN)以及它们的盐	
2934.92	--其他芬太尼以及它们的衍生物	新增
2934.99	--其他	商品范围缩小

(六) 为烟酸、烟酰胺进行的调整

烟酸、烟酰胺属于维生素 B_3,为明确烟酸、烟酰胺的归类,删除了原子目 2936.24 条文中"维生素 B_3"的内容,即由"D 或 DL-泛酸(维生素 B_3 或维生素 B_5)及其衍生物"修改为"D 或 DL-泛酸(维生素 B_5)及其衍生物"。结合维生素 B_3 的化学结构式(详见第四部分"相关商品知识介绍")判断,其不符合子目 2936.24 的条文,应归入子目 2936.90 项下。

调整后品目 29.36 的列目结构如表 29-8 所示。

表 29-8　品目 29.36 调整后的列目结构

HS 编码	商品名称	备注
29.36	天然或合成再制的维生素原和维生素(包括天然浓缩物)及其主要用作维生素的衍生物,上述产品的混合物,不论是否溶于溶剂:	
	-未混合的维生素及其衍生物:	
2936.21	--维生素 A 及其衍生物	
2936.22	--维生素 B_1 及其衍生物	
2936.23	--维生素 B_2 及其衍生物	
2936.24	--D 或 DL-泛酸(维生素 B_5)及其衍生物	条文修改,商品范围缩小
2936.25	--维生素 B_6 及其衍生物	
2936.26	--维生素 B_{12} 及其衍生物	
2936.27	--维生素 C 及其衍生物	
2936.28	--维生素 E 及其衍生物	
2936.29	--其他维生素及其衍生物	
2936.90	-其他,包括天然浓缩物	商品范围扩大

(七) 为麻黄生物碱衍生物进行的调整

为使麻黄生物碱衍生物与品目 29.39 的其他衍生物归类保持一致,对品目 29.39 进行如下调整:

1. 子目 2939.4 条文的修改

子目 2939.4 的条文,由"麻黄碱类及其盐"修改为"麻黄生物碱及其衍生物,以及它们的盐",调整后,原子目 2939.79 的部分商品转移至子目 2939.4 项下,子目 2939.4 商品范围扩大。

2. 删除子目 2939.71

删除子目"2939.71--可卡因、芽子碱、左甲苯丙胺、去氧麻黄碱(INN)、去氧麻黄碱外消旋体,它们的盐、酯及其他衍生物",该子目删除的商品转移至新增的子目 2939.45、子目 2939.49 和子目 2939.72 项下。

3. 新增子目 2939.45

新增子目"2939.45--左甲苯丙胺、去氧麻黄碱(INN)、去氧麻黄碱外消旋体以及它们的盐",该子目的商品来自原子目 2939.71 项下。

4. 新增子目 2939.72

新增子目"2939.72--可卡因、芽子碱,它们的盐、酯及其他衍生物",该子目的商品来自原子目 2939.71 项下。

5. 子目 2939.49 与子目 2939.79 范围的变化

调整后,子目 2939.49 的商品范围扩大,除了包括原子目 2939.49 的全部商品外,还包括原子目 2939.71 和 2939.79 的部分商品;子目 2939.79 的商品范围缩小,部分商品转移至子目 2939.49 项下。

调整后,品目 29.39 的列目结构如表 29-9 所示。

表 29-9 品目 29.39 调整后的列目结构

HS 编码	商品名称	备注
29.39	天然或合成再制的生物碱及其盐、醚、酯和其他衍生物:	
	……	
	-麻黄生物碱及其衍生物,以及它们的盐:	条文修改,商品范围扩大
2939.41	--麻黄碱及其盐	
2939.42	--假麻黄碱(INN)及其盐	
2939.43	--d-去甲假麻黄碱(INN)及其盐	
2939.44	--去甲麻黄碱及其盐	
2939.45	--左甲苯丙胺、去氧麻黄碱(INN)、去氧麻黄碱外消旋体以及它们的盐	新增
2939.49	--其他	商品范围扩大
	-茶碱和氨茶碱及其衍生物,以及它们的盐:	

表29-9 续

HS 编码	商品名称	备注
2939.51	--芬乙茶碱（INN）及其盐	
2939.59	--其他	
	-麦角生物碱及其衍生物，以及它们的盐：	
2939.61	--麦角新碱（INN）及其盐	
2939.62	--麦角胺（INN）及其盐	
2939.63	--麦角酸及其盐	
2939.69	--其他	
	-其他，植物来源的：	
2939.72	--可卡因、芽子碱，它们的盐、酯及其他衍生物	新增
2939.79	--其他	商品范围缩小
2939.80	-其他（相应子目，例如，品目29.33和29.34项下的）	

四、相关商品知识介绍

（一）三氟甲烷（HFC-23）

三氟甲烷（Fluoroform），又称氟仿，CAS号为75-46-7，分子式为CHF_3，分子量为70.02。三氟甲烷是一种无色几乎无味、不导电的气体，主要作为低温制冷剂、电子工业等离子体化学蚀刻剂及氟有机化合物的原料等，也可作为有机合成中间体。其结构式如图29-1所示。

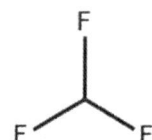

图29-1 三氟甲烷（HFC-23）结构式

（二）二氟甲烷（HFC-32）

二氟甲烷（Difluoromethane），又称二氟化碳，CAS号为75-10-5，分子式为CH_2F_2，分子量为52.02。二氟甲烷在常温常压下为气体，加压压缩后为无色透明液体，易溶于油，是一种拥有零臭氧耗损潜势的冷却剂。其结构式如图29-2所示。

图29-2 二氟甲烷（HFC-32）结构式

（三）1,1-二氟乙烷（HFC-152a）

1,1-二氟乙烷（Difluoroethane），CAS号为75-37-6，分子式为$C_2H_4F_2$，分子量为66.05。1,1-二氟乙烷在常温常压下为无色有微弱气味的气体，不溶于水，溶于酒精、醚类溶剂，可作为制冷剂、飞机推进剂等。其结构式如图29-3所示。

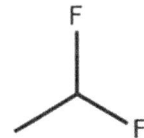

图29-3　1,1-二氟乙烷（HFC-152a）结构式

（四）五氟乙烷（HFC-125）

五氟乙烷（Pentafluoroethane），CAS号为354-33-6，分子式为C_2HF_5，分子量为120.02。五氟乙烷在常温常压下为无色、无味的气体，主要用作制冷剂。其结构式如图29-4所示。

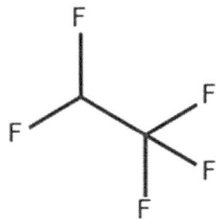

图29-4　五氟乙烷（HFC-125）结构式

（五）1,1,1,2-四氟乙烷（HFC-134a）

1,1,1,2-四氟乙烷（1,1,1,2-Tetraflurorethane），CAS号为811-97-2，分子式为$C_2H_2F_4$，分子量为102.03。1,1,1,2-四氟乙烷是一种无色无毒不可燃的化学物质，不溶于水，溶于醚，为使用最广泛的中低温环保制冷剂，也可用作药用辅料等。其结构式如图29-5所示。

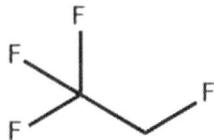

图29-5　1,1,1,2-四氟乙烷（HFC-134a）结构式

（六）1,1,1,2,3,3,3-七氟丙烷（HFC-227ea）

1,1,1,2,3,3,3-七氟丙烷（1,1,1,2,3,3,3-Heptafluoropropane），又名海龙气体，CAS号为431-89-0，分子式为CF_3CHFCF_3，分子量为170.03。1,1,1,2,3,3,3-七氟丙烷具有无色、无味、绝缘性强的特征，属于新式高效灭火气体，被广泛地应用于灭火领域，还被用作制冷剂和医用喷射剂。其结构式如图29-6所示。

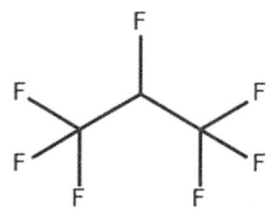

图 29-6　1, 1, 1, 2, 3, 3, 3-七氟丙烷（HFC-227ea）结构式

（七）1, 1, 1, 3, 3-五氟丙烷（HFC-245fa）

1, 1, 1, 3, 3-五氟丙烷（Perfluoropropane），CAS 号为 460-73-1，分子式为 $CF_3CH_2CHF_2$，分子量为 134.05。1, 1, 1, 3, 3-五氟丙烷是一种无色透明易流动的液体，具有挥发性，在常温常压下稳定，主要用于冰箱、板材聚氨酯绝热材料发泡等。其结构式如图 29-7 所示。

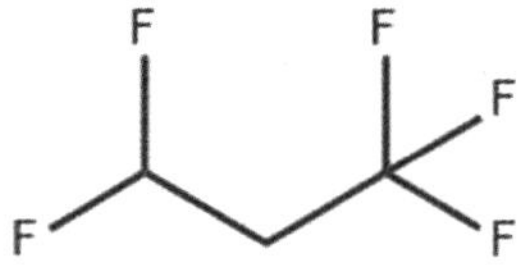

图 29-7　1, 1, 1, 3, 3-五氟丙烷（HFC-245fa）结构式

（八）1, 1, 1, 3, 3-五氟丁烷（HFC-365mfc）

1, 1, 1, 3, 3-五氟丁烷（1, 1, 1, 3, 3-Pentafluorobutane），CAS 号为 406-58-6，分子式为 $CF_3CH_3CF_2CH_3$，分子量为 148.07。1, 1, 1, 3, 3-五氟丁烷在室温下为液体，广泛用作泡沫塑料特别是聚氨酯硬质泡沫的发泡剂，印刷线路板、马达线圈、数控设备的清洗剂等。其结构式如图 29-8 所示。

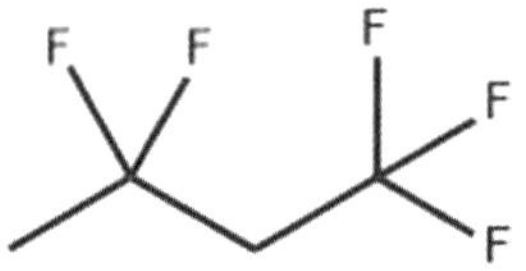

图 29-8　1, 1, 1, 3, 3-五氟丁烷（HFC-365mfc）结构式

（九）2, 3, 3, 3-四氟丙烯（HFO-1234yf）

2, 3, 3, 3-四氟丙烯（2, 3, 3, 3-Tetrafluoropropane），CAS 号为 754-12-1，分子式为 $C_3H_2F_4$，分子量为 114.04。2, 3, 3, 3-四氟丙烯在室温下是一种无色透明气体，主要用作低 GWP 新型制冷剂。其结构式如图 29-9 所示。

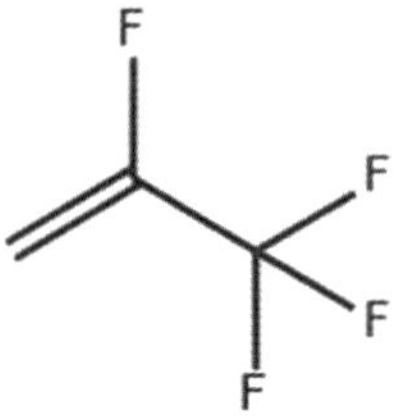

图 29-9　2, 3, 3, 3-四氟丙烯（HFO-1234yf）结构式

（十）2-(N,N-二甲基氨基）乙硫醇

2-(N,N-二甲基氨基）乙硫醇［2-(N,N-Dimethylamino)-ethanethiol］，CAS号为13242-44-9，分子式为$C_4H_{11}NS$，分子量为105.19。其结构式如图29-10所示。

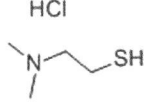

图29-10　2-（N,N-二甲基氨基）乙硫醇结构式

（十一）甲基膦酸

甲基膦酸（Methylphosphonic acid），CAS号为993-13-5，分子式为CH_5O_3P，分子量为96.02。其结构式如图29-11所示。

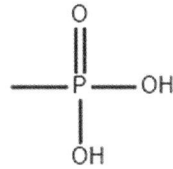

图29-11　甲基膦酸结构式

（十二）3,9-二甲基-2,4,8,10-四氧杂-3,9-二磷杂螺[5,5]十一烷-3,9二氧化物

3,9-二甲基-2,4,8,10-四氧杂-3,9-二磷杂螺［5,5］十一烷-3,9二氧化物（3,9-Dimethyl-2,4,8,10-tetraoxa-3,9-diphosphaspiro［5,5］undecane 3,9-dioxide），CAS号为3001-98-7，分子式为$C_7H_{14}O_6P_2$，分子量为256.13。其结构式如图29-12所示。

**图29-12　3,9-二甲基-2,4,8,10-四氧杂-3,9-二磷杂螺[5,5]
十一烷-3,9二氧化物结构式**

（十三）甲基膦酰二氯

甲基膦酰二氯（Methylphosphonic dichloride），又称甲基膦酰二氯、二氯甲基膦，CAS号为676-97-1，分子式为CH_3POCl_2，分子量为132.91。其结构式如图29-13所示。

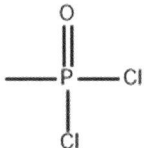

图29-13　甲基膦酰二氯结构式

（十四）丙基膦酰二氯

丙基膦酰二氯（Propylphosphonic dichloride），又称1-丙基二氯化膦，CAS号为

4708-04-7，分子式为 $C_3H_7Cl_2OP$，分子式为 160.97。其结构式如图 29-14 所示。

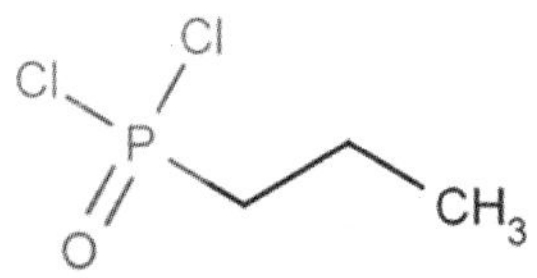

图 29-14 丙基膦酰二氯结构式

（十五）O-(3-氯丙基)-O-[4-硝基-3-(三氟甲基)苯基]甲基硫代膦酸酯

O-（3-氯丙基）-O-[4-硝基-3-（三氟甲基）苯基]甲基硫代膦酸酯，CAS 号为 849-29-6，分子式为 $C_{11}H_{12}ClF_3NO_4PS$，分子量为 377.71。其结构式如图 29-15 所示。

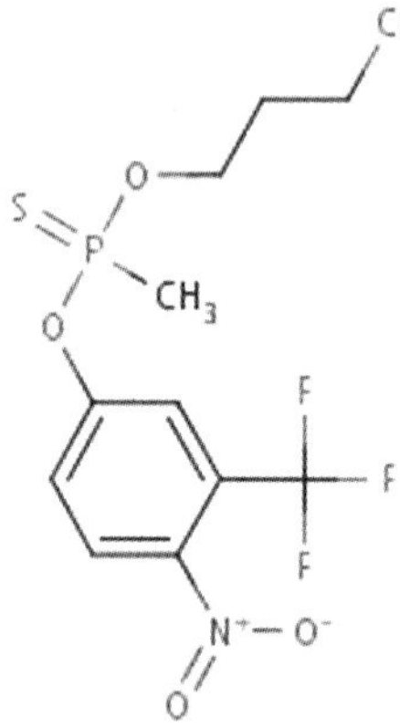

图 29-15 O-(3-氯丙基)-O-[4-硝基-3-(三氟甲基)苯基]甲基硫代膦酸酯结构式

（十六）敌百虫（ISO）

敌百虫（ISO）（Trichlorfon），又称三氯松、三氯膦酸酯，CAS 号为 52-68-6，分子式为 $C_4H_8Cl_3O_4P$，分子量为 257.45，主要用作杀虫剂。其结构式如图 29-16 所示。

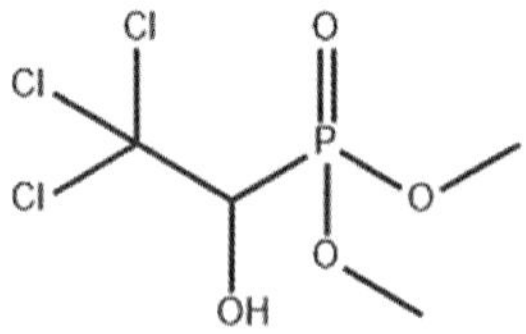

图 29-16 三氯仿（ISO）结构式

（十七）克百威（ISO）

克百威（ISO）（Carbofuran），又称呋喃丹、虫螨威，CAS 号为 1563-66-2，分子式为 $C_{12}H_{15}NO_3$，分子量为 221.25。克百威是一种氨基甲酸酯类杀虫剂和杀线虫剂，属于高毒农药。其结构式如图 29-17 所示。

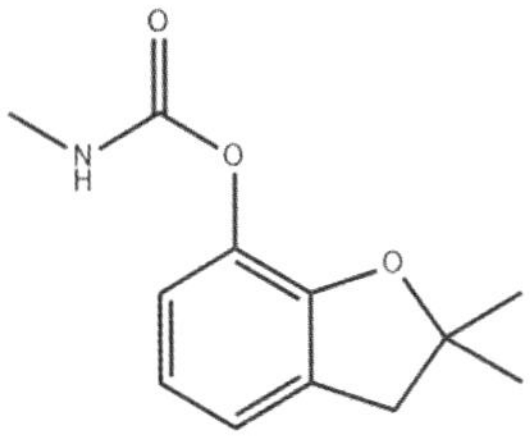

图 29-17 克百威（ISO）结构式

（十八）卡芬太尼（INN）

卡芬太尼（INN）（Carfentanil），CAS 号为 59708-52-0，分子式为 $C_{24}H_{30}N_2O_3$，分子量为 394.51。其结构式如图 29-18 所示。

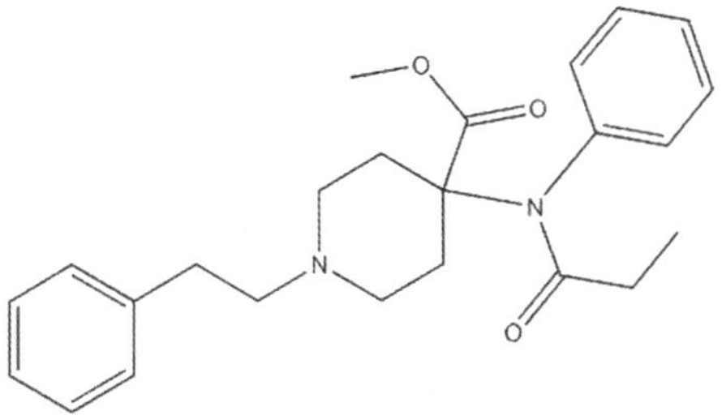

图 29-18 卡芬太尼（INN）结构式

（十九）瑞芬太尼（INN）

瑞芬太尼（INN）（Remifentanil），CAS 号为 132875-61-7，分子式为 $C_{20}H_{28}N_2O_5$，分子量为 376.45。其结构式如图 29-19 所示。

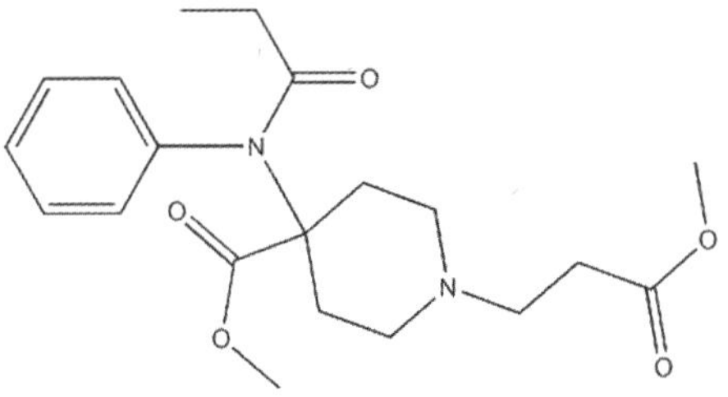

图 29-19 瑞芬太尼（INN）结构式

（二十）3-奎宁醇（奎宁环-3-醇）

3-奎宁醇（3-Quinuclidinol），又称奎宁环-3-醇，CAS 号为 25333-42-0，分子式为 $C_7H_{13}NO$，分子量为 127.18。其结构式如图 29-20 所示。

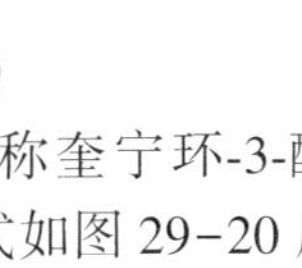

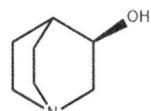

图 29-20 3-奎宁醇（奎宁环-3-醇）结构式

（二十一）4-苯氨基-N-苯乙基哌啶（ANPP）

4-苯氨基-N-苯乙基哌啶（ANPP）（4-Anilino-N-phenethylpiperidine），CAS 号为

21409-26-7，分子式为 $C_{19}H_{24}N_2$，分子量为 280.41。其结构式如图 29-21 所示。

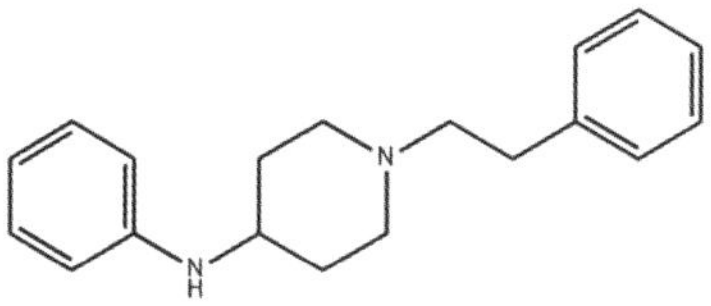

图 29-21　4-苯氨基-N-苯乙基哌啶（ANPP）结构式

（二十二）N-苯乙基-4-哌啶酮

N-苯乙基-4-哌啶酮（N-Phenethyl-4-piperidone），CAS 号 39742-60-4，分子式为 $C_{13}H_{17}NO$，分子量为 203.28。其结构式如图 29-22 所示。

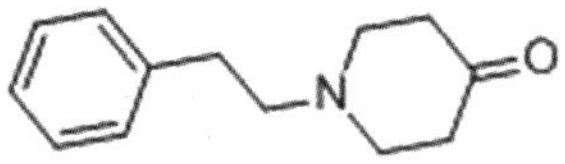

图 29-22　N-苯乙基-4-哌啶酮结构式

（二十三）泛酸与烟酸

泛酸是一种维生素，通常被称为维生素 B_5，广泛存在于植物和动物体内。维生素 B_3 又称尼克酸，包括烟酸、烟酰胺。维生素 B_3 和维生素 B_5 是两种不同的物质。其结构式如图 29-23 所示。

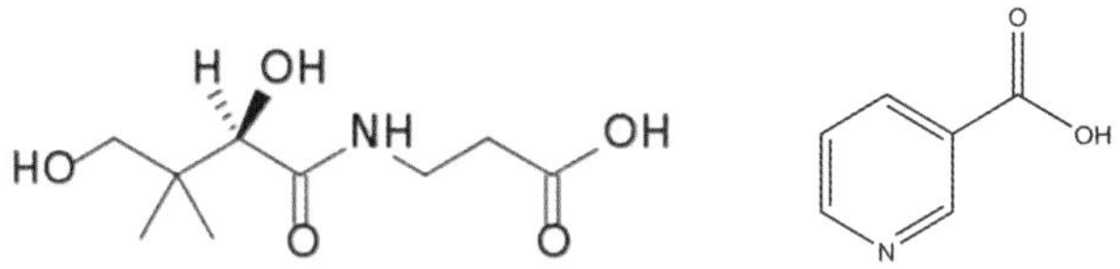

图 29-23　泛酸（左）与烟酸（右）的结构式

（二十四）缩醛及半缩醛的过氧化物

半缩醛是一类同一碳上连有一个羟基，一个烷氧基和一个氢的有机化合物。半缩醛由醛与醇发生亲核加成反应生成，烷氧基来自醇，其他部分来自醛。半缩醛一般不稳定，常作为形成缩醛反应的中间体，但成环的半缩醛有一定稳定性，而半缩醛可以继续和醇反应得到缩醛。

半缩醛的通式为 RCH（OH）OR，核心碳原子与一个 H 原子相连，而与 O 相连的 R 基团为烷基。如果与核心碳原子相连的氢原子被替换为烷基，则形成半缩酮和半缩酮的过氧化物。其结构式如图 29-24 所示。

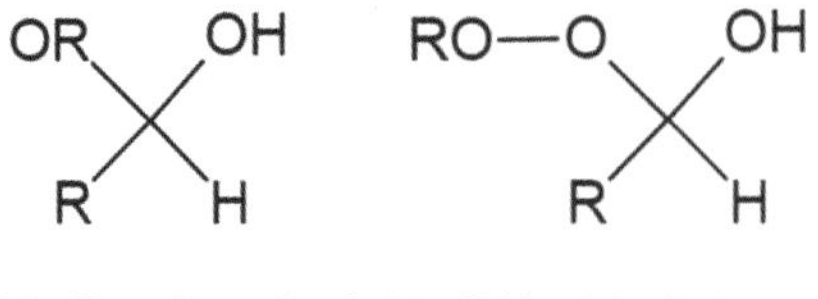

图 29-24　半缩醛（左）与半缩醛的过氧化物（右）的结构式

半缩醛与醇进一步脱水缩合形成缩醛。缩醛的结构通式为 RCH（OR）OR。缩醛的过氧化物既在 C 与 OR 之间插入一个 O 原子，结构通式为 RCH（OOR）OOR。过氧缩醛的结构与过氧缩酮一致。其分子结构式如图29-25所示。

图 29-25　缩醛（左）与缩醛的过氧化物（右）的分子结构式

第二十九章注释一（七）的修订（新增催吐剂）

一、修订背景

有成员方致信秘书处，要求审议商品甲基紫精（百草枯二氯化物）的归类，并修改二十九章章注一（七）。该商品由百草枯二氯化物及制造过程中的杂质、催吐剂、臭味提醒剂、着色剂组成，是一种棕色的微浑浊的水溶液。物料安全资料表显示，该产品主要含 1,1-二甲基-4,4'-联吡啶鎓盐二氯化物，CAS号为1910-42-5，分子式为 $C_{12}H_{14}Cl_2N_2$，其化学分类是"除草剂"。

二、主要观点及讨论情况

2017年3月WCO会议，该成员方代表认为：由于含有催吐剂，该产品超出了第二十九章注释一（七）"为了便于识别或安全起见，加入抗尘剂、着色剂或气味剂"的范畴，故应归入品目38.08。会议决定将该产品归入品目38.08，子目3808.93，其依据是归类总规则一[第三十八章注释一（一）]及六。但同时，一些代表建议修订第二十九章注释一（七）以使第二十九章的产品可以含有催吐剂及类似成分。第二十九章总注释限制了将催吐剂及其类似物看作杂质的可能性，而催吐剂及其类似物加入产品中是为了保证人体安全的，显然应该属于第二十九章注释一（七）所说的为安全起见而加入的物质。这类添加剂不会改变产品的物理、化学性质，但能防止有人因服用导致中毒。

2017年5月WCO会议前，又有成员方来信，对第二十九章注释一（一）的修订提出建议："单独的已有化学定义的有机化合物，或者通过生物技术，如发酵，生产的有机物混合物[这类有机物含有一种主要成分和一种结构类似的次要成分，且不是注释一（二）所述的异构体]，不论是否含有杂质"。对第二十九章注释一（七）的修订提出建议："为了便于识别或安全起见，加入抗尘剂、着色剂、气味剂或催吐剂及其类似物的上述（一）、（二）、（三）、（四）、（五）、（六）各款产品，但所加剂料并不使原产品改变其一般用途而适合于某些特殊用途"。会上，该成员方代表指出对注释一（一）的修订是为了使第二十九章包含由生物技术（如发酵）生产的除主要成分外含有少量难以去除或无法去除的成分的产品。对注释一（七）的修订是为了使第二十九章包括为安全目的加入催吐剂的产品。经过讨论，多数代表认为：一是章注一（一）没有修改的必要，因为其"（一）单独的已有化学定义的有机化合物，不论是否含有杂质"的定义十分清晰；二是催吐剂不会改变第二十九章产品的属性，均认为应该修订章注一（七）。虽然对章注一（七）进行修订已有共识，但具体条文仍存在争议。有代表认为"及其类似产品"的表述可能存在歧义，是指催吐剂的类似品，还是指前述各种添加剂的类似品；也有代表担心商品范围可能与品目38.08的杀虫剂中间品有重叠，认为应该在品目38.08中增加相应的注释。会议最后决定后续将基于第二十九章注释一（七）和38.08品目注释的修订进行讨论。

2017年11月WCO会议，秘书处认为，在目前状况下催吐剂不包括在注释一（七）中，加入催吐剂是为了安全和健康的考虑，而且不会改变产品的一般用途而使其适用于某些特殊用途。秘书处认为催吐剂的作用与注释一（七）中所说的抗尘剂、着色剂和气味剂类似。因此赞同扩大注释一（七）的范围以使其包括催吐剂及类似物质。关于注释一（七）的具体修订文本，有成员方坚持用"类似物质"的表述是因为行业内认为存在不完全是催吐剂但非常类似于催吐剂的物质。但多数代表不支持该表述，认为容易引起误解。最后，各方协商一致，对第二十九章注释一（七）进行修订，增加"催吐剂"，但不采用"及其类似产品"的表述，以避免歧义。

三、结论

最终修订结果详见第二十九章注释一（七）。

品目 29.03 的修订（基于《蒙特利尔议定书》的修订）

一、修订背景

2015年3月，联合国环境规划署臭氧秘书处（以下简称臭氧秘书处）致信秘书处，要求为氢氟烃（HFC）即氢氯氟烃（HCFC）和氯氟烃（CFC），增列单独的HS编码。信中指出，HFC温室效应潜能值和HFC对温室效应的影响引发臭氧秘书处的关注，希望通过修订《协调制度》来反映全球贸易中CFCs、HCFCs和HFCs数量变化。相关建议涉及22项化学品，见表29-10。

表29-10 CFCs、HCFCs和HFCs相关22项化学品情况

序号	化学物质	化学名称	化学式
1	HFC-23	Trifluoromethane（Fluoroform） 三氟甲烷（三氟甲）	CHF_3

表 29-10 续 1

序号	化学物质	化学名称	化学式
2	HFC-32	Difluoromethane 二氟甲烷	CH_2F_2
3	HFC-41	Fluoromethane 氟甲烷	CH_3F
4	HFC-125	Pentafluoroethane 五氟乙烷	C_2HF_5
5	HFC-134	1, 1, 2, 2-Tetrafluoroethane 1, 1, 2, 2-四氟乙烷	$C_2H_2F_4$
6	HFC-134a	1, 1, 1, 2-Tetrafluoroethane 1, 1, 1, 2-四氟乙烷	$C_2H_2F_4$
7	HFC-143	1, 1, 2-Trifluoroethane 1, 1, 2-三氟乙烷	$C_2H_3F_3$
8	HFC-143a	1, 1, 1-Trifluoroethane 1, 1, 1-三氟乙烷	$C_2H_3F_3$
9	HFC-152	1, 2-Difluoroethane 1, 2-二氟乙烷	$C_2H_4F_2$
10	HFC-152a	1, 1-Difluoroethane 1, 1-二氟乙烷	$C_2H_4F_2$
11	HFC-161	Fluoroethane 氟乙烷	C_2H_5F
12	HFC-227ea	1, 1, 1, 2, 3, 3, 3-Heptafluoropropane 1, 1, 1, 2, 3, 3, 3-七氟丙烷	C_3HF_7
13	HFC-236cb	1, 1, 1, 2, 2, 3-Hexafluoropropane 1, 1, 1, 2, 2, 3-六氟丙烷	$C_3H_2F_6$
14	HFC-236ea	1, 1, 1, 2, 3, 3-Hexafluoropropane 1, 1, 1, 2, 3, 3-六氟丙烷	$C_3H_2F_6$
15	HFC-236fa	1, 1, 1, 3, 3, 3-Hexafluoropropane 1, 1, 1, 3, 3, 3-六氟丙烷	$C_3H_2F_6$
16	HFC-245ca	1, 1, 2, 2, 3-Pentafluoropropane 1, 1, 2, 2, 3-五氟丙烷	$C_3H_3F_5$
17	HFC-245fa	1, 1, 1, 3, 3-Pentafluoropropane 1, 1, 1, 3, 3-五氟丙烷	$C_3H_3F_5$
18	HFC-365mfc	1, 1, 1, 3, 3-Pentafluorobutane 1, 1, 1, 3, 3-五氟丁烷	$C_4H_5F_5$

表29-10 续2

序号	化学物质	化学名称	化学式
19	HFC-43-10mee	1, 1, 1, 2, 2, 3, 4, 5, 5, 5-Decafluoropentane 1, 1, 1, 2, 2, 3, 4, 5, 5, 5-十氟戊烷	$C_5H_2F_{10}$
20	HFC-1234yf（HFO-1234yf）	2, 3, 3, 3-Tetrafluoropropene 2, 3, 3, 3-四氟丙烯	$C_3H_2F_4$
21	HFC-1234ze（HFO-1234ze）	1, 3, 3, 3-Tetrafluoropropene 1, 3, 3, 3-四氟丙烯	$C_3H_2F_4$
22	HFC-1336mzz（HFO-1336mzz）	（Z）-1, 1, 1, 4, 4-Hexafluoro-2-Butene （Z）-1, 1, 1, 4, 4-六氟-2-丁烯	$C_4H_2F_6$

二、主要观点及讨论情况

2015年5月WCO会议，秘书处指出，从化学角度来看，臭氧秘书处提到的包含在上表中的22种化学物质，目前在品目29.03项下子目2903.39无环烃氟化衍生物的范围中。秘书处提出了两个方案供会议讨论，方案1是为这些化学物质增列新的二级子目2903.32至2903.38；方案2是修改品目29.03，重新启用子目2903.4、2903.5和2903.6。

方案1

新增子目2903.32至子目2903.38：

2903.32--氟甲烷，二氟甲烷，三氟甲烷和五氟甲烷

2903.33--氟乙烷，1,1-二氟乙烷，1,2-二氟乙烷，1,1,1-三氟乙烷，1,1,2-三氟乙烷，1,1,1,2-四氟乙烷和1,1,2,2-四氟乙烷

2903.34--1,1,1,3,3-五氟丙烷，1,1,2,2,3-五氟丙烷，1,1,1,2,2,3-六氟丙烷，1,1,1,2,3,3-六氟丙烷，1,1,1,3,3,3-六氟丙烷和1,1,1,2,3,3-七氟丙烷

2903.35--1,1,1,3,3-五氟丁烷

2903.36--1,1,1,2,2,3,4,5,5,5-十氟戊烷

2903.37--1,3,3,3-四氟丙烯和2,3,3,3-四氟丙烯

2903.38--（Z）1,1,1,4,4,4-六氟-2-丁烯

方案2

将子目2903.3至子目2903.39替换为：

-饱和含氟无环烃衍生物：

2903.41--氟甲烷，二氟甲烷和三氟甲烷

2903.42--氟乙烷，1,1-二氟乙烷和1,2二氟乙烷

2903.43--1,1,1-三氟乙烷，1,1,2-三氟乙烷，1,1,1,2-四氟乙烷，1,1,2,2-四氟乙烷和五氟乙烷

第六类　化学工业及其相关工业的产品

2903.44--1,1,1,3,3-五氟丙烷和1,1,2,2,3-五氟丙烷
2903.45--1,1,1,2,2,3-六氟丙烷，1,1,1,2,3,3-六氟丙烷和1,1,1,3,3,3-六氟丙烷
2903.46--1,1,1,2,3,3,3-七氟丙烷
2903.47--1,1,1,3,3-五氟丁烷
2903.48--1,1,1,2,2,3,4,5,5,5-十氟戊烷
2903.49--其他
　　　-不饱和含氟脂肪烃衍生物
2903.51--1,3,3,3-四氟丙烯
2903.52--2,3,3,3-四氟丙烯
2903.53--（Z）-1,1,1,4,4,4-六氟-2-丁烯
2903.59--其他
　　　-无环烃的溴化或碘化衍生物
2903.61--二溴化乙烯（ISO）（1,2-二溴甲烷）
2903.69--其他

相关22项化学品在2022年版《协调制度》中根据不同修订选项，其归类也不同，如表29-11所示。

表29-11　相关22项化学品归类情况

序号	化学名称	化学式	2012年版/2017年版	2022年版方案1	2022年版方案2
1	Trifluoromethane（Fluoroform）三氟甲烷（三氟甲）	CHF_3	2903.39	2903.32	2903.41
2	Difluoromethane 二氟甲烷	CH_2F_2	2903.39	2903.32	2903.41
3	Fluoromethane 氟甲烷	CH_3F	2903.39	2903.32	2903.41
4	Pentafluoroethane 五氟乙烷	C_2HF_5	2903.39	2903.32	2903.43
5	1,1,2,2-Tetrafluoroethane 1,1,2,2-四氟乙烷	$C_2H_2F_4$	2903.39	2903.33	2903.43
6	1,1,1,2-Tetrafluoroethane 1,1,1,2-四氟乙烷	$C_2H_2F_4$	2903.39	2903.33	2903.43
7	1,1,2-Trifluoroethane 1,1,2-三氟乙烷	$C_2H_3F_3$	2903.39	2903.33	2903.43

表 29-11 续

序号	化学名称	化学式	2012 年版/2017 年版	2022 年版方案 1	2022 年版方案 2
8	1, 1, 1-Trifluoroethane 1, 1, 1-三氟乙烷	$C_2H_3F_3$	2903.39	2903.33	2903.43
9	1, 2-Difluoroethane 1, 2-二氟乙烷	$C_2H_4F_2$	2903.39	2903.33	2903.42
10	1, 1-Difluoroethane 1, 1-二氟乙烷	$C_2H_4F_2$	2903.39	2903.33	2903.42
11	Fluoroethane 氟乙烷	C_2H_5F	2903.39	2903.33	2903.42
12	1, 1, 1, 2, 3, 3, 3-Heptafluoropropane 1, 1, 1, 2, 3, 3, 3-七氟丙烷	C_3HF_7	2903.39	2903.34	2903.46
13	1, 1, 1, 2, 2, 3-Hexafluoropropane 1, 1, 1, 2, 2, 3-六氟丙烷	$C_3H_2F_6$	2903.39	2903.34	2903.45
14	1, 1, 1, 2, 3, 3-Hexafluoropropane 1, 1, 1, 2, 3, 3-六氟丙烷	$C_3H_2F_6$	2903.39	2903.34	2903.45
15	1, 1, 1, 3, 3, 3-Hexafluoropropane 1, 1, 1, 3, 3, 3-六氟丙烷	$C_3H_2F_6$	2903.39	2903.34	2903.45
16	1, 1, 2, 2, 3-Pentafluoropropane 1, 1, 2, 2, 3-五氟丙烷	$C_3H_3F_5$	2903.39	2903.34	2903.44
17	1, 1, 1, 3, 3-Pentafluoropropane 1, 1, 1, 3, 3-五氟丙烷	$C_3H_3F_5$	2903.39	2903.34	2903.44
18	1, 1, 1, 3, 3-Pentafluorobutane 1, 1, 1, 3, 3-五氟丁烷	$C_4H_5F_5$	2903.39	2903.35	2903.47
19	1, 1, 1, 2, 2, 3, 4, 5, 5, 5-Decafluoro-pentane 1, 1, 1, 2, 2, 3, 4, 5, 5, 5-十氟戊烷	$C_5H_2F_{10}$	2903.39	2903.36	2903.48
20	2, 3, 3, 3-Tetrafluoropropene 2, 3, 3, 3-四氟丙烯	$C_3H_2F_4$	2903.39	2903.37	2903.52
21	1, 3, 3, 3-Tetrafluoropropene 1, 3, 3, 3-四氟丙烯	$C_3H_2F_4$	2903.39	2903.37	2903.51
22	(Z) -1, 1, 1, 4, 4, 4-Hexafluoro-2-Butene (Z) -1, 1, 1, 4, 4, 4-六氟-2-丁烯	$C_4H_2F_6$	2903.39	2903.38	2903.53

会上有成员方代表支持方案1，认为通过方案1，臭氧秘书处的请求中所包含的所有产品将有具体的编码，此外，现有子目2903.3的结构得以保留。也有代表支持方案2，指出方案2包含更多正在考虑中的产品的子目，因此，这将更适合于控制HFC的贸易。各方无法达成一致意见，会议决定后续再讨论。

2016年1月WCO会议，有成员方代表指出，方案1和方案2是基于物质化学结构的考虑提出的，然而，这种方法不能鉴别常见的氢氟烃（HFC-134a，HFC-32，HFC-23和HFC-152a）。同时，秘书处的提议不能区分氢氟烃和全氟烃（PFCs），因为全氟烃会和所有其他氢氟烃一起被归到"其他"类。此外，该代表建议为用于检疫、装运前处理和牲畜喂料领域的"甲基溴（溴甲烷）"增设HS编码；还建议考虑到氢氟烃和全氟烃之间的不同，需增加一个包含所有全氟烃的新子目"全氟化合物"。经讨论，会议认为从化学角度看，两个方案在技术性上都是正确的，建议在此基础上继续讨论。

2016年5月WCO会议，臭氧秘书处的观察员表示，截至2016年5月3日，《蒙特利尔议定书》中已有50个缔约方表达了观点，只有一个缔约方选择方案1，其余49个缔约方表示愿意采用方案2，认为相较于方案1，方案2为多种产品设置了更多的子目。并且，方案2更利于监管，也便于在氢氯氟烃及其取代物的贸易上进行价格表控制。在方案2中，每个产品都有具体的编码，这将便于在这些单独的HS编码基础上收集可靠数据以用于统计。如果为最常见的氢氟烃（例如，HFC-134a、HFC-32、HFC-23和HFC-152a）设置不同的编码，使其修订为子目2903.41至子目2903.48，并仍保留在同一目录下，能便于对这些物质进行监管。围绕上述2个方案的选择，会议未能达成一致。

2016年11月WCO会议，臭氧秘书处的观察员指出，《蒙特利尔议定书》成员方考虑控制22种氢氟烃（HFC），使其逐步减少。最后成员方达成协议，种类从最初的22个调整为18个，并准备修订议定书。修订议定书的目的是在2019年到2047年期间，逐渐减少这18种物质的生产和消耗，以降低它们在气候方面产生的温室效应。

没能达成协议并纳入清单的4种化学物质为氟乙烷、1,3,3,3-四氟丙烯、2,3,3,3-四氟丙烯和（Z）-1,1,1,4,4,4-六氟-2-丁烯。

秘书处在前期会议的成果基础上准备了两个修订方案（方案3和方案4）：

方案3

新增子目2903.32至子目2903.38：

2903.32--溴甲烷

2903.33--一氟甲烷，二氟甲烷，三氟甲烷

2903.34--一氟乙烷，[1,1-二氟乙烷，1,2-二氟乙烷，1,1,1-三氟乙烷，1,1,2-三氟乙烷，1,1,1,2-四氟乙烷及1,1,2,2-四氟乙烷] [二氟乙烷，三氟乙烷，四氟乙烷] 及五氟乙烷

2903.35--[1,1,1,3,3-五氟丙烷,1,1,2,2,3-五氟丙烷,1,1,1,2,2,3-六氟丙烷,1,1,1,2,3,3-六氟丙烷,1,1,1,3,3,3-六氟丙烷及1,1,1,2,3,3,3-七氟丙烷][五氟丙烷,六氟丙烷及七氟丙烷]

2903.36--1,1,1,3,3-五氟丁烷及1,1,1,2,2,3,4,5,5,5-十氟戊烷

2903.37--[1,3,3,3-四氟丙烯及2,3,3,3-四氟丙烯][四氟丙烯]及(Z)1,1,1,4,4,4-六氟-2-丁烯

2903.38--全氟化合物

方案4

将子目2903.3至子目2903.39替换为：

-无环烃的饱和氟化衍生物：

2903.41--一氟甲烷,二氟甲烷及三氟甲烷

2903.42--一氟乙烷,[1,1-二氟乙烷及1,2二氟乙烷][及二氟乙烷]

2903.43--[1,1,1-三氟乙烷,1,1,2-三氟乙烷,1,1,1,2-四氟乙烷,1,1,2,2-四氟乙烷][三氟乙烷,四氟乙烷]及五氟乙烷

2903.44--[1,1,1,3,3-五氟丙烷及1,1,2,2,3-五氟丙烷][五氟丙烷]

2903.45--[1,1,1,2,2,3-六氟丙烷,1,1,1,2,3,3-六氟丙烷,1,1,1,3,3,3-六氟丙烷及1,1,1,2,3,3,3-七氟丙烷][六氟丙烷及七氟丙烷]

2903.46--1,1,1,3,3-五氟丁烷

2903.47--1,1,1,2,2,3,4,5,5,5-十氟戊烷

2903.48--全氟化合物

2903.49--其他

-无环烃的不饱和氟化衍生物

2903.51--[1,3,3,3-四氟丙烯][四氟丙烯]

[2903.52--2,3,3,3-四氟丙烯]

2903.5[2][3]--(Z)-1,1,1,4,4,4-六氟-2-丁烯

2903.59--其他

-无环烃的溴化或碘化衍生物

2903.61--溴甲烷

2903.62--二溴化乙烯（ISO）(1,2-二溴甲烷)

2903.69--其他

协调制度委员会科学分委会一致同意方案4对品目29.03目录的修订，保留最初的22种化学物质，明确指出同分异构体，并包含某成员方所提两种化学物质。

2017年3月WCO会议，有成员方指出，《蒙特利尔议定书》没有采纳的4种化学物质不应保留。并且提出会议应该考虑使用氢氟烃（HFC）代码，这有助于识别这些物质，而且使用者比较多，如贸易商、行政人员和制造商。该成员

方提出新提案，包括：方案 A1，由前期会议报告中的提案组成；方案 A2，由 18 种化学物质及其氢氟烃（HFC）代码组成。该提案还可能包含某些混合物。

2017 年 5 月 WCO 会议审议上述成员方提交的方案 A2。该成员方建议对第三十八章进行了修改，因为在大多数情况下，议定书所包含的气体是混合物。要满足议定书的需要，则需对品目 29.03 所列气体的混合物（归入第三十八章）分别进行监测。会议接受提议，在拟修订条文中加入氢氟烃（HFC）代码。另有成员方新提出了一个方案（A3），建议将消耗臭氧层物质按其 GWP 值（温室效应潜能值）分列子目，即根据对环境的影响程度，而非如目前所述按化学结构分列子目。会议决定，关于第三十八章的修订及按 GWP 值分列子目的问题，后续再讨论。

2017 年 5 月 WCO 会议前，某成员方提交了其关于品目 29.03 下新增子目的提案，考虑到了环境影响和氢氟烃（HFCs）在国际贸易中的有关重要性。根据议定书基加利修正案，按照温室效应潜能值对消耗量所做的限制，对氢氟烃（HFCs）按照温室效应潜能值等级进行分组，将会简便成员方对它们的约束等级进行计算。

关于品目 29.03 目录的修订，有方案 A1 和 A3（方案 A2 已撤回）（方案 A1 为 WCO 会议通过；方案 A3：某成员方新提出）。

方案 A1

将子目 2903.3 至子目 2903.39 替换为：

--无环烃的饱和氟化衍生物：

2903.41--氟甲烷、二氟甲烷和三氟甲烷

2903.42--氟乙烷和二氟乙烷

2903.43--1,1,1-三氟乙烷，1,1,2-三氟乙烷，1,1,2-四氟乙烷，1,1,2,2-四氟乙烷，五氟乙烷

2903.44--1,1,1,3,3-五氟丙烷，1,1,2,2,3-五氟丙烷

2903.45--1,1,1,2,2,3-六氟丙烷，1,1,1,2,3,3-六氟丙烷，1,1,1,3,3,3-六氟丙烷，1,1,1,2,3,3,3-七氟丙烷

2903.46--1,1,1,3,3-五氟丁烷

2903.47--1,1,1,2,2,3,4,5,5,5-十氟戊烷

2903.48--全氟饱和碳化合物

2903.49--其他

--无环烃的不饱和氟化衍生物：

2903.51--1,3,3,3-四氟丙烯

2903.52--2,3,3,3-四氟丙烯

2903.53--（Z）1,1,1,4,4,4-十氟-2-丁烯

2903.59--其他

-无环烃的溴化或碘化衍生物:

2903.61--甲基溴(溴甲烷)

2903.62--二溴乙烷(1,2-二溴乙烷)

2903.69--其他

方案A3

将子目2903.3至子目2903.39替换为:

-无环烃的饱和氟化衍生物:

2903.41--三氟甲烷(HFC-23)

2903.42--二氟甲烷(HFC-32)

2903.43--氟甲烷(HFC-41),1,2-二氟乙烷(HFC-152)和1,1-二氟乙烷(HFC-152a)

2903.44--五氟乙烷(HFC-125)、1,1,1-三氟乙烷(HFC-143a)和1,1,1、2-三氟乙烷(HFC-143)

2903.45--1,1,1、2-四氟乙烷(HFC-134a)和1,1,2,2-四氟乙烷(HFC-134)

2903.46--1,1,1,2,3,3,3-七氟丙烷(HFC-227ea),1,1,1,2,2,3-六氟丙烷(HFC-236cb),1,1,1,2,3,3-六氟丙烷(HFC-236ea)和1,1,1,3,3,3-六氟丙烷(HFC-236fa)

2903.47--1,1,1,3,3-五氟丙烷(HFC-245fa)和1,1,2,2,3-五氟丙烷(HFC-245ca)

2903.48--1,1,1,3,3-五氟丁烷(HFC-365mfc)and1,1,1,2,2,3,4,5,5,5-十氟戊烷(HFC-43-10mee)

2903.49--其他

-无环烃的不饱和氟化衍生物:

[2903.51--不饱和含氟烃衍生物]

[2903.51--2,3,3,3-四氟丙烯(hfo-1234yf),1,3,3,3-四氟丙烯和(Z)-1,1,1,4,4,4-六氟-2-丁烯(hfo-133mzz)]

2903.59--其他

-无环烃的溴化或碘化衍生物:

2903.61--甲基溴(溴甲烷)

2903.62--二溴乙烷(1,2-二溴乙烷)

2903.69--其他

方案A1子目列目是基于物质的系统命名法,方案A3子目列目是基于国际贸易重要性和环境影响。

方案A1的支持者认为:

(1)为确保《协调制度》统一正确地实施,应该以系统命名法的原则列目。

(2) 方案 A3 基于 GWP 值，每个子目范围不明确，将来《蒙特利尔议定书》需要列入新子目时将难以清楚预计该新子目的结构，也难以保持相同的子目结构。

(3) 就方案 A3 子目结构是否合适的问题，建议咨询专家意见。

方案 A3 的支持者认为，这样安排便于成员方对这些物质的约束等级进行计算，从而贯彻履行义务，即成员方需要收集产品的数据和消耗，并按要求每年度向臭氧秘书处报告一次。

会议同意在方案 A1 和 A3 中都使用氢氟烃（HFC）代码，作为法律条文加到化学名称后面。会议还同意在当前版本《协调制度》已列出的议定书产品中插入氢氟烃（HFC）代码。

关于为给由品目 29.03 中所列气体组成的混合物增列特定的子目，而对目录（第三十八章）进行修订。秘书处提供了两个可能的方案，即方案 B1 和方案 B2。

方案 B1

新增品目 38.27：

38.27　含有甲烷、乙烷或丙烷的卤代衍生物的混合物［其他品目未列名］
　　－含有氯氟烃（CFCs），无论是否含有含氢氯氟烃（HCFCs）、全氟碳化物（PFCs）或氢氟烃（HFCs）；含有氢溴氟烃（HBFCs）；含有四氯化碳；含有1,1,1-三氯乙烷（甲基氯仿）：

3827.11--含有氯氟烃（CFCs），不论是否含有含氢氯氟烃（HCFCs）、全氟碳化物（PFCs）或氢氟烃（HFCs）的

3827.12--含有氢溴氟烃（HBFCs）的

3827.13--含有四氯化碳的

3827.14--含有1,1,1-三氯乙烷（甲基氯仿）的

3827.20--含有溴氯氟甲烷、一溴三氟甲烷或二溴四氟乙烷的
　　－含有氢氯氟烃（HCFCs），不论是否含有全氟碳化物（PFCs）或氢氟烃（HFCs），但不含氯氟烃（CFCs）：

3827.31--含有子目［2903.41 至 2903.47］所列任何气体的

3827.39--其他

3827.40--含有甲基溴（溴甲烷）或溴氯甲烷的
　　－含有三氟甲烷（HFC-23）或全氟碳化合物：

3827.51--含有三氟甲烷（HFC-23）的

3827.52--含有全氟碳化合物的

3827.53--含有三氟甲烷（HFC-23）和全氟碳化合物的
　　－含有其他氢氟烃（HFCs），但不含氯氟烃（CFCs）或氢氯氟烃（HCFCs）：

3827.61--以1,1,1,2-四氟乙烷（HFC-134a）作为主要成分的混合物

3827.62--其他混合物，含有二氟甲烷（HFC-32）作为主要成分的

3827.63--其他混合物，含有五氟乙烷（HFC-125）作为主要成分的

3827.64--其他混合物，含有1,1,2-三氟乙烷（HFC-143）作为主要成分的

3827.65--其他混合物，含有子目2903.41至47所列任何气体的

3827.69--其他

方案B2

新增品目38.27：

38.27　含有甲烷、乙烷或丙烷的卤化衍生物的混合物［其他品目未列名］：
　　　　-含有三氟甲烷（HFC-23）和/或全氟碳化合物的混合物，但不含氯氟烃（CFCs）或氢氯氟烃（HCFCs）：

3827.51--含三氟甲烷的混合物（HFC-23）

3827.52--其他混合物

　　　　-包含其他氢氟烃（HFCs），但不含氯氟烃（CFCs）或氢氯氟烃（HCFCs）：

3827.61--R-404A，R-507A，其他按重量计含15%或以上其他氢氟烃（HFCs）的混合物（HFC-143a）

3827.62--R-422A-E和其他按重量计（HFC-125）含有55%或更多氢氟烃（HFCs）的混合物（HFC-125），但不含无环烃的不饱和氟衍生物（HFOs）

3827.63--R-407A，R-410A，和其他按重量计含40%或以上氢氟烃（HFCs）的混合物（HFC-125）

3827.64--R-407C，R－407F，和其他按重量计含30%或以上氢氟烃（HFCs）的混合物（HFC-134a），但不含不饱和烃的氟化衍生物（HFOs）

3827.65--R-448A，R-449A-C，和其他按重量计的混合物含20%或以上氢氟烃（HFCs）的混合物（HFC-32），质量为20%或更多（HFC-125）

3827.68--其他混合物，含子目［2903.41至2903.48］所列任何气体的

3827.69--其他

关于品目38.27的争议较小，最后选择了方案B2，主要基于其中一些技术问题，例如，只用代码而没有具体成分是不合适的；子目3827.5的条文应该用"或"；关于子目3827.68条文最后的内容（方括号内）需要后续会议继续讨论。

为了完全明确品目38.27的范围而不引起归类疑难，秘书处建议在第六类新增注释四，如"根据其名称或功能而可能归入品目38.27或者其他一个或多个第六部分的品目的商品，应根据名称或功能归入相应品目，而不归入品目38.27。"（方案一）。后会议又提出另一方案"除第六类注释和第三十八章注释一

外,归入品目 38.27 的产品,由于其在第六类中的一个或多个品目(品目 38.24 除外)具体列名或者提到其功能,应该按照具体列名或功能归入相应品目。在所有其他情况下,可归入第六类两个以上品目的商品,应归入品目 38.27。"(方案二)。

2018 年 3 月 WCO 会议继续讨论第六类新增注释四的修订,有成员方代表支持方案一,认为该注释明确新品目 38.27 没有优先,保证了仅有微量的《蒙特利尔议定书》物质的商品不会被归入新品目,也有成员方代表表示两个方案都不支持。关于品目 29.03 的修订,有代表指出希望采用方案 A3,因为其增列的子目根据 GWP 值,考虑其贸易量。该方案的目的是阻止全球变暖,很有意义。会议决定投票表决,决定采用方案 A3。关于新增品目 38.27 的子目结构,有代表倾向于使用"产品"一词而不是"气体",以涵盖为了储存和运输目的而把气体压缩成液体的可能性。另有代表则建议,将生产和消费中(但必要用途豁免的除外)已经减少 100% 的产品分为一个一级子目,从而减少一级子目的个数,为将来的修订留有余地。会议最终未在方案 B1 和 B2 两个方案中作出选择。此外,有代表建议对当前品目 38.24 进行重新编号,使其在第三十八章的品目中保持最后的数字顺序。

2018 年 5 月 WCO 会议上继续讨论第六类新增注释四的修订,会议通过了秘书处新提出的修订文本"其列名或功能既符合第六类中一个或多个品目的规定,又符合品目 38.27 的规定的产品,应按列名或功能归入相应品目,而不归入品目 38.27。"关于对品目 38.27 的修订,会议决定在方案 B1 的基础上讨论。在对相关子目条文的具体文字表述做微调后,会议通过了对品目 38.27 的修订。关于 38.24 是否重新编码的问题,有代表认为兜底税号应该是最后一个,目前可以考虑修订;更多的代表则认为如此修订可能引起很多问题,表示不希望重新编号,该修订涉及的条文修改量较大,后续工作量庞大。会议一致决定不对品目 38.24 重新编码。

三、结论

最终修订结果详见新增第六类注释四、品目 29.03 及新增品目 38.27。其中,2017 年版《协调制度》子目 3824.7 项下的商品在 2022 年版《协调制度》中转移至品目 38.27 项下。

品目 29.09 的修订(为缩醛及半缩醛过氧化物修订品目条文)

一、修订背景

2014 年 11 月,有成员方向秘书处致函,内容涉及《协调制度注释》品目 29.11(过氧缩酮)注释的条文的修订,希望借此明确过氧缩酮的归类。具体为修订品目 29.11 的注释条文,在其中新增过氧缩酮的示例,如 1,1-双(叔丁基过氧基)-3,3,5-三甲基环己烷。

过氧缩酮,分子通式为"ROOR2OOR1",其结构式如图29-26所示。

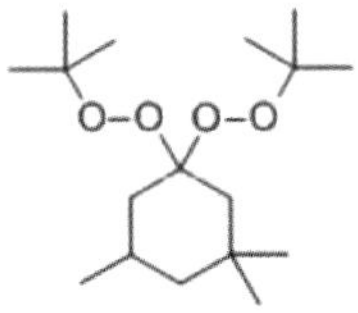

图29-26 过氧缩酮的结构式

二、主要观点及讨论情况

2015年1月WCO会议,有成员方代表认为该商品应归入品目29.09。之前关于该议题中的商品归类的讨论存在一定的争议,会议认为研究过氧缩酮的归类比考虑修订品目注释条文更为优先。

2015年3月WCO会议,代表们关于该问题的意见存在分歧。一些代表支持归入品目29.09,因为根据品目29.11注释条文第(一)部分的描述"缩醛可作为醛及酮的水合物所形成的二醚",品目29.11所指的缩酮必须具有"ROR_2OR_1"这一通式,因此该品目中的缩酮不包括过氧缩酮。此外,过氧缩酮的分子通式($ROOR_2OOR_1$)在品目29.09注释条文的第(四)部分中已被提及。然而,另外一些代表支持归入品目29.11,因为过氧缩酮可同时归入品目29.09和29.11,而根据第二十九章注释三的规定,可以归入本章两个或两个以上品目的货品,应归入有关品目中的最后一个品目。最终投票决定,根据第二十九章注释三的规定将过氧缩酮视作缩醛归入品目29.11。随后,依照《协调制度公约》有关条款和协调制度委员会决议,有成员方对协调制度委员会作出的关于过氧缩酮的归类决定提出重新审议的要求。

2015年9月WCO会议,对于该产品归入品目29.09还是品目29.11仍存在分歧。有代表指出,该产品与1,1-二(叔丁基过氧化)环己烷的化学结构式非常相似,它们都应作为过氧缩酮归入品目29.09项下,而不应按照缩醛归入品目29.11项下。因此,根据归类总规则一及六,该产品应归入品目29.09、子目2909.60项下。鉴于此类化工品归类的难度,有代表建议修订品目29.09和29.11的注释条文,分别说明过氧化酮和过氧缩酮的化学结构通式。部分代表支持上述观点,认为过氧缩酮应归入品目29.09项下,因为它们的通式中有过氧基团"$ROOR_2OOR_1$"。他们指出缩醛的通式中虽然也有2个氧原子和碳原子相连,但是氧原子之间并不相连。另有代表认为该产品的结构与酮的过氧化物的化学结构通式并不一致,因此,根据归类总规则一(第二十九章注释三),该产品应按照缩醛归入品目29.11项下。有代表指出,该产品不具备按照酮过氧化物或醚过氧化物归类的官能团"-O-O-H",因此,它应该从品目29.09中排除出去,根据第二十九章注释三归入品目29.11项下。该代表还认为品目29.09的注释条文有两个错误:

(1)"这些化合物是通式为 ROOH、ROOR$_1$、ROOR$_2$OOR$_1$ 的一系列化合物,其中 R、R$_1$、R$_2$ 是有机基团,式中的 R 和 R1 可以相同,也可以不同"是不准确的,应表述为"这些化合物是通式为 ROOH、ROOR$_1$、ROOR$_2$OOR$_1$ 的一系列化合物,其中 R、R$_1$、R$_2$ 是有机基团,式中的 R 和 R$_1$ 可以相同,也可以不同,但其中一个必须是氢原子"。

(2)1,1-二(叔丁基过氧化)环己烷错误地列在了《协调制度注释》第二十九章的附表中。

最后会议投票决定将该产品归入品目 29.11、子目 2911.00 项下。会议也同意继续审议该议题,尤其是关于注释修订方面的内容。

2016 年 3 月 WCO 会议,有代表提出意见,认为第二十九章注释四不适用于过氧缩酮归入品目 29.11 的问题,注释的任何修订不能够解决过氧缩酮的归类问题。

2017 年 1 月 WCO 会议,所有代表都认为过氧缩酮不应该作为缩醛归入品目 29.11,不能用第二十九章注释四来解释归类。因为过氧缩酮中含有过氧基团,和缩醛完全不一样。第二十九章注释四对含氧基的解释不能够改变品目条文中所规定的化合物范围,如果缩醛中含有含氧基而变成了过氧化物,那就不能继续归入品目 29.11 了。因此,会议认为需要对品目条文进行修订来解决过氧缩酮的归类问题,同时建议在品目 29.09 中新增"过氧缩醛",说明品目 29.09 中包括了大部分的过氧化物,包括过氧缩酮。

2017 年 9 月 WCO 会议,秘书处提出 3 种修订意见,来解决过氧缩酮的归类问题。分别为:

(1)在品目 29.09 增列过氧缩醛,品目 29.09 包括所有的有机过氧化物。

(2)在品目 29.11 增列过氧缩醛,明确品目 29.11 包括过氧缩酮。

(3)重新审议过氧缩酮的归类,参考 WCO 会议对第二十九章注释四的解释。

大会一致支持备选方案 1,修订品目 29.09,增列"缩醛过氧化物",以解决有关"过氧缩酮"的归类问题。有代表提出需要明确两个问题,一是第二十九章注释四的描述需要审议以避免引起新的纠纷,特别是"品目 29.11、29.12、29.14、29.18 及 29.22 所称'含氧基'仅限于品目 29.05 至 29.20 的各种含氧基(其特征为有机含氧基)"一处需要进一步明确。二是需要进一步明确修订方案 1,判断是否与第二十九章其他品目的归类思路一致,尤其是品目 29.15 的饱和无环一元羧酸的过氧化物,因为方案 1 包含了所有的有机过氧化物。

2018 年 1 月 WCO 会议,同意根据方案 1 对品目 29.09 进行修订,认为这样的修订不影响当前在品目 29.15 至品目 29.18 的羧酸过氧化物的归类。新品目 29.09 仅涉及乙醇过氧化物、乙醚过氧化物、缩醛和半缩醛类过氧化物以及酮过氧化物,但不包括品目 29.15 至品目 2918 项下的羧酸过氧化物。

2018年11月WCO会议，秘书处提出基于备选方案1对品目29.09的修订建议"29.09 醚、醚醇、醚酚、醚醇酚、过氧化醇、过氧化醚、缩醛和半缩醛过氧化物、过氧化酮（不论是否已有化学定义）及其卤化、磺化、硝化或亚硝化衍生物"。

会议一致同意此次对品目条文及注释的修订。

三、结论

为明确第二十九章注释四的应用和有机过氧化物的归类，第二十九章注释四最后一段英文语序有所调整，中文无变化。

修订品目29.09条文，使缩醛及半缩醛的过氧化物从品目29.11（子目2911.00）转移至品目29.09（子目2909.60）。

品目29.30条文的修订（为《禁止化学武器公约》受控物质增列子目）

一、修订背景

2015年8月，禁止化学武器公约组织致信WCO，请求为《禁止化学武器公约》附录中新增的12项受控化学品对《协调制度》进行修订。

二、主要观点及讨论情况

秘书处根据禁止化学武器公约组织提供的产品信息，草拟了相关归类建议，以供WCO会议讨论。

产品信息及秘书处的归类建议见表29-12。

表29-12 相关受控化学品信息及归类建议

序号	名称	化学式	结构式	2017年版、2022年版中的归类建议
1	2-（N, N-Dimethylamino）-ethanethiol 2-（N, N-二甲基）-乙硫醇	$C_4H_{11}NS$		2017年版：2930.90 2022年版：2930.10 含硫化合物
2	Product from the reaction of Methylphosphonic acid and 1, 3, 5-Triazine-2, 4, 6-triamine 甲基膦酸和三聚氰胺的反应产物	$CH_5O_3P \cdot C_3H_6N_6$		需要更多关于该反应产物的资料

表 29-12 续 1

序号	名称	化学式	结构式	2017年版、2022年版中的归类建议
3	3-Quinuclidinol 3-奎宁醇	$C_7H_{13}NO$		2017年版：2933.39 2022年版：2933.34 非稠合的桥环吡啶
4	R-(-)-3-Quinuclidinol R-(-)-3-奎宁醇	$C_7H_{13}NO$		2017年版：2933.39 2022年版：2933.34 非稠合的桥环吡啶
5	3,9-Dimethyl-2,4,8,10-tetraoxa-3,9-diphosphaspiro[5,5]undecane 3,9-dioxide 3,9-二甲基-2,4,8,10-四氧杂-3,9-二磷杂螺[5,5]十一烷-3,9-二氧化物	$C_7H_{14}O_6P_2$		2017年版：2934.99 2022年版：2934.92 含磷、氧的杂环
6	Propylphosphonic dichloride 丙基磷酰二氯	$C_3H_7Cl_2OP$		2017年版：2931.39 2022年版：2931.52 其他有机磷衍生物
7	Methylphosphonic dichloride 甲基磷酰二氯	CH_3Cl_2OP		2017年版：2931.39 2022年版：2931.51 其他有机磷衍生物
8	Diphenyl methylphosphonate 甲基膦酸二苯酯	$C_{13}H_{13}O_3P$		2017年版：2931.39 2022年版：2931.41 其他有机磷衍生物
9	O-(3-chloropropyl) O-[4-nitro-3-(trifluoromethyl)pheny] methylphosphonothioate O-(3-氯丙基)-O-(4-硝基-3-三氟甲基苯基)甲基硫代膦酸	$C_{11}H_{12}ClF_3NO_4PS$		2017年版：2931.39 2022年版：2931.53 其他有机磷衍生物

表 29-12 续 2

序号	名称	化学式	结构式	2017 年版、2022 年版中的归类建议
10	Methylphosphonic acid 甲基膦酸	CH_5O_3P		2017 年版：2931.39 2022 年版：2931.48 其他有机磷衍生物
11	Product from the reaction of methylphosphonic acid and 1, 2-ethanediamine 甲基膦酸和乙二胺的反应产物	$C_2H_8N_2 \cdot CH_5O_3P$		需要更多关于该反应产物的资料
12	Phosphonic aciD, methyl-, polyglycolester (Exolit OP 560 TP) 甲基膦酸二聚氧乙烯醚（科莱恩无卤阻燃剂 OP 560 TP）	不确定		2017 年版：3907.20 2022 年版：3907.21 其他聚醚 需要更多关于"m""n"的资料
13	Phosphonic aciD, methyl-, polyglycolester (Exolit OP 560) 甲基膦酸二聚氧乙烯醚（科莱恩无卤阻燃剂 OP 560）	不确定		同上
14	Bis (polyoxyethylene) methylphosphonate 甲基膦酸二聚氧乙烯醚	$(C_2H_4O)_n$ $(C_2H_4O)_n$ CH_5O_3P		2017 年版：3907.20 2022 年版：3907.22 其他聚醚 需要更多关于"m""n"的资料
15	Poly (1, 3-phenylene methyl phosphonate) 聚甲基膦酸二苯酯	$(C_{13}H_{13}O_3P \cdot C_6H_6O_2)_x$		需要更多关于该反应产物的资料

表 29-12 续 3

序号	名称	化学式	结构式	2017 年版、2022 年版中的归类建议
16	Dimethylmethylphosphonate, polymer with oxirane and phosphorus oxide (P_2O_5) 甲基膦酸二甲酯和环氧乙烷、五氧化二磷的聚合物	$(C_3H_9O_3P \cdot C_2H_4O \cdot O_5 P_2)_x$	$H_3C-O-P(=O)(CH_3)-O-CH_3$ 环氧乙烷 P_2O_5	2017 年版：3824.99 2022 年版：3824.92 产物的混合物需要更多资料

2015 年 11 月 WCO 会议，禁止化学武器公约组织的观察员表示大体上认同秘书处对这些产品的归类建议。

2016 年 1 月 WCO 会议，秘书处认为产品 1 应作为有机硫化物归入子目 2930.90（2017 版《协调制度》）。由于子目 2930.10 在 2007 年版、2012 年版、2017 年版《协调制度》三个审议循环中均未被使用，秘书处建议在 2022 年版《协调制度》中为产品 1 新增子目 2930.10。对于产品 2，禁止化学武器公约组织观察员并未提供的更多产品信息，同时也表示无法提供产品 12、13、14 的"m""n"具体的数值，但能肯定产品 12、13 的"m""n"小于 5，产品 14 的"n"大于 5。产品 11 是两分子甲基磷酸和一分子乙二胺通过甲基磷酸中的羧基和乙二胺的氨基形成氢键结合在一起。在休会期间，禁止化学武器公约组织将尽量提供该产品的化学结构。会议同意为产品 12、13 在品目 38.24 下新增子目（子目 3824.92，2022 年版《协调制度》）。秘书处原本将产品 5 作为含 P、O 的杂环归入品目 29.34，但有代表认为其应作为多元醚归入品目 29.31、子目 2931.39（2017 年版《协调制度》）。会议同意了上述代表的意见。会议同意将产品 14 归入 3907.20（2017 年版《协调制度》），并在 2022 年版《协调制度》中为其新增子目 3907.21。产品 15 的"n"大于 5，是第三十九章的聚合物，应在品目 39.11 项下为其新增子目 3911.20（2022 年版《协调制度》）。会议一致同意秘书处对其他产品的归类建议，但还是决定在下次会议上再对整个议题进行审核。

2016 年 5 月 WCO 会议，禁止化学武器公约组织的观察员向代表们表示，其无法再提供关于产品 2 和 11 的更多信息。一名代表指出，工作文件中的附表中对于产品 5 的描述应将"P、O 杂环"改成"多元醚"。秘书处提供的对照表中，品目 29.31 下应增加子目 2931.90。

2017 年 1 月 WCO 会议，基于禁止化学武器公约组织提供的信息和专家的讨论结果，秘书处准备了一份 2022 年版《协调制度》修订的对照表（见表 29-13）供会议讨论。

表 29-13　品目 29.31 修订对照表

2017 年版《协调制度》		2022 年版《协调制度》	
HS 编码	目录条文	HS 编码	目录条文
29.31	其他有机-无机化合物：	29.31	其他有机-无机化合物：
2931.10	-四甲基铅及四乙基铅	2931.10	-四甲基铅及四乙基铅
2931.20	-三丁基锡化合物	2931.20	-三丁基锡化合物
	-其他有机磷衍生物：		
2931.31	--甲基膦酸二甲酯		
2931.32	--丙基膦酸二甲酯		
2931.33	--乙基膦酸二乙酯		
2931.34	--3-（三羟基硅烷基）丙基甲基膦酸钠		
2931.35	--1-丙基磷酸环酐		
2931.36	--(5-乙基-2-甲基-2-氧代-1,3,2-二氧磷杂环己-5-基）甲基膦酸二甲酯		
2931.37	--双［(5-乙基-2-甲基-2-氧代-1,3,2-二氧磷杂环己-5-基）甲基］甲基膦酸酯（阻燃剂 FRC-1）		
2931.38	--甲基膦酸和脒基脲素（1∶1）生成的盐		
2931.39	--其他		
			-非卤化有机磷衍生物：
		2931.41	--甲基膦酸二甲酯
		2931.42	--丙基膦酸二甲酯
		2931.43	--乙基膦酸二乙酯
		2931.44	--甲基膦酸
		2931.45	--甲基膦酸和脒基脲素（1∶1）生成的盐
		2931.46	--1-丙基磷酸环酐
		2931.47	--(5-乙基-2-甲基-2-氧代-1,3,2-二氧磷杂环己-5-基）甲基膦酸二甲酯
		2931.48	--3,9-二甲基-2,4,8,10-四氧杂-3,9-二磷杂螺［5,5］十一烷-3,9-二氧化物

表 29-13 续

2017 年版《协调制度》		2022 年版《协调制度》	
HS 编码	目录条文	HS 编码	目录条文
		2931.49	--其他
			-卤化有机磷酸衍生物：
		2931.51	--甲基磷酰二氯
		2931.52	--丙基磷酰二氯
		2931.53	--O-（3-氯丙基）-O-［4-硝基-3-（三氟甲基）苯基］甲基硫代膦酸
		2931.59	--其他
2931.90	-其他	2931.90	-其他

由于子目 2931.4 没有足够的空间容纳这些产品，禁止化学武器公约组织要求列目的部分产品将不会单独列目（例如，产品 8）。根据禁止化学武器公约组织的要求，一些 2017 年版《协调制度》中新增的子目将因为贸易量小而在 2022 年版《协调制度》中被删除，例如，3-（三羟基硅烷基）丙基甲基膦酸钠和双［（5-乙基-2-甲基-2-氧代-1,3,2—二氧磷杂环己-5-基）甲基］甲基膦酸酯。根据现有信息，无法为产品 2、11 增列子目。WCO 会议已经同意为产品 3、4 新增子目 2933.34，为产品 12、13 新增子目 3824.92。会议还同意产品 5 应为多元醚，应归入子目 2931.39，并将在 2022 年版《协调制度》中为其新增子目 2931.48。最后，基于禁止化学武器公约组织提供的信息，会议同意产品 14、15 为聚合物，应分别归入子目 3907.20 和 3911.90，并将在 2022 年版《协调制度》中分别为其新增子目 3907.21 和 3911.20。会议审议了产品归类更改的对照表和品目条文修订案，一致同意接受相关修订。

2017 年 5 月 WCO 会议，基于历次会议讨论的结果，同意在 2022 年版《协调制度》中为相关产品增列子目。同时，因为禁止化学武器公约组织无法提供产品 2、11 的详细信息，相关产品的归类仍无法确定，故无法在 2022 年版《协调制度》中为其增列子目。

三、结论

2022 年版《协调制度》为相关 14 种受控物质做了修订，相关修订见表 29-14。

表 29-14　2022 年版《协调制度》对 14 种受控物质的修订情况

序号	名称	化学式	结构式	2022 年版《协调制度》中的新增子目
1	2-(N, N-Dimethylamino)-ethanethiol 2-(N, N-二甲基)-乙硫醇	$C_4H_{11}NS$		2930.10
2	Product from the reaction of Methylphosphonic acid and 1, 3, 5-Triazine-2, 4, 6-triamine 甲基膦酸和三聚氰胺的反应产物	$CH_5O_3P \cdot C_3H_6N_6$		信息不充分，暂不列目
3	3-Quinuclidinol 3-奎宁醇	$C_7H_{13}NO$		2933.35
4	R-(-)-3-Quinuclidinol R-(-)-3-奎宁醇	$C_7H_{13}NO$		2933.35
5	3, 9-Dimethyl-2, 4, 8, 10-tetraoxa-3, 9-diphosphaspiro[5,5]undecane 3, 9-dioxide 3, 9-二甲基-2, 4, 8, 10-四氧杂-3, 9-二磷杂螺[5,5]十一烷-3, 9-二氧化物	$C_7H_{14}O_6P_2$		2931.48
6	Propylphosphonic dichloride 丙基磷酰二氯	$C_3H_7Cl_2OP$		2931.52
7	Methylphosphonic dichloride 甲基磷酰二氯	CH_3Cl_2OP		2931.51

表 29-14 续 1

序号	名称	化学式	结构式	2022年版《协调制度》中的新增子目
8	Diphenyl methylphosphonate 甲基膦酸二苯酯	$C_{13}H_{13}O_3P$		因 2931.4 子目数量有限，未列目
9	O-(3-chloropropyl) O-[4-nitro-3-(trifluoromethyl)pheny] methylphosphonothionate O-(3-氯丙基)-O-[4-硝基-3-(三氟甲基)苯基]甲基硫代膦酸	$C_{11}H_{12}ClF_3NO_4PS$		2931.53
10	Methylphosphonic acid 甲基膦酸	CH_5O_3P		2931.44
11	Product from the reaction of methylphosphonic acid and 1,2-ethanediamine 甲基膦酸和乙二胺的反应产物	$C_2H_8N_2 \cdot CH_5O_3P$		信息不充分，暂不列目
12	Phosphonic aciD, methyl-, polyglycolester (Exolit OP 560 TP) 甲基膦酸二聚氧乙烯醚（科莱恩无卤阻燃剂 OP 560 TP）	不确定		3824.92
13	Phosphonic aciD, methyl-, polyglycolester (Exolit OP 560) 甲基膦酸二聚氧乙烯醚（科莱恩无卤阻燃剂 OP 560）	不确定		3824.92

表29-14 续2

序号	名称	化学式	结构式	2022年版《协调制度》中的新增子目
14	Bis(polyoxyethylene) methylphosphonate 甲基膦酸二聚氧乙烯醚	$(C_2H_4O)_n$ $(C_2H_4O)_n$ CH_5O_3P		3907.21
15	Poly(1,3-phenylene methyl phosphonate) 聚(1,3-亚苯基甲基膦酸酯)	$(C_{13}H_{13}O_3P \cdot C_6H_6O_2)_x$		3911.20
16	Dimethylmethylphosphonate, polymer with oxirane and phosphorus oxide (P_2O_5) 甲基膦酸二甲酯和环氧乙烷、五氧化二磷的聚合物	$(C_3H_9O_3P \cdot C_2H_4O \cdot O_5P_2)_x$		3824.92

品目29.31条文的修订（为《禁止化学武器公约》受控物质及《鹿特丹公约》特定受控物质增列子目）

详细修订背景及会议讨论过程见"品目29.30条文的修订（为《禁止化学武器公约》受控物质增列子目）""品目29.32条文的修订（为《鹿特丹公约》特定受控物质增列子目）"。

品目29.32条文的修订（为《鹿特丹公约》特定受控物质增列子目）

一、修订背景

2017年11月，秘书处收到了来自《鹿特丹公约》秘书处的来信，希望将《鹿特丹公约》附录Ⅲ中新增的化学品列入《协调制度》中。在过去两个审议循环中，WCO在《协调制度》第二十九章和第三十八章中为《鹿特丹公约》附录Ⅲ的产品增列了子目。本次循环中，《鹿特丹公约》秘书处建议新增的3个产品，分别是三氯仿、克百威和短链氯化石蜡。

秘书处指出，根据互联网信息，呋喃丹（ISO通用名）的IUPAC命名是2,3-二氢-2,2-二甲基-7-苯并呋喃基甲氨基甲氨基甲酸酯，三氯磷酸酯（ISO通用名）的IUPAC命名是二甲基(RS)-(2,2,2-三氯-1-羟基乙基)磷酸酯，其结构式如图29-27所示。

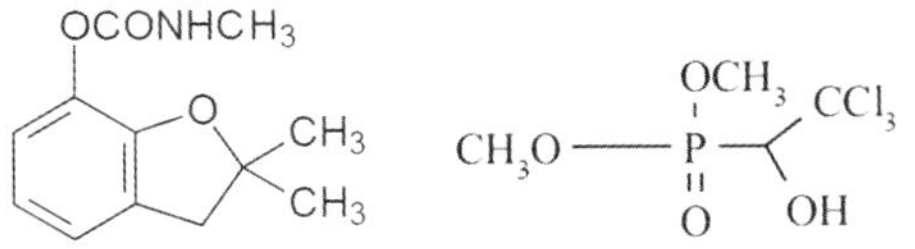

图 29-27　呋喃丹（左）和三氯磷酸酯（右）结构式

二、主要观点及讨论情况

秘书处的意见：呋喃丹是一种只含有一种杂原子的杂环化合物，应归入品目 29.32。由于含有一个稠合的氢化呋喃环，它应被归入子目 2932.99。因此，秘书处建议在 2022 年版《协调制度》中为其新增一个二级子目 2932.96。

三氯磷酸酯应该作为其他有机磷衍生物归入品目 29.31、子目 2931.39。但是 2017 年版《协调制度》中子目 2931.3 项下所有子目编码已经被占用。此前 WCO 会议上通过了为《禁止化学武器公约》控制产品修订《协调制度》的议题，见"品目 29.30 条文的修订（为《禁止化学武器公约》受控物质增列子目）"。该议题删除了子目 2931.3，并将其拆分成 "2931.4-非卤化有机磷衍生物""2931.5-卤化有机磷衍生物"，这为新的有机磷衍生物提供了空间。考虑到新增的子目 2931.5，秘书处建议为三氯磷酸酯增列子目 2931.54。

呋喃丹和三氯磷酸酯是用作杀虫剂的，所以其制品应归入品目 38.08。第三十八章子目注释一是 2007 年版《协调制度》时应《鹿特丹公约》要求新增的，用于明确含有管制化学品的杀虫剂的归类。故应同步讨论是否将呋喃丹和三氯磷酸酯制品归入子目 3808.5，是否在第三十八章子目注释一中插入新增的两项化学品。另外，第三十八章子目注释一第二段是 2012 年版《协调制度》新增的，包含了苯菌灵（ISO）、克百威（ISO）（呋喃丹）及福美双（ISO）混合物的粉状制剂。如果将呋喃丹列入第一段中，就应在第二段中将其删除。

短链氯化石蜡是一种成分复杂的混合物，其氯化度大于 48%，碳链长度为 10~13。其成分的通式为 $C_xH_{(2x-y+2)}Cl_y$（其中 $x=10\sim13$，$y=1\sim13$），其典型的结构式如图 29-28 所示。

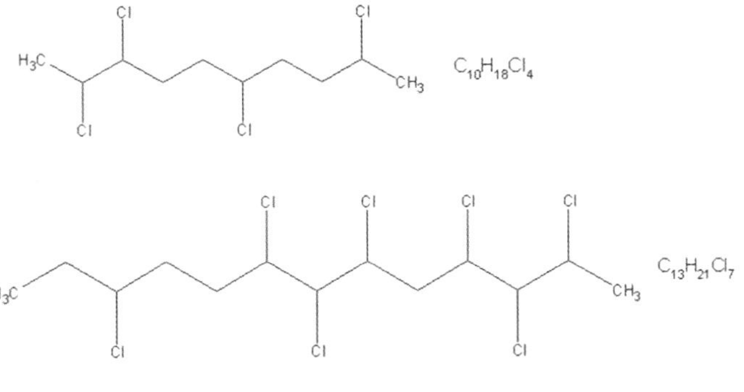

图 29-28　短链氯化石蜡的结构式

该商品应归入品目38.24。2017年版《协调制度》为第三十八章子目注释三所列《鹿特丹公约》产品新增子目3824.8。所以在秘书处给出的修订建议中为短链氯化石蜡新增子目3824.89。

WCO一直与《鹿特丹公约》《斯德哥尔摩公约》《蒙特利尔议定书》《禁止化学武器公约》等组织合作，为受控化学品增列子目，目前有一级子目2931.3、3824.7和3824.8。但目前子目3824.89已经是子目3824.8项下最后一个二级子目，子目3824.7项下也没有多余的二级子目。因此，秘书处建议在品目38.24项下新增子目以满足这些受控化学品的增列需求。

秘书处具体修订建议如下：

品目29.31，插入新增子目2931.54"2931.54--敌百虫（ISO）"。

品目29.32，插入新增子目2932.96"2932.96--呋喃丹（ISO）"。

将第三十八章子目注释一替换为"一、子目3808.52及3808.59仅包括品目38.08的货品，含有一种或多种下列物质：甲草胺（ISO）；涕灭威（ISO）；艾氏剂（ISO）；谷硫磷（ISO）；乐杀螨（ISO）；毒杀芬（ISO）；敌菌丹（ISO）；呋喃丹（ISO）；氯丹（ISO）；杀虫脒（ISO）；乙酯杀螨醇（ISO）；滴滴涕（ISO，INN）[1,1,1-三氯-2,2-双(4-氯苯基)乙烷]；狄氏剂（ISO，INN）；4,6-二硝基邻甲酚[二硝酚（ISO）]及其盐；地乐酚（ISO）及其盐或酯；硫丹（ISO）；1,2-二溴乙烷（ISO）；1,2-二氯乙烷（ISO）；氟乙酰胺（ISO）；七氯（ISO）；六氯苯（ISO）；1,2,3,4,5,6-六氯环己烷[六六六（ISO）]，包括林丹（ISO，INN）；汞化合物；甲胺磷（ISO）；久效磷（ISO）；环氧乙烷（氧化乙烯）；对硫磷（ISO）；甲基对硫磷（ISO）；五溴二苯醚及八溴二苯醚；五氯苯酚（ISO）及其盐或酯；全氟辛基磺酸及其盐；全氟辛基磺胺；全氟辛基磺酰氯；磷胺（ISO）；2,4,5-涕（ISO）（2,4,5-三氯苯氧基乙酸）及其盐或酯；三丁基锡化合物；敌百虫（ISO）。"

将第三十八章子目注释三替换为"三、子目3824.81至3824.88仅包括含有下列一种或多种物质的混合物及制品：环氧乙烷（氧化乙烯）；多溴联苯（PBBs）；多氯联苯（PCBs）；多氯三联苯（PCTs）；三（2,3-二溴丙基）磷酸酯；艾氏剂（ISO）；毒杀芬（ISO）；氯丹（ISO）；十氯酮（ISO）；滴滴涕（ISO，INN）[1,1,1-三氯-2,2-双(4-氯苯基)乙烷]；狄氏剂（ISO，INN）、硫丹（ISO）；异狄氏剂（ISO）；七氯（ISO）；灭蚁灵（ISO）；1,2,3,4,5,6-六氯环己烷[六六六（ISO）]；包括林丹（ISO，INN）五氯苯（ISO）；六氯苯（ISO）；全氟辛基磺酸及其盐；全氟辛基磺胺；全氟辛基磺酰氯；或四、五、六、七或八溴联苯醚；短链氯化石蜡。

品目38.24，插入新增子目3824.89"3824.89--含短链氯化石蜡的"。

2018年1月WCO会议，同意上述秘书处增列3个子目的建议。会议同时认为，克百威、敌百虫这两个产品均为杀虫剂，其制品应归入子目3808.5，第三十八章子目注释一应增加相关内容，短链氯化石蜡应增加到第三十八章子目注释三中。但部分代表认为短链氯化石蜡的定义不清晰，建议加以明确。此外，五溴二苯醚及八溴二苯醚被用作阻燃剂而不是杀虫剂，这两个化学品的制剂应归入子目3824.88而不是子目3808.59，《鹿特丹公约》秘书处要求进一步修订第三十八章子目注释一。

2018年5月WCO会议，一致通过增列子目的修订建议。秘书处建议将克百威列入第三十八章子目注释一第一段中的成分列表，删除第二段。有成员方提出需明确短链氯化石蜡本身是一种混合物还是与其他物质的混合物，《鹿特丹公约》代表表示需要核实。

2018年11月WCO会议前，《鹿特丹公约》代表提供进一步资料及意见：商业短链氯化石蜡为氯化烷烃的复杂混合物。例如，含氯量40%的短链氯化石蜡，即平均由含重量计40%氯的氯化烷烃构成，碳链长度主要分布在10～13。该产品同时可含更高或更低的氯化烷烃杂质。SCCP由烃氢化制得。所用原料烃主要含C10-13烷烃，此外还含有烯烃和芳香物等可被氯化杂质。SCCP中的杂质很可能来源于原料。同时，该产品一般含有稳定剂。会议一致同意将克百威列入第三十八章子目注释一第一段中的成分列表，同时删除第三十八章子目注释一第二段，并将相关内容在《协调制度注释》第三十八章中加以体现；一致通过为短链氯化石蜡对子目3824.89的修订。关于第三十八章子目注释三第二段关于"短链氯化石蜡"定义的修订，会议支持"化合物的混合物（Mixtures of compounds）"的表述，以强调该产品实际上就是多种化合物的混合物，而不是单一物质。

会议同意分别为敌百虫、克百威、短链氯化石蜡分别增列子目2931.54、2932.96、3824.89。另外，克百威、敌百虫均为杀虫剂，其制品应归入子目3808.5，故第三十八章子目注释一增加相关内容、短链氯化石蜡增加到第三十八章子目注释三中。

三、结论

最终修订结果详见第三十八章子目注释一和三。

品目29.33及品目29.34条文的修订（为《禁止化学武器公约》受控物质及特定芬太尼相关物质修订子目条文及增列子目）

为《禁止化学武器公约》受控物质修订品目29.33及品目29.34条文的主要观点及讨论情况详见"品目29.30条文的修订（为《禁止化学武器公约》受控物质增列子目）"。

一、修订背景

2018年3月，麻醉药品委员会决定将六种芬太尼类物质列入联合国麻醉品公约。WCO与国际麻醉品管制局的专家举行了会谈，就芬太尼类物质的归类进行了讨论。国际麻醉品管制局建议 WCO 为芬太尼类物质在 2022 年版《协调制度》中增列子目。

二、主要观点及讨论情况

2018 年 9 月 WCO 会议，秘书处指出在国际麻醉品管制局的管制列表中有 98 种芬太尼类物质，其中有 5 种是有医疗或工业用途的，分别是阿芬太尼（Alfentanil）、卡芬太尼（Carfentanil）、芬太尼（Fentanyl）、瑞芬太尼（Remifentanil）和舒芬太尼（Sufentanil）。16 种已列入管制列表的芬太尼类物质，目前没有已知的合法用途；还有 77 种未列入管制列表的芬太尼类物质，目前没有已知的合法用途。从归类的角度来看，大多数芬太尼衍生物被归入品目 29.33、子目 2933.3 项下，其结构中具有未稠合的哌啶环。另一些芬太尼衍生物结构有含硫杂环，应归入品目 29.34。已有医疗或工业用途的 5 种物质中，阿芬太尼和芬太尼已在子目 2933.33 中列出，而舒芬太尼是硫代芬太尼衍生物，在子目 2934.91 中列出。只有卡芬太尼和瑞芬太尼没有具体列名。它们被归入子目 2933.39"其他"项下。秘书处建议将卡芬太尼和瑞芬太尼也在子目 2933.33 中列出，这样不用重新编号；其他芬太尼类物质建议分别归入子目 2933.36"其他芬太尼及其衍生物"和子目 2934.92"其他硫代芬太尼及其衍生物"。会议暂时通过了对品目 29.33 和 29.34 的修订建议。

2019 年 1 月 WCO 会议，有成员方代表认为还要在品目 29.34 项下增加一个子目才能涵盖所有的芬太尼类物质。即子目 2934.93"其他芬太尼及其衍生物"，其结构中除含有非稠合的哌啶环外，还含有氧杂原子。秘书处认为可以通过修改子目 2934.92 的条文来达到目的，即删除"含硫"两个字。这样既简洁，也可以预留子目 2934.92 以备他用。会议最终同意保留两种方案，后续继续讨论。

2019 年 3 月 WCO 会议，成员方一致同意秘书处提出的修订建议，即为"其他芬太尼类及其衍生物"增列子目 2934.92。

此外，为 4-苯氨基-N-苯乙基哌啶（ANPP）和 N-苯乙基-4-哌啶酮（NPP）两种芬太尼前体增列子目的议题也由国际麻醉品管制局于 2018 年 1 月提出，会议一致同意，为上述两种芬太尼前体增列子目，并将其列入《协调制度注释》品目 29.34 注释的《麻醉药与精神治疗药物表》中。

三、结论

最终修订结果详见品目 29.33、29.34。

品目 29.36 条文的修订（为烟酸和烟酰胺的归类修订子目条文）

一、修订背景

2017 年 2 月，有成员方向 WCO 致信，提出就烟酸和烟酰胺的归类对《协调制度》进行修订。

产品介绍：

烟酸（商品名为尼亚新），又称维生素 B_3，分子式为 $C_6H_5NO_2$，为人体必需的营养素。外观为无色、可溶于水的固体，是嘧啶的衍生物，在3号位上有一个羧基。其结构式如图29-29所示。

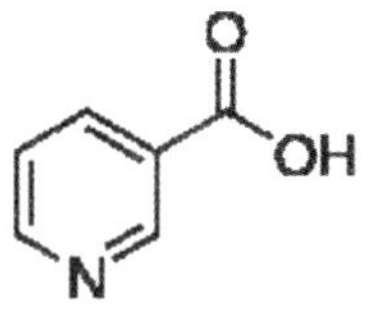

图 29-29　烟酸结构式

烟酰胺（商品名为尼克酰胺），是维生素 B_3 的另一种形式，其羧基被替换为酰胺基团。烟酸和烟酰胺之间可以相互转化。其结构式如图29-30所示。

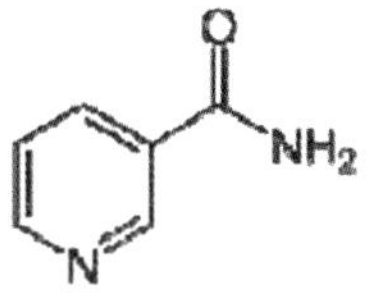

图 29-30　烟酰胺结构式

二、主要观点及讨论情况

秘书处指出子目2936.24目前包括"D 或 DL-泛酸（维生素 B_3 或维生素 B_5）及其衍生物"。历史资料显示，该子目从第一版《协调制度》就已存在。

泛酸的化学结构式如图29-31所示。

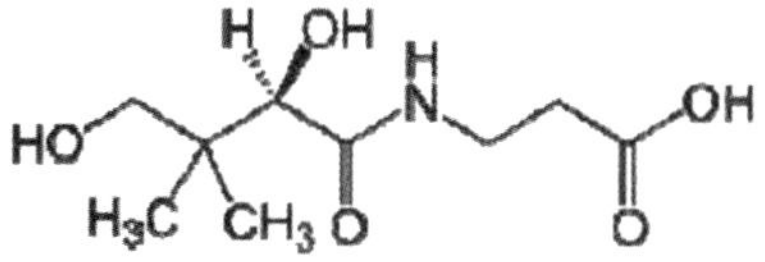

图 29-31　泛酸化学结构式

品目29.36相应的品目注释（第五项）为："（一）D 或 DL-泛酸[N-(α,γ-二羟基-β,β-二甲基丁酰基)-β-氨基丙酸]。这种维生素也称维生素 B_3 或维生素 B_5，存在于所有的生物细胞及组织中（例如，存在于哺乳动物的肝及肾、米皮、酒酵母、牛奶、粗糖蜜等中）。通常是合成而得。黄色粘性油；可慢慢溶于水及大部分有机溶剂中。"

然而，品目29.36的品目注释第十四项进一步规定：

"十四、维生素PP及其主要用作维生素的衍生物

"维生素PP是抗糙皮病维生素，为生长、氧化作用、细胞呼吸、蛋白质及碳水化合物的新陈代谢所需要。

"（一）烟酸（INN）（吡啶-β-羧酸、尼克酸）。来源于动物（例如，哺乳动

物及某种鱼的肝、肾、新鲜肉）及植物（酒酵母、谷物胚芽及果皮等），通过合成而得。为无色晶体，可溶于醇和脂肪；对热及氧化相当稳定。

"……

"（四）烟酰胺（INN）（烟酸酰胺、尼克酰胺）。来源、性质及用途同烟酸，通过合成而得。溶于水，对热稳定。

"（五）盐酸烟酰胺。"

根据互联网信息，B族维生素一般包括维生素 B_1（硫胺）、维生素 B_2（核黄素）、维生素 B_3（尼亚新/尼克酰胺）、维生素 B_5（泛酸）、维生素 B_6（吡哆醇）、维生素 B_{12}（氰钴胺素）和叶酸。

维生素 B_3 因是糙皮病预防因子（pellagra-preventive factor），过去曾被称为维生素PP、维生素P-P和PP因子。当确定其化学结构后，为了与尼古丁进行区分，防止人们认为富含尼亚新的食物里有尼古丁，或者认为香烟中有维生素，科学界将"烟酸"和"维生素"两个单词结合，创造了"尼亚新"这个名字（nicotinic acid + vitamin = niacin）。

按照提出该议题成员方的建议，品目29.36的注释还应进行如下修订：

"五、D-或DL-泛酸（也称作维生素 B_3 或维生素 B_5）及其主要用作维生素的衍生物。

"这些化合物在防止头发变白、皮肤发育及脂肪和碳水化合物的代谢中起一定作用，为腺、肝、肠胃及呼吸道的活动所必需，溶于水。

"（一）D 或 DL-泛酸[N-(α,γ-二羟基-β,β-二甲基丁酰基)-β-氨基丙酸]。这种维生素也称维生素 B_3 或维生素 B_5，存在于所有的生物细胞及组织中；……

"十四、维生素PP（也称为烟酸或维生素 B_3）及其主要用作维生素的衍生物。"

该议题技术争议不大，与会代表均支持相关的建议。

三、结论

会议一致同意将烟酸和烟酰胺归入子目2936.29，修改子目2936.24的条文，相关注释作相应修改。最终修订结果详见品目29.36。

品目29.39条文的修订（为麻黄碱衍生物增列子目及修订品目条文）

一、修订背景

2018年2月2日，有成员方致信WCO反映麻黄碱类衍生物的归类不一致，提出对品目29.39的结构进行修订。来信中列举了WCO关于相关麻黄碱类物质的归类（见表29-15）。

第六类　化学工业及其相关工业的产品

表 29-15　WCO 关于相关麻黄碱类物质的归类

Name	HS Classification
Pseudoephedrine（INN List 11）	2939.42（HSC/21）in HS2017
Cathine（INN List 44）	2939.43（HSC/25）in HS2017
Cathinone（INN List 44）	2939.99（HSC/25）/2939.79（HSC/55）in HS2017
Etafedrine（INN List 14）	2939.40（HSC/13）/2939.49（HSC/53）in HS2017
Metamfetamine（INN List 55）	2939.91（HSC/25）/2939.71（HSC/55）in HS2017
Levmetamfetamine（INN List 83）	2921.49（HSC/27）in HS2017
Metaraminol（INN List 1）	2939.90（HSC/11）/2939.99（HSC/53）/2939.49（HSC/57）in HS2017
Oxilofrine（INN List 62）	2939.90（HSC/17）/2939.99（HSC/53）/2939.49（HSC/57）in HS2017

其时，卡西酮（Cathinone，INN List 44）按去甲伪麻黄碱的衍生物归入子目 2939.79。间羟胺（Metaraminol，INN List 1）和对羟麻黄碱（Oxilofrine，INN List 62）虽然被认为麻黄碱衍生物归在子目 2939.99 项下，但 2017 年转版之后变成子目 2939.49。

该成员方认为以下 4 种物质的归类应重新进行讨论：乙基麻黄碱（Etafedrine，INN List 14）、左甲苯丙胺（Levmetamfetamine，INN List 83）、间羟胺（Metaraminol，INN List 1）、对羟麻黄碱（Oxilofrine，INN List 62）。

二、主要观点及讨论情况

提出议题的成员方认为：子目 2939.4 仅包括"麻黄碱类及其盐"；麻黄碱类衍生物不在品目 29.39 下的一级子目中具体列名；子目 2939.4 仅包括天然的麻黄碱类（如麻黄素、伪麻黄素、去甲伪麻黄素、去甲麻黄素、甲基麻黄素、甲基伪麻黄素），麻黄素类衍生物应归在子目 2939.7 项下。此外，乙基麻黄碱（Etafedrine，INN List 14）虽然在品目 29.39 的注释中列名，但不确定是否天然存在。乙基麻黄碱可由甲基麻黄碱制得，所以它如果不是天然存在，则应归入子目 2939.7。为此，该成员方代表指出，提出该议题是为了简化相关物质的归类，希望扩大子目 2939.4 的范围，以包含麻黄碱衍生物及其盐。

在会议上，秘书处提出麻黄碱有 4 种构型，按传统（1R, 2S）和（1S, 2R）命名为麻黄碱；（1R, 2R）和（1S, 2S）为伪麻黄素去氧麻黄素，非天然存在。讨论过程应首先明确麻黄碱类（Ephedrines）的商品范围是否只包括上述 4 种。根据品目 29.39 的注释，麻黄素类不应只包括这 4 种，还包括麻黄素衍生物。间羟胺（Metaraminol、INN List 1）、对羟麻黄碱（Oxilofrine，INN List 62）和乙基麻黄碱（Etafedrine，INN List 14）为麻黄素的衍生物。

所有代表均认为左甲苯丙胺（Levmetamfetamine, INN List 83）与子目2939.71项下的左甲苯丙胺（Levometamfetamin）属同一化合物，应归在同一品目下。有成员方代表认为该物质衍生自一种来源于植物的生物碱，但其本身并非植物来源，故难以明确其是否应归入子目2939.71。该代表同时指出，现有子目2939.4应包括麻黄碱的衍生物（Ephedrine derivatives），因为麻黄碱一词并未带复数。对于麻黄碱衍生物的归类依据，第二十九章子目注释一已经足够充分，间羟胺（Metaraminol, INN List 1）、对羟麻黄碱（Oxilofrine, INN List 62）和乙基麻黄碱（Etafedrine, INN List 14）3种化合物应视为麻黄碱的衍生物归入子目2939.49。

另有成员方代表表示无法支持该修订，认为间羟胺（Metaraminol, INN List 1）、对羟麻黄碱（Oxilofrine, INN List 62）和乙基麻黄碱（Etafedrine, INN List 14）3种化合物是麻黄碱衍生物，不可将其从子目2939.4转移至子目2939.7。根据第二十九章子目注释一，目前归入子目2939.49的麻黄碱衍生物应归入子目2939.80。由于子目2939.7条文"-其他，植物来源的："并未包括"及其衍生物"，所以子目2939.79只包括天然的生物碱，以及那些通过合成再制得的天然生物碱。

另有成员方建议了解这些子目的历史和来源，以帮助理解为何子目2939.4仅包括麻黄碱及其盐，而品目29.39的其他子目还包括衍生物。

为此，秘书处提供了子目2939.4的历史背景材料。1979年《布鲁塞尔目录》（Brussels Nomenclature，《协调制度》的前身）品目29.42"天然或合成再制的植物碱及其盐、醚、酯和其他衍生物"并未拆分子目。麻黄碱（Ephedrine）作为一种单一物质，在当时品目29.42的注释中提及，同现有品目29.39注释，内容未变。最早的为麻黄碱拆分子目的建议是子目2942.90"天然或合成再制的麻黄碱及其盐"。随后，又有建议增设子目2942.50"麻黄碱类及其盐"。会议采纳了该建议条文，并移至子目2942.40，后期又移至目前的子目2939.40。秘书处没有找到任何文件可解释将原建议的"麻黄碱（Ephedrine）"改为"麻黄碱类（Ephedrines）"的原因，猜测这可能是为了协调英文、法文的文本。

后续会议继续讨论了上述4个麻黄碱类物质的归类以及关于品目29.39结构修订的建议。有成员方代表认为根据第二十九章的子目注释一，麻黄碱的衍生物应归入子目2939.7。他指出卡西酮（Cathinone, INN List 44）按照植物来源的其他生物碱，归入子目2939.79；间羟胺（Metaraminol, INN List 1）、对羟麻黄碱（Oxilofrine, INN List 62）最初按其他生物碱归入2939.99，但在2017年版《协调制度》中被重新归入子目2939.49。此外，品目29.39的注释中提到了乙基麻黄碱（Etafedrine, INN List 14），这意味着麻黄碱衍生物归类不一致。

为了统一麻黄碱类及其衍生物的归类，WCO提出了以下思路：方案一是在子目2939.4条文中插入"及其衍生物"，然后将所有麻黄碱衍生物移至新子目2939.45中。在这修订建议下，需要对"麻黄碱类"的范围作明确。方案二是将子目2939.4条文修改为"麻黄生物碱及其衍生物，以及它们的盐"。这样子目2939.4与子目2939.1、2939.2、2939.5和2939.6的条文表述方式可保持一致，也能明确该子目的商品范围。

会议代表均同意上述方案二的修改建议。有成员方代表建议将左甲苯丙胺、去氧麻黄碱、去氧麻黄碱外消旋体及其盐转移至新子目2939.45。考虑到子目2939.71的范围将随之改变，有代表提议将子目2939.71改为子目2939.72。另有代表支持对品目29.39的修订，但坚持认为乙基麻黄碱（Etafedrine，INN List 14）、间羟胺（Metaraminol，INN List 1）和对羟麻黄碱（Oxilofrine，INN List 62）3项产品，应归入子目2939.80。

此外，秘书处提议将第二十九章品目29.39的注释第四点改为"四、麻黄生物碱及其衍生物、盐等"，下面增加解释"麻黄碱类包括麻黄属植物中含有的生物碱，包括合成制得的"，并在第二十九章品目29.39的注释第四点中增加去甲麻黄碱（Cathine）和甲基伪麻黄碱（Methylpseudoephedrine），以列出全部6种麻黄属植物生物碱，而且这6种麻黄属植物生物碱不是穷举。

WCO会议对乙基麻黄碱（Etafedrine，INN List 14）、间羟胺（Metaraminol，INN List 1）和对羟麻黄碱（Oxilofrine，INN List 62）的归类进行投票，最终决定根据归类总规则一和六，将这3项产品归入品目29.39、子目2939.79。WCO认为左甲苯丙胺（Levmetamfetamine，INN List 83）与左甲苯丙胺（Levometamfetamine）属同一物质，并对其归类进行投票，最终决定其归入品目29.39、子目2939.71。与此同时，WCO采纳了对品目29.39注释的修订。

三、结论

最终修订结果详见品目29.39。

第三十章 药 品

一、概述

本章章注释新增2条，修改3条，删除1条；4位数品目条文修改1条；5、6位数子目新增8条，删除5条。

二、章注释及子目注释的修改情况

（一）章注释一的调整

1. 新增章注释一（九）

为明确品目 38.22 的诊断试剂不归入本章，新增章注释一（九）"<u>（九）品目 38.22 的诊断试剂</u>"。

2. 章注释一（二）的修改

由于含尼古丁并用于帮助吸烟者戒烟的产品已转移至新增的品目 24.04 项下，本章章注释一（二）条文由"用于帮助吸烟者戒烟的制剂，例如，片剂、咀嚼胶或透皮贴片（品目 21.06 或 38.24）"修改为"含尼古丁并用于帮助吸烟者戒烟的产品，例如，片剂、咀嚼胶或透皮贴片（品目 24.04）;"。

3. 章注释一（七）与一（八）的修改

由于新增章注释一（九），删除章注释一（七）条文中"或"，并将"或"移到注释一（八）的条文后面。

章注释一修改后的部分条文如下：

"一、本章不包括：

"……

"（二）<u>含尼古丁并</u>用于帮助吸烟者戒烟的<u>产品</u>，例如，片剂、咀嚼胶或透皮贴片（品目 <u>24.04</u>）;

"……

"（七）以熟石膏为基本成分的牙科用制品（品目 34.07）;

"（八）不作治疗及预防疾病用的血清蛋白（品目 35.02）<u>;或</u>

"<u>（九）品目 38.22 的诊断试剂。</u>"

（二）章注释四的修改

1. 删除原章注释四（五）

因血型试剂被转移至品目 38.22 项下，故删除原章注释四"（五）血型试剂;"。

2. 新增章注释四（五）

为明确安慰剂和盲法（或双盲法）临床试验试剂盒的归类，新增章注释四（五）"<u>（五）安慰剂和盲法（或双盲法）临床试验试剂盒，用于经许可的临床试验，已配定剂量，即使它们可能含有活性药物</u>"。

本章子目注释未作修改。

三、目录结构及品目条文的调整情况

为明确对细胞培养物、安慰剂和盲法临床试验试剂盒等的归类，对品目 30.02、30.06 及相应子目进行了修改，具体修改情况如下：

（一）品目 30.02 的调整

1. 品目 30.02 条文的修改

将品目 30.02 的条文由"人血；治病、防病或诊断用的动物血制品；抗血清、其他血份及免疫制品,不论是否修饰或通过生物工艺加工制得;疫苗、毒素、培养微生物(不包括酵母)及类似产品"修改为"人血;治病、防病或诊断用的动物血制品;抗血清、其他血份及免疫制品,不论是否修饰或通过生物工艺加工制得;疫苗、毒素、培养微生物(不包括酵母)及类似产品;<u>细胞培养物,不论是否修饰</u>"。

仅条文修改,商品范围不变。

2. 删除子目 3002.11

为调整检测伊蚊属蚊子传播的寨卡病毒和其他疾病的快速诊断试剂盒的归类,删除子目"3002.11--疟疾诊断试剂盒"。

该子目删除的商品全部转移至新增子目 3822.11 项下。

3. 删除子目 3002.19

该子目实际为空号,本次修订将其删除。

4. 调整疫苗、毒素、培养微生物及类似产品的列目

删除子目"3002.20-人用疫苗""3002.30-兽用疫苗"。

新增子目"3002.4-疫苗、毒素、培养微生物(不包括酵母)及类似产品",而后在此基础上拆分出六位子目"3002.41--人用疫苗""3002.42--兽用疫苗"和"3002.49--其他"。其中新增子目 3002.41 的商品为已删除的子目 3002.20 的全部商品,新增子目 3002.42 的商品为已删除的子目 3002.30 的全部商品,子目 3002.49 的商品为原子目 3002.90 的部分商品。

5. 新增子目 3002.5

新增子目"3002.5-细胞培养物,不论是否修饰",并在此基础上拆分出 6 位子目"3002.51--细胞治疗产品"和"3002.59--其他"。其中新增子目 3002.51 与 3002.59 的商品均为原子目 3002.90 的部分商品。

品目 30.02 调整后的列目结构如表 30-1 所示。

表 30-1 品目 30.02 调整后的列目结构

HS 编码	商品名称	备注
30.02	人血;治病、防病或诊断用的动物血制品;抗血清、其他血份及免疫制品,不论是否修饰或通过生物工艺加工制得;疫苗、毒素、培养微生物(不包括酵母)及类似产品;细胞培养物,不论是否修饰:	修改名称
	-抗血清、其他血份及免疫制品,不论是否修饰或通过生物工艺加工制得:	
3002.12	--抗血清及其他血份	
3002.13	--非混合的免疫制品,未配定剂量或制成零售包装	
3002.14	--混合的免疫制品,未配定剂量或制成零售包装	
3002.15	--免疫制品,已配定剂量或制成零售包装	
	<u>-疫苗、毒素、培养微生物(不包括酵母)及类似产品:</u>	新增
<u>3002.41</u>	--人用疫苗	新增

表30-1 续

HS 编码	商品名称	备注
3002.42	--兽用疫苗	新增
3002.49	--其他	新增
	-细胞培养物，不论是否修饰：	新增
3002.51	--细胞治疗产品	新增
3002.59	--其他	新增
3002.90	-其他	

（二）品目30.06的调整

1. 删除子目3006.2

为调整诊断和检测试剂盒的归类，删除子目"3006.20-血型试剂"，该子目删除后，其所包括的商品转移至新增的子目3822.13项下。

2. 新增子目3006.93

为明确安慰剂和盲法（或双盲法）临床试验试剂盒的归类，新增子目"3006.93--安慰剂和盲法（或双盲法）临床试验试剂盒，用于经许可的临床试验，已配定剂量"，该商品为原品目30.04、38.24的部分商品。

品目30.06调整后的列目结构如表30-2所示。

表30-2 品目30.06调整后的列目结构

HS 编码	商品名称	备注
30.06	本章注释四所规定的医药用品：	
3006.10	-无菌外科肠线、类似的无菌缝合材料（包括外科或牙科用无菌可吸收缝线）及外伤创口闭合用的无菌粘合胶布；无菌昆布及无菌昆布塞条；外科或牙科用无菌吸收性止血材料；外科或牙科用无菌抗粘连阻隔材料，不论是否可吸收	
3006.30	-X光检查造影剂；用于病人的诊断试剂	
3006.40	-牙科粘固剂及其他牙科填料；骨骼粘固剂	
3006.50	-急救药箱、药包	
3006.60	-以激素、品目29.37的其他产品或杀精子剂为基本成分的化学避孕药物	
3006.70	-专用于人类或作兽药用的凝胶制剂，作为外科手术或体检时躯体部位的润滑剂，或者作为躯体和医疗器械之间的耦合剂	
	-其他	
3006.91	--可确定用于造口术的用具	
3006.92	--废药物	
3006.93	--安慰剂和盲法（或双盲法）临床试验试剂盒，用于经许可的临床试验，已配定剂量	新增

第三十章注释一（二）的修订
（为尼古丁产品和新型烟草产品修订注释）

详细修订背景及会议讨论过程见"第二十四章注释及品目 24.04 的修订（为尼古丁产品和新型烟草产品新增章注释及新增品目）"。

第三十章注释一（七）至一（九）的修订
（为寨卡病毒快速诊断试剂盒修订注释）

一、修订背景

有成员方向 WCO 去信提出，希望明确快速检测血液中寨卡病毒及其他由伊蚊传播疾病的试剂盒的归类问题，并表示根据 WCO 以往对基于单克隆抗体进行检测的试剂盒的归类，目前对于此类试剂盒的归类需要用到归类总规则一、三（二）及六。信中认为所有类型的诊断试剂盒根据归类总规则一及六归类对于海关来说最为方便，因此提议为基于单克隆抗体的诊断试剂盒增列子目 3002.4，并在其项下为疟疾诊断试剂盒增列子目 3002.41，为寨卡病毒及其他由伊蚊所传播疾病的诊断试剂盒增列子目 3002.42，考虑到检测 HIV 病毒的重要性，为 HIV 病毒诊断试剂盒增列子目 3002.43，即将品目 30.02 修改如下：

30.02　抗血清、其他血份及免疫制品，不论是否修饰或通过生物工艺加工制得；疫苗、毒素、培养微生物（不包括酵母）及类似产品；基于单克隆抗体的诊断试剂盒；人血；治病、防病或诊断用的动物血制品：

　　　-抗血清、其他血份及免疫制品，不论是否修饰或通过生物工艺加工制得：

3002.12--抗血清及其他血份

3002.13--非混合的免疫制品，未配定剂量或制成零售包装

3002.14--混合的免疫制品，未配定剂量或制成零售包装

3002.15--免疫制品，已配定剂量或制成零售包装

3002.19--其他

3002.20-人用疫苗

3002.30-兽用疫苗

　　　-基于单克隆抗体的诊断试剂盒：

3002.41--疟疾诊断试剂盒

3002.42--寨卡病毒及其他由伊蚊所传播疾病的诊断试剂盒

3002.43--HIV 诊断试剂盒

3002.49--其他

3002.90-其他

二、主要观点及讨论情况

WCO 会议上，该成员方代表做了展示，介绍了为寨卡病毒检测试剂盒增列子目的重要性。部分代表认为应当整体考虑所有诊断试剂盒的归类，而非仅考虑这一种，建议休会期间 WCO 与世界卫生组织联系，询问哪些是重要的需要控制的传染性疾病，且是需要快速检测的，再考虑将主要的种类进行列目。WCO 建议如果考虑为寨卡病毒检测试剂盒列目，还需要提交具体商品进行归类，同时表示会咨询世界卫生组织的意见。

在后续会议上，该成员方代表提交了三种体外检测试剂盒，它们分别通过实时聚合酶链反应（RT-PCR）来定量检测寨卡病毒，通过酶联免疫吸附分析（ELISA）来半定量检测寨卡病毒，以及通过酶联免疫吸附分析（ELISA）来半定量检测基孔肯雅热病毒。在简短讨论后，协调制度委员会一致同意产品 1 依据归类总规则一及三（二）归入品目 38.22（子目 3822.00），产品 2 和 3 是基于免疫反应，依据归类总规则一、三（二）及六归入品目 30.02（子目 3002.15）。

针对为诊断试剂盒修改列目的议题，WCO 提出两种思路，一是从更广的角度针对所有类型的诊断试剂盒；二是缩窄范围仅针对寨卡病毒诊断试剂盒进行增列。经过讨论，秘书处和多数代表均认为检测试剂盒是很重要的商品，将所有类型的诊断试剂盒放入一个单一的品目，既可简化对该产品的归类，也能达到用总规则一及六就能确定归类的目的，方便监管，同时还有利于各方根据自己的需要进行进一步拆分本国子目。因此，会议决定在第一种思路的基础上继续讨论。

由于 2017 年版《协调制度》中诊断试剂盒的归类涉及 30.02 和 38.22 两个品目，会议随后讨论了应在哪个品目项下为诊断试剂盒增列子目。多数代表认为根据之前的协调制度委员会决定，品目 30.02 仅包括免疫制品，在 30.02 项下为快速检测试剂盒列目不合适，支持在 38.22 项下列目。会议还同意，品目 30.06（子目 3006.20）的"血型试剂"也应该被归入品目 38.22。因此第 30 章注释四（五）和子目 3006.20 均应该被删除。

另外，经咨询，世界卫生组织希望能够为所有的体外诊断试剂盒（IVDs）增设子目，包括试剂、校验仪、控制材料、软件和相关仪器设备等。由于其涵盖的范围广泛，既包括《协调制度》第六类的试剂，也包括第十八类的仪器设备，因此，如果从归类角度考虑，"体外诊断设备"的表述可能带来不可预计的混乱，对于"体外诊断设备"增设列目的问题，会议认为要慎重考虑。

三、结论

会议最终决定，为诊断试剂盒在品目 38.22 项下新增一杠子目 3822.1 "附于衬背上的诊断或实验用试剂及不论是否附于衬背上的诊断或实验用配制试剂，不论是否制成试剂盒形式，但品目 30.06 的货品除外"，其项下为"疟疾用""寨卡病毒及由伊蚊属蚊子传播的其他疾病用"以及"血型鉴定用"分别列目，同时修订相应的章注条文，包括新增第三十章注释一（九）和修改第三十章注释四（五）。

第三十章注释四（五）的修订［为安慰剂和盲法（或双盲法）临床试验试剂盒修订注释］

一、修订背景

有代表向协调制度委员会审议分委会提出，安慰剂有不同配方，该类商品实际不是药物，但会引起与之相对照的真正药物的类似反应。该商品由真正的药物与无效对照剂组成，其分配是随机的，即使是医生及参加药物测试的人员都不清楚其服用的是药物还是对照剂。在向海关申报该类商品时有困难，因为其成分及组成需要保密，可能会归入不同品目，因此希望为其单列子目。

二、主要观点及讨论情况

有代表表示临床试验用设盲药物包的内容是机密的，但是基于安全和安保的原因，一些人需要知道药物包的构成，以便能对其进行区分。该代表建议这些商品仍应作为药剂归入品目30.04。秘书处函询世界卫生组织主要类型的安慰剂和临床试验用设盲药物包及其构成，以及有关定义和规定或者政策等相关信息。世界卫生组织复函：由于临床试验采用多种多样的安慰剂产品，对安慰剂进行定义存在困难。同理，即便可以对临床试验用设盲药物包进行概述，并阐述其使用流程，但是在不同的试验中其构成内容是不同的。

秘书处在互联网上检索了不同成员方对安慰剂的归类指导意见，结果显示不同组分和形态的安慰剂被归入品目21.06、22.02以及38.24等多个品目，秘书处对这些归类表示认可。但基于药品研究以及简化此类商品归类的需要，秘书处倾向于赞同部分成员方提出的在2022年版《协调制度》中在品目30.06项下为安慰剂和设盲临床试验药物包增列子目。为了使第三十章和品目30.06涵盖安慰剂和设盲临床试验药物包，需要对第三十章章注释一（一）和四进行修订。新增子目方案如下：

方案一：

3006.93-设计用于模仿药剂的安慰剂

3006.94-设盲临床试验药物包

方案二：

3006.93-安慰剂和设盲临床试验药物包

虽然，各成员方代表都对目前安慰剂和设盲药物包在通关和归类过程中的困难表示理解，也有为其列目的意愿，但是安慰剂和设盲药物在成分和含量上的不确定性使得代表们很难就这两项商品的界定达成一致。考虑到配药学研究的需求并简化此类商品的归类，秘书处倾向于在2022年版《协调制度》中为安慰剂和临床双盲药物包在品目30.06项下新增子目。

根据成员方提供的信息，设盲包包括那些研究者知晓但受试者不知道的药包。"双盲"则仅限于那些进口方的受试者和研究者都不知道信息的药包。秘书处认为可以考虑将其描述为"盲法（或双盲法）临床试验试剂盒"。

考虑到安慰剂和盲法（或双盲法）临床试验试剂盒是医生和病人直接使用，秘书处认为有必要在子目 3006.93 的条文中增加"已配定剂量"。

三、结论

经讨论，协调制度委员会同意为安慰剂和盲法（或双盲法）临床试验试剂盒新增子目 3006.93。关于新增子目，会议一致同意在条文中增加"配定剂量"的描述。最终修订结果详见第三十章注释四（五）、品目 30.06。

品目 30.02 条文的修订（为细胞治疗产品修订品目条文及增列子目、删除疟疾诊断试剂盒子目、为疫苗类产品调整品目结构）

一、修订背景

WCO 讨论了七种细胞治疗产品的归类。有代表提出，所有这些细胞治疗产品，尽管修饰或培养，当用于治疗疾病时仍保持细胞形态。而第三十章注释二限定"品目 30.02 所称的'免疫制品'是指直接参与免疫过程调节的多肽及蛋白质（品目 29.37 的货品除外）"。具有免疫功能的细胞治疗产品，因为是细胞形态，不是多肽及蛋白质，因此不能归入子目 3002.13 项下。同样子目 3002.12 的抗血清及其他血份包括含有一些盐及小分子的多肽及蛋白质，但不包括细胞材质，该代表认为细胞治疗产品应归入子目 3002.90 项下，因为该子目包括毒素，培养微生物（包括修饰或培养细菌），治病、防病或诊断用的动物血制品以及人血。因此，该子目是品目 30.02 项下唯一包括修饰或培养细胞产品的子目。该代表进一步提出，最直接的解决方式就是在一个子目项下修订注释条文以明确所有细胞治疗产品的归类。

世界卫生组织观察员明确细胞治疗产品是一类新兴产品，协调制度委员会审议分委会现在研究的是从血液单核细胞获得的七种细胞治疗产品的归类，但现在已命名的有 18 种细胞治疗产品，他们并不总是从血液单核细胞获得。例如，在 18 种已命名的细胞治疗产品中，有一种从软骨细胞获得的产品，通过注射入骨关节炎的关节中，增加并替代软骨组织。这样看来，该产品并没有免疫功能。另一种从视网膜获得的产品也仅有局部的功能。细胞治疗产品现在是从人体细胞获得，未来也可能会从人体以外的细胞获得，如动物。因此，建议从更广阔的范围研究细胞治疗产品的归类。

还有代表提出，因为细胞治疗产品是为治疗功用而制备的，是否可以考虑按照治疗用的人体制品归入品目 30.01（子目 3001.90）。有代表回应，品目 30.01 的注释条文第四条列举了《协调制度》其他品目未列名的供治疗或预防疾病用的其他人体或动物制品，它们可能是整个骨骼或整个组织，制备用于特定功能，但仍然是真实的制品，并非通过生物技术工艺修饰或培养从人类或动物制品获得的产品，而是简单地从原始产品制备使用。因此，他认为制备细胞治疗产品所包含的"细胞操作"超出了品目30.01的人体制品的范畴。

大部分代表认为有许多种细胞治疗产品，如设计用于替代部分机体，有着多样化的来源，并不仅仅来源于人体血液单核细胞。因此，为了明确细胞治疗产品的归类，明确品目30.01和30.02之间的区分标准是很重要的。

在进一步讨论之后，主席总结：由于协调制度委员会审议分委会在七种细胞治疗产品的归类问题上无法达成一致，大部分代表支持将产品归入品目30.02（子目3002.90），少数代表认为应该归入品目30.01（子目3001.90），该归类问题提交协调制度委员会会议继续讨论。但所有代表达成共识，应该通过修订注释条文将所有的细胞治疗产品归入一个子目。

二、主要观点及讨论情况

秘书处提出，在考虑七种细胞治疗产品归入品目30.01还是品目30.02的问题时，需要注意到品目30.01有一个兜底条款"其他供治疗或预防疾病用的其他品目未列名的人体或动物制品"，如果这些产品符合描述，那就应该归入品目30.02。尽管其中细胞治疗产品在品目30.02的子目级的归类已经研讨过了，但是能够归入品目30.02并没有清晰论证。因此，秘书处建议大会先审议品目30.02条文的哪一部分可以包括这七种细胞治疗产品。

从品目30.02的结构来看，包括以下四类商品：

（1）人血；

（2）治病、防病或诊断用的动物血制品；

（3）抗血清、其他血份及免疫制品，不论是否修饰或通过生物工艺加工制得；

（4）疫苗、毒素、培养微生物（不包括酵母）及类似产品。

在秘书处看来，第一类商品（如人血）是仅有的一类可能包括七种从血液单核细胞获得的细胞治疗产品。因此，秘书处希望大会审议品目30.02的"人血"是否包括世界卫生组织文件中所述通过"细胞操作"修饰而具备治疗功效的血液单核细胞。如果上述问题的答案是肯定的，那么所有从血液单核细胞获得的细胞治疗产品，包括议题所述七种产品，都应归入品目30.02（子目3002.90）。

但是如果答案是否定的，那么大会需要讨论品目30.01的"人体或动物制品"是否包括世界卫生组织文件中所提及的"细胞操作"的加工工艺。

而且还应注意到，如果存在不是从血液单核细胞获得的细胞治疗产品（如软骨细胞或视网膜细胞），当市场上出现不是从人类细胞获得的细胞治疗产品，作为品目30.02第二类的商品"治病、防病或诊断用的动物血制品"，研究这一议题也是非常重要的。

如果"细胞操作"工艺符合品目30.01的范畴,那么这七种细胞治疗产品应归入品目30.01(子目3001.90)。其他从人类细胞获得的细胞治疗产品也应归入该品目。有代表认为,细胞治疗产品是从人体血液中得到,但不是人体血液,不应归入子目3002.1。

经投票表决,七种细胞治疗产品分别归入子目3002.1和3002.9。

代表提出应该尽快修订注释,并在下次协调制度委员会审议分委会会议上讨论。

秘书处指出,细胞疗法产品代表了一种迅速发展的物质,有多种来源(血液单核细胞、软骨细胞、视网膜细胞等),还可能来自动物细胞。它们作用机理各异,不一定都有免疫功能(有些用于替代人体组织)。世界卫生组织也提出需要在更广义的范围来审议细胞疗法产品的归类。如果协调制度委员会审议分委会决定修订目录,秘书处建议在品目30.02项下增列子目3002.4"细胞疗法产品",并给出新的子目注释。

三、结论

协调制度委员会会议通过了将细胞治疗产品归入品目30.02(子目3002.90)的归类,以及为细胞治疗产品修订品目30.02条文、新增子目3002.51和3002.59。最终修订结果详见品目30.02。

品目30.06条文的修订(删除血型试剂子目、
为安慰剂和盲法临床试剂盒增列子目)

详细修订背景及会议讨论过程见"第三十章注释一(七)至一(九)的修订(为寨卡病毒快速诊断试剂盒修订注释)""第三十章注释四(五)的修订[为安慰剂和盲法(或双盲法)临床试验试剂盒修订注释]"。

第三十一章 肥 料

本章未作任何修改。

第三十二章 鞣料浸膏及染料浸膏;鞣酸及其衍生物;染料、颜料及其他着色料;油漆及清漆;油灰及其他类似胶粘剂;墨水、油墨

一、概述

本章5、6位数子目新增1条。

二、章注释及子目注释的修改情况

本章章注释未作修改,无子目注释。

三、目录结构及品目条文的调整情况

品目 32.04 的调整

新增子目 3204.18

为明确有机合成着色料类胡萝卜素的归类而新增子目 3204.18,即"3204.18--类胡萝卜素着色料及以其为基本成分的制品"。

新增子目的商品为原子目 3204.19 的部分商品。

由于新增子目 3204.18,调整后子目 3204.19 的商品范围缩小。

四、相关商品知识介绍

类胡萝卜素

类胡萝卜素(Carotenoids)是一类重要的天然色素的总称,普遍存在于动物、高等植物、真菌、藻类的黄色、橙红色或红色色素之中。

类胡萝卜素在自然界生物中分布广泛,结构和功能多种多样,是最重要的天然色素之一,在19世纪初最先被发现存在于红辣椒、藏红花、红木、胡萝卜和秋天落叶。截至2018年,约有800多种类胡萝卜素已经从自然界分离鉴定。根据化学结构的不同,类胡萝卜素可分为两类,一类是胡萝卜素(只含碳氢两种元素,不含氧元素,如β-胡萝卜素和番茄红素),另一类是叶黄素(有羟基、酮基、羧基、甲氧基等含氧官能团,如叶黄素和虾青素)。

类胡萝卜素一般由9个共轭双键多烯链与两端基结合,分为胡萝卜素和叶黄素两大类。胡萝卜素是碳氢化合物,如 α、β、γ、ε、φ、κ 胡萝卜素和番茄红素,自然界中存在50多种胡萝卜素。叶黄素是氧化的胡萝卜素,分子中有一个或多个羟基、羰基、甲氧基、环氧和呋喃氧等含氧基团,如β-隐黄质、黄体素、玉米黄质、虾青素、墨角藻黄素和多甲藻素,含氧基团使类胡萝卜素分子结构发生复杂多样的变化,极性的改变易于与机体脂肪酸、糖和蛋白等结合,形成不同功能的活性分子。大多数类胡萝卜素由 C40 骨架的8个异戊二烯单元构成,有些类胡萝卜素含 C45 或 C50 骨架,称为高类胡萝卜素。碳骨架少于 C40 的类胡萝卜素,被称为脱辅基类胡萝卜素。脱辅基类胡萝卜素作为 C40 类胡萝卜素代谢降解产物,约有120种存在于某些植物和动物中。类胡萝卜素基本结构与常见胡萝卜素和叶黄素结构如图32-1所示。

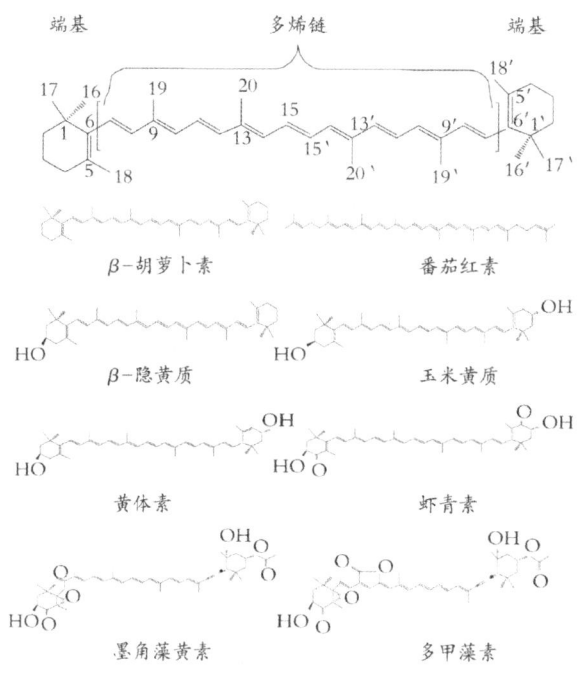

图 32-1 类胡萝卜素的基本结构、末端基与典型的
胡萝卜素和叶黄素

类胡萝卜素是人体内维生素 A 的主要来源，同时还具有抗氧化、免疫调节、抗癌、延缓衰老等功效。

自然界中大约存在 800 种类胡萝卜素化合物，在实验室中能合成的已超过 100 种，部分种类已实现工业化生产。类胡萝卜素的制备方法有 3 种，即化学合成法、生物合成法以及天然提取的方法。

化学合成法是大批量生产类胡萝卜素的主要方法。类胡萝卜素的合成最早可以追溯到 1950 年，Karrer 和 Eugster 开发了合成 β-胡萝卜素和番茄红素的方法。同时期的另一位科学家 Inhoffen 提出了合成 β-胡萝卜素更好的方法，从而实现了 β-胡萝卜素的工业合成和商业化。迄今为止，已有 8 种天然类胡萝卜素实现了工业合成。然而在食品工业中，合成化合物带来了许多负面影响，合成食品安全问题越来越受到社会的关注，因此迫使人们寻求更为绿色的制备方法。

生物合成法是一种用菌类或植物合成类胡萝卜素的方法。该方法起源于 20 世纪 50 年代，但由于技术的原因，其应用曾一度受到限制。现代分子遗传技术的出现促进了基因的分离，实现了体内功能互补、重组酶的特性优化和转基因植物的创造，推动了类胡萝卜素的生物合成进展。由细菌、真菌和藻类生产的类胡萝卜素已经成为工业合成类胡萝卜素的很好替代品。由高等植物合成类胡萝卜素的方法研究也已经有了很大突破。

天然提取法中的超临界流体萃取是近年来发展起来的新技术。该方法的原理是：在一定温度、压力条件下，超临界流体（一般用 CO_2）具有气体（流动性）和液体（溶解能力）的双重性能，能有效地将类胡萝卜素从混合物中提取出来，然后在另一温度和压力参数下，降低超临界流体对类胡萝卜素的溶解能力，类胡萝卜素晶体从解析塔中分离，而超临界流体可经压缩泵加压重复利用。该方法有很多优点，如提取效率高、成本低、产率高、对环境友好等，并且保持了产品的纯天然性。

品目32.04条文的修订（为类胡萝卜素着色料增列子目）

一、修订背景

2017年2月，WCO收到成员方来函，要求对归类意见3204.19/1进行复核。

归类意见3204.19/1的内容为：

"分散在一种或多种载体（明胶、淀粉、糖、椰子油等）中的类胡萝卜素制品，其中载体的主要作用是使活性物质稳定，降低制品的着色力并达到一定标准；用于某些食品（黄油、人造黄油、意大利面等）着色，在饲料中用于家禽肉质或蛋黄的着色。

"归类意见：3204.19--其他，包括由子目3204.11至3204.19中两个或多个子目所列着色料组成的混合物。"

二、主要观点及讨论情况

相关成员方代表指出，尽管"类胡萝卜素"可以看作颜料和染料，但该归类意见中，由附着于载体上的类胡萝卜素构成的制品不应按照"颜料及以其为基本成分的制品"归入子目3204.17。颜料和染料之间的区别并不清晰，应予以明确。

部分代表认为该归类意见生效已经超过40年，并没有成员方提出保留意见。如果不是出于确凿的技术原因，修订会引起风险。类胡萝卜素既可以作颜料用也可以作染料用，主要取决于所用溶剂，建议提供更多的产品资料。

秘书处指出，根据历史文件，相关产品归入品目32.04，子目3204.19。但在历史文件中没有明确记录将其归入子目3204.19的原因。据WCO的档案显示，子目3204.11至3204.19的结构是按照《染料索引》而创建。在1971年的第三版《染料索引》中，类胡萝卜素产品出现在"食用色素""类胡萝卜素着色料"和"天然有机着色料"部分，描述如下："合成类胡萝卜素是重要的食用色素。它们是脂溶性的，但也可以用作水溶液中的稳定分散体。"

然而，其他一些资料将类胡萝卜素产品称为颜料，例如，《Hawley精简化工词典》对类胡萝卜素的定义如下：类胡萝卜素存在于高等植物、藻类、细菌和真菌的组织中的一类颜料，其也存在于一些动物中，如鲨鱼鱼肝油中的鲨烯。类胡萝卜素包括胡萝卜素和叶黄素。

从1971年至今，各机构一直在研究颜料和染料的明确定义。对于染料，公认的定义来自染料和有机颜料制造商生态学和毒理学协会（ETAD）。ETAD将染料定义为：染料是一种有强烈颜色的或荧光的有机物质，通过选择性吸收光线的方式将颜色传递给基质。它们是可溶的，通过一个应用方法，通过吸收、溶解和机械保持，或离子或共价键，至少暂时性地破坏任何晶体结构。

对于颜料，公认的定义来自有色颜料制造商协会（CPMA）。CPMA将颜料定义为：颜料是有色的、黑色的、白色的或荧光的有机或无机固体，它们通常是不溶的，在物理和化学方面，基本不受载体或基质的影响。它们通过选择性吸收和/或散射光线来改变外观。颜料通常分散在载体或基质中使用，在整个着色过程中保持晶体或微粒结构。

目前对颜料和染料之间区别的解释是子目3204.11至3204.19的子目注释：颜料为在整个染色过程中能保留其结晶或微粒形状的有机合成色料（与染料相反，染料在溶解或蒸发过程中晶体结构会消失，尽管在染色的后阶段晶体结构会恢复）。它们包括某些以上所述染料的不溶性金属盐。上述定义与注释中给出的解释没有冲突。

有代表建议讨论以下四个技术性问题：

（1）类胡萝卜素是品目32.04项下的颜料还是染料，或两者都是；

（2）品目32.04是否是基于《染料索引》；

（3）如果是，《染料索引》如何描述合成类胡萝卜素；

（4）正常贸易中的类胡萝卜素着色料是何种状态（固态还是液态）。

WCO会议对上述四个技术问题进行了讨论，认为类胡萝卜素主要用于食品工业，既不属于颜料也不属于染料。品目32.04的结构原则上是按照《染料索引》创建的。在最新版的《染料索引》中，类胡萝卜素是一种食品用着色剂。正常贸易中的类胡萝卜素大多数是固体状态，特殊情况下也可以是液体状态。

鉴于上述情况，WCO认为品目32.04项下的子目结构是基于化学结构而不是产品用途，提出为"类胡萝卜素着色料及以其为基本成分的制品"新增子目3204.18的建议。

三、结论

WCO会议经过投票，通过了对品目32.04修订的决定。最终修订结果详见品目32.04。

第三十三章　精油及香膏；芳香料制品及化妆盥洗品

一、概述

本章未作任何修改。

二、章注释及子目注释的修改情况

本章章注释四的英文版与法文版存在差异,仅法文作修改,中英文无变化。本章无子目注释。

三、目录结构及品目条文的调整情况

本章目录结构及品目条文未作修改。

第三十四章 肥皂、有机表面活性剂、洗涤剂、润滑剂、人造蜡、调制蜡、光洁剂、蜡烛及类似品、塑型用膏、"牙科用蜡"及牙科用熟石膏制剂

一、概述

本章章注释修改 1 条;5、6 位数子目新增 8 条,删除 6 条。

二、章注释及子目注释的修改情况

修改章注释一(一)

为明确微生物油、脂的归类而进行的修订,即在原有条文的基础上插入"或微生物",修改后的条文如下:

"一、本章不包括:

"(一)用作脱模剂的食用动植物或微生物油、脂混合物或制品(品目 15.17);

"……"

本章无子目注释。

三、目录结构及品目条文的调整情况

品目 34.02 的调整

为了便利化优惠性原产地规则的应用,在品目 34.02 项下,为直链烷基苯磺酸及其盐增列子目,并对该品目的列目结构进行了调整。具体调整包括:

1. 删除子目 3402.1 与子目 3402.2

删除子目"3402.1-有机表面活性剂,不论是否零售包装"及其项下的子目 3402.11 至子目 3402.19。

删除子目"3402.2-零售包装的制品"。

所删除的这些商品转移至新增的子目 3402.3 至子目 3402.5 项下。

2. 新增子目 3402.3、3402.4 与 3402.5

新增子目"3402.3-阴离子型有机表面活性剂,不论是否零售包装",并在此基础上再拆分出子目"3402.31--直链烷基苯磺酸及其盐"和"3402.39--其他",这些子目的商品为已删除的子目 3402.11 项下的商品。

新增子目"3402.4-其他有机表面活性剂,不论是否零售包装",并在此基础上再拆分出子目"3402.41--阳离子型""3402.42--非离子型"和"3402.49--其他"。其中,子目3402.41的商品为已删除的子目3402.12项下的全部商品,子目3402.42的商品为已删除的子目3402.13项下的全部商品,子目3402.49的商品为已删除的子目3402.19项下的全部商品。

新增子目"3402.5-零售包装的制品",该商品为已删除的子目3402.2项下的全部商品。

品目34.02调整后的列目结构如表34-1所示。

表34-1 品目34.02调整后的列目结构

HS编码	商品名称	备注
34.02	有机表面活性剂(肥皂除外);表面活性剂制品、洗涤剂(包括助洗剂)及清洁剂,不论是否含有肥皂,但品目34.01的产品除外:	
	-阴离子型有机表面活性剂,不论是否零售包装:	新增
3402.31	--直链烷基苯磺酸及其盐	新增
3402.39	--其他	新增
	-其他有机表面活性剂,不论是否零售包装:	新增
3402.41	--阳离子型	新增
3402.42	--非离子型	新增
3402.49	--其他	新增
3402.50	-零售包装的制品	新增
3402.90	-其他	

四、相关商品知识介绍

(一)直链烷基苯磺酸

直链烷基苯磺酸及其盐,结构简式为 $R-C_6H_4-HSO_3$,是一类有机物,棕色黏稠液体,为有机弱酸,有一定的腐蚀性,对皮肤和眼睛有强烈刺激性,溶于水,用水稀释产生热,不溶于一般的有机溶剂,主要用作洗涤剂的原料。它的结构式如图34-1所示。

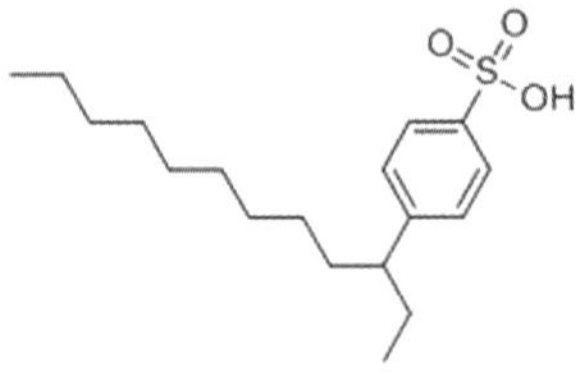

图34-1 直链烷基苯磺酸

(二) 直链烷基苯磺酸钠 (LAS)

烷基苯磺酸钠，结构简式为 $R-C_6H_4-SO_3Na$，是一种人工合成的洗涤剂，有硬性和软性两类。前者烷基 R 有支链，这种洗涤剂简称为 ABS，不易被生物降解；后者 R 为直链烃，这种洗涤剂简称为 LAS，易发生 β-氧化而被逐步降解，最后苯环被破坏。LAS 的结构式如图 34-2 所示。

图 34-2 直链烷基苯磺酸钠

烷基苯磺酸钠作为一种阴离子型表面活性剂，因生产成本低、性能好，广泛用于工农业生产及生活中，是家用洗涤剂用量最大的合成表面活性剂。

直链烷基苯磺酸钠 (LAS) 最主要用途是配制各种类型的液体、粉状、粒状洗涤剂、擦净剂和清洁剂等。由于其生物降解度>90%，所以它可直接用于配制民用及工业用洗涤用品，如普通（无磷）洗衣粉、浓缩（无磷）洗衣粉、固体洗涤剂、浆状洗涤剂、膏状洗涤剂；还可用于配制纺织工业的清洗剂和染色助剂、电镀工业的脱脂剂、造纸工业的脱墨剂、化肥产品添加剂以及其他工业清洗剂、乳化剂、分散剂等。

第三十四章注释一（一）的修订（为微生物油脂修订注释）

详细修订背景及会议讨论过程见"品目 15.15 至 15.18 条文的修订（为微生物油脂修订品目条文及增列子目）"。

品目 34.02 条文的修订（增列子目）

一、修订背景

2015 年 WCO 会议在讨论为便利化优惠原产地规则的应用而修订《协调制度》时，有成员方表达了相关诉求。2015 年，秘书处收到了该成员方的来信，建议为酚醇、直链烷基苯磺酸及其盐、检定参照物及棉被和羽绒被对品目 29.07、34.02、38.22 及 94.04 进行修订，增设相关子目。

二、主要观点及讨论情况

2015 年 11 月 WCO 会议上，一些代表认为优惠原产地规则是双边或多边的，无法反映全球性的贸易需求，对将其作为《协调制度》修订的原因存疑。经讨论，代表们认为应考虑"贸易量"这一因素。会议请相关成员方提供相关子目涉及商品的贸易量。

2016 年 9 月，WCO 会议经投票决定不采纳对品目 29.07 和品目 38.22 的修订，同时决定将是否新增子目 9404.40 在后续会议讨论。对于品目 34.02 项下的修订，部分代表担心直链烷基苯磺酸及其盐的贸易量并未达到设立子目的阈值。会议决定在相关贸易量提交之后将重审该议题。

对品目 34.02 的修订建议如下：

-阴离子型有机表面活性剂，不论是否零售包装：

3402.31--线性烷基苯磺酸及其盐

3402.39--其他

-其他有机表面活性剂，不论是否零售包装：

3402.41--阳离子型

3402.42--非离子型

3402.49--其他

3402.50-零售包装的制品

2017年3月WCO会议上，相关成员方解释在本国的海关统计目录中，在品目34.02项下已经为直链烷基苯磺酸及其盐设立本国子目。因其新的本国子目近期才设立，需要时间来收集贸易数据。但是，该成员方可以提供本国和其他国家有关直链烷基苯磺酸及其盐或烷基苯磺酸及其盐的贸易统计数据，这些数据是最近一年所获得的三年的数据。这些贸易数据清晰地表明，从2015年到2016年，直链烷基苯磺酸及其盐的总贸易量已经满足了设立《协调制度》新子目的阈值（5000万美元）。此外，该成员方提醒注意烷基苯磺酸及其盐（ABS）包括直链烷基苯磺酸及其盐（LAS）和支链烷基苯磺酸及其盐（ABS）。此外，相关研究文献提到，ABS（支链烷基苯磺酸及其盐）已经被LAS取代，因为ABS的生物酶解效率较低。LAS是世界上最大量的合成表面活性剂，2008年全球消耗了LAS超过400万吨。该成员方相信，长远来看为LAS新增子目是可行的，并且有利于贸易便利化和海关监管。

WCO会议根据上述贸易数据，认为应该设立一个新的子目3402.31，这有利于贸易便利化及海关监管。会上有代表提出担心新的子目结构将打破目前HS的结构，毕竟表面活性剂种类太多而子目资源太少。会议未能就品目34.02的修订达成协商一致意见。

2018年3月，WCO会议经投票，同意了对品目34.02的修订建议。

三、结论

最终修订结果详见品目34.02。

第三十五章 蛋白类物质；改性淀粉；胶；酶

本章未作任何修改。

第三十六章 炸药；烟火制品；火柴；引火合金；易燃材料制品

一、概述

本章 5、6 位数子目新增 6 条。

二、章注释及子目注释的修改情况

本章章注释未作修改，无子目注释。

三、目录结构及品目条文的调整情况

品目 36.03 的调整

应 WCO 的全球盾牌计划（Programme Global Shield）的请求，为防止引爆装置的特殊配件以及爆炸物化学前驱体的非法转移、买卖，在品目 36.03 中新增 6 条子目，并以此来监督它们在国际供应链中的流通。

新增子目为"3603.10-安全导火索""3603.20-导爆索""3603.30-火帽""3603.40-雷管""3603.50-引爆器"和"3603.60-电雷管"。

新增子目的商品是在原品目 36.03 的基础上拆分的，所以它们均来自原品目 36.03 项下。

调整后，品目 36.03 的列目结构如表 36-1 所示。

表 36-1 品目 36.03 调整后的列目结构

HS 编码	商品名称	备注
36.03	安全导火索；导爆索；火帽或雷管；引爆器；电雷管：	
3603.10	-安全导火索	新增
3603.20	-导爆索	新增
3603.30	-火帽	新增
3603.40	-雷管	新增
3603.50	-引爆器	新增
3603.60	-电雷管	新增

四、相关商品知识介绍

全球盾牌计划与简易爆炸装置

应全球盾牌计划的请求，在品目 36.03 项下为引爆装置的特殊配件分别增加相应子目，目的是能够根据简易爆炸装置（Improvised Explosive Devices）中商品的特定功能和结构对其进行区分,并以此来监督它们在国际供应链中的流通。

简易爆炸装置是世界多地恐怖分子使用的最普遍的爆炸物形式,故对其原材料的监控愈发重要。在国际社会的呼吁下,WCO 的全球盾牌计划应运而生。该计划由 WCO 领导,并与国际刑警组织和联合国毒品和犯罪问题办公室合作,以预防引爆装置的特殊配件以及爆炸物化学前驱体的非法转移、买卖为目的。全球盾牌计划最初只是一个为期半年的联合行动。在该项目取得初步成功后,2011 年 3 月,WCO 将该项目转为长期计划,90 多个成员的海关监管部门参与了这一全球合作行动。

第三十七章 照相及电影用品

一、概述

本章章注释修改 1 条。

二、章注释及子目注释的修改情况

章注释二的修改

为明确热敏成像材料的归类而进行的修订,即在原有条文的基础上插入"(包括热敏面)",修改后的条文为"二、本章所称'摄影',是指光或其他射线作用于感光面(包括热敏面)上直接或间接形成可见影像的过程"。

本章无子目注释。

三、目录结构及品目条文的调整情况

本章目录结构及品目条文未作任何修改。

四、相关商品知识介绍

热敏成像

热敏成像是将来自热敏头的红外线或热能聚焦到特殊的介质表面涂层上,依靠热印形成影像的过程。其原理是利用吸收红外线的影像经过一系列物理、化学变化在相邻的复印材料上形成可视影像。

热敏成像没有复杂的激光发光系统和投射系统,胶片不再是感光型,而是热敏型,实现明室装片,且不污染环境。热敏成像应用于医疗领域的技术主要有两种,即直接热敏成像和热升华成像。

热敏成像的成像介质是干式胶片,因乳剂层显影物质不同,热敏成像方式不同,AGFA 使用银盐加热法,而 FUJI、SONY 使用的是微囊加热法。直接热敏成像打印介质为干式热敏专用胶片,结构与干式激光胶片相似,包括:保护层;感热层银盐或微囊;结合层;支持层;吸收层;背层。

第三十七章注释二的修订（为感光增加说明）

一、修订背景

2018年3月，秘书处收到一成员方的来信，建议对第三十七章总注释及品目37.01注释进行修订。

（一）建议第三十七章总注释新增最后一句话：

第三十七章的感光硬片、软片、纸、纸板及纺织物都涂有一层或多层对光线、其他具有足够能量使感光材料起必要反应的射线（在电磁谱中波长不超过1300纳米的射线，包括γ-射线、X-射线、紫外线及近红外线）及粒子（或核子）射线敏感的乳剂，不论其是单色还是彩色显像的。但某些感光硬片不涂感光乳剂而是全部或基本由可附于基板上的感光塑料构成。红外激光敏感板，也称为热敏板。

（二）建议品目37.01注释第二段最后一句修改为：

"一、用纸、纸板或布以外任何材料制成的感光硬片及软片

"这类硬片及平面软片（不呈卷状），包括制成圆盘状的在内，是未曝光的，并通常涂有感光乳剂。这些产品可由纸（例如，用于制负片的纸'硬片'）、纸板或纺织物（品目37.03）以外的任何物料制成。所用材料通常是玻璃、乙酸纤维素、聚对苯二甲酸乙二酯或其他塑料（用于合装软片或裁切软片）、金属或石板（用于照相制版工艺）。某些硬片是不涂感光乳剂的，它们全部或基本上由感光塑料制成。这些硬片可以附于金属或其他材料基板上。曝光及经处理后用于印刷业。有些硬片在曝光前必须增加其感光度，有些则要通过照射增强其硬化程度。"

二、主要观点及讨论情况

2018年3月WCO会议，该成员方代表认为第三十七章的总注释及品目37.01的品目注释不能反映摄影中发生的科学过程，需要修订总注释以阐明术语"感光"、明确热敏印刷版的归类。由于这些产品在曝光后经过预热处理以增强敏感度，为了明确品目37.01的商品范围，避免对第三十七章术语"感光"的误解，所以该成员方提议修订第三十七章总注释和品目37.01的注释。会议决定在下一次大会再次审议本议题，请该成员方提交样品供进一步研究和归类。

2018年9月WCO会议，该成员方代表解释了当前第三十七章总注释及品目37.01注释关于"摄影"的定义，是指光或其他射线作用于感光面上形成可见影像的过程。随着技术的进步，激光代替了可见光，由此可以不再使用光掩膜，同时可以在日光下工作。这些感光片的感光性一般在曝光后加强，在使用红外或激光辐射曝光后，需要在一个较小范围的温度内进行预热，以增强其对化学制品的抗腐蚀性。

会议提出了以下问题供后续审议：

问题 1：热敏板是否具有乳化层，或者它们是完全还是基本上是塑料？它们是否由塑料以外的热敏材料制成？

问题 2：热敏板是否总是使用近红外光类型，或者它们是否使用了第三十七章章总注释未描述的其他类型？

问题 3：通过辐射进行预热（烘烤）是否考虑增强感光度、硬化和/或曝光？

问题 4：预热（烘烤）的热敏板是否与未预热（烘烤）的热敏板有区别？

问题 5：在进口前，热敏板是否被认为是经光线或辐射"曝光"？

2019 年 1 月 WCO 会议，对上述问题继续讨论，结论如下：

问题 1：有代表认为根据现有资料，红外感光片是含卤代银乳液层，热敏板是用不同的聚合物制成。也有代表认为，热敏板一般是 CTP 板，CTP 板是直接在板上成图，不需要中间的转印步骤。典型的热敏板有铝背板，上面有一层热敏聚合物或光敏聚合物，再上面是保护层。会议同意两种情况都有可能，热敏板通常会有铝或其他物质做成的背板。

问题 2：有代表说，不清楚红外线曝光时是否包括了近红外的范围。网上资料显示是用 500~1100 纳米波长的射线，可能会包括近红外（700 纳米到 1400~5000 纳米波长）。一般曝光用到的是 1300 纳米以下波长的射线。也有代表提到，查到过有 1069 纳米射线曝光的，也在近红外的波长范围内。会议同意上述意见，曝光光源包括第三十七章总注释提到的伽马射线、X-射线、紫外线、近红外，不清楚是否用其他射线。

问题 3：会议同意预加热是在热敏片用红外线曝光之后，以使感光部分的聚合物交联，使其能用于后续印刷步骤。

问题 4：会议同意预加热后，聚合物已交联，无法再次感光。代表们看了样品，认为预加热后板的颜色会改变。

问题 5：有代表指出热敏是指这些片的感光性，不是指他们是否曝光的状态。会议同意按第三十七章"曝光"的定义，这些片不会在进口前被曝光，热敏片也不涉及"曝光"，因为其用的聚合物不会在自然光下成像。

关于对第三十七章总注释第一段的修改，有代表认为红外线可能包括近、中、远红外，故建议用近红外代替红外线，而其他代表都同意修改条文。对于品目 37.01 注释的修改，下次会议继续讨论。

此外，有代表指出部分类型的热成像板不包括在第三十七章注释所规定的范围。秘书处指出，第三十七章注释二用的是"感光表面"（并未提及"热敏"）。所以，这对热敏和光敏两种成像方式的产品的归类会引起混乱。考虑到这点，建议将"热敏"相关内容加入第三十七章注释二中。将其修改为：

"二、本章所称'摄影'，是指光或其他射线作用于感光[或热敏]面上直接或间接形成可见影像的过程。"

2019年3月WCO会议继续对第三十七章注释二的条文进行审议。有代表建议将"感光"改为"感光，包括热敏"（方案一），另有代表则建议将"感光"替代为"感光，感光/热敏"（方案二）。会议最后选择了方案一。

三、结论

最终修订结果详见第三十七章注释二。

第三十八章　杂项化学产品

一、概述

本章章注释新增1条，修改2条；子目注释修改2条；4位数品目条文修改2条，新增品目1条；5、6位数子目增加31条，删除10条。

二、章注释及子目注释的修改情况

（一）新增章注释一（三）

本次修订，因为尼古丁产品及新型烟草产品新增了品目24.04，所以在章注释一的排他条款中，新增注释一（三）"（三）品目24.04的产品；"。同时，原章注释一（三）至（五）的序号相应调整为章注释一（四）至（六）。

调整后章注释一的条文如下：

"一、本章不包括：

"……

"（三）品目24.04的产品；

"（四）含有金属、砷及其混合物，并符合第二十六章注释三（一）或三（二）的规定的矿渣、矿灰和残渣（包括淤渣，但下水道淤泥除外）（品目26.20）；

"（五）药品（品目30.03及30.04）；

"（六）用于提取贱金属或生产贱金属化合物的废催化剂（品目26.20），主要用于回收贵金属的废催化剂（品目71.12），或某种形状（例如，精细粉末或纱网状）的金属或金属合金催化剂（第十四类或第十五类）。"

（二）章注释四（一）的修改

根据《巴塞尔公约》秘书处的建议，为新增电子电气废弃物及碎料（包括废电池）而进行了修订，明确这些废弃物及碎料不属于"城市垃圾"的范围，即在原有条文的基础上插入"电子电气废弃物及碎料（包括废电池）"，修改后的条文为"（一）已从垃圾中分拣出来的单独的材料或物品，例如，废的塑料、橡胶、木材、纸张、纺织品、玻璃、金属和电子电气废弃物及碎料（包括废电池），这些材料或物品应归入本目录中适当品目；"。

(三) 章注释七的修改

为明确微生物油、脂的归类，新增"微生物"内容而进行的修订，即在原有条文的基础上插入"或微生物"，修改后的条文为"七、品目 38.26 所称的'生物柴油'，是指从动植物或微生物油脂（不论是否使用过）得到的用作燃料的脂肪酸单烷基酯"。

(四) 子目注释一的修改

根据《鹿特丹公约》秘书处的建议，在原有条文的基础上新增"克百威（ISO）"和"敌百虫（ISO）"，修改后的条文为"一、子目 3808.52 及 3808.59 仅包括品目 38.08 的货品，含有一种或多种下列物质：甲草胺（ISO）、涕灭威（ISO）、艾氏剂（ISO）、谷硫磷（ISO）、乐杀螨（ISO）、毒杀芬（ISO）、敌菌丹（ISO）、克百威（ISO）、氯丹（ISO）、杀虫脒（ISO）、乙酯杀螨醇（ISO）、滴滴涕（ISO，INN）[1,1,1-三氯–2,2-双(4-氯苯基)乙烷]、狄氏剂(ISO,INN)、4,6-二硝基邻甲酚[二硝酚（ISO）]及其盐、地乐酚（ISO）及其盐或酯、硫丹（ISO）、1,2-二溴乙烷（ISO）、1,2-二氯乙烷（ISO）、氟乙酰胺（ISO）、七氯（ISO）、六氯苯（ISO）、1,2,3,4,5,6-六氯环己烷［六六六（ISO）］，包括林丹（ISO，INN）、汞化合物、甲胺磷（ISO）、久效磷（ISO）、环氧乙烷（氧化乙烯）、对硫磷（ISO）、甲基对硫磷（ISO）、五氯苯酚（ISO）及其盐或酯、全氟辛基磺酸及其盐、全氟辛基磺胺、全氟辛基磺酰氯、磷胺（ISO）、2,4,5-涕（ISO）(2,4,5-三氯苯氧基乙酸)及其盐或酯、三丁基锡化合物、敌百虫（ISO）"。

(五) 子目注释三的修改

根据《鹿特丹公约》秘书处的建议，在原有条文的基础上新增"短链氯化石蜡"及该商品的相关解释，修改后的条文如下：

"三、子目 3824.81 至 3824.89 仅包括含有下列一种或多种物质的混合物及制品：环氧乙烷（氧化乙烯）、多溴联苯（PBBs）、多氯联苯（PCBs）、多氯三联苯（PCTs）、三(2,3-二溴丙基)磷酸酯、艾氏剂（ISO）、毒杀芬（ISO）、氯丹（ISO）、十氯酮（ISO）、滴滴涕（ISO，INN）[1,1,1-三氯–2,2-双(4-氯苯基)乙烷]、狄氏剂（ISO，INN）、硫丹（ISO）、异狄氏剂（ISO）、七氯（ISO）、灭蚁灵（ISO）、1,2,3,4,5,6-六氯环己烷［六六六（ISO）］，包括林丹（ISO，INN）、五氯苯（ISO）、六氯苯（ISO）、全氟辛基磺酸及其盐、全氟辛基磺胺、全氟辛基磺酰氯，四、五、六、七或八溴联苯醚、短链氯化石蜡。

"短链氯化石蜡是指分子式为 $C_xH_{(2x-y+2)}Cl_y$（其中 $x=10\sim13$，$y=1\sim13$），按重量计氯含量大于 48% 的化合物的混合物。"

三、目录结构及品目条文的调整情况

(一) 品目 38.16 的调整

由于夯混白云石从品目 25.18 转移到该品目，在原有条文的基础上插入"包括夯混白云石"，修改后品目 38.16 的条文为"38.16 耐火的水泥、灰泥、混凝土及类似耐火混合制品，包括夯混白云石，但品目 38.01 的产品除外"。

该品目项下子目 3816.00 的条文相应调整为"3816.00 耐火的水泥、灰泥、混凝土及类似耐火混合制品，包括夯混白云石，但品目 38.01 的产品除外"。

（二）品目 38.22 的调整

为对快速检测寨卡病毒及由伊蚊属蚊子传播的其他疾病的试剂盒而进行的修订。

1. 品目 38.22 条文的修改

在原有条文的基础上插入"不论是否制成试剂盒形式"，修改后的条文为"38.22 附于衬背上的诊断或实验用试剂及不论是否附于衬背上的诊断或实验用配制试剂，不论是否制成试剂盒形式，但品目 30.06 的货品除外；有证标准样品"。

条文修改后，商品范围扩大。

2. 新增子目 3822.1

新增子目"3822.1-附于衬背上的诊断或实验用试剂及不论是否附于衬背上的诊断或实验用配制试剂，不论是否制成试剂盒形式，但品目 30.06 的货品除外"。

并在此基础上再拆分出子目"3822.11--疟疾用""3822.12--寨卡病毒及由伊蚊属蚊子传播的其他疾病用""3822.13--血型鉴定用"和"3822.19--其他"。其中，新增子目 3822.11 的商品为已删除的子目 3002.11 的全部商品和原子目 3002.13 至 3002.15 的部分商品；新增子目 3822.12 的商品为原子目 3002.13 至 3002.15 和子目 3822.00 的部分商品；新增子目 3822.13 的商品为已删除的子目 3006.20 的全部商品；新增子目 3822.19 的商品为原子目 3002.13 至 3002.15 和子目 3822.00 的部分商品。

3. 新增子目 3822.90

由于新增子目 3822.1，相应地品目 38.22 的其他商品（主要是"有证标准样品"）应归入新增的子目 3822.90 项下。新增子目 3822.90 的商品为原子目 3822.00 的部分商品。

品目 38.22 调整后的列目结构如表 38-1 所示。

表 38-1 品目 38.22 调整后的列目结构

HS 编码	商品名称	备注
38.22	附于衬背上的诊断或实验用试剂及不论是否附于衬背上的诊断或实验用配制试剂，不论是否制成试剂盒形式，但品目 30.06 的货品除外；有证标准样品：	修改
	-附于衬背上的诊断或实验用试剂及不论是否附于衬背上的诊断或实验用配制试剂，不论是否制成试剂盒形式，但品目 30.06 的货品除外：	新增
3822.11	--疟疾用	新增
3822.12	--寨卡病毒及由伊蚊属蚊子传播的其他疾病用	新增
3822.13	--血型鉴定用	新增
3822.19	--其他	新增
3822.90	-其他	新增

(三) 品目 38.24 的调整

1. 删除子目 3824.7

根据《蒙特利尔议定书》秘书处的建议,为《蒙特利尔议定书》管制的臭氧层消耗物质新增第六类注释四以及新增品目 38.27,删除子目 3824.7 及其项下的 6 位子目,删除后该子目的商品全部转移至新增的品目 38.27 项下。

2. 新增子目 3824.89

根据《鹿特丹公约》秘书处的建议,为《鹿特丹公约》中的商品"含短链氯化石蜡的"在子目 3824.8 项下新增 6 位子目 3824.89,该商品为原子目 3824.99 项下的部分商品。

3. 新增子目 3824.92

根据禁止化学武器组织秘书处的建议,为禁止化学武器组织管制产品"甲基膦酸聚乙二醇酯"在子目 3824.9 项下新增 6 位子目 3824.92。

4. 子目 3824.99 商品范围的变化

由于原 3824.99 的部分商品转移至新增子目 3824.89、3824.92 以及新增品目 24.04 项下,调整后子目 3824.99 的商品范围缩小。

品目 38.24 调整后的列目结构如表 38-2 所示。

表 38-2　品目 38.24 调整后的列目结构

HS 编码	商品名称	备注
38.24	铸模及铸芯用粘合剂;其他品目未列名的化学工业及其相关工业的化学产品及配制品(包括由天然产品混合组成的)(+):	
3824.10	-铸模及铸芯用粘合剂	
3824.30	-自身混合或与金属粘合剂混合的未烧结金属碳化物	
3824.40	-水泥、灰泥及混凝土用添加剂	
3824.50	-非耐火的灰泥及混凝土	
3824.60	-子目 2905.44 以外的山梨醇	
	-本章子目注释三所列货品:	
3824.81	--含环氧乙烷(氧化乙烯)的	
3824.82	--含多氯联苯(PCBs)、多氯三联苯(PCTs)或多溴联苯(PBBs)的	
3824.83	--含三(2,3-二溴丙基)磷酸酯的	
3824.84	--含艾氏剂(ISO)、毒杀芬(ISO)、氯丹(ISO)、十氯酮(ISO)、DDT(ISO)[滴滴涕(INN)、1,1,1-三氯-2,2-双(4-氯苯基)乙烷]、狄氏剂(ISO,INN)、硫丹(ISO)、异狄氏剂(ISO)、七氯(ISO)或灭蚁灵(ISO)的	
3824.85	--含 1,2,3,4,5,6-六氯环己烷[六六六(ISO)],包括林丹(ISO,INN)的	

表38-2 续

HS 编码	商品名称	备注
3824.86	--含五氯苯（ISO）或六氯苯（ISO）的	
3824.87	--含全氟辛基磺酸及其盐，全氟辛基磺胺或全氟辛基磺酰氯的	
3824.88	--含四、五、六、七或八溴联苯醚的	
3824.89	--含短链氯化石蜡的	新增
	-其他：	
3824.91	--主要由(5-乙基-2-甲基-2 氧代-1,3,2-二氧磷杂环己-5-基)甲基膦酸二甲酯和双[(5-乙基-2-甲基-2 氧代-1,3,2-二氧磷杂环己-5-基)甲基]甲基膦酸酯（阻燃剂 FRC-1）组成的混合物及制品	
3824.92	--甲基膦酸聚乙二醇酯	新增
3824.99	--其他	商品范围缩小

（四）新增品目 38.27

为《蒙特利尔议定书》管制的臭氧层消耗物质新增品目 38.27，该品目主要包括其他品目未列名的，含甲烷、乙烷或丙烷的卤化衍生物的混合物。这些商品均为已删除的子目 3824.7 项下的全部商品。删除子目 3824.7 项下的各子目与 2022 年版《协调制度》新增子目之间的对应关系如表38-3所示。

表38-3 删除子目 3824.7 与 2022 年版新增子目之间的对应关系

2017 年版	2022 年版
3824.71	3827.11
3824.72	3827.20
3824.73	3827.12
3824.74	3827.3
3824.75	3827.13
3824.76	3827.14
3824.77	3827.40
3824.78	3827.5 和 3827.6
3824.79	3827.90

新增品目 38.27 的列目结构如表 38-4 所示。

表 38-4　品目 38.27 调整后的列目结构

HS 编码	商品名称	备注
38.27	其他品目未列名的、含甲烷、乙烷或丙烷的卤化衍生物的混合物：	新增
	-含全氯氟烃（CFCs）的，不论是否含氢氯氟烃（HCFCs）、全氟烃（PFCs）或氢氟烃（HFCs）；含氢溴氟烃（HBFCs）的；含四氯化碳的；含 1,1,1-三氯乙烷（甲基氯仿）的：	新增
3827.11	--含全氯氟烃（CFCs）的，不论是否含氢氯氟烃（HCFCs）、全氟烃（PFCs）或氢氟烃（HFCs）	新增
3827.12	--含氢溴氟烃（HBFCs）的	新增
3827.13	--含四氯化碳的	新增
3827.14	--含 1,1,1-三氯乙烷（甲基氯仿）的	新增
3827.20	--含溴氯二氟甲烷（Halon-1211）、三氟溴甲烷（Halon-1301）或二溴四氟乙烷（Halon-2402）的	新增
	-含氢氯氟烃（HCFCs）的，不论是否含全氟烃（PFCs）或氢氟烃（HFCs），但不含全氯氟烃（CFCs）：	新增
3827.31	--含子目 2903.41 至 2903.48 所列物质的	新增
3827.32	--其他，含子目 2903.71 至 2903.75 所列物质的	新增
3827.39	--其他	新增
3827.40	-含溴化甲烷（甲基溴）或溴氯甲烷的	新增
	-含三氟甲烷（HFC-23）或全氟烃（PFCs），但不含全氯氟烃（CFCs）或氢氯氟烃（HCFCs）的：	新增
3827.51	--含三氟甲烷（HFC-23）的	新增
3827.59	--其他	新增
	-含其他氢氟烃（HFCs），但不含全氯氟烃（CFCs）或氢氯氟烃（HCFCs）的：	新增
3827.61	--按重量计含 15% 及以上 1,1,1-三氯乙烷（HFC-143a）的	新增
3827.62	--其他，不归入上述子目，按重量计含 55% 及以上五氟乙烷（HFC-125），但不含无环烃的不饱和氟化衍生物（HFOs）的	新增
3827.63	--其他，不归入上述子目，按重量计含 40% 及以上五氟乙烷（HFC-125）的	新增
3827.64	--其他，不归入上述子目，按重量计含 30% 及以上 1,1,1,2-四氟乙烷（HFC-134a）的，但不含无环烃的不饱和氟化衍生物（HFOs）	新增
3827.65	--其他，不归入上述子目，按重量计含 20% 及以上二氟甲烷（HFC-32）和 20% 及以上五氟乙烷（HFC-125）的	新增
3827.68	--其他，不归入上述子目，含子目 2903.41 至 2903.48 所列物质的	新增
3827.69	--其他	新增
3827.90	-其他	新增

其中，新增子目 3827.11 的商品为已删除子目 3824.71 的全部商品；新增子目 3827.12 的商品为已删除子目 3824.73 的全部商品；新增子目 3827.13 的商品为已删除子目 3824.75 的全部商品；新增子目 3827.14 的商品为已删除子目 3824.76 的全部商品。

新增子目 3827.20 的商品为已删除子目 3824.72 的全部商品。

新增子目 3827.31 至 3827.39 的商品均为已删除子目 3824.74 的部分商品。

新增子目 3827.40 的商品为已删除子目 3824.77 的全部商品。

新增子目 3827.51 与 3827.59 的商品均为已删除子目 3824.78 的部分商品。

新增子目 3827.61 至 3827.69 的商品均为原子目 3824.78 的部分商品。

新增子目 3827.90 的商品为已删除子目 3824.79 的全部商品。

四、相关商品知识介绍

（一）短链氯化石蜡（ISO）

短链氯化石蜡，英文名为 Short-chain chlorinated paraffins，CAS 号为 85535-84-8。短链氯化石蜡是指分子式为 $C_xH_{(2x-y+2)}Cl_y$（其中 $x=10\sim13$，$y=1\sim13$），按重量计氯含量大于 48% 的化合物的混合物。短链氯化石蜡的参考结构式如图 38-1 所示。

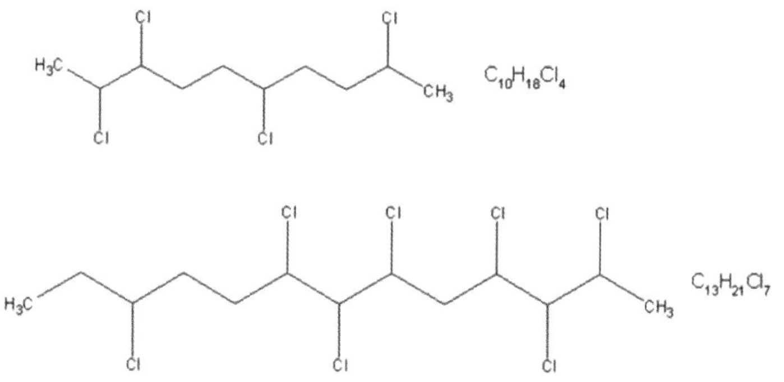

图 38-1 短链氯化石蜡

在《鹿特丹公约》第 8 次缔约方大会上，短链氯化石蜡被列入公约附件三，在国际贸易中，将实施事先知情同意程序。

（二）甲基膦酸聚乙二醇酯

甲基膦酸聚乙二醇酯，英文名为 Polyglycol esters of methylphosphonic acid（或 Phosphonic acid, methyl-, polyglycol ester），CAS 号为 663176-00-9。甲基膦酸聚乙二醇酯可作阻燃剂使用，其参考结构式如图 38-2 所示。

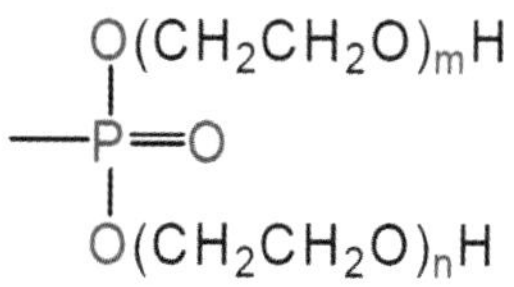

图 38-2 甲基膦酸聚乙二醇酯

本品已被列入《禁止化学武器公约》。

第三十八章注释一的修订（为尼古丁产品和新型烟草产品修订注释）

详细修订背景及会议讨论过程见"第二十四章注释及品目 24.04 的修订（为尼古丁产品和新型烟草产品新增章注释及新增品目）"。

第三十八章注释四（一）的修订（基于《巴塞尔公约》的修订）

详细修订背景及会议讨论过程见"第十六类类注释的修订（基于《巴塞尔公约》的修订）"。

第三十八章注释七的修订（为微生物油脂修订注释）

详细修订背景及会议讨论过程见"品目 15.15 至 15.18 条文的修订（为微生物油脂修订品目条文及增列子目）"。

第三十八章子目注释一及三的修订（基于《鹿特丹公约》受控物质的修订）

详细修订背景及会议讨论过程见"品目 29.32 条文的修订（为《鹿特丹公约》特定受控物质增列子目）"。

品目 38.22 的修订（为寨卡病毒快速诊断试剂盒修改品目条文及增列子目）

详细修订背景及会议讨论过程见"第三十章注释一（七）至一（九）的修订（为寨卡病毒快速诊断试剂盒修订注释）"。最终修订结果详见第三十章注释、品目 30.02、30.06 及 38.22。

品目 38.24 的修订（基于《蒙特利尔议定书》《鹿特丹公约》及禁止化学武器组织管制商品删除及增列子目）

详细修订背景及会议讨论过程见"品目 29.03 的修订（基于《蒙特利尔议定书》的修订）""品目 29.32 条文的修订（为《鹿特丹公约》特定受控物质增列子目）"。

品目 38.27 条文的修订（为《蒙特利尔议定书》管制的臭氧层消耗物质新增品目）

详细修订背景及会议讨论过程见"品目 29.03 的修订（基于《蒙特利尔议定书》的修订）"。

第七类 塑料及其制品；橡胶及其制品

本类共有 2 章，即第三十九章和第四十章。2022 年版《协调制度》中类注释二因英、法文本不一致，仅英文修改，中文无变化。章注释条文仅英文修改 1 条，中文无变化。5、6 位数子目新增 4 条，删除 1 条，部分子目的商品范围发生变化。

 **第七类注释二的修订 [为使英、法文本一致进行的修订（仅英文文字修改）]**

为英、法文本一致而修订第七类注释二，仅英文文字修改。

第三十九章 塑料及其制品

一、概述

本章章注释修改 1 条（仅英文修改，中文无变化）；5、6 位数子目新增 3 条。

二、章注释及子目注释的修改情况

章注释二（二十三）的修改
仅英文修改，中文无变化。
本章子目注释未作修改。

三、目录结构和品目条文的调整情况

（一）品目 39.07 的调整

新增子目 3907.21 至 3907.29

根据禁止化学武器组织秘书处的建议，为禁止化学武器组织管制产品进行修订。在子目 3907.2 项下拆分为子目 "3907.21--双(聚氧乙烯)甲基膦酸酯" 和 "3907.29-其他"。这些商品均来自原子目 3907.20 项下。

品目 39.07 调整后的列目结构如表 39-1 所示。

表 39-1 品目 39.07 调整后的列目结构

HS 编码	商品名称	备注
39.07	初级形状的聚缩醛、其他聚醚及环氧树脂；初级形状的聚碳酸酯、醇酸树脂、聚烯丙基酯及其他聚酯：	

表39-1 续

HS 编码	商品名称	备注
3907.10	-聚缩醛	
	-其他聚醚：	
3907.21	--双(聚氧乙烯)甲基膦酸酯	新增
3907.29	--其他	新增

(二) 品目 39.11 的调整

新增子目 3911.20

根据禁止化学武器组织秘书处的建议，为禁止化学武器组织管制产品进行修订。新增子目"3911.20-聚(1,3-亚苯基甲基膦酸酯)"，该商品为原子目 3911.90 的部分商品。由于新增子目 3911.20，原子目 3911.90 的商品范围缩小。

品目 39.11 调整后的列目结构如表 39-2 所示。

表 39-2 品目 39.11 调整后的列目结构

HS 编码	商品名称	备注
39.11	初级形状的石油树脂、苯并呋喃-茚树脂、多萜树脂、多硫化物、聚砜及本章注释三所规定的其他品目未列名产品：	
3911.10	-石油树脂、苯并呋喃树脂、茚树脂、苯并呋喃-茚树脂及多萜树脂	
3911.20	-聚(1,3-亚苯基甲基膦酸酯)	新增
3911.90	-其他	商品范围缩小

四、相关商品知识介绍

(一) 双(聚氧乙烯)甲基膦酸酯

双(聚氧乙烯)甲基膦酸酯(新增子目 3907.21)，英文名为 Bis(polyoxyethylene) methylphosphonate，CAS 号为 363626-50-0，该产品在聚氨酯(PU)泡沫生产中用作阻燃剂。

参考结构式如图 39-1 所示。

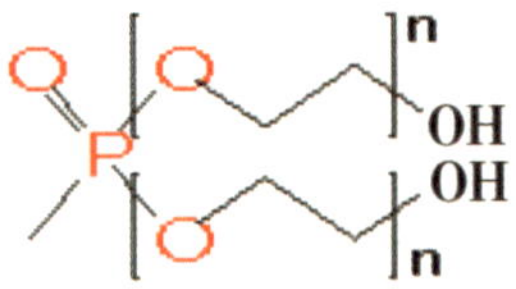

图 39-1 双(聚氧乙烯)甲基膦酸酯

本品已被列入《禁止化学武器公约》。

(二) 聚(1,3-亚苯基甲基膦酸酯)

聚(1,3-亚苯基甲基膦酸酯)(新增子目 3911.2)，英文名为 Poly(1,3-phenylene

methylphosphonate)，CAS 号为 63747-58-0，分子式为 $(C_{13}H_{13}O_3P \cdot C_6H_6O_2)x$，该产品在环氧树脂生产中用作固化剂。

参考结构式如图 39-2 所示。

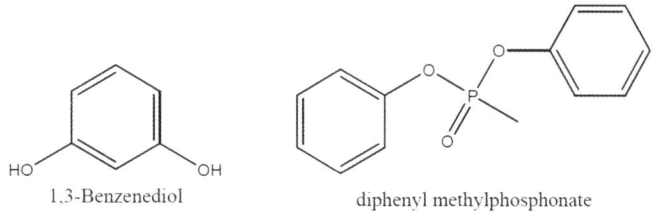

图 39-2　聚（1,3-亚苯基甲基膦酸酯）

本品已被列入《禁止化学武器公约》。

39.07 及 39.11 条文的修订（为禁止化学武器组织管制商品增列子目）

详细修订背景及会议讨论过程见"品目 29.30 条文的修订（为《禁止化学武器公约》受控物质增列子目）"。

第四十章　橡胶及其制品

一、概述

本章 5、6 位数子目新增 1 条，删除 1 条。

二、章注释及子目注释的修改情况

本章章注释未作修改，无子目注释。

三、目录结构及品目条文的调整情况

品目 40.15 的调整
为进一步规范橡胶制外科手套的范围而进行的修订。
1. **删除子目 4015.11**
考虑到橡胶制手术手套的应用范围，删除子目"4015.11--外科用"，该子目项下商品全部转移至新增的子目 4015.12 项下。
2. **新增子目 4015.12**
新增子目"4015.12--医疗、外科、牙科或兽医用"，新增子目的商品为已删除的子目 4015.11 的全部商品和子目 4015.19 的部分商品。
3. **子目 4015.19 商品范围的变化**
由于部分商品转移至新增子目 4015.12 项下，调整后子目 4015.19 的商品范围缩小。

品目 40.15 调整后的列目结构如表 40-1 所示。

表 40-1 品目 40.15 调整后的列目结构

HS 编码	商品名称	备注
40.15	硫化橡胶（硬质橡胶除外）制的衣着用品及附件（包括分指手套、连指手套及露指手套）：	
	-分指手套、连指手套及露指手套：	
4015.12	--医疗、外科、牙科或兽医用	新增
4015.19	--其他	
4015.90	-其他	商品范围缩小

品目 40.15 条文的修订（为医疗用手套增列子目）

一、修订背景

有成员方致信 WCO，提出修订子目 4015.11 条文及其子目注释，以使该子目的商品范围从外科用的橡胶手套扩大为所有医用手套。其修订建议为将子目 4015.11 的条文修改为"医疗用（medical purposes）"。

二、主要观点及讨论情况

WCO 会议同意修改子目条文，具体修订建议有如下两种可供选择：

选项 1：4015.11-用于外科、诊断、治疗程序或医疗检查；

选项 2：4015.11-医用（for medical purposes）或 4015.11-医疗的（medical）。

会议讨论过程中，有成员方支持提案方的建议，认为"医疗（medical）"包括了外科、诊断、理疗、牙医和兽医。但大部分成员方支持将所有用途罗列出来的方案，即秘书处的建议选项 1，因为该方案的表述方式与《协调制度》中其他品目（如品目 30.05、90.18 和 94.02）的表述一致，而且在一些国家，医疗（medical）可能不包括牙医和兽医。同时有成员方建议将该方案表述修改为"医疗、外科、牙科或兽医用"，以与品目 30.05、90.18 和 94.02 的表述保持一致。

部分成员方认为由于修改后的子目商品范围扩大了，应该以删除子目 4015.11 并新增子目 4015.12 的方式进行修改。会议采纳了该建议。

三、结论

会议最终一致同意删除子目 4015.11，新增子目 4015.12"医疗、外科、牙科或兽医用"。最终修订结果详见品目 40.15。

第八类 生皮、皮革、毛皮及其制品；鞍具及挽具；旅行用品、手提包及类似容器；动物肠线（蚕胶丝除外）制品

本类共有 3 章，即第四十一章至第四十三章。本类仅章注释英文修改 1 条，中文无变化。

第四十一章 生皮（毛皮除外）及皮革

本章未作任何修改。

第四十二章 皮革制品；鞍具及挽具；旅行用品、手提包及类似容器；动物肠线（蚕胶丝除外）制品

一、概述

本章章注释修改 1 条，仅英文修改，中文无变化。

二、章注释及子目注释的修改情况

章注释（二）十的修改
仅英文修改，中文无变化。
本章无子目注释。

三、目录结构及品目条文的调整情况

本章目录结构及品目条文未作修改。

第四十二章注释二（十）的修订
[基于发光二极管类商品的修订（仅英文文字修改）]

详细修订背景及会议讨论过程见"品目 85.39 条文的修订（为发光二极管类产品增列子目）""品目 85.41 条文的修订（为发光二极管类产品修改品目及增列子目）"。仅英文"lamps"修改为"luminaires"，中文无变化。

第四十三章　毛皮、人造毛皮及其制品

本章未作任何修改。

第九类 木及木制品；木炭；软木及软木制品；稻草、秸秆、针茅或其他编结材料制品；篮筐及柳条编结品

本类共有 3 章，即第四十四章至第四十六章。本类仅章注释修改英文 2 条，中文无变化；子目注释新增 3 条，修改英文 1 条，中文无变化；5、6 位数子目新增 35 条，删除 2 条，修改 6 条。

第四十四章 木及木制品；木炭

一、概述

本章章注释修改 1 条（仅英文修改，中文无变化）；子目注释新增 3 条，修改 1 条（仅英文修改，中文无变化）；5、6 位数子目新增 35 条，删除 2 条，修改 6 条。

二、章注释及子目注释的修改情况

（一）章注释一（十四）的修改

仅修改英文，中文无变化。

（二）子目注释一的修改

仅英文修改，中文无变化。

（三）新增子目注释二

根据联合国粮农组织的建议，本次修订中为木屑块新增子目 4401.32，为明确该商品的范围，新增子目注释二"二、子目 4401.32 所称的'木屑块'是指由木材加工业、家具制造业及其他木材加工活动中产生的副产品（例如，刨花、锯末及碎木片）直接压制而成或加入按重量计不超过 3% 的粘合剂后粘聚而成的产品。此类产品呈立方体、多面体或圆柱状，其最小横截面尺寸大于 25 毫米"。

（四）新增子目注释三

为保证贸易数据的可靠性，根据联合国粮农组织的建议，本次修订中为云杉-松木-冷杉新增子目 4407.13，为明确该商品的范围，新增子目注释三"三、子目 4407.13 所称'云杉-松木-冷杉'是指来源于云杉、松木、冷杉混合林的木材，其各树种的比例是未知的"。

（五）新增子目注释四

为保证贸易数据的可靠性，根据联合国粮农组织的建议，本次修订中为铁杉-冷杉新增子目 4407.14，为明确该商品的范围，新增子目注释四"四、子目 4407.14 所称

"铁杉-冷杉"是指来源于异叶铁杉、冷杉混合林的木材,其各树种的比例是未知的"。

三、目录结构及品目条文的调整情况

近年来,林业产品的国际贸易量逐渐增长,联合国粮农组织提议对第四十四章的木及木制品进行较大的调整。提议在子目4401.3项下增列木屑块,在子目4401.4项下增列锯末,在品目44.02项下增列果壳或果核炭,在子目4403.4和4407.2项下分别增列柚木,在品目44.12项下增列单板层积材,并在子目4412.4、4412.5、4412.9项下分别按热带木、针叶木及非针叶木的表层树种进行了拆分,在品目44.14、子目4418.1、子目4418.2、品目44.19、子目4420.1项下分别为热带木增列子目,在品目44.18项下增列工程结构木制品的5位子目并拆分为集成材、正交胶合木、工字梁等子目,在子目4418.9项下增列蜂窝结构木镶板的子目,在品目44.21项下增列棺材的子目。

根据加拿大海关的提议,在子目4407.1项下增列"云杉-松木-冷杉"和"铁杉-冷杉"的子目。

(一) 品目44.01的调整

1. 新增子目4401.32

在子目4401.3项下新增子目"4401.32--木屑块",新增子目的商品为原子目4401.39的部分商品。

2. 拆分子目4401.4

将子目"4401.4-锯末、木废料及碎片,未粘结的"拆分为"4401.41--锯末"和"4401.49--其他"。

品目44.01调整后的列目结构如表44-1所示。

表44-1 品目44.01调整后的列目结构

HS编码	商品名称	备注
44.01	薪柴(圆木段、块、枝、成捆或类似形状);木片或木粒;锯末、木废料及碎片,不论是否粘结成圆木段、块、片或类似形状:	
	-薪柴(圆木段、块、枝、成捆或类似形状):	
4401.11	--针叶木	
4401.12	--非针叶木	
	-木片或木粒:	
4401.21	--针叶木	
4401.22	--非针叶木	
	-锯末、木废料及碎片,粘结成圆木段、块、片或类似形状:	
4401.31	--木屑棒	
4401.32	--木屑块	新增

表44-1 续

HS 编码	商品名称	备注
4401.39	--其他	商品范围缩小
	-锯末、木废料及碎片，未粘结的：	
4401.41	--锯末	新增
4401.49	--其他	新增

（二）品目 44.02 的调整

新增子目 4402.2

在品目 44.02 的"木炭"项下新增子目"4402.20-果壳的或果核的"，新增子目的商品为原子目 4402.90 的部分商品。

由于新增子目 4402.2，子目 4402.9 的商品范围缩小。

有关"果壳的或果核的木炭"的内容见第四部分"相关商品知识介绍"。

品目 44.02 调整后的列目结构如表 44-2 所示。

表 44-2 品目 44.02 调整后的列目结构

HS 编码	商品名称	备注
44.02	木炭（包括果壳炭及果核炭），不论是否结块：	
4402.10	-竹的	
4402.20	-果壳的或果核的	新增
4402.90	-其他	商品范围缩小

（三）品目 44.03 的调整

因品目 44.03 项下子目 4403.21、4403.23、4403.25、4403.93、4403.95 英文与法文不一致而进行了修订。

1. 子目 4403.2 的调整

为了更准确描述商品的范围，使英文与法文保持一致，在子目 4403.21、4403.23、4403.25 的条文中"截面尺寸"前增加了"最小"的限制，调整后的条文为"4403.21--松木（松属），最小截面尺寸在 15 厘米及以上""4403.23--冷杉和云杉，最小截面尺寸在 15 厘米及以上""4403.25--其他，最小截面尺寸在 15 厘米及以上"。

调整后子目 4403.21 的商品范围缩小，原子目 4403.21 的部分商品转移至子目 4403.22 项下；子目 4403.23 的商品范围缩小，原子目 4403.23 的部分商品转移至子目 4403.24 项下；子目 4403.25 的商品范围缩小，原子目 4403.25 的部分商品转移至子目 4403.26 项下。

2. 新增子目 4403.42

为加强对柚木全球贸易的监控，根据联合国粮农组织的建议，在子目"4403.4-其他，热带木"项下，新增子目"4403.42--柚木"，新增子目的商品为原子目 4403.49 的部分商品。

3. 子目 4403.9 的调整

为了更准确描述商品的范围，使英文与法文保持一致，在子目 4403.93、4403.95 条文中的"截面尺寸"前增加了"最小"的限制，调整后的条文为"4403.93--水青冈木（山毛榉木），<u>最小</u>截面尺寸在 15 厘米及以上""4403.95--桦木，<u>最小</u>截面尺寸在 15 厘米及以上"。

调整后子目 4403.93 商品范围缩小，原子目 4403.93 的部分商品转移至子目 4403.94 项下；子目 4403.95 的商品范围缩小，原子目 4403.95 的部分商品转移至子目 4403.96 项下。

品目 44.03 调整后的列目结构如表 44-3 所示。

表 44-3　品目 44.03 调整后的列目结构

HS 编码	商品名称	备注
44.03	原木，不论是否去皮、去边材或粗锯成方：	
	-用油漆、着色剂、杂酚油或其他防腐剂处理：	
4403.11	--针叶木	
4403.12	--非针叶木	
	-其他，针叶木：	
4403.21	--松木（松属），<u>最小</u>截面尺寸在 15 厘米及以上	商品范围缩小
4403.22	--其他松木（松属）	商品范围扩大
4403.23	--冷杉和云杉，<u>最小</u>截面尺寸在 15 厘米及以上	商品范围缩小
4403.24	--其他冷杉和云杉	商品范围扩大
4403.25	--其他，<u>最小</u>截面尺寸在 15 厘米及以上	商品范围缩小
4403.26	--其他	商品范围扩大
	-其他，热带木：	
4403.41	--深红色红柳桉木、浅红色红柳桉木及巴栲红柳桉木	
<u>4403.42</u>	<u>--柚木</u>	新增
4403.49	--其他	商品范围缩小
	-其他：	
4403.91	--栎木（橡木）	
4403.93	--水青冈木（山毛榉木），<u>最小</u>截面尺寸在 15 厘米及以上	商品范围缩小
4403.94	--其他水青冈木（山毛榉木）	商品范围扩大
4403.95	--桦木，<u>最小</u>截面尺寸在 15 厘米及以上	商品范围缩小
4403.96	--其他桦木	商品范围扩大
4403.97	--杨木	

表44-3 续

HS编码	商品名称	备注
4403.98	--桉木	
4403.99	--其他	

（四）品目44.07的调整

为加强对部分木材商品全球贸易的监控，根据联合国粮农组织的建议，新增子目4407.13、4407.14和4407.23。

1. 新增子目4407.13

在子目"4407.1-针叶木"项下新增子目"4407.13--云杉-松木-冷杉"，新增子目的商品为原子目4407.11、4407.12和4407.19的部分商品，所以原子目4407.11、4407.12和4407.19的商品范围缩小。

2. 新增子目4407.14

在子目"4407.1-针叶木"项下新增子目"4407.14--铁杉-冷杉"，新增子目的商品为原子目4407.12和4407.19的部分商品，所以原子目4407.12和4407.19的商品范围缩小。

3. 新增子目4407.23

在子目"4407.2-热带木"项下新增子目"4407.23--柚木"，新增子目的商品为原子目4407.29的部分商品，所以原子目4407.29的商品范围缩小。

品目44.07调整后的列目结构如表44-4所示。

表44-4 品目44.07调整后的列目结构

HS编码	商品名称	备注
44.07	经纵锯、纵切、刨切或旋切的木材，不论是否刨平、砂光或端部接合，厚度超过6毫米：	
	-针叶木：	
4407.11	--松木（松属）	商品范围缩小
4407.12	--冷杉及云杉	商品范围缩小
4407.13	--云杉-松木-冷杉	新增
4407.14	--铁杉-冷杉	新增
4407.19	--其他	商品范围缩小
	-热带木：	
4407.21	--美洲桃花心木	
4407.22	--苏里南肉豆蔻木、细孔绿心樟及美洲轻木	
4407.23	--柚木	新增
4407.25	--深红色红柳桉木、浅红色红柳桉木及巴栲红柳桉木	

表44-4 续

HS编码	商品名称	备注
4407.26	--白柳桉木、白色红柳桉木、白色柳桉木、黄色红柳桉木及阿兰木	
4407.27	--沙比利	
4407.28	--伊罗科木	
4407.29	--其他	商品范围缩小

（五）品目44.12的调整

为加强对部分木材商品全球贸易的监控，根据联合国粮农组织的建议，新增子目4412.41、4412.42、4412.49、4412.51、4412.52、4412.59、4412.91、4412.92。

1. 新增子目4412.4

在品目44.12项下新增子目"4412.4-单板层积材"，并在此基础上再拆分子目"4412.41--至少有一表层是热带木""4412.42--其他，至少有一表层是非针叶木""4412.49--其他，上下表层均为针叶木"，新增子目的商品为原子目4412.99的部分商品。

2. 新增子目4412.5

在品目44.12项下新增子目"4412.5-木块芯胶合板、侧板条芯胶合板及板条芯胶合板"，在此基础上再拆分为子目"4412.51--至少有一表层是热带木""4412.52--其他，至少有一表层是非针叶木""4412.59--其他，上下表层均为针叶木"，新增子目的商品为原已删除的子目4412.94的全部商品。

3. 修改子目4412.9

（1）删除子目4412.94

由于原子目"4412.94-木块芯胶合板、侧板条芯胶合板及板条芯胶合板"项下商品全部转移至新增的子目4412.5项下，删除该子目。

（2）新增子目4412.91和4412.92

在子目4412.9项下新增子目"4412.91--至少有一表层是热带木""4412.92--其他，至少有一表层是非针叶木"，新增子目的商品为原子目4412.99的部分商品。

（3）修改子目4412.99的条文

子目4412.99的条文由"其他"修改为"4412.99--其他，<u>上下表层均为针叶木</u>"。条文修改后，该子目项下的商品范围缩小。

品目44.12调整后的列目结构如表44-5所示。

表44-5 品目44.12调整后的列目结构

HS编码	商品名称	备注
44.12	胶合板、单板饰面板及类似的多层板：	
4412.10	-竹制的：	

表44-5 续

HS 编码	商品名称	备注
	-仅由薄木板制的其他胶合板（竹制除外），每层厚度不超过6毫米：	
4412.31	--至少有一表层是热带木	
4412.33	--其他，至少有一表层是下列非针叶木：桤木、白蜡木、水青冈木（山毛榉木）、桦木、樱桃木、栗木、榆木、桉木、山核桃、七叶树、椴木、槭木、栎木（橡木）、悬铃木、杨木、刺槐木、鹅掌楸或核桃木	
4412.34	--其他，至少有一表层为子目4412.33未具体列名的非针叶木	
4412.39	--其他，上下表层均为针叶木	
	-单板层积材：	新增
4412.41	--至少有一表层是热带木	新增
4412.42	--其他，至少有一表层是非针叶木	新增
4412.49	--其他，上下表层均为针叶木	新增
	-木块芯胶合板、侧板条芯胶合板及板条芯胶合板：	新增
4412.51	--至少有一表层是热带木	新增
4412.52	--其他，至少有一表层是非针叶木	新增
4412.59	--其他，上下表层均为针叶木	新增
	-其他：	
4412.91	--至少有一表层是热带木	新增
4412.92	--其他，至少有一表层是非针叶木	新增
4412.99	--其他，上下表层均为针叶木	条文修改，商品范围缩小

（六）品目 44.14 的调整

为加强对热带木类商品全球贸易的监控，根据联合国粮农组织的建议，将品目44.14拆分为子目4414.10、4414.90。

1. 新增子目 4414.10

新增子目"4414.10-热带木的"，新增子目的商品为原子目4414.00的部分商品。

2. 新增子目 4414.90

新增子目"4414.90-其他"，新增子目的商品为原子目4414.00的部分商品。

品目44.14调整后的列目结构如表44-6所示。

表 44-6　品目 44.14 调整后的列目结构

HS 编码	商品名称	备注
44.14	木制的画框、相框、镜框及类似品：	
4414.10	-热带木的	新增
4414.90	-其他	新增

（七）品目 44.18 的调整

为加强对该类商品全球贸易的监控，根据联合国粮农组织的建议，新增子目 4418.11、4418.19、4418.21、4418.29、4418.30、4418.81、4418.82、4418.83、4418.89、4418.92。

1. 拆分子目 4418.1

为加强对热带木类商品全球贸易的监控，在子目"4418.1-窗、法兰西式（落地）窗及其框架"项下拆分子目"4418.11--热带木的"和"4418.19--其他"，新增子目的商品为原子目 4418.1 的全部商品。

2. 拆分子目 4418.2

为加强对热带木类商品全球贸易的监控，在子目"4418.2-门及其框架和门槛"项下拆分子目"4418.21--热带木的"和"4418.29--其他"，新增子目的商品为原子目 4418.2 的全部商品。

3. 新增子目 4418.3

新增子目"4414.30-柱及梁，子目 4418.81 至 4418.89 的货品除外"，新增子目的商品为原子目 4418.60 的部分商品。

4. 删除子目 4418.6

删除子目"4418.60-柱及梁"，这些商品转移至新增子目 4418.30 和 4418.81 至 4418.89 项下。

5. 新增子目 4418.8

新增子目"4414.8-工程结构木制品"，在此基础上再拆分为子目"4414.81--集成材""4414.82--正交胶合木""4414.83--工字梁"和"4414.89--其他"，新增子目的商品为已删除的子目 4418.60 及原子目 4418.91、4418.99 的部分商品。

6. 新增子目 4418.92

新增子目"4414.92--蜂窝结构木镶板"，新增子目的商品为原子目 4418.99 的部分商品。

品目 44.18 调整后的列目结构如表 44-7 所示。

第九类　木及木制品；木炭；软木及软木制品；稻草、秸秆、针茅或其他编结材料制品；篮筐及柳条编结品

表 44-7　品目 44.18 调整后的列目结构

HS 编码	商品名称	备注
44.18	建筑用木工制品，包括蜂窝结构木镶板、已装拼的地板、木瓦及盖屋板：	
	-窗、法兰西式（落地）窗及其框架：	
4418.11	--热带木的	新增
4418.19	--其他	新增
	-门及其框架和门槛：	
4418.21	--热带木的	新增
4418.29	--其他	新增
4418.30	-柱及梁，子目 4418.81 至 4418.89 的货品除外	新增
4418.40	-水泥构件的模板	
4418.50	-木瓦及盖屋板	
	-已装拼的地板：	
4418.73	--竹的或至少顶层（耐磨层）是竹的	
4418.74	--其他，马赛克地板用	
4418.75	--其他，多层的	
4418.79	--其他	
	-工程结构木制品：	新增
4418.81	--集成材	新增
4418.82	--正交胶合木	新增
4418.83	--工字梁	新增
4418.89	--其他	新增
	-其他：	
4418.91	--竹的	商品范围缩小
4418.92	--蜂窝结构木镶板	新增
4418.99	--其他	商品范围缩小

（八）品目 44.19 的调整

为加强对热带木类商品全球贸易的监控，新增子目"4419.20-热带木的"，新增子目的商品为原子目 4419.90 的部分商品。

由于新增子目 4419.20，原子目 4419.90 的商品范围缩小。

品目 44.19 调整后的列目结构如表 44-8 所示。

167

表 44-8　品目 44.19 调整后的列目结构

HS 编码	商品名称	备注
44.19	木制餐具及厨房用具：	
	-竹的：	
4419.11	--切面包板、砧板及类似板	
4419.12	--筷子	
4419.19	--其他	
4419.20	-热带木的	新增
4419.90	-其他	商品范围缩小

（九）品目 44.20 的调整

为加强对热带木类商品全球贸易的监控，在子目"4420.1-小雕像及其他装饰品"项下拆分子目"4420.11--热带木的"和"4420.19--其他"，新增子目的商品为原子目 4420.10 的部分商品。

品目 44.20 调整后的列目结构如表 44-9 所示。

表 44-9　品目 44.20 调整后的列目结构

HS 编码	商品名称	备注
44.20	镶嵌木（包括细工镶嵌木）；装珠宝或刀具用的木制盒子和小匣子及类似品；木制小雕像及其他装饰品；第九十四章以外的木制家具：	
	-小雕像及其他装饰品：	
4420.11	--热带木的	新增
4420.19	--其他	新增
4420.90	-其他	

（十）品目 44.21 的调整

为加强对该类商品全球贸易的监控，根据联合国粮农组织的建议，新增子目"4421.20-棺材"，新增子目的商品为原子目 4421.91 和 4421.99 的部分商品。

品目 44.21 调整后的列目结构如表 44-10 所示。

表 44-10　品目 44.21 调整后的列目结构

HS 编码	商品名称	备注
44.21	其他木制品：	
4421.10	-衣架	

第九类 木及木制品；木炭；软木及软木制品；稻草、秸秆、针茅或其他编结材料制品；篮筐及柳条编结品

表44-10 续

HS 编码	商品名称	备注
4421.20	-棺材	新增
	-其他：	
4421.91	--竹的	商品范围缩小
4421.99	--其他	商品范围缩小

四、相关商品知识介绍

（一）果壳或果核的木炭

果壳或果核的木炭（新增子目 4402.20）是果壳或果核在隔绝空气的条件下经炭化而得到的。常见的果壳、果核与它们的木炭如表 44-11 所示。

表 44-11 常见的果壳、果核与它们的木炭

椰子壳	椰子壳炭
核桃壳	核桃壳炭
杏仁壳	杏仁壳炭

（二）柚木

中文学名：柚木　　　　　　　拉丁学名：*Tectona grandis*

别称：胭脂树、麻栗、血树

门：被子植物门　　　　　　　纲：双子叶植物纲

目：管状花目　　　　　　　　科：马鞭草科

属：柚木属

1. 概述

柚木，马鞭草科，柚木属，分布于东南亚地带。

2. 材色及结构特征

心材与边材区别明显，心材褐色或褐色略带黄绿色，具金色光泽；触之有油性感；边材淡黄褐色，微红；结构粗；纹理直至斜。一般带有金色光泽的材质中等，带深灰色的结构细、质重，色浅的材质较轻软，耐腐性较差。图44-1为柚木板。

图44-1　柚木板

（三）单板层积材

单板层积材（Laminated veneered lumber，LVL，新增子目4412.4）是一种用于建造结构的工程木材复合材料，具有高强度重量比。它是由原木剥成薄片单板，沿顺纹方向层积组坯、热压胶合，再锯割而成的材料。

单板层积材与胶合板的主要区别是：单板层积材用的单板旋切厚度较胶合板厚；单板层积材是顺纹方向组坯胶合的，而胶合板则是以单板纹理相互垂直为原则组坯的。单板层积材主要是以代替锯材为目标的产品，强调的是产品的纵向力学性能的增强，突出的是木材的各向异性，而胶合板则是对天然木材各向异性的改造，强调的是各向同性。单板层积才如图44-2和44-3所示。

图 44-2　单板层积材（1）　　图 44-3　单板层积材（2）

（四）集成材

集成材［Glue-laminated timber（glulam），新增子目 4418.81］，又名胶合木、指接板，是指将窄、短的木条采用胶粘剂接长（也可采用齿型连接），然后再横向拼宽，还可在厚度上增厚而成的板材，它是一种强质比高、美观、可降解的工程复合材料，被广泛应用于桥梁、建筑等工程领域。集成材如图 44-4 所示。

图 44-4　集成材

（五）正交胶合木

正交胶合木［Cross-laminated timber（CLT or X-lam），新增子目 4418.82］是由多层实心锯材粘合而成的大型结构建筑板。它由至少三层实木组成，每层板的方向通常垂直于相邻层，并粘在每块板的宽面上，通常以对称的方式使外层具有相同的方向。通过以直角粘合木材，面板能够在两个方向上实现更好的结构刚度，它类似于胶合板，但厚度明显增加。正交胶合木如图 44-5 所示。

图 44-5　正交胶合木

（六）工字梁

工字梁（I-Beams，新增子目 4418.83）作为替代实木梁的木建筑构件，比实木梁具有更高的强度、刚度和尺寸稳定性，具有更大的跨度能力以及更小发生几率的翘曲、扭曲和劈裂。工字梁如图 44-6 所示。

图 44-6　工字梁

（七）蜂窝结构木镶板

蜂窝结构木镶板（Cellular wood panels，新增子目 4418.92）是由两块较薄的面板牢固地粘结在一层较厚的蜂巢状芯材的两面而成的板材。其特点是强度大，重量比大，受力平均，耐压力强，导热性低，抗震性好及不变形，有隔音效果，是一种比较好的装修木制材料。蜂窝结构木镶板如图 44-7 所示。从结构上看，它是一种空心板，是由轻质芯层材料（空心芯板）和覆面材料两部分所组成的空心复合结构材料。在空心板中，芯层材料的主要作用是使板材具有一定的充填厚度和支承强度。

图 44-7　蜂窝结构木镶板

第四十四章注释一（十四）的修订
［基于发光二极管类商品的修订（仅英文文字修改）］

详细修订背景及会议讨论过程见"品目 85.39 条文的修订（为发光二极管类产品增列子目）""品目 85.41 条文的修订（为发光二极管类产品修改品目及增列子目）"。仅英文"lamps"修改为"luminaires"，中文无变化。

第四十四章子目注释二的修订（为木屑块新增子目注释）

一、修订背景

该修订是联合国粮农组织提出的对《协调制度》第四十四章修订的议题的

一部分。在2017年WCO会议上,联合国粮农组织建议在2022年版《协调制度》中在品目44.01项下为木屑块增列新的子目4401.32。

二、主要观点及讨论情况

WCO会议上,在对相关修订建议的讨论中,有成员方认为对于在品目44.01项下增列子目的"briquettes"的定义不明确,希望联合国粮农组织给予解释,有成员方表示支持增列相关子目,但希望将新的子目4401.32的商品与品目44.01项下的其他粘结商品区分开来,因此认为需要一个新的子目注释或注释加以说明。在后续会议讨论中,有成员方建议用"最小"横截面尺寸大于25毫米代替"任何"一词。在粮农组织提交的文件中解释,子目4401.31的木屑棒与新的子目4401.32木屑块之间的主要区别在于形状和横截面尺寸。第四十四章子目注释一对子目4401.31的商品定义为圆柱形,直径不超过25毫米,长度不超过100毫米。粮农组织解释拟在子目4401.32项下包括的木屑块是直径大于25毫米的方块形、多面体或圆柱形。文件进一步解释,子目4401.31和4401.32的木屑棒和木屑块与子目4401.39的其他商品之间的区别在于粘合剂含量。在木屑棒和木屑块中,它们通过直接压缩或通过添加不超过重量3%的粘合剂而被胶合。在子目4401.39的产品中,粘结剂材料的含量可以达到40%~50%,从而使它们与木屑块产品不同。会议审议并通过了上述议题。

三、结论

会议最终决定,新增子目注释二"二、子目4401.32所称的'木屑块'是指由木材加工业、家具制造业及其他木材加工活动中产生的副产品(例如,刨花、锯末及碎木片)直接压制而成或加入按重量计不超过3%的粘合剂后粘聚而成的产品。此类产品呈立方体、多面体或圆柱状,其最小横截面尺寸大于25毫米"。

第四十四章子目注释三、子目注释四、品目44.07的修订
(为"云杉-松木-冷杉"及"铁杉-冷杉"新增子目注释及增列子目)

一、修订背景

在2017年版《协调制度》修订中,之前的子目4407.10项下的针叶木被分列为三个新子目"4407.11--松木(松属)""4407.12--冷杉及云杉""4407.19--其他"。这些修订来源于联合国粮农组织的建议,用以增进贸易数据的可靠性。

在2017年WCO会议上,来自北美洲的某代表提出,上述这些新子目的增列已对出口商造成了困扰,具体为针叶木项下的木材产品——云杉、松木、冷杉的混合集运的归类问题,在商业上,这两种混合木材被称为"云杉-松木-冷杉"和"铁杉-冷杉"。云杉-松木-冷杉混合木为云杉、松木和冷杉木混合种植、统一砍伐送至工厂加工为木材,其间不经过任何分类。混合木材后续将被捆绑包

装和装运，在每次装运中基本不会区分每种木材品种的百分比。"铁杉-冷杉"的混合木也是相同情况。

某些海关要求进口商将云杉-松木-冷杉按照木材品种细化申报，但出口商由于林业不区别木材品种而无法提供此类细节。为满足归类的需要，如果木材品种的百分比可知，装运商将按照基本特征归入相应的子目，如果比例不确定，将同等考虑两个子目，装运商将根据归类总规则三（三）从后归类原则，归入子目 4407.12。还有一种建议为云杉-松木-冷杉装运商可能将其归入子目 4407.19（其他）。

为了确保云杉-松木-冷杉和铁杉-冷杉在国际贸易上归类的唯一性，也为了保证贸易数据的可信性，提出问题的代表建议在品目 44.07 项下为具有普遍性的混合木材云杉-松木-冷杉和铁杉-冷杉新增两个子目：

4407.13--云杉-松木-冷杉（S-P-F）；

4407.14--异叶铁杉-冷杉（铁杉-冷杉）。

二、主要观点及讨论情况

WCO 认为此项提议是基于贸易实际和贸易数据而提出的，这可为调整产业现状和贸易标准做出贡献。因为是多种木材的混合物，很多成员方想了解是否可区分，因为如果每种木材单价不一样，那么混合物中各种木材的比例就会影响价格。有成员方觉得正常情况下，不同的木头应该分开来进行贸易。有成员方还提及引申开来，现行子目 4407.12 的条文"冷杉及云杉"英文用"and"似乎会和新的子目 4407.13 之间产生矛盾。

在后续会议上，该成员方还补充了相关信息：这些混合木材不能被视觉区分；它们都具有相似的机械或性能属性，使它们在功能上互换；它们都具有等价的市场价值。有成员方提出增列子目注释以定义这些商品，并提交其本国现行的子目注释，以解决无法区分每个运输的云杉-松木-冷杉商品中三种树种的比例的问题。经过讨论，成员方代表一致同意增列子目，并新增相应子目注释。

三、结论

会议最终决定，新增子目注释三、子目注释四，新增子目 4407.13 和 4407.14。

品目 44.01 条文的修订（为木屑棒及锯末增列子目）

一、修订背景

2017 年 4 月，秘书处收到了联合国粮农组织关于为一些农业和木材产品修订《协调制度》的议案。该议案是与欧盟统计局、国际热带木材组织和联合国欧洲经济委员会共同提出的。

二、主要观点及讨论情况

在 2017 年的 WCO 会议上，针对品目 44.01，联合国粮农组织建议在 2022 年版《协调制度》中作如下修订：

在品目 44.01 项下插入新的子目 4401.32：

4401.32--木屑块

删除并替换子目 4401.40 为：

-锯末、木废料及碎片，未粘结的：

4401.41--锯末

4401.42--使用后的木废料及碎片

4401.49--其他

关于子目 4401.32，有成员方认为"breqittes"（木块）的定义不明确，希望联合国粮农组织给予解释，有成员方表示支持增列子目，但也希望给出明确的子目注释。关于 4401.4 的子目，部分成员方代表都认为"post-consumer wood waste and scrap"（使用后的木质废碎料）定义不明，会造成海关实际监管困难，建议不要分列为子目 4401.41 和 4401.42，联合国粮农组织表示可以接受删除子目 4401.42，但子目 4401.41 要求保留。最后，会议决定保留新增子目 4401.41 的建议，删除子目 4401.42，整个议题下次会议再讨论。

在下一次 WCO 会议上，秘书处建议，如果会议同意为"breqittes"（木块）增列一个新的子目，则会对新的子目做一个注释以定义子目 4401.32 的范围，并对品目 44.01 的注释进行修改，以解释子目 4401.31、4401.32 和 4401.39 的区别。联合国粮农组织同意对子目 4401.4 的修订采用简化结构，为"锯末"（4401.41）和"其他"（4401.49）设立单独的子目。后续的 WCO 会议通过了上述修改建议。

三、结论

会议最终决定，新增子目注释二（见第 64 项），新增子目 4401.32，拆分子目 4401.40。

品目 44.02 条文的修订（为果壳炭及果核炭增列子目）

一、修订背景

该修订是联合国粮农组织提出的对 2017 年版《协调制度》第四十四章修订的议题的一部分。在 WCO 会议上，联合国粮农组织建议在 2022 年版《协调制度》中修订品目 44.02，插入新的子目 4402.20 果壳的或果核的炭。

二、主要观点及讨论情况

在 WCO 会议上，关于在品目 44.02 项下为果壳或果核炭列目的问题，有成员方指出子目表述和品目条文有冲突，因为木炭就包括了果壳或果核炭，也有成员方认为海关识别相关商品困难，不支持增列。在后续会议上，有成员方代表对如何将果核或果壳炭与其他木炭进行区分表示关切，并请粮农组织提供有关这方面的信息。根据成员方代表的提议，WCO 同意将子目条文与品目 44.02 的条文一致表示为"果壳或果核"。联合国粮农组织解释说，果核和果壳炭与其他类型木炭的区别可以通过商品的视觉识别或物理外观来确定。在会议讨论中，虽然部分成员方代表提出如果果壳炭结块或是成粉，不好判断其是否是果壳做的，但WCO经过讨论，几位成员方代表认为，如果坚果壳木炭结块，就不可能区分原始类型的坚果。WCO要求联合国粮农组织明确是否可以区分这些问题，联合国粮农组织的代表表示其无法证实这些商品交易的状态。然而，竹炭已单列，所以认为这与木炭区别开来已经不是问题。该代表还指出，一些国家已对这些商品进行了拆分。

三、结论

会议最终决定，为相关产品新增子目4402.20。

品目44.03、44.07条文的修订（英、法文不一致引起的修订以及为柚木增列子目）

一、修订背景

2017年3月，秘书处收到某成员方代表来信，信中表示木材的分类应将商品描述与编码体系保持一致，应考虑将子目4403.21、4403.23、4403.25、4403.93和4403.95项下的"截面尺寸"代替"直径"。当秘书处研究这个问题时发现，子目4403.21、4403.23、4403.25、4403.93和4403.95的英文条文和法文条文略有差别，英文条文指"任何截面尺寸≥15厘米"，而法文条文指"最大截面尺寸≥15厘米"。秘书处认为这种差异导致子目的商品范围不一致。

二、主要观点及讨论情况

在2017年WCO会议上，秘书处提出子目4403.21、4403.23、4403.25、4403.93和4403.95条文存在英、法文不一致的问题。在会议讨论中，某成员方代表解释了其在针对不同尺寸木材时运用"任何截面尺寸≥15厘米"面临的困难：注释中没有明确是针对木材底部截面还是顶部截面，故造成测量结果的不一致。另一代表同意其观点，指出要解决截面尺寸的规定不一致问题，明确如何测量截面。他建议秘书处研究各国是如何测量的，并请求下次WCO会议对此进行讨论，确定是否有必要在2022年版《协调制度》中与相关商业实际的术语相协调。一些代表表示关于产业界如何测量这一问题，需要花时间研究，也需要咨询相关权威机构或产业界。主席决定将该议题推迟至下次会议讨论。

在下一次WCO会议上，某成员方代表后续提议指出英、法版本中子目4403.21、4403.23、4403.25、4403.93和4403.95条文的区别，要求澄清品目44.03的定义，以便确定原木的归类，与会代表都同意现有条文存在明显的执法不一致风险，也发现在实践中确实测量方法是不一样的，有的挑最细的部分测，有的挑最粗的部分测。该代表建议挑选最下部而不是最粗或最细的部分，因为如果木材有什么异常情况，那么可能中间也会变成最粗的部分，容易不统一。秘书处向有关国际组织询问发现，在横截面测量方面没有国际标准，不同的国家测量方法不一样，然而这些组织能够提供有关如何计算的信息。部分代表支持

第九类 木及木制品；木炭；软木及软木制品；稻草、秸秆、针茅或其他编结材料制品；篮筐及柳条编结品

使英文和法文文本一致的建议，但他们需要更多的时间来咨询行业和全球贸易模式。欧盟代表有不同的观点，因为欧盟是测量原木上端。该代表进一步观察到，可以清晰地改进英文子目条文（例如，将"任意"改为"最小"），使法文与英文文本一致。某位代表向 WCO 通报了同样的细节"任何横截面尺寸"可见品目 39.16，要求秘书处进行斟酌。秘书处认为，如果没有一个国际标准来衡量，那么无论选哪个位置进行计量都将会让一部分国家的认定变得麻烦，建议各国海关能与本国行业协商，提出一个可行的解决方案。主席同意，既然这是一个初步的讨论，文本将放置在方括号中供下次会议讨论，并邀请代表带着问题在休会期间与他们的政府和行业进行磋商。

在休会期间，秘书处没有收到任何意见。按照会议中某代表的意见，秘书处进行了历史调查，发现"任何横截面"的表述是在创建《协调制度》时被插入品目 39.16 中的。然而在秘书处看来，在品目 39.16 中不会产生混淆，因为该品目具有恒定截面（单丝）。秘书处希望提请协调制度委员会注意，为使英、法版本子目 4403.21、4403.23、4403.25、4403.93 和 4403.95 条文一致，建议用"超过"来代替"大于"的表达。然而，秘书处注意到，理想测量点的确定可能取决于会议希望归入的子目：在粗端（下端）的测量在区分来自小径树木的木材更有用，在产品的来源管理和潜在用途中可能很有用；在上部（较小）端的测量更好地提供了纵向切割的全直径板数量的信息，这可能在产品的经济价值和潜在用途方面很有用。联合国粮农组织被邀请就最初的 15 厘米分歧点提出意见。秘书处进一步评论某成员方提出的改变法文和英文子目条文的建议，即指定最小横截面直径"……最小横截面尺寸为 15 厘米或更多"，认为该方案具有便于操作的优点。根据秘书处的意见，会议应邀就子目 4403.21、4403.23、4403.25、4403.93 和 4403.95 法文和英文文本如何统一发表意见。

方案一：

最大的横截面尺寸超过 15 厘米，用"超过"（exceeds）来代替"大于"（greater than）。

方案二：

品目 44.03 下 4403.2 子目注释插入："子目 4403.21、4403.23、4403.25、4403.93 和 4403.95，最大的横截面尺寸应以木材（粗端）下端为准。"

在 2018 年的 WCO 会议上，联合国粮农组织代表表示同意欧盟的建议，指出行业中通常是从最小的端量，15 厘米应该是最小地方的尺寸。多位代表均表示同意用最小的（smallest）的表述，表示从行业的反馈信息，均是用最小端的横截面测量，应该将法文与英文一致。关于两个方括号中内容的选择：一位代表希望用"exceeds"；另一代表指出秘书处建议的修订用了"the minimal cross-sectional dimension is 15 cm or more"的表述，可以在此基础上修改。会议一致同意用"is 15 cm or more"的表述。对注释相关部分也相应进行了修改，将原来建

议的"largest"改为"smallest",测量方法的描述也相应修改。会议一致通过修改后的修订建议。

此外,在2017年的WCO会议上,根据联合国粮农组织的建议,在品目44.03和44.07项下为柚木增列子目4403.42和4407.23,经过讨论,代表们都没有异议。会议关于柚木的法文表述有争议,同意将"柚木"法文案文置于方括号内供进一步审议。在2018年的WCO会议上,同意维持子目4403.42和4407.23关于"柚木"一词的方案。在后面一次WCO会议上审议通过了上述修订建议。

三、结论

会议最终决定,为统一测量和保持英、法文一致,修改子目4403.21、4403.23、4403.25、4403.93和4403.95,为"柚木"新增子目4403.42和4407.23。

品目44.12条文的修订(为多层饰面木材及胶合板增列子目)

一、修订背景

在2017年的WCO会议上,联合国粮农组织提出在2022年版《协调制度》中修订第四十四章和第九十四章的议题。该修订建议的提出主要基于环境保护及社会经济发展的目的,通过对热带木及重要木材产品单列子目,以得到准确的统计数据,以对其生产和贸易情况进行监控。根据联合国粮农组织的建议,在品目44.12项下插入新的子目4412.41至4412.49:

- 单板层积材:

4412.41--至少有一表层是热带木

4412.42--其他,至少有一表层为子目4412.41未具体列名的非针叶木

4412.49--其他,上下表层均为针叶木

删除并替换子目4412.9为:

- 其他:

4412.95--至少有一表层是热带木的木块芯胶合板,侧板条芯胶合板及板条芯胶合板

4412.96--至少有一表层为子目4412.95未具体列名的非针叶木的木块芯胶合板,侧板条芯胶合板及板条芯胶合板

4412.97--上下表层均为针叶木的木块芯胶合板,侧板条芯胶合板及板条芯胶合板

4412.98--其他,至少有一表层是非针叶木

4412.99--其他,上下表层均为针叶木

二、主要观点及讨论情况

在2017年的WCO会议讨论中,关于在子目44.12项下为单板层积材增设

子目的问题，某位代表认为这个建议会造成这个子目的结构混乱，因为商品范围有交叉，其他代表提议，在"laminated"前加"others"一词，排除之前的子目，会议讨论认为应该对子目 4412.4、4412.5 和 4412.9 统筹考虑，并决定整理两套方案，方案一为联合国粮农组织关于子目 4412.9 的议案，方案二为秘书处关于子目 4412.5 和 4412.9 的议案，供下次会议讨论。

在下一次的 WCO 会议上，联合国粮农组织同意秘书处的建议，将所有木块芯胶合板、侧板条芯胶合板和板条芯胶合板划分在新的五位数字子目 4412.5 中，根据商品的表层将其进一步细分为三个六位数的子目。同时，联合国粮农组织提出了子目 4412.91 的下列结构：

-其他：

4412.91--至少有一表层是热带木

4412.92--其他，至少有一表层是子目 4412.91 未具体列名的非针叶木

4412.99--其他，上下表层均为针叶木

其他代表认为，需要在《协调制度注释》中对单板层积材进行修改，将其与品目 44.18 中的商品区分开来。联合国粮农组织代表解释说，他们正在研究厚度小于 3 毫米的单板，认为它们归入这里更恰当。关于热带和非针叶木区分的子目结构存在问题，联合国粮农组织澄清说，该建议分列的子目旨在区别温带非针叶物种。有代表就一些子目的顺序提出了一些问题，建议将"针叶木"放在另一种"其他"规定之前，以便涵盖其他非针叶树木。但是，一些代表要求谨慎考虑这一点，因为这将改变品目的现有结构。同时，对法文文本进行了语言更正。会议同意删除品目 44.12 的方括号。

在 2018 年的 WCO 会议上，针对之前会议提出的关于命名的问题，联合国粮农组织咨询了部分国际的行业专家，将法文的层压单板木材术语定为"lamibois（LVL）"。联合国粮农组织解释说，单板层积材（LVL）将保留在品目 44.12 中，单板层积材是工程用木材的一部分。秘书处提请会议注意，品目 44.12 的注释指出该品目不包括某些制成品：但本品目不包括大型产品，例如，层积梁及层积拱（俗称"胶合层积材"的产品）（通常归入品目 44.18）。秘书处同意联合国粮农组织的观点，即虽然品目 44.12 的产品可用于建造品目 44.18 的产品，但品目之间不应有变动。考虑到联合国粮农组织提供的新信息，秘书处请会议讨论本文件附件中提出的对品目 44.12 的修订建议，具体的修订建议如下：

在品目 44.12 项下插入新的子目 4412.41 至 4412.49：

-单板层积材：

4412.41--至少有一表层是热带木

4412.42--其他，至少有一表层为非针叶木

4412.49--其他，上下表层均为针叶木

删除并替换新的子目 4412.51 至 4412.59：

  -木块芯胶合板，侧板条芯胶合板及板条芯胶合板：

4412.51--至少有一表层是热带木

4412.52--其他，至少有一表层是非针叶木

4412.59--其他，上下表层均为针叶木

删除并替换新的子目 4412.94 至 4412.99：

  -其他：

4412.91--至少有一表层是热带木

4412.92--其他，至少有一表层是非针叶木

4412.99--其他，上下表层均为针叶木

另外，联合国粮农组织希望法文括号中的表述"LVL"在英文中也予以保留。

后续的 WCO 会议审议通过了上述修订建议。

三、结论

会议最终决定，在品目 44.12 项下增加新的子目 4412.41 到 4412.49，删除子目 4412.94 并增加新的子目 4412.51 到 4412.59，增加新的子目 4412.91、4412.92 并修改子目 4412.99。

品目 44.14、44.18、44.19、44.20 条文的修订（增列热带木等子目）

一、修订背景

在 2017 年的 WCO 会议上，联合国粮农组织提出在 2022 年版《协调制度》中修订第四十四章和第九十四章的议题。

1. 在品目 44.14 项下插入新的子目 4414.10 和 4414.90

4414.10-热带木的

4414.90-其他

2. 在品目 44.18 项下进行删除、替换或修改

删除并替换子目 4418.10：

  -窗、法兰西式（落地）窗及其框架：

4418.11--热带木的

4418.19--其他

删除并替换子目 4418.20：

  -门及其框架和门槛：

4418.21--热带木的

4418.29--其他

删除并替换子目 4418.60：

  -柱和梁：

4418.61--工字梁

4418.69--其他

插入新的子目 4418.81 和 4418.89：

  -工程结构木制品：

4418.81--集成材

4418.89--正交胶合木

插入新的子目 4418.92：

4418.92--蜂窝结构木镶板

3. 在品目 44.19 项下插入新的子目 4419.20

4419.20--热带木的

4. 在品目 44.20 项下删除并替换子目 4420.10

  -小雕像及其他装饰品：

4420.11--热带木的

4420.19--其他

二、主要观点及讨论情况

  在 2017 年的 WCO 会议上，会议一致通过关于在 44.14 项下增列热带木子目的建议。部分代表对新的子目 4418.6 和 4418.8 之间以及子目 4418.8 和品目 44.12 之间可能的重叠表示关切。一位代表认为，拟增列的子目 4418.6 中的"柱和梁"在某些情况下可以被视为新的子目 4418.8 的"结构性木材制品"。另一位代表倾向于在品目 44.12 下对"4418.89 正交胶合木（CLT 或 X-lam）"进行分类。会议决定下次讨论。

  在其后的 WCO 会议上，关于品目 44.14，一位代表提出了是否可以因木材种类而改变品目 44.14 和 44.18 商品的问题，因为它们通常是涂层的。关于子目 44.18，联合国粮农组织认为，工字梁的结构木材产品多于单纯的桩和梁。修改后的议案中已经解释了这一点，表明工字梁与实木木柱和木梁不同。工字梁是"I"形工程木结构构件（也称为 I 型桁梁），由顶部和底部法兰组成，与腹板结合在一起。法兰材料通常是层压单板木材（LVL）或实心锯材，并且网板由胶合板或 OSB 制成。关于新的子目 4418.82 和子目 44.12 在正交胶合木方面可能的重叠部分，联合国粮农组织在修订的提案中解释说："CLT 与胶合板不同，因为它依赖于实木块而不是单板（其厚度小于 6 毫米，通常小于 5 毫米）。它在承重应用中提供结构支撑，并且能够承受木材平面内外的载荷。"关于子目 4418.8，某位代表认为"engineered structural timber products"中"engineered"的含义不够清晰，应该使用"fabricated"，其他代表表示可以接受"engineered"。会议决定下次会议上继续讨论该问题。除此之外其他议题争议很小，基本都达成了一致。

  在下一次 WCO 会议上，联合国粮农组织提供了补充资料以回应秘书处和各

位代表在上次会议期间提出的问题。考虑到联合国粮农组织提供的新信息,秘书处建议如下:

1. 在品目 44.14 项下插入新的子目 4414.10 和 4414.90

4414.10-热带木的

4414.90-其他

2. 在品目 44.18 项下进行删除、替换或修改

删除并替换子目 4418.10:

  -窗、法兰西式窗及其框架:

4418.11--热带木的

4418.19--其他

删除并替换子目 4418.20:

  -门及其框架和门槛:

4418.21--热带木的

4418.29--其他

插入新的子目 4418.30:

4418.30--柱及梁,子目 4418.81 至 4418.89 的货品除外

插入新的子目 4418.81 到 4418.89:

  -工程结构木制品:

4418.81--集成材

4418.82--正交胶合木

4418.83--工字梁

4418.89--其他

插入新的子目 4418.92:

4418.92--蜂窝结构木镶板

3. 在品目 44.19 项下插入新的子目 4419.20

4419.20--热带木的

4. 删除并替换子目 4420.10

  -小雕像及其他装饰品:

4420.11--热带木的

4420.19--其他

后续的 WCO 会议审议通过了上述修订建议。

三、结论

会议最终决定,在品目 44.14、44.18、44.19、44.20 项下新增、删除及替换子目。

> **品目 44.21 条文的修订（为棺材增列子目）**
>
> **一、修订背景**
>
> 该修订是联合国粮农组织提出的对 2017 年版《协调制度》修订的议题的一部分。在第 52 次协调制度委员会审议分委会会议上，联合国粮农组织建议在 2022 年版《协调制度》中作如下修订：
>
> 在品目 44.21 项下插入新的子目 4421.20：
>
> 4421.20--棺材
>
> **二、主要观点及讨论情况**
>
> 在 2017 年的 WCO 会议上，经初步讨论，会议决定将该议题移交下一次会议讨论。
>
> 在下一次 WCO 会议上，联合国粮农组织提供了补充资料，以回应秘书处及部分代表在上次会议期间提出的意见。考虑到联合国粮农组织提供的新信息，秘书处建议同意联合国粮农组织对 4421.20 的修订建议。
>
> 后续的 WCO 会议审议通过了上述修订建议。
>
> **三、结论**
>
> 会议最终决定，在品目 44.21 项下插入新的子目 4421.20。

第四十五章　软木及软木制品

本章未作任何修改。

第四十六章　稻草、秸秆、针茅或其他编结材料制品；篮筐及柳条编结品

一、概述

本章章注释修改 1 条，仅英文修改，中文无变化。

二、章注释及子目注释的修改情况

章注释（二）五的修改

仅英文修改，中文无变化。

本章无子目注释。

三、目录结构及品目条文的调整情况

本章目录结构及品目条文未作修改。

第四十六章注释二（五）的修订
［基于发光二极管类商品的修订（仅英文文字修改）］

详细修订背景及会议讨论过程见"品目85.39条文的修订（为发光二极管类产品增列子目）""品目85.41条文的修订（为发光二极管类产品修改品目及增列子目）"。仅英文"lamps"修改为"luminaires"，中文不变。

第十类 木浆及其他纤维状纤维素浆；回收（废碎）纸或纸板；纸、纸板及其制品

本类共有 3 章，即第四十七章至第四十九章。本类章注释修改 5 条，其中 3 条仅修改英文，中文无变化；5、6 位数子目新增 1 条，删除 3 条。

第四十七章 木浆及其他纤维状纤维素浆；回收（废碎）纸或纸板

本章未作任何修改。

第四十八章 纸及纸板；纸浆、纸或纸板制品

一、概述

本章章注释修改 5 条，其中 3 条英文修改，中文无变化。

二、章注释及子目注释的修改情况

（一）章注释二（三）的修改

仅英文修改，中文无变化。

（二）章注释二（十六）的修改

根据《协调制度注释》，品目 96.19 不仅包括婴儿尿布，也包括成人用尿布。考虑到品目 96.19 还包括成人用尿布和尿布衬里，因此将品目 96.19 中的"婴儿尿布（Napkin liners for babies）"修改为"尿布（Napkin liners）"。由此涉及的修改包括第四十八章注释二（十六）、第十一类注释一（二十）、第五十六章注释一（六）。

第四十八章注释二（十六）条文中的"婴儿尿布"修改为"尿布"，修改后的条文为"（十六）第九十六章的物品［例如，纽扣，卫生巾（护垫）及卫生棉条、尿布及尿布衬里］"。

（三）章注释四的修改

仅英文修改，中文无变化。

（四）章注释五的修改

为进一步规范"每平方米重量不超过 150 克的纸或纸板"与"每平方米重量超过 150 克的纸或纸板"两种规格的纸或纸板，将两种规格的纸或纸板前分别加上序号，同时更改它们下面各级的编号。修改后的条文如下：

"五、品目 48.02 所称'书写、印刷或类似用途的纸及纸板''未打孔的穿孔卡片

和穿孔纸带纸',是指主要用漂白纸浆或用机械或化学-机械方法制得的纸浆制成的纸及纸板,并且符合下列任一标准:

"(一) 每平方米重量不超过 150 克的纸或纸板:

"1. 用机械或化学-机械方法制得的纤维含量在 10%及以上,并且

"(1) 每平方米重量不超过 80 克;或

"(2) 本体着色;

"2. 灰分含量在 8%以上,并且

"(1) 每平方米重量不超过 80 克;或

"(2) 本体着色;

"3. 灰分含量在 3%以上,亮度在 60%及以上;或

"4. 灰分含量在 3%以上,但不超过 8%,亮度低于 60%,耐破指数等于或小于 2.5 千帕斯卡·平方米/克;或

"5. 灰分含量在 3%及以下,亮度在 60%及以上,耐破指数等于或小于 2.5 千帕斯卡·平方米/克。

"(二) 每平方米重量超过 150 克的纸或纸板:

"1. 本体着色;或

"2. 亮度在 60%及以上,并且

"(1) 厚度在 225 微米及以下;或

"(2) 厚度在 225 微米以上,但不超过 508 微米,灰分含量在 3%以上;或

"3. 亮度低于 60%,厚度不超过 254 微米,灰分含量在 8%以上。

"品目 48.02 不包括滤纸及纸板(含茶袋纸)或毡纸及纸板。"

(五) 章注释十二的修改

仅英文修改,中文无变化。

本章子目注释未作修改。

三、目录结构及品目条文的调整情况

本章目录结构及品目条文未作任何修改。

 **第四十八章注释二(十六)(为尿布及尿布衬里修订注释)**

详细修订背景及会议讨论过程见"品目 96.19 的修订(为尿布及尿布衬里修订品目条文)"。

第四十八章注释四的修订(仅英文语法修改)

一、修订背景

关于 2017 年版《协调制度》修订,秘书处发现了一些语法或编辑错误,提

交协调制度委员会讨论，希望采用勘误表的形式修订。

第四十八章注释四仅英文语法修改，单词"apply"修改为"applies"。

二、主要观点及讨论情况

2016年的WCO会议上，通过了《协调制度》修订勘误表。

三、结论

仅英文语法修改，中文无变化。

第四十八章注释五的修订（修改注释序号）

一、修订背景

2015年的WCO会议上讨论了某国海关关于第四十八章注释五重新标号的提议。

第四十八章注释五，仅修改注释中的序号格式。

第四十八章注释五定义了归入品目48.02的用于书写、印刷或类似用途的未经涂布的纸和纸板，以及未打孔的穿孔卡片纸及穿孔纸带纸。遵循此定义的纸和纸板通常归入品目48.02。

品目48.02的列目是通过每平方米重区分产品，即每平方米重小于40克，每平方米重大于等于40克但不超过150克，每平方米重大于150克。

品目48.02中，每平方米重超过150克的纸及纸板的归类标准，不同于每平方米重不超过150克纸的标准。这些标准单列于第四十八章注释五，根据纸及纸板的重量考虑归入品目48.02。现在，没有考虑到对"每平方米重量不超过150克的纸或纸板"和"每平方米重量超过150克的纸或纸板"这两类单独标号。

二、主要观点及讨论情况

多国代表表示同意该建议，也支持之后一个议题的建议，认为可以将章注表述得更明确，认为增加相关的序号会使归类更清楚。会议一致同意相关修订建议。

三、结论

对"每平方米重量不超过150克的纸或纸板"和"每平方米重量超过150克的纸或纸板"增加序号。

第四十八章注释十二的修订［为使英、法文本一致进行的修订（仅英文文字修改）］

详细修订背景及会议讨论过程见"第七类注释二的修订［为使英、法文本一致进行的修订（仅英文文字修改）］"。

第四十九章 书籍、报纸、印刷图画及其他印刷品；手稿、打字稿及设计图纸

一、概述

本章 5、6 位数子目新增 1 条，删除 3 条。

二、章注释及子目注释的修改情况

本章章注释未作修改，无子目注释。

三、目录结构及品目条文的调整情况

品目 49.05 的调整

1. 删除子目 4905.10

由于贸易量小，删除子目"4905.10-地球仪、天体仪"，删除的商品转移至子目 4905.90 项下。

2. 重新调整品目 49.05 的列目结构

由于删除了子目 4905.10，重新调整品目 49.05 的列目结构。具体调整如下：

（1）删除子目 4905.91

删除子目"4905.91--成册的"，该商品全部转移至新增子目 4905.20 项下。

（2）新增子目 4905.20

新增子目"4905.20-成册的"，该商品为已删除子目 4905.91 项下的全部商品。

（3）删除子目 4905.99

删除子目 4905.99，删除的商品全部转移至子目 4905.9 项下。

同时，由于已删除子目 4905.10 的商品转移至子目 4905.9 项下，调整后子目 4905.9 的范围扩大。

调整后品目 49.05 的列目结构如表 49-1 所示。

表 49-1 品目 49.05 调整后的列目结构

HS 编码	商品名称	备注
49.05	各种印刷的地图、水道图及类似图表，包括地图册、挂图、地形图及地球仪、天体仪：	
4905.20	-成册的	新增
4905.90	-其他	商品范围扩大

第十类　木浆及其他纤维状纤维素浆；回收（废碎）纸或纸板；纸、纸板及其制品

品目 49.05 条文的修订（因贸易量低删除子目）

一、修订背景

2018 年的 WCO 会议讨论了因贸易量低而可能被删除的品目和子目清单。部分代表和国际组织提出保留某些清单中的内容，秘书处根据上述意见，对拟删除品目和子目清单作了相应的标识，供大会讨论用。

二、主要观点及讨论情况

下一次 WCO 会议通过了删除子目 4905.10 后重新排列品目 49.05 的议题。

三、结论

会议最终决定，删除子目 4905.10 后重新排列品目 49.05。

第十一类 纺织原料及纺织制品

一、概述

本类共有 14 章，即第五十章至第六十三章。本类类注释新增 1 条，修改 3 条（其中 2 条仅英文修改，中文无变化），章注释新增 2 条，修改 3 条（其中 1 条仅英文修改，中文无变化）；4 位数品目修改 3 条；5、6 位数子目新增 12 条，删除 20 条，修改 6 条。

二、类注释的修改情况

（一）类注释一（二）的修改

仅英文修改，中文无变化。

（二）类注释一（十八）的修改

仅英文修改，中文无变化。

（三）类注释一（二十）的修改

根据《协调制度注释》，品目 96.19 不仅包括婴儿尿布，也包括成人用的尿布。所以，将类注释一（二十）条文中的"婴儿尿布"修改为"尿布"，修改后的条文为"（二十）第九十六章的物品［例如，刷子、旅行用成套缝纫用具、拉链、打字机色带、卫生巾（护垫）及卫生棉条、尿布及尿布衬里］；或"。

（四）新增类注释十五

当今，在服装、可穿戴配饰等纺织品中添加传感器等电子配件，以增加纺织品的功能性、提高舒适度的作法越来越普遍，比如带有心率和体温监测的运动内衣，用于采集生理数据以监测癫痫发作的服装和配饰等。这些商品的本质特征依然是纺织品成分。因此，在本类新增列了一个包含电子纺织品和用电子纺织品制成商品的类注释，以明确此类商品的归类。新增类注释十五的条文为"<u>十五、除本类注释一另有规定的以外，装有用作附加功能的化学、机械或电子组件（无论是作为内置组件还是组合在纤维或织物内）的纺织品、服装和其他纺织物，如果其具有本类货品的基本特征，应归入本类相应品目中</u>"。

第十一类注释一（十八）的修订［基于发光二极管类商品的修订（仅英文文字修改）］

详细修订背景及会议讨论过程见"品目 85.39 条文的修订（为发光二极管类产品增列子目）""品目 85.41 条文的修订（为发光二极管类产品修改品目及

增列子目）"。仅英文修改，中文无变化。

第十一类注释一（二十）的修订（为尿布及尿布衬里修订注释）

详细修订背景及会议讨论过程见"品目96.19的修订（为尿布及尿布衬里修订品目条文）"。

第十一类注释十五的修订（为电子纺织物新增注释）

一、修订背景

有成员方向WCO提出一项为第十一类增列一个新的类注释十五以明确电子纺织品的建议，该成员方指出添加电子小配件或传感器增加功能性或舒适度正在成为下一代纺织品、服装和可穿戴配饰的通常惯例。该成员方提供了一些此类商品的例子，包括带有心率和体温监测的运动内衣，以及用于采集生理参数数据以监测癫痫发作的服装和服装配饰。该成员方认为"电子纺织品"是指明《协调制度》中这些商品最适合的术语，建议给第十一类增列一个包含电子纺织品和使用电子纺织品制成的商品的新类注，有助于厘清此类商品的归类。

二、主要观点及讨论情况

在2017年的WCO会议的讨论中，某位代表想确认电子纺织品制成的商品与第十一类其他商品的区分。该代表提及议题例子中列举的可监测移动的地毯，提出如何决定此商品是源于其纺织品的本质特征还是源于移动监测器。某位代表对提出议题的成员方的建议表示支持，该代表特别提到一种带有活动监测的加固地基用的土工布，以及该建议可能引起的众多商品重新归入或转移到第十一类的结果。另一代表表示增加新类注需要极其慎重，其观点是，第十一类注释十五的文本草案用词太过宽泛，建议应考虑限制其范围。

下一次WCO会议审查了在《协调制度》第十一类中为商品"电子纺织品"加入新的注释十五而进行的修改。鉴于目前正在飞速发展的电子纺织品领域的需要，代表们在此问题上大体支持制定新的规定。然而，有几位代表对该类注涉及商品品种的多样性表示关注，认为有些商品不能完全被第十一类所覆盖，例如，带有智能设备的帽子。部分代表考虑，应在新的类注释十五的文本中特别指出这些商品的本质特征是纺织品成分。提出议题的成员方代表表示，提出建议是为了简化这些商品的归类，并且出于电子纺织品归类的目的，在第十一类中加入新的注释应参考归类总规则一，而非归类总规则三。会议决定用方括号保留第十一类关于电子纺织品可能的修改文本，并且在下一次会议上继续讨论。

在下一次WCO会议上，代表们同意在第十五类增列注释十五，对一些具体表述进行了讨论。某位代表建议将第一句中的"exceptions"删除，且将"textiles articles"改为单数"textile articles"，认为这是《协调制度》表述的惯例。

另一位代表建议将"functionality"改为复数"functionalities",认为附加功能可能有多种,但秘书处指出无须改为复数形式。代表还建议将最后一句"此注释不适用于仅含少量纺织品成分的化学、机械及电子商品"删除。会议同意了该建议。

三、结论

会议最终决定,在第十一类新增注释十五。

第五十章 蚕 丝

本章未作任何修改。

第五十一章 羊毛、动物细毛或粗毛;马毛纱线及其机织物

本章未作任何修改。

第五十二章 棉 花

本章未作任何修改。

第五十三章 其他植物纺织纤维;纸纱线及其机织物

本章未作任何修改。

第五十四章 化学纤维长丝;化学纤维纺织材料制扁条及类似品

本章未作任何修改。

第五十五章 化学纤维短纤

一、概述

本章5、6位数子目新增2条。

二、章注释及子目注释的修改情况

本章章注释未作修改，无子目注释。

三、目录结构及品目条文的调整情况

品目 55.01 的调整

拆分子目 5501.1

将子目"5501.1-尼龙或其他聚酰胺制"拆分为子目"5501.11--芳族聚酰胺制"和子目"5501.19--其他"，以便于检测和控制两用物项的商品。

新增子目 5501.11 和 5501.19 的商品来自原子目 5501.10 项下。

品目 55.01 调整后的列目结构如表 55-1 所示。

表 55-1 品目 55.01 调整后的列目结构

HS 编码	商品名称	备注
55.01	合成纤维长丝丝束：	
	-尼龙或其他聚酰胺制：	
5501.11	--芳族聚酰胺制	新增
5501.19	--其他	新增
5501.20	-聚酯制	
5501.30	-聚丙烯腈或变性聚丙烯腈制	
5501.40	-聚丙烯制	
5501.90	-其他	

四、相关商品知识介绍

芳族聚酰胺

芳族聚酰胺简称"芳纶"，是以芳族为原料经缩聚后纺丝而制得的合成纤维。

芳族聚酰胺纤维是一种新型高科技合成纤维，具有超高强度、高模量和耐高温、耐酸、耐碱、重量轻等优良性能，其强度是钢丝的 5~6 倍，模量为钢丝或玻璃纤维的 2~3 倍，韧性是钢丝的 2 倍，而重量仅为钢丝的 1/5 左右，在 560℃ 的温度下不分解、不融化。它具有良好的绝缘性和抗老化性能，具有很长的生命周期。芳纶的发现，被认为是材料界一个非常重要的历史进程。

芳纶纤维是重要的国防军工材料，目前，美、英等发达国家的防弹衣均为芳纶材质，芳纶防弹衣、头盔的轻量化，有效提高了军队的快速反应能力和杀伤力。除了军事上的应用外，芳纶也作为一种高技术含量的纤维材料被广泛应用于航天航空、机电、建筑、汽车、体育用品等国民经济的各个方面。在航空航天方面，芳纶由于质量轻而强度高，节省了大量的动力燃料，国外资料显示，在宇宙飞船的发射过程中，每减轻 1

公斤的重量,意味着降低 100 万美元的成本。除此之外,科技的迅猛发展正在为芳纶开辟更多新的民用空间。据报道,目前芳纶产品的应用范围中,防弹衣、头盔等约占 7%~8%,航空航天材料、体育用材料约占 40%,轮胎骨架材料、传送带材料等约占 20%,高强绳索约占 13%。

品目 55.01 条文的修订（为芳族聚酰胺制长丝新增子目）

一、修订背景

该修订源于在 2012 年 11 月举办的 WCO 有关战略贸易管制实施（STCE）会议,该次会议上来自 90 多个 WCO 成员的约 200 名代表探讨了有关 STCE 的议题。为了满足对促进战略商品监管的诉求,秘书处的税收和贸易事务司及守法便利司也应参与到《协调制度》系统命名修订的分析工作中。2014 年 10 月,秘书处命名和实施方面的专家参与的起始会议,就下列工作达成一致：最重要的战略商品列表,由实施方面的专家参考 WCO 编写的战略贸易管制实施（STCE）落实指南附件三所述的战略商品提出。然后,由命名方面的专家对此进行分析,并寻求引入合理的、具有可操作性的命名修订,以促进对列表中所有或某些商品的监管。

在随后的会议中,专家组就实施方面专家提出的最重要战略商品,从促进商品监管的角度对《协调制度》进行修订的可能性进行了详尽的讨论。专家组最终选定了可以实现《协调制度》修订,并适合提交协调制度委员会审议分委会审议的战略商品。

对于芳香族聚酰胺丝束,秘书处提议将现有子目 5501.10 细分,以将其具体列名,使之能与品目 54.02 和 55.03 的子目的芳香族聚酰胺长丝纱线和芳香族聚酰胺短纤相对应。

二、主要观点及讨论情况

在 2015 年的 WCO 会议上,秘书处提出为两用物项修订《协调制度》注释的议题,目的是探讨秘书处提出的有关两用物项命名的修订,以便促进对战略商品的监管。下一次 WCO 会议通过了品目 55.01 相关修订建议。

三、结论

会议最终决定,在品目 55.01 项下删除子目 5501.10 并替换为 5501.11 和 5501.19。

第五十六章 絮胎、毡呢及无纺织物；特种纱线；线、绳、索、缆及其制品

一、概述

本章章注释修改 1 条。

二、章注释及子目注释的修改情况

章注释一（六）的修改

根据《协调制度注释》，品目 96.19 不仅包括婴儿尿布，也包括成人用的尿布。所以，将章注释一（六）条文中的"婴儿尿布"修改为"尿布"。修改后的条文为"（六）品目 96.19 的卫生巾（护垫）及卫生棉条、尿布及尿布衬里和类似品"。

本章无子目注释。

三、目录结构及品目条文的调整情况

本章目录结构及品目条文未作修改。

第五十六章注释一（六）的修订（为尿布及尿布衬里修订注释）

详细修订背景及会议讨论过程见"品目 96.19 的修订（为尿布及尿布衬里修订品目条文）"。

第五十七章 地毯及纺织材料的其他铺地制品

一、概述

本章 4 位数品目条文修改 1 条，5、6 位数子目新增 4 条。

二、章注释及子目注释的修改情况

本章章注释未作修改，无子目注释。

三、目录结构及品目条文的调整情况

品目 57.03 的调整

1. 品目 57.03 条文的修改

在品目 57.03 的条文中明确簇绒铺地制品包括人造草皮，所以在原有条文的基础

上，插入"（包括人造草皮）"，修改后的条文为"簇绒地毯及纺织材料的其他簇绒铺地制品（包括人造草皮），不论是否制成的"。

2. 拆分子目5703.2和5703.3

为人造草皮拆分出新子目5703.21和5703.31。即将子目"5703.2-尼龙或其他聚酰胺制"拆分为子目"5703.21--人造草皮"和"5703.29--其他"，将子目"5703.3-其他化学纤维制"拆分为子目"5703.31--人造草皮"和子目"5703.39--其他"。品目57.03调整后的列目结构如表57-1所示。

表57-1 品目57.03调整后的列目结构

HS编码	商品名称	备注
57.03	簇绒地毯及纺织材料的其他簇绒铺地制品（包括人造草皮），不论是否制成的：	商品范围不变
5703.10	-羊毛或动物细毛制	
	-尼龙或其他聚酰胺制：	
5703.21	--人造草皮	新增
5703.29	--其他	新增
	-其他化学纤维制：	
5703.31	--人造草皮	新增
5703.39	--其他	新增
5703.90	-其他纺织材料制	

品目57.03条文的修订（为合成纤维制草皮修订品目条文及增列子目）

一、修订背景

有成员方向WCO提出，全球人造草皮市场目前正在经历显著的增长，欧洲工业生产的这类产品正在迅速发展。该成员方建议在品目57.03项下新增有关人造草皮的子目。

二、主要观点及讨论情况

2017年的WCO会议讨论了提出议题的成员方关于对品目57.03的修改建议。在回答部分代表有关商品可能超出品目57.03范围，涉及第五十七章其他品目，甚至是第三十九章的提问时，提出议题的成员方代表解释说，市场的增长，尤其是人造草皮的增长，已经在品目57.03中有所区分。这一想法并不是要扩大品目57.03的范围，而是要区别开此品目项下簇绒制品的分类。会议讨论后赞成在品目57.03中增设新的子目，以明确簇绒的人造草皮，使其归类清晰。

关于秘书处提出的在"synthetic turf"中用"imitation"来取代"synthetic"的提议，会议决定在修改提案中将"synthetic"和"imitation"都纳入，并在下次会议重新考虑这项议题。有代表认为，为了清晰起见，可以在品目57.03中为"synthetic"加入形容词"tufted"。关于这个新加词在品目57.03中的位置，代表们分别提出了以下两种选项：

选项1："57.03 Carpets［，［synthetic］［imitation］［'synthetic'imitation］turf］and other textile floor coverings, tufted, whether or not made up."

选项2："57.03 Carpets and other textile floor coverings, tufted, whether or not made up［；［synthetic］［imitation］turf［，tufted］］."

为了在使用"synthetic"这个词语上避免任何可能引起的误解，秘书处建议采用品目57.02的句式结构，在新修订的品目57.03和子目5703.21和5703.32中，使用"'synthetic'imitation turf"的表达方式。

在下一次WCO会议上，有代表希望用"artificial"（人造），认为贸易中常用的表述是"artificial"。秘书处指出《协调制度》中"artificial"的表述是一种制造方法的表述，该用法可能会引起误解。欧盟代表指出不能使用"imitation"，认为在人造草皮的生产和贸易中没有这个表述，行业内无法明确该表述的意思，希望使用"synthetic"的表述。另一代表认为不适宜使用"synthetic"的表述，因为可能涉及第三十九章的商品，赞成使用"imitation"。提出议题的成员方代表建议将"synthetic""imitation"和"artificial"加方括号。有代表认为该建议的修订应该是理清该品目的范围，不是扩大其范围，因此应该在目前的品目条文后加上"包括人造草皮"的表述。会议决定同意这种修订方式。其他代表指出品目57.03中的一杠子目有具体材料的条文，可以不用前面的定语，只用"turf"。会议决定使用"Carpets and other textile floor coverings (including turf), tufted, whether or not made up"的表述。

三、结论

会议最终决定，在品目57.03的条文中明确簇绒铺地制品包括人造草皮，并为人造草皮拆分出新子目5703.21和5703.31。

第五十八章 特种机织物；簇绒织物；花边；装饰毯；装饰带；刺绣品

一、概述

本章5、6位数子目删除2条。

二、章注释及子目注释的修改情况

本章章注释未作修改,无子目注释。

三、目录结构及品目条文的调整情况

品目 58.02 的调整

由于贸易量小,删除原子目"5802.11--未漂白"。删除子目 5802.11 后的商品与原子目 5802.19 合并调整为子目"5802.10-棉制毛巾织物及类似的毛圈机织物",也就是说,在子目 5802.1 项下不再区分是否未漂白。品目 58.02 调整后的列目结构如表 58-1 所示。

表 58-1　品目 58.02 调整后的列目结构

HS 编码	商品名称	备注
58.02	毛巾织物及类似的毛圈机织物,但品目 58.06 的狭幅织物除外;簇绒织物,但品目 57.03 的产品除外:	
5802.10	-棉制毛巾织物及类似的毛圈机织物	合并两个 6 位子目,商品范围不变
5802.20	-其他纺织材料制的毛巾织物及类似的毛圈机织物	
5802.30	-簇绒织物	

品目 58.02 条文的修订(因贸易量低删除子目)

一、修订背景

2018 年的 WCO 会议讨论了因贸易量低而可能被删除的品目和子目清单。部分代表和国际组织提出保留某些清单中的内容,秘书处根据上述意见,对拟删除品目和子目清单作了相应的标识,供大会讨论用。有代表建议将子目 5802.11 与 5802.19 合并。

二、主要观点及讨论情况

下一次 WCO 会议上,通过了删除子目 5802.11 和 5802.19 并以新子目 5802.10 代替的议题。

三、结论

会议最终决定,删除子目 5802.11 和 5802.19。

第五十九章 浸渍、涂布、包覆或层压的纺织物；工业用纺织制品

一、概述

本章章注释新增 1 条，修改 1 条（仅英文修改，中文无变化）；4 位数品目条文修改 1 条。

二、章注释及子目注释的修改情况

（一）新增章注释三

为明确品目 59.03"层压"纺织物的归类，新增章注释三"三、品目 59.03 所称'用塑料层压的纺织物'是指由一层或多层纺织物与一层或多层塑料片或膜以任何方式结合在一起的产品，不论其塑料片或膜从横截面上是否肉眼可见"。

（二）调整原章注释三至七的序号

由于新增注释三，原章注释三至七相应地调整为注释四至八。调整后的条文如下：

"四、品目 59.05 所称'糊墙织物'，是指以纺织材料作面，固定在一衬背上或在背面进行处理（浸渍或涂布以便于裱糊），适于装饰墙壁或天花板，且宽度不小于 45 厘米的成卷产品。

"……

"五、品目 59.06 所称'用橡胶处理的纺织物'是指：

"……

"六、品目 59.07 不适用于：

"……

"七、品目 59.10 不适用于：

"……

"八、品目 59.11 适用于下列不能归入第十一类其他品目的货品：

"……"

（三）章注释七（一）的调整

仅英文修改，中文无变化。
本章无子目注释。

三、目录结构及品目条文的调整情况

品目 59.11 的调整

由于新增章注释三而引起的其他注释序号的变化，原"章注释七"修改为"章注释八"，相应地修改品目 59.11 的条文，修改后的条文为"本章注释八所规定的作专门技术用途的纺织产品及制品"。

第五十九章注释三的修订（为层压织物新增注释）

一、修订背景

在 2017 年的 WCO 会议上，某国代表提出关于制作上衣的一种层压织物的归类。该织物有三层面料组成，第一层是涤纶，中间层是非粘合剂的薄塑料片，第三层是针织羊毛。该代表认为此商品可能归入品目 59.03 或 59.06。提出该议题的原因是该国海关收到很多相关的归类要求，浸渍、涂布、包覆、层压的纺织品包括在品目 59.03 中。层压的纺织品由于技术发展，中间层越来越薄，无法在横截面看到，但是在中间有一层塑料层而不是胶。第五十九章章注二中层压没有与涂布等同样要求，希望明确是否在横截面层压织物中间的塑料层也需要肉眼可见，如第五十九章章注二及品目 59.03 注释所述。

二、主要观点及讨论情况

在 2017 年的 WCO 会议上，有代表认为此样品的塑料层在横截面上肉眼不容易分辨，不能归入品目 59.03。有成员方代表表示希望修订第五十九章的章注，认为第五十九章章注二（一）已经有规定，对肉眼可见的理解是不能用显微镜。关于是否必须是三层的，其认为需要查看层压材料的定义，可以是两层的，不一定需要三层，建议修订《协调制度》明确层压织物的概念。

多位代表认为，浸渍、涂布、包覆的品目 59.03 的纺织品，其塑料层在外层平面上，容易分辨，而层压织物的塑料层在横截面上，难以分辨，可能这就是第五十九章章注二（一）第 1 款只对浸渍、涂布、包覆的纺织品有肉眼可见的要求。对该章注释的理解是，"肉眼可见"不是对层压织物的要求。本议题中的纺织品样品显示三层分开以后中间的塑料层非常明显，而且该纺织品是用于制作防风防雨的夹克，其防水功能是塑料层赋予的，认为其应该作为层压织物归入品目 59.03。有代表指出样品是起绒织物，应该归入第六十章，另一代表认为最重要的问题是，层压的中间层是否需要在横截面上肉眼可见。

会议投票表决将该商品归入品目 59.03，子目 5903.20，应用归类总规则一及六。代表投票后，会议认为该归类决定指导了下次会议对相关条文修订的工作方向，认为层压织物不需要在横截面上肉眼可见。

在下一次 WCO 会议上，欧盟代表提出修订第五十九章注释二和品目 59.03 注释。

秘书处给出两种修订意见：

意见一是在第五十九章注释二（一）的最后一段后面插入"塑料层压织物是指由织物与塑料制的片、膜等通过热、压或者热压制成的"。

意见二是将第五十九章注释二（一）删除并替换为：

"二、品目 59.03 适用于：

"（一）用塑料浸渍、涂布、包覆或层压的纺织物，不论每平方米重量多少以及塑料的性质如何（紧密结构或泡沫状的），但下列各项除外：

"2. 用塑料粘合剂将各层简单粘合而成的织物（通常归入第五十章至五十五章）。"

有代表支持意见一，认为它给出了层压织物的定义。定义中提到的热处理使得易于区分层压织物和其他类型的织物。同时该代表提出插入"至少两层"的表述。有成员方代表提出以下两个疑问：

（1）"肉眼可见"的概念，存在不同的意见，有代表认为可以使用放大镜或者显微镜，而有些代表认为应该严格执行，如可视性。该成员方代表指出"肉眼可见"的概念在第五十六章注释三（二），所以它在这一章比较重要。

（2）层压织物的结构，是否至少三层或者可以只有两层。该成员方代表还指出欧盟的纺织专家无法回答这些问题，所以很难对层压织物下一个完整的定义。

另外，该成员方代表提出修订第五十九章注释二（一），删掉第1~3条，新增"纺织物（两面或一面）用塑料浸渍、涂布、包覆或层压的或者纺织物完全嵌入塑料内，纺织物重量未超过50%（第三十九章）"。由于各国代表对于层压织物是否适用"肉眼可见"的标准，以及是否两层就是层压织物还是必须是三层以上存在不同意见，对于第五十九章注释二（一）的修改意见不统一。

在下一次WCO会议上，秘书处准备了新的建议：

意见一是在第五十九章注释二（一）的最后一段后面插入"塑料层压织物是指由织物与塑料制的片、膜等通过热［至少两层］、压或者热压（或其他工艺）制成的"。

意见二是在第五十九章注释二（一）中插入新条文"2. 用塑料粘合剂将各层简单粘合而成的织物（通常归入第五十章至五十五章）。"原第2~6条相应地调整为第3~7条。

欧盟的意见是删除第五十九章注释二（一）的第1~3条并替换为"1. 纺织物（在其两面或一面）用塑料浸渍、涂布、包覆或层压的或者完全嵌入塑料内，纺织物重量未超过50%（第三十九章）"。原第4~6条相应地调整为第2~4条。

欧盟提出用重量标准区分层压织物和第三十九章的产品，可以界定用塑料制的织物。但是，秘书处提醒第五十九章注释二（一）第1款规定，从品目59.03排除了用肉眼无法辨别出是否经过浸渍、涂布或者包覆的织物（通常归入第五十章至第五十五章，第五十八章或第六十章），但由于浸渍、涂布或包覆所引起的颜色变化可不予考虑。该规定可以区分品目59.03与第十一类其他章节的织物，如果删掉影响会比较大，同样的，第2款规定也很便于区分层压织物与第三十九章的产品。

该议题的争议焦点集中在以下几个方面：

（1）肉眼可见的表述是否合适；

（2）作为一个层压材质，"至少两层"能否成为一个区分标准；

（3）层压织物的中间层在截面是否可见是否能成为一个标准。

在下一次WCO会议上，有成员方代表指出目前层压织物归类有困难，因为《协调制度》中没有相关定义最少是应该两层还是三层。其指出此前的WCO会议对两种手套进行了归类，一个归入子目6116.10，一个归入子目6116.9，说明协调制度委员会对其有不同观点。该代表指出"肉眼可见"的判断标准非常主观，所以希望提出50%的重量标准，认为该建议可以解决问题。该代表表示不同意秘书处的意见，认为没有解决问题。多位代表则表示支持秘书处的意见，表示虽然目前的标准是主观的，但是该代表建议的修订可能会引起更大的问题，特别是会有与其他品目商品范围交叉的问题。有代表还提出希望修改秘书处建议，删除"preformed"，增加"[The laminated material shall be visible in the cross-section]"。我国代表也表示支持秘书处的建议，但对删除"preformed"保持谨慎态度，因为不使用"preformed"的表述，是否会与涂布的纺织物混淆；而增加横截面"肉眼可见"，上次协调制度委员会归类过的商品情况需要考虑在内，归类的商品其横截面并不是肉眼可见的。提出建议的代表表示既然无人支持其建议的修订，将不再坚持，但认为"肉眼可见"的标准需要明确。

随后的WCO会议上，有代表表示对于层压的加工工艺，不希望仅限于两种，认为还有喷洒，还认为需要有在横截面肉眼可见的标准限制。另一代表则认为标准应该是至少两层纺织物，希望明确横截面肉眼可见的标准。多位代表则表示希望使用"preformed"的表述，否则将有非常多的商品进入层压织物的范围。我国代表认为预成型的塑料层是层压纺织品的特征，希望使用"prformed"的表述，认为可以用至少两层而非三层的表述，认为一层塑料一层纺织品也属于层压纺织品。另一位代表则认为最少是三层，两层的就是涂布或包覆，如果认为两层的也是层压，将会给现场海关带来困难，因为无法判断是否是涂覆或层压工艺生产的。对于层压工艺还包括哪些工艺、是否肉眼可见，两层的话是否会与涂布或包覆的纺织品难以区分，会议主席希望各国海关提交研究结果。

在下一次WCO会议上，关于层压织物至少是由两层还是由三层组成，部分代表认为两层便可以，即一层织物加一层塑料便可组成层压织物，部分代表则认为需要三层。对于第五十九章注释二（一）中关于工艺描述的问题，决定选择"通过任何将各层粘压在一起的工艺"。关于注释的最后一句"层压材料横截面可见"，部分代表认为必须保留，部分代表认为某些情况下需要借助显微镜才能区分，建议删除。

在2019年的WCO会议上，世界体育用品业联合会介绍了塑料层压织物的相关知识，目前该类产品在业界主要有三种形态：用一层塑料层压的织物，即两层层压；用一层塑料层压的织物，塑料面上用颜料打印，即2.5层层压；两层织物夹一层塑料,即三层层压。另外,层压的方法和工艺在体育用品业并没有定义;"包覆织物"在纺织业内不是一个受广泛认可的概念;根据工艺可分为涂布、浸渍和层压。

关于为层压织物对第五十九章注释二的修订,WCO决定删除"织物最少为两层"的表述。对该章注释的条文达成如下意见:品目59.03所称的"塑料与纺织物层压织物",是指由一层或多层织物与一层或多层塑料片、膜等通过任何工艺层压在一起的制品,不论塑料层是否横截面肉眼可见。

三、结论

会议最终决定,新增第五十九章注释三,原注释三至七相应地调整为注释四至八。

第五十九章注释八(一)及品目59.11的修订(英文及序号的修改)

一、修订背景

2017年的WCO会议上,讨论了某成员方提出的关于修改第五十九章注释七以及品目59.11(子目5911.40)的议题。品目59.11包括"本章注释七所规定的作专门技术用途的纺织产品及制品"。第五十九章注释七(一)第3款以及子目5911.40的条文均表述为"用于榨油机器或类似机器的纺织材料制或人发制滤布(straining cloth)"。建议修改为"Straining [or filtering] cloth of a kind used in oil presses or the like, of textile material or of human hair;"。

二、主要观点及讨论情况

秘书处就该成员方提到的关于子目5911.10的归类意见,整理了相关背景概况。这个归类意见涉及一种牌号为"Filtrair CC-600 G"的过滤用纺织品,该产品先是在协调制度委员会第17次会议中被归入子目56.03,后经第20次会议重新讨论后被归入子目5911.40。该产品是由聚酯纤维无纺布组成,其中一面层压有一片尼龙稀松平纹织物,经裁剪后主要用于过滤。秘书处指出,若会议原则上同意修改建议,秘书处支持该成员方的意见,同时建议修改注释七(一)第3款以及子目5911.40的表述。

多位代表支持此建议,欧盟希望改变顺序,使用"filtering cloth or straining cloth"(筛或滤布)的表述。本次会议通过此议案。

三、结论

会议最终决定,修改第五十九章注释七以及品目59.11(子目5911.40)。仅英文修改,中文无变化。

此外,因新增第五十九章注释三引起的序号修改,将品目59.11"本章注释七所规定的作专门技术用途的纺织产品及制品"修改为"本章注释八所规定的作专门技术用途的纺织产品及制品"。品目59.11也同步调整。

第六十章　针织物及钩编织物

本章未作任何修改。

第六十一章　针织或钩编的服装及衣着附件

一、概述

本章章注释修改 1 条，5、6 位数子目修改 1 条。

二、章注释及子目注释的修改情况

章注释四的修改

为进一步明确衬衫、仿男式女衬衫及罩衫的样式，在原章注释四条文的基础上增加了对这三种服装的具体描述，修改后的条文如下：

"四、品目 61.05 及 61.06 不包括在腰围以下有口袋的服装、带有罗纹腰带及以其他方式收紧下摆的服装或其织物至少在 10 厘米×10 厘米的面积内沿各方向的直线长度上平均每厘米少于 10 针的服装。品目 61.05 不包括无袖服装。

"衬衫及仿男式女衬衫是指人体上身穿着并从领口处全开襟或半开襟的长袖或短袖衣服；罩衫也是上半身穿着的宽松服装，但可以无袖，领口处也可以不开襟。衬衫、仿男式女衬衫及罩衫可有衣领。"

本章无子目注释。

三、目录结构及品目条文的调整情况

品目 61.16 的调整

子目 6116.10 条文的修改

由于本次修订扩大了子目 6116.10 的商品范围，将"橡胶或塑料层压的"也纳入了针织或钩编的分指手套、连指手套及露指手套的范围，子目 6116.10 的条文由"用塑料或橡胶浸渍、涂布或包覆的"修改为"用塑料或橡胶浸渍、涂布、包覆或层压的"。子目 6116.10 商品范围扩大，这些商品为原子目 6116.91、6116.92、6116.93、6116.99 的部分商品。相应地，子目 6116.91、6116.92、6116.93、6116.99 的商品范围缩小。

品目 61.16 调整后的列目结构如表 61-1 所示。

表 61-1　品目 61.16 调整后的列目结构

HS 编码	商品名称	备注
61.16	针织或钩编的分指手套、连指手套及露指手套：	
6116.10	-用塑料或橡胶浸渍、涂布、包覆或层压的	商品范围扩大

表61-1 续

HS编码	商品名称	备注
	-其他：	
6116.91	--羊毛或动物细毛制	商品范围缩小
6116.92	--棉制	商品范围缩小
6116.93	--合成纤维制	商品范围缩小
6116.99	--其他纺织材料制	商品范围缩小

第六十一章注释四及第六十二章注释四的修订
（为衬衣、仿男式女衬衣及罩衫修订注释）

一、修订背景

在2013年的WCO会议上，某成员方提出修订第六十一章注释四及总注释的议题和修订第六十二章章注二的议题，由于议题提交得很晚，且协调制度委员会未就相关商品作出归类决定，会议决定推迟讨论该议题。

二、主要观点及讨论情况

在下一次WCO会议上，继续讨论修订第六十一章注释四及总注释的议题和修订第六十二章注释二的议题。该成员方代表提出，在第六十一章注释四和品目61.06中，罩衫是指从领口处全开襟或半开襟的长袖或短袖衣服。

第六十一章注释四写道："品目61.05及61.06不包括腰围以下有口袋的服装、带有罗纹腰带及其他方式收紧下摆的服装或其织物至少在10厘米×10厘米的面积内沿各方向的直线长度上平均每厘米少于10针的服装。品目61.05不包括无袖服装。"

第六十一章总注释中写道："衬衣及仿男式女衬衣是指人体上身穿着并从领口处全开襟或半开襟的长袖或短袖衣服，其腰身以上可缝有口袋，有一衣领。"

品目61.06的注释中写道：

"本品目包括针织或钩编的女士衣服，例如，罩衫、衬衣及仿男式女衬衣。

"本品目不包括在腰围以下有口袋的衣服、带有罗纹腰带或以其他方式收紧下摆的衣服以及其织物至少在10厘米×10厘米的面积内沿各方向的直线长度上平均每厘米少于10针的衣服（参见本章注释四）。"

据此，可知品目61.06中包括三种针织的女士服装：罩衫、衬衣或仿男式女衬衣。第六十一章注释四明确了这种服装的特征，然而注释中表明品目61.05不包括无袖服装，所以这关系到品目61.06中的"衬衫、罩衫和仿男式衬衫"，常常必须有袖子或可能无袖。

与此违背的一点是，总注释中阐明衬衫和仿男式衬衫带有长袖或短袖，从领口处全开襟或半开襟，但并没有给出它们与罩衫的区别。如上所述，有袖或无袖、有无从领口开始的半开襟正式服装的分类，并不符合衬衫或仿男式女衬衫的特征，也无法判断是否符合罩衫的定义，品目61.06中能否明确区分进行归类。因此，该代表提议将第六十一章注释四和第六十一章总注释改为以下内容：

第六十一章注释四：

"品目61.05及61.06不包括腰围以下有口袋的服装、带有罗纹腰带及其他方式收紧下摆的服装或其织物至少在10厘米×10厘米的面积内沿各方向的直线长度上平均每厘米少于10针的服装。

"1. 品目61.05不包括无袖服装。

"2. 衬衣及仿男式女衬衣是指人体上身穿着并从领口处全开襟或半开襟的长袖或短袖衣服，其腰身以上可缝有口袋，有一衣领。"

第六十一章总注释："衬衣及仿男式女衬衣是指人体上身穿着并从领口处全开襟或半开襟的长袖或短袖衣服，罩衫可能有或没有袖子，有或没有从领口处开始的半开襟。它们腰身以上可缝有口袋，有一衣领。"

秘书处指出，此提议在审议时应关联到协调制度委员会的归类议题。因为协调制度委员会还没有对与此议程相关的一些纺织品作出决定，所以暂且不讨论此建议。

有代表建议将整段"衬衣及仿男式女衬衣是指人体上身穿着并从领口处全开襟或半开襟的长袖或短袖衣服，罩衫可能有或没有袖子，有或没有从领口处开始的半开襟。它们腰身以上可缝有口袋，有一衣领"加入第六十一章注释四中。

同时，对于第六十二章，建议考虑对品目62.06的罩衫、衬衣及仿男士女衬衣予以区分。会议决定准备新的工作文件在下次会议再讨论。

在下一次WCO会议上，秘书处认为，虽然第六十一和六十二章品目所列商品相同，但第六十一章注释四作出规定是为了将品目61.05、61.06的服装与品目61.10的服装区别开来，而第六十二章因列目结构不同，不存在这个问题。将第六十二章的总注释上升为条文，易使各海关执行较为严格的标准，因此不建议第六十二章套用第六十一章的情况。此外，鉴于有些代表提出区别品目62.05、62.06项下的各类服装确实很难，将会考虑如何在条文或注释中予以明确。在当前情况下，可以考虑同意为第六十二章增加注释四，同时将总注释内容上升为章注释内容。但两者内容必须一致。关于针数的建议，一部分代表建议不修改条文，另一部分代表认为需要修改以使两个章的章注释保持一致，可以新增第六十二章注释，对第六十一章原章注释进行部分文字修改。

三、结论

会议最终决定，修改第六十一章注释四，新增第六十二章注释四。

品目 61.16 条文的修订（为层压织物修订子目条文）

一、修订背景

2017 年的 WCO 会议审议了某成员方提出的对品目 61.16（子目 6116.10）的修订建议。

商品一：层压织物制的长手套，一侧用塑料涂布。织物由三层不同的材料层压而成。接触的皮肤的第一层为棉针织物，中间层为多孔的塑料片（聚亚胺酯），外层为棉针织物，并在外侧涂有塑料（聚氯乙烯）。

商品二：中间为多孔的橡胶层，两侧为合成织物制的手套。手掌部分有小的粘性斑点，用于抓牢物体。手套材质类似于紧身潜水衣的材料。

WCO 同意将两个商品归入品目 61.16，商品一归入子目 6116.10，商品二归入子目 6116.9，并进一步讨论对相关品目的修订问题。

二、主要观点及讨论情况

秘书处意见为将子目 6116.10 删除并替换为"6116.10-用塑料或橡胶浸渍、涂布、包覆或层压的"。

多位代表表示支持修改。有代表提出，可否使用品目 62.10 的表述"用品目 56.02、56.03、59.03、59.06 或 59.07 的织物制成的"。另一代表指出，使用上述子目的织物制成的手套只是目前所述子目的一部分商品，还存在其他织物剪裁成型后再进行涂布等加工方式生产的手套，此代表建议的修订无法将该类商品包括进去，因而建议维持提出议题的成员方的建议。

三、结论

会议最终决定，通过对子目 6116.10 的修改建议。

第六十二章　非针织或非钩编的服装及衣着附件

一、概述

本章章注释新增 1 条；5、6 位数子目新增 6 条，删除 18 条，修改 4 条。

二、章注释及子目注释的修改情况

（一）新增章注释四

为进一步限定品目 62.05 与 62.06 的商品范围，以及明确衬衫、仿男式女衬衫及罩衫的范围，新增章注释四，条文如下：

"四、品目62.05及62.06不包括在腰围以下有口袋的服装、带有罗纹腰带及以其他方式收紧下摆的服装。品目62.05不包括无袖服装。

"衬衫及仿男式女衬衫是指人体上身穿着并从领口处全开襟或半开襟的长袖或短袖衣服；罩衫也是上半身穿着的宽松服装，但可以无袖，领口处也可以不开襟。衬衫、仿男式女衬衫及罩衫可有衣领。"

（二）调整原章注释四至九的序号

由于新增章注释四，原章注释四至九的序号相应地调整为章注释五至十。调整后的条文如下：

"五、对于品目62.09：

"……

"六、既可归入品目62.10，也可归入本章其他品目的服装，除品目62.09所列的仍归入该品目外，其余的应一律归入品目62.10。

"七、品目62.11所称'滑雪服'，是指从整个外观和织物质地来看，主要在滑雪（速度滑雪和高山滑雪）时穿着的下列服装或成套服装：

"……

"八、正方形或近似正方形的围巾及围巾式样的物品，如果每边均不超过60厘米，应作为手帕归类（品目62.13）。任何一边超过60厘米的手帕，应归入品目62.14。

"九、本章的服装，凡门襟为左压右的，应视为男式；右压左的，应视为女式。但本规定不适用于其式样已明显为男式或女式的服装。

"无法区别是男式还是女式的服装，应按女式服装归入有关品目。

"十、本章物品可用金属线制成。"

本章无子目注释。

三、目录结构及品目条文的调整情况

（一）品目62.01的调整

为保持与品目61.01项下的列目结构一致，品目62.01项下的子目不再按服装款式"大衣、雨衣、短大衣、斗篷、短斗篷及类似品"及"其他"列目，而是只根据纤维种类来列目，故作出如下调整：

1. 删除子目6201.1

删除子目"6201.1-大衣、雨衣、短大衣、斗篷、短斗篷及类似品"及其项下的所有子目"6201.11--羊毛或动物细毛制""6201.12--棉制""6201.13--化学纤维制""6201.19--其他纺织材料制"。

其中，删除子目"6201.11--羊毛或动物细毛制"的项下商品转移至新增子目6201.2项下；"6201.12--棉制"的项下商品转移至新增子目6201.3项下；"6201.13--化学纤维制"的项下商品转移至新增子目6201.4项下；"6201.19--其他纺织材料制"的项下商品转移至子目6201.9项下。

2. 新增子目6201.2、6201.3、6201.4

新增子目"6201.20-羊毛或动物细毛制""6201.30-棉制""6201.40-化学纤维制"和

"6201.90-其他纺织材料制"。

其中,新增子目"6201.20-羊毛或动物细毛制"的商品来自已删除的子目6201.11和6201.91;"6201.30-棉制"的商品来自已删除的子目6201.12和6201.92;"6201.40-化学纤维制"的商品来自已删除的子目6201.13和6201.93;"6201.90-其他纺织材料制"的商品来自已删除的子目6201.19和6201.99。

3. 删除子目6201.91、6201.92、6201.93和6201.99

删除子目6201.91、6201.92、6201.93和6201.99。删除的这些商品分别转移至新增或修改的子目6201.20、6201.30、6201.40和6201.90项下。

4. 子目6201.9条文的修改

子目6201.9的条文由"其他"修改为"其他纺织材料制"。

品目62.01调整后的列目结构如表62-1所示。

表62-1 品目62.01调整后的列目结构

HS编码	商品名称	备注
62.01	男式大衣、短大衣、斗篷、短斗篷、带风帽的防寒短上衣(包括滑雪短上衣)、防风衣、防风短上衣及类似品,但品目62.03的货品除外:	
6201.20	-羊毛或动物细毛制	新增
6201.30	-棉制	新增
6201.40	-化学纤维制	新增
6201.90	-其他纺织材料制	条文修改

(二) 品目62.02的调整

为保持与品目61.02项下的列目结构一致,品目62.02项下的子目不再按服装款式"大衣、雨衣、短大衣、斗篷、短斗篷及类似品"及"其他"列目,而是只根据纤维种类来列目,故作出如下调整:

1. 删除子目6202.1

删除子目"6202.1-大衣、雨衣、短大衣、斗篷、短斗篷及类似品"及其项下的所有子目"6202.11--羊毛或动物细毛制""6202.12--棉制""6202.13--化学纤维制""6202.19--其他纺织材料制"。

其中,删除子目"6202.11--羊毛或动物细毛制"的项下商品转移至新增子目6202.2项下;"6202.12--棉制"的项下商品转移至新增子目6202.3项下;"6202.13--化学纤维制"的项下商品转移至新增子目6202.4项下;"6202.19--其他纺织材料制"的项下商品转移至子目6202.9项下。

2. 新增子目6202.2、6202.3、6202.4

新增子目"6202.20-羊毛或动物细毛制""6202.30-棉制""6202.40-化学纤维制"和"6202.90-其他纺织材料制"。

其中,新增子目"6202.20-羊毛或动物细毛制"的商品来自已删除的子目6202.11

和 6202.91；"6202.30-棉制"的商品来自已删除的子目 6202.12 和 6202.92；"6202.40-化学纤维制"的商品来自已删除的子目 6202.13 和 6202.93；"6202.90-其他纺织材料制"的商品来自已删除的子目 6202.19 和 6202.99。

3. 删除子目 6202.91、6202.92、6202.93 和 6202.99

删除子目 6202.91、6202.92、6202.93 和 6202.99。删除的这些商品分别转移至新增或修改的子目 6202.20、6202.30、6202.40 和 6202.90 项下。

4. 子目 6202.9 条文的修改

子目 6202.9 的条文由"其他"修改为"其他纺织材料制"。

品目 62.02 调整后的列目结构如表 62-2 所示。

表 62-2 品目 62.02 调整后的列目结构

HS 编码	商品名称	备注
62.02	女式大衣、短大衣、斗篷、短斗篷、带风帽的防寒短上衣（包括滑雪短上衣）、防风衣、防风短上衣及类似品，但品目 62.04 的货品除外：	
6202.20	-羊毛或动物细毛制	新增
6202.30	-棉制	新增
6202.40	-化学纤维制	新增
6202.90	-其他纺织材料制	条文修改

（三）品目 62.10 的调整

1. 子目 6210.20 条文的修改

由于本次修订删除了子目 6201.1，将子目 6210.2 的条文由"子目 6201.11 至 6201.19 所列类型的其他服装"修改为"品目 62.01 所列类型的其他服装"。

修改后，该子目的商品范围扩大，扩大的商品为原子目 6210.4 项下的部分商品。

2. 子目 6210.30 条文的修改

由于本次修订删除了子目 6202.1，将子目 6210.3 的条文由"子目 6202.11 至 6202.19 所列类型的其他服装"修改为"品目 62.02 所列类型的其他服装"。

修改后，该子目的商品范围扩大，扩大的商品为原子目 6210.5 项下的部分商品。

相应地，由于子目 6210.20 和 6210.30 商品范围的扩大，原子目 6210.40 和 6210.50 的商品范围缩小。

品目 62.10 调整后的列目结构如表 62-3 所示。

表 62-3 品目 62.10 调整后的列目结构

HS 编码	商品名称	备注
62.10	用品目 56.02、56.03、59.03、59.06 或 59.07 的织物制成的服装：	

表62-3 续

HS编码	商品名称	备注
6210.10	-用品目56.02或56.03的织物制成的服装	
6210.20	-品目62.01所列类型的其他服装	条文修改，商品范围扩大
6210.30	-品目62.02所列类型的其他服装	条文修改，商品范围扩大
6210.40	-其他男式服装	商品范围缩小
6210.50	-其他女式服装	商品范围缩小

品目62.01、62.02、62.10条文的修订（调整品目结构）

一、修订背景

2014年的WCO会议审议了某成员方对品目62.01和62.02作出修订的提案。该成员方认为品目61.01、61.02和62.01、62.02之间的子目结构逻辑存在差异，相关品目下划分子目时，第六十一章考虑的是衣服的构成材料，而第六十二章则注重衣服的款式，并且子目6201.1和6201.9缺少专门的归类标准。以雨衣为例，依据第六十二章注释五"既可归入品目62.10，也可归入本章其他品目的服装，除品目62.09所列的仍归入该品目外，其余的应一律归入品目62.10"，应该归入品目62.10，超出了品目62.01和子目62.02的范围。

二、主要观点及讨论情况

秘书处阐述协调制度委员会审议分委会对品目62.01和62.02的解释：品目62.02中的类似品是指注释条文第一部分所列的所有服装，但不包括品目62.04所列的衣服。子目6201.1所列类似品是指品目条文所列的服装。问题是如何定义子目6201.1中类似品的范围。品目62.01和子目6201.1存在同样的问题。品目62.01、62.02目前是先按款式归类再按成分归类，与品目61.01、61.02存在显著差别，因此建议修改品目62.01及62.02。一些代表同意修改，但需要考虑品目62.10项下的子目与品目62.01项下的子目有关联，需要同步修改。但由于子目范围发生变化，不能再用原子目6210.20或6210.30。

三、结论

会议最终决定，修改品目62.01、62.02、62.10项下子目。

第六十三章 其他纺织制成品；成套物品；旧衣着及旧纺织品；碎织物

一、概述

本章4位数品目条文修改1条，5、6位数子目修改1条。

二、章注释及子目注释的修改情况

本章章注释及子目注释未作修改。

三、目录结构及品目条文的调整情况

品目63.06的调整

为进一步明确"帐篷"包括临时顶篷（Temporary canopies）及类似品的归类，作出如下修改：

1. 品目63.06条文的修改

在品目63.06原有条文的基础上，插入"（包括临时顶篷及类似品）"，修改后的条文为"油苫布、天篷及遮阳篷；帐篷<u>（包括临时顶篷及类似品）</u>；风帆；野营用品"。

2. 子目6306.2条文的修改

在子目6306.2的条文后插入"（包括临时顶篷及类似品）"，修改后的条文为"帐篷<u>（包括临时顶篷及类似品）</u>"。

条文修改后，商品范围不变。

品目63.06调整后的列目结构如表63-1所示。

表63-1 品目63.06调整后的列目结构

HS编码	商品名称	备注
63.06	油苫布、天篷及遮阳篷；帐篷<u>（包括临时顶篷及类似品）</u>；风帆；野营用品：	条文修改，商品范围不变
	-油苫布、天篷及遮阳篷：	
6306.12	--合成纤维制	
6306.19	--其他纺织材料制	
	-帐篷<u>（包括临时顶篷及类似品）</u>：	条文修改，商品范围不变
6306.22	--合成纤维制	
6306.29	--其他纺织材料制	
6306.30	-风帆	
6306.40	-充气褥垫	
6306.90	-其他	

四、相关商品知识介绍

临时顶篷

临时顶篷通常用于户外，一边或多边开放（也可能全封闭），包含全部或部分屋顶，可提供对于天气状况（例如太阳、雨、风）的全部或部分防护。临时顶篷的框架通常由金属制成，可能有伸缩轴。顶部和任何侧面可在框架组装好后分别安装，也可能和框架一起包含在弹出式装置中。有时，临时顶篷可能含有地锚。临时顶篷如图63-1所示。

图 63-1　临时顶篷

品目 63.06 条文的修订（为临时顶篷修订品目及子目条文）

一、修订背景

2018年，某成员方提交了对品目63.06、子目6306.2条文和品目63.06注释的修改建议，以便在法律文本和注释中明确提及"临时顶篷"（temporary canopies），以澄清这些商品的归类。

二、主要观点及讨论情况

品目63.06包含"油苫布、天篷及遮阳篷；帐篷；风帆；野营用品"。品目63.06的条文和品目注释都没有特别涉及临时顶篷。虽然该成员方认为这些商品包含于"帐篷"（tents），但是品目条文和注释应作修改以澄清这些商品的归类。

《协调制度注释》中品目63.06的相关描述如下：

"本品目包括一系列通常用结实紧密的帆布制成的纺织品。

"四、帐篷，即用从轻质到相当厚重的各种化学纤维、棉或混纺织物（不论是否涂布、包覆或层压）或用帆布制成的遮蔽物。本品通常具有单层或双层的顶及边或壁（单层或双层帐篷），从而构成与外界相隔的空间。本品目包括各种规格及形状的帐篷，例如，大帐篷、军用帐篷、野营帐篷（包括背包式帐篷）、马戏团帐篷或沙滩帐篷。这类物品不论在报验时是否配有支柱、桩钉、牵索或其他配件均归入本品目。

"类似帐篷结构的大篷车车篷也可视为帐篷对待。它们一般用化学纤维织物或厚帆布制成,具有三面篷壁和一面篷顶,用以增加大篷车的居住空间。

"本品目不包括品目66.01的伞形帐篷。

"五、野营用品。本组包括帆布桶、水袋、盥洗盆;铺地布;充气床垫、充气枕、充气坐垫(品目40.16的物品除外);吊床(品目56.08的物品除外)。"

在2017年的WCO会议上,部分代表表达了关于"弹出式雨篷凉亭"(gazebos of the pop-up canopy)归类的不同观点。例如,一些代表的观点是这些商品应依据归类总规则一归入品目63.06,而另一些代表则推荐运用归类总归则三(二)得出相同的结论。两个代表支持将凉亭(gazebos)归入品目66.01。2012年3月22日,某成员方国际贸易法庭发布一项决定,某些可防止日晒但不用于其他天气情况的凉亭,不归入品目63.06下的"帐篷",而是归入品目73.08中的钢铁结构。

此建议与WCO目前对品目63.06范围的解释是一致的。在下一次WCO会议上,有一部分代表不认为该商品属于子目6306.2的范围。相应地,其建议在品目63.06和子目6306.2文本中的术语"帐篷"后面插入说明以添加术语"临时顶篷",并在品目63.06注释的文本中增加"临时顶篷"的解释。此外,其建议用术语"临时顶篷"代替"凉亭",因为"凉亭"能用各种材料制造成永久的结构并且常见于公园和花园,而此商品是弹出式的,或者仅在很短的一段时间内组装的。

此前的WCO会议上,WCO决定运用归类总规则一及六将争议中的凉亭归入品目63.06(子目6306.29)。对于顶篷的归类问题的讨论,引起代表对归类总规则一运用的关注和在品目63.06的表述中缺乏相关条款的情况下,扩大品目63.06的范围以覆盖类似帐篷的商品的可能性。会议认为,根据现有条文判断争议中的顶篷是否归入品目63.06比较困难,因此应考虑修改品目63.06的用词,以明确包含那些不能提供像帐篷一样相同级别的防护、目前没有在此品目的范围中的"顶篷"或类似商品的归类。

秘书处指出,针对顶篷,曾经在不同成员方间有多种归类意见,也存在许多不同的术语用于命名此种商品,如"gazebo"或"canopy",因此需谨慎考虑在品目63.06和子目6306.2中采用何种名称的问题。

提案方代表指出因为"gazebo"可能包括永久性的建筑,因此建议使用"canopy",并强调该商品是可移动的。有成员方代表认为可以在注释中进行解释,同时建议使用"临时"的表述,"临时"可以表示"非永久"和"可移动"这两层意思。会议一致同意此修改建议。

三、结论

会议最终决定,修改品目63.06及子目6306.2的条文。

第十二类 鞋、帽、伞、杖、鞭及其零件；已加工的羽毛及其制品；人造花；人发制品

本类共有4章，即第六十四章至第六十七章。2022年版《协调制度》中仅修改章注释英文1条，中文无变化。

第六十四章 鞋靴、护腿和类似品及其零件

本章未作任何修改。

第六十五章 帽类及其零件

本章未作任何修改。

第六十六章 雨伞、阳伞、手杖、鞭子、马鞭及其零件

本章未作任何修改。

第六十七章 已加工羽毛、羽绒及其制品；人造花；人发制品

一、概述

本章章注释修改1条，仅英文修改，中文无变化。

二、章注释及子目注释的修改情况

章注释（一）一的修改
仅英文修改，中文无变化。
本章无子目注释。

三、目录结构及品目条文的调整情况

本章目录结构及品目条文未作修改。

第十三类 石料、石膏、水泥、石棉、云母及类似材料的制品;陶瓷产品;玻璃及其制品

本类共有3章,即第六十八章至第七十章。本类章注释新增4条,修改英文3条,中文无变化;4位数品目修改4条;5、6位数子目删除11条,新增20条,修改7条。

第六十八章 石料、石膏、水泥、石棉、云母及类似材料的制品

一、概述

本章章注释修改1条(仅修改英文,中文无变化);5、6位数子目修改3条,删除2条,新增4条。

二、章注释及子目注释的修改情况

章注释一(十)的修改

为发光二极管(LED)类商品而修订,仅英文修改,中文无变化。
本章无子目注释。

三、目录结构及品目条文的调整情况

(一)品目68.02的调整

子目6802.10条文的修改

为准确表述子目6802.10商品范围,将子目6802.10条文中的"最大表面积"修改为"最大面"。修改后的条文为"6802.10-砖、瓦、方块及类似品,不论是否为矩形(包括正方形),其最大面以可置入边长小于7厘米的方格为限;人工染色的石粒、石片及石粉"。

条文修改后,商品范围不变。

(二)品目68.12的调整

删除子目6812.92、6812.93

因贸易量低而删除子目"6812.92--纸、麻丝板及毡子"和"6812.93--成片或成卷的压缩石棉纤维接合材料"。这些删除的商品完全转移到子目"6812.99--其他"项下。

由于删除子目6812.92、6812.93的商品转移至子目6812.99项下,调整后子目6812.99的商品范围扩大。调整后品目68.12的列目结构如表68-1所示。

第十三类 石料、石膏、水泥、石棉、云母及类似材料的制品；陶瓷产品；玻璃及其制品

表 68-1 品目 68.12 调整后的列目结构

HS 编码	商品名称	备注
68.12	已加工的石棉纤维；以石棉为基本成分或以石棉和碳酸镁为基本成分的混合物；上述混合物或石棉的制品（例如，纱线、机织物、服装、帽类、鞋靴、衬垫），不论是否加强，但品目 68.11 或 68.13 的货品除外：	
6812.80	-青石棉的	
	-其他：	
6812.91	--服装、衣着附件、帽类及鞋靴	
6812.99	--其他	商品范围扩大

（三）品目 68.15 的调整

1. 子目 6815.10 的调整

由于碳纤维市场需求增长迅速，碳纤维织物的贸易量也符合新增子目门槛，为了便于贸易统计和更好地实施监控贸易，区分碳纤维、碳纤维织物和其他碳纤维制品，做出了如下调整：

（1）子目 6815.1 条文的修改

由于在原有条文的基础上增加了碳纤维及其制品，子目 6815.1 的条文由"非电气用的石墨或其他碳精制品"修改为"碳纤维；非电气用的碳纤维制品；其他非电气用的石墨或其他碳精制品"。

（2）新增子目 6815.11、6815.12、6815.13、6815.19

在子目 6815.1 条文的基础上再拆分四个子目，即新增 4 个子目"6815.11--碳纤维""6815.12--碳纤维织物""6815.13--其他碳纤维制品""6815.19--其他"。

新增子目 6815.11、6815.12、6815.13 的商品为原子目 6815.99 项下的部分商品，新增子目 6815.19 的商品为原子目 6815.1 项下的全部商品。

2. 子目 6815.91 的调整

由于方镁石形态的氧化镁、白云石（包括煅烧形态）也是很重要的耐火材料，本次修订在子目 6815.91 条文的基础上增加了这方面的内容。即子目 6815.91 的条文由"含有菱镁矿、白云石或铬铁矿的"修改为"含有菱镁矿、方镁石形态的氧化镁、白云石（包括煅烧形态）或铬铁矿的"。

修订后子目 6815.91 的商品范围扩大，扩大的部分为原子目 6815.99 项下的部分商品。

3. 子目 6815.99 范围的变化

由于原子目 6815.99 的一部分商品转移至新增的子目 6815.11、6815.12、6815.13 项下，还有一部分商品转移至子目 6815.91 项下，调整后子目 6815.99 的商品范围缩小。

品目 68.15 调整后的列目结构如表 68-2 所示。

表 68-2　品目 68.15 调整后的列目结构

HS 编码	商品名称	备注
68.15	其他品目未列名的石制品及其他矿物制品（包括碳纤维及其制品和泥煤制品）：	
	-碳纤维；非电气用的碳纤维制品；其他非电气用的石墨或其他碳精制品：	条文修改，商品范围扩大
6815.11	--碳纤维	新增
6815.12	--碳纤维织物	新增
6815.13	--其他碳纤维制品	新增
6815.19	--其他	新增
6815.20	-煤制品	
	-其他制品：	
6815.91	--含有菱镁矿、方镁石形态的氧化镁、白云石（包括煅烧形态）或铬铁矿的	条文修改，商品范围扩大
6815.99	--其他	商品范围缩小

四、相关商品知识介绍

碳纤维

碳纤维是一种高强度、高模量、高耐温的无机高分子纤维。以粘胶、沥青、酚醛、聚乙烯醇、聚氯乙烯等纤维，特别是以聚丙烯腈纤维作为原丝，在空气中 300℃ 以下预氧化，然后在惰性气体保护下经高温碳化，再经表面处理等工序制成。碳化温度 300~500℃ 制得的称黑化纤维（Blackened fiber）；500~1800℃ 制得的称碳化纤维（Carbonized fiber）；1500~2000℃ 或以上制得的称石墨（化）纤维（Graphitized carbon fiber）。上述第一种模量最低（≤19.6 兆牛/平方米），第三种模量最高（≥24.5 兆牛/平方米）。这类纤维虽然有轴向强度、模量高、抗疲劳、耐腐蚀、导电、导热性良好等优点，但其耐冲击性较差，所以，一般不单独使用，通常作为增强材料与树脂、金属、陶瓷等制成高性能复合材料。例如，用碳纤维制造的增强塑料质地强而轻、耐高温、防辐射、耐水、耐腐蚀，是制造空间飞行器、海空军器材以及化工厂耐腐蚀设备等的优良材料。

品目68.02条文的修订（修订子目条文中关于最大面的描述）

一、修订背景

2018年2月，有成员方致信WCO，请求对子目6802.10的表述予以明确。认为子目6802.10的表述从几何学来看存在错误，因此什么尺寸的物品应归入该子目可能存在疑问，希望对该子目条文进行修订。

二、主要观点及讨论情况

子目6802.10目前的表述为"砖、瓦、方块及类似品，不论是否为矩形（包括正方形），其最大表面积（largest surface area）以可置入边长小于7厘米的方格为限；人工染色的石粒、石片及石粉"。该成员方认为问题出在"其最大表面积（largest surface area）"。这要求先确定最大表面积，再确定物品能否归入其项下；但从几何学来看，三维物体只有一个表面积，单个物体不可能有一个更大或更小的表面积。

问题的关键在于这句话所表达的意思可能有两种：

（1）指物体的表面积；
（2）指最大（表）面的面积。

例如，讨论一个长、宽、高各不相同的六面长方体（如图68-1所示），其表面积（只能有一个）等于其展开后的面积（如图68-2所示）：

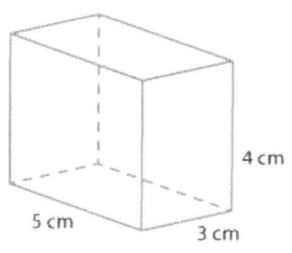

图68-1　六面长方体　　　　图68-2　展开后的面积

关于上面提到的两个选项，该长方体表面积（只有一个）是六个面的面积之和，即94平方厘米。最大（表）面的面积（有两个）是边长为5和4的两个面之一的面积，即20平方厘米。在确定是否符合子目所列参数时，即"其最大表面积以可置入边长小于7厘米的方格为限"，两个选项会产生不同的结果。

该成员方对英、法文的表述做了比对，认为对这句表述的解释应该是第二个选项，即指最大（表）面的面积。

2018年9月WCO会议上，各成员方均认为2017年版《协调制度》英文版子目6802.10及所用表述（"最大表面积"）在理解和应用归类时，会引起混淆，同意对其修订以保持英、法文表述的一致。有代表建议使用"largest face"

一词而不是"largest surface"。

2018年11月WCO会议上，参会代表均表示"largest surface area"是不恰当的，采用"largest face"更为恰当，也有代表建议采用"largest surface"。2019年3月WCO会议上，我国代表表示从几何学术语上看，用"largest face"比"largest surface"更恰当。会议一致同意采用"largest face"。

三、结论

最终修订结果详见子目6802.10。

品目68.12的修订（因贸易量低删除子目）

在每个《协调制度》修订审议循环，WCO根据联合国统计署提供的基于《协调制度》的贸易统计数据对贸易量低的品目及子目进行讨论，本处修订为删除贸易量低的子目。

品目68.15的修订（为碳纤维纺织品新增子目）

一、修订背景

在为两用物项目录的碳纤维进行修订的过程中，秘书处提议在品目68.15中为碳纤维、碳纤维制品分别设立子目，得到各成员方的广泛支持。有成员方提议再为碳纤维织物设立一个子目，以区分碳纤维织物和其他碳纤维制品，原因是碳纤维市场发展迅速，应用范围越来越广，生产商需要清晰可靠的贸易信息以进行统计和市场研究。

二、主要观点及讨论情况

2016年11月WCO会议上，关于增列具体子目问题，成员方间就碳纤维的归类出现分歧。有成员方代表认为碳纤维是含碳或石墨的物品，应该作为子目6815.10的产品归类。也有成员方认为碳纤维不能归入子目6815.10，因为碳纤维有导电性，不符合子目6815.10的描述。而且该子目的范围已经在品目68.15注释条文第一条规定为"天然或人造石墨（包括核纯石墨）或者其他碳精的非电气制品，例如，过滤器；圆片；轴承；管子和套管；已加工的砖、瓦；供制造小精品（例如，硬币、奖章、作为收藏品的铅制小人等）所用的模子"，这些商品都是以石墨或碳作为材料制造的。而碳纤维是非常特殊的商品，无法用石墨或碳制造，需要通过碳化有机聚合物长丝制成，这些产品多用作加强材料。因此，碳纤维应该归入子目6815.90。另有成员方认为虽然其有导电性能，但是其用途是非电气的，应该归入子目6815.10。

2017年5月WCO会议上，有成员方提议在一级子目6815.1下为碳纤维和碳纤维制品增列二级子目（方案一），而秘书处则提议在子目6815.9下增列二级子目（方案二），因为根据现行《协调制度注释》，"碳纤维"和"石墨或碳精制品"分列，可见碳纤维并非碳精制品，不应归在同一子目下，并且事实上

> 碳纤维是"碳化有机聚合长丝制成的",并非"碳的制品"。
> 2017年9月WCO会议经投票,选择了方案一的修订方案。
> 三、结论
> 最终修订结果详见品目68.15。

第六十九章 陶瓷产品

一、概述

本章章注释新增2条,修改1条(仅英文修改,中文无变化);4位数品目条文修改1条;5、6位数子目修改1条。

二、章注释及子目注释的修改情况

(一)章注释一的修订

因耐火陶瓷而对本章注释一进行了修订。具体修订情况如下:

1. 原章注释一的调整

原章注释一的前半段不作任何修改,后半段调整序号为注释一(一)。

2. 新增章注释一(二)和一(三)

新增章注释一(二)是为了明确烧制和加热的区别;新增章注释一(三)是将原来已有的对陶瓷制品的注释上升到了章注释的高度。

修改后的章注释一如下:

"一、本章仅适用于成形后经过烧制的陶瓷产品:

"(一)品目69.04至69.14仅适用于不能归入品目69.01至69.03的产品;

"(二)为树脂固化、加速水合作用、除去水分或其他挥发成分等目的而将其加热至低于800℃的物品,不应视为经过烧制。这些物品不应归入第六十九章;以及

"(三)陶瓷制品是用通常在室温下预先调制成形的无机非金属材料烧制而成的。原料主要包括:粘土、含硅材料(包括熔融硅石)、高熔点的材料(例如,氧化物、碳化物、氮化物、石墨或其他碳),有时还有诸如耐火粘土或磷酸盐的粘合剂。"

(二)章注释二(九)的修改

为发光二极管(LED)类商品修改了章注释二(九),仅英文修改,中文无变化。

本章无子目注释。

三、目录结构及品目条文的调整情况

品目69.03的调整

1. 品目69.03条文的修改

为了帮助理解该品目项下的商品,在品目条文中加入了具体列名的商品"滑阀式

水口"。条文修改只是增加举例的商品,商品范围不发生变化。调整后品目条文内容为"69.03 其他耐火陶瓷制品(例如,甑、坩埚、马弗罩、喷管、栓塞、支架、烤钵、管子、护套、棒条及滑阀式水口),但硅质化石粉及类似硅土制的除外"。

2. 子目6903.10条文的修改

原子目"6903.10-含有按重量计超过50%的石墨、其他碳或其混合物"中的"石墨、其他碳"实际上指的是不与其他元素结合的单体碳,为更准确地表达这一层意思以及与子目6903.90进行区分,将子目6903.10条文修改为"含有按重量计超过50%的单体碳"。

此次修改仅将表述变得更加精准,商品范围不发生变化。品目69.03调整后的列目结构如表69-1所示。

表69-1 品目69.03调整后的列目结构

HS编码	商品名称	备注
69.03	其他耐火陶瓷制品(例如,甑、坩埚、马弗罩、喷管、栓塞、支架、烤钵、管子、护套、棒条及滑阀式水口),但硅质化石粉及类似硅土制的除外:	条文修改,商品范围不变
6903.10	-含有按重量计超过50%的单体碳	条文修改,商品范围不变
6903.20	-含有按重量计超过50%的三氧化二铝或三氧化二铝和二氧化硅的混合物或化合物	
6903.90	-其他	

四、相关商品知识介绍

滑阀式水口

滑阀式水口是滑阀系统中的组件,滑阀系统用于控制钢水的流动。陶瓷滑阀式水口板一般是将高等级的氧化镁颗粒在1800℃高温下烧制而成。滑阀式水口需要不同的耐火物质构成(混合),如图69-1所示。钢水浇注工艺如图69-2所示。滑阀式水口的门板和喷嘴是浇注工艺和计量液体钢水最关键的耐火材料之一,如图69-3所示。

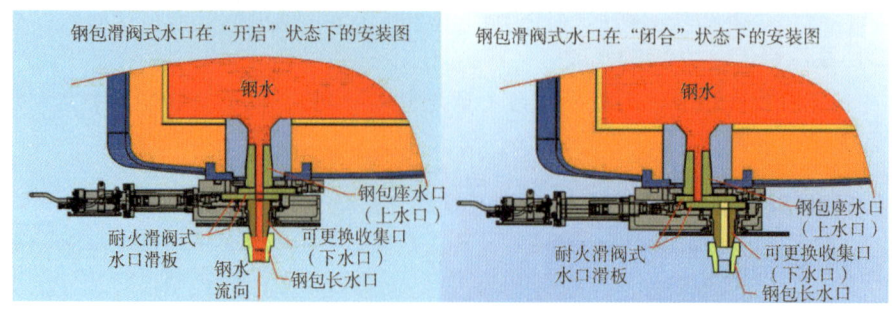

图69-1 滑阀式水口

第十三类 石料、石膏、水泥、石棉、云母及类似材料的制品；陶瓷产品；玻璃及其制品

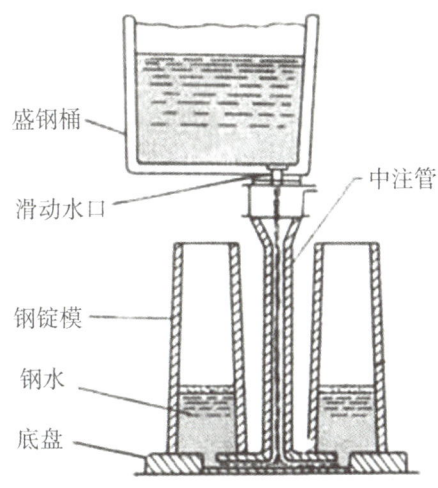

图 69-2　浇注工艺

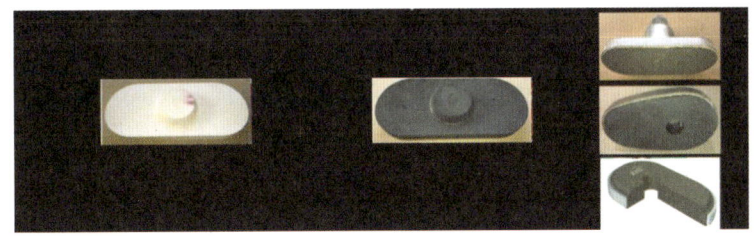

图 69-3　滑阀式水口的门板和喷嘴

第六十九章注释一及品目 69.03 条文的修订
（为耐火陶瓷修订子目条文及注释）

在 WCO 会议上，有成员方提出希望为耐火陶瓷制品修订第二十五章、第六十九章和品目 25.18、38.16、68.15、69.03，主要是为了区分烧制产品与非烧制产品。详细修订背景及会议讨论过程见"第二十五章注释二、品目 25.18 及品目 38.16 的修订（夯混白云石所属品目转移及修订注释）"。

第七十章　玻璃及其制品

一、概述

本章章注释新增 2 条，修改 1 条（仅英文修改，中文无变化）；4 位数品目条文修改 3 条；5、6 位数子目修改 3 条，删除 9 条，新增 16 条。

二、章注释及子目注释的修改情况

章注释一的调整

1. 新增章注释一（四）和一（五）

为了区分第七十章的车窗玻璃与第八十七章新增子目 8708.22 项下的车窗，在第七十章注释一内增加了两项排他条款，即新增章注释一（四）和一（五）。

2. 调整原章注释一（四）至一（七）的序号

由于新增章注释一（四）和一（五），所以，相应地将原章注释一（四）至一（七）的序号调整为章注释一（六）至一（九）。

章注释一修订后的条文如下：

"一、本章不包括：

"……

"（四）第八十六章至第八十八章的运输工具用的带框的前挡风玻璃、后窗或其他窗。

"（五）第八十六章至第八十八章的运输工具用的前挡风玻璃、后窗或其他窗，装有加热装置或其他电气或电子装置的，不论是否带框。

"（六）光导纤维、经光学加工的光学元件、注射用针管、假眼、温度计、气压计、液体比重计或第九十章的其他物品；

"（七）有永久固定电光源的灯具及照明装置、灯箱标志或铭牌和类似品及其零件（品目 94.05）；

"（八）玩具、游戏品、运动用品、圣诞树装饰品及第九十五章的其他物品（供玩偶或第九十五章其他物品用的无机械装置的玻璃假眼除外）；或

"（九）纽扣、保温瓶、香水喷雾器和类似的喷雾器及第九十六章的其他物品。"

3. 章注释一（七）的修改

仅英文修改，中文无变化。

本章子目注释未作修改。

三、目录结构及品目条文的调整情况

（一）品目 70.01 的调整

由于为电子电气废弃物及碎料新增第十六类注释六及品目 85.49，而电子电气废弃物及碎料中可能包含废碎玻璃，在品目 70.01 的排除条款中将品目 85.49 的商品排除。原来归入品目 70.01 的部分电子电气废弃物及碎料商品（来源于阴极射线管或其他活化玻璃）将转移至子目 8549.21、8549.31 和 8549.91 项下。因此，在原条文的基础上插入"来源于阴极射线管或品目 85.49 的其他活化玻璃除外"，修改后品目 70.01 的列目结构如表 70-1 所示。

第十三类 石料、石膏、水泥、石棉、云母及类似材料的制品；陶瓷产品；玻璃及其制品

表 70-1 品目 70.01 调整后的列目结构

HS 编码	商品名称	备注
70.01	碎玻璃及废玻璃，来源于阴极射线管或品目 85.49 的其他活化玻璃除外；玻璃块料：	条文修改，商品范围缩小
7001.00	碎玻璃及废玻璃，来源于阴极射线管或品目 85.49 的其他活化玻璃除外；玻璃块料	条文修改，商品范围缩小

本次修订，由于部分商品转移至新增的品目 85.49 项下，修订后该品目的商品范围缩小。

(二) 品目 70.11 的调整

该品目的调整与品目 85.39 条文中的"发光二极管（LED）光源 [light-emitting diode (LED) light sources]"修改相统一，即在原有条文的基础上插入"和光源"。修改后的条文为"70.11 制灯泡和光源、阴极射线管及类似品用的未封口玻璃外壳（包括玻璃泡及管）及其玻璃零件，但未装有配件"。

条文修改后，该品目的商品范围没有变化。

(三) 品目 70.19 的调整

1. 品目 70.19 条文的修改

为进一步明确玻璃纤维"粗纱"的归类，修改品目 70.19 的条文，将"无捻粗纱"在条文中列出。修改后的条文为"70.19 玻璃纤维（包括玻璃棉）及其制品（例如，纱线、无捻粗纱及其织物）"。

2. 子目 7019.1 的调整

(1) 子目 7019.1 条文的修改

由于在子目的分布中，将"短切纤维的毡（mats）"（"毡"在 2017 年版《协调制度》的子目 7019.31 中翻译为"席"）与梳条、粗纱、纱线、短切纤维作为同一类商品列入子目 7019.1 项下，同时，将"短切纤维"修改为符合行业规范的"短切原丝"，子目 7019.1 的条文由"梳条、粗纱、纱线及短切纤维"修改为"定长纤维纱条、无捻粗纱、纱线、短切原丝及其毡"。

条文修改后，商品范围扩大。

(2) 子目 7019.11、7019.12 条文的修改

子目 7019.11 的条文由"长度不超过 50 毫米的短切纤维"修改为"长度不超过 50 毫米的短切原丝"；子目 7019.12 的条文由"粗纱"修改为"无捻粗纱"，均只是条文修改，商品范围不变。

(3) 新增子目 7019.13、7019.14、7019.15

新增子目"7019.13--其他纱线，定长纤维纱条""7019.14--机械结合毡""7019.15--化学粘合毡"。

其中新增子目 7019.13 的商品为原子目 7019.19 的部分商品，新增子目 7019.14 的商品为已删除的子目 7019.31 的部分商品，新增子目 7019.15 的商品为已删除的子目

7019.31 的部分商品。

3. 删除子目 7019.3、7019.4、7019.5

删除子目 7019.3、7019.4、7019.5 以及它们项下的所有子目。所删除的商品分别转移至新增子目 7019.14、7019.15、7019.61 至 7019.69、7019.71 至 7019.73、7019.80 和原有子目 7019.90 项下。

4. 新增子目 7019.6

新增子目"7019.6-机械结合织物"。将玻璃纤维织物统一按照机械结合和化学粘合进行区分,这样修改的目的是希望海关或最终用户能将玻璃纤维织物按这两条简单分类形象地识别出来,而不需要复杂的实验室分析。

在子目 7019.6 的基础上,再按织物的种类、是否经涂布或层压、宽度等要素拆分为子目"7019.61--紧密粗纱机织物""7019.62--其他紧密粗纱机织物""7019.63--纱线制紧密平纹机织物,未经涂布或层压""7019.64--纱线制紧密平纹机织物,经涂布或层压""7019.65--宽度不超过 30 厘米的网孔机织物""7019.66--宽度超过 30 厘米的网孔机织物"和"7019.69--其他"。

其中,新增子目 7019.61 的商品为已删除的子目 7019.40 的部分商品,新增子目 7019.62 的商品为已删除的子目 7019.39 的部分商品,新增子目 7019.63 的商品为已删除的子目 7019.51 至 7019.59 的部分商品,新增子目 7019.64 的商品为已删除的子目 7019.51 至 7019.59 的部分商品,新增子目 7019.65 的商品为已删除的子目 7019.40、7019.51 的部分商品,新增子目 7019.66 的商品为已删除的子目 7019.40、7019.52、7019.59 的部分商品,新增子目 7019.69 的商品为已删除的子目 7019.39、7019.51、7019.59 的部分商品。

5. 新增子目 7019.7

新增子目"7019.7-化学粘合的织物"。

在子目 7019.7 的基础上,再按织物的种类等要素拆分为子目"7019.71--覆面毡(薄毡)""7019.72--其他紧密织物"和"7019.73--其他网孔织物"。

其中新增子目 7019.71 的商品为已删除的子目 7019.32 的全部商品,新增子目 7019.72 的商品为已删除的子目 7019.39 的部分商品,新增子目 7019.73 的商品为已删除的子目 7019.39 的部分商品。

6. 新增子目 7019.80

新增子目"7019.80-玻璃棉及其制品"。这些商品为已删除的子目 7019.39 的部分商品和原子目 7019.90 的部分商品。

7. 子目 7019.9 的商品范围变化

子目 7019.9 的条文未修改,但它的商品范围变化较大。主要变化是:

(1) 转出的商品

部分商品转入新增的子目 7019.80 项下。

(2) 转入的商品

已删除的子目 7019.39、7019.40、7019.51、70119.52、7019.59 的部分商品转入该子目。

第十三类 石料、石膏、水泥、石棉、云母及类似材料的制品；陶瓷产品；玻璃及其制品

品目 70.19 调整后的列目结构如表 70-2 所示。

表 70-2 品目 70.19 调整后的列目结构

HS 编码	商品名称	备注
70.19	玻璃纤维（包括玻璃棉）及其制品（例如，纱线、无捻粗纱及其织物）：	条文修改
	-定长纤维纱条、无捻粗纱、纱线、短切原丝及其毡：	条文修改，商品范围扩大
7019.11	--长度不超过 50 毫米的短切原丝	条文修改，商品范围不变
7019.12	--无捻粗纱	条文修改，商品范围不变
7019.13	--其他纱线，定长纤维纱条	新增
7019.14	--机械结合毡	新增
7019.15	--化学粘合毡	新增
7019.19	--其他	
	-机械结合织物：	新增
7019.61	--紧密粗纱机织物	新增
7019.62	--其他紧密粗纱织物	新增
7019.63	--纱线制紧密平纹机织物，未经涂布或层压	新增
7019.64	--纱线制紧密平纹机织物，经涂布或层压	新增
7019.65	--宽度不超过 30 厘米的网孔机织物	新增
7019.66	--宽度超过 30 厘米的网孔机织物	新增
7019.69	--其他	新增
	-化学粘合的织物：	新增
7019.71	--覆面毡（薄毡）	新增
7019.72	--其他紧密织物	新增
7019.73	--其他网孔织物	新增
7019.80	-玻璃棉及其制品	新增
7019.90	-其他	商品范围变化

四、相关商品知识介绍

（一）汽车车窗

汽车车窗，包括前风窗（前挡风）、车门窗、角窗、侧窗、后挡风及天窗等。随着汽车工业的发展及制造技术的进步，新型车窗在结构及功能上与传统车窗存在较大的差异，与用于遮风挡雨的车辆用安全玻璃不同。

目前，常见的车窗主要有以下两种：

1. 带框的车窗

带框的车窗是指带有框架的汽车玻璃窗,如图70-1所示。

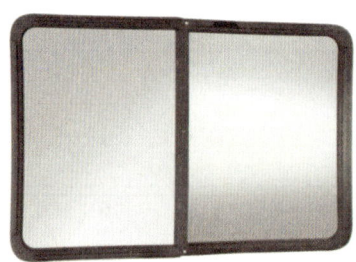 

图70-1　带框车窗

2. 装有加热功能的车窗

装有加热功能的车窗是指具有加热功能的车窗。按加热方式又可分为以下三种：

（1）夹丝加热

将电阻丝焊接在玻璃夹层内的PVB膜片（在两层玻璃间以聚乙烯醇缩丁醛为主要成分的薄膜,起粘结作用）上,加工成加热丝夹层玻璃。加热丝有导电作用,通过母线和电气接头连接到车身电路。通电后电阻丝发热,即可除去玻璃表面的霜或者冰。夹丝加热的车窗如图70-2所示。

图70-2　夹丝加热的车窗

（2）镀膜加热

采用磁控真空溅射技术,在汽车玻璃内层镀上数层厚度为50~250纳米的金属膜。在玻璃夹层内的PVB膜片上焊接铜箔母线输入端口,将电气接头的薄膜端夹在玻璃间并与铜箔母线接触固定。接头与汽车电源系统相联结,通电发热后即可加热玻璃表面从而起到除雾或雪的作用。镀膜加热的车窗如图70-3所示。

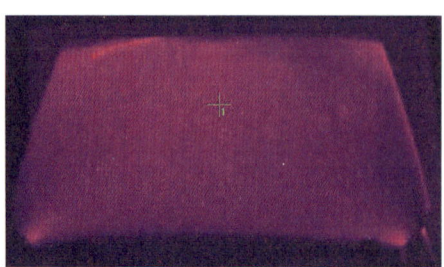 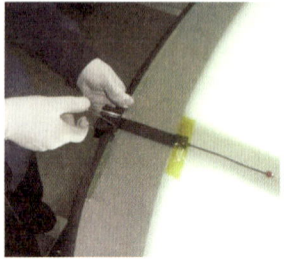

图70-3　镀膜加热的车窗

(3) 印刷加热

银浆（由高纯度的银微粒、粘合剂、溶剂、助剂所组成的一种混合物）通过丝网印刷技术附着在平板玻璃，高温烧结后形成可加热的回路。通过焊锡将电气接头焊接在银浆上，接头与汽车电源系统相联结，通电发热后加热玻璃表面从而起到除雾或雪的作用。印刷加热的车窗如图 70-4 所示。

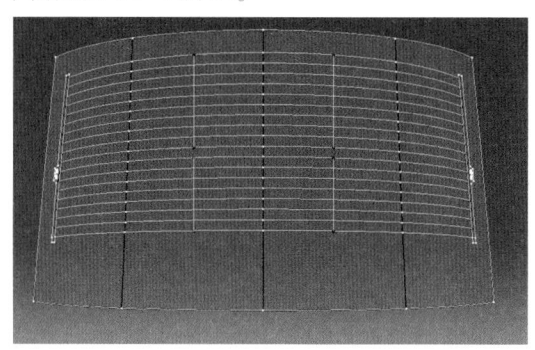

图 70-4　印刷加热的车窗

(二) 玻璃纤维

玻璃纤维是一种性能优良的无机非金属材料，广泛应用于国民经济的各个领域。为了满足各行各业的需要，玻璃纤维加工成种类繁多的制品。据不完全统计国内外的玻璃纤维制品多达上千种、数万个规格型号。

涂覆浸润剂的连续玻璃纤维具有良好的可纺性，可以采用纺织机械设备借鉴纺织行业织造技术生产玻璃纤维纺织制品。玻璃纤维制品也属于产业用纺织品，是经专门设计、具有特定功能和结构的纺织品，主要应用于增强复合材料，采用高性能玻璃纤维制成的纺织制品增强复合材料与普通玻璃纤维相比大大提高了其结构与综合性能。

玻璃纤维按制品的形态，可分为纱、布、毡、带、绳、短切纤维等。

玻璃纤维按加工工艺，可分为机织物、针织物、非织物、纤维预制体等制品。

玻璃纤维机织物是由纵向纱线系统（经纱）和横向纱线系统（纬纱），以 90 度角相互交叉在织机上制成的，是最基本的织物。

常用的织物组织有平纹、斜纹、缎纹三种基本形态。在此基础上根据使用要求，还可有很多变化。织机具有送经、开口、引纬、打纬、卷取五种基本机构。为提高生产效率，织机向无梭化方向发展，目前剑杆织机、喷气织机在玻璃纤维生产上的应用逐渐增多。

机织物可以加工成各种制品，如网布覆铜板基布、过滤布、壁布、遮阳织物等，广泛应用于工业及民用领域。

玻璃纤维针织物主要为缝边织物，这是连续玻璃纤维纺织品家族中的年轻成员，以线圈缝编而形成的玻璃纤维缝编毡、多轴向缝编织物和缝编复合织物等，主要用作纤维增强树脂基体的增强材料，制作风机叶片、船艇、体育器材、储罐、管道等。

第七十章注释一的修订（为汽车车窗新增注释、为发光二极管类商品修订注释）

详细修订背景及会议讨论过程见"第八十七章子目注释一的修订（为汽车车窗新增子目注释）""品目94.05条文的修订（为发光二极管类产品及太阳能产品增列子目）"。

品目70.01条文的修订（基于《巴塞尔公约》的修订）

详细修订背景及会议讨论过程见"第十六类类注释的修订（基于《巴塞尔公约》的修订）"。

品目70.11条文的修订（基于发光二极管类产品的修订）

详细修订背景及会议讨论过程见"品目94.05条文的修订（为发光二极管类产品及太阳能产品增列子目）"。

品目70.19条文的修订（为玻璃纤维及制品修订品目条文及增列子目）

一、修订背景

某成员方致信WCO，希望对品目70.19进行修订，以使玻璃纤维的归类更加清晰。其提出建议及原因如下：

（一）提前考虑区分化学粘合毡和机械结合毡的子目

化学粘合毡是由无捻粗纱制成，所用玻璃丝可经短切（不连续原丝毡）或不经短切（连续原丝毡），通过胶粘剂胶合制成玻璃纤维毡。机械结合毡是绝缘用的玻璃原丝平面产品，由几百根平行长丝不规则分布组成。在这些机械结合毡中，玻璃原丝通常用针和聚酰胺纱线缝合在一起。化学粘合毡和机械结合毡的长丝仍保持其平行长丝形状，这些长丝可以一根根地从毡上撕下而不损坏毡。

如同纱线的加捻或短切纤维的切断，化学粘合毡和机械结合毡的生产是第二个生产工序，因此应与其他纺织用玻璃纤维类型一并归类。所有这些纺织用玻璃纤维的生产通常被行业称为"上游"，因为这些纤维被用作"下游"生产活动的投料，通过进一步的化学粘合或机械结合加工成织物。

（二）区分化学粘合织物和机械结合织物

因为玻璃纤维行业的"下游"部分在过去20年经历了一个非常强劲的发展，不同的组合，特别是复合材料的应用，造成纺织产品范围扩大，因此区分化学粘合织物和机械结合织物变得更加重要。

目前的《协调制度》中只为第一代基本织物（如粗纱机织物）进行了列目，导致企业申报时只能将新一代织物混在同一编码下，这使得行业统计数据完全无法被行业和机构所利用。

第十三类　石料、石膏、水泥、石棉、云母及类似材料的制品；陶瓷产品；玻璃及其制品

对化学粘合织物和机械结合织物进行区分，将使当前纷乱的玻璃纤维织物归类更加清晰，而且这两种产品都可以由海关或最终用户形象地识别出来，而不需要复杂的实验室分析。其中的主要类别（紧密平纹机织物、网孔织物）和紧密织物也可以非常容易地通过视觉鉴定区分。

（三）为玻璃棉增列子目

玻璃棉和纺织用玻璃纤维在生产工艺、生产厂家、用途（玻璃棉主要用于保温、隔音）和进一步加工方面完全不同，就其本质来说，玻璃棉不能进行进一步化学粘合或机械结合，而只能制成卷或板。

该成员方建议的修订如表70-3所示。

表70-3　成员方建议的修订

2017年版《协调制度》		2022年版《协调制度》	
HS编码	目录条文	HS编码	目录条文
70.19	玻璃纤维（包括玻璃棉）及其制品（例如，玻璃纤维纱线及其织物）：	70.19	［玻璃纤维］［梳条、粗纱、纱线及短切纤维］及其毡：
	-梳条、粗纱、纱线及短切纤维：		-梳条、粗纱、纱线及短切纤维：
7019.11	--长度不超过50毫米的短切纤维	7019.11	--长度不超过50毫米的短切纤维
7019.12	--粗纱	7019.12	--粗纱
		7019.13	--纱线、梳条
		7019.14	--化学粘合毡
		7019.15	--机械结合毡
7019.19	--其他	7019.19	--其他
	-薄片（巴厘纱）、纤维网、席、垫、板及类似无纺产品：		
7019.31	--席		
7019.32	--薄片（巴厘纱）		
7019.39	--其他：		
7019.40	-粗纱机织物		
	-其他机织物：		
7019.51	--宽度不超过30厘米的		

表 70-3　续

2017 年版《协调制度》		2022 年版《协调制度》	
HS 编码	目录条文	HS 编码	目录条文
7019.52	--宽度超过 30 厘米的长丝平纹织物，每平方米重量不超过 250 克，单根纱线细度不超过 136 特克斯		
7019.59	--其他		
			-机械结合织物：
		7019.61	--紧密粗纱机织物
		7019.62	--紧密粗纱无纺织物
		7019.63	--纱线制紧密平纹机织物
		7019.64	--紧密平纹机织物，经涂布或层压
		7019.65	--宽度不超过 30 厘米的网孔机织物
		7019.66	--宽度超过 30 厘米的网孔机织物
		7019.69	--其他
			-化学粘合的织物：
		7019.71	--薄片（巴厘纱）
		7019.72	--其他紧密织物
		7019.73	--其他网孔织物
		7019.80	-玻璃棉及其制品
		7019.90	-其他

二、主要观点及讨论情况

秘书处指出其档案资料证实现有的品目 70.19 的列目结构为 1988 年版《协调制度》确定的，如果行业发生了较大改变，支持对品目 70.19 的结构进行修订以使《协调制度》能跟上行业的发展。

查阅有关档案之后，秘书处指出，由于毡的使用方式具有相似性，WCO 会议以前曾作出决定，将这些薄片（巴厘纱）、网、席、板和类似无纺产品放在一级子目 7019.3 项下。单独列出毡（子目 7019.31）、薄片（子目 7019.32），并在该一级子目项下列出其他产品。

秘书处注意到一级子目的条文中有"玻璃纤维"，尤其是提议涉及的子目 7019.11、7019.12 和 7019.13 含有玻璃纤维及其初制品（例如，纱线、粗纱）。

为此，秘书处建议将玻璃纤维毡添加到一级子目 7019.1 的条文"梳条、粗纱、纱线、短切纤维和毡"中。

秘书处也倾向于在子目 7019.13"纱线"前面增加"其他"一词，即"其他纱线"，并将"梳条"移到二级子目"其他"，即"7019.19 其他（包括梳条）"。

会议上，多位成员方表达了对修订品目 70.19 的支持，并对修订方案提出了一些修改意见：

（一）70.19 品目条文

有成员方表示，70.19 的品目条文已经明确本品目是关于玻璃纤维及其制品的，再在子目 7019.1 的条文中重复"玻璃纤维"没必要，因此支持采用秘书处建议的版本。会议一致同意了该建议。

（二）子目 7019.13

经过短暂讨论，会议决定将子目 7019.13 的条文修改为"其他纱线，定长纤维纱条"。

（三）子目 7019.14、7019.15

有成员方指出子目 7019.14、7019.1 应该交换位置，以与之后子目 7019.6、7019.7 的设置顺序一致。会议一致同意了该建议。

（四）子目 7019.6

有成员方认为子目 7019.63 和 7019.64 的范围可能存在交叉，为了避免混淆，建议调换这两个子目的顺序。因会议通过其他修改明确了商品范围，故未采纳该建议。

另外，有成员方指出子目 7019.62 条文中的"无纺织物（nonwoven）"不准确，因为"nonwoven"一词在《协调制度》中有具体的定义，机械结合的玻璃纤维，不可能是无纺的。秘书处提议不使用"nonwoven"，将其替换为"其他"，即将条文修改为"其他紧密粗纱织物"。该建议获得会议的一致同意。

秘书处还建议在子目 7019.61、7019.62、7019.63 后加上"未经涂布或层压"。但是提案的成员方指出，子目 7019.61 和 7019.62 提到的纺织物本来就是未经涂布或层压的，不需要再加上"未经涂布或层压"，"未经涂布或层压"仅涉及子目 7019.63 的产品，应该只在子目 7019.63 的条文后增加"未经涂布或层压"。另外，该成员方还建议在子目 7019.64 条文中加入"纱线"。会议一致同意了上述建议。

三、结论

会议最终通过了关于品目 70.19 的修订。另外，在《协调制度》向我国《进出口税则》转换的后续过程中，经咨询行业协会的专家后，对品目 70.19 中下列翻译不符合专业用语规范的条文进行了修改：

"slivers"由"梳条"修改为"定长纤维纱条"、"rovings"由"粗纱"修改为"无捻粗纱"、"chopped strands"由"短切纤维"修改为"短切原丝"、"mats"由"席"修改为"毡","veils（thin sheets）"由"薄片（巴厘纱）"修改为"覆面毡（薄毡）"。

最终修订结果详见品目 70.19。

第十四类　天然或养殖珍珠、宝石或半宝石、贵金属、包贵金属及其制品；仿首饰；硬币

本类仅有 1 章，即第七十一章。2022 年版《协调制度》中仅 4 位数品目条文修改 1 条；5、6 位数子目新增 4 条。

第七十一章　天然或养殖珍珠、宝石或半宝石、贵金属、包贵金属及其制品；仿首饰；硬币

一、概述

本章 4 位数品目条文修改 1 条，5、6 位数子目新增 4 条。

二、章注释及子目注释的修改情况

本章章注释及子目注释未作修改。

三、目录结构及品目条文的调整情况

（一）品目 71.04 的调整

钻石在 2017 年版《协调制度》中无法区分合成钻石和合成宝石。为解决上述问题，在子目"7104.20-其他，未加工或经简单锯开或粗制成形"和"7104.90-其他"项下为钻石拆分子目。即在原子目 7104.2 项下拆分为子目"7102.21--钻石"和子目"7104.29--其他"，在原子目 7104.9 项下拆分为子目"7102.91--钻石"和子目"7104.99--其他"。品目 71.04 调整后的列目结构如表 71-1 所示。

表 71-1　品目 71.04 调整后的列目结构

HS 编码	商品名称	备注
71.04	合成或再造的宝石或半宝石，不论是否加工或分级，但未成串或镶嵌的；未分级的合成或再造的宝石或半宝石，为便于运输而暂穿成串：	
7104.10	-压电石英	
	-其他，未加工或经简单锯开或粗制成形：	
7104.21	--钻石	新增
7104.29	--其他	新增

表71-1 续

HS 编码	商品名称	备注
	-其他：	
7104.91	--钻石	新增
7104.99	--其他	新增

(二) 品目 71.12 的调整

由于本次修订为电气和电子废弃物新增列了品目 85.49，其中新增子目 8549.2 包括了主要以回收贵金属为目的的电子废物，原子目 7112.91、7112.92、7112.99 项下的部分商品转移至子目 8549.2，修改品目 71.12 的条文，在该条文中排除品目 85.49 的商品。修改后的品目条文为 "71.12 贵金属或包贵金属的废碎料；含有贵金属或贵金属化合物的其他废碎料，主要用于回收贵金属，<u>品目 85.49 的货品除外</u>："。

四、相关商品知识介绍

合成钻石

通过人工生产出来的钻石在学术上叫作合成钻石。而市场上有个流行的叫法是"实验室培育钻石"或是"培育钻石"。

合成钻石的合成方法主要有两种：

1. **高温高压法（HTHP）**

高温高压法是模拟钻石在自然中的生成环境生产合成钻石的一种方法。使用的原料是石墨，并辅以金属触媒，放入带有加热系统的大吨位液压机里生成。因为液压机模具的制式和加压方式会影响到钻石的生长，用这种方法制作出来的合成钻石坯的形状就与天然钻石坯不一样。

2. **化学气相沉淀法（CVD）**

化学气相沉淀法所使用的原料是甲烷和氢气，在高温低压的环境下使甲烷中的碳原子落到金刚石薄膜上形成合成钻石。采用这种方法形成的毛坯通常呈板状，和天然钻石毛坯迥异。

品目 71.04 条文的修订（为合成钻石增列子目）

一、修订背景

在 WCO 会议上，金伯利进程（Kimberly Process）提出希望在《协调制度》中为合成钻石具体列名，原因是市场上存在将天然冲突钻石（或称血钻）毛坯申报为合成钻石毛坯而进入合法钻石市场的漏洞。品目 71.04 项下的子目未将合成钻石与宝石区分开来，均归入子目 7104.20 "-未加工的"和 7104.90 "-其他，无法区分合成钻石和合成宝石"，不利于海关分辨货物中有无钻石，阻碍了海关进行审核及查验或统计合成钻石的贸易量。该提议有利于计算合成钻石的贸易量，并能够帮助海关控制潜在的金伯利进程证书制度漏洞。

二、主要观点及讨论情况

金伯利进程建议拆分现有的子目7104.20和7104.90，为钻石和其他宝石分别设立子目：

-其他，未加工或经简单锯开或粗制成形：

7104.21--合成钻石，未加工或经简单锯开或粗制成形

7104.29--其他合成和再造的宝石、半宝石，未加工或经简单锯开或粗制成形

-其他：

7104.91--合成钻石，经加工的

7104.99--其他合成和再造的宝石、半宝石，经加工的

2018年11月WCO会议前，秘书处认同在目前71.04品目结构中分辨合成钻石和其他合成宝石、半宝石是困难的，认为该提议有利于计算合成钻石的贸易量，也能够帮助海关控制潜在的金伯利进程证书制度漏洞。考虑到子目7104.20和7104.90的范围，同时为避免提议条文中的重复，秘书处对金伯利进程最初的提议作如下修改：

子目7104.20删除并替换为：

-其他，未加工或经简单锯开或粗制成形

7104.21--钻石

7104.29--其他

-其他

7104.91--钻石

7104.99--其他

会上各成员方均表示同意修订。

三、结论

会议同意了对品目71.04条文的修订，最终修订结果详见品目71.04。

品目71.12条文的修订（基于《巴塞尔公约》的修订）

详细修订背景及会议讨论过程见"第十六类类注释的修订（基于《巴塞尔公约》的修订）"。

第十五类　贱金属及其制品

一、概述

本类共有12章，即第七十二章至第八十三章（其中第七十七章为空章）。2022年版《协调制度》类注释新增1条，修改4条（其中2条仅英文修改，中文无变化）；章注释删除30条；子目注释删除1条，修改2条；4位数品目删除1条，修改1条；5、6位数子目新增21条，删除4条，部分子目商品范围发生了变化。其中第八十一章因加强对两用物项商品的监控和管制而修改较多。

二、类注释的修改情况

（一）类注释一（十）的修改

为发光二极管（LED）类商品而进行的修订，仅英文修改，中文无变化。

（二）类注释二（一）的修改

为明确专用于医疗、外科、牙科或兽医的植入物的归类，在类注释二（一）的条文后面增加排他条款"<u>不包括专用于医疗、外科、牙科或兽医的植入物（品目90.21）</u>"。

修改后的条文如下：

"二、本协调制度所称'通用零件'，是指：

"（一）品目73.07、73.12、73.15、73.17或73.18的物品及其他贱金属制的类似品，<u>不包括专用于医疗、外科、牙科或兽医的植入物（品目90.21）</u>；

"……"

（三）类注释七的修改

仅英文修改，中文无变化。

（四）类注释八（一）的修改

根据《巴塞尔公约》秘书处的要求，修改废碎料的定义，将"在金属生产或机械加工中产生的废料及碎屑"修改为"所有金属废碎料"。同时将"因破裂、切断、磨损或其他原因而明显不能作为原物使用的金属货品"列为第2条。修改后的条文如下：

"八、本类所有有关名词解释如下：

"（一）废碎料

"<u>1. 所有金属废碎料；</u>

"<u>2. 因破裂、切断、磨损或其他原因而明显不能作为原物使用的金属货品</u>"。

"……"

（五）新增类注释九

本次修改，删除了第七十四章至第七十六章以及第七十八章至第八十一章中关于条、杆，型材及异型材，丝，板、片、带、箔，管的相关注释，同时将删除的这些章注释升格为类注释，即新增的类注释九。

新增类注释九的条文如下：

"九、第七十四章至第七十六章以及第七十八章至第八十一章所述有关名词解释如下：

"（一）条、杆

"轧、挤、拔或锻制的实心产品，非成卷的，其全长截面均为圆形、椭圆形、矩形（包括正方形）、等边三角形或规则外凸多边形（包括相对两边为弧拱形，另外两边为等长平行直线的'扁圆形'及'变形矩形'）。对于矩形（包括正方形）、三角形或多边形截面的产品，其全长边角可经磨圆。矩形（包括'变形矩形'）截面的产品，其厚度应大于宽度的十分之一。所述条、杆也包括同样形状及尺寸的铸造或烧结产品。该产品在铸造或烧结后再经加工（简单剪修或去氧化皮的除外），但不具有其他品目所列制品或产品的特征。

"第七十四章的线锭及坯段，已具锥形尾端或经其他简单加工以便送入机器制成盘条或管子等的，仍应作为未锻轧铜归入品目74.03。此条注释在必要的地方稍加修改后，适用于第八十一章的产品。

"（二）型材及异型材

"轧、挤、拔、锻制的产品或其他成型产品，不论是否成卷，其全长截面相同，但与条、杆、丝、板、片、带、箔、管的定义不相符合。同时也包括同样形状的铸造或烧结产品。该产品在铸造或烧结后再经加工（简单剪修或去氧化皮的除外），但不具有其他品目所列制品或产品的特征。

"（三）丝

"盘卷的轧、挤或拔制实心产品，其全长截面均为圆形、椭圆形、矩形（包括正方形）、等边三角形或规则外凸多边形（包括相对两边为弧拱形，另外两边为等长平行直线的'扁圆形'及'变形矩形'）。对于矩形（包括正方形）、三角形或多边形截面的产品，其全长边角可经磨圆。矩形（包括'变形矩形'）截面的产品，其厚度应大于宽度的十分之一。

"（四）板、片、带、箔

"成卷或非成卷的平面产品（未锻轧产品除外），截面均为厚度相同的实心矩形（不包括正方形），不论边角是否磨圆（包括相对两边为弧拱形，另外两边为等长平行直线的'变形矩形'），并且符合以下规格：

"1. 矩形（包括正方形）的，厚度不超过宽度的十分之一；

"2. 矩形或正方形以外形状的，任何尺寸，但不具有其他品目所列制品或产品的特征。

"这些品目还适用于具有花样（例如，凹槽、肋条形、格槽、珠粒及菱形）的板、片、带、箔以及穿孔、抛光、涂层或制成瓦楞形的这类产品，但不具有其他品目所列制品或产品的特征。

"（五）管

"全长截面及管壁厚度相同并只有一个闭合空间的空心产品，成卷或非成卷的，其截面为圆形、椭圆形、矩形（包括正方形）、等边三角形或规则外凸多边形。对于截面为矩形（包括正方形）、等边三角形或规则外凸多边形的产品，不论全长边角是否磨圆，只要其内外截面为同一圆心并为同样形状及同一轴向，也可视为管子。上述截面的管子可经抛光、涂层、弯曲、攻丝、钻孔、缩腰、胀口、成锥形或装法兰、颈圈或套环。"

第十五类注释二（一）的修订（为排除医疗植入物修订注释）

一、修订背景

某次 WCO 会议上，有成员方提出希望对两种钛制医用人体植入螺钉进行归类。这两种螺钉的商品信息如下：

商品1

一种圆柱形的、有螺纹的固体商品，由硬度极高、涂色后的钛合金制得，长度大约为12毫米。它由一个外径恒定为3毫米的全螺纹杆及螺钉头构成，杆部的螺纹是非对称的；头部也有螺纹，可通过其顶端的牙槽施力使之锁住固定系统的压缩板。该商品符合 ISO/TC 150 标准对植入式螺钉的规定，目前用于治疗骨折的创伤外科手术，需使用特定工具将其安装入人体内。该商品在进口时采用无菌包装，标记有编码，可对其生产及销售情况进行全程追溯。

商品2

一种圆柱形的、有螺纹的固体商品（为双芯螺钉），由硬度极高的钛合金制得，长度在 20~45 毫米之间。它包含一个外径恒定为4毫米的全螺纹杆以及双芯直径变化的过渡区；同时还具有自攻形表面及钝的顶端。该商品具有一个多轴（可移动的）U 形头，由于该 U 形头的调节作用以及锁帽中的特殊鞍形结构，当固定棒（当前与螺钉处于分离状态）安装进螺钉头后沿着轴向有25°的变角范围。该商品符合 ISO/TC 150 标准对植入式螺钉的规定，目前用于创伤外科手术中脊椎弓根固定系统的一部分，需使用特定工具安装。该商品在进口时采用无菌包装，标记有编码，可对其生产及销售情况进行全程追溯。

该成员方认为这两个商品的归类涉及两个品目：品目 81.08 "钛及其制品，包括废碎料"和品目 90.21 "矫形器具，包括支具、外科手术带、疝气带；夹板及其他骨折用具；人造的人体部分；助听器及为弥补生理缺陷或残疾而穿戴、携带或植入人体内的其他器具"。

争议在于《协调制度》相关条文可能会引起不一致的解读。特别是品目90.21注释条文，其规定如下："除本章注释一（六）款另有规定的以外，本品目还包括通过外科手术安装在人体内，用于连接断骨或进行类似骨折治疗的板、钉等。"但是第九十章注释一（六）款规定该章不包括第十五类注释二所规定的通用零件。第十五类注释二（一）款规定品目73.17和73.18所包含的物品及其他贱金属制的类似品，例如，钉和螺钉，属于"通用零件"；因此，讨论中的螺钉应被排除出品目90.21。

因为用于骨折治疗的螺钉具有自身特定的功能，专门用作外科手术中的身体植入物，而并不像普通螺钉那样作为机器的零部件，因此将其看作"通用零件"会导致一些争议。

会议讨论过程中有三种观点：第一种认为两个商品都是螺钉，应根据第十五类注释二（一）将其归入品目81.08；第二种认为商品1结构与螺钉一致，应根据第十五类注释二（一）将其归入品目81.08，商品2由于存在多轴U形头，客观特征与贱金属制螺钉并不完全一致，应归入品目90.21；第三种认为两个商品都是钛合金制、无菌包装且印有追溯码，说明是专用于人体植入的，不属于"通用零件"，应归入品目90.21。经过投票，会议将两种商品均归入品目90.21，子目9021.10。

会议一致认为品目90.21注释条文和第十五类注释二（一）有矛盾，需要根据归类结果进行修改。

二、主要观点及讨论情况

WCO和两个成员方分别向WCO会议提交了4份修订方案：

方案一

将第十五类注释二（一）修改为："品目73.07、73.12、73.15、73.17或73.18的物品及其他贱金属制的类似品，不包括专用于医疗、牙科或兽医的植入用螺丝（品目90.21）。"

方案二

将第十五类注释二（一）修改为："品目73.07、73.12、73.15、73.17或73.18的物品及其他贱金属制的类似品，不包括那些明显专用于医疗、外科、牙科或兽医植入的产品（第九十章）。"

方案三

将第十五类注释二（一）修改为："品目73.07、73.12、73.15、73.17或73.18的物品及其他贱金属制的类似品，不包括专用于医疗、外科、牙科或兽医的植入用螺丝及类似品（品目90.21）。"

方案四

将第十五类注释二（一）修改为："品目73.07、73.12、73.15、73.17或73.18的物品及其他贱金属制的类似品，不包括用于人体植入或兽医植入，需要专业人士操作的,73.17 或 73.18 的物品及其他贱金属制的类似品(品目90.21)。"

针对上述方案,会议认为方案一仅排除了植入用螺丝,范围太小,不利于解决其他植入物的归类问题。方案四将排除范围限定在品目 73.17 或 73.18,可能遗漏商品。方案二与方案三类似,但是方案三的表述更符合《协调制度》的表述习惯。会议最终决定在方案三的基础上继续讨论。会议后续对方案三的表述进行了部分修改。

同时,有成员方提醒第九十章注释的排他条款也应进行相应修改。会议采纳了该意见。

三、结论

会议最终决定对第十五类注释二(一)和第九十章注释一(六)进行修订,最终修订结果详见第十五类注释二(一)和第九十章注释一(六)。

第十五类注释八(一)的修订(基于《巴塞尔公约》的修订)

详细修订背景及会议讨论过程见"第十六类类注释的修订(基于《巴塞尔公约》的修订)"。

第十五类注释九的修订(为条杆等定义新增注释)

一、修订背景

2013 年 9 月 WCO 会议上秘书处指出,第七十八章注释一、二、三、五,第七十九章注释五以及第八十章注释四、五中所列名词解释所涉及的子目因贸易量小已在 2007 版《协调制度》目录中删除,按理应删除相关的注释(方案一)。但秘书处注意到这些注释对应的产品在多个成员方的本国子目中有列目,因此建议将其移入《协调制度注释》中。有成员方建议保留这些注释,也有成员方建议将这些注释升格为类注(方案二)。

二、主要观点及讨论情况

2013 年 11 月 WCO 会议上,有成员方代表建议采纳方案二,即将第七十四章至第七十六章和第七十八章至第八十一章的名词解释统一升级为类注,插入至第十五类注释八中。针对该建议,秘书处建议为这些名词解释新增类注九。会议一致同意将这些名词解释升级为类注并新增类注九。

三、结论

最终修订结果详见第十五类新增注释九。

第七十二章 钢　铁

本章未作任何修改。

第七十三章 钢铁制品

本章未作任何修改。

第七十四章 铜及其制品

一、概述

本章章注释删除 5 条；5、6 位数子目新增 2 条，删除 4 条。

二、章注释及子目注释的修改情况

删除章注释四至八

由于新增类注释九是关于条、杆、型材及异型材、丝、板、片、带、箔、管的相关注释，删除原章注释四至八。

本章子目注释未作修改。

三、目录结构及品目条文的调整情况

品目 74.19 的调整

因贸易量小，删除子目"7419.10-链条及其零件"，同时删除子目 7419.9 至 7419.99，删除的这些商品分别转移至新增子目"7419.20-铸造、模压、冲压或锻造，但未经进一步加工的"和"7419.80-其他"。其中新增子目 7419.2 的商品为已删除子目 7419.1 的部分商品和子目 7419.91 的全部商品；新增子目 7419.8 的商品为已删除子目 7419.1 的部分商品和子目 7419.99 的全部商品。

品目 74.19 调整后的列目结构如表 74-1 所示。

表 74-1　品目 74.19 调整后的列目结构

HS 编码	商品名称	备注
74.19	其他铜制品：	
7419.20	-铸造、模压、冲压或锻造，但未经进一步加工的	新增
7419.80	-其他	新增

第七十四章注释四至八的修订（删除涉及条杆等定义的注释）

详细修订背景及会议讨论过程见"第十五类注释九的修订（为条杆等定义新增注释）"。

第七十五章　镍及其制品

一、概述

本章章注释删除 5 条；子目注释修改 1 条。

二、章注释及子目注释的修改情况

（一）删除章注释一至五

由于新增类注释九是关于条、杆、型材及异型材、丝、板、片、带、箔、管的相关注释，删除原章注释一至五。

（二）修改子目注释二

由于删除了本章章注释一至五，子目注释二进行了相应修改，条文中的"本章注释三"修改为"第十五类注释九（三）"。修改后的条文为"二、子目 7508.10 所称'丝'，不受第十五类注释九（三）的限制，仅适用于截面尺寸不超过 6 毫米的任何截面形状的产品，不论是否盘卷"。

三、目录结构及品目条文的调整情况

本章目录结构及品目条文未作修改。

第七十五章注释一至五的修订（删除涉及条杆等定义的注释）

详细修订背景及会议讨论过程见"第十五类注释九的修订（为条杆等定义新增注释）"。

第七十五章子目注释二及第七十六章子目注释二的修订（为丝的定义修订注释）

详细修订背景及会议讨论过程见"第十五类注释九的修订（为条杆等定义新增注释）"。

第七十六章　铝及其制品

一、概述

本章章注释删除 5 条；子目注释修改 1 条。

二、章注释及子目注释的修改情况

（一）删除章注释一至五

由于新增类注释九是关于条、杆、型材及异型材、丝、板、片、带、箔、管的相关注释，删除原章注释一至五。

（二）修改子目注释二

由于删除了本章章注释一至五，子目注释二进行了相应修改，条文中的"本章注释三"修改为"第十五类注释九（三）"。修改后的条文为"二、子目 7616.91 所称'丝'，不受第十五类注释九（三）的限制，仅适用于截面尺寸不超过 6 毫米的任何截面形状的产品，不论是否盘卷"。

三、目录结构及品目条文的调整情况

本章目录结构及品目条文未作修改。

第七十六章注释一至五的修订（删除涉及条杆等定义的注释）

详细修订背景及会议讨论过程见"第十五类注释九的修订（为条杆等定义新增注释）"。

第七十七章　（保留为《协调制度》将来所用）

第七十八章　铅及其制品

一、概述

本章章注释删除 5 条。

二、章注释及子目注释的修改情况

删除章注释一至五

由于新增类注释九是关于条、杆、型材及异型材、丝、板、片、带、箔、管的相关注释,删除原章注释一至五。

本章子目注释未作修改。

三、目录结构及品目条文的调整情况

本章目录结构及品目条文未作修改。

第七十八章注释一至五的修订(删除涉及条杆等定义的注释)

详细修订背景及会议讨论过程见"第十五类注释九的修订(为条杆等定义新增注释)"。

第七十九章 锌及其制品

一、概述

本章章注释删除 5 条。

二、章注释及子目注释的修改情况

删除章注释一至五

由于新增类注释九是关于条、杆、型材及异型材、丝、板、片、带、箔、管的相关注释,删除原章注释一至五。

本章子目注释未作修改。

三、目录结构及品目条文的调整情况

本章目录结构及品目条文未作修改。

第七十九章注释一至五的修订(删除涉及条杆等定义的注释)

详细修订背景及会议讨论过程见"第十五类注释九的修订(为条杆等定义新增注释)"。

第八十章　锡及其制品

一、概述

本章章注释删除 5 条。

二、章注释及子目注释的修改情况

删除章注释一至五

由于新增类注释九是关于条、杆、型材及异型材、丝、板、片、带、箔、管的相关注释，删除原章注释一至五。

本章子目注释未作修改。

三、目录结构及品目条文的调整情况

本章目录结构及品目条文未作修改。

第八十章注释一至五的修订（删除涉及条杆等定义的注释）

详细修订背景及会议讨论过程见"第十五类注释九的修订（为条杆等定义新增注释）"。

第八十一章　其他贱金属、金属陶瓷及其制品

一、概述

本章子目注释删除 1 条；4 位数品目删除 1 条，修改品目条文 1 条；5、6 位数子目新增 19 条。

二、章注释及子目注释的修改情况

本章无章注释。

删除子目注释

由于新增类注释九是关于条、杆、型材及异型材、丝、板、片、带、箔、管的相关注释，删除原子目注释。

三、目录结构及品目条文的调整情况

(一) 为两用物项商品增列子目

1. 品目 81.03 的调整

在品目 81.03 项下，为坩埚新增子目 8103.91，即将原子目 8103.90 拆分子目 "8103.91--坩埚" 和 "8103.99--其他"。

修改后子目 8103.9 的商品范围并未发生变化。调整后品目 81.03 的列目结构如表 81-1 所示。

表 81-1　品目 81.03 调整后的列目结构

HS 编码	商品名称	备注
81.03	钽及其制品，包括废碎料：	
8103.20	-未锻轧钽，包括简单烧结而成的条、杆；粉末	
8103.30	-废碎料	
	-其他：	
8103.91	--坩埚	新增
8103.99	--其他	新增

2. 品目 81.06 的调整

在品目 "81.06 铋及其制品，包括废碎料" 项下，拆分子目 "8106.10-按重量计铋含量在 99% 以上" 和 "8106.90-其他"。

修改后品目 81.06 的商品范围未发生变化。调整后品目 81.06 的列目结构如表 81-2 所示。

表 81-2　品目 81.06 调整后的列目结构

HS 编码	商品名称	备注
81.06	铋及其制品，包括废碎料：	
8106.10	-按重量计铋含量在 99% 以上	新增
8106.90	-其他	新增

3. 品目 81.09 的调整

分别在子目 "8109.2-未锻轧锆；粉末" "8109.3-废碎料" 和 "8109.9-其他" 项下，按 "按重量计铪与锆之比低于 1:500" 和 "其他" 拆分两个 6 位数子目。

拆分后子目 8109.2、8109.3 和 8109.9 的商品范围未发生变化。调整后品目 81.09 的列目结构如表 81-3 所示。

表 81-3　品目 81.09 调整后的列目结构

HS 编码	商品名称	备注
81.09	锆及其制品，包括废碎料：	
	-未锻轧锆；粉末：	
8109.21	--按重量计铪与锆之比低于 1∶500	新增
8109.29	--其他	新增
	-废碎料：	
8109.31	--按重量计铪与锆之比低于 1∶500	新增
8109.39	--其他	新增
	-其他：	
8109.91	--按重量计铪与锆之比低于 1∶500	新增
8109.99	--其他	新增

4. 品目 81.12 的调整

为铪新增子目"8112.3-铪"，并在此基础上再拆分为子目"8112.31--未锻轧铪；废碎料；粉末"和"8112.39--其他"。

为铼新增子目"8112.4-铼"，并在此基础上再拆分为"8112.41--未锻轧铼；废碎料；粉末"和"8112.49--其他"。这些商品均为原子目 8112.92 和 8112.99 项下的部分商品。调整后的品目 81.12 的列目结构如表 81-4 所示。

表 81-4　品目 81.12 调整后的列目结构

HS 编码	商品名称	备注
81.12	铍、铬、铪、铼、铊、镉、锗、钒、镓、铟、铌及其制品，包括废碎料：	条文修改，商品范围扩大
	-铍：	
8112.12	--未锻轧铍；粉末	
8112.13	--废碎料	
8112.19	--其他	
	-铬：	
8112.21	--未锻轧铬；粉末	
8112.22	--废碎料	
8112.29	--其他	
	-铪：	新增
8112.31	--未锻轧铪；废碎料；粉末	新增
8112.39	--其他	新增
	-铼：	新增

表81-4 续

HS编码	商品名称	备注
8112.41	--未锻轧铼；废碎料；粉末	新增
8112.49	--其他	新增
	-铊：	
8112.51	--未锻轧铊；粉末	
8112.52	--废碎料	
8112.59	--其他	
	-镉：	新增
8112.61	--废碎料；	新增
8112.69	--其他	新增
	-其他：	
8112.92	--未锻轧；废碎料；粉末	商品范围缩小
8112.99	--其他	商品范围缩小

（二）因贸易量小删除与调整的品目

1. 删除品目81.07

因贸易量小，删除品目81.07，删除的商品全部转移至新增的子目"8112.6-镉"项下的"8112.61--废碎料"和"8112.69--其他"。原子目8107.20和8107.90的商品转移至新增子目8112.69，原子目8107.30的商品转移至新增子目8112.61。调整后的子目8112.6列目结构如表81-4所示。

2. 品目81.12的调整

（1）修改品目81.12的条文

本次修订由于新增子目"8112.3-铪""8112.4-铼"和"8112.6-镉"，调整了品目81.12条文中金属的顺序。即该品目条文由"铍、铬、锗、钒、镓、铪、铟、铼、铌、铊及其制品，包括废碎料"修改为"铍、铬、铪、铼、铊、镉、锗、钒、镓、铟、铌及其制品，包括废碎料"。

（2）新增子目8112.6

因贸易量小，被删除品目81.07的商品全部转移至新增子目"8112.6-镉"项下，该子目再进一步拆分为子目"8112.61--废碎料"和"8112.69--其他"。其中子目8112.61的商品为已删除的子目8107.30的全部商品；子目8112.69的商品为已删除的子目8107.20和8107.90的全部商品。

（3）子目8112.9的商品范围变化

由于新增子目"8112.3-铪""8112.4-铼"来自原子目8112.92和8112.99，调整后子目8112.92和8112.99的商品范围缩小。

调整后品目81.12的列目结构如表81-4所示。

四、相关商品知识介绍

(一) 铋

纯铋是柔软的金属,不纯时性脆,常温下稳定。主要矿石为辉铋矿(Bi_2S_3)和赭铋石(Bi_2O_5)。铋金属为银白色或微红色金属,有金属光泽,性脆质硬,斜方晶系粗粒结晶。铋粉则为浅灰色。

我国的铋资源居世界首位,我国已有铋矿70多处,成为世界上铋资源的绝对优势国家。铋作为可安全使用的"绿色金属",目前除用于医药行业外,也广泛应用于半导体、超导体、阻燃剂、颜料、化妆品等领域,有望取代有毒铅、锑、镉汞等元素。另外,铋是逆磁性最强的金属,在磁场作用下电阻率增大而热导率降低,在热电和超导方面也有很好的应用前景。

根据《两用物项和技术进出口许可证管理目录》,纯度按重量计为99.99%或更高以及其含银量按重量计小于10ppm(十万分之一)的铋为核两用品及相关技术出口管制清单所列物项,出口该商品需出示两用物项和技术出口许可证。

(二) 锆

锆为银灰色金属,对氧的亲和力很强,表面易形成一层氧化膜,具有光泽,故外观与钢相似。锆与铪是化学性质相似、又共生在一起的两种金属,且含有放射性物质。

锆能强烈地吸收氮、氢、氧等气体,在工业中常用作吸气剂。锆还可以用作冶金工业的"维生素",发挥它强有力的脱氧、除氮、去硫的作用,极大改善合金的性能。锆合金在300~400℃的高温高压水和蒸汽中有良好的耐蚀性能、适中的力学性能、较低的原子热中子吸收截面,对核燃料有良好的相容性,多用作水冷核反应堆的堆芯结构材料。

根据《两用物项和技术进出口许可证管理目录》,锆管(铪与锆的重量比低于1:500)为核出口管制清单所列物项,出口该商品需出示两用物项和技术出口许可证。

(三) 铪

铪为银灰色的金属,有金属光泽。铪的化学性质与锆十分相似,具有良好的抗腐蚀性能。锆存在于大多数锆矿中,常与锆共存,无单独矿石。因此铪主要从生产锆的过程中回收。

由于铪容易发射电子而有较大用处,常用作X射线的阴极和钨丝制造工业。由于与锆化学性质相近,铪也可作为很多充气系统的吸气剂,除去系统中存在的氧、氮等不需要气体。铪常作为液压油的一种添加剂,防止在高危作业时候液压油的挥发,具有很强的抗挥发性,纯铪具有可塑性、易加工、耐高温抗腐蚀,是原子能工业重要材料。

根据《两用物项和技术进出口许可证管理目录》,铪金属(包括其废料与碎屑)、铪合金(按重量计铪含量超过60%,包括其废料与碎屑)、铪化合物及铪制品(按重量计铪含量超过60%,包括其废料与碎屑)为核两用品及相关技术出口管制清单所列物项,出口该商品需出示两用物项和技术出口许可证。

(四) 铼

铼是一种银白色金属，是熔点和沸点较高的元素之一。铼是一种典型的稀散金属，在自然界中不形成自己独立的矿物，而以硫化物形式作为杂质成分分布于辉钼矿、辉铜矿等矿物中。

铼是一种活性大的催化剂，选择性好、抗毒能力强（受其他物质沾污后仍保持其催化能力），广泛用于石化工业。铼在冶金工业中用作合金的添加剂。如铂中加入铼能提高耐磨性而不降低抗蚀性，这种合金用于制造电极、人造丝工业用的过滤器和钢笔尖等。铼添加到镍的超耐热合金中得到耐热性特别强的合金，可用作军用飞机涡轮叶片的涂层。含铼的钨、钼、铂等热电偶可用于超高温测量。铼还可用于制造火箭燃烧室。

(五) 镉

镉是银白色、有光泽的金属，有韧性和延展性。镉的毒性较大，对肾脏、骨骼和呼吸系统具有毒性作用，日本因镉中毒曾出现"痛痛病"。

镉氧化电位高，故可用作铁、钢、铜之保护膜，广用于电镀防腐上，但因其毒性大，这项用途有减缩趋势。镉可用于充电电池，镍-镉和银-镉、锂-镉电池具有体积小、容量大等优点。镉具有较大的热中子俘获截面因此含银（80%）、铟（15%）、镉（5%）的合金可作原子反应堆的（中子吸收）控制棒。

第八十一章子目注释一的修订（删除涉及条杆等定义的注释）

详细修订背景及会议讨论过程见"第十五类注释九的修订（为条杆等定义新增注释）"。

品目 81.03、81.06、81.09、81.12 条文的修订（为两用物项增列子目）

详细修订背景及会议讨论过程见"品目 28.44 及品目 28.45 的修订（为两用物项增列子目）"。

第八十二章 贱金属工具、器具、利口器、餐匙、餐叉及其零件

本章未作任何修改。

第八十三章 贱金属杂项制品

本章未作任何修改。

第十六类　机器、机械器具、电气设备及其零件；录音机及放声机、电视图像、声音的录制和重放设备及其零件、附件

一、概述

本类共有 2 章，即第八十四章和第八十五章。2022 年版《协调制度》类注释新增 1 条，修改 1 条；章注释新增 5 条，修改 3 条，删除 1 条；子目注释新增 4 条，修改 1 条；4 位数品目新增 3 条，修改 9 条；5、6 位数子目新增 80 条，修改 14 条，删除 12 条。

二、类注释的修改情况

（一）类注释二（二）的修改

由于新增品目 85.24，在类注释二（二）的条文中增加有关品目 85.24 的零件归类原则的特别要求。修改后的条文为"（二）专用于或主要用于某一种机器或同一品目的多种机器（包括品目 84.79 或 85.43 的机器）的其他零件，应与该种机器一并归类，或酌情归入品目 84.09、84.31、84.48、84.66、84.73、85.03、85.22、85.29 或 85.38。但能同时主要用于品目 85.17 和 85.25 至 85.28 所列货品的零件应归入品目 85.17，专用于或主要用于品目 85.24 所列货品的零件应归入品目 85.29；"。

（二）新增类注释六

由于新增品目 85.49，新增类注释六对该品目项下的"电子电气废弃物及碎料"进行解释，明确了商品范围。

新增条文如下：

"六、

"（一）本协调制度所称'电子电气废弃物及碎料'，是指下列电气和电子组件、印刷电路板以及电气或电子产品：

"1. 因破损、拆解或其他处理而无法用于其原用途，或通过维修、翻新或修理以使其仍用作原用途是不经济的；以及

"2. 其包装或运输方式不是为了保护单件物品在运输、装卸过程中不受损坏的。

"（二）'电子电气废弃物及碎料'与其他废物、废料的混合物归入品目 85.49。

"（三）本类不包括第三十八章注释四所规定的城市垃圾。"

第十六类类注释二（二）的修订（为平板显示模组修订注释）

一、修订背景

对第十六类类注释二（二）的修订是为平板显示模组修订《协调制度》之议题的组成部分，其目的是明确新增品目85.24产品的零件的归类。最终修订结果详见第十六类类注释六。

二、主要观点及讨论情况

在成员方提交的为平板显示模组修订《协调制度》的最初草案中，包括了一项在品目85.24下设"零件"子目的方案，但有代表指出平板显示模组本身就是机器零件，故在品目85.24项下设置"零件"子目会产生"零件之零件"的概念。

针对此问题，在某次WCO会议上有代表提出应对第十六类类注释二进行修订，认为应明确品目85.24应包括哪些商品，以及如何定义相关术语以使品目85.24的范围清晰，且可区别于品目85.29的商品，以及避免产生"零件之零件"的概念。秘书处同意修改品目85.29条文及结构，而非在85.24项下设置零件子目。

其间，会议也考虑过在第八十五章新的章注释七单独设置平板显示模组零件的条款，以及在第十六类类注释二制定一项关于"零件之零件"的普适规定。部分代表认为该问题并非平板显示模组的零件所特有，而此举有助于统一"零件之零件"的归类思路。但多数代表认为"零件之零件"的概念过于宽泛，而相关的普适规定或将引起始料未及的后果，类注释的修订应仅涉及平板显示模组的零件。最终修订结果详见第十六类类注释二（二）。

三、结论

会议决定第十六类类注释二（二）的修订仅涉及专用于或主要用于品目85.24所列货品的零件。最终修订结果详见第十六类类注释二（二）。

第十六类类注释六的修订（基于《巴塞尔公约》的修订）

一、修订背景

该议题由秘书处在某次WCO会议上提出，希望就某些类别的废物及废料（Waste and scrap）修订《协调制度》。该提案的目的是建立《巴塞尔公约》运输清单A和B中的废品编码与HS编码的对应关系，以便更好地执法和简化程序，同时能更好地区别货品是处于使用阶段还是废品阶段，避免使用类似子目3825.69和3825.90的笼统列目。该建议应定义具体废品的范围，并在可能的情况下，区分危险废品和非危险废品。建议修订《协调制度》时包括以下几种类别的废品：废电气及电子设备、废车辆、废铅酸蓄电池、废轮胎、废金属、废油、废印刷电路板、废生物杀菌剂、废包装、废皮革及毛皮。

第十六类　机器、机械器具、电气设备及其零件；录音机及放声机、电视图像、声音的录制和重放设备及其零件、附件

二、主要观点及讨论情况

该议题经多次讨论。《巴塞尔公约》秘书处代表提出，考虑到电子垃圾跨境转移总量巨大，希望将含有"电气或电子设备或组件"（Electric or electronic devices or components）的废物优先列目。此外，还指出多氯联苯含量为20mg/kg及以上的废油，以及铅酸蓄电池和废旧铅酸蓄电池的废料及废碎料，可作为下一步优先考虑的对象。WCO认为应继续研究确定如何对第八十二章、第八十四章至第九十二章、第九十四章和第九十五章中涉及"废料和下脚料"的品目或子目进行定义，且对特定废料的定义及品目或子目的增设进行讨论，要好于对废品给予一般性的定义，多数与会代表对此表示同意。

会议讨论中，WCO对《协调制度》第十六类物品的废料和下脚料的相关内容提出了修改意见，主要包括：一是涉及对第十六类类注释及第八十四章和第八十五章章注释的修改，有四个方案备选；二是涉及对第八十四章和第八十五章相关列目的修改，有两个方案备选。其中，对"废料及下脚料"定义的问题，部分会议代表希望在方案一的基础上进行讨论，部分会议代表则希望采用方案二。有的认为对"废料及下脚料"定义的问题，还应该考虑品目71.12，因为其包括贵金属废碎料；另一个问题是第十五类类注释8（A），该类有废碎料的品目，其包括的商品可能是类似于现在准备列目的商品。

基于会议先期的成果，WCO决定首先讨论在第十六类中进行修订的可能性，在此基础上再讨论是否在其他章进行修订。随后，某参会代表方并提出如下两个方案：

（一）A方案：在第十六类新增类注释，或者在第85章新增章注释

方案一

第十六类新增类注释六：

"六、本类中，'本章中物品的废料及下脚料'，指的是因破损、拆解、耗尽或其他原因而不适合作原用途使用，或者不能完整或安全使用的货品。

"'本章中物品的废料及下脚料'不包括：

"a. 通过适当修理或翻新后，可作原用途使用或者交易的货品；

"b. 属于第三十八章注释四规定的城市垃圾，含有本类中物品的废料及下脚料；

"c. 第十五类注释八规定的废料及下脚料。

"由第八十四章物品的废料及下脚料和第八十五章物品的废料及下脚料所组成的混合废料及下脚料，若不能确定哪章物品的废料及下脚料占主要成分，则应归入第八十五章。"

第八十五章删除注释九（在修订2017年版《协调制度》时调整为注释十），并新增子目注释二：

"二、子目8548.21和8549.10所称'废原电池、废原电池组及废蓄电池'，是指因破损、拆解、耗尽或其他原因而不能再使用，也不能再充电的电池。"

方案二

第十六类新增类注释六：

"六、本类中，'本章中物品的废料及下脚料'，指的是指因破损、拆解、耗尽或其他原因而不适合作原用途使用，或者不能完整或安全使用的货品。同时也包括'废原电池、废原电池组及废蓄电池'，它们是指因破损、拆解、耗尽或其他原因而不能再使用，也不能再充电的电池。

"'本章中物品的废料及下脚料'不包括：

"a. 通过适当修理或翻新后，可作原用途使用或者交易的货品；

"b. 属于第38章注释四规定的城市垃圾，含有本类中物品的废料及下脚料；

"c. 第十五类注释八规定的废料及下脚料。

"由第八十四章物品的废料及下脚料和第八十五章物品的废料及下脚料所组成的混合废料及下脚料，若不能确定哪章物品的废料及下脚料占主要成分，则应归入第八十五章。"

（二）B方案：第八十四章和第八十五章中物品的废料及下脚料相关列目的修订

第八十五章注释的修订：

删除注释九（在2017年版《协调制度》中为注释十）

列目的修订：

新增品目84.88如下：

84.88 本章物品的废料及下脚料

8488.10-含有电气或电子设备或组件

8488.90-其他

删除品目85.48并替代为：

85.48 机器或设备的本章其他品目未列名的电气零件

新增品目85.49如下：

85.49 本章物品的废料及下脚料，包括废原电池、废原电池组及废蓄电池

8549.10-原电池、原电池组及蓄电池的废碎料；废原电池、废原电池组及废蓄电池

8549.90-其他

上述方案的基本原则获得参会代表一致同意，并在此基础上进行讨论，讨论中某参会代表提出修改品目71.12的条文，即将用于回收贵金属的印刷电路板也列入该子目；建议增列新的品目83.12，将所有机械及电子垃圾均归入该品目，认为这样可以避免海关人员必须区分相关废物是来自哪一章的机器。部分代表对此表示不认同，认为相关电子垃圾仍应归入第八十五章，不认为回收贵金属的印刷电路板可以归入第七十一章。某参会代表认为没必要增列品目84.88，根据第十五类类注释，应该不区分地将所有机械废碎物归入第十五类。

后续会议中,部分参会代表就列目方案提出了一些新的建议,如"在品目71.12项下为含有贵金属或贵金属化合物的废弃物增列子目""质疑是否有必要增列品目84.88"等。在讨论中,各成员方对机械废碎料的定义和归类分歧较大,不能确定归入第十五类与第十六类的商品范围,所以会议决定,将涉及《巴塞尔公约》的建议分为两部分讨论:一部分是机械和金属废碎料的议题;另一部分是关于电子废物的议题,会议逐项讨论了电子废物的目录结构,电子废物的英语表述是用"[E-waste]"还是"[Electrical and electronic waste]",建议新增的第十六类类注释六(a)中关于电子及机械废碎料定义的适用范围,品目85.49的条文与列目。

由于意见分歧较多,在《巴塞尔公约》秘书处明确其修订主要是为了"电子废弃物",而对机械废弃物没有意见的前提下,会议再次讨论新增品目83.12和84.88是否还有必要,或是维持现有的将所有机械废弃物均归入第十五类的各相应的章。最后,会议同意不再增列品目84.88,维持第十五类的总体现状。

在对新增品目85.49的讨论中,有的参会代表认为新增品目85.49的子目,希望采用与《巴塞尔公约》条款相对应的子目条文,以与《巴塞尔公约》条款相对应。有的代表认为子目8549.21的条文中包括了阴极射线管,而玻璃是第七十章的商品,不适合归入此处。因为品目70.01已经包括了废碎玻璃,应该制定排除条款。会议讨论决定在品目70.01的品目条文中加入排除条款,并决定下次继续讨论品目85.49。

三、结论

经多轮会议讨论确定,新增第十六类类注释六,明确"电子电气废弃物及碎料"定义。电子废物统一放入第八十五章,尽量不在材料类中出现。最终修订结果详见第十六类类注释六。

第八十四章 核反应堆、锅炉、机器、机械器具及其零件

一、概述

本章章注释新增2条,修改2条;子目注释修改1条;4位数品目新增1条,品目条文修改4条;5、6位数子目新增31条,删除7条,修改9条。

二、章注释及子目注释的修改情况

(一)新增章注释五

为明确品目84.62项下新增的两条板材加工的生产线,即纵剪线和定尺剪切线的组成范围,新增章注释五"五、品目84.62用于板材的'纵剪线'是由开卷机、矫平机、纵剪机和收卷机组成的生产线。用于板材的'定尺剪切线'是由开卷机、矫平机

和剪切机组成的生产线。"

（二）新增章注释十

随着科技的进步及贸易量的增加，为3D打印机（增材制造设备），新增章注释十：

"十、品目84.85所称'增材制造'（也称3D打印）指以数字模型为基础，将介质材料（例如，金属、塑料或陶瓷）通过连续添加、堆叠、凝结和固化形成物体。

"除第十六类注释一及第八十四章注释一另有规定的以外，符合品目84.85规定的设备，应归入该品目而不归入本协调制度的其他品目。"

（三）修改章注释二的条文

为进一步明确章注释二项下排他条款中三类商品的逻辑（并列）关系，在原有条文的基础上增加序号。修改后的条文如下：

"二、除第十六类注释三及本章注释十一另有规定以外，如果某种机器或器具既符合品目84.01至84.24中一个或几个品目的规定，或符合品目84.86的规定，又符合品目84.25至84.80中一个或几个品目的规定，则应酌情归入品目84.01至84.24中的相应品目或品目84.86，而不归入品目84.25至84.80中的有关品目。

"（一）但品目84.19不包括：

"1. 催芽装置、孵卵器或育雏器（品目84.36）；

"2. 谷物调湿机（品目84.37）；

"3. 萃取糖汁的浸提装置（品目84.38）；

"4. 纱线、织物及纺织制品的热处理机器（品目84.51）；或

"5. 温度变化（即使必不可少）仅作为辅助功能的机器、设备或实验室设备。

"（二）品目84.22不包括：

"1. 缝合袋子或类似品用的缝纫机（品目84.52）；或

"2. 品目84.72的办公室用机器。

"（三）品目84.24不包括：

"1. 喷墨印刷（打印）机器（品目84.43）；或

"2. 水射流切割机（品目84.56）。"

（四）调整原章注释五的序号

由于新增章注释五，原章注释五至八的序号相应调整为章注释六至九。

调整后的条文如下：

"六、

"（一）品目84.71所称'自动数据处理设备'，是指具有以下功能的机器：

"……

"（四）品目84.71不包括单独报验的下述设备，即使它们符合上述注释六（三）的所有规定：

"……

"七、品目84.82还包括最大直径及最小直径与标称直径相差均不超过1%或0.05毫米（以相差数值较小的为准）的抛光钢珠，其他钢珠归入品目73.26。

"八、具有一种以上用途的机器在归类时，其主要用途可作为唯一的用途对待。

第十六类　机器、机械器具、电气设备及其零件；录音机及放声机、电视图像、声音的录制和重放设备及其零件、附件

"除本章注释二、第十六类注释三另有规定的以外，凡任何品目都未列明其主要用途的机器，以及没有哪一种用途是主要用途的机器，均应归入品目84.79。品目84.79还包括将金属丝、纺织纱线或其他各种材料以及它们的混合材料制成绳、缆的机器（例如，捻股机、绞扭机、制缆机）。

"<u>九</u>、品目84.70所称'袖珍式'，仅适用于外形尺寸不超过170毫米×100毫米×45毫米的机器。"

（五）调整原章注释九的序号并修改条文

由于新增章注释五和注释十，原章注释九的序号调整为注释十一；同时由于第八十五章原章注释九的序号调整为注释十一，该章注释条文中的"注释九"修改为"注释十一"，其他内容不变。修改后条文如下：

"<u>十一</u>、

"（一）第八十五章注释<u>十一</u>（一）及（二）同样适用于本条注释及品目84.86中所称的'半导体器件'及'集成电路'。但本条注释及品目84.86所称'半导体器件'，也包括光敏半导体器件及发光二极管（LED）。

"……"

（六）修改子目注释二的条文

由于原章注释五的顺序号调整为章注释六，该子目条文中的"注释五（三）"修改为"注释六（三）"，修改后的条文如下：

"二、子目8471.49所称'系统'，是指各部件符合第八十四章注释<u>六</u>（三）所列条件，并且至少由一个中央处理部件、一个输入部件（例如，键盘或扫描器）及一个输出部件（例如，视频显示器或打印机）组成的自动数据处理设备。"

三、目录结构及品目条文的调整情况

（一）品目84.14的调整

为两用物项商品气密生物安全柜增列子目8414.70，并修改品目84.14的条文。

1. 品目84.14条文的修改

将品目84.14的条文由"空气泵或真空泵、空气及其他气体压缩机、风机、风扇；装有风扇的通风罩或循环气罩，不论是否装有过滤器"修改为"空气泵或真空泵、空气及其他气体压缩机、风机、风扇；装有风扇的通风罩或循环气罩，不论是否装有过滤器；<u>气密生物安全柜，无论是否装有过滤器</u>"。

2. 新增子目8414.70

新增子目"8414.70-气密生物安全柜"。新增子目的商品为原子目8414.6、8414.8和8421.39的部分商品。

增列后品目84.14的列目结构如表84-1所示。

表 84-1　调整后品目 84.14 的列目结构

HS 编码	商品名称	备注
84.14	空气泵或真空泵、空气及其他气体压缩机、风机、风扇；装有风扇的通风罩或循环气罩，不论是否装有过滤器；<u>气密生物安全柜，无论是否装有过滤器</u>：	条文修改，商品范围扩大
	……	
	-风机、风扇：	
8414.51	--台扇、落地扇、壁扇、换气扇或吊扇，包括风机，本身装有一个输出功率不超过 125 瓦的电动机	
8414.59	--其他	
8414.60	-罩的平面最大边长不超过 120 厘米的通风罩或循环气罩	
<u>8414.70</u>	<u>-气密生物安全柜</u>	新增
8414.80	-其他	
8414.90	-零件	

（二）品目 84.18 的调整

为冷藏-冷冻组合机的特殊结构（抽屉式）修改子目 8418.10 的条文，修改后商品范围不变。修改后的条文及品目 84.18 的列目结构如表 84-2 所示。

表 84-2　调整后品目 84.18 的列目结构

HS 编码	商品名称	备注
84.18	电气或非电气的冷藏箱、冷冻箱及其他制冷设备；热泵，但品目 84.15 的空气调节器除外：	
8418.10	-冷藏-冷冻组合机，各自装有单独外门<u>或抽屉，或其组合</u>的	仅条文修改，商品范围不变
	-家用型冷藏箱：	
8418.21	--压缩式	
8418.29	--其他	
8418.30	-柜式冷冻箱，容积不超过 800 升	
8418.40	-立式冷冻箱，容积不超过 900 升	
8418.50	-装有冷藏或冷冻装置的其他设备（柜、箱、展示台、陈列箱及类似品），用于存储及展示	
	-其他制冷设备；热泵：	
8418.61	--热泵，品目 84.15 的空气调节器除外	

第十六类 机器、机械器具、电气设备及其零件；录音机及放声机、电视图像、声音的录制和重放设备及其零件、附件

表84-2 续

HS 编码	商品名称	备注
8418.69	--其他	
	-零件：	
8418.91	--冷藏或冷冻设备专用的特制家具	
8418.99	--其他	

（三）品目 84.19 的调整

1. 新增子目 8419.12

根据国际可再生能源署的建议，新增子目"8419.12--太阳能热水器"，新增的商品为原子目 8419.19 的部分商品，调整后子目 8419.19 的商品范围缩小。

2. 删除子目 8419.31、8419.32

删除子目 8419.31 和 8419.32，删除的商品全部转移至新增子目 8419.33、8419.34 和 8419.35 项下。

3. 新增子目 8419.33、8419.34 和 8419.35

为部分两用物项商品新增子目"8419.33--冷冻干燥装置、冷冻干燥单元和喷雾式干燥器""8419.34--其他，农产品干燥用""8419.35--其他，木材、纸浆、纸或纸板干燥用"。其中新增子目 8419.33 的商品为已删除的子目 8419.31、8419.32 和 8419.39 的部分商品；新增子目 8419.34 的商品为已删除的子目 8419.31 的部分商品；新增子目 8419.35 的商品为已删除的子目 8419.32 的部分商品。

子目 8419.39 的部分商品转移至新增子目 8419.33 项下，调整后子目 8419.39 的商品范围缩小。

调整后品目 84.19 的列目结构如表 84-3 所示。

表84-3 调整后品目 84.19 的列目结构

HS 编码	商品名称	备注
84.19	利用温度变化处理材料的机器、装置及类似的实验室设备，例如，加热、烹煮、烘炒、蒸馏、精馏、消毒、灭菌、汽蒸、干燥、蒸发、气化、冷凝、冷却的机器设备，不论是否电热的（不包括品目 85.14 的炉、烘箱及其他设备），但家用的除外；非电热的快速热水器或贮备式热水器：	
	-非电热的快速热水器或贮备式热水器：	
8419.11	--燃气快速热水器	
8419.12	--太阳能热水器	新增
8419.19	--其他	商品范围缩小
8419.20	-医用或实验室用消毒器具	
	-干燥器：	

表84-3 续

HS 编码	商品名称	备注
8419.33	--冷冻干燥装置、冷冻干燥单元和喷雾干燥器	新增
8419.34	--其他，农产品干燥用	新增
8419.35	--其他，木材、纸浆、纸或纸板干燥用	新增
8419.39	--其他	商品范围缩小
8419.40	-蒸馏或精馏设备	
8419.50	-热交换装置	
8419.60	-液化空气或其他气体的机器	
	-其他机器设备：	
8419.81	--加工热饮料或烹调、加热食品用	
8419.89	--其他	
8419.90	-零件	

（四）品目84.21的调整

随着全球环保意识的增强，以及不断出现的废气过滤新技术，新增子目"8421.32--用于净化或过滤内燃机所排出废气的催化转化器或微粒过滤器，不论是否组合"。新增的商品为原子目8421.39的部分商品，调整后子目8421.39的商品范围缩小。调整后品目84.21的列目结构如表84-4所示。

表84-4 调整后品目84.21的列目结构

HS 编码	商品名称	备注
84.21	离心机，包括离心干燥机；液体或气体的过滤、净化机器及装置：	
	……	
	-气体的过滤、净化机器及装置：	
8421.31	--内燃发动机的进气过滤器	
8421.32	--用于净化或过滤内燃机所排出废气的催化转化器或微粒过滤器，不论是否组合	新增
8421.39	--其他	商品范围缩小
	-零件：	
8421.91	--离心机用，包括离心干燥机用	
8421.99	--其他	

（五）品目84.28的调整

为两用物项商品新增子目"8428.70-工业机器人"。新增子目的商品为子目8428.9的部分商品。新增子目后，子目8428.9的商品范围缩小。

第十六类 机器、机械器具、电气设备及其零件；录音机及放声机、电视图像、声音的录制和重放设备及其零件、附件

调整后品目 84.28 的列目结构如表 84-5 所示。

表 84-5 调整后品目 84.28 的列目结构

HS 编码	商品名称	备注
84.28	其他升降、搬运、装卸机械（例如，升降机、自动梯、输送机、缆车）：	
8428.10	-升降机及倒卸式起重机	
8428.20	-气压升降机及输送机	
	-其他用于连续运送货物或材料的升降机及输送机：	
8428.31	--地下专用的	
8428.32	--其他，斗式	
8428.33	--其他，带式	
8428.39	--其他	
8428.40	-自动梯及自动人行道	
8428.60	-缆车、座式升降机、滑雪拉索、索道用牵引装置	
8428.70	-工业机器人	新增
8428.90	-其他机械	商品范围缩小

（六）品目 84.38 的调整

由于品目 15.15 项下新增了"微生物油、脂"，为保证前后一致，相应修订品目 84.38 的条文，即在原有条文的基础上，插入"或微生物油脂"。修改后的条文为"84.38 本章其他品目未列名的食品、饮料工业用的生产或加工机器，但提取、加工动物油脂、植物固定油脂或微生物油脂的机器除外"。

（七）品目 84.62 的调整

1. 品目 84.62 条文的修改

为进一步适应金属压力加工行业的列目规范，修改品目 84.62 的条文，即由"加工金属的锻造（包括模锻）或冲压机床；加工金属的弯曲、折叠、矫直、矫平、剪切、冲孔或开槽机床；其他加工金属或硬质合金的压力机"修改为"加工金属的锻造、锻锤或模锻（但轧机除外）机床（包括压力机）；加工金属的弯曲、折叠、矫直、矫平、剪切、冲孔、开槽或步冲机床（包括压力机、纵剪线及定尺剪切线，但拉拔机除外）；其他加工金属或硬质合金的压力机（+）"。

2. 子目 8462.1 的调整

（1）修改子目 8462.1 的条文

子目 8462.1 的条文由"锻造（包括模锻）或冲压机床及锻锤"修改为"热锻设备，热模锻设备（包括压力机）及热锻锻锤"。修改后，只包括热加工，商品范围变小。

(2) 拆分子目 8462.1

在子目 8462.1 的基础上，拆分为子目"8462.11--闭式锻造机（模锻机）"和"8462.19--其他"。新增的商品均为原子目 8462.1 的部分商品。

3. 子目 8462.2 的调整

(1) 修改子目 8462.2 的条文

为限制该子目只用于板材加工，子目 8462.2 的条文由"弯曲、折叠、矫直或矫平机床"修改为"<u>用于板材的</u>弯曲、折叠、矫直或矫平机床<u>（包括折弯机）</u>"。

(2) 删除子目 8462.21

删除子目"8462.21--数控的"，删除的商品转移至新增的子目 8462.22 至 8462.26 项下。

(3) 新增子目 8462.22 至 8462.26

新增子目"8462.22--型材成型机""8462.23--数控折弯机""8462.24--数控多边折弯机""8462.25--数控卷板机""8462.26--其他数控弯曲、折叠、矫直或矫平机床"。其中新增子目 8462.22 的商品为已删除的子目 8462.21 和子目 8462.29 的部分商品；新增子目 8462.23 至 8462.26 的商品均为已删除的子目 8462.21 的部分商品。

4. 子目 8462.3 的调整

(1) 修改子目 8462.3 的条文

为进一步明确板材用纵剪线、定尺剪切线的归类，子目 8462.2 的条文由"剪切机床，但冲剪两用机除外"修改为"<u>板材用纵剪线、定尺剪切线和其他</u>剪切机床<u>（不包括压力机）</u>，但冲剪两用机除外"。

(2) 删除子目 8462.31

删除子目"8462.31--数控的"，删除的商品转移至新增的子目 8462.32、8462.33 项下。

(3) 新增子目 8462.32、8462.33

新增子目"8462.32--纵剪线和定尺剪切线""8462.33--数控剪切机床"。其中新增子目 8462.32 的商品为已删除的子目 8462.31 和子目 8462.39 的部分商品；新增子目 8462.33 的商品为已删除的子目 8462.31 的部分商品。

子目 8462.39 中的部分商品转移至新增子目 8462.32 项下，修订后子目 8462.39 的商品范围缩小。

5. 子目 8462.4 的调整

(1) 修改子目 8462.4 的条文

为限制该子目适用于板材的加工，子目 8462.4 的条文由"冲孔或开槽机床，包括冲剪两用机"修改为"<u>板材用</u>冲孔、开槽<u>或步冲</u>机床<u>（不包括压力机）</u>，包括冲剪两用机"。

(2) 删除子目 8462.41

删除子目"8462.41--数控的"，删除的商品转移至新增子目 8462.42 项下。

(3) 新增子目 8462.42

新增子目"8462.42--数控的"。新增子目 8462.42 的商品为已删除的子目 8462.41

和子目 8462.49 的部分商品。

6. 新增子目 8462.5

新增子目"8462.5-金属管道、管材、型材、空心型材和棒材的加工机床（非压力机）"，并在此基础上再拆分为子目"8462.51--数控的"和"8462.59--其他"。其中新增子目 8462.51 的商品为原子目 8462.10、8462.21、8462.31、8462.41 的部分商品；新增子目 8462.59 的商品为原子目 8462.10、8462.29、8462.39、8462.49 的部分商品。

7. 新增子目 8462.6

新增子目"8462.6-金属冷加工压力机"，并在此基础上再拆分为子目"8462.61--液压压力机""8462.62--机械压力机""8462.63--伺服压力机"和"8462.69--其他"。其中新增子目 8462.61 的商品为原子目 8462.10、8462.21、8462.29、8462.31、8462.39、8462.41、8462.49 和 8462.91 的部分商品；新增子目 8462.62、8462.63 和 8462.69 的商品均为原子目 8462.10、8462.21、8462.29、8462.31、8462.39、8462.41、8462.49 和 8462.99 的部分商品。

8. 子目 8462.9 的商品范围变化

本次修订，子目 8462.9 的商品有转入其他子目的，也有其他子目的商品转入该子目。调整后该子目包括原子目 8462.10、8462.21、8462.29、8462.31、8462.39、8462.41、8462.49、8462.91 和 8462.99 的部分商品。

修订品目条文及增列子目后，品目 84.62 的列目结构如表 84-6 所示。

表 84-6　调整后品目 84.62 的列目结构

HS 编码	商品名称	备注
84.62	加工金属的锻造、锻锤或模锻（但轧机除外）机床（包括压力机）；加工金属的弯曲、折叠、矫直、矫平、剪切、冲孔、开槽或步冲机床（包括压力机、纵剪线及定尺剪切线、但拉拔机除外）；其他加工金属或硬质合金的压力机 (+)：	条文修改
	-热锻设备，热模锻设备（包括压力机）及热锻锻锤：	条文修改，商品范围缩小
8462.11	--闭式锻造机（模锻机）	新增
8462.19	--其他	新增
	-用于板材的弯曲、折叠、矫直或矫平机床（包括折弯机）：	条文修改
8462.22	--型材成型机	新增
8462.23	--数控折弯机	新增
8462.24	--数控多边折弯机	新增
8462.25	--数控卷板机	新增
8462.26	--其他数控弯曲、折叠、矫直或矫平机床	新增
8462.29	--其他	

表84-6 续

HS 编码	商品名称	备注
	-板材用纵剪线、定尺剪切线和其他剪切机床（不包括压力机），但冲剪两用机除外：	条文修改
8462.32	--纵剪线和定尺剪切线	新增
8462.33	--数控剪切机床	新增
8462.39	--其他	商品范围缩小
	-板材用冲孔、开槽或步冲机床（不包括压力机），包括冲剪两用机：	条文修改
8462.42	--数控的	新增
8462.49	--其他	
	-金属管道、管材、型材、空心型材和棒材的加工机床（非压力机）：	新增
8462.51	--数控的	新增
8462.59	--其他	新增
	-金属冷加工压力机：	新增
8462.61	--液压压力机	新增
8462.62	--机械压力机	新增
8462.63	--伺服压力机	新增
8462.69	--其他	新增
8462.90	-其他	商品范围缩小

（八）品目 84.79 的调整

1. 子目 8479.2 条文的修改

由于品目 15.15 项下新增了"微生物油、脂"，为保证前后一致，子目 8479.20 的条文由"提取、加工动物油脂或植物固定油脂的机器"修改为"提取、加工动物油脂、植物固定油脂或微生物油脂的机器"，条文修改后，原子目 8438.8 的部分商品转移至该子目，调整后子目 8479.2 的商品范围扩大。

2. 新增子目 8479.83

为两用物项商品新增子目"8479.83--冷等静压机"。新增子目的商品为原子目 8479.81 和 8479.89 的部分商品。

调整后品目 84.79 的列目结构如表 84-7 所示。

表 84-7 调整后品目 84.79 的列目结构

HS 编码	商品名称	备注
84.79	本章其他品目未列名的具有独立功能的机器及机械器具：	
8479.10	-公共工程用机器	
8479.20	-提取、加工动物油脂、植物固定油脂或微生物油脂的机器	条文修改，商品范围扩大
8479.30	-木碎料板或木纤维板的挤压机及其他木材或软木处理机	
8479.40	-绳或缆的制造机器	
8479.50	-未列名工业用机器人	
8479.60	-蒸发式空气冷却器	
	-旅客登机（船）桥：	
8479.71	--用于机场的	
8479.79	--其他	
	-其他机器及机械器具：	
8479.81	--处理金属的机械，包括线圈绕线机	商品范围缩小
8479.82	--混合、搅拌、轧碎、研磨、筛选、均化或乳化机器	
8479.83	--冷等静压机	新增
8479.89	--其他	商品范围缩小
8479.90	-零件	

（九）品目 84.82 的调整

随着新商品的出现，修改子目 8482.40 与 8482.50 的条文，子目 8482.40 的条文由"滚针轴承"修改为"滚针轴承，包括保持架和滚针组件"，子目 8482.50 的条文由"其他圆柱形滚子轴承"修改为"其他圆柱形滚子轴承，包括保持架和滚子组件"。仅条文修改，商品范围无变化。

条文修改后品目 84.82 的列目结构如表 84-8 所示。

表 84-8 调整后品目 84.82 的列目结构

HS 编码	商品名称	备注
84.82	滚动轴承：	
8482.10	-滚珠轴承	
8482.20	-锥形滚子轴承，包括锥形滚子组件	
8482.30	-鼓形滚子轴承	
8482.40	-滚针轴承，包括保持架和滚针组件	条文修改，商品范围无变化

表84-8 续

HS 编码	商品名称	备注
8482.50	-其他圆柱形滚子轴承,包括保持架和滚子组件	条文修改,商品范围无变化
8482.80	-其他,包括球、柱混合轴承	
	-零件:	
8482.91	--滚珠、滚针及滚柱	
8482.99	--其他	

(十)新增品目 84.85

随着科技的发展与 3D 打印机贸易量的增加,为增材制造设备(又称 3D 打印机)新增品目 84.85。在此基础上,再按制造时所用的材料拆分为子目 "8485.1-用金属材料的" "8485.2-用塑料或橡胶材料的" "8485.30-用石膏、水泥、陶瓷或玻璃材料的" "8485.80-其他"和"8485.90-零件"。其中新增子目 8485.1 的商品为原子目 8463.9 的部分商品;新增子目 8485.2 的商品为原子目 8477.8 的部分商品;新增子目 8485.3 的商品为原子目 8475.29 和 8479.89 的部分商品;新增子目 8485.8 的商品为原子目 8441.8、8465.99 和 8479.89 的部分商品;新增子目 8485.9 的商品为原子目 8466.94、8475.9、8477.9 和 8479.9 的部分商品。

新增品目 84.85 的列目结构如表 84-9 所示。

表 84-9 新增品目 84.85 的列目结构

HS 编码	商品名称	备注
84.85	增材制造设备:	新增
8485.10	-用金属材料的	新增
8485.20	-用塑料或橡胶材料的	新增
8485.30	-用石膏、水泥、陶瓷或玻璃材料的	新增
8485.80	-其他	新增
8485.90	-零件	新增

(十一)品目 84.86 的调整

由于新增章注释五与注释十,相应的注释序号发生变化,原章注释九调整序号为注释十一,品目条文及部分子目条文中的"注释九(三)"也相应地修改为"注释十一(三)"。

修改后品目 84.86 的列目结构如表 84-10 所示。

第十六类　机器、机械器具、电气设备及其零件；录音机及放声机、电视图像、声音的录制和重放设备及其零件、附件

表 84-10　调整后品目 84.86 的列目结构

HS 编码	商品名称	备注
84.86	专用于或主要用于制造半导体单晶柱或晶圆、半导体器件、集成电路或平板显示器的机器及装置；本章注释十一（三）规定的机器及装置；零件及附件：	条文修改，商品范围不变
8486.10	-制造单晶柱或晶圆用的机器及装置	
8486.20	-制造半导体器件或集成电路用的机器及装置	
8486.30	-制造平板显示器用的机器及装置	
8486.40	-本章注释十一（三）规定的机器及装置	条文修改，商品范围不变
8486.90	-零件及附件	

四、相关商品知识介绍

（一）气密生物安全柜

生物安全柜（Biosafety cabinet，Biological safety cabinet，BSC）是生物安全实验室常见的重要设备。它不同于化学实验室内的通风柜（Fume hood）或者是层流柜（Laminar flow cabinet）。它主要借助柜体内的高效滤网（High efficiency particulate air filter，HEPA filter）过滤进排气并在柜体内产生向下气流的方式来避免感染性生物材料污染环境与感染实验操作人员，或是实验操作材料间的交叉污染。

生物安全柜按风险等级，通常分为三级：Ⅰ级、Ⅱ级和Ⅲ级。

Ⅰ级生物安全柜只提供对操作者的保护（不对产品进行保护），生物安全水平 1、2 级，气流从操作员处流入柜体，HEPA 过滤的尾气排放到环境中，如图 84-1 所示。

Ⅱ级生物安全柜对操作员和产品进行保护，生物安全水平 1、2、3 级，气流从操作人员处流入安全柜中，HEPA 过滤后的尾气排放到环境中，HEPA 过滤后的向下层流可安装尾气排放系统，如图 84-2 所示。

Ⅲ级生物安全柜适用于病毒、细菌、寄生虫等病原和重组遗传基因等高危险度的实验操作。分为单体形式和系列形式。它带有手套孔，属于气密性的生物安全柜，如图 84-3 所示。

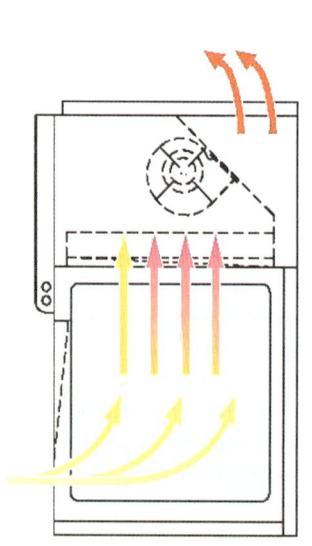 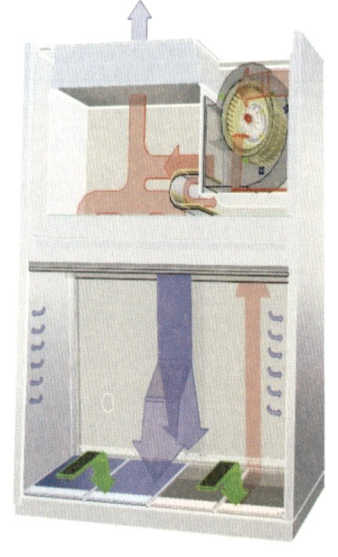 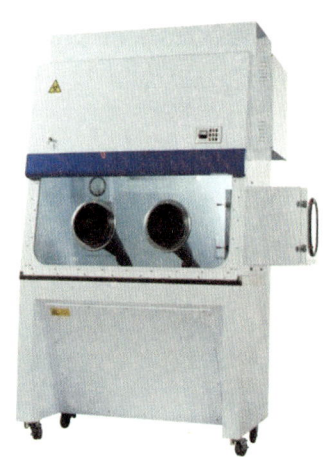

图 84-1　Ⅰ级生物安全柜　　图 84-2　Ⅱ级生物安全柜　　图 84-3　Ⅲ级生物安全柜

三种级别生物安全柜的对比如表 84-11 所示。

表 84-11　生物安全柜种类

级别	类型	排风	循环排风比例（%）	柜内气流	吸入口风速（m/s）	防护对象
Ⅰ级		可向室内排风	—	乱流	≥0.4	使用者
Ⅱ级	A1 型	可向室内排风	70	单向流	≥0.38	使用者和产品
	A2 型	可向室内排风	70	单向流	>0.5	
	B1 型	不可向室内排风	30	单向流	≥0.5	
	B2 型	不可向室内排风	0	单向流	≥0.5	
Ⅲ级		不可向室内排风	0	乱流	无吸入口，当一只手套筒取下时，手套筒风速≥0.7	首先是使用者，有时兼顾产品

从安全柜的类型和结构上判断，只有Ⅲ级生物安全柜才符合 2022 年版《协调制度》新增子目 "8414.70-气密生物安全柜（Gas-tight biological safety cabinets）" 的条件，而Ⅰ级、Ⅱ级生物安全柜并不属于气密生物安全柜，所以Ⅰ级、Ⅱ级生物安全柜不能归入子目 8414.7 项下。

（二）压力加工设备

1. 概述

压力加工是使金属坯料在外力作用下发生塑性变形，以获得所需形状、尺寸及机械性能的毛坯或零件的方法。

只有具备一定塑性的金属才能进行压力加工。钢和大多数有色金属及其合金都具有不同程度的塑性,均可进行压力加工。

金属压力加工常用的方式有锻造、挤压、弯曲、冲压等,如图84-4所示。

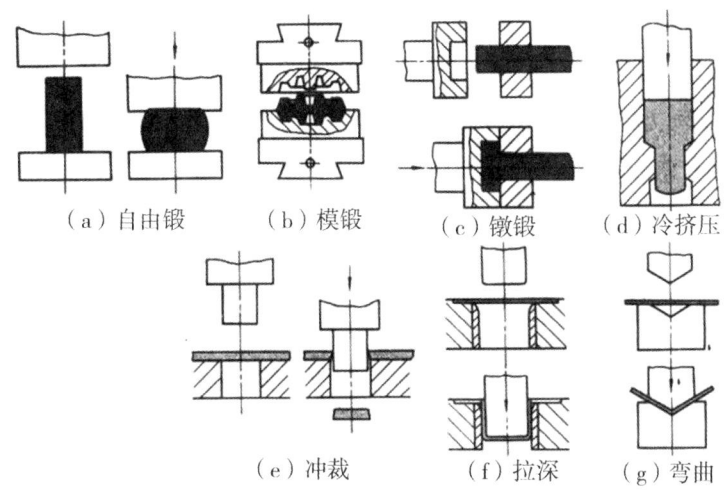

图84-4 压力加工常用的加工方式

锻造(民间俗称打铁)是一种利用锻压设备对金属坯料施加压力,使其产生塑性变形以获得具有一定机械性能、一定形状和尺寸锻件的加工方法。

通过锻造能优化工件的微观组织结构,消除金属在冶炼过程中产生的铸态疏松等缺陷,同时由于保存了完整的金属流线,所以,锻件的机械性能一般优于同样材料的铸件。对于机器中负载高、工作条件严峻的重要零件,除形状较简单的可用轧制的板材、型材或焊接件外,多采用锻造加工。

锻造根据成形机理,可分为自由锻、模锻。详见下文对两种成型方式的描述。

锻造根据温度,可以分为热锻、温锻和冷锻。钢的开始再结晶温度以800℃作为划分线。高于800℃的锻造称为热锻;在300~800℃之间的锻造称为温锻或半热锻;在室温下进行的锻造称为冷锻。

2. 常用的压力加工设备

(1) 自由锻设备(机)

自由锻(Open die forging machines)是指用简单的通用性工具,在锻造设备的上、下砧铁之间直接对坯料施加外力,使坯料产生变形而获得所需几何形状及内部质量锻件的加工方法。

自由锻的模具简单且廉价,被加工工件的尺寸广泛;但只限于加工形状简单的锻件,锻件的尺寸精度低,生产效率低,对操作工人的技术要求高;自由锻大多用于小批量锻件的生产;自由锻主要采用锻锤、液压机等锻造设备对坯料进行成形加工。图84-5所示为自由锻常用的三种锻造方式。

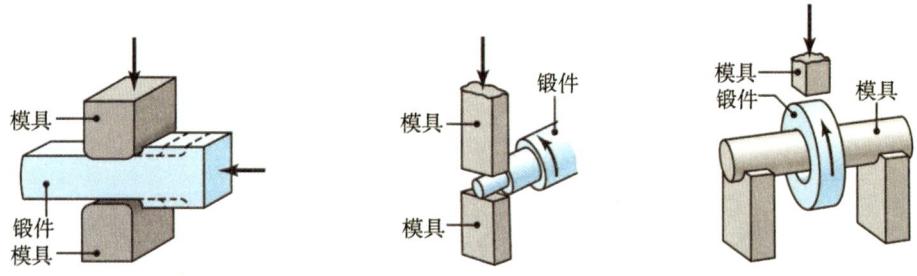

(a)通过自由锻减薄矩形条杆的厚度　(b)通过自由锻缩减条杆的直径　(c)通过自由锻减薄圆环的厚度

图84-5　自由锻常用的三种锻造方式

(2) 模锻设备(机)

模锻(Closed die forging machines)是指利用模具使毛坯成型而获得锻件的锻造方法。模锻的模具复杂且价格高；模锻可加工形状复杂的工件，如齿轮的毛坯、连杆的毛坯等；模锻加工出的锻件尺寸精度高；模锻生产效率高，但对于小批量的工件用模锻是不经济的(因为在进行锻造前，要设计成本较高的模具)。图84-6所示为模锻的加工过程。图84-7所示为带飞边模锻与无飞边模锻。

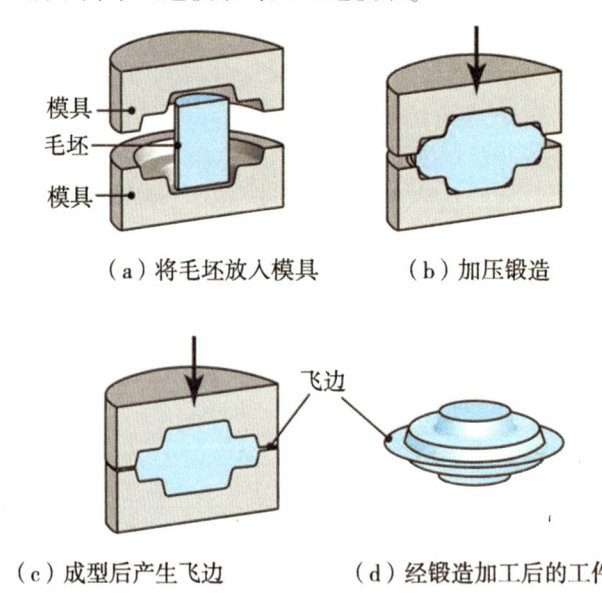

(a)将毛坯放入模具　(b)加压锻造

(c)成型后产生飞边　(d)经锻造加工后的工件

图84-6　模锻的加工过程

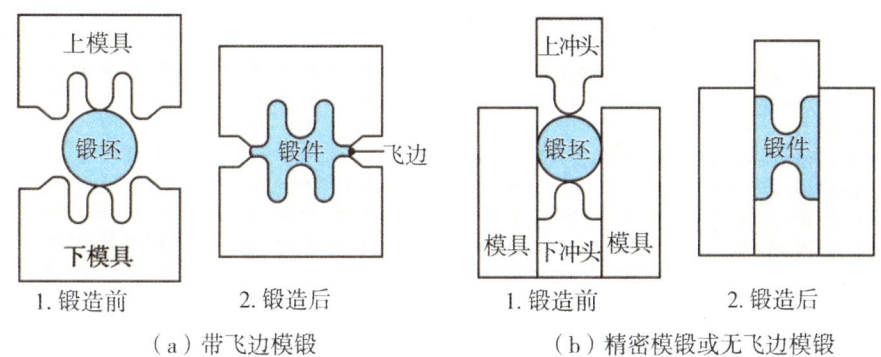

图 84-7　带飞边模锻与无飞边模锻

需要说明的是，在我国的国家标准中，无飞边的模锻被称为闭式模锻，有飞边的模锻被称为开式模锻。但是这两种锻造方式在锻造时均使用模具，其模具是完全包住锻件的，这些条件完全符合《协调制度注释》中关于"模锻机"的描述，而且在《协调制度注释》中并未提及有、无飞边产生之说。所以，上述两种锻造方式下的模锻机均属于子目 8462.11 项下，不能狭义地理解为子目 8462.11 只包括无飞边的模锻机（或称精密模锻机）。

（3）压力机

压力机是通过连续的压力来加工锻件的设备。常见的有机械式压力机和液压式压力机。图 84-8 所示为液压式压力机，图 84-9 所示为摩擦盘式压力机，图 84-10 所示为齿条式压力机。

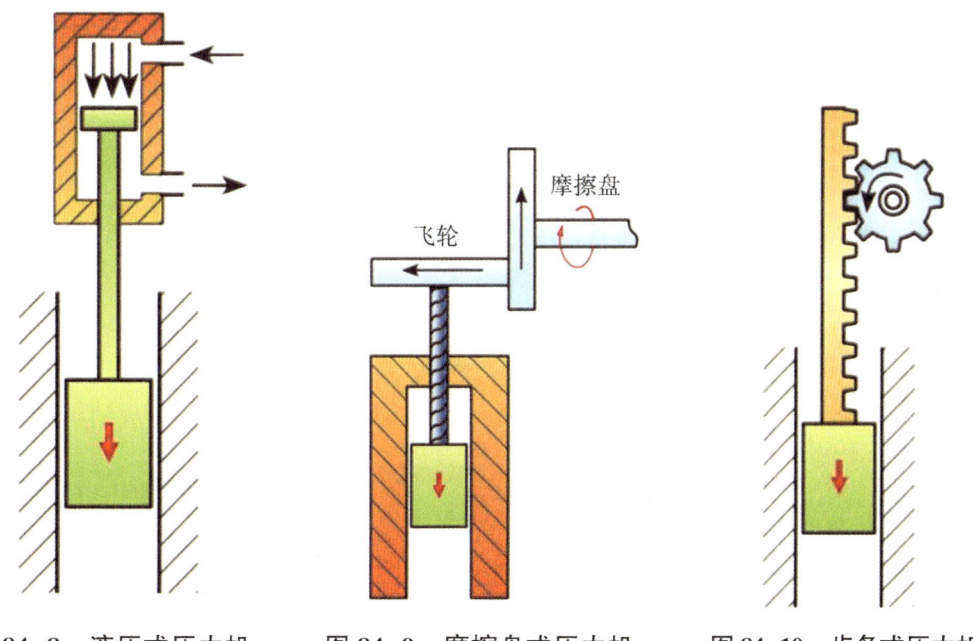

图 84-8　液压式压力机　　图 84-9　摩擦盘式压力机　　图 84-10　齿条式压力机

(4）锤锻机

锤锻机是指利用气压式或蒸汽式、重力落锤式锻锤加工锻件的设备。工作时，通过短暂而强烈的冲击对工件施加压力。常见的有冲击式锤锻机、重力落锤式锤锻机等。

冲击式锤锻机最典型的设备就是空气锤锻机。它工作时使用压缩空气，通过推动活塞下行完成打击，如图 84-11 所示。

重力落锤式锤锻机就是靠锻锤本身的重力，当其自由下落时完成对锻件的打击，如图 84-12 所示。

图 84-11　空气锤锻机

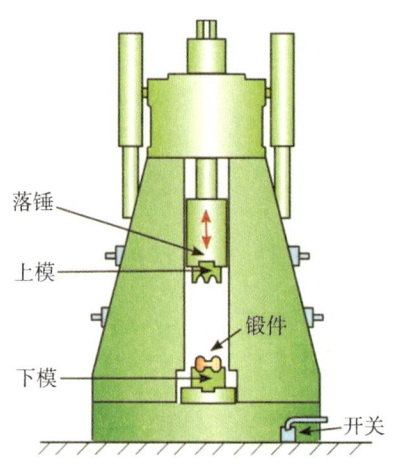

图 84-12　重力落锤式锤锻机

（5）型材成型机

型材成型机（Profile forming machine）是用金属扁平材加工成型材的机器。加工时，金属板材穿过安装在连续机架上的多个滚轴组。该板材逐渐通过每组相互啮合的辊轴系统，直到获得所需的截面轮廓。型材成型机只改变板材横截面的形状，在纵轴方向仍呈线性状态。图 84-13 所示为型材成型示意图，从该图可以看出板材横截面的形状是逐渐发生变化的；图 84-14 所示为彩钢瓦加工成型机。

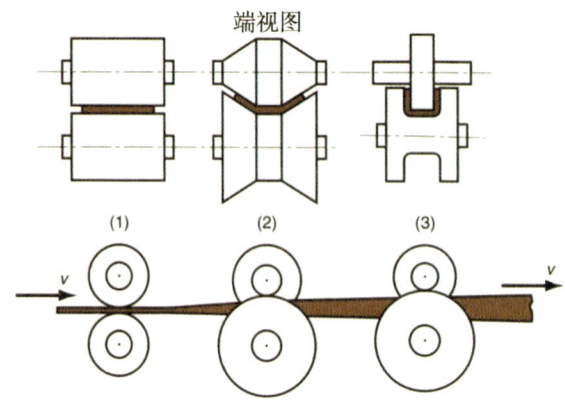

图 84-13　型材成型示意图

第十六类 机器、机械器具、电气设备及其零件；录音机及放声机、电视图像、声音的录制和重放设备及其零件、附件

图 84-14 彩钢瓦加工成型机

（6）数控折弯机

数控折弯机（Numerically controlled press brake）是对金属扁平材以自动和可编程方式进行折弯加工的机器。通常情况下，C 形弯臂构成折弯机的侧面，其底部与工作台相连，顶部与可移动的臂连接。模具中的下模具安装在工作台上，上模具安装在移动臂上。通过上模具的移动将板材压入下面的 V 型模具中使板材折弯，所以折弯又称为 V 型弯曲（V-Bending）。图 84-15 为折弯加工示意图，图 84-16 为数控折弯机。从图 84-16 中可以看到它的 C 形弯臂。

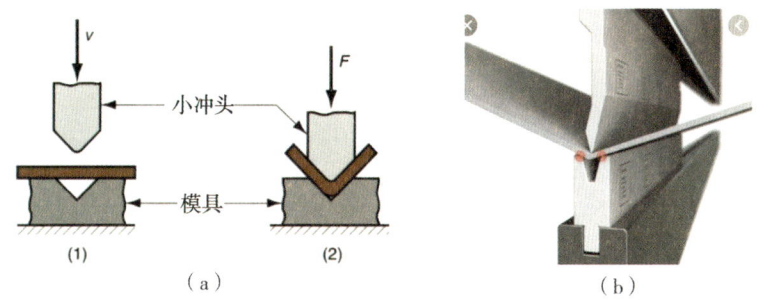

图 84-15 折弯加工示意图

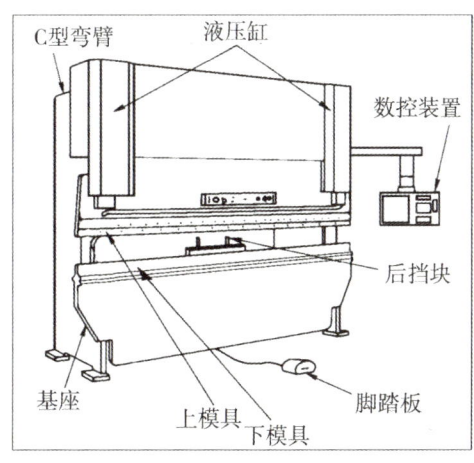

图 84-16 数控折弯机

275

（7）数控多边折弯机

数控多边折弯机（Numerically controlled panel bender）是一种对金属扁平材以自动和可编程的方式从正、反两面进行折弯加工的冷成型机器。数控多边折弯机和数控折弯机大致相似，但不同之处在于多边折弯机可以从正、反两面弯曲板材；而折弯机只能在其中一面折弯，若要向另一面折弯，必须翻转被加工的板材。图84-17、图84-18为板材向上折边与向下折边示意图，上面两个图是向上弯曲的过程，下面两个图是向下弯曲的过程；图84-19所示为C型折弯刀架上下移动时可实现板材双面折弯的情况；图84-20所示为数控多边折弯机实物；图84-21所示为多边折弯机加工好的样品，主要包括不锈钢家具、照明用外壳和金属幕墙及天花板。

图84-17　板材向上折边示意图

 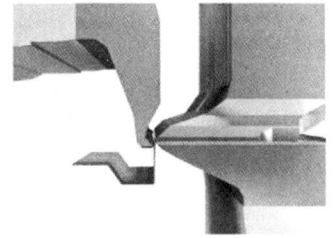

图84-18　板材向下折边示意图

图84-19　C型折弯刀架上下移动可实现板材双面折弯

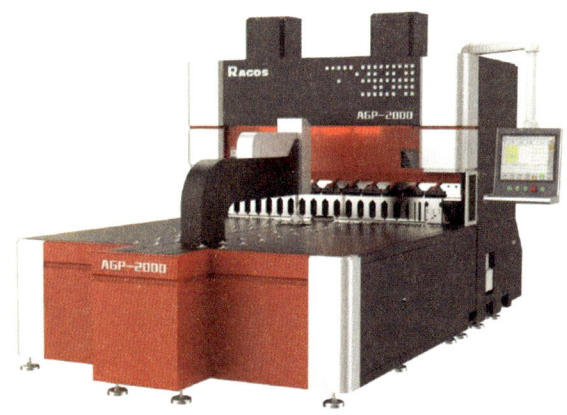

图 84-20　数控多边折弯机

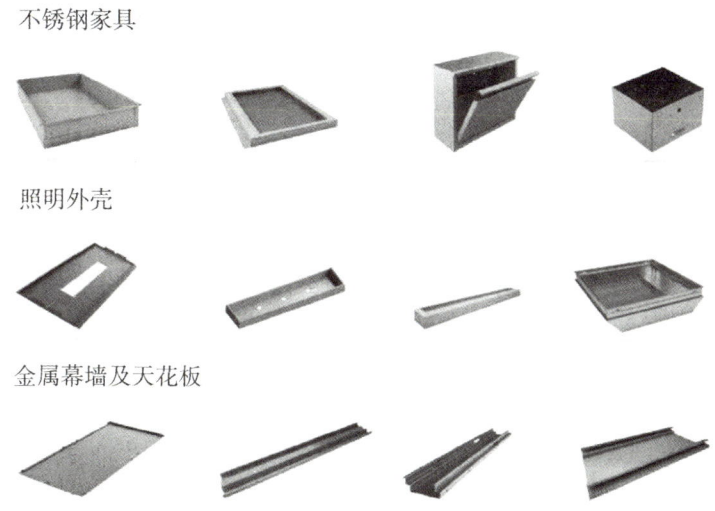

图 84-21　多边折弯机加工好的样品

(8) 数控卷板机

数控卷板机（Numerically controlled roll forming machine）是对金属扁平材以自动和可编程的方式进行滚压加工的机床。加工时，板材穿过三辊或更多辊，只在沿进料的纵轴方向上改变金属板的曲率，滚压成所需的曲线（弧、圆、椭圆），而板材的横截面形状保持不变。图 84-22 为三辊卷板成型加工板材的示意图；图 84-23 所示为通过调节上、下辊的间距来得到不同曲率圆弧的情况；图 84-24 所示为数控卷板机实物图；图 84-25 所示为加工过程中的数控卷板机。

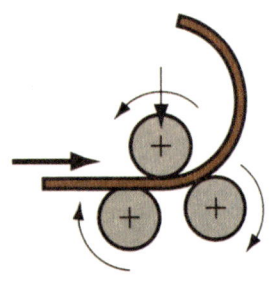 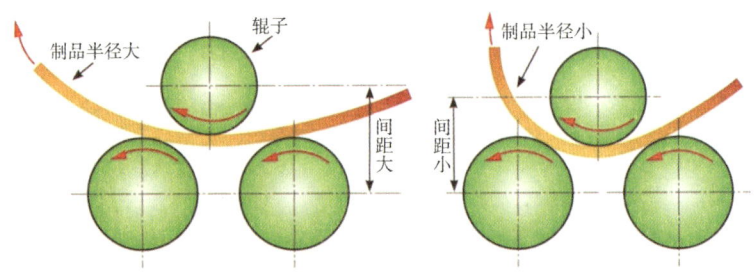

图 84-22　三辊卷板成型加工示意图

图 84-23　通过调节上、下辊的间距可得到不同曲率的圆弧

图 84-24　数控卷板机

图 84-25　加工过程中的数控卷板机

（9）纵剪线和定尺剪切线

纵剪生产线（Slitting line）是一条加工金属扁平材的生产线，其中两个带有相互匹配肋或槽的圆柱辊用来将大卷的卷材切成许多较窄的卷材或只切掉卷材的两个侧边。纵剪生产线主要由开卷机、卷材矫平机、纵剪机和重绕机组成。工作时，卷状板材从开卷机送入，首先被矫平，然后通过两个切割辊（一个在上面，另一个在下面）之间的辊隙进料并完成分切，在生产线的末端，分切的板材由重绕机再次卷绕成卷状。图84-26 所示为卷材切边生产线。

图 84-26　卷材切边生产线

定尺剪切生产线（Cut-to-length line）也是一条加工金属扁平材的生产线，其中的剪切机可将长的或卷绕的扁平材切割成多片特定长度的板材。定尺剪切生产线主要由

开卷机、卷材矫平机和剪切机三部分组成。加工时,成卷的扁平材架在开卷机上开卷,通过卷材矫平机送入剪切机,剪切机将其切成多片特定长度的板材。图 84-27 所示为定尺剪切生产线;图 84-28 所示为定尺剪切生产线剪切后得到的产品。

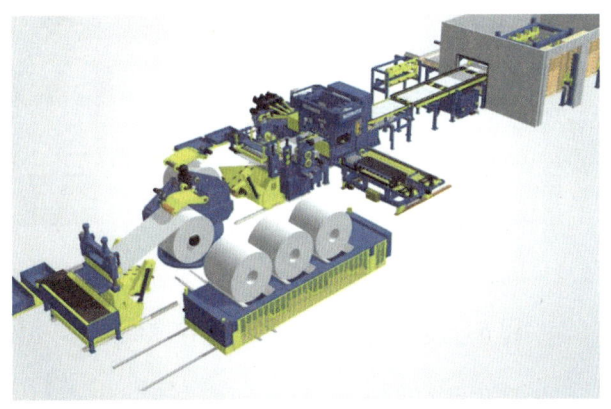

图 84-27　定尺剪切生产线

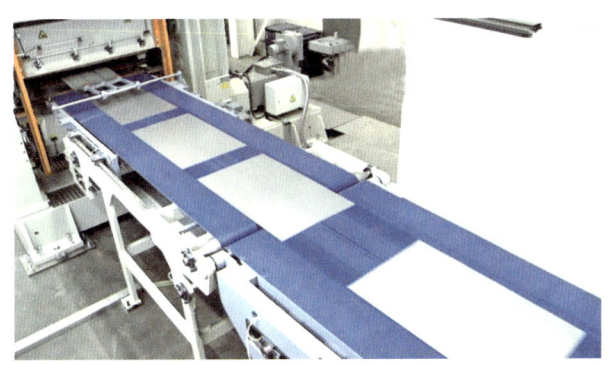

图 84-28　定尺剪切生产线剪切后得到的产品

(10) 机械压力机

机械压力机(Mechanical press)是使用电动机通过机械传动链产生压力来改变金属工件形状的机器。机械压力机要使用离合器把电动机的机械能传递到工作部件,该离合器将传递的扭矩从主动轮传到从动轮。通过施加在金属工件上的较大压力而改变工件的形状。机械压力机通常使用三相电动机,并通过离合器、齿轮传动带动曲轴旋转,曲轴的旋转再转化为冲头的上、下运动。图 84-29 为机械压力机的工作原理图;图 84-30 为机械压力机实物图。从图 84-30 可以看出机械压力机带有离合器(Clutch),电动机的机械能通过皮带、离合器、齿轮传递给带动工作部件的曲轴。

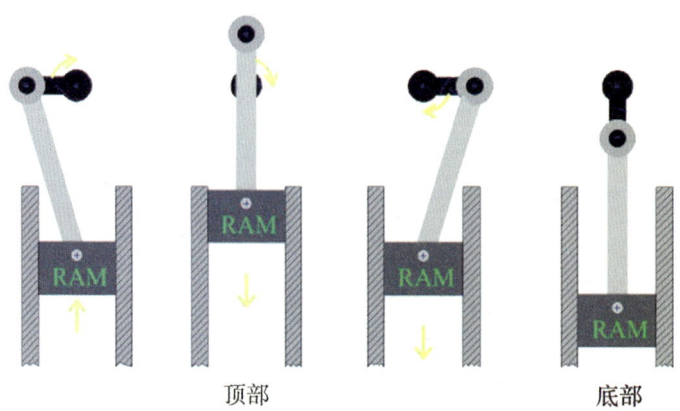

图 84-29　机械压力机的工作原理图

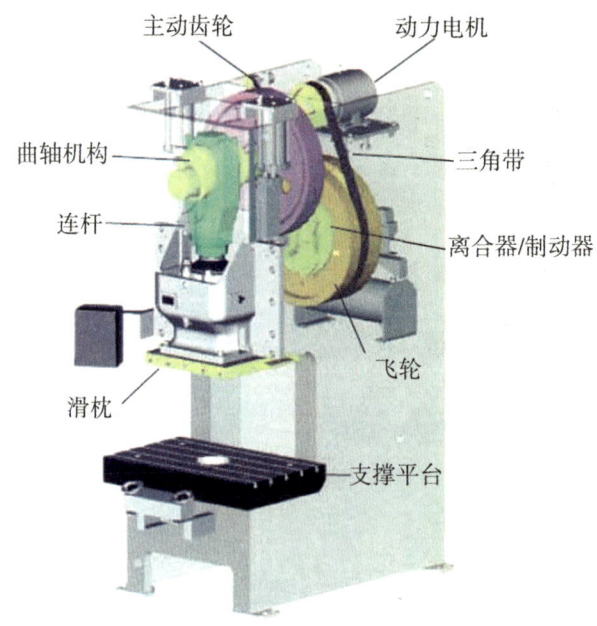

图 84-30　机械压力机实物图

(11) 伺服压力机

伺服压力机（Servo-press）是一种由伺服电动机驱动并产生压力来改变金属工件形状的机器，是一种特殊的机械压力机。伺服压力机不含离合器，而是采用电控无刷的伺服电动机（Servo-motor）来直接驱动压力机，通过伺服系统将电动机的机械能传递到工作部件，如图 84-31 所示。从图 84-31 可以看出伺服压力机不含离合器，伺服电动机的机械能直接通过齿轮传递给曲轴，曲轴的旋转再转化为工作部件（冲头）的上、下运动。

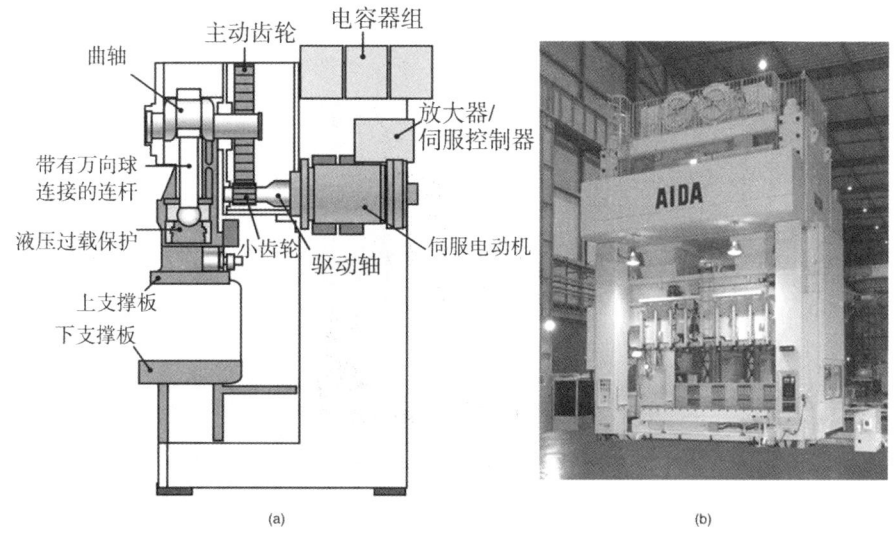

图 84-31 伺服压力机示意图与实物

(三) 冷等静压机

等静压（Isostatic Pressing）就是使用加压流体在各个方向均等地对粉末进行压缩，并使被压缩的粉末成为与模具相同形状坯体的一种加工方式。按静压时温度的不同分为冷等静压和热等静压。

冷等静压（Cold Isostatic Pressing）是室温条件下进行的压缩。

热等静压（Hot Isostatic Pressing）是将粉末加热成高温后进行的压缩。

冷等静压的加工过程如图 84-32 所示，冷等静压机实物如图 84-33 所示。

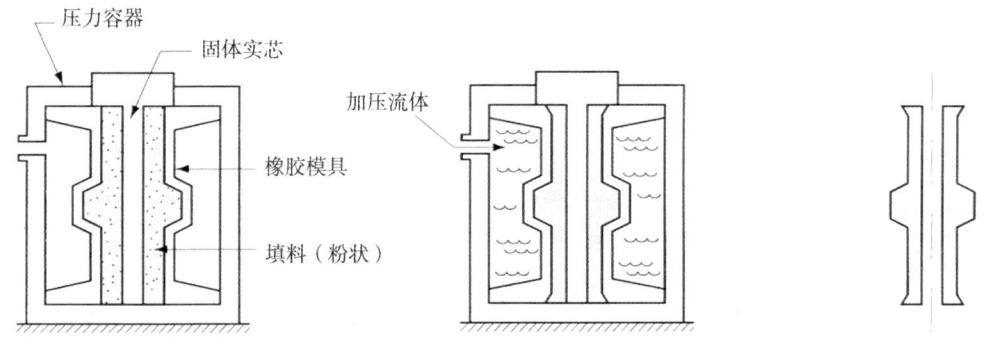

(a) 将粉末装入柔性的模具内　　(b) 对模具内的粉末在各个方向上施加压力　　(c) 加工后的产品

图 84-32　冷等静压的加工过程

图 84-33　冷等静压机实物

(四) 增材制造设备

增材制造（Additive Manufacturing, AM）又称 3D 打印（3D printing）、立体打印、层积制造，指任何打印、堆积三维物体的过程。

3D 打印被称为增材制造，是因为它与金属切削加工（减材制造）对应。3D 打印是从普通打印发展而来的，普通打印机只能打印平面图形，打印的材料是墨水（以喷墨打印为例），而 3D 打印机打印的是三维立体图形，打印的材料是金属、塑料、陶瓷等不同的"打印材料"。3D 打印是一种快速成型技术。

3D 打印过程是一个不断添加的过程，在计算机控制下层叠原材料。3D 打印的内容来源于三维模型或其他电子数据，其打印出的三维物体可以拥有任何形状和几何特征。

三维打印的设计过程：先通过计算机软件建模，再将建成的三维模型"分区"成逐层的截面，即切片，从而指导打印机逐层打印。图 84-34 所示为 3D 打印的设计与打印过程；图 84-35 所示为 3D 打印机实物；图 84-36 所示为 3D 打印机打印的产品。

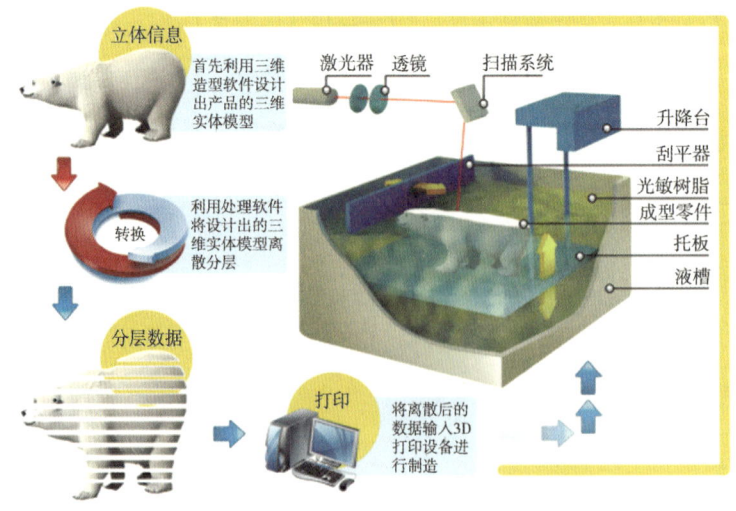

图 84-34　3D 打印的设计与打印过程

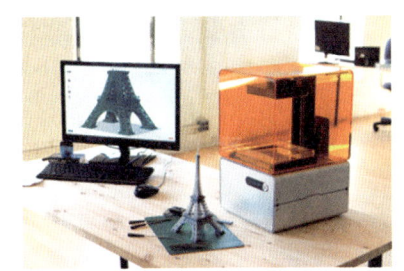

图 84-35　3D 打印机

图 84-36　3D 打印机打印的产品

在 3D 打印中所使用的材料主要包括工程塑料、橡胶、光敏树脂、石膏、金属和陶瓷等，在生物应用领域还有人造骨粉、细胞生物原料等。这些材料都是针对 3D 打印设备和工艺来研发的，有不同的形态，比如粉末状、丝状、层片状、液体等。

工程塑料是当前应用最广泛的一类 3D 打印材料，常见的有 ABS 类材料、PC 类材料、尼龙类材料等。工程塑料指被用作工业零件或外壳材料的工业用塑料，是强度、耐冲击性、耐热性、硬度及抗老化性均优的塑料。

光敏树脂即 UV 树脂，由聚合物单体与预聚体组成，其中加有光（紫外光）引发剂（或称为光敏剂）。在一定波长的紫外光（250~300nm）照射下能立刻引起聚合反应完成固化。光敏树脂一般为液态，可用于制作高强度、耐高温、防水材料。常见的光敏树脂有 somos NEXT 材料、树脂 somos11122 材料、somos19120 材料和环氧树脂。

3D 打印的橡胶类产品主要有消费类电子产品、医疗设备以及汽车内饰、轮胎、垫片等。橡胶类材料具备多种级别弹性材料的特征，这些材料所具备的硬度、断裂伸长率、抗撕裂强度和拉伸强度，使其非常适合于要求防滑或柔软表面的应用领域。

3D 打印的金属粉末材料主要有钛合金、钴铬合金、不锈钢和铝合金材料等。3D 打印所使用的金属粉末一般要求纯净度高、球形度好、粒径分布窄、氧含量低。3D 打印金属零部件大多用于国防领域。

3D 打印的陶瓷材料具有高强度、高硬度、耐高温、低密度、化学稳定性好、耐腐蚀等优异特性，在航空航天、汽车、生物等行业有着广泛的应用。但陶瓷材料硬而脆的特点使其成形尤其困难。

目前，3D 打印设备有多种，打印材料不同，对应的成型工艺也不同，而且打印设备是与材料配合来设计的。下面介绍几种常见的打印成型工艺。

1. 分层实体成型工艺

这是较早的 3D 打印成型技术。分层实体成型工艺多使用纸材、PVC 薄膜等材料，价格低廉且成型精度高。激光切割器将沿着工件截面轮廓线对薄膜进行切割,可升降的工作台能支撑成型的工件,并在每层成型之后降低一个材料厚度以便送进将要进行粘合和切割的新一层材料,最后热粘压部件将会一层一层地把成型区域的薄膜粘合在一起。

2. 立体光固化成型工艺

以光敏树脂作为材料,在系统控制下紫外激光将对液态的光敏树脂进行扫描从而让其逐层凝固成型。液槽中会先盛满液态的光敏树脂,氦-镉激光器或氩离子激光器发射出的紫外激光束在计算机的操纵下按工件的分层截面数据在液态的光敏树脂表面进行逐行逐点扫描,这使扫描区域的树脂薄层产生聚合反应固化从而形成工件的一个薄层。

3. 选择性激光烧结工艺

选择性激光烧结工艺使用的是粉末状材料,激光器在计算机的操控下对粉末进行扫描照射而实现材料的烧结粘合,就这样材料层层堆积实现成型。先采用压辊将一层粉末平铺到已成型工件的上表面,数控系统操控激光束按照该层截面轮廓在粉层上进行扫描照射而使粉末的温度升至熔化点,从而进行烧结并与下面已成型的部分实现粘合。

4. 三维印刷工艺

工作原理类似于喷墨打印机,与选择性激光烧结工艺也有着类似之处,采用的都是粉末状的材料,如陶瓷、金属、塑料,但与其不同的是3DP使用的粉末并不是通过激光烧结粘合在一起的,而是通过喷头喷射粘合剂将工件的截面"打印"出来并一层层堆积成型的。

5. 熔融沉积成型工艺

将丝状的热熔性材料(通常为ABS或PLA材料)进行加热融化,通过带有微细喷嘴的挤出机把材料挤出来,熔融的丝材被挤出后随即会和前一层材料粘合在一起。一层材料沉积后工作台将按预定的增量下降一个厚度,然后重复以上的步骤直到工件完全成型。这是最常见的3D打印机,也称为桌面型3D打印机。

第八十四章注释二的修订(修改排除条款)

一、修订背景

在WCO会议上,有成员方指出第八十四章注释二在所涉及品目84.19、84.22和84.24不适用情况说明时,三个品目的前面均未加序号,使得序号排列不够规范,当有时需要依据第八十四章注释二(一)进行归类时,就会发现有三处"二（一）"，容易引起歧义，该成员方建议在三个品目条目之前增加一个中间层级的序号。

二、主要观点及讨论情况

各成员方代表均认为该建议非常合理，当次会议表决一致同意相关修订，并在其后正式通过了相关修订。

但是，该成员方在提出该议题时，采用的第八十四章注释二的文本是2017版之前的旧版本，将其中"（五）温度变化（即使必不可少）仅作为辅助功能的机器、设备或实验室设备"替换为旧版本的"（五）温度变化（即使必不可少）仅作为辅助功能的机器或设备"。由于该议题的目的是修订编号，与会代表没有注意到文本上的差别，而秘书处在整理会议文件时，误认为删除"实验室设备"是会议讨论的成果，将其纳入了修订目录。

直至复核时，秘书处发现了这一问题，虽然当时由于新冠肺炎疫情而没有召开现场会议，但是该问题仍以勘误表的形式发送至各成员方进行讨论，并得以将条文内容恢复原状。同时原条文内所涉及的第八十四章注释九在2022年版《协调制度》中变更为章注释十一，因此也做了修订。

三、结论

最终修订结果详见第八十四章章注二。

第八十四章注释五至八、子目注释二、品目84.86条文的修订
（为品目84.62两种生产线新增注释及注释编号变化产生的相应调整）

一、修订背景

在2017年底的WCO某次会议上，有成员方建议对品目84.62的品目条文及子目条文进行修订，认为随着该品目项下相关领域产品技术的更新，其贸易量也迅速增长，修改对这些产品的描述将有助于明确相关商品的归类，对重要产品的生产和贸易进行统计，提高该品目的使用效果。建议如下：

（一）子目8462.1条文的修订

因金属热成型加工是项特别的技术，所以热加工机床也是非常特殊的，热加工机床与冷加工机床在技术上有所不同，形成了不同的市场，建议将所有的热加工机床统一列入子目8462.1，在子目条文中增加"热轧"一词，使其包括贸易量最大的热轧机。

由于行业技术和商业文件中已不再使用"冲压机床"（Die stamping machines）一词而改用"开式模锻"和"闭式模锻"，应删除子目条文中的"冲压"一词，使用"模锻机"。

闭式锻造机（模锻机）比冷闭式锻造机（冷模锻机）贸易量更高，冷加工的模锻机床的贸易量非常小。闭式锻造机（模锻机）是子目8462.1项下贸易量最大的，建议为其单列子目。方案如下：

-用于开式模锻和闭式锻造（模锻）的热加工机床（包括压力机）、热轧机及热锻锻锤：

8462.11--闭式锻造机（模锻机）

8462.19--其他

（二）子目 8462.2 条文的修订

子目 8462.2 项下包含用于板材加工的机床，其贸易量非常大，有必要修订子目以列明用于板材的机床，其中"板材"一词是根据 ISO 定义"横截面接近矩形且长度远大于宽度的产品"。建议在条文中增加"折弯机"，因为其不属于"压力机"。由于该子目项下贸易量比较大，建议细分子目。方案如下：

-用于板材的弯曲、折叠、矫直或矫平机床（包括折弯机）：

8462.22--型材成型线

8462.23--数控折弯机

8462.24--数控多边折弯机

8462.25--数控卷板机

8462.26--其他数控弯曲、折叠、矫直或矫平机床

8462.29--其他

（三）子目 8462.3 条文的修订

子目 8462.3 现有的条文涉及的机床定义已经过时，建议在其中引入切割和纵切机等新型机床，以适应现状。方案如下：

-板材用纵剪线、定尺剪切线和其他剪切机床（不包括压力机），但冲剪两用机除外：

8462.32--纵剪线和定尺剪切线

8462.33--数控剪切机床

8462.39--其他

（四）子目 8462.4 条文的修订

建议对子目 8462.4 的法律条文进行审核，因为其中包括的机床不是同一类型，冲孔机床的工作方式与压力机差别非常大，冲孔机床是"沿着预定的轨迹逐步地"工作，而冲压机对金属片的切割是作为一个整体工作的过程，建议将压力机从中排除。方案如下：

-板材用冲孔、开槽或步冲机床（不包括压力机），包括冲剪两用机：

8462.42--数控的

8462.49--其他

（五）新增子目 8462.5

加工金属管道的这类新型机床已经出现了很多年，且贸易量非常高，根据机床领域的市场数据需要，区分板材和其他金属产品的加工机床非常有必要，建议为生产金属管道的机床新增子目。方案如下：

-金属管道、管材、型材、空心型材和棒材的加工机床（非压力机）：

8462.51--数控的

8462.59--其他

（六）新增子目 8462.6

压力机是品目84.62项下重要的机床种类之一，机床行业对其贸易数据非常感兴趣。建议为冷加工压力机新增子目，以与其他机床区分，并根据其工作原理细分子目。方案如下：

-金属冷加工压力机：

8462.61--液压压力机

8462.62--机械压力机

8462.63--伺服压力机

8462.69--其他

（七）子目 8462.9 条文的修订

方案如下：

8462.90-其他

（八）品目 84.62 条文的修订

由于以上子目条文的修订，需要对品目条文进行如下修订：

84.62 加工金属的锻造（包括模锻）、热轧或模锻机床；加工金属的弯曲、折叠、矫直、矫平、剪切、冲孔或开槽机床；金属管道、管材、型材、空心型材和棒材的加工机床（非压力机），子目8463.10的机床除外；其他加工金属或硬质合金的压力机。

提议成员方认为这些修订对行业和海关非常有用，可以为这些机床快速变化的销售状况提供统计数据，从而更好地规划生产。而且相关产品的国际贸易量很大，有助于更好地归类。

二、主要观点及讨论情况

有代表对品目条文中引入"轧制"有疑问，其与品目84.55的金属轧机可能存在冲突，造成品目84.62的范围扩大，并希望将品目84.62的机床与品目84.55的金属轧机进行区分。提议成员方解释说，其已和行业联系，确认品目84.55的金属轧机是大型设备，规模达数百米，用于热加工，加工的金属材料厚度以厘米计，而品目84.62的机床要小得多，机器总长度以米为单位，其为冷加工机器，加工金属薄板的厚度以毫米计。另有代表指出品目84.55注释中提到"轧机的大小差异甚大，从轧制贵金属用的小型轧机到巨型的轧钢机不等"，税贸司副司长建议在品目条文中插入"轧机除外"。与会代表还认为品目84.62的"轧制"是对金属进行弯曲，这个表述是多余的，品目84.62的"轧制"不同于品目84.55。税贸司副司长赞同该意见，指出"热轧"和"热锻"没有定义,其他子目是否包含轧制工艺不明确。提议成员方指出品目84.55注释提到,"折弯机、折叠机、矫直机或轧平机(品目84.62)不能视为上述轧机"。经过讨论,提议成员方同意删除"热轧",并增加"轧机除外",以避免不同金属轧机的归类发生混乱。

有代表提出品目84.62的归类原则是加工方法,除品目条文中提到的加工方法外,还有哪些适用于管材和棒材的加工方法可归入品目84.62。提议成员方回应称,除了前面提到的方法外,其他一些会使得被加工材料的几何形状发生改变的机床是归入其他品目项下的。

有代表指出新增子目8462.22和8462.32的"生产线"可能包含很多机床,建议将"线"替换为"机"。这些机床应该根据第十六类注释三及四归类,该代表认为这些子目将会破坏归类规则。提议成员方解释道,子目8462.22的"型材成型线"的工作流程为一个金属片通过几组轧辊(子目8462.25的卷板机),由每组轧辊逐步卷成所需的截面形状。由于这些机床可以单独使用或与其他机床联用,可能归入不同的子目,提议成员方同意将其修改为"型材成型机"。而为了解决其他代表对子目8462.32中"生产线"的疑惑,税贸司副司长建议新增子目注释进行定义,经过进一步讨论后,会议决定将条文"纵剪及定尺剪切线"分开表述为"纵剪线和定尺剪切线",并拟将新增的子目注释提升为章注释。

有代表认为子目8462.24的数控多边折弯机和8462.23的折弯机、8462.25的卷板机无法区分,指出折弯机是通过前后运动实现弯曲的,卷板机是通过轧辊的压力实现弯曲的,而提议中没有提到多边折弯机的工作原理。提议成员方解释道,子目8462.25的具体操作原理是"辊轮压力",与其他两个子目完全不同。

有代表指出品目84.63是一个"其他"性质的品目,应该将品目84.62条文修订建议中的排他条款"品目84.63所列商品的除外"改为"拉拔机除外"等,经过咨询行业意见,认为可以这样修改。

有代表指出为何将"冲压"改为"模锻",提出是否冲压是冷加工,而模锻是热加工的疑问。税贸司副司长解释说,这两个词的意思是一样的,只是因为行业术语发生了改变。

三、结论

会议最终决定在第八十四章为"纵剪线、定尺剪切线"增列一个章注释。最终修订结果详见第八十四章注释五至八、子目注释二、品目84.86。

第八十四章注释十、十一的修订(基于3D打印机的修订)

一、修订背景

在2017年WCO会议上,秘书处联合国际商会针对3D打印机的归类问题提出了一项议题。要求各成员方分享归类经验,并确定行动方案。在这项议题中,国际商会详细介绍了目前业界对3D打印机的技术分类。各成员方代表分享了各自的归类做法。此次会议提出了为3D打印机修订《协调制度》的建议。

二、主要观点及讨论情况

2017年之后的WCO会议上,有成员方提出了为3D打印机新增品目的修订建议。在讨论过程中,大家普遍关注以下问题:一是如果为3D打印机新增品目,应如何列目;二是子目的设置;三是打印介质材料是否需列目;四是食品3D打印机应如何归类。最后会议通过为3D打印机及其零件新增品目84.85,并请各方再对修订版本提出建议,共涉及下列七种类型的3D打印机:粘合剂喷射成形机、立体光固化成形机、材料喷射成形机、材料挤出成形机、粉末床熔融成形机、薄材叠层成形机、定向能量沉积成形机。

后续的WCO会议上,讨论了3D打印机新增章注释十(3D打印机的定义及归类原则)以及新增品目84.85项下子目的设置问题。

在2018年WCO会议上,有成员方提出关于某种"3D打印笔"的归类,争议焦点是归入品目85.16还是品目84.77。最终经过两轮投票,该产品归入了品目84.77,子目8477.80。

2018年之后,会议继续讨论3D打印机新增品目及章注释的文本,以及是否应将零件及附件纳入子目中。有成员方提出新增章注释十对3D打印机的定义过于宽泛,结合3D打印机的工作原理,提出增加"数字模型为基础"的表述,得到采纳。会上大多数代表并不同意将附件纳入该品目的范围,为此会议提供了三个文本建议,供下次讨论。

方案一:品目84.85所称"增材制造"(也称3D打印)指通过连续添加和堆叠材料(如金属、塑料、陶瓷等)而形成三维物体的过程。

方案二:品目84.85所称"增材制造"(也称3D打印)指通过材料的沉积以及利用能量源的选择性筛分而使得材料成形,并最终凝结和固化的过程。

方案三:品目84.85所称"增材制造"(也称3D打印)指以数字模型为基础,通过使用能量源将介质材料(如金属、塑料、陶瓷等)通过连续添加、堆叠、凝结、固化而形成三维物体的过程。

除第十六类注释一及第八十四章注释一另有规定的以外,符合品目84.85规定的设备,应归入该品目而不归入本《协调制度》的其他品目。

后续的WCO会议对3D打印笔的归类进行了重审,维持了原有意见(不属于品目84.85的商品)。同时,对上述文本建议,大多数代表同意在方案二的基础上进行修订。

三、结论

在2019年WCO会议上,全文通过了2022年版《协调制度》修订建议,并提交当年6月召开的WCO大会正式通过。针对3D打印机的新修订内容将于2022年施行。

因第八十五章为智能手机和平板显示模组新增章注释五、章注释七和章注释十一，第八十五章原章注释九序号顺延为章注释十二，该条章注释中相关内容相应调整。同时，因第八十四章新增章注释五和章注释十，第八十四章注释九序号修订为章注释十一。

最终修订结果详见第八十四章注释十、十一。

品目84.14条文的修订（为气密生物安全柜修订品目条文及增列子目）

一、修订背景

该议题为协调制度委员会秘书处提出的"有关为两用物项修订《协调制度》，以促进对战略商品的监管"相关议题中的一项。秘书处指出，仅有三级生物安全柜是具有战略性的。根据世界卫生组织的实验室生物安全手册对生物安全柜的定义，秘书处认为三级生物安全柜区别于一、二级生物安全柜的特性：一是气密级的密封；二是需要经安装在柜壁接口上的重型橡胶手套通往工作台。基于以上描述，考虑到生物安全柜可作为机械归入品目84.14，秘书处提议在现有子目8414.60和8414.80项下，为三级生物安全柜新增二级子目。

二、主要观点及讨论情况

对于"生物安全柜"的讨论重点在于是归入品目84.14还是归入品目84.21，讨论内容还涉及了与"生物安全柜"相关的"手臂长度的手套"。根据讨论意见，秘书处还提交了在子目8414.70项下增列"生物安全柜"的方案。

与会代表均表示品目84.14应该包括处理化学品的安全柜，但对于安全柜含有的"手套"的描述可以进行调整。

部分代表同意将"化学"一词和"手套"的描述添加到品目84.14条文中。但也有代表希望删除"and chemical"，还有代表指出生物安全柜的子目条文规定有手套口及手套可能会有问题，因为可能存在使用机械手的生物安全柜。会议一致同意删除"手臂长度的手套"和"化学"的表述。

三、结论

秘书处提出修订草案如下：修改品目84.14条文，删除"过滤器"并替代为"过滤器；气密生物安全柜，不论是否装有过滤器"；新增子目8414.70，插入新子目条文"8414.70--气密生物安全柜"。

会议讨论通过相关修订建议。最终修订结果详见品目84.14。

品目84.18条文的修订（为冷藏-冷冻组合机修订品目条文）

一、修订背景

该议题内容为修订《协调制度》条款以明确子目8418.10的商品范围。某成员方根据其国内贸易法庭对"冷藏-冷冻组合机"（其中冷藏箱装的是门，冷冻箱为同一个门内的抽屉）的判例，提出对子目"8418.10- Combined refrigerator-freezers, fitted with separate external doors."商品范围予以界定。该判例认为，门和抽屉是独立的、不相同的概念，认定"案件争议商品装的不是独立外门（separate external doors），而是外门和独立抽屉（external door and separate drawers）。因此，不归入子目8418.10"。该成员方海关执行了法院判决，但认为《协调制度》的初衷是"单独外门"包括所有冷藏-冷冻组合机每个区域的独立外部入口，而子目8418.10用"门"这个词仅反映了当时的技术水平，因为以前冰箱都装门不装抽屉。

二、主要观点及讨论情况

秘书处经查阅《协调制度》历史及查找相关商品图片资料，指出20世纪70年代《协调制度》拟稿时，当时的冷藏-冷冻冰箱外部入口就只门，所以为品目84.18项下冷藏-冷冻冰箱外部入口设立子目时只考虑了门。现在市场中销售的冷藏-冷冻冰箱的外部入口有两种，只有门或者是门和抽屉。秘书处认为子目8418.10条文未能反映三十多年来相关产业的技术发展和商品演化，因此导致《协调制度》使用者对子目条文范围理解不一样，也导致了归类不一致。因此，秘书处表示支持修订建议，并对该成员方提出的两个修订方案的文字表述进行了修改。

方案一

品目84.18的子目8418.10删除并替换为：

8418.10-冷藏-冷冻组合机，各自装有单独外门或［抽屉］［外部可开的抽屉］［或他们的组合体］的

方案二

新增子目注释一

1.-子目8418.10所述"外门"包括［外部的］抽屉或其他能进入冷藏室或冷冻室的部件。

将原子目注释一至四修改为子目注释二至五。

该成员方代表认为两个方案都可接受，但更倾向于方案二，认为其为技术未来发展预留了空间。

但多数成员方代表支持方案一，认为其更加清晰。主要讨论意见包括：关于方案一条文中带方括号的内容，有代表选择"外部可开的抽屉（externally accessible drawers）"和"或他们的组合体（or combinations thereof）"；有代表认为"外部可开的抽屉"未必需要，会议主席解释说"外部可开的抽屉"是为了区别于那些被关在冰箱门内的内部抽屉；还有代表指出"独立外部的（separate external）"的表述已经包括了门和抽屉，因此"外部可开的"显得重复；有代表建议方案一条文选择"抽屉（drawers）"和"或他们的组合体（or combinations thereof）"。

三、结论

WCO 最终决定采纳方案一,对于方括号中的语句采纳"抽屉(drawers)"和"或他们的组合体(or combinations thereof)",将子目 8418.10 条文由"冷藏-冷冻组合机,各自装有单独外门的"修改为"冷藏-冷冻组合机,各自装有独立外门、抽屉,或其组合体的"。最终修订结果详见品目 84.18。

品目 84.19 条文的修订(为太阳能热水器及两用物项增列子目)

一、修订背景

该议题建议为有关太阳能产品(增列子目 8419.12 太阳能热水器)修订《协调制度》目录。议题提出方建议主要涵盖两类商品:太阳能热水器和太阳能电池板、组和模块,小型的太阳能发电机和太阳能灯。

另外,该品目修订还涉及秘书处提出的"有关为两用物项修订《协调制度》以促进对战略商品的监管"相关议题中的一项。秘书处指出,冻干机(也称为冷冻干燥机)因其可保存和稳定生物战用的药剂和毒素,并提升它们的效能而具有战略性。喷雾干燥机也因其可稳定生物战用的药剂和毒素,以及具有制造非常易于吸入的粉末的能力而具有战略性。

专家组认为,为了便于监管冻干机和喷雾干燥机的贸易,应修订品目 84.19 的结构,使品目注释二(二)提到的实验室用冷冻干燥装置和冻干单元及注释二(六)提到的喷雾干燥机能明确列出。因此,秘书处建议修改 5 位子目 8419.3(干燥机),为实验室用冷冻干燥装置、冻干单元和喷雾干燥机新增子目。因有成员方认为所有用于农产品的干燥器和用于木材、纸浆、纸或纸板的干燥器应优先保留在 5 位子目 8419.3 之中,秘书处建议维持现有子目 8419.31 和 8419.32 不作改变,新增子目 8419.33 "其他实验室用冻干装置、冻干单元;其他喷雾干燥器"。

二、主要观点及讨论情况

对于太阳能产品,该议题没有原则性争议,只有表述的差异。关于品目 84.19 的热水器,明确大多数商品在报验状态下成套(带框架);同时明确两种水箱(内置和外置)的专用性,体现在硬件结构上,如一些具有热交换的额外接口,但是能同时连太阳能热水器和其他锅炉的水箱在单独报验时,不应视为太阳能热水器的一部分。关于子目 8419.12,有代表提出将品名从"Solar water heating"改为"Solar water heating panels",将商品范围限定在单纯通过太阳能加热水的产品。会议主席指出,子目 8419.12 的太阳能热水器不包括任何电气部件。但是有代表认为限制太大,因为如果是不同形状的(如并非板状的),便会被排除在外,也可能让人误解为只是太阳能板而非热水器,希望用"Solar water heaters"的表述。部分代表也指出子目 8419.10 使用的表述是热水器,希望采用该表述。

第十六类 机器、机械器具、电气设备及其零件；录音机及放声机、电视图像、声音的录制和重放设备及其零件、附件

对于冻干装置，会议代表对英文版本和法文版本是否应表述为"实验室用冻干装置"以及8419.3项下6位子目结构进行了讨论，一致同意删除英文版本中的"实验室"字样，同时对8419.3项下6位子目结构进行修订，将子目8419.3至8419.39删除并替换为：

-干燥器：

8419.33--冻干装置、冻干单元和喷雾干燥器

8419.34--其他，农产品干燥用

8419.35--其他，木材、纸浆、纸或纸板用

8419.39--其他

三、结论

会议一致决定采用"Solar water heaters"的表述，并达成关于冻干装置列目的一致意见。

最终修订结果详见品目84.19。

品目84.21条文的修订（为内燃机尾气净化过滤装置增列子目）

一、修订背景

该议题来自汽车工业界，考虑到技术的发展、监控和环保方面的进步，以及为了将汽车领域与其他工业领域的相关商品区别开来，为尾气净化过滤设备增列子目8421.32。

二、主要观点及讨论情况

有代表建议仅将用于第八十七章车辆的该类商品单列，从而将汽车用的与工业用的区分开来。一些代表支持该建议，指出品目84.21的注释可能也需要考虑修订，已经有国家在税则中将相关商品增列了八位数子目，条文为"第八十七章的车辆的尾气净化装置"，该条文可以上升为六位数子目。但也有代表认为有些用于第八十四章的工程设备与第八十七章的车辆的内燃发动机的相关装置可能难以区分，例如，叉车有类似装置，但是叉车是归入第八十四章的商品，因此认为应该删除第八十七章的车辆的表述，新子目应该包括所有内燃发动机的尾气净化装置。

对于子目8421.32条文中商品名称使用"Catalytic convertors or particulate filters"（催化转化器或粒子过滤器）还是"Apparatus for purifying exhaust gases"（废气净化设备），多数代表支持前者，认为该表述是工业专用名词，因而会议决定使用该表述。

对于子目8421.32条文中商品范围界定为"第八十七章的车辆内燃发动机的废气"还是"所有内燃发动机的废气"，有代表坚持使用前者，但更多代表支持使用后者，认为既已无法区分内燃发动机是否专用于第八十七章的车辆，更何况其废气过滤器。最终该代表放弃坚持，但提出"purifying and filtering"（净

293

化和过滤）中的"purifying"和"filtering"似乎意思相同，是否有必要重复。一些代表认为二者存在差别，建议保留。最后，会议决定使用"所有内燃发动机的废气"的表述并保留"purifying and filtering"的表述。

三、结论

会议决定为尾气净化过滤设备增列子目 8421.32，具体条文描述为"8421.32--用于净化或过滤内燃机所排出废气的催化转化器或微粒过滤器，不论是否组合"。

最终修订结果详见品目 84.21。

品目 84.28 条文的修订（为工业机器人增列子目）

一、修订背景

该议题为秘书处提出的"有关为两用物项修订《协调制度》以促进对战略商品的监管"相关议题中的一项。

二、主要观点及讨论情况

秘书处指出用于搬运爆炸物和辐射物的工业机器人为战略商品，为了便于对设计用于搬运爆炸物和在核环境中工作的工业机器人进行监管，建议在品目 84.28 项下为设计用于提升、搬运、装载和卸载等的工业机器人新增子目。

三、结论

会议通过在品目 84.28 项下为工业机器人新增子目 8428.70 的修订。

最终修订结果详见品目 84.28。

品目 84.38 条文的修订（为微生物油脂修订品目条文）

一、修订背景

该修订源于为明确微生物油脂的归类而修订《协调制度》的议题。经过讨论，采用某成员方提出的修订方案二（将微生物油脂列在品目 15.15 项下，并创建新的子目 1515.60），WCO 同时也采纳了对《协调制度》中涉及"植物油脂"相应部分的注释进行修订的意见 [品目 15.15、15.16、15.17、15.18、23.06、84.38，子目 1516.20、8479.20，第三十四章注释一（一）、第三十八章注释七、第三十八章子目注释五等]。

二、主要观点及讨论情况

会上议题提出方代表提出，根据归类总规则四将微生物油脂归入品目 15.15 项下，因此为其增列子目的要求是合理的。同时，关于生产加工机器，秘书处的意见是，虽然微生物油脂的提取和加工设备与传统的动植物油脂提取和加工设备有类似也有不同，但是其功能是相同的，提案并不谋求在品目 84.38 和 84.79 项下为其单列新的子目，而是修改原有的动植物油脂加工机器的子目条文，使其加工对象的范围与修改后的品目 15.15 保持一致，所以区别不会影响归类。

大多数代表均表示支持，有代表对于法文版本中"et""ou"和英文版的不一致再次提出了意见，WCO 决定将英文版本中的"or"改成"and"，以便保持一致。同时为了保持子目条文统一，子目 1515.60 应该和其他子目一样改为"微生物油脂及其馏分物"。

还有代表提出微生物油脂在提炼过程中会产生油渣饼或其他残留物，是否需要修改 23.06。税贸司副司长回应确有其事，而且如有必要，可以修改注释来明确品目 23.06 的范围。

三、结论

会议讨论通过了上述提案，修订了品目 15.15、15.16、15.17、15.18、23.06、84.38 和 84.79 的条文，以及第二十七章、第三十四章和第三十八章的注释，在品目 84.38 条文中增加"微生物油脂"的表述。

最终修订结果详见品目 84.38。

品目 84.62 条文的修订（为锻造机修订品目条文及增列子目）

详细修订背景及会议讨论过程见"第八十四章注释五至八、子目注释二、品目 84.86 条文的修订（为品目 84.62 两种生产线新增注释及注释编号变化产生的相应调整）"。

WCO 最终决定为锻造机修订品目 84.62 条文，包括在子目 8462.1 中引入热锻机，将"冲压"改为"模锻"，并为闭式锻造机（模锻机）增列子目，在子目 8462.2、8462.3 和 8462.4 中增加"用于板材的"（或"板材用"），以与加工其他金属产品的机器相区分，在子目 8462.2 条文中增加"包括折弯机"等以与压力机相区分，在子目 8462.3 中引入纵剪线、定尺剪切线和数控剪切机床，并为新出现的金属管道、型材等的生产机器以及金属冷加工压力机新增子目 8462.5 和 8462.6。根据贸易量等因素进一步细分相关子目。

最终修订结果详见品目 84.62。

品目 84.79 条文的修订（为微生物油脂修订子目条文及为冷等静压机增列子目）

一、修订背景

秘书处提出为两用物项修订《协调制度》，目的是促进对战略商品的监管，WCO 有关专家组选定了希望为之修订《协调制度》的战略商品清单，其中包括用于烧结多种粉状材料（包括陶瓷、聚合物、金属粉末等）的等静压机。

某次 WCO 会议上，秘书处认为等静压机用于烧结多种粉状材料。一般来说，等静压机有冷等静压机和热等静压机两种。冷等静压机在常温下以液压的方式压模，而热等静压机则在高压热气流（通常为氩气）中同时烧结和压模。

因为热等静压机中的热源来源为热电阻，所以秘书处认为，热等静压机应按电阻加热的炉及烘箱归入品目 85.14 项下的子目 8514.10。而冷等静压机都归入第八十四章,秘书处认为其归入哪个品目取决于它们用于加工的粉末材料。有代表提出,这些等静压机也可以设计用于多种材料,应该按照第八十四章注释七进行归类。专家解释称,该修订的目的是便于监测设计用于各种材料的等静压机,因此秘书处建议在品目84.79项下为冷等静压机新增一个子目。

考虑到对微生物油脂的修订建议,秘书处认为子目8479.20的条文可能也需要修订。

二、主要观点及讨论情况

(一)关于冷等静压机的修订

一位代表认为冷等静压机尽管可用于塑料树脂,但因其最初是用于矿产品的(如陶瓷粉),所以应归入品目84.74。因此,会议决定先讨论冷等静压机的归类。经过讨论,会议一致认为冷等静压机归入品目84.79。

在之后的WCO会议上,税贸司副司长指出,冷等静压机可以处理陶瓷、聚合物、金属粉末等,对于新增子目8479.83条文"冷等静压机(用于压实各种材料)"中"用于压实各种材料"的表述需要谨慎。有代表指出,据其所知,没有任何冷等静压机只适用于一种材料,其他代表也表示赞同。经过讨论,秘书处建议可以将"用于压实各种材料"的表述从子目8479.83条文中删除,并建议通过品目注释来明确冷等静压机只有符合第八十四章注释七"多用途机器"的情况下才能归入该子目。会议代表一致同意。

(二)关于微生物油脂的修订

秘书处表示并不确定是否需要对子目8479.20的条文进行修订,因为暂时不了解微生物油脂的加工工艺和仪器设备。税贸司副司长提醒,需要明确是否要对品目84.79的相关条文进行修订。提出微生物油脂归类问题的成员方代表指出,微生物油脂的提取和加工设备与传统的动植物油脂提取和加工设备类似,且功能相同,希望对子目8479.20动植物油脂加工机器的条文进行修改。会议最终通过了相关修订。

三、结论

WCO最终决定修订子目8479.20的条文,以包括提取、加工微生物油脂的机器,并为冷等静压机增列子目8479.83。

最终修订结果详见品目84.79。

品目84.82条文的修订(为滚针轴承等修订子目条文)

一、修订背景

在WCO某次会议上,有成员方建议为某些新型轴承修订子目8482.40和8482.50的条文。这种新型轴承没有内外同心套圈结构,而是用保持架固定滚针,以方便操作和安装。

第十六类 机器、机械器具、电气设备及其零件；录音机及放声机、电视图像、声音的录制和重放设备及其零件、附件

二、主要观点及讨论情况

鉴于这种新型轴承的归类可能在各成员方之间引起争议，秘书处建议先讨论具体商品的归类。在2016年的WCO会议上，相关成员方提交了两种新型轴承的商品资料，会议一致同意这两种商品均应归入品目84.82，子目8482.41，并决定对相关目录修订进行讨论。

在之后的会议上，根据归类讨论结果，秘书处提出既然对该商品归类成员方的意见一致，是否有必要对子目8482.40和8482.50的条文进行修改。相关成员方解释称该商品是一套组件而非一个轴承，子目8482.40和8482.50对组件没有具体列名，因此有些成员方海关对其归类存疑，有必要修改子目条文使之更清楚。

三、结论

WCO最终决定接受修订建议，在子目8482.40及8482.50中分别增加"包括保持架和滚针组件"及"包括保持架和滚子组件"的表述。最终修订结果详见品目84.82。

品目84.85条文的修订（为3D打印机增列品目）

详细修订背景及会议讨论过程见"第八十四章注释十、十一的修订（基于3D打印机的修订）"。

第八十五章 电机、电气设备及其零件；录音机及放声机、电视图像、声音的录制和重放设备及其零件、附件

一、概述

本章章注释新增3条，修改1条，删除1条；子目注释新增4条；4位数品目新增2条，品目条文修改5条；5、6位数子目新增49条，删除5条，修改5条。其中新增品目85.24和品目85.49使整个《协调制度》的结构产生了较大的变化。

二、章注释及子目注释的修改情况

（一）新增章注释五

为定义智能手机新增章注释五。新增的条文如下：

"五、品目85.17所称'智能手机'是指使用蜂窝网络的电话机，其安装有移动操作系统，设计用于实现自动数据处理设备功能，例如，可下载并同时执行多个应用程序（包括第三方应用程序），并且不论是否集成了如数字照相机、辅助导航系统等其他特征"。

同时，原章注释五的序号相应地调整为注释六。

（二）新增章注释七

为进一步明确新增品目85.24项下"平板显示模组"的归类，新增章注释七，新增的条文如下：

"七、品目85.24所称'平板显示模组'，是指用于显示信息的装置或器具，至少有一个显示屏，设计为在使用前安装于其他品目所列货品中。平板显示模组的显示屏包括但不限于平面、曲面、柔性、可折叠或可拉伸等类型。平板显示模组可装有附加元件，包括接收视频信号所需并将这些信号分配给显示器像素的元件。但是，品目85.24不包括装有转换视频信号的组件（例如，图像缩放集成电路，解码集成电路或程序处理器）的显示模组，或具有其他品目所列货品特征的显示模组。

"本注释所述平板显示模组在归类时，品目85.24优先于其他品目。"

同时，原章注释六相应地调整为注释八，原章注释七到注释八相应地调整为章注释九到注释十。

（三）新增章注释十一

为品目85.39项下的"发光二极管（LED）光源"新增章注释十一。与2017年版《协调制度》相比，品目85.39项下的LED商品增加了"发光二极管（LED）模块"这一部分。新增的条文如下：

"十一、品目85.39所称'发光二极管（LED）光源'包括：

"（一）'发光二极管（LED）模块'，是基于发光二极管的电路构成的电光源，模块中包含电气、机械、热力或者光学等其他元件。模块还装有分立的有源或无源元件，或用于提供或控制电源的品目85.36、85.42的物品。发光二极管（LED）模块没有便于在灯具中安装或更换并确保机械和电气连接的灯头设计。

"（二）'发光二极管（LED）灯泡（管）'，是由一个或多个带有电气、机械、热力或者光学元件的LED模块组成的电光源。发光二极管（LED）模块与发光二极管（LED）灯泡（管）的区别在于后者有便于在灯具中安装或更换并确保机械和电气连接的灯头设计。"

同时，原章注释九相应地调整为注释十二。

（四）对原章注释九（现调整为章注释十二）的修改

原章注释九专门用来解释品目85.41和85.42项下半导体产品的商品范围，以强调上述两个品目在整个《协调制度》目录中所处的优先地位。2022年版《协调制度》在品目85.41中新增了"半导体基换能器"这一大类商品，故需要对章注释中第（一）部分作重大修改。同时，2017年版《协调制度》为品目85.42项下新增了多元件集成电路MCOs，当时的章注释也做了详尽描述，其中的重要部件"硅基换能器"和"半导体基换能器"除了使用材料属于包含关系外，其结构、原理、用途完全相同。因此WCO借此机会参考对"半导体基换能器"的描述，对上一轮转版中针对章注释中第（二）部分"硅基换能器"的部分描述做了修订，使之更为完善。修订后的条文如下：

"十二、品目85.41及85.42所称：

"（一）1.'半导体器件'是指那些依靠外加电场引起电阻率的变化而进行工作的

半导体器件,或半导体基换能器。

"半导体器件也可以包括由多个元件组装在一起的组件,无论是否有起辅助功能的有源和无源元件。

"本定义所称'半导体基换能器'是指半导体基传感器、半导体基执行器、半导体基谐振器和半导体基振荡器。这些是不同类型的半导体基分立器件,能实现固有的功能,即可以将任何物理、化学现象或活动转换为电信号,或者将电信号转换为任何物理现象或活动。

"半导体基换能器内的所有元件都不可分割地组合在一起,它们也包括为实现其结构或功能而不可分割地连接在一起的必要材料。

"下列名词的含义是:

"(1)'半导体基'是指用半导体技术,在半导体基片上构建、制造或由半导体材料制造。半导体基片或材料在换能器的作用和性能中起到不可替代的关键作用,其工作是基于半导体的物理、电气、化学和光学等特性。

"(2)'物理或化学现象'是指诸如压力、声波、加速度、振动、运动、方向、张力、磁场强度、电场强度、光、放射性、湿度、流量和化学浓度等。

"(3)半导体基传感器是一种半导体器件,其由在半导体材料内部或表面制作的微电子或机械结构组成,具有探测物理量和化学量并将其转换成电信号(因电特性变化或机械结构位移而产生)的功能。

"(4)半导体基执行器是一种半导体器件,其由在半导体材料内部或表面制作的微电子或机械结构组成,具有将电信号转换成物理运动的功能。

"(5)半导体基谐振器是一种半导体器件,其由在半导体材料内部或表面制作的微电子或机械结构组成,具有按预先设定的频率产生机械或电振荡的功能,频率取决于响应外部输入的结构的物理参数。

"(6)半导体基振荡器是一种半导体器件,其由在半导体材料内部或表面制作的微电子或机械结构组成,具有按预先设定的频率产生机械或电振荡的功能,频率取决于这些结构的物理参数。

"2.'发光二极管(LED)'是半导体器件,基于可将电能变成可见光、红外线或紫外线的半导体材料,不论这些器件之间是否通过电路连接以及不论是否带有保护二极管。品目85.41的发光二极管(LED)不装有以提供或控制电源为目的的元件。

"(二)'集成电路',是指:

"1. 单片集成电路,即电路元件(二极管、晶体管、电阻器、电容器、电感器等)主要整体制作在一片半导体材料或化合物半导体材料(例如,掺杂硅、砷化镓、硅锗或磷化铟)基片的表面,并不可分割地连接在一起的电路;

"2. 混合集成电路,即通过薄膜或厚膜工艺制得的无源元件(电阻器、电容器、电感器等)和通过半导体工艺制得的有源元件(二极管、晶体管、单片集成电路等)用互连或连接线实际上不可分割地组合在同一绝缘基片(玻璃、陶瓷等)上的电路。这种电路也可包括分立元件;

"3. 多芯片集成电路是由两个或多个单片集成电路实际上不可分割地组合在一片

或多片绝缘基片上构成的电路，不论是否带有引线框架，但不带有其他有源或无源的电路元件。

"4. 多元件集成电路（MCOs）：由一个或多个单片、混合或多芯片集成电路以及下列至少一个元件组成：硅基传感器、执行器、振荡器、谐振器或其组件所构成的组合体，或者具有品目85.32、85.33、85.41所列货品功能的元件，或品目85.04的电感器。其像集成电路一样实际上不可分割地组合成一体，作为一种元件，通过引脚、引线、焊球、底面触点、凸点或导电压点进行连接，组装到印刷电路板（PCB）或其他载体上。

"在本定义中：

"（1）元件可以是分立的，独立制造后组装到多元件（MCO）的其余部分上，或者集成到其他元件内。

"（2）'硅基'是指在硅基片上制造，或由硅材料制造而成，或者制造在集成电路裸片上。

"（3）①硅基传感器是由在半导体材料内部或表面制作的微电子或机械结构组成，具有探测物理或化学现象并将其转换成电信号（因电特性变化或机械结构位移而产生）的功能。'物理或化学现象'是指诸如压力、声波、加速度、振动、运动、方向、张力、磁场强度、电场强度、光、放射性、湿度、流量和化学浓度等现象。

"②硅基执行器是由在半导体材料内部或表面制作的微电子或机械结构组成，具有将电信号转换成物理运动的功能。

"③硅基谐振器是由在半导体材料内部或表面制作的微电子或机械结构组成，具有按预先设定的频率产生机械或电振荡的功能，频率取决于响应外部输入的结构的物理参数。

"④硅基振荡器是由在半导体材料内部或表面制作的微电子或机械结构组成，具有按预先设定的频率产生机械或电振荡的功能，频率取决于这些结构的物理参数。

"本注释所述物品在归类时，即使本协调制度其他品目涉及到上述物品，尤其是物品的功能，仍应优先考虑归入品目85.41及85.42，但涉及品目85.23的情况除外。"

（五）删除原章注释十

因为电子电气废弃物及碎料增列了新的品目85.49，品目85.48项下的"废原电池、废原电池组及废蓄电池"也被转移至新增的品目85.49项下，故删除了本注释，其相关内容也转移至新增的子目注释五。

（六）新增子目注释一至三

为三种具有特定指标的特种电视摄像机、数字照相机及视频摄录一体机增列子目注释，这些商品也将在品目85.25项下增列相应的子目。新增的子目注释条文如下：

"一、子目8525.81仅包括具有以下一项或多项特征的高速电视摄像机、数字照相机及视频摄录一体机：

"——写入速度超过0.5毫米/微秒；

"——时间分辨率50纳秒或更短；

"——帧速率超过225000帧/秒。

"二、子目8525.82所称抗辐射或耐辐射电视摄像机、数字照相机及视频摄录一体机,是指经设计或防护以能在高辐射环境中工作。这些设备可承受至少50×10^3 Gy(Si)[5×10^6 RAD(Si)]的总辐射剂量而不会使其操作性能退化。

"三、子目8525.83包括夜视电视摄像机、数字照相机及视频摄录一体机,这些设备通过光阴极将捕获的光转换为电子,再将其放大和转换以形成可见图像。本子目不包括热成像的摄像机或照相机(通常归入子目8525.89)。"

同时,由于新增子目注释一至三,原子目注释一的序号相应地调整为子目注释四。

(七) 新增子目注释五

虽然由于商品列目的调整,删除了原章注释十,但仍然有必要对"废原电池、废原电池组及废蓄电池"的定义进行解释,故新增子目注释五,新增的条文为"五、子目8549.11至8549.19所称'废原电池、废原电池组及废蓄电池'是指因破损、拆解、耗尽或其他原因而不能再使用或不能再充电的电池"。

三、目录结构及品目条文的调整情况

(一) 品目85.01的调整

国际可再生能源署向WCO建议为太阳能产品增列一系列子目,其中包括了品目85.01项下的光伏发电机(Photovoltaic generators)。根据输出电流性质的不同,光伏发电机还分为直流电机和交流电机。

1. 子目8501.3条文的修改

为排除原本归入本子目的光伏直流发电机,该子目条文由"其他直流电动机;直流发电机"修改为"其他直流电动机;直流发电机;不包括光伏发电机",条文修改后,商品范围缩小。

由于子目8501.31至8501.34的部分商品转移至新增的子目8501.7项下,调整后子目8501.31至8501.34的商品范围缩小。

2. 子目8501.6条文的修改

为排除原本归入本子目的光伏交流发电机,该子目条文由"交流发电机"修改为"交流发电机,不包括光伏发电机",条文修改后,商品范围缩小。

由于子目8501.61至8501.64的部分商品转移至新增的子目8501.8项下,调整后子目8501.61至8501.64的商品范围缩小。

3. 新增子目8501.7

新增子目"8501.7-光伏直流发电机",同时按输出功率不同,在此子目项下再拆分为子目"8501.71--输出功率不超过50瓦"和"8501.72--输出功率超过50瓦"。新增子目的商品为原子目8501.31至8501.34的部分商品。

4. 新增子目8501.8

新增子目"8501.80-光伏交流发电机"。新增子目的商品为原子目8501.61至8501.64的部分商品。

调整后品目85.01的列目结构如表85-1所示。

表 85-1 调整后品目 85.01 的结构

HS 编码	商品名称	备注
85.01	电动机及发电机（不包括发电机组）：	
8501.10	-输出功率不超过 37.5 瓦的电动机	
8501.20	-交直流两用电动机，输出功率超过 37.5 瓦	
	其他直流电动机；直流发电机；不包括光伏发电机：	商品范围缩小
8501.31	--输出功率不超过 750 瓦	商品范围缩小
8501.32	--输出功率超过 750 瓦，但不超过 75 千瓦	商品范围缩小
8501.33	--输出功率超过 75 千瓦，但不超过 375 千瓦	商品范围缩小
8501.34	--输出功率超过 375 千瓦	商品范围缩小
8501.40	-其他单相交流电动机	
	-其他多相交流电动机：	
8501.51	--输出功率不超过 750 瓦	
8501.52	--输出功率超过 750 瓦，但不超过 75 千瓦	
8501.53	--输出功率超过 75 千瓦	
	-交流发电机，不包括光伏发电机：	商品范围缩小
8501.61	--输出功率不超过 75 千伏安	商品范围缩小
8501.62	--输出功率超过 75 千伏安，但不超过 375 千伏安	商品范围缩小
8501.63	--输出功率超过 375 千伏安，但不超过 750 千伏安	商品范围缩小
8501.64	--输出功率超过 750 千伏安	商品范围缩小
	-光伏直流发电机	新增
8501.71	--输出功率不超过 50 瓦	新增
8501.72	--输出功率超过 50 瓦	新增
8501.80	-光伏交流发电机	新增

（二）品目 85.07 的调整

因贸易量小，删除子目"8507.40-镍铁蓄电池"，删除的商品被转至子目 8705.80 项下。

调整后品目 85.07 的列目结构如表 85-2 所示。

表 85-2 调整后品目 85.07 的结构

HS 编码	商品名称	备注
85.07	蓄电池，包括隔板，不论是否矩形（包括正方形）：	

表85-2 续

HS 编码	商品名称	备注
8507.10	-铅酸蓄电池,用于启动活塞式发动机	
8507.20	-其他铅酸蓄电池	
8507.30	-镍镉蓄电池	
8507.50	-镍氢蓄电池	
8507.60	-锂离子蓄电池	
8507.80	-其他蓄电池	商品范围扩大
8507.90	-零件	

(三) 品目85.14的调整

由于两用物项管制,为热等静压机、电子束炉和等离子及真空电弧炉等商品新增子目。

1. 拆分子目8514.1

等静压机根据是否需要加热烧结这一工序,分为冷等静压机和热等静压机两种,其中热等静压机目前均采用电阻加热,因此在电阻加热炉项下增列,而冷等静压机因不属于电热设备,故本次转版将其增列在品目84.79项下。

为此,在子目"8514.1-电阻加热的炉及烘箱"的基础上,拆分为子目"8514.11--热等静压机"和"8514.19--其他",这些商品均来自原子目8514.1项下。

2. 拆分子目8514.3

在子目"8514.3-其他炉及烘箱"的基础上,拆分为子目"8514.31--电子束炉""8514.32--等离子及真空电弧炉"和"8514.39--其他",这些商品均来自原子目8514.3项下。

调整后品目85.14的列目结构如表85-3所示。

表85-3 调整后品目85.14的结构

HS 编码	商品名称	备注
85.14	工业或实验室用电炉及电烘箱(包括通过感应或介质损耗工作的);工业或实验室用其他通过感应或介质损耗对材料进行热处理的设备:	
	-电阻加热的炉及烘箱:	
8514.11	--热等静压机	新增
8514.19	--其他	新增
8514.20	-通过感应或介质损耗工作的炉及烘箱	
	-其他炉及烘箱:	
8514.31	--电子束炉	新增
8514.32	--等离子及真空电弧炉	新增

HS 编码	商品名称	备注
8514.39	--其他	新增
8514.40	-其他通过感应或介质损耗对材料进行热处理的设备	
8514.90	-零件	

（四）品目 85.17 的调整

1. 修改品目 85.17 的条文

随着智能手机不断挤占其他类型手机的市场，WCO 认为有必要为智能手机单列子目。随着 5G 时代的到来，其他非智能手机类型的市场份额只会越来越少。通过单列子目并辅以新增的章注释五，明确解释了智能手机的定义和范围。所以，在原有条文的基础上插入"智能手机及其他"，修改后的条文为："85.17　电话机，包括用于蜂窝网络或其他无线网络的智能手机及其他电话机；其他发送或接收声音、图像或其他数据用的设备，包括有线或无线网络（例如，局域网或广域网）的通信设备，但品目84.43、85.25、85.27 或 85.28 的发送或接收设备除外。"

仅条文修改，商品范围不变。

2. 新增子目 8517.13 和 8517.14

新增子目"8517.13--智能手机"和"8517.14--其他用于蜂窝网络或其他无线网络的电话机"。新增子目的商品来自已删除的子目 8517.12。

3. 删除子目 8517.12

由于新增子目 8517.13 和 8517.14，删除原子目"8517.12--用于蜂窝网络或其他无线网络的电话机"。删除子目的商品全部转移至新增子目 8517.13 和 8517.14 项下。

4. 新增子目 8517.71

根据国内通信设备公司的请求，我国海关向协调制度委员会提出相关议案，要求明确通信基站天线及微波天线的归类。在明确将此类商品归入品目 85.17 项下的前提下，我国又进一步提出在通信设备零件的子目中拆分出一个天线的子目。即在子目"8517.7-零件"的基础上，拆分为子目"8517.71--各种天线和天线反射器及其零件"和"8517.79--其他"，这些商品均来自原子目 8517.7 项下。

调整后品目 85.17 的列目结构如表 85-4 所示。

表 85-4　调整后品目 85.17 的结构

HS 编码	商品名称	备注
85.17	电话机，包括用于蜂窝网络或其他无线网络的智能手机及其他电话机；其他发送或接收声音、图像或其他数据用的设备，包括有线或无线网络（例如，局域网或广域网）的通信设备，但品目 84.43、85.25、85.27 或 85.28 的发送或接收设备除外；	条文修改，商品范围不变

第十六类 机器、机械器具、电气设备及其零件；录音机及放声机、电视图像、声音的录制和重放设备及其零件、附件

表85-4 续

HS编码	商品名称	备注
	-电话机、包括蜂窝网络或其他无线网络用智能手机及其他电话机：	条文修改，商品范围不变
8517.11	--无绳电话机	
8517.13	--智能手机	新增
8517.14	--其他用于蜂窝网络或其他无线网络的电话机	新增
8517.18	--其他	
	-其他发送或接收声音、图像或其他数据用的设备，包括有线或无线网络（例如，局域网或广域网）的通信设备：	
8517.61	--基站	
8517.62	--接收、转换并且发送或再生声音、图像或其他数据用的设备，包括交换及路由设备	
8517.69	--其他	
	-零件：	
8517.71	--各种天线和天线反射器及其零件	新增
8517.79	--其他	新增

（五）品目85.19的调整

电话应答机作为一种过时的产品，其全球贸易量急剧下滑，以我国为例，2020年我国电话应答机的进口量为零。故删除子目"8519.50-电话应答机"，所删除的商品转移至子目8519.81项下。

调整后品目85.19的列目结构如表85-5所示。

表85-5 调整后品目85.19的结构

HS编码	商品名称	备注
85.19	声音录制或重放设备：	
8519.20	-用硬币、钞票、银行卡、代币或其他支付方式使其工作的设备	
8519.30	-转盘（唱机唱盘）	
	-其他设备：	
8519.81	--使用磁性、光学或半导体媒体的	商品范围扩大
8519.89	--其他	

（六）新增品目85.24

自2007版《协调制度》删除品目85.24后，韩国提出建议，将目前归类复杂的平板显示模组统一归置在一个品目项下，即品目85.24。此类商品从以下两个维度进行

限定：

1. 显像原理

从显像原理来说，该品目包含了现在所有的以及未来可能出现的平板设备模组，包括液晶、有机发光二极管、发光二极管、等离子等模组，目前国际贸易中以液晶、有机发光二极管为主流产品。

同时，该品目所谓的平板也不仅限于字面理解的"平面的板"的概念，还包括曲面、柔性、可折叠或可拉伸等类型。

2. 硬件结构

从硬件结构来说，该品目所包含的商品都必须是"半成品"状态，即不构成完整的显示装置，也不属于构成整机基本特征的不完整品。以最典型的液晶模组为例，"面板+驱动电路+背光模组"属于模组的概念，但如果在此基础上仅仅增加一块对视频信号进行解码的信号处理板，就可以视为具有监视器/电视机完整品基本特征的不完整品，而归入品目85.28项下，此时就超出了品目85.24的范围。

同时，虽然触摸屏是一种典型的输入部件而非显示部件，但是一方面考虑到目前市场的普遍需求，另一方面技术上将触摸屏和平面面板的上层玻璃一次性以半导体工艺制作更为有利，因此该品目的商品可以带有触摸屏。

最后，品目85.24和品目85.41、品目85.42一样，在整个《协调制度》目录中具有优先权。

新增品目的商品来自第八十四章、第八十五章、第八十七章、第九十章、第九十五章等多个品目。该品目归类的主要依据是新增的章注释七。

新增品目85.24按是否带有驱动器或控制电路分成不同的子目，该品目的列目结构如表85-6所示。

表85-6 新增品目85.24的列目结构

HS编码	商品名称	备注
85.24	平板显示模组，不论是否装有触摸屏：	新增
	-不含驱动器或控制电路：	新增
8524.11	--液晶的	新增
8524.12	--有机发光二极管的（OLED）	新增
8524.19	--其他	新增
	-其他：	新增
8524.91	--液晶的	新增
8524.92	--有机发光二极管的（OLED）	新增
8524.99	--其他	新增

（七）品目85.25的调整

特种用途的电视摄像机、数字照相机及视频摄录一体机，在我国早已单列本国子目，而WCO认为有必要为某些具有特定指标的特种用途的取像设备单列子目，这些子目的具体内容和范围均通过新增的子目注释一至三来加以明确,可详见本章新增的子目注释一至三。

新增子目"8525.81--本章子目注释一所列高速设备""8525.82--其他,本章子目注释二所列抗辐射或耐辐射设备""8525.83--其他,本章子目注释三所列夜视设备"和"8525.89--其他"。新增子目的商品均来自原子目8525.8项下。

调整后品目85.25的列目结构如表85-7所示。

表85-7 调整后品目85.25的列目结构

HS编码	商品名称	备注
85.25	无线电广播、电视发送设备,不论是否装有接收装置或声音的录制、重放装置;电视摄像机、数字照相机及视频摄录一体机:	
8525.50	-发送设备	
8525.60	-装有接收装置的发送设备	
	-电视摄像机、数字照相机及视频摄录一体机:	
8525.81	--本章子目注释一所列高速设备	新增
8525.82	--其他,本章子目注释二所列抗辐射或耐辐射设备	新增
8525.83	--其他,本章子目注释三所列夜视设备	新增
8525.89	--其他	新增

(八)品目85.29的调整

1. 修改品目85.29的条文

因平板显示模组新增品目85.24,其相应的专用零件也应归入品目85.29项下,故需要对品目85.29的条文进行修改,即将原条文中的"品目85.25至85.28"修改为"品目85.24至85.28"。

该品目项下的子目条文未修改,但是由于品目85.24的专用零件转移至该品目项下,所以该品目的商品范围扩大。

调整后品目85.29的列目结构如表85-8所示。

表85-8 调整后品目85.29的结构

HS编码	商品名称	备注
85.29	专用于或主要用于品目85.24至85.28所列装置或设备的零件:	条文修改,商品范围变大
8529.10	-各种天线或天线反射器及其零件	
8529.90	-其他	商品范围变大

2. 品目85.24所列货品部分零件的归类

2022年版《协调制度》为平板显示模组新增了品目85.24,同时专用于品目85.24

307

的零件应归入品目 85.29 项下。依据第十六注释二关于"零件"的归类原则，归入品目 85.29 的零件必须是其他品目未列名的，必须是专用于平板显示模组的。

（1）液晶显示模组构成零件的归类

液晶显示模组构成零件和转版后的归类情况如表 85-9 所示。

表 85-9　液晶显示模组构成零件和转版后的归类情况

商品名称	2022 年版	是否涉及转版	备注
液晶面板（不带背光模组）	85.24	是	2022 年被转入品目 85.24 项下
背光模组	85.29	是	背光模组是一个组合式部件，由背光源、偏光片等组合而成
背光源（冷阴极荧光灯或 LED 灯条）	85.39、94.05	否	转版前、后无变化
偏光片	90.01	否	转版前、后无变化
驱动电路（IC 结构）	85.42	否	转版前、后无变化
电缆、电线、柔性电路板	85.34、85.44	否	转版前、后无变化
电源板	85.04	否	转版前、后无变化
螺丝螺母垫片	73.18	否	转版前、后无变化
边框/背板（铝制居多）散热块/片	85.29	是	2022 年被转入品目 85.29 项下

（2）有机发光二极管显示模组构成零件的归类

有机发光二极管显示模组构成零件和转版后的归类情况如表 85-10 所示。

表 85-10　有机发光二极管显示模组构成零件和转版后的归类情况

商品名称	2022 年版	是否涉及转版	备注
OLED 面板（不带驱动电路）	85.24	是	2022 年被转入品目 85.24 项下
偏光片	90.01	否	转版前、后无变化
驱动电路（IC 结构）	85.42	否	转版前、后无变化
电缆、电线、柔性电路板	85.34、85.44	否	转版前、后无变化
电源板	85.04	否	转版前、后无变化
螺丝螺母垫片	73.18	否	转版前、后无变化

（3）发光二极管显示模组和等离子显示模组零件的归类

这两类商品目前不是主流。虽然有行业信息显示发光二极管显示器在不远的将来还有新的发展，但是等离子显示技术已日薄西山，两者能够归入品目 85.29 的零件种类和数量同样都极其稀少。

从表 85-9 和表 85-10 可以看出，虽然品目 85.29 包含了新增品目 85.24 项下所列平板显示模组的零件，但是根据第十六类类注释二关于零件的归类原则，绝大多数平板显示模组的零件并不归入品目 85.29 项下。

（九）品目 85.39 的调整

继 2017 年版《协调制度》转版在品目 85.39 项下增列"发光二极管（LED）灯泡（管）"之后，产业界和海关均发现"发光二极管（LED）模块"的归类在各成员方争议仍较大。这类商品既可以加装玻璃/塑料灯泡和灯头后制成灯泡（管），也能直接制成其他发光二极管照明装置。一方面考虑到此类商品要统一归置在一个品目项下，另一方面考虑到该商品和"发光二极管（LED）灯泡（管）"有一定的相关性，故最终决定增列于品目 85.39 项下。

1. 子目 8539.5 条文的修改

由于将"发光二极管（LED）模块"也归入了子目 8539.5 项下，子目 8539.5 的条文由"发光二极管（LED）<u>灯泡（管）</u>"修改为"发光二极管（LED）<u>光源</u>"。条文修改后，商品范围扩大。

2. 新增子目 8539.51、8539.52

新增子目"8539.51--发光二极管（LED）模块""8539.52--发光二极管（LED）灯泡（管）"。其中新增子目 8539.51 的商品为原子目 8539.9、8543.7、9405.1 至 9405.4 的部分商品；新增子目 8539.52 的商品来自原子目 8539.5 的全部商品。

调整后品目 85.39 的列目结构如表 85-11 所示。

表 85-11 调整后品目 85.39 的列目结构

HS 编码	商品名称	备注
85.39	白炽灯泡、放电灯管，包括封闭式聚光灯及紫外线灯管或红外线灯泡；弧光灯；发光二极管（LED）<u>光源</u>：	条文修改，商品范围变大
8539.10	-封闭式聚光灯	
	-其他白炽灯泡，但不包括紫外线灯管或红外线灯泡：	
8539.21	--卤钨灯	
8539.22	--其他灯，功率不超过 200 瓦，但额定电压超过 100 伏	
8539.29	--其他	
	-放电灯管，但紫外线灯管除外：	
8539.31	--热阴极荧光灯	
8539.32	--汞或钠蒸气灯；金属卤化物灯	
8539.39	--其他	
	-紫外线灯管或红外线灯泡；弧光灯：	
8539.41	--弧光灯	

表85-11 续

HS 编码	商品名称	备注
8539.49	--其他	
	-发光二极管（LED）光源：	条文修改，商品范围变大
8539.51	--发光二极管（LED）模块	新增
8539.52	--发光二极管（LED）灯泡（管）	新增
8539.90	-零件	

（十）品目 85.41 的调整

品目 85.41 的调整涉及半导体基换能器和光电池两类商品，分别由世界半导体理事会和国际可再生能源署在推动。

1. 品目 85.41 条文的修改

品目 85.41 的条文由"二极管、晶体管及类似的半导体器件；光敏半导体器件，包括不论是否装在组件内或组装成块的光电池；发光二极管；已装配的压电晶体"修改为"半导体器件（例如，二极管、晶体管，半导体基换能器）；光敏半导体器件，包括不论是否装在组件内或组装成块的光电池；发光二极管（LED），不论是否与其他发光二极管（LED）组装；已装配的压电晶体（+）"。

条文修改后，商品范围扩大。

2. 新增子目 8541.41

将发光二极管从现行子目 8541.4 中拆分出来单列子目，即新增子目"8541.41--发光二极管（LED）"。需注意的是，虽然商品名称相同，但商品范围存在变化，不仅包括传统的单个 LED，还包括由多个 LED 芯片封装在一起的 LED 器件。具体情况详见本章的"相关商品知识介绍"。新增子目的商品来自原子目 8541.4。

3. 新增子目 8541.42、8541.43

为未装在组件内或组装成块的光电池新增子目"8541.42--未装在组件内或组装成块的光电池"。该子目强调的是"未装在组件内"或"未组装成块"。该子目与子目 8541.43 是关联子目，两个子目的商品都是尚未构成品目 85.01 项下光伏发电机的电池片（因为，品目 85.01 的商品还要带有后置的逆变器和其他控制管理电路）。新增子目的商品为原子目 8541.4。

为已装在组件内或组装成块的光电池新增子目"8541.43--已装在组件内或组装成块的光电池"，该子目强调的是"已装在组件内"或"已组装成块"，注意事项同上。新增子目的商品来自原子目 8541.4。

4. 新增子目 8541.49

新增子目"8541.49--其他"包括除子目 8541.41 至 8541.43 以外的其他光敏半导体器件。新增子目的商品来自原子目 8541.4。

5. 新增子目 8541.51 和 8541.59

在过去的几十年里，半导体基换能器并不满足半导体器件的基本定义。只是随着技术的进步和市场的扩展，整个行业（以世界半导体理事会为代表）慢慢接受了半导体基换能器属于一种半导体器件的观点，并为半导体基换能器在现行子目"8541.5-其他半导体器件"项下拆分出子目"8541.51--半导体基换能器"和"8541.59--其他"。

通常半导体基换能器无法独立使用，需要和配套的控制电路联用，当把控制电路微缩成集成电路并和换能器以半导体工艺封装在一起时，就构成了2017年版《协调制度》在品目85.42项下增列的商品"多元件集成电路（MCOs）"。在当时的第八十五章注释九和相关注释条文中，可以清楚地发现，两处对于换能器的原理、结构和用途的描述几乎完全相同，差别仅限于材质，品目85.42项下的"多元件集成电路"所包括的是"硅基传感器"，而品目85.41新增列的商品是"半导体基换能器"，即一个是"硅基"，另一个是"半导体基"。硅基是半导体材料的一种而非全部，两者是包含关系。作为构成品目85.42的MCOs部件必须是硅基材质，而属于品目85.41项下的半导体基换能器的材质范围更广。

调整后品目85.41的列目结构如表85-12所示。

表85-12　调整后品目85.41的列目结构

HS编码	商品名称	备注
85.41	半导体器件（例如，二极管、晶体管、半导体基换能器）；光敏半导体器件，包括不论是否装在组件内或组装成块的光电池；发光二极管（LED），不论是否与其他发光二极管（LED）组装；已装配的压电晶体：	条文修改，商品范围变大
8541.10	-二极管，但光敏二极管或发光二极管除外	
	-晶体管，但光敏晶体管除外：	
8541.21	--耗散功率小于1瓦的	
8541.29	--其他	
8541.30	-半导体开关元件、两端交流开关元件及三端双向可控硅开关元件，但光敏器件除外	
	-光敏半导体器件，包括不论是否装在组件内或组装成块的光电池；发光二极管：	
8541.41	--发光二极管（LED）	新增
8541.42	--未装在组件内或组装成块的光电池	新增
8541.43	--已装在组件内或组装成块的光电池	新增
8541.49	--其他	新增
	-其他半导体器件：	
8541.51	--半导体基换能器	新增
8541.59	--其他	新增
8541.60	-已装配的压电晶体	
8541.90	-零件	

(十一) 品目 85.43 的调整

新增子目 8543.4

新增子目"8543.40-电子烟及类似的个人电子雾化设备",此类设备主要包括可以重复使用的电子烟,但是一次性使用的电子烟除外(通常归入新增的品目 24.04 项下)。新增子目的商品来自原子目 8543.7。

必须注意的是,虽然目前个人电子雾化设备品种繁多,雾化对象的类型也不少,除了烟草制品或代用品,还包括精油、香料等不同用途的产品,但是本品目所称的"类似的个人电子雾化设备",其处理对象必须是品目 24.04 项下的商品。

调整后品目 85.43 的列目结构如表 85-13 所示。

表 85-13 调整后品目 85.43 的列目结构

HS 编码	商品名称	备注
85.43	本章其他品目未列名的具有独立功能的电气设备及装置:	
8543.10	-粒子加速器	
8543.20	-信号发生器	
8543.30	-电镀、电解或电泳设备及装置	
8543.40	-电子烟及类似的个人电子雾化设备	新增
8543.70	-其他设备及装置	商品范围缩小
8543.90	-零件	

(十二) 品目 85.48 的调整

1. 修改品目 85.48 的条文

由于新增品目 85.49,包括"原电池、原电池组及蓄电池的废碎料;废原电池、废原电池组及废蓄电池"在内的所有电子电气废弃物及碎料均被转入品目 85.49 项下,因此将品目 85.48 的条文由"原电池、原电池组及蓄电池的废碎料;废原电池、废原电池组及废蓄电池;机器或设备的本章其他品目未列名的电气零件"修改为"机器或设备的本章其他品目未列名的电气零件"。

2. 删除子目 8548.1、8548.9

删除子目"8548.10-原电池、原电池组及蓄电池的废碎料;废原电池、废原电池组及废蓄电池"和"8548.90-其他"。其中被删除子目 8548.1 的全部商品转移至新增的子目 8549.1 项下;被删除子目 8548.9 的全部商品转移至子目 8548.00 项下。

调整后品目 85.48 项下仅剩下"机器或设备的本章其他品目未列名的电气零件",不再拆分子目。

调整后品目 85.48 的列目结构如表 85-14 所示。

第十六类 机器、机械器具、电气设备及其零件；录音机及放声机、电视图像、声音的录制和重放设备及其零件、附件

表 85-14 调整后品目 85.48 的列目结构

HS 编码	商品名称	备注
85.48	机器或设备的本章其他品目未列名的电气零件：	条文修改，商品范围变小
8548.00	机器或设备的本章其他品目未列名的电气零件	

（十三）新增品目 85.49

为了在进出口环节更好地落实《巴塞尔公约》关于对危险废物越境转移进行管制的精神，将其中运输清单 A 和 B 中所列的废弃物在《协调制度》目录中建立有效的对应关系。WCO 经过五年的讨论，确定为"电子电气废弃物及碎料"新增品目 85.49。同时根据不同的废弃物的特点和监管关注的重点设置了不同层级的子目。

必须注意的是，根据我国的相关承诺，目前所有归入品目 85.49 的物品都在禁止贸易之列。

1. 新增子目 8549.11 至 8549.19

如上所述，将原品目 85.48 项下的"原电池、原电池组及蓄电池的废碎料；废原电池、废原电池组及废蓄电池"移至新增的子目 8549.1 项下，并按"是否为铅酸蓄电池，是否含铅、镉或汞，是否按化学类型分拣"等进一步拆分为子目 8549.11、8549.12、8549.13、8549.14 和 8549.19，这些新增子目的商品全部来自已删除的子目 8548.1 项下。这种分类方式完全符合《巴塞尔公约》对不同类型废旧电池的分类方式的规定。

2. 新增子目 8549.21 和 8549.29

为以回收贵金属为目的的"电子电气废弃物及碎料"新增子目"8549.2-主要用于回收贵金属的"，并在此基础上拆分为子目"8549.21--含有原电池、原电池组、蓄电池、汞开关、源于阴极射线管的玻璃或其他活化玻璃，或含有镉、汞、铅或多氯联苯（PCBs）的电气或电子元件"和"8549.29--其他"。

这种拆分方式是按《巴塞尔公约》着重关注的废弃物类型进行的，下面几个子目的拆分方式也遵循了相同的拆分原则。

新增子目的商品来自第三十八章、七十章、七十一章、八十四章、八十五章、九十章、九十一章和九十五章等多个品目。

3. 新增子目 8549.31 和 8549.39

为电气、电子组件及印刷电路板新增子目"8549.3-其他电气、电子组件及印刷电路板"，并在此基础上拆分为子目"8549.31--含有原电池、原电池组、蓄电池、汞开关、源于阴极射线管的玻璃或其他活化玻璃，或含有镉、汞、铅或多氯联苯（PCBs）的电气或电子元件"和"8549.39--其他"。

新增子目的商品来自第三十八章、七十章、七十一章、八十四章、八十五章、九十章、九十一章和九十五章等多个品目。

4. 新增子目 8549.91 和子目 8549.99

为其他满足品目 85.49 范围的废弃物新增子目"8549.9-其他"。该子目作为保底

条款,安置其余"电子电气废弃物及碎料",并在此基础上拆分为子目"8549.91--含有原电池、原电池组、蓄电池、汞开关、源于阴极射线管的玻璃或其他活化玻璃,或含有镉、汞、铅或多氯联苯(PCBs)的电气或电子元件"和"8549.99--其他"。

新增子目的商品来自第三十八章、七十章、七十一章、八十四章、八十五章、九十章、九十一章和九十五章等多个品目。

调整后品目85.49的列目结构如表85-15所示。

表85-15 调整后品目85.49的列目结构

HS编码	商品名称	备注
85.49	电子电气废弃物及碎料:	新增
	-原电池、原电池组及蓄电池的废物、废料;废原电池、废原电池组及废蓄电池:	新增
8549.11	--铅酸蓄电池的废物、废料、废铅酸蓄电池	新增
8549.12	--其他,含铅、镉或汞的	新增
8549.13	--按化学类型分拣且不含铅、镉或汞的	新增
8549.14	--未分拣且不含铅、镉或汞的	新增
8549.19	--其他	新增
	-主要用于回收贵金属的:	新增
8549.21	--含有原电池、原电池组、蓄电池、汞开关、源于阴极射线管的玻璃或其他活化玻璃,或含有镉、汞、铅或多氯联苯(PCBs)的电气或电子元件	新增
8549.29	--其他	新增
	-其他电气、电子组件及印刷电路板:	新增
8549.31	--含有原电池、原电池组、蓄电池、汞开关、源于阴极射线管的玻璃或其他活化玻璃,或含有镉、汞、铅或多氯联苯(PCBs)的电气或电子元件	新增
8549.39	--其他	新增
	-其他:	新增
8549.91	--含有原电池、原电池组、蓄电池、汞开关、源于阴极射线管的玻璃或其他活化玻璃,或含有镉、汞、铅或多氯联苯(PCBs)的电气或电子元件	新增
8549.99	--其他	新增

四、相关商品知识介绍

(一)半导体基换能器

关于半导体基换能器的定义和相应名词解释,在新的章注释十二中已做了全新的修订,此处不再赘述,仅就其中几个要点做进一步的说明。

1. 半导体基换能器的种类

半导体基换能器仅限于以半导体技术、基于半导体材料制造的传感器、执行器、谐振器和振荡器,不包含其他类型的商品。

虽然不同的厂家在认识上存在争议,但即使以最宽泛的标准来看,目前这四种类型的设备,尤其是传感器,占了此类新兴半导体器件的绝大多数。因此,世界半导体理事会明确半导体基换能器仅限于上述四种商品。

不归入品目85.41的商品实例:半导体基布拉格反射镜

该设备全称为分布式布拉格反射镜(Distributed Bragg reflector mirror),其通过交错生长的若干对两种或两种以上的半导体介质材料,来获得对某一光学波段的高反射率。简单来说,就是以半导体工艺将半导体材料制成一个光学反射镜。通常用在激光器中,能够对某一特定波长的光进行增强反射。其结构原理如图85-1所示。

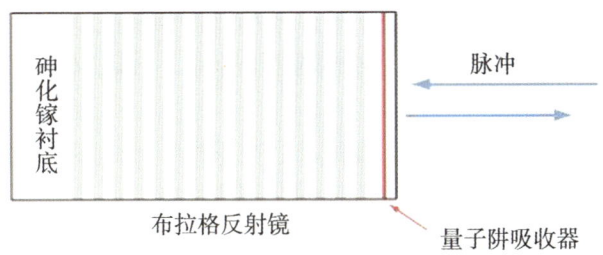

图85-1　分布式布拉格反射镜的结构原理

该商品从功能上说是将一种物理量(光)转换成另一种参数的同一物理量(光),不属于半导体基换能器所列的四种类型中的任何一种,因此即使是用半导体材料制作的,仍然不能按半导体基换能器归类,应按照光学元件归入品目90.01或90.02项下。

2. 半导体基的定义

根据新增的章注释条文,半导体基是指用半导体技术,在半导体基片上构建、制造或由半导体材料制造,半导体基片或材料在换能器的作用和性能中起到不可替代的关键作用,其工作是基于半导体的物理、电气、化学和光学等特性。也就是说此处的"基"并不能望文生义理解为"基板""基材"或者"基底",而是指需要发挥半导体材料本身的特性的"基础"。

不归入品目85.41的商品实例:某种以硅材料为基底的湿度传感器

在对半导体换能器的定义进行谈判的过程中,某国产业界提出了一个商品供界定。该商品是一个湿度传感器,这个装置构建在硅基片上,但它所实现的检测能力(将某个物理量转换为电量)部件仅为金属片,半导体材料只是起到衬底的作用。以硅材料为基底的湿度传感器如图85-2所示。

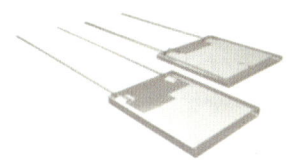

图85-2　以硅材料为基底的湿度传感器

由于半导体材料并不在整个设备的作用和性能中起不可替代的关键作用，因此不能按半导体基换能器归类，应按湿度检测装置归入品目 90.25 项下。

3. 半导体基和硅基的区别

在对品目 85.42 项下的多元件集成电路（MCOs）的各种注释条文中，都能看到与此次品目 85.41 新增商品几乎一样的描述文本，即"硅基传感器、执行器、谐振器和振荡器"。

半导体基换能器和硅基换能器的区别在于两个方面：

首先，硅（Si）只是半导体材料中的一种并非全部，两者是包含关系。截至目前，在不考虑特殊性能要求的前提下，在普通商用领域成本可接受且性能满足要求的半导体材料主流仍然是硅。目前绝大多数半导体基换能器都是硅基换能器，如目前智能手机中必备的硅基陀螺仪、硅基加速度传感器等。但是不代表以其他半导体材料为基础的换能器不存在。

其次，之所以在两个相邻且同类型的品目中采用不同的术语，使得产品的范围产生了微妙的区别，原因在于这些条文体现的是国家的意志、产业的利益和国际合作与妥协的现实。目前，品目 85.42 项下的 MCOs 内部所带有的传感器必须是硅基的。

但是，必须注意到一个全新的变化。根据相关章注释："4. 多元件集成电路（MCOs）：由一个或多个单片、混合或多芯片集成电路以及下列至少一个元件组成：硅基传感器、执行器、振荡器、谐振器或其组件所构成的组合体，或者具有品目 85.32、85.33、85.41 所列货品功能的元件，或品目 85.04 的电感器。其像集成电路一样实际上不可分割地组合成一体，作为一种元件，通过引脚、引线、焊球、底面触点、凸点或导电压点进行连接，组装到印刷电路板（PCB）或其他载体上"，在 2022 年版《协调制度》修订之前，半导体基换能器不属于品目 85.41 的商品，因此这种表述方式可以确保 MCOs 的部件中不包括非硅基的半导体基换能器。但是 2022 年以后，整个半导体基换能器均属于品目 85.41 的商品，那么根据后半句的表述"或者具有品目 85.32、85.33、85.41 所列货品功能的元件"，前半句"硅基传感器、执行器、振荡器、谐振器或其组件所构成的组合体"显得有些多余。即使前半句仅包括硅基换能器，也不妨碍根据后半句提及的"品目 85.41"将其他半导体基换能器归纳在内。

关于这个问题，回到之前陈述，品目 85.42 的 MCOs 仅能包含硅基换能器并不是一个技术问题，因此在新的条文修改之前，必须坚持一点：MCOs 当中仅能包含硅基传感器。

4. 四类商品的典型案例

（1）硅基麦克风

硅基麦克风是一种典型的半导体基传感器，其结构由硬质穿孔背板和硅基的柔性薄膜组成，薄膜感受到声波，将机械波（声波）转换为电信号。

通过该案例，可以再一次明确一个事实：在《协调制度》中，传感器并不是一类统一的商品，"传感"并不是一种法定的独立功能，各类传感器根据其感应外界客观事物的类型、感应的原理以及其他一系列具体的细节归入相应的品目项下，其中以第九十章列名的检测设备居多，但是品目 85.18 列名的麦克风也是一个典型的传感器。在

2022年版《协调制度》中，基于第八十五章注释十二最后一段的规定，在结构和原理上满足本章注释第（一）款对"半导体换能器"定义的传感器，无论之前归入哪个品目，均应优先归入品目85.41项下。

硅基麦克风的内部结构如图85-3所示。

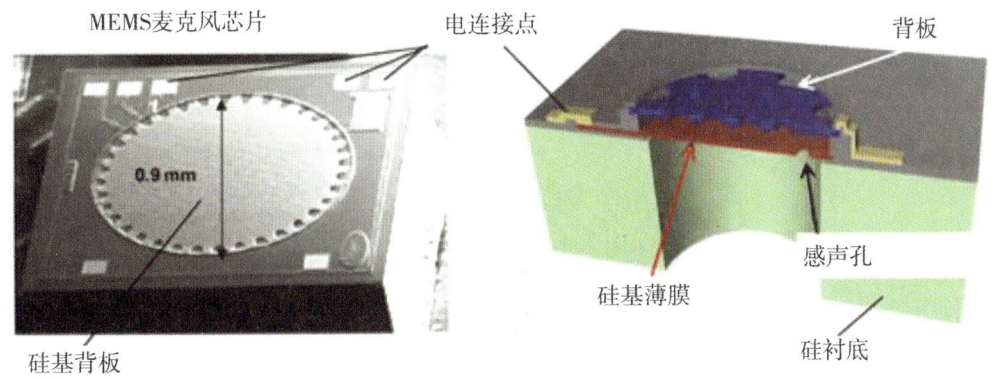

图85-3　硅基麦克风的内部结构

（2）电-热驱动的MEMS反射镜

电-热驱动的MEMS反射镜是一种典型的半导体基执行器，常用于光纤连接器和激光投影仪，利用电热元件加热半导体材料制作的执行机构（一般是利用热胀冷缩原理），将反射镜片偏转一定的角度，进而将入射光束偏转一个角度射出，实现了把电能转换成机械能的过程。其原理如图85-4所示。

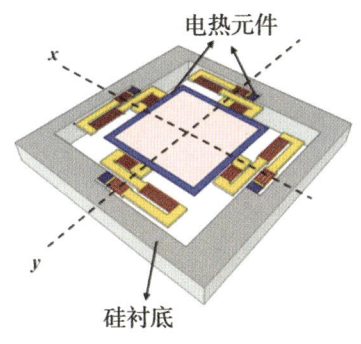

图85-4　电-热驱动的MEMS反射镜原理图

和半导体基布拉格反射镜的案例放在一起比较，两者都是反射镜，都是由半导体材料制作，甚至都起反射光线的作用，但因为它们的结构不同，工作原理不同，归类也不同。由此可知，仅通过品名解决归类问题是不现实的。"品目条文和有关类注释或章注释的明确"，以及由其延伸而来的"注释列名"，基于这样的法律条文所给出的规定以及由此规定建构的归类逻辑才是归类的基石。

（3）硅基信号发生器

硅基信号发生器是一种典型的半导体基振荡器，受激后发出固定频率的电波。它和石英压电晶体的起到的作用一模一样，相较于石英压电晶体，半导体基振荡器对冲击、振动和温度变化不敏感，输出信号频率非常稳定。它能有效地解决石英压电晶体无法克服的温飘（频率随温度而显著变化的现象）弱点，在很多领域都可以替代压电晶体。

MCOs架构的时钟平台如图85-5所示，由一个硅基振荡器（紫色）和一个CMOS（蓝色）芯片组成。

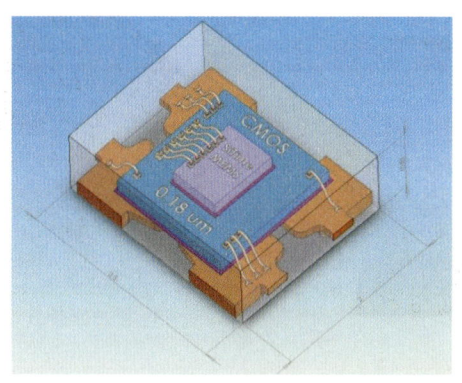

图85-5　由硅基振荡器和CMOS芯片构成的MCOs

（4）薄膜腔声波滤波器

薄膜腔声波滤波器是一种典型的半导体谐振器，根据外部信号的不同，输出不同频率的电信号。考虑到谐振器的特点，多数情况下是作为滤波器使用的，因此半导体基谐振器也起到此作用。

通过该商品，可以再一次明确一个事实：在《协调制度》中，滤波器并不是一类统一的商品，"滤波"并不是一种法定的独立功能，各类滤波器根据其作用和硬件结构以及应用场合归入相应的品目项下，其中谐振器原理的微型滤波器归在品目85.48的居多。在2022年版《协调制度》中，基于第八十五章注释十二最后一段的规定，在结构和原理上满足本章注释第（一）款对半导体换能器定义的谐振器，无论之前归入哪个品目，均优先被归入品目85.41项下。

薄膜腔声波滤波器的内部结构如图85-6所示。

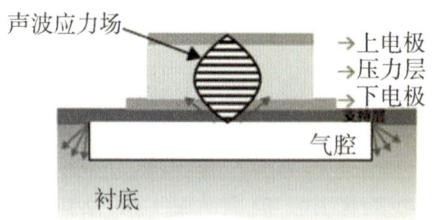

图85-6　薄膜腔声波滤波器内部结构图

（二）LED发光产品（芯片、模块、灯泡/管和照明装置）

2022年版《协调制度》在多处对LED照明产品的归类进行了联动修订，使多个品目的商品范围发生了变化，也体现了近年来LED照明产品在技术上和市场应用中的进步和变化。

LED中文名称为"发光二极管",或"电致发光二极体"(尤其以砷化镓、磷化镓或氮化镓为基础),是将电能转换成可见光、红外线或紫外线的装置。目前不同品目项下的产品的工作原理完全相同,差别仅在于硬件的配置以及由此带来的市场应用的细分。

1. 品目85.41的LED产品

本品目项下新增的商品有两类:

(1) 已封装的LED器件

已封装的LED器件,即所谓的"Light-emitting diode (LED) packages"。

与之前版本的《协调制度》对品目85.41项下发光二极管相对笼统的定义不同,2022年版《协调制度》的定义在硬件上更为具体,并在实质上作了适当的扩展。例如,可以由一个LED芯片组成,也可以由多个LED芯片构成;允许带有额外的保护二极管(齐纳管)。

传统LED管和包含多个LED芯片封装的LED器件如图85-7所示。

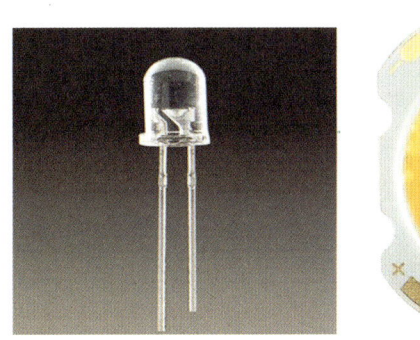

图85-7 传统LED管(左)与包含多个LED芯片封装的LED器件(右)

但是基于上述规定,并不意味着不论什么样的LED产品,不论有几个二极管,都属于85.41的产品,问题的关键在于"packages"一词,即需要以半导体工艺进行封装,这是区别于其他产品的核心标准。注释还为此专门介绍了两种典型的封装方式供参考。

在此之前,不论是在WCO层面还是在各国执法实践中,多数情况下对"LED+保护二极管"的商品架构归类争议较大。在我国的归类实践中,基本上将此类似产品视为品目85.41项下的商品,故商品范围没有实质性的变化。

(2) 发光二极管组件

发光二极管组件对应的英文是"Light-emitting diode (LED) assemblies"。

过去此类产品在多数国家不论如何理解其归类,基本不将其归入品目85.41项下。其核心特征是"将发光二极管安装在印刷电路板上"。其中的发光二极管可以是暂时封装好的(Packages),也可以是没有封装直接使用的裸片(Chips)。也就是说,由"LED芯片+PCB板"构成的发光二极管组件仍属于子目8541.41的商品。

典型的发光二极管组件如图85-8所示。

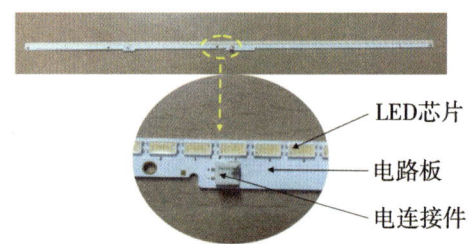

图 85-8　发光二极管组件

归入品目 85.41 的此类产品也存在严格的限定条件即不能装有将交流电变直流电的整流器或是调整直流电压的调压电路。若是还装有其他部件就更加不行了。基于上述限定条件，并没有证据表明此类商品在过去的贸易实践中属于主流货物，但是随着 2022 年《协调制度》的转版，多个国家（地区）的税率变化是否会给商品贸易结构带来变化尚有待观察。

2. 品目 85.39 的 LED 产品

本品目项下的商品有两类：

（1）LED 灯泡/灯管

这一类商品是在 2017 年版《协调制度》被增列在品目 85.39 项下的。通俗来说，这类商品就是由外到内都必须像一个灯泡/灯管。从外观上看，与传统的白炽灯泡、荧光灯管没有区别；从应用上讲，必须能够完美替代传统的白炽灯泡、荧光灯管。基于上述要求，衍生出两个技术要求：一是必须内置交流变直流的整流器，因为使用传统灯泡灯管的传统灯具一般接入的是交流市电，而 LED 产品使用的是直流电，两者适配必须有一个整流器作为中介。二是必须要带有一个和传统灯泡/灯管相同的灯头（例如，螺旋式、卡口式或双引脚式），以便安装在传统灯具的灯座上。此外，LED 灯泡和灯管的区别不在于形状，而在于连接灯具的灯头数量，一个的是灯泡，多个（主要是两个）的是灯管。

在 2022 年版《协调制度》中，此类商品发生了一处细微的变化：一些外观和传统灯具相同但内部电路结构与传统的 LED 灯具不同的商品将交流变直流的整流器装在了灯具内而无须装在灯泡上，但是灯泡/灯管内部还是需要有调节直流电压水平的调压电路。

典型的发光二极管灯泡/管如图 85-9 所示。

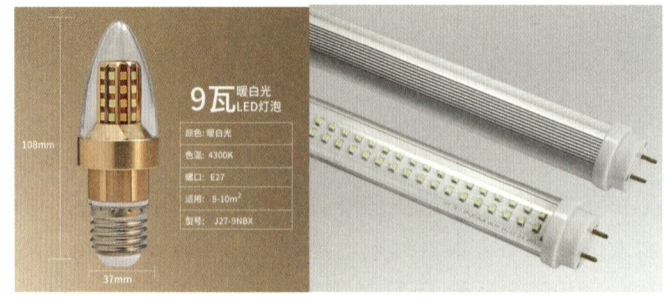

图 85-9　发光二极管灯泡（左）与发光二极管灯管（右）

作为从传统照明装置（多使用交流电）向新型节能照明装置（主要使用直流电）过渡的时代，要求传统的灯具行业在灯具本身为了适配 LED 产品做调整是不现实的，最符合市场逻辑的应对措施就是将本就已经在技术上可行的 LED 照明模块复杂化，加装并不影响其功能的相关部件来配合传统灯具市场。

（2）LED 模块

此类商品是 LED 照明装置的未来，它既可以装上泡/管外壳和灯头，做成上文提及的 LED 灯泡/灯管，用来适配传统灯具；也可以抛开传统灯具的桎梏，发挥 LED 产品面光源灵活高效的特点，构成能够充分体现 LED 产品优势的 LED 照明装置；甚至在一些机器设备中，无须外壳，可直接作为照明光源使用。此类商品和品目 85.41 项下的组件在多数情况下都是将 LED 芯片装配在 PCB 板上的架构，两者的区别在于是否带有调节直流电电流/电压的调节电路也就是说，品目 85.39 的"发光二极管模块"由"LED 芯片+PCB 板+调节直流电电流/电压的调节电路"构成。当然，LED 模块也可以装有将交流变直流的整流器。

典型的发光二极管模块由 LED 芯片、PCB 板和调节直流电电流的电路构成。

（三）液晶模组

品目 85.24 增列了现在所有的以及未来可能诞生的平板显示模块，目前液晶模组在市场中占据最主流的地位，而且和有机发光二极管（OLED）、发光二极管（LED）、等离子体模块等主动发光型平板显示模组相比，液晶模组的结构属于相对复杂的类型。故有必要单独介绍。

完整的液晶显示模组的组成结构如图 85-10 所示。

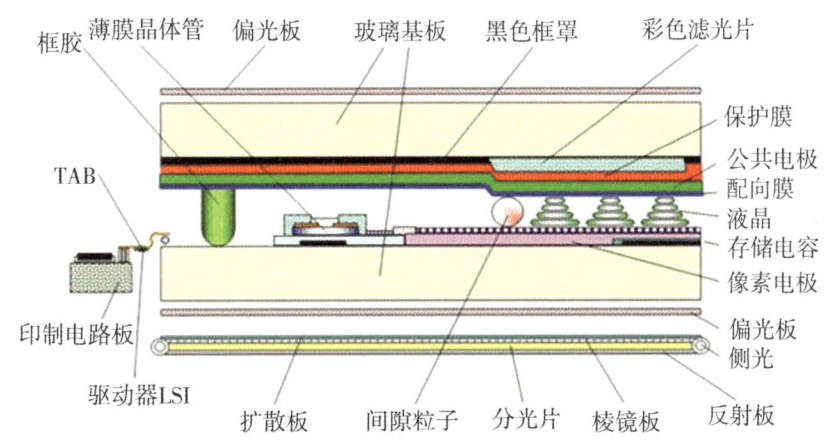

图 85-10　液晶显示模组的组成结构图

一方面，在目前的行业通称中，模组指的是包含背光模组在内的完整的液晶显示部件，但在新增的品目当中，单独的液晶面板（Cells，即两片玻璃中间夹液晶的状态）也属于模组的范畴。

另一方面，在目前的行业通称中，面板和模组的主要区别在于是否包括背光模组，新增六位子目条文的区分标准是"是否带有驱动器或控制电路"。虽然不带有驱动器或控制电路也就意味着一定也不带背光模组，但是两者还是存在细微的差别。此类液晶产品在进口时，考虑到驱动电路是用来控制面板上每一个像素点对应的ITO透明电极的电压分配，技术指标和要求都需要和面板进行适配，因此无论是否带有背光模组，基本上都带有驱动器和控制电路。

如果在此基础上进一步安装用来将外接视频信号转化为供驱动电路使用信号（主流是LVDS信号）的信号处理板，则不论是否带有各种类型的信号接口或是变压装置，都超出了品目85.24的范围，应视为构成品目85.28项下监视器基本特征的不完整品或其他品目（如品目85.31等）。

完整的液晶模组和加装了信号处理板监视器的不完整品如图85-11所示。图中左侧为液晶显示模组，右侧为缺少背壳和视频接口电路板的液晶监视器。

图85-11　液晶显示模组与不完整的液晶监视器

（四）热等静压机

等静压机作为一种在超高压状态下工作的成型设备，工作时把粉状物料放置在一种特定的塑性模具中，再把装有粉状物料的模具放入盛满液体的密闭容器中，通过增压系统逐步加压，通过液体传压，使得物体的各个表面受到相等的超高压强，可使成型工件密度高而均匀、收缩均匀且便于机加工等特点。该机器在磁性材料、陶瓷、硬质合金、高温耐火材料、稀土永磁、碳素材料、稀有金属粉末等行业得到广泛应用。其按静压时温度的不同分为冷等静压机和热等静压机。

与品目84.79项下增列的冷等静压机不同，热等静压机的核心特点是带有一套完整密封的加热装置，将粉末加热成高温后进行压缩。目前的主流加热模式是电阻加热，因此被增列在品目85.14项下。

热等静压机结构如图85-12所示。

第十六类 机器、机械器具、电气设备及其零件；录音机及放声机、电视图像、声音的录制和重放设备及其零件、附件

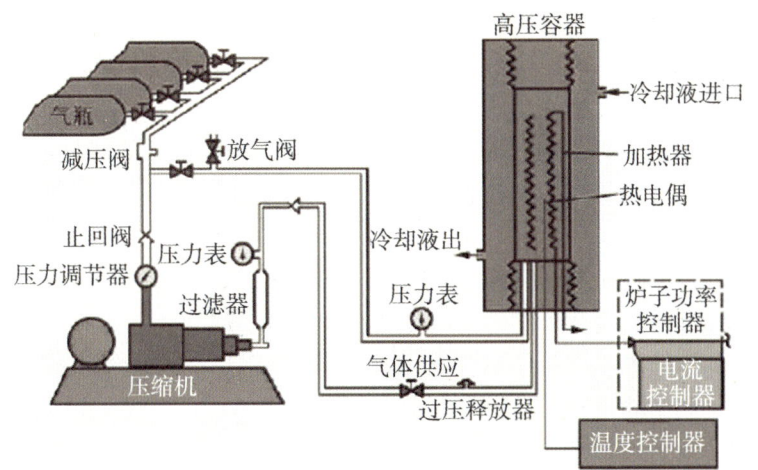

图 85-12 热等静压机结构图

(五) 通信设备用天线和天线反射器

虽然"通信设备用天线和天线反射器及其零件"新增子目 8517.71 的起源是我国为厘清通信基站天线及微波天线的归类向 WCO 提交的归类问题，并最终演化成增列子目的议案，为其在《协调制度》目录中正式"落户"。但是，这个子目所涵盖的商品范围远不止基站天线这么简单，小至手机、大至基站，简单如八木天线（铁丝拧成）、复杂如微波天线（内置射频电路）。

天线是一种变换器，它将传输线上传播的导行波变换成在无界媒介（通常是自由空间）中传播的电磁波，或者进行相反的变换。只要是品目 85.17 所列设备（当然有线通信设备不需要）用的天线，都属于该子目项下的商品。其中像手机等追求轻巧的通信设备，其天线可以同时具备发送和接收信号的功能；如基站等其他大型通信设备，考虑到信号增益、杂波干扰等多方面的因素，在条件许可的情况下也可以装备专门的接收或发射天线，甚至于若某种天线能同时主要用于品目 85.17 及品目 85.25 至 85.28 所列货品，根据《协调制度注释》相关的排他条款，也应该优先归入本子目。

不同类型的天线如图 85-13 所示。图中左侧为手机内置天线，中间为路由器外置天线，右侧为基站天线。

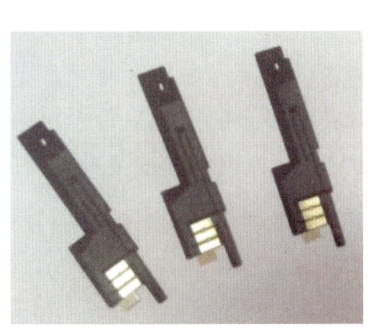
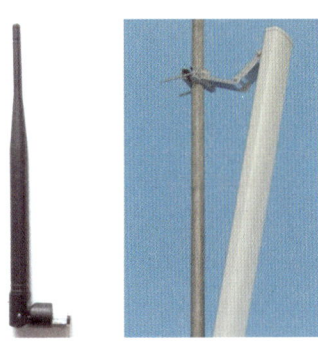

图 85-13 不同类型的天线

（六）光伏电池

随着环保市场的不断发展，太阳能产品的贸易量不断增加，我国在这一领域占据了绝对的优势地位。光伏电池用于把光能（地球上的主要光源是太阳光）直接转化为电能，目前使用量最大的是硅材料，可分为单晶硅、多晶硅、非晶硅光伏电池。在能量转换效率和使用寿命等综合性能方面，单晶硅和多晶硅电池优于非晶硅电池。多晶硅比单晶硅转换效率低，但价格更便宜。它们工作原理的基础是半导体PN结的光生伏特效应。当半导体受到光照时，其内部的PN结的两边会出现电压，叫作光生电压，电路连接之后就会产生电流。

目前此类商品在多个品目中有列名，其工作原理完全相同，差别仅在结构以及由此带来的工程应用上的差别。

1. 电池片与光电池模组

不论是通过半导体工艺制作的电池片，还是将多块电池片安装在同一框架内的光电池模组，只要不带有额外的整流、逆变、控制、蓄电等其他装置，都可以归入品目85.41项下。这类商品还没有达到可以直接使用的地步，必须和其他部件配合后才能向其他设备提供电源。

品目85.41项下的不同类型的光电池片与光伏电池模组如图85-14所示。其中，左侧为非晶硅、多晶硅和单晶硅三类光电池片，右侧为光伏电池模组。

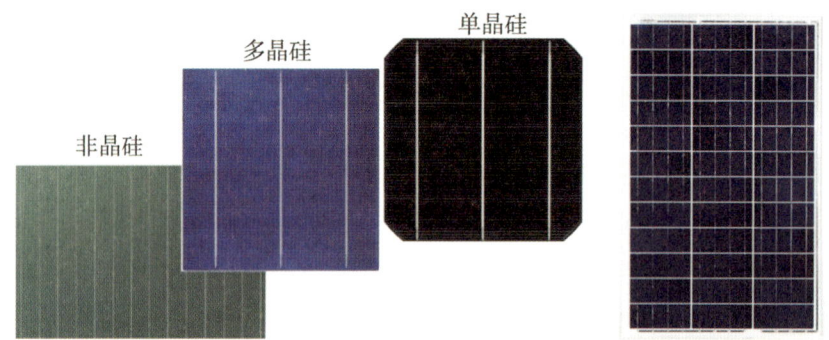

图85-14 不同类型的光电池片与光伏电池模组

2. 光伏发电机

能够正常向外界供电的光伏电池又称为光伏发电机。完整的发电系统如果要正常向外供电，至少需要电流方向控制装置、整流装置；如果需要把暂时用不完的电流存储起来，则需要加装蓄电池或者蓄能器；如果需要把多余的电能上传至供电网，以提高利用率，还需要逆变器，通过逆变器将直流电变为交流电，以便与传统的电网连接。上述部件可以安装在一起，也可以分布放置，通过缆线连接起来。

一套归入品目85.01项下的完整的光伏发电系统如图85-15所示。

第十六类 机器、机械器具、电气设备及其零件；录音机及放声机、电视图像、声音的录制和重放设备及其零件、附件

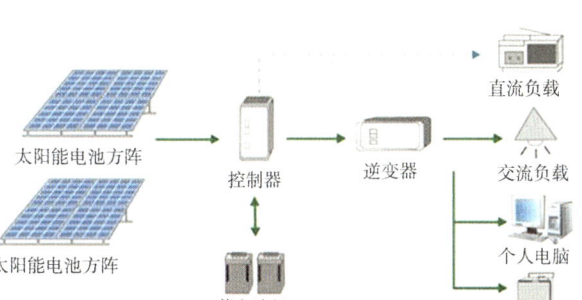

图 85-15 光伏发电机组（不接市电网）

第八十五章注释五、六的修订（为智能手机新增子目及子目注释）

一、修订背景

秘书处在2014年某次会议上提出为智能手机增列子目和子目注释的建议，秘书处认为智能手机贸易量巨大，且功能繁杂，如拥有能够运行由第三方提供的应用程序的操作系统（OS）、输入设备（如触摸屏）、集成照片和视频摄像机、GPS、蓝牙和Wi-Fi、录音和放音设备、互联网连接等，这使得它们能够执行多种功能。且目前所有的手机（无论智能与否）都归入子目8517.62，不利于准确统计该类重要商品的贸易。秘书处确认智能手机的贸易额远远超过了列目阈值。

二、主要观点及讨论情况

与会发言代表均表示支持为智能手机新增子目，秘书处再次确认智能手机的贸易额远远超过了列目阈值。

与会代表在WCO会议上就以下核心问题进行了激烈讨论：一是如何定义智能手机（下载和运行第三方应用、操作系统、屏幕尺寸等），二是如何区分智能手机和平板电脑，三是智能手机与品目84.71项下商品的区别标准，四是用章注释还是子目注释来定义上述问题。

关于智能手机和平板电脑的区别，与会代表认为在移动行业中普遍接受一些关于智能手机的共同概念，即智能手机都是多功能机器，且随着技术的进步，期望结合更多的特征，并与人工智能（AI）、增强现实（AR）和虚拟现实（VR）技术相结合。就尺寸而言，平板电脑比智能手机大，考虑到业界通常接受的尺寸标准以及市场上智能手机和平板电脑的实际显示尺寸，秘书处认为可以以7英寸作为两者之间更合理的分界线，但大部分代表予以反对，认为注释中的尺寸限制过于严格，因为可折叠手机可能是未来发展趋势，其展开后的屏幕尺寸可能超过7英寸，会议最终删除关于手机显示屏幕尺寸的规定。

关于智能手机和功能电话之间的界限，与会代表普遍接受的差异为下载和运行第三方应用的能力，这是智能手机的一个基本特征，但在功能电话中没有。同时秘书处根据调研，在区别特征中增加了"多任务处理能力"，认为这是智能手机区别于其他电话的另一个特征。

有代表提出现在的条文表述不清楚，建议修订章注释以区别智能手机与其他的平板电脑，同时还应增加关于触摸屏的表述。有的代表认为智能手机的概念已经足够清楚，不存在归类问题，支持为智能手机增列子目，认为无须修订章注释，可以在品目条文层面明确智能手机的归类。

三、结论

2018年的WCO会议确定为智能手机新增第八十五章注释五并修订相应子目，将现行的章注释五变更为章注释六。

第八十五章注释七至十的修订（为平板显示模组新增章注释）

一、修订背景

新增第八十五章注释七是为平板显示模组修订《协调制度》之议题的组成部分，其目的是明确为通用的平板显示部件新增品目85.24的商品范围。最初的草案包括由不同成员方提交的三个版本。

二、主要观点及讨论情况

在某次WCO会议上有代表提出在第八十五章中新增章注释六："品目85.24所称'平板显示模组'（Flat panel display devices and moudels）是指用于重现视觉信息（例如，视频、图像、文本）的电子零部件"。由于在不同成员方提交的章注释修订草案中，有关平板显示模组允许包含之部件的规定存在显著差别，会议着重讨论了哪些部件可为品目85.24项下产品所含，各方还就新增注释的很多其他细节进行了讨论。

有的代表提出此种描述把该品目的范围放得太宽，建议明确品目85.24的商品范围为通用的显示模组，指出其涵盖品目90.13项下的商品。

有代表提出在章注释六中应体现和整机（品目85.28）之间的区别。因显示模组在任何状态下都没有图像转换电路（Image conversion circuit），所以其报验状态下没有直接输出视觉信号等功能。为了成为最终的显示产品，需要附加的组件，如转换和传送适合于视频信号的信号组件（Components that convert and deliver signals suitable for video signals）（用于电视的解码器IC、用于监视器的缩放IC、用于移动电话的应用处理器等这些通常安装在主板上的组件）、电源、视频调谐器等。有的代表建议删除"devices"的表述，因为该商品是中间商品不是设备，以避免与归入品目85.28的零件混淆。同时有的代表提出应对注释内容予以简化，删去可能重复体现商品特征的内容。

代表们就品目85.24的商品结构进行了激烈讨论，如注释里所称"external

sources"具体是指平板显示模组之外还是其适用的设备之外;"flat panel"是否也包括可弯曲的柔性显示板(curve panels),代表们认为因其使用相同的技术,不应被排除在平板显示板之外;有关平板显示模组零件的规定应由第八十五章新注释七还是由第十六类注释二(二)规定等。

三、结论

会议决定对新增章注释予以简化,包括删除"from external sources"等内容,并通过修订第十六类注释二(二)以涵盖平板显示模组零件的归类,而不是由第八十五章新注释七给出单独的规定。

第八十五章注释十一、十二的修订(为发光二极管类产品新增注释)

一、修订背景

该修订实际上是第五审议循环修订的延续,在 WCO 会议通过了在 2017 年版《协调制度》中在品目 85.39 项下增列 LED 灯泡的议题之后,某成员方希望能进一步调整 LED 产品的列目,内容涉及进一步扩大品目 85.39 项下 LED 产品范围,调整品目 85.41 项下 LED 产品的定义,并为其配套修订品目 94.05 项下的部分内容。整体而言,该成员方希望能够为不同报验状态的 LED 产品确定归类界限,包括 LED 芯片、LED 灯泡、LED 模块和 LED 灯具。

这一修订方案是和 LED 照明产品的发展相互契合的。考虑到传统使用放电灯管的灯具所具有的巨大市场,早期的 LED 产品都刻意牺牲了自身的光学特性(优秀的面光源)而做成了球状/管状的点/环装光源来适应传统的灯具,如台灯、日光灯等,所以外观和传统的放电灯泡/灯管一致、结构通用,可以替换。而且为了适应传统灯具直接应用交流电的特点,必须在灯泡的外形下安装一个整流器,将交流电转换为直流电才能点亮 LED 元件。在 2017 版《协调制度》实施之前,由于品目 85.39 条文的原因,这类产品也不属于品目 85.39 的照明元件,为了顺应产业的发展,才有了在 2017 版《协调制度》中的成果:

新的子目条文:

85.39 白炽灯泡、放电灯管,包括封闭式聚光灯及紫外线灯管或红外线灯泡;弧光灯;发光二极管(LED)灯泡(管)

……

8539.50-发光二极管(LED)灯泡(管)

8539.90-零件

新的注释条文:

"六、发光二极管(LED)灯泡(管)

"此类灯泡(管)的光源来自一个或多个发光二极管(LED)。它由一个玻璃或塑料外壳、一个或多个发光二极管(LED)构成。电路对交流电源进行整流并将电压转换到发光二极管（LED）可用水平，并配有灯头（例如，螺旋式、卡口式或双引脚式），以便装在灯座上。某些灯泡（管）还包含散热片。"

但是上述产品的内部由更加基础的 LED 模块组成，它们把多个 LED 二极管组成电路，搭配一些起辅助或者控制作用电路或元件，这是 LED 灯泡/灯管起到照明作用的核心元件，由于不带有外壳和传统接头，不能直接安装在传统灯具上使用。但是随着技术的发展，很多直接基于 LED 特性设计的照明装置被开发出来，这些 LED 模块还可以直接适配新的外壳直接构成全新的 LED 照明装置，来凸现 LED 产品本身节能（直流电）、高效（面光源）、安全（低压）的特点，且这类产品结构介于品目 85.41 和 85.39 各自所包含的范围（超出了 85.41，还没到 85.39），目前部分成员方在执行《协调制度》时将其归入品目 94.05 项下，从列目合理性上看也并不合适，因此该成员方希望在品目 85.39 项下增加一类 LED 模块。

二、主要观点及讨论情况

在第五审议循环的最后阶段，新的基本方案如下：

（1）LED 灯泡和组件应一并归入品目 85.39，并从功能的角度再在子目进行细分。

（2）扩大品目 85.41 的范围，使其包括 LED 和 LED 组件，并从结构的角度再在子目进行细分。

（3）在品目 94.05 中为在设计上只能使用 LED 的照明灯具细分子目。

虽然与会代表均原则上同意在第五审议循环结束讨论，但最终没能在最后一次会议上就所有议题达成一致意见，整个议题被延至第六审议循环继续讨论。

第六审议循环中，该成员方在原有内容的基础上，增加了关于在品目 85.41 项下增加"半导体基换能器（Transducer）"定义的修订方案。虽然两者没有关系，但由于都涉及了对原有第八十五章注释九的修改，部分代表倾向于将发光二极管和半导体基换能器两种商品绑定在一起讨论，WCO 同意一并讨论这两个问题。

半导体基换能器也是自第五审议循环开始讨论的议题。在 2017 版《协调制度》中，品目 85.42 新增了一个大类商品：多元件集成电路（MCOs）。MCOs 的一个重要特点就是在结构中除了包含传统的单片、混合、多片集成电路，还包括一系列"硅基换能器"，此类产品基于半导体工艺制作，虽然原理完全相同，但是和传统的集成电路工艺在技术上有很大的不同，而且作为一种 MEMS 器件，此类换能器本身也不属于半导体器件或集成电路，因此上述商品均按其所能执行的功能归入相应品目（如电动机、传感器、谐振器等）。在最近十年中，世界半导体理事会收到了产业界越来越多的反馈，由于技术的相似性、相通性，跨界生产厂商也越来越趋同，产业界迫切希望能够将半导体基换能器纳入半导体器件范畴。经过多轮协商，世界半导体理事会同意了这一观点并明确了半导体基换能器的定义和范围，并请相关成员方提交WCO讨论同步修订《协调制度》，以促进贸易便利化。

需要注意的是，品目85.41所提及的"半导体基换能器"的范围要大于品目85.42的"硅基换能器"，品目85.42项下MCOs内部所包含的换能器必须是硅基的，而并未包含其他半导体材料基换能器。

新的章注释从何为"半导体基"、何为"理化现象"、四种基本的"换能器"类型入手，对半导体基换能器的定义进行了规范：

"本定义所称'半导体基换能器'是指半导体基传感器、半导体基执行器、半导体基谐振器和半导体基振荡器。这些是不同类型的半导体基分立器件，能实现固有的功能，即可以将任何物理、化学现象或活动转换为电信号，或者将电信号转换为任何物理现象或活动。

"半导体基换能器内的所有元件都不可分割地组合在一起，还可以带有不可分割地连接在一起的、为实现其结构或功能的必要材料。

"下列名词的含义是：

"（1）'半导体基'是指用半导体技术，在半导体基片上构建、制造或由半导体材料制造。半导体基片或材料在换能器的作用和性能中起到不可替代的关键作用，其工作是基于半导体的物理、电气、化学和光学等特性。

"（2）'物理或化学现象'是指诸如压力、声波、加速度、振动、运动、方向、张力、磁场强度、电场强度、光、放射性、湿度、流量和化学浓度等。

"（3）半导体基传感器是一种半导体器件，其由在半导体材料内部或表面制作的微电子或机械结构组成，具有探测物理量和化学量并将其转换成电信号（因电特性变化或机械结构位移而产生）的功能。

"（4）半导体基执行器是一种半导体器件，其由在半导体材料内部或表面制作的微电子或机械结构组成，具有将电信号转换成物理运动的功能。

"（5）半导体基谐振器是一种半导体器件，其由在半导体材料内部或表面制作的微电子或机械结构组成，具有按预先设定的频率产生机械或电振荡的功能，频率取决于响应外部输入的结构的物理参数。

"（6）半导体基振荡器是一种半导体器件，其由在半导体材料内部或表面制作的微电子或机械结构组成，具有按预先设定的频率产生机械或电振荡的功能，频率取决于这些结构的物理参数。"

虽然上述两个修订内容实质上都首先由全球性的产业联盟形成统一共识，再通过WCO的成员提出修订请求，但是品目85.41所包含的商品、这些商品所涉及的诸边贸易协定，以及这些协定所规定的税负水平对于各成员方产业及贸易都有影响，因此WCO会议对相关条文的严谨性和可行性进行了近乎逐字逐句的讨论。由于品目85.41项下商品享受ITA协定零关税待遇，大部分经济体对品目85.39和94.05几乎都有关税，如何界定三个品目之间的界限就变得非常重要；

同时作为新兴产业，以半导体为核心的微型换能器对于未来的移动互联终端等领域意义重大，不同成员方之间对于相关产品的界定都非常敏感，在不同层面都存在一定争议。

在某次会议上，瑞士指出子目9405.3的灯具（指圣诞树用灯饰"Lighting sets of a kind used for Christmas trees"）也可能用在其他物品上，如电蜡烛台，但现有条文不涉及相关内容。同时瑞士还想了解该条文的历史渊源为何，是否以此次修订为契机对该条文也进行更新。为此秘书处查询了历史文件，指出1979年瑞士已就该问题咨询了海关合作理事会（CCC），最终于1980年委员会采纳了当时欧共体（EC）提交的关于品目94.05的列目方案，维持子目9405.3项下商品的专用性。因此，当次会议再次驳回了瑞士的建议。

三、结论

在2019年的WCO会议上，相关修订方案最终达成一致，其中9405.4项下的子目条文修订采用了我国方案。最终修订结果详见第八十五章注释十一、十二。

第八十五章子目注释一至四的修订（为两用物项新增注释）

一、修订背景

该议题是在WCO有关战略贸易管制实施（STCE）会议上提出的。

在2012年STCE会议上，来自90多个WCO成员方的约200名代表探讨了有关STCE的议题。会议指出"《协调制度》的战略用途或功能：许多与会代表都意识到《协调制度》的功能和潜力正变得非常重要。当《协调制度》聚焦于税收保证时，作为全球贸易符号，它的国际重要性在超过200个国家中凸显。在面临新的挑战的新兴市场维持《协调制度》，需要通过改变《协调制度》本身，或者发展出作为《协调制度》补充的新工具来加以改进，使其能在诸如安保等领域起到战略效果"。为了满足对促进战略商品监管的诉求，在第34次执法委员会会议上，执法委员会建议《协调制度》分司就安保计划提出一个在《协调制度》中为战略商品增加列目的建议书，以供协调制度委员会讨论"。

二、主要观点及讨论情况

在2015年WCO会议上，秘书处提出在一级子目8525.80项下，为"高速电视摄像机、数码照相机及视频摄录一体机""其他抗辐射电视摄像机、数码照相机及视频摄录一体机""其他夜视电视摄像机、数码照相机及视频摄录一体机"新增二级子目；为第八十五章新增子目注释，阐明高速电视摄像机、数字照相机及视频摄录一体机的范围。

与会代表在之后的五次WCO会议上对关于第八十五章新的子目注释一、二和三（特种用途的相机）的相关技术参数问题进行了多轮讨论。

有的代表指出通常分辨率的单位是"像素"，这里为何要用"秒或纳秒"，秘书处表示该定义来源于高速摄像、照相的术语。

第十六类 机器、机械器具、电气设备及其零件；录音机及放声机、电视图像、声音的录制和重放设备及其零件、附件

有的代表注意到高速相机有机械的和电子的两种，这两种相机无论是尺寸还是价值差异都很大，一种观点是在子目注释一中插入"streak and framing"，以更好地解释子目8525.81的相机，并在注释中予以说明。

关于在第八十五章中增加子目注释二（抗辐射照相设备定义）和子目注释三（夜视照相设备定义），会议主席指出子目中表述为"cameras, digital cameras and video camera recorders"（照相机、数码相机和摄像机），而注释中只提到"cameras"（照相机），应该统一，会议决定同意该意见并修改两个子目注释内容，统一为"cameras, digital cameras and video camera recorders"（照相机、数码相机和摄像机）。

有的代表指出，抗辐射特殊照相设备的定义为"withstand up to 10^6 Gy (10^8 RAD) cumulative dose"[耐受$10\times^6$戈瑞（10^8拉德）累积剂量]，但定义一般应给出最低限值，而不是最高限值，经过讨论，会议同意在注释中采用"通常限值为……"的表述，避免太过绝对。

其间秘书处联系了守法便利司等部门征求意见，秘书处从战略贸易控制执行项目处得到的意见如下：

（1）欧盟提到"高速"的定义指标已经过时，将考虑某代表方提供的新条文。

（2）关于子目8525.82，没有足够的信息去定义"高辐射"。子目注释二应该明确照相机可以经受住多少辐射计量；用电离辐射"ionizing-radiation"代替高辐射"high-radiation"，建议子目注释二的文本如下：子目8525.82指专门为电离辐射环境下操作而设计或防护的抗辐射电视摄像机、数字照相机及视频摄录一体机[这些相机通常设计能抵御累计辐射量为10^6 Gy (10^8 RAD)]，这里用电离辐射是为了解决歧义，方括号里的内容也可以接受。新的方案如下："抗辐射的视频摄像机及其镜头被专门设计用于抵御至少50×10^3 Gy（硅）[5×10^6 Rad（硅）]的辐射量，未经手动降级。"战略贸易控制执行项目经理认为添加辐射剂量值并不重要。只要设计承受辐射就可归入相应的货物范围。

（3）子目8525.83的注释过于技术化，注释旨在解释夜视照相机不能使用红外线，用的是可见光并增强它。建议简化注释，例如，"子目8525.83包括夜视电视摄像机、数字照相机及视频摄录一体机，其使用光电阴极管将可见光转换为电信号，这些电信号可以被放大并转换产生可见影像。本子目不包括子目8525.89的热成像照相机"。

另外关于用"radiation tolerant"代替"radiation hardened"的建议，战略贸易控制执行项目经理没有异议。然而，秘书处研究认为"radiation tolerant"和"radiation hardened"没有明确的定义，有时被用来描述不同种类的商品或技术。"radiation hardened"经常用于那些对辐射天生免疫或有高度抵抗力的装置。而"radiation tolerant"通常用于增加保护或补偿的装置，使其在辐射敏感部件暴露

在一定限度辐射下时能够持续工作。如果要确保包括所有相关设备，则可以使用"radiation tolerant or radiation hardened"的表述。

三、结论

最终，2018年WCO会议为涉及第八十五章特种用途的相机（高速电视摄像机、数字照相机及视频摄录一体机；抗辐射或耐辐射电视摄像机、数字照相机及视频摄录一体机；夜视电视摄像机、数字照相机及视频摄录一体机）新增子目注释以明确其技术范围，将现行的子目注释一变更为子目注释四。最终修订结果详见第八十五章注释一至四。

第八十五章子目注释五的修订（基于《巴塞尔公约》删除及新增注释）

详细修订背景及会议讨论过程见"第十六类类注释六的修订（基于《巴塞尔公约》的修订）"。

品目85.01条文的修订（为光伏发电机修订及增列子目）

一、修订背景

该议题是由国际可再生能源署在WCO会议上提出的。2017年3月5日，国际可再生能源署向秘书处提交了修订有关太阳能产品的建议。该建议主要涵盖两类商品：太阳能热水器和太阳能电池板、组和模块；小型的太阳能发电机和太阳能灯。会议普遍支持为太阳能产品修订《协调制度》，并讨论了关于品目85.01项下增列太阳能发电机的问题。

二、主要观点及讨论情况

参会代表均表示支持为太阳能产品修订《协调制度》，但对其中某些条文表述提出异议。关于品目85.01项下的修订，主要是为太阳能发电机增列子目，同时在相关子目中排除该产品。经讨论，会议决定对太阳能发电机类商品采用"光伏发电机"的表述。有成员方提议修改子目8501.3的条文为"DC generators, other than photovoltaic generators"，修改子目8501.6的条文为"AC generators (alternators), other than photovoltaic generators"，有成员方认为上述子目应保留其他直流发动机"other DC motors"的表述；有成员方认为相关发电机的表述应该保留"electromagnetic generators"的表述，前面加"mechanical"，再排除光电发电机。

后经会议讨论决定在子目8501.3和8501.6的条文中采用"直流发电机，光伏发电机除外"的表述。

三、结论

会议最终通过了该议题的修订，不为燃料电池单列子目8501.90，同意子目8501.3或8501.6的条文采用"直流发电机，光伏发电机除外"的表述。最终修订结果详见品目85.01。

品目85.07条文的修订（因贸易量低删除子目）

在某次WCO会议上，代表们讨论了因贸易量低而可能被删除的品目和子目清单。秘书处根据参会意见，对拟删除品目和子目清单作了相应的标识。WCO同意因"镍铁蓄电池"贸易量低而删除子目8507.40。

品目85.14条文的修订（为两用物项增列子目）

一、修订背景

该议题是在WCO有关战略贸易管制实施（STCE）会议上提出的。

在2012年11月举办的STCE会议上，来自90多个WCO成员方的约200名代表探讨了有关STCE的议题。会议指出"《协调制度》的战略用途或功能：许多与会代表都意识到《协调制度》的功能和潜力正变得非常重要。当《协调制度》聚焦于税收保证时，作为全球贸易符号，它的国际重要性在超过200个国家中凸显。在面临新的挑战的新兴市场维持《协调制度》，需要通过改变《协调制度》本身，或者发展出作为《协调制度》补充的新工具来加以改进，使其能在诸如安保等领域起到战略效果"。为了满足对促进战略商品监管的诉求，WCO会议上执法委员会建议《协调制度》分司就安保计划提出一个在《协调制度》中为战略商品增加列目的建议书，以供协调制度委员会讨论。

二、主要观点及讨论情况

某次WCO会议上，秘书处认为等静压机用于烧结多种粉状材料。一般来说，等静压机有冷等静压机和热等静压机两种。冷等静压机在常温下以液压的方式压模，而热等静压机则在高压热气流（通常为氩气）中同时烧结和压模。

因为热等静压机中的热源来源为热电阻，所以秘书处认为，热等静压机应按电阻加热的炉及烘箱归入品目85.14项下的子目8514.10。

三、结论

会议通过相关建议，品目85.14项下有关修订建议如下：

为热等静压机增列子目，删除子目8514.10并替换为：

  -电阻加热的炉及烘箱：

8514.11--热等静压机

8514.19--其他

为电子束炉和等离子及真空电弧熔炉增列子目，删除子目8514.30并替换为：

  -其他炉及烘箱：

8514.31--电子束炉

8514.32--等离子及真空电弧熔炉

8514.39--其他

品目 85.17 条文的修订（为智能手机及通信用天线增列子目）

一、修订背景

（一）在 2014 年 WCO 会议上，秘书处提出为智能手机增列子目和子目注释［详见"第八十五章注释五、六的修订（为智能手机新增注释）"］。

（二）部分成员方在会议中提出关于两种用于通信系统的天线归类问题，目的在于厘清通信系统用天线与品目 85.29 项下天线的区别。

二、主要观点及讨论情况

（一）关于是否需要将智能手机加入品目条文，与会代表发表了不同意见。有的代表认为应该在品目条文中加入关于智能手机的表述，但需要明确的区分标准，以区别其与传统手机和平板电脑，虽然无法加入所有参数，但能提供指导。有的代表提出智能手机的说法是否正式，有无其他表述的疑问。有的代表提出修改后子目 8517.1 的商品范围发生变化，是否应该也修改子目的编码。其余修订详情可见"第八十五章注释五、六的修订（为智能手机新增章注释）"。

（二）通讯用基站天线及通讯用微波天线是现有通信系统用天线的两种主要形式，其与品目 85.29 的天线特别是电视或无线电广播系统的发射或接收天线有很大区别。根据《协调制度》相关条文，品目 85.29 项下所列天线仅限于"专用于或主要用于品目 85.25 至 85.28 所列装置或设备"，专用于品目 85.17 所列通信设备的天线，则应当按照品目 85.17 的零件归入子目 8517.70 项下。但秘书处认为应首先对具体型号的产品进行归类探讨，而后决定将基站天线、微波天线均归入品目 85.17，子目 8517.70，依据是归类总规则一［第十六类类注释二（二）和六］。

三、结论

2018 年 WCO 会议确定修改品目 85.17 和子目 8517.1 的条文，删除子目 8517.12，增加子目 8517.13 和 8517.14。

同时秘书处认为，鉴于已经将两种天线按零件归入子目 8517.70 项下，与会代表同意对品目 8517.7 进行修订，一致通过删除子目 8529.10 中"品目 85.17 除外"的描述。

最终修订结果详见品目 85.17。

品目 85.19 条文的修订（因贸易量低删除子目）

2018 年的 WCO 会议讨论了因贸易量低而可能被删除的品目和子目清单，秘书处根据参会意见，对拟删除品目和子目清单作了相应的标识。WCO 会议同意因贸易量低删除子目 8519.50。

第十六类 机器、机械器具、电气设备及其零件；录音机及放声机、电视图像、声音的录制和重放设备及其零件、附件

品目85.24、85.29条文的修订（为平板显示模组增列品目）

一、修订背景

有成员方提出希望将显示模组类产品统一到一个新的品目85.24，其最初提交了两个版本的草案，分别是按产品尺寸或结构设置的一级子目：

方案一

85.24 平板显示装置及模组，品目85.28和85.40的产品除外，不论是否装有触摸屏：
　　-显示尺寸不超过20厘米：
8524.11--液晶的
8524.12--有机发光二极管的/有机场致发光的
8524.19--其他
　　-其他：
8524.21--液晶的
8524.22--有机发光二极管的/有机场致发光的
8524.29--其他

方案二

85.24 平板显示装置及模组，品目85.28和85.40的产品除外，不论是否装有触摸屏：
　　-不含驱动器或控制电路：
8524.11--液晶的
8524.12--有机发光二极管的/有机场致发光的
8524.19--其他
　　-其他：
8524.21--液晶的
8524.22--有机发光二极管的/有机场致发光的
8524.29--其他
　　-零件：
8524.91--液晶显示器的背光模组
8524.99--其他

二、主要观点及讨论情况

秘书处认为首先应提供品目85.24项下的平板显示装置及模组与其他品目85.28和85.40项下产品的区分标准，而如果设立该品目是为解决不完整显示器件的归类问题，那么如"devices"和"modules"这类术语的定义就需要明确；同时秘书处提请注意该议题可能与修订LED产品条文的议题存在重叠，即在品目85.39项下的子目8539.52增列了LED组件，还新增了第八十五章章注九。

针对根据产品尺寸拆分一级子目的提案，有代表质疑以20厘米的标准区分平板显示模组类产品的依据，最终无人支持该方案，而是通过单元和模组的区别来进行子目的划分。

会议就平板显示模组的相关术语、产品结构及其与类似装置（例如，品目85.28、85.31与90.13的产品）的差异等细节展开了多次讨论，并确认此类商品于现行目录下不能适用归类总规则二（一）归入品目85.28，而总体上应作为适用设备的零件进行归类。

会议还要求提案成员方准备一份新增品目的商品转移对照表。其中，品目85.24的商品很多来自品目85.29，部分来自品目85.31和90.13，最多则源自品目84.73、85.17等的"零件"，但没有来自品目85.28的产品。

会议没有通过包含带触摸屏产品子目的修订版本。

有的代表提出用"organic light-emitting diodes"（有机发光二极管）作为行业公认的显示技术的固定名称，子目条文应以此表述，会议予以通过但建议应该增加缩写（OLED）。

此外，会议还同意在章的层面增设新的注释，用于解释平板显示模组的范围，并在类注释的层面明确品目85.24产品零件的归类。

三、结论

会议决定删除品目85.24的"零件"子目8524.91和8524.99，并将"其他"子目的序号调整至子目8524.91至8524.99。最终修订结果详见品目85.24、85.29。

品目85.25条文的修订（为两用物项增列子目）

一、修订背景

在WCO会议上，秘书处提出在一级子目8525.80（电视摄像机、数字照相机及视频摄录一体机）项下，为高速电视摄像机、数码照相机及视频摄录一体机，其他抗辐射电视摄像机、数码照相机及视频摄录一体机，其他夜视电视摄像机、数码照相机及视频摄录一体机，新增二级子目。

二、主要观点及讨论情况

详见"第八十五章子目注释一至四的修订（为两用物项新增注释）"。

三、结论

最终经过多次会议讨论，WCO确定进行如下修改，将子目8525.8删除并替换为：

-电视摄像机、数字照相机及视频摄录一体机：
8525.81--本章子目注释一所列高速设备
8525.82--其他，本章子目注释二所列抗辐射或耐辐射设备
8525.83--其他，本章子目注释三所列夜视设备
8525.89--其他

第十六类 机器、机械器具、电气设备及其零件;录音机及放声机、电视图像、声音的录制和重放设备及其零件、附件

品目85.39条文的修订（为发光二极管类产品增列子目）

一、修订背景

第五审议循环中，某成员方曾提出为LED产品修改《协调制度》目录的议题，会议决定在2017版《协调制度》中新增子目8539.50，使其包括LED灯泡。但该成员方指出，2017版《协调制度》对各种LED产品的范围和归类仍然不明确。由于LED产品结构的特殊性，其零件不像传统灯泡灯管易于区分，LED产业发展迅速，LED元件和产品很快投入市场，迫切需要对其各种形式的产品进行清楚的区分。根据国际标准组织（例如，国际电气委员会）所建立的区分标准，LED照明产品可分为以下三类：

（1）作为基础元件的LED，例如，LED芯片或模块。
（2）作为中间固态装置的LED光源。
（3）作为最终产品的LED照明装置。

为此建议：

（1）将LED组件（照明工业有时也会称其为"LED模块"）和LED灯泡一并归入子目8539.5，并细分子目；同时建议新增第八十五章注释，用来限定LED组件的范围。

（2）扩大品目85.41的范围，使其包括LED和LED模块（照明工业有时也会称其为"LED封装"），并细分子目；同时修订目前第八十五章注释九（一），使LED包括LED模块。

（3）在品目94.05中为在设计上只能使用LED灯的灯具细分子目。

由于与会代表对LED组件和LED模块的定义和区别等无法达成一致，该议题未在第五审议循环中讨论通过，会议决定在本次审议循环中继续讨论。

二、主要观点及讨论情况

在会议讨论中，有代表指出如果子目8541.4和8541.41的条文中增加发光二极管"不论是否组装成模块"，则品目85.41的条文中也需要增加该表述。

另有代表建议由于品目85.39与94.05英文条文中对灯泡和灯均用了"lamp"一词，在品目85.39条文和子目8539.5条文的修订建议中将"发光二极管（LED）灯和发光二极管（LED）组件"改为"发光二极管（LED）光源"。还有代表建议应将条文中的"assemblies"（组件）替换为"modules"（模块）。提议成员方赞成代表们提出的这两项建议。提议成员方还将子目8541.4条文中"不论是否组装成模块"修改为"不论是否组装成封装"以及将LED定义中的"不论是否组装成模块"修改为"不论这些器件之间是否通过电路连接"，并建议用是否带有灯头来区分LED模块和LED灯泡。经过讨论，会议决定在修改后的建议基础上继续讨论。

关于品目85.39条文中应该采用"模块"还是"组件"的问题，有代表建

议将"模块"改为"组件",因为国际电气委员会在LED灯标准中用了"组件"的表述。另有代表认为应该与国际电气委员会用词一致,用"模块"表示发光二极管灯泡内的模块,其与灯泡的区别是没有灯头,与归入品目85.41的"组件"的区别是具有控制电路。还有两位代表则表示希望采用"组件"。提议成员方赞成将"模块"改为"组件"的建议。但有代表咨询了行业专家,认为行业内统称此类产品为"模块",所以希望使用"模块"的表述。与会代表表示支持,最后会议决定使用"模块"的表述。

针对品目85.41条文中"不论是否组装成封装"的问题,有代表建议删除"封装"的表述,提议成员方不同意删除,因为这可能会导致归类混淆。另一代表建议可以删除"不论是否组装成封装",直接用LED来表示,因为章注释中明确了LED包括封装。经过讨论,该代表建议保留该表述,同时为了避免引起什么元件都可以装配在一起的误会,建议将表述修改为"不论是否与其他发光二极管(LED)组装"。与会代表均表示同意,会议通过该项修改。

关于第八十五章注释九(一)中对LED的定义,有代表建议删除修订建议中的"combined for all intents and purposes indivisibly",并建议用是否带有控制电路来区分品目85.39和85.41。有代表建议在最后加上"品目85.41的发光二极管(LED)不装有以提供或控制电源为目的的元件"。相关代表均表示支持删除,会议通过该建议。

关于LED灯泡定义有关"便于普通人在灯具中安装或更换并确保机械和电气连接的灯头设计"中"普通人"的表述,有代表担心"普通人"这个表述存在主观性。有代表建议删除,因为关于LED灯泡的描述中已经说明其带有灯头以便于安装。

会议还同意在第九十四章注释一(五)、第十七类注释二(十)等加上"及其零件"的表述以及将第九十四章注释一(十一)中"电气彩灯串"改为"灯串"。

此外,提议成员方还提出了有关半导体基换能器的修订建议,即在目前第八十五章注释九(一)的修订建议中增加半导体基换能器的定义,并在子目8541.5项下为半导体基换能器细分子目,会议决定将半导体基换能器的修订与LED产品保持在同一议题中讨论。

有代表反对提议成员方关于"半导体基传感器、执行器、谐振器和振荡器"定义中有关"微型或更小"的表述,不知如何定义为"微型或更小",提议成员方表示会咨询行业专家后予以答复。一些代表对现行章注释九(一)[修订后为章注释十(一)]中几处"微型或更小"的表述提出疑问,因其缺乏相关定义。有代表提出原先提案中此处用的是"微电子"一词,且现行章注释九(二)4(3)②在描述多元件集成电路时用的也是"微电子"。会议同意将"微型或更小"修改为"微电子或机械结构"。

关于章注释中新增"振荡器"和"谐振器"的定义，有代表认为振荡器是由谐振器加晶体管及阻容元件等组成，应该将谐振器和振荡器的顺序调转。会议一致同意该建议。

三、结论

会议最终决定将品目 85.39 及子目 8539.50 条文中的"灯泡（管）"改为"光源"，并为 LED 模块及 LED 灯泡（管）细分子目。最终修订结果详见品目 85.39。

品目 85.41 条文的修订（为发光二极管类产品修改品目及增列子目）

详细修订背景及会议讨论过程见"第八十五章注释十一、十二的修订（为发光二极管类产品新增注释）""品目 94.05 条文的修订（为发光二极管类产品及太阳能产品增列子目）"。

品目 85.43 条文的修订（为电子烟增列子目）

一、修订背景

某次 WCO 会议讨论了为电子烟设备增列子目的问题。秘书处在征求世界卫生组织关于为电子烟修订《协调制度》的意见时，世界卫生组织提出要为电子烟设备增列子目，以监控相关商品的贸易，其目的是控烟。WCO 曾归类了一种电子烟，将电子烟装置归入品目 85.43，因此秘书处根据世界卫生组织的建议，提出在品目 85.43 下为电子烟增列子目。

二、主要观点及讨论情况

会议讨论中秘书处指出，如果参会代表认为明确该类产品在 2017 版《协调制度》下的归类方案是修订 2022 年版《协调制度》的先决条件，那就应该提供一个具体的商品来讨论，否则直接讨论附件给出的修订方案即可。除一个成员方代表表示没有必要修订外，其他若干成员方代表均表示同意在品目 85.43 下增设子目。经讨论，最终会议一致同意进行修订。

同时，关于品目 85.43 的条文，WCO 各成员方一致同意保持现状。关于其子目，WCO 建议合并部分成员方的建议，将子目 8543.40 条文修改为"电子烟及类似的个人电子雾化设备"。部分成员方代表支持此建议，但认为需要在品目注释中定义其范围。

三、结论

最终修订结果详见品目 85.43。

品目 85.48 条文的修订（基于《巴塞尔公约》修订品目）

一、修订背景

由于为电子电气废弃物及碎料新增品目 85.49，原品目 85.48 项下的"原电池、原电池组及蓄电池的废碎料；废原电池、废原电池组及废蓄电池"转移至新增的子目 8549.1 项下，为此重新修订了品目 85.48 的品目条文及子目列目。

二、主要观点及讨论情况

详见"第十六类类注释六的修订（基于《巴塞尔公约》的修订）"。

三、结论

最终修订结果详见品目 85.48。

品目 85.49 条文的修订（基于《巴塞尔公约》新增品目）

详细修订背景及会议讨论过程见"第十六类类注释六的修订（基于《巴塞尔公约》的修订）"。

第十七类　车辆、航空器、船舶及有关运输设备

一、概述

本类共有四章，即第八十六章至第八十九章。2022年版《协调制度》类注释修改1条；章注释新增1条，子目注释新增2条，修改1条（仅英文修改，中文无变化）；4位数品目新增2条，修改1条，删除1条；5、6位数子目新增43条，修改12条，删除6条。

二、类注释的修改情况

类注释二（十）的修改

本次修改，进一步明确了第十七类运输工具零件排他条款的商品范围，即不仅不包括品目94.05项下的灯具或照明装置，也不包括它们的零件。

修改后的条文为"（十）品目94.05的灯具、照明装置及其零件；或"。

> **第十七类类注释二（十）的修订（为发光二极管类产品新增注释）**
>
> 详细修订背景及会议讨论过程见"第八十五章注释十一、十二的修订（为发光二极管类产品新增注释）"。

第八十六章　铁道及电车道机车、车辆及其零件；铁道及电车道轨道固定装置及其零件、附件；各种机械（包括电动机械）交通信号设备

本章未作任何修改。

第八十七章　车辆及其零件、附件，但铁道及电车道车辆除外

一、概述

本章子目注释新增1条；5、6位数子目新增14条，修改11条。

二、章注释及子目注释的修改情况

本章章注释未作修改。

新增子目注释一

根据我国海关的提议，WCO 决定在品目 87.08 项下明确车用玻璃窗的范围，以区分与第七十章商品的不同，同时为按零件归类的车窗新增子目注释一，新增的条文如下：

"一、子目 8708.22 包括：

"（一）带框的前挡风玻璃、后窗及其他窗；以及

"（二）装有加热器件或者其他电气或电子装置的前挡风玻璃、后窗及其他窗，不论是否带框。

"上述货品专用于或主要用于品目 87.01 至 87.05 的机动车辆。"

三、目录结构及品目条文的调整情况

2022 年版《协调制度》中，第八十七章的修订基本集中在以下两点：

1. 为混合动力和纯电动的车辆修改列目结构

随着技术的进步，除了载人的车辆以外，几乎所有的车辆都出现了混合动力和纯电动力的型号。因此，除了 2017 年版《协调制度》已经作出调整的品目 87.02、87.03 项下的载人车辆以外，其他品目也增列了相应的子目。

2. 删除"点燃往复式活塞内燃发动机"中的"往复"二字

在韩国提出的一系列与车有关的子目条文中，柴油发动机的法定表述均为"压燃式活塞内燃发动机"，与之对应的汽油发动机的表述却是"点燃往复式活塞内燃发动机"，为了让描述对应统一，建议删除"往复"两字。

在讨论过程中，部分国家对于转子发动机（汪克尔发动机）是不是点燃式活塞发动机产生了争议，因为其属性直接影响了子目条文在删除"往复"后商品范围是否会扩大，如果转子发动机属于活塞发动机，则新子目商品范围扩大，部分兜底子目的商品会被转入新的子目；反之，该子目仅仅属于子目条文修订而无商品范围的变化。由于转子发动机属于边缘产品，即使在产业界也没有统一的共识，经讨论，我国认为转子发动机不属于活塞发动机，故相关子目范围没有变化，仅涉及条文修订。

（一）品目 87.01 的调整

品目 87.01 的特别之处在于，考虑到半挂车用的公路牵引车这类车型动力澎湃、皮实可靠、吨位巨大的特点，较少单独采用汽油发动机作为动力，因此在拆分子目时，并没有为"仅装有点燃式活塞内燃发动机的车辆"增列子目。

拆分子目 8701.2

在子目"8701.2-半挂车用的公路牵引车"的基础上，拆分为子目"8701.21--仅装有压燃式活塞内燃发动机（柴油或半柴油发动机）的车辆""8701.22--同时装有压燃式活塞内燃发动机（柴油或半柴油发动机）及驱动电动机的车辆""8701.23--同时装有点燃式活塞内燃发动机及驱动电动机的车辆""8701.24--仅装有驱动电动机的车

辆"和"8701.29--其他"。新增子目的商品均来自原子目8701.2项下。

调整后品目87.01的列目结构如表87-1所示。

表87-1 调整后品目87.01的列目结构

HS编码	商品名称	备注
87.01	牵引车、拖拉机（品目87.09的牵引车除外）：	
8701.10	-单轴拖拉机	
	-半挂车用的公路牵引车：	
8701.21	--仅装有压燃式活塞内燃发动机（柴油或半柴油发动机）的车辆	新增
8701.22	--同时装有压燃式活塞内燃发动机（柴油或半柴油发动机）及驱动电动机的车辆	新增
8701.23	--同时装有点燃式活塞内燃发动机及驱动电动机的车辆	新增
8701.24	--仅装有驱动电动机的车辆	新增
8701.29	--其他	新增
8701.30	-履带式牵引车、拖拉机	
	-其他，其发动机功率：	
	……	

（二）品目87.02的调整

品目87.02已经在第五审议循环中新增了混动车和纯电动车，故本次的修改仅限于发动机的表述。将子目8702.3的条文由"同时装有点燃往复式活塞内燃发动机及驱动电动机的车辆"修改为"同时装有点燃式活塞内燃发动机及驱动电动机的车辆"。仅子目条文修改，商品范围不变。

调整后品目87.02的列目结构如表87-2所示。

表87-2 调整后品目87.02的列目结构

HS编码	商品名称	备注
87.02	客运机动车辆，10座及以上（包括驾驶座）：	
8702.10	-仅装有压燃式活塞内燃发动机（柴油或半柴油发动机）的车辆	
8702.20	-同时装有压燃式活塞内燃发动机（柴油或半柴油发动机）及驱动电动机的车辆	
8702.30	-同时装有点燃式活塞内燃发动机及驱动电动机的车辆	条文修改，商品范围不变
8702.40	-仅装有驱动电动机的车辆	
8702.90	-其他	

(三) 品目 87.03 的调整

修订原因及内容和品目 87.02 相同。

调整后品目 87.03 的列目结构如表 87-3 所示。

表 87-3 调整后品目 87.03 的列目结构

HS 编码	商品名称	备注
87.03	主要用于载人的机动车辆（品目 87.02 的货品除外），包括旅行小客车及赛车：	
8703.10	-雪地行走专用车；高尔夫球车及类似车辆	
	-仅装有点燃式活塞内燃发动机的其他车辆：	条文修改，商品范围不变
8703.21	--气缸容量（排气量）不超过 1000 毫升	
8703.22	--气缸容量（排气量）超过 1000 毫升，但不超过 1500 毫升	
8703.23	--气缸容量（排气量）超过 1500 毫升，但不超过 3000 毫升	
8703.24	--气缸容量（排气量）超过 3000 毫升	
	-仅装有压燃式活塞内燃发动机（柴油或半柴油发动机）的其他车辆：	
8703.31	--气缸容量（排气量）不超过 1500 毫升	
8703.32	--气缸容量（排气量）超过 1500 毫升，但不超过 2500 毫升	
8703.33	--气缸容量（排气量）超过 2500 毫升	
8703.40	-同时装有点燃式活塞内燃发动机及驱动电动机的其他车辆，可通过接插外部电源进行充电的除外	条文修改，商品范围不变
8703.50	-同时装有压燃式活塞内燃发动机（柴油或半柴油发动机）及驱动电动机的其他车辆，可通过接插外部电源进行充电的除外	
8703.60	-同时装有点燃式活塞内燃发动机及驱动电动机、可通过接插外部电源进行充电的其他车辆	条文修改，商品范围不变
8703.70	-同时装有压燃活塞内燃发动机（柴油或半柴油发动机）及驱动电动机、可通过接插外部电源进行充电的其他车辆	
8703.80	-仅装有驱动电动机的其他车辆	

(四) 品目 87.04 的调整

1. 子目 8704.2 和 8704.3 条文的修改

由于为混合动力和纯电动车新增子目 8704.4 至 8704.6，在子目 8704.2 和 8704.3 的条文前加上"仅"字，修改后条文为"8704.2-仅装有压燃式活塞内燃发动机（柴油或半柴油发动机）的其他货车""8704.3-仅装有点燃式活塞内燃发动机的其他货车"。

上述两个子目条文修改后，其中一部分商品转移到新增的子目 8704.4 至 8704.6 项下，商品范围缩小。

2. 新增并拆分子目 8704.4 和 8704.5

新增子目"8704.4-同时装有压燃式活塞内燃发动机（柴油或半柴油发动机）及驱动电动机的其他货车"，并在此基础上拆分为子目"8704.41--车辆总重量不超过5吨""8704.42--车辆总重量超过5吨，但不超过20吨""8704.43--车辆总重量超过20吨"。其中新增子目 8704.41 的商品为原子目 8704.21 的部分商品，新增子目 8704.42 的商品为原子目 8704.22 的部分商品，新增子目 8704.43 的商品为原子目 8704.23 的部分商品。

新增子目"8704.5-同时装有点燃式活塞内燃发动机及驱动电动机的其他货车"，并在此基础上拆分为子目"8704.51--车辆总重量不超过5吨""8704.52--车辆总重量超过5吨"。其中新增子目 8704.51 的商品为原子目 8704.31 的部分商品，新增子目 8704.52 的商品为原子目 8704.32 的部分商品。

3. 新增子目 8704.60

新增子目"8704.60-仅装有驱动电动机的其他货车"。新增子目的商品为原子目 8704.9 的部分商品。

调整后品目 87.04 的列目结构如表 87-4 所示。

表 87-4　调整后品目 87.04 的列目结构

HS 编码	商品名称	备注
87.04	货运机动车辆：	
8704.10	-非公路用自卸车	
	-仅装有压燃式活塞内燃发动机（柴油或半柴油发动机）的其他货车：	条文修改，商品范围缩小
8704.21	--车辆总重量不超过5吨	
8704.22	--车辆总重量超过5吨，但不超过20吨	
8704.23	--车辆总重量超过20吨	
	-仅装有点燃式活塞内燃发动机的其他货车：	条文修改，商品范围缩小
8704.31	--车辆总重量不超过5吨	
8704.32	--车辆总重量超过5吨	
	-同时装有压燃式活塞内燃发动机（柴油或半柴油发动机）及驱动电动机的其他货车：	新增
8704.41	--车辆总重量不超过5吨	新增
8704.42	--车辆总重量超过5吨，但不超过20吨	新增
8704.43	--车辆总重量超过20吨	新增
	-同时装有点燃式活塞内燃发动机及驱动电动机的其他货车：	新增
8704.51	--车辆总重量不超过5吨	新增
8704.52	--车辆总重量超过5吨	新增

表87-4 续

HS 编码	商品名称	备注
8704.60	-仅装有驱动电动机的其他货车	新增
8704.90	-其他	

（五）品目 87.08 的调整

修订原因和本章新增子目注释一的新增原因相同，为车窗增列子目"8708.22--本章子目注释一所列的前挡风玻璃、后窗及其他车窗"。新增子目的商品为原子目8708.29 的部分商品。

由于新增子目 8708.22，子目 8708.29 的商品范围缩小。

调整后品目 87.08 的列目结构如表 87-5 所示。

表 87-5 调整后品目 87.08 的列目结构

HS 编码	商品名称	备注
87.08	机动车辆的零件、附件，品目 87.01 至 87.05 所列车辆用：	
8708.10	-缓冲器（保险杠）及其零件	
	-车身（包括驾驶室）的其他零件、附件：	
8708.21	--座椅安全带	
8708.22	--本章子目注释一所列的前挡风玻璃、后窗及其他车窗	新增
8708.29	--其他	商品范围缩小
8708.30	-制动器、助力制动器及其零件	
	……	

（六）品目 87.11 的调整

修订原因及内容和品目 87.02 相同。因目前摩托车还没有混合动力产品，故本次修改仅限于调整发动机的表述。即只删除子目条文中的"往复"二字。条文修改后，商品范围不变。

调整后品目 87.11 的列目结构如表 87-6 所示。

表 87-6 调整后品目 87.11 的列目结构

HS 编码	商品名称	备注
87.11	摩托车（包括机器脚踏两用车）及装有辅助发动机的脚踏车，不论有无边车；边车：	
8711.10	-装有活塞内燃发动机，气缸容量（排气量）不超过 50 毫升	条文修改，商品范围不变
8711.20	-装有活塞内燃发动机，气缸容量（排气量）超过 50 毫升，但不超过 250 毫升	条文修改，商品范围不变

表87-6 续

HS 编码	商品名称	备注
8711.30	-装有活塞内燃发动机，气缸容量（排气量）超过250毫升，但不超过500毫升	条文修改，商品范围不变
8711.40	-装有活塞内燃发动机，气缸容量（排气量）超过500毫升，但不超过800毫升	条文修改，商品范围不变
8711.50	-装有活塞内燃发动机，气缸容量（排气量）超过800毫升	条文修改，商品范围不变
8711.60	-装有驱动电动机的	
8711.90	-其他	

第八十七章子目注释一的修订（为汽车车窗新增子目注释）

一、修订背景

WCO 会议上，有成员方提出了某些种类的车窗的归类问题，希望厘清第七十章的汽车安全玻璃与第八十七章的汽车车窗的区分线，并推动该议题继续讨论。

二、主要观点及讨论情况

有成员方提交的为子目 8708.2 项下增列车窗子目的建议，为了统一全球对车窗的归类、便利贸易，并考虑到其贸易量已经大大超出 WCO 单列子目的要求（5000 万美元），该成员方建议为其在第八十七章中增列子目 8708.22，并增加相关子目注释。

在 WCO 相关会议对多种不同结构的具体车窗产品作出归类决定的基础上，该成员方提出了一个新的子目注释建议，与会代表一致同意在该成员方提交的新的子目注释基础上进行讨论。

三、结论

关于子目 8708.22 条文，WCO 决定使用"本章子目注释一规定的前车窗、后车窗及其他窗"的表述，对子目注释及第七十章的排他条款中关于商品名称的表述，按子目 8708.22 的条文作了相应的调整。最终修订结果详见第八十七章子目注释一。

品目 87.01、87.02、87.03、87.04 及 87.11 的修订
（为电动汽车修订品目及增列子目）

一、修订背景

2017 年 7 月，秘书处收到一成员方提出的为电动和混动拖拉机和货车在品

目87.01和87.04项下增列子目的建议。主要是基于这类车辆已经在轻量型商业运输（欧盟产业界定义为3.5~8.5吨重）领域占到一定的份额，即使是在中量和重量级运输车辆领域，也有了一定的发展，因此建议在品目87.01和87.04项下增列相关子目。

二、主要观点及讨论情况

各成员方对于在部分车型及其涉及的品目中增列电动车和混动车不持异议，但考虑到技术实际，还是基于贸易实际在部分品目中增列了一部分存在实际商品的子目。

在之后的讨论过程中，有成员方提交材料，建议为了《协调制度》的统一，可以删除子目8701.23、8704.3和8704.5中关于"往复"的表述，虽然各成员方对于理论上除了往复式以外，是否还存在其他类型的点燃式活塞内燃发动机存在争议（如转子发动机是否属于活塞发动机），但最终会议同意并决定删除第八十七章中所有（还包括品目87.02、87.03及87.11项下多个子目）关于"往复"的表述。

三、结论

最终各成员方同意通过相关修订。

品目87.08条文的修订（为汽车车窗新增子目）

详细修订背景及会议讨论过程见"第八十七章子目注释一的修订（为汽车车窗新增子目注释）"。

第八十八章 航空器、航天器及其零件

一、概述

本章章注释新增1条；子目注释新增1条，修改1条（仅英文修改，中文无变化）；4位数品目新增2条，删除1条，品目条文修改1条；5、6位数子目新增17条，删除4条。

二、章注释及子目注释的修改情况

（一）新增章注释一

本次修订，为无人驾驶航空器新增品目88.06，同时新增章注释一。新增的注释条文如下：

"一、本章所称'无人驾驶航空器'是指除品目88.01的航空器以外，没有飞行员驾驶的任何航空器，它们可设计用于载物或安装永久性集成的数码相机或其他能在飞行中发挥实用功能的设备。

"但'无人驾驶航空器'不包括专供娱乐用的飞行玩具（品目95.03）。"

（二）原子目注释的修改

原子目注释仅英文修改，中文无变化。

（三）新增子目注释二

为明确无人驾驶航空器的最大起飞重量新增子目注释二。新增的条文为"二、子目8806.21至8806.24及8806.91至8806.94所称'最大起飞重量'，是指航空器在正常飞行状态下起飞时的最大重量，包括有效载荷、设备和燃料的重量。"

三、目录结构及品目条文的调整情况

（一）品目88.02的调整

为明确新增品目88.06的无人驾驶航空器不归入品目88.02，在原有条文的基础上增加"品目88.06的无人驾驶航空器除外"，修改后的条文为"88.02 其他航空器（例如，直升机、飞机），品目88.06的无人驾驶航空器除外；航天器（包括卫星）及其运载工具、亚轨道运载工具"。

条文修改后，一部分商品转移至新增品目88.06项下，该品目的商品范围缩小。

（二）删除品目88.03

因新增品目88.06和品目88.07，删除原品目88.03及项下的所有子目。删除的商品全部转移至新增品目88.07的项下。

（三）新增品目88.06

为无人驾驶航空器新增品目88.06，该商品的定义详见本章新增的章注释一。无人驾驶航空器的操控方式主要分为遥控飞行（操作员远程控制）和自主飞行（根据预定程序自动飞行）两类。下设子目按照用途（是否载客）、操控方式（是否仅使用遥控飞行）进行5位子目的划分，又根据"最大起飞重量"（见本章新增子目注释二）进行6位子目的划分，详细列目如下：

1. 新增子目8806.10

新增子目"8806.10-设计用于旅客运输的"，新增子目的商品为原子目8802.11、8802.12、8802.2、8802.3、8802.4的部分商品。

2. 新增子目8806.21至8806.29

新增子目"8806.2-其他，仅使用遥控飞行的"，并在此基础上按"最大起飞重量"拆分为子目"8806.21--最大起飞重量不超过250克""8806.22--最大起飞重量超过250克，但不超过7千克""8806.23--最大起飞重量超过7千克，但不超过25千克""8806.24--最大起飞重量超过25千克，但不超过150千克""8806.29--其他"。

新增子目的商品为原子目8802.11、8802.12、8802.2、8802.3、8802.4和8525.8的部分商品。

3. 新增子目8806.91至8806.99

新增子目"8806.9-其他"，并在此基础上按"最大起飞重量"拆分为子目"8806.91--最大起飞重量不超过250克""8806.92--最大起飞重量超过250克，但不超过7千克""8806.93--最大起飞重量超过7千克，但不超过25千克""8806.94--最大

起飞重量超过 25 千克，但不超过 150 千克""8806.99--其他"。

新增子目商品为原子目 8802.11、8802.12、8802.2、8802.3、8802.4 及 8525.8 的部分商品。

新增品目 88.06 的列目结构如表 88-1 所示。

表 88-1　调整后品目 88.06 的列目结构

HS 编码	商品名称	备注
88.06	无人驾驶航空器：	新增
8806.10	-设计用于旅客运输的	新增
	-其他，仅使用遥控飞行的：	新增
8806.21	--最大起飞重量不超过 250 克	新增
8806.22	--最大起飞重量超过 250 克，但不超过 7 千克	新增
8806.23	--最大起飞重量超过 7 千克，但不超过 25 千克	新增
8806.24	--最大起飞重量超过 25 千克，但不超过 150 千克	新增
8806.29	--其他	新增
	-其他：	新增
8806.91	--最大起飞重量不超过 250 克	新增
8806.92	--最大起飞重量超过 250 克，但不超过 7 千克	新增
8806.93	--最大起飞重量超过 7 千克，但不超过 25 千克	新增
8806.94	--最大起飞重量超过 25 千克，但不超过 150 千克	新增
8806.99	--其他	新增

（四）新增品目 88.07

因新增品目 88.06 且删除原品目 88.03 后，为第八十八章的相关零件新增品目 88.07，具体调整如下：

1. 新增品目 88.07 的条文

在原有品目 88.03 条文的基础上增加"或 88.06"，新增品目 88.07 的条文为"88.07　品目 88.01、88.02 或 88.06 所列货品的零件"。

2. 各子目的列目情况

原品目 88.03 项下子目的商品全部转至新增品目 88.07 项下，并在子目 8807.3 的条文中插入"无人驾驶航空器"，具体修改如下：

"8807.10-推进器、水平旋翼及其零件""8807.20-起落架及其零件""8807.30-飞机、直升机及无人驾驶航空器的其他零件""8807.90-其他"。

新增子目 8807.10 的商品来自已删除子目 8803.10；新增子目 8807.20 的商品来自已删除子目 8803.20；新增子目 8807.30 的商品来自已删除子目 8803.30；新增子目 8807.90 的商品来自已删除子目 8803.90。

调整后品目 88.07 的列目结构如表 88-2 所示。

表 88-2 调整后品目 88.07 的列目结构

HS 编码	商品名称	备注
88.07	品目 88.01、88.02 或 88.06 所列货品的零件：	新增
8807.10	-推进器、水平旋翼及其零件	新增
8807.20	-起落架及其零件	新增
8807.30	-飞机、直升机及无人驾驶航空器的其他零件	新增
8807.90	-其他	新增

四、相关商品知识介绍

无人驾驶航空器

无人驾驶航空器（又简称无人机），英文全称是"Unmanned Aerial Vehicle"，英文缩写为"UAV"，是指不需要驾驶员登机驾驶的遥控操纵或自动驾驶的飞行器。无人机并不意味着飞行器上不能有人，如果飞行器上搭载的是乘客，而不是驾驶员，那么此类飞行器仍属于"无人机"的范围。

无人机按飞行平台构型，可以分为多旋翼无人机、固定翼无人机、无人直升机、垂直起降固定翼、无人飞艇、伞翼无人机等，目前常见的无人机类型有以下四种：

1. 多旋翼无人机

多旋翼无人机，也叫多轴无人机，根据螺旋桨的数量，又可细分为四旋翼、六旋翼、八旋翼等。多旋翼无人机依靠多个螺旋桨产生的升力来平衡飞行器的重力，让飞行器飞起来，通过改变每个旋翼的转速来控制飞行器的姿态。多旋翼体积相对较小，灵活轻便，可垂直起降，可悬停，对场地要求低，因此被广大民众所青睐。这类无人机，目前被广泛用于各个社会领域，例如，无人机播撒农药、无人机物流、无人机航拍、无人机灯光秀、电力巡检等。大家熟悉的大疆无人机如图 88-1 所示，就是多旋翼无人机的杰出代表。

图 88-1 大疆 Phantom4 RTK 高清航拍航测绘测量无人机

2. 固定翼无人机

固定翼无人机靠螺旋桨或者涡轮发动机产生的推力作为飞机向前飞行的动力，主要的升力来自机翼与空气的相对运动，所以，固定翼无人机必须要有一定的与空气的相对速度才有足够升力来维持飞行。固定翼无人机具有飞行速度快，运载能力大的特点，广泛应用于军用领域和工业领域，适合侦察、国土测绘等。固定翼无人机如图88-2所示，也是航模玩家使用比较多的机型。

图 88-2　翼龙 2 察打一体无人机

3. 无人直升机

无人直升机在各类机型中机动性最好，载荷能力、续航时间、飞行速度、抗风性能等硬指标往往都要远远强于多旋翼无人机。无人直升机的调试比多旋翼直升机要复杂得多，操作难度也要比多旋翼直升机大得多，这类机型一般应用于较专业的领域，操控技术要求极高。在航模圈中，无人直升机能够完成大量特技飞行动作，给人带来紧张又刺激的观看体验，典型的无人直升机如图88-3所示。

图 88-3　奥地利西贝尔公司 S-100 无人直升机

4. 垂直起降固定翼无人机

垂直起降固定翼无人机结合了多旋翼无人机和固定翼无人机的优点，在起降和悬停阶段采用多旋翼模式，场地要求低，在高速飞行时采用固定翼模式。这类无人机广泛应用于航拍测绘、地质勘测、快速运输等领域，此类机型如图88-4所示。

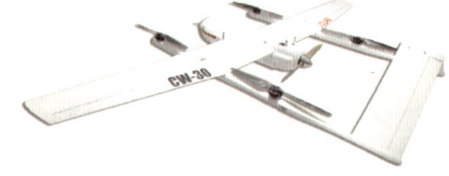

图 88-4　纵横大鹏 CW-30 垂直起降固定翼无人机

无人机按应用领域，可分为军用与民用。军用方面，无人机分为战斗机、侦察机和靶机等军用无人战斗机如图88-5所示。

图88-5　军用无人战斗机

21世纪初，军用无人机从大个头逐渐向迷你型发展，且性能更加稳定，催发了民用无人机的诞生。民用方面，"无人机+行业应用"是无人机真正的刚需，其目前在航拍、农业、植保、微型自拍、快递运输、灾难救援、观察野生动物、监控传染病、测绘、新闻报道、电力巡检、影视拍摄等领域的应用，大大拓展了无人机本身的用途，发达国家也在积极扩展行业应用与发展民用无人机技术。无人驾驶航空器通常用于空中摄影、物流运输、安防救援、勘探测绘、农业植保、休闲娱乐、军事侦察和攻击等。

1. 航拍无人机

航拍无人机如图88-6所示，可搭载高清摄像机，在无线遥控的情况下，根据拍摄需求，在遥控操纵下从空中进行拍摄。

图88-6　航拍无人机

2. 植保无人机

植保无人飞机如图88-7所示，可搭载10千克作业箱，喷幅可达5米，作业效率为每小时100亩，采用全新折叠桁架式结构，结实可靠，可高效收展，方便搬运。搭配相应的配件，可对固体颗粒肥、种子等进行播撒作业，适用于水稻直播、草原补种、油菜播种、扬肥等多种作业场景。

图88-7 植保无人飞机

3. 巡检无人机

巡检无人机如图88-8所示,其结合多角度可见光、热成像和气体探测仪对设备进行检测诊断,安全巡逻,在不中断生产的情况下第一时间发现隐患,排除风险。

图88-8 巡检无人机

第八十八章注释二、子目注释二、品目88.02、88.03、88.06、88.07 的对照(为无人机新增注释、修订品目条文、删除及新增品目)

一、修订背景

2015年WCO会议讨论了一款带数码相机的无人机的归类问题,该款无人机商品中文名称为遥控四旋翼直升机,英文名称为"Quadcopter",尺寸为29厘米×29厘米×18厘米,重量为1160克,拥有一个集成的数码相机、5.8 GHz遥控器、2.4 GHz Wi-Fi扩展器和"智能手机"控制端。它可通过控制杆装置来提供远程遥控。远程遥控端可配备一个安装有特定程序的智能手机,这样操作者可以通过Wi-Fi信号在手机屏幕上查看视频和照片。操作者可以拍摄视频(1080p高清)和照片(14MP),可以使用制造商提供的应用程序通过智能手机控制相机。Wi-Fi扩展器的扩展范围约300米,无人机续航时间约25分钟。经过讨论,会议通过投票认为该款无人机的照相功能为其主要特征,归入品目85.25。

类似无人机产品已在各种民用和商用领域得到了广泛应用,包括航空测绘、航空摄影、调查电线和管道、野生动物的数目调查、货物的运送情况和监控等。根据用途不同,无人机携带的设备也有所不同,且有些设备为永久集成安装在无人机上,有些设备是可拆卸的。根据无人机搭载的设备归类引起各成员方的关注,各成员方认为其会造成归类的不一致性及引起相关商品部分通用零件的归类困难。

后续的WCO会议上,基于上述考虑,同时为了便于监管被视为战略性商品以及两用物项的特定商品,讨论了在品目88.02一级子目8802.1、8802.20、8802.30、8802.40项下新增二级子目的可能性,以区分无人机和载人机,同时对现行子目中规定的空载重量予以保留。一些成员方认为有必要对新增子目涵盖的飞行器的相关技术性能及技术参数进行界定(如重量、是否用于携带影像记录装置及相关设计、是否用于运输某种货物及相关载重性能、是否装有限制其飞行高度和航程的限制装置等),同时确定这些无人机在归类时如何区分"影像记录装置""玩具"或者"飞行器"。

二、主要观点及讨论情况

秘书处提议在第八十八章为无人机新增一个品目88.06并为第八十八章新增"章注一"明确该商品的定义,且指出其贸易量符合新增品目的要求。建议品目88.06优先于本章其他各品目。

一些代表支持该提议,同时希望明确其与品目95.03的玩具、85.25的数码相机的区别以及之前WCO会议归类的"带照相机的无人机"将来是否会转移到第八十八章的新品目。一些代表认为不需要新品目,否则通用于品目88.02的与新增品目的无人机的零件将出现归类问题,即相同商品由于其最终用途不同会归入不同的品目。

在后续会议上,代表们对为无人机新增品目的问题进行了讨论并提出两个问题:一是新增品目88.06的无人机产品与品目95.03的玩具存在归类困难,故提议在这一问题上修订注释条文以区分这两个品目的明确界限;二是WCO曾将一种带有数码相机的无人机依据归类总规则一及三(二)归入品目85.25项下,为无人机设立一个新品目是否有利于保证归类一致性,或者说归类总规则三(二)是否会被用来将一些携带相机或其他设备的无人机归入第八十八章以外,因此建议章注释应该说明品目88.06的无人机所允许附带的设备。一些代表还提出是否应该区分军事用途的无人机。

会议经研讨列出以下三个不同的修订建议:

建议1:在品目88.02一级子目8802.1、8802.20、8802.30、8802.40项下新增二级子目。

子目8802.1至8802.40删除并替换为:

-直升飞机:

8802.13--载人，空载重量不超过2000千克

8802.14--载人，空载重量超过2000千克

8802.15--无人，空载重量不超过2000千克

8802.16--无人，空载重量超过2000千克

  -飞机及其他航空器，空载重量不超过2000千克：

8802.21--载人

8802.22--无人

  -飞机及其他航空器，空载重量超过2000千克，但不超过15000千克：

8802.31--载人

8802.32--无人

  -飞机及其他航空器，空载重量超过15000千克：

8802.41--载人

8802.42--无人

建议2：在第八十八章新增一个4位品目列名无人机，并为第八十八章新增一条章注释一明确该商品的定义。新的章注释一中无人机的定义建议如下：

"本章所述无人机是指任何航空器，品目88.01的商品除外，无须飞行员即可飞行，无论是远程控制（从其他地方控制，地面、其他航空器或空间）或是自动飞行（预编程以实现无干预飞行）。

对于无人机来说，品目88.06优先于本章其他各品目。"

建议3：在品目88.02项下设立子目，避免将所有的零件都归入品目88.03的归类争议。

代表们均同意在2022年版《协调制度》中为无人机增加新的章注释。一些代表提议需要定义新章注释中"自动"的概念，因为自动通常是不需要人来操控，但是无人机很多是需要人控制的。一些代表建议用"自动化地"或"预定程序地"取代"自动"一词，同时新的章注释应该明确无人机可以带有相机或其他通常与其组合的组件，这样就不需要应用归类总规则三（二）进行归类。

某成员方提交了关于无人机的相关商品资料，分别为国际组织对无人机的归类、不同成员方对无人机的归类、不同最大起飞重量的无人机的商品实例。根据相关工业协会提供的信息，无人机也称为"无人飞行器"（UAV）。出于航空安全管理的需要，无人机通常根据其最大起飞重量被分为小、中、大型。不同的国际组织也根据无人机的重量、飞行高度或续航时间进行类别划分。根据这些信息，建议在《协调制度》中根据无人机的最大起飞重量划分类别，以更好地反映实际贸易情况：

（1）最大起飞重量250克的限制主要是考虑将玩具类无人机和非玩具类无人机进行区分。例如，有些成员方将重量低于250克的无人机划分为玩具类，无须官方注册。

(2) 最大起飞重量7千克以下大多为消费级无人机，用于娱乐、拍照等目的。该类无人机的特点是飞行速度慢、飞行高度低，材料易碎，对于空中和地面都危害较小，建议分为一类。

(3) 最大起飞重量7~25千克的无人机，一般用于行业应用、农业植保等，国际上广泛承认25千克以下的无人机是小型无人机，建议归为一类。

(4) 国际上普遍将最大起飞重量150千克作为大型无人机的分界点，建议将最大起飞重量25~150千克的无人机分为一类。

(5) 将最大起飞重量150千克以上的无人机分为一类。

新增品目88.06建议修改为：

88.06 无人机及其零件

8806.10-最大起飞重量大于250克但不超过7千克

8806.20-最大起飞重量大于7千克但不超过25千克

8806.30-最大起飞重量大于25千克但不超过150千克

8806.80-其他

8806.90-零件

秘书处建议在该建议的基础上，在第八十八章设立新的子目注释二，明确"最大起飞重量"的定义，例如，"二、对于子目8806.10至8806.30，'最大起飞重量'是指航空器起飞时的最大重量，包括有效载荷和燃料的重量。"同时，指出微型和纳米型的功能性无人机是一个正在发展的领域，因此玩具、微型无人机和纳米型无人机的区分标准应该明确。一些代表提出可以按照控制方式拆分为"自主飞行""遥控"和"其他"三个一级子目，一些代表则认为上述分类标准对于同时具备"自主飞行"和"遥控"两种控制模式的无人机将无法确定其归类。

关于第八十八章的注释条文，有成员方建议在第二行的"飞行员"后新增"或乘客"的表述。一些代表认为品目88.06项下的无人机应包括载客无人机；该成员方则提出载人无人机在产品设计、生产管理和安全控制等方面与普通无人机存在差异，更接近于直升机，认为不应属于品目88.06，而应归入品目88.02。关于为第八十八章新增章注一，建议插入对为不品目95.03玩具的排他条款或者在第九十五章新增章注六，将这类飞行玩具明确归入品目95.03项下，从而在法律条文中为无人机和飞行玩具建立明确的界限。同时，在第九十五章章注一中增加一条排他条款，将无人机排他到品目88.06项下。

关于无人机零件的归类，一些代表建议扩大品目88.03的范畴，使其包括品目88.06无人机的零件，一些代表建议将品目88.03重新编号为88.07，将无人机零件也囊括进去。

三、结论

会议最终决定，为无人机新增品目88.06，并先按控制方式拆分一级子目"仅用遥控控制"和"其他",再按最大起飞重量拆分二级子目。同时删除品目88.03,而增设品目88.07,该品目包括无人机的零件与其他飞行器的零件。

最终修订结果详见第八十八章注释及子目注释,品目88.02、88.06、88.07。

第八十九章 船舶及浮动结构体

一、概述

本章5、6位数子目新增12条,修改1条,删除2条。

二、章注释及子目注释的修改情况

本章章注释未作修改,无子目注释。

三、目录结构及品目条文的调整情况

品目89.03的调整

随着市场的发展,充气船、帆船和汽艇这一类产品贸易量越来越大。因此,欧盟向秘书处提出要为充气船、帆船和汽艇按船身长度在品目89.03项下增列子目。一方面,考虑到船舶技术的发展,现在船舶的结构和材料是《协调制度》建立之初没有的。这些技术使得船舶具有不同的尺寸,其先进的结构、动力系统、控制系统和材料,使得船舶可以航行更快、更稳定。因此,品目89.03项下的子目为适应这一变化而作出调整。另一方面,随着贸易量的增大,对这些商品列目有助于监控和统计。

经过多轮对技术细节的磋商,最终欧盟的建议大体得到了采纳,并在6位子目层级进一步细化。

1. 子目8903.1的调整

(1)子目8903.1条文的修改

为进一步明确刚性外壳充气船的归类,将子目8903.1的条文由"充气的"修改为"充气船(包括刚性外壳的)",条文修改后商品范围不变。

(2)拆分子目8903.1

在子目"8903.1-充气船(包括刚性外壳的)"的基础上,按是否装有发动机和空载重量拆分为子目"8903.11--装有或设计装有发动机,空载(净)重量(不包括发动机)不超过100千克""8903.12--未设计装有发动机且空载(净)重量不超过100千克"和"8903.19--其他"。新增子目的商品全部来自原子目8903.1。

2. 新增子目8903.2

新增子目"8903.2-帆船,充气船除外,不论是否装有辅助发动机",并在此基础上按船舶的长度拆分为子目"8903.21--长度不超过7.5米""8903.22--长度超过7.5米但不超过24米"和"8903.23--长度超过24米"。

新增子目的商品全部来自原子目8903.91项下。

3. 新增子目8903.3

新增子目"8903.3-汽艇,非充气的,但装有舷外发动机的除外",并在此基础上按船舶的长度拆分为子目"8903.31--长度不超过7.5米""8903.32--长度超过7.5米但不超过24米"和"8903.33--长度超过24米"。

新增子目的商品全部来自原子目8903.92项下。

4. 子目8903.9的调整

(1) 删除子目8903.91、8903.92

删除子目"8903.91--帆船,不论是否装有辅助发动机""8903.92--汽艇,但装有舷外发动机的除外"。删除的商品转移至新增的子目8903.2和8903.3项下。

(2) 新增子目8903.93

新增子目"8903.93--长度不超过7.5米"。新增子目的商品来自原子目8903.99项下。

由于新增子目8903.93,调整后子目8903.99的商品范围缩小。

调整后品目89.03列目结构如表89-1所示。

表89-1 调整后品目89.03的列目结构

HS编码	商品名称	备注
89.03	娱乐或运动用快艇及其他船舶;划艇及轻舟:	
	-充气船(包括刚性外壳的):	条文修改,商品范围不变
8903.11	--装有或设计装有发动机,空载(净)重量(不包括发动机)不超过100千克	新增
8903.12	--未设计装有发动机且空载(净)重量不超过100千克	新增
8903.19	--其他	新增
	-帆船,充气船除外,不论是否装有辅助发动机:	新增
8903.21	--长度不超过7.5米	新增
8903.22	--长度超过7.5米但不超过24米	新增
8903.23	--长度超过24米	新增
	-汽艇,非充气的,但装有舷外发动机的除外:	新增
8903.31	--长度不超过7.5米	新增
8903.32	--长度超过7.5米但不超过24米	新增
8903.33	--长度超过24米	新增
	-其他:	
8903.93	--长度不超过7.5米	新增
8903.99	--其他	商品范围缩小

四、相关商品知识介绍

船舶长度

不同类型船舶的区分标准是不同的。对于大型船舶来说，通常吨位是区分标准；而对于品目89.03所列的轻型船舶来说，船长是其区分标准。而船长的计算标准是除去所有可以拆卸的部分（如前桅、折叠踏板等）后船体从最前端至最后端包括外板和两端永久性固定突出物在内的水平距离。船舶主尺寸的示意图如图89-1所示，其中，L_{OA}为船长。

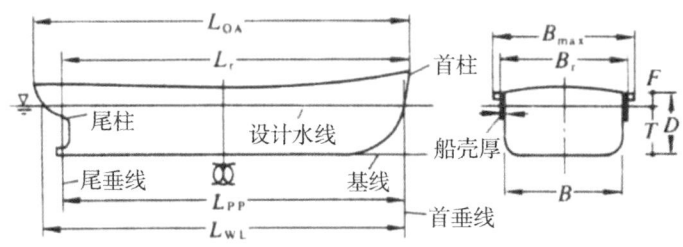

图89-1 船舶主尺寸示意图

品目89.03条文的修订（为充气船增列子目）

一、修订背景

这一提案的主要目的，一是在子目8903.1项下对玩具充气船及航行用充气船作出区分，二是对各种帆船及汽艇，按船身长度拆分子目。

在WCO会议上，有成员方向秘书处提出要为充气船、帆船和汽艇按船身长度在品目89.03项下增列子目。其认为，为区分航行用充气船与玩具充气船，明确商品范围，应当为子目8903.1增加重量方面或者是否安装有发动机的表述。同时还建议，在子目8903.91和8903.92项下，为帆船和汽艇按长度增列子目，以示区分。

该成员方提出如上建议，主要是考虑到船舶技术的发展，现在船舶的结构和材料是《协调制度》建立之初尚没有的。这些技术使得船舶具有不同的尺寸，其先进的结构、动力系统、控制系统和材料，使得船舶可以航行得更快，更稳定。因此，89.03的子目应当适应这一变化作出调整，这是其一。其二是这类船舶的贸易量很大，列目有助于对其进行监控和统计。

二、主要观点及讨论情况

秘书处认为成员方提出的子目表述方式存在歧义，因此提出了一种新的意见以备讨论。秘书处要求与会代表首先讨论是否增列，再讨论增列子目的文字表述。多数代表总体上不反对这一提案，但在技术细节上有的质疑通过空重、长度等指标来划分船有何依据或是益处，包括如何确定长度这个指标，因为船侧面不是个四边形，各种位置长度值是不一样的，需要一个标准。针对这些问题，该成员方表示这个基于长度来区分的提案来自国际船舶制造业。该成员方接受了WCO提出的建议，并承诺与工业界协商以提供更多的信息。

会间，成员方向秘书处提交了一份关于为何以长度和重量来区分这些船只的补充材料，并说明了产业界的区分标准。

技术进步和这些船只长度和重量之间的关系如下。

技术进步：自从为这些船只在《协调制度》中设立品目以来，刚性充气船（RIBs）的市场份额大幅提升，其销量几乎与机动船舶持平。然而，目前对于充气船的子目范围也包括一些玩具类型的产品（充气产品现在产量极大，可以零售购买，用于游泳池和海滩踏板）。新增子目可以便于刚性充气船的贸易统计，并且与玩具类产品区别开来。

长度和重量：产业界早已将这两种指标作为区分的标准，同时建议在帆船和汽艇上也使用这一标准。总之，这一提议是充分考虑了技术进步和市场发展的，用长度和重量区分非常有效。

会议讨论中成员方提出了以下问题并获答复：

(1) 用长度和重量分类有何好处？

有助于区分玩具充气产品和大型船只。

(2) 为什么施工总吨位不能作为区分指标？

吨位通常用于一些大型的船舶。

(3) 船只长度应如何测量以保持统一，是水下测量或者船弓是否应计算在内？

提出议题的成员方答复称可以用ISO 8666标准中的LH指标来测量所有长度24米以内的船只长度。对于24米以上的大船，国际协议使用"Load Line Lenth"（吃水线长度）。但其适用于大船，小船一般不适用。

(4) 品目89.03包括"娱乐或运动用快艇及其他船舶；划艇及轻舟"，那么这些船只是按船艇"boat"还是轻舟"canoe"来归类？

根据新的提议，充气舟很可能按照未装有发动机且荷载小于100千克充气艇来归类。而非充气舟则归入其他。

三、结论

关于子目8903.1的条文，最终建议将"including Rigid Hull Inflatable"加方括号。在子目8903.11条文前加"Fitted or"。

子目8903.2的条文修改为"非充气帆船，带或不带辅助马达（Sailboats, other than inflatable, with or without auxiliary motor）"。

子目8903.3的条文修改为"非充气摩托艇，不含带舷外发动机的船（Motor boats, other than inflatable, not including outboard motor boats）"。

关于子目8903.9的列目，某成员方指出将子目8903.94和8903.95合并，形成子目8903.99。WCO会议同意其建议。

最终修订结果详见品目89.03。

第十八类 光学、照相、电影、计量、检验、医疗或外科用仪器及设备；钟表；乐器；上述物品的零件、附件

本类共有3章，即第九十章至第九十二章。2022年版《协调制度》章注释修改1条；4位数品目修改2条；5、6位数子目新增2条，修改5条，删除3条。

第九十章 光学、照相、电影、计量、检验、医疗或外科用仪器及设备、精密仪器及设备；上述物品的零件、附件

一、概述

本章章注释修改1条；4位数品目条文修改2条；5、6位数子目新增2条，删除2条，修改5条。

二、章注释及子目注释的修改情况

章注释一（六）的修改

由于第十五类注释二（一）进行了修订，明确了"专用于医疗、外科、牙科或兽医的植入物"不归入第十五类，第九十章章注释一（六）也增加了相关内容与之呼应。修改后的条文为"（六）第十五类注释二所规定的贱金属制通用零件（第十五类）或塑料制的类似品（第三十九章）；但专用于医疗、外科、牙科或兽医的植入物应归入品目90.21；"。

本章无子目注释。

三、目录结构及品目条文的调整情况

（一）品目90.06的调整

1. 删除子目9006.51和9006.52

由于贸易量萎缩，删除子目"9006.51--通过镜头取景［单镜头反光式（SLR）］，使用胶片宽度不超过35毫米"和"9006.52--其他，使用胶片宽度小于35毫米"。删除子目的商品转移到子目"9006.59--其他"项下，调整后子目9006.59的商品范围扩大。

2. 子目9006.53条文的修改

因删除了子目9006.51、9006.52，从子目结构来看，品目90.06项下只剩下9006.53和9006.59两个子目，故删除子目9006.53条文中的"其他"。

第十八类 光学、照相、电影、计量、检验、医疗或外科用仪器及设备；钟表；乐器；上述物品的零件、附件

调整后品目 90.06 的列目结构如表 90-1 所示。

表 90-1 调整后品目 90.06 的列目结构

HS 编码	商品名称	备注
90.06	照相机（电影摄影机除外）；照相闪光灯装置及闪光灯泡，但品目 85.39 的放电灯泡除外：	
9006.30	-水下、航空测量或体内器官检查用的特种照相机；法庭或犯罪学用的比较照相机	
9006.40	-一次成像照相机	
	-其他照相机：	
9006.53	--使用胶片宽度为 35 毫米	条文修改，商品范围不变
9006.59	--其他	商品范围扩大
	-照相闪光灯装置及闪光灯泡：	
9006.61	--放电式（电子式）闪光灯装置	
9006.69	--其他	
	-零件、附件：	
9006.91	--照相机用	
9006.99	--其他	

（二）品目 90.13 的调整

因本次修订新增品目 85.24 "平板显示模组，不论是否装有触摸屏"，原归入品目 90.13 的 "液晶装置" 转移至新增的品目 85.24 项下，故修改品目 90.13 的条文。该品目的条文由 "<u>其他品目未列名的液晶装置；</u>激光器，但激光二极管除外；本章其他品目未列名的光学仪器及器具" 修改为 "激光器，但激光二极管除外；本章其他品目未列名的光学仪器及器具"。

品目条文修改后，商品范围缩小，但该品目项下的列目结构不变。

调整后品目 90.13 的列目结构如表 90-2 所示。

表 90-2 调整后品目 90.13 的列目结构

HS 编码	商品名称	备注
90.13	激光器，但激光二极管除外；本章其他品目未列名的光学仪器及器具：	条文修改，商品范围缩小
9013.10	-武器用望远镜瞄准具；潜望镜式望远镜；作为本章或第十六类的机器、设备、仪器或器具部件的望远镜	
9013.20	-激光器，但激光二极管除外	
9013.80	-其他装置、仪器及器具	
9013.90	-零件、附件	

363

(三) 品目 90.22 的调整

本次调整为治疗肿瘤的离子射线设备修改品目 90.22 的条文和子目 9022.2 的子目条文。

1. 品目 90.22 条文的修改

即在原有条文的基础上增加"或其他离子射线",品目 90.22 修改后的条文为"X 射线或 α 射线、β 射线、γ 射线或其他离子射线的应用设备,不论是否用于医疗、外科、牙科或兽医,包括射线照相及射线治疗设备、X 射线管及其他 X 射线发生器、高压发生器、控制板及控制台、荧光屏、检查或治疗用的桌、椅及类似品"。

条文中的"其他离子射线的应用设备"主要是指利用电子束、质子束、重粒子束进行工作的仪器和设备,例如,用于治疗癌症的仪器。这些商品为原子目 9018.9 项下的商品。

条文修改后,品目 90.22 的商品范围扩大。

2. 子目 9022.2 条文的修改

在原有条文的基础上增加"或其他离子射线",子目 9022.2 修改后的条文为"α 射线、β 射线、γ 射线或其他离子射线的应用设备,不论是否用于医疗、外科、牙科或兽医,包括射线照相或射线治疗设备"。

条文修改后,原子目 9018.9 项下的部分商品转移至子目 9022.21 项下,子目 9022.21 的商品范围扩大。

调整后品目 90.22 的列目结构如表 90-3 所示。

表 90-3 调整后品目 90.22 的列目结构

HS 编码	商品名称	备注
90.22	X 射线或 α 射线、β 射线、γ 射线或其他离子射线的应用设备,不论是否用于医疗、外科、牙科或兽医,包括射线照相及射线治疗设备、X 射线管及其他 X 射线发生器、高压发生器、控制板及控制台、荧光屏、检查或治疗用的桌、椅及类似品:	条文修改,商品范围扩大
	-X 射线的应用设备,不论是否用于医疗、外科、牙科或兽医,包括射线照相或射线治疗设备:	
9022.12	--X 射线断层检查仪	
9022.13	--其他,牙科用	
9022.14	--其他,医疗、外科或兽医用	
9022.19	--其他	
	-α 射线、β 射线、γ 射线或其他离子射线的应用设备,不论是否用于医疗、外科、牙科或兽医,包括射线照相或射线治疗设备:	条文修改,商品范围扩大
9022.21	--医疗、外科、牙科或兽医用	商品范围扩大
9022.29	--其他	

第十八类 光学、照相、电影、计量、检验、医疗或外科用仪器及设备；钟表；乐器；上述物品的零件、附件

表90-3 续

HS 编码	商品名称	备注
9022.30	-X 射线管	
9022.90	-其他，包括零件、附件	

（四）品目 90.27 的调整

该修订来自为两用物项监管商品修订《协调制度》的议题，因为质谱仪可用于监控铀富集过程，所以也为质谱仪增列子目。从工作原理上判断，质谱仪并非使用光线射线（紫外线、可见光、红外线）工作，所以不能归入子目 9027.5 项下，而应归入兜底的子目 9027.8 项下。因此，在此子目项下为质谱仪新增二级子目 9027.81。

调整后品目 90.27 的列目结构如表 90-4 所示。

表 90-4 调整后品目 90.27 的列目结构

HS 编码	商品名称	备注
90.27	理化分析仪器及装置（例如，偏振仪、折光仪、分光仪、气体或烟雾分析仪）；测量或检验粘性、多孔性、膨胀性、表面张力及类似性能的仪器及装置；测量或检验热量、声量或光量的仪器及装置（包括曝光表）；检镜切片机：	
9027.10	-气体或烟雾分析仪	
9027.20	-色谱仪及电泳仪	
9027.30	-使用光学射线（紫外线、可见光、红外线）的分光仪、分光光度计及摄谱仪	
9027.50	-使用光学射线（紫外线、可见光、红外线）的其他仪器及装置	
	-其他仪器及装置：	
9027.81	--质谱仪	新增
9027.89	--其他	新增
9027.90	-检镜切片机；零件、附件	

（五）品目 90.30 的调整

1. 子目 9030.3 条文的修改

为进一步明确测试或检验半导体晶圆或器件的仪器及装置不归入子目 9030.3 项下，在子目 9030.3 原有条文的基础上插入"（用于测试或检验半导体晶圆或器件用的除外）"。修改后，子目 9030.3 的条文为"检测电压、电流、电阻或功率（用于测试或检验半导体晶圆或器件用的除外）的其他仪器及装置"。

2. 子目 9030.82 条文的修改

为明确子目 9030.82 也包括"测试或检验集成电路"用的检测设备，修改该子目的条文，修改后子目 9030.82 的条文为"测试或检验半导体晶圆或器件（包括集成电

路）用"。

此项修订是由我国海关提出的。集成电路电量检测设备用于测试半导体集成电路的电性能参数，属于子目9030.8项下的其他仪器及装置。由于集成电路电量检测设备不符合原子目9030.82的条文，不能归入子目9030.82项下，而要归入子目9030.89项下。但是，在行业中因为对半导体晶圆、半导体器件和集成电路这三类产品进行电参量检测的设备具有通用性，将检测这三类不同产品的设备归入不同的子目显然不合理，所以本次修订子目9030.82的条文，统一将检测这三类不同产品的设备归入子目9030.82项下，这将有利于行业统计、企业通关以及海关监管。

调整后品目90.30的列目结构如表90-5所示。

表90-5 调整后品目90.30的列目结构

HS编码	商品名称	备注
90.30	示波器、频谱分析仪及其他用于电量测量或检验的仪器和装置，不包括品目90.28的各种仪表；α射线、β射线、γ射线、X射线、宇宙射线或其他离子射线的测量或检验仪器及装置：	
9030.10	-离子射线的测量或检验仪器及装置	
9030.20	-示波器	
	-检测电压、电流、电阻或功率（用于测试或检验半导体晶圆或器件用的除外）的其他仪器及装置：	条文修改，商品范围不变
9030.31	--万用表，不带记录装置	
9030.32	--万用表，带记录装置	
9030.33	--其他，不带记录装置	
9030.39	--其他，带记录装置	
9030.40	-通信专用的其他仪器及装置（例如，串音测试器、增益测量仪、失真度表、噪声计）	
	-其他仪器及装置：	
9030.82	--测试或检验半导体晶圆或器件（包括集成电路）用	条文修改，商品范围扩大
9030.84	--其他，带记录装置	
9030.89	--其他	商品范围缩小
9030.90	-零件、附件	

（六）品目90.31的调整

9031.41子目条文的修改

此项修订与子目9030.82条文的修订一致。为明确子目9031.41项下的器件也包含集成电路，修改该子目的条文。修改后的子目条文为"制造半导体器件（包括集成电路）时检验半导体晶圆、器件（包括集成电路）或检测光掩模或光栅用"。

调整后品目90.31的列目结构如表90-6所示。

第十八类 光学、照相、电影、计量、检验、医疗或外科用仪器及设备；钟表；乐器；上述物品的零件、附件

表 90-6 调整后品目 90.31 的列目结构

HS 编码	商品名称	备注
90.31	本章其他品目未列名的测量或检验仪器、器具及机器；轮廓投影仪：	
9031.10	-机械零件平衡试验机	
9031.20	-试验台	
	-其他光学仪器及器具：	
9031.41	--制造半导体器件（包括集成电路）时检验半导体晶圆、器件（包括集成电路）或检测光掩模或光栅用	条文修改，商品范围扩大
9031.49	--其他	
9031.80	-其他仪器、器具及机器	
9031.90	-零件、附件	

四、相关商品知识介绍

（一）离子射线与治疗设备

电离辐射可分为两大类：一是光子辐射（X 射线和 γ 射线），二是粒子辐射（如电子、质子、中子、碳离子、α 粒子和 β 粒子）。

放射线的分类如图 90-1 所示。

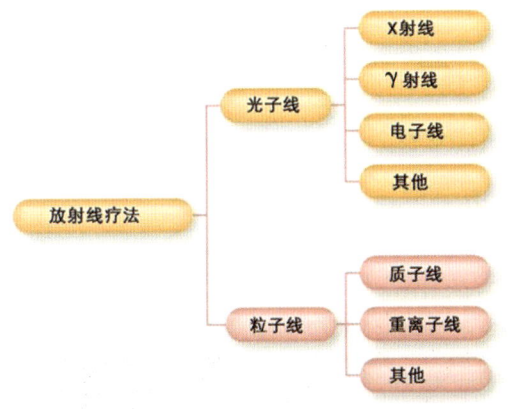

图 90-1 放射线的分类图谱

1. 质子与质子放射线

质子是构成原子核的一个部分，是指氢原子剥去电子后带有正电荷的粒子。质子带正电，可以经电场使之高速运动，达到极高的能量。氢原子通过加速器高能加速，成为穿透力很强的电离放射线，这就是质子放射线。

2. 重离子与重离子射线

重离子指质量数大于 4 的原子核，如碳 12、氖 22、钙 45、铁 56、氪 84 和铀 238 等。很简单地来理解重离子：原子量比氦原子大的离子，称为重离子。加速带电的氦、

碳及氖离子至接近光速，使其处于高能状态，成为穿透力很强的电离放射线，这就是重离子放射线。

3. 重离子治疗设备

重离子治疗是将碳离子加速到光速的70%左右，利用形成的碳离子束进行照射的一种放射线疗法。目前全世界范围内都在展开相关的基础研究和临床实验。重离子线在细胞杀伤性方面表现优异，对于体内深部的肿瘤以及对传统放疗和化疗有抵抗性的难治癌症也能带来令人期待的效果。

质子重离子治疗与传统放疗相比，具有将照射能量集中在肿瘤的病灶上的特点。这种治疗不但可以减少放疗的副作用，而且还可以减少治疗次数。此外，对于那些传统放疗治疗困难的肿瘤也能发挥其优异的效果。

典型的重离子放射治疗仪如图90-2所示。

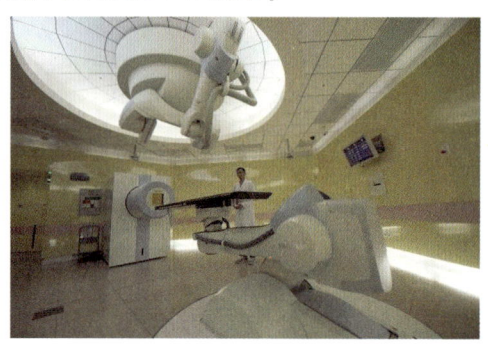

图90-2　重离子放射治疗仪

（二）质谱仪

质谱仪能用高能电子流等轰击样品分子，使该分子失去电子变为带正电荷的分子离子和碎片离子。这些不同离子具有不同的质量，质量不同的离子在磁场的作用下到达检测器的时间不同，其结果为质谱图。

质谱仪最重要的应用是分离同位素并测定它们的原子质量及相对丰度。其测定原子质量的精度超过化学测量方法，大约2/3以上的原子的精确质量是用质谱方法测定的。

典型的等离子体质谱仪如图90-3所示。

图90-3　等离子体质谱仪

第十八类 光学、照相、电影、计量、检验、医疗或外科用仪器及设备；钟表；乐器；上述物品的零件、附件

第九十章注释一（六）的对照（为医疗植入物修订注释）

详细修订背景及会议讨论过程见"第十五类注释二（一）的修订（为排除医疗植入物修订注释）"。

品目 90.06 条文的修订（因贸易量低删除子目）

一、修订背景

在某次 WCO 会议上，成员方讨论了因贸易量低而可能被删除的品目和子目。国际竹藤组织请求保留 4601.22、4601.92、4601.93、4706.30 和 4823.61 等几个子目，因为这几个子目是 2007 版《协调制度》为支持这些产品对发展中国家的环境和社会重要性而增列的。有成员方也提出了保留 0302.81、0302.83、0304.54 和 0304.91 几个子目的请求。同时有些国家提出，由于会议文件发布过迟，他们将需要更多的时间来与本国产业界联系和研究相关议题。会议决定下次会议继续讨论该议题。

二、主要观点及讨论情况

WCO 会议讨论了因贸易量低而可能被删除的品目和子目清单。大会主席指出，休会期间多个成员方和联合国粮农组织提出希望保留其中的某些品目和子目，WCO 相关会议同意了相关意见。

三、结论

WCO 会议同意因低贸易量删除子目 4805.12、6812.92、6812.93、8107.20、8507.40、8519.50、9006.51、9006.52 和 9114.10。

品目 90.13 条文的修订（基于平板显示模组增列品目的修订）

详细修订背景及会议讨论过程见"品目 85.24、85.29 条文的修订（为平板显示模组增列品目）"。

品目 90.22 条文的修订（为基于离子射线的应用设备修订品目 90.22）

一、修订背景

WCO 会议上有成员方向秘书处提出修改品目 90.22 商品范围的议案，目的是为利用电子束、质子束、重粒子束应用设备的国际贸易提供便利。利用电子束、质子束、重粒子束的设备，被该成员方统称为电离辐射装置，目前并不归入品目 90.22，该成员方提出两个修改方案。会上大多数成员方同意修订，但均提出需考虑是否会与其他品目商品发生交叉。

二、主要观点及讨论情况

秘书处指出其未发现修改品目 90.22 的建议会影响其他商品的归类，提出议题的成员方补充资料，重点回答了 WCO 提出的问题，一是电离辐射和非电离

辐射的区别。非电离辐射是电磁波谱中能量不足以引起电离的部分。电离辐射是放射性物质不稳定原子产生的能量或粒子（质子、电子或中子）。自然产生的放射性矿物和宇宙辐射到达外层空间。二是品目 90.18、90.22 和 90.30 之间的关系。品目 90.30 只包括测量或检测 α、β、γ、X 射线、宇宙或其他电离辐射仪器。品目 90.22 包括电离辐射的应用装置。医疗器械，特别是在癌症的治疗中，品目 90.22 以外的应用设备则归入品目 90.18 中。

三、结论

成员方代表对于修改品目条文，将电离辐射应用设备纳入品目 90.22 项下没有异议，会议决定采纳修订该品目相关条文的建议。WCO 会议通过了该修订，最终修订结果详见品目 90.22。

品目 90.27 条文的修订（为质谱仪新增子目）

一、修订背景

该议题为秘书处提出的"有关为两用物项修订《协调制度》以促进对战略商品的监管"相关议题中的一项。

二、主要观点及讨论情况

秘书处指出质谱仪（光谱摄制仪）因为可用于监控铀的富集过程的情况而具有战略性。同时秘书处认为质谱仪（光谱摄制仪）并非使用光线射线（紫外线、可见光、红外线），应归入兜底子目 9027.80。因此，秘书处建议在上述一级子目项下为质谱仪（光谱摄制仪）新增二级子目。

会议讨论还涉及了品目 90.27 选用的文字表述"mass spectrometers"和"mass spectrographs"是不是相同商品，需要明确该子目列目的商品。有代表表示应该使用"mass spectrometers"的表述而不是"mass spectrographs"，会议一致同意该建议。

三、结论

会议同意新增子目 9027.81 质谱仪，并使用"mass spectrometers"的表述。最终修订结果详见品目 90.27。

品目 90.30、90.31 条文的修订（为集成电路检测仪器修订子目条文）

一、修订背景

该议题建议现有子目 9030.82 的条文应明确其包括的检测设备不应仅针对圆片和半导体器件，还应包括对集成电路的检测，同时指出子目 9031.41 的条文也存在类似情况，应该同步修改。

二、主要观点及讨论情况

秘书处收到建议，现有子目 9030.82 的条文所指的检测设备仅列出针对圆片和半导体器件，但不包括集成电路，从技术手段和工作原理方面来考虑，应该在该子目项下增加"集成电路"的表述。WCO 会议归类了一个具体的集成电路检测设备，决定将其归入品目 90.30，子目 9030.82，说明各成员方认可子目 9030.82 的商品范围包含集成电路的检测设备。秘书处进而拟定了修改子目 9030.82 和 9031.41 条文的草案，同时提出，因为品目 85.41 和 85.42 分列了半导体器件和集成电路，检测设备的现有条文是容易引起争议和误解的。

该议题推进得比较顺利，首先各成员方对子目 9030.82 和 9031.41 的检测对象应该包括集成电路没有异议，达成一致。但是一些成员方担心调整子目条文会影响到目前正在实施的 ITA 协定，提出是否可仅依靠增加注释条文来解决问题。经过讨论，成员方接受了在"半导体器件"之后加"（包括集成电路）"的修改方式。

三、结论

子目 9030.82 和 9031.41 的子目注释得到通过，子目 9030.82 的条文"For measuring or checking semiconductor wafers or devices（including integrated circuits）"也得到了通过。

而关于子目 9031.41 的条文修订，部分代表表示需要向相关部门请示，并在后续会议讨论。

在后续会议讨论中，提出该议题的成员方代表表示同意对子目 9031.41 的条文修订，因为该子目包括两种集成电路检测设备，所以应该增加"包括集成电路"的表述。会议一致同意该建议。

最终修订结果详见品目 90.30、90.31。

第九十一章　钟表及其零件

一、概述

本章 5、6 位数子目删除 1 条。

二、章注释及子目注释的修改情况

本章章注释未作修改，无子目注释。

三、目录结构及品目条文的调整情况

品目 91.14 的调整

因贸易量小，删除子目"9114.10-发条，包括游丝"，所删除的商品转移到子目"9114.90-其他"项下。

调整后品目 91.14 的列目结构如表 91-1 所示。

表 91-1　调整后品目 91.14 的列目结构

HS 编码	商品名称	备注
91.14	钟、表的其他零件：	
9114.30	-钟面或表面	
9114.40	-夹板及横担（过桥）	
9114.90	-其他	商品范围扩大

品目 91.14 条文的修订（因贸易量低删除子目）

该议题源于删除贸易量低的品目及子目。会议讨论了因贸易量低而可能被删除的品目和子目清单。大会主席指出，休会期间部分国家和国际组织提出希望保留其中的某些品目和子目。WCO 会议逐一审议通过了删除或保留相关相关子目的意见。经讨论，与会代表最后同意删除子目 9114.10。

第九十二章　乐器及其零件、附件

本章未作任何修改。

第十九类 武器、弹药及其零件、附件

本类共有 1 章,即第九十三章。2022 年版《协调制度》未作任何修改。

第九十三章 武器、弹药及其零件、附件

本章未作任何修改。

第二十类 杂项制品

本类共有3章,即第九十四章至第九十六章。2022年版《协调制度》章标题修改1条(仅英文修改,中文无变化);章注释新增2条,修改5条(其中1条仅英文修改,中文无变化);4位数品目修改4条;5、6位数子目新增31条,修改1条,删除1条。

第九十四章 家具;寝具、褥垫、弹簧床垫、软座垫及类似的填充制品;未列名灯具及照明装置;发光标志、发光铭牌及类似品;活动房屋

一、概述

本章章标题修改(仅英文修改,中文无变化);章注释修改3条;5、6位数子目新增21条。

二、章注释及子目注释的修改情况

(一)章注释一的修改

1. 章注释一(六)条文的修改

由于为发光二极管(LED)类商品修订《协调制度》,将原章注释一(六)条文中的"灯具及照明装置"修改为"灯或光源及其零件"。

2. 章注释一(十一)条文的修改

由于为发光二极管(LED)类商品修订《协调制度》,将原章注释一(十一)条文中的"玩具灯"修改为"玩具灯具",将"电气彩灯串"修改为"灯串"。

章注释一修改后的条文如下:

"一、本章不包括:

"……

"(六)第八十五章的灯或光源及其零件;

"……

"(十一)玩具家具、玩具灯具或玩具照明装置(品目95.03)、台球桌或其他供游戏用的特制家具(品目95.04)、魔术用的特制家具或中国灯笼及类似的装饰品(灯串除外)(品目95.05);或

"……"

(二)章注释四的修改

随着新型建筑模式的出现,为钢结构模块建筑单元修订章注释四,在原有条文的基础上明确了活动房屋也包括钢结构模块建筑单元,并对此类商品进行了相应的描述。

章注释四修改后的条文如下：

"四、品目94.06所称'活动房屋'，是指在工厂制成成品或制成部件并一同报验，供以后在有关地点上组装的房屋，例如，工地用房、办公室、学校、店铺、工作棚、车房或类似的建筑物。

"活动房屋包括钢结构'模块建筑单元'，它们通常具有标准集装箱的形状和尺寸，其内部已部分或者全部进行了预装配。这种模块建筑单元通常设计用于组装为永久的建筑物。"

本章无子目注释。

三、目录结构及品目条文的调整情况

（一）品目94.01的调整

根据联合国粮农组织的提议，为木制产品拆分子目，具体调整为：

1. 拆分子目9401.3

将子目"9401.3-可调高度的转动坐具"拆分为子目"9401.31--木制的""9401.39--其他"。

2. 拆分子目9401.4

将子目"9401.4-能作床用的两用椅，但庭园坐具或野营设备除外"拆分为子目"9401.41--木制的""9401.49--其他"。

3. 拆分子目9401.9

将子目"9401.9-零件"拆分为子目"9401.91--木制的""9401.99--其他"。

调整后品目94.01的列目结构如表94-1所示。

表94-1　调整后品目94.01的列目结构

HS编码	商品名称	备注
94.01	坐具（包括能作床用的两用椅，但品目94.02的货品除外）及其零件：	
	……	
	-可调高度的转动坐具：	
9401.31	--木制的	新增
9401.39	--其他	新增
	-能作床用的两用椅，但庭园坐具或野营设备除外：	
9401.41	--木制的	新增
9401.49	--其他	新增
	……	
	-零件：	
9401.91	--木制的	新增
9401.99	--其他	新增

(二) 品目 94.03 的调整

根据联合国粮农组织的提议，为木制产品拆分子目，具体调整为：

拆分子目 9403.9

将子目"9403.9-零件"拆分为子目"9403.91--木制的""9403.99--其他"。

调整后品目 94.03 的列目结构如表 94-2 所示。

表 94-2 调整后品目 94.03 的列目结构

HS 编码	商品名称	备注
94.03	其他家具及其零件：	
	……	
	-零件：	
9403.91	--木制的	新增
9403.99	--其他	新增

(三) 品目 94.04 的调整

新增子目 9404.40

由于羽绒被等被子商品贸易量的增加，本次修订新增子目"9404.40-被子（包括羽绒被）、床罩"。

新增子目的商品来自原子目 9404.90 项下。

调整后品目 94.04 的列目结构如表 94-3 所示。

表 94-3 调整后品目 94.04 的列目结构

HS 编码	商品名称	备注
94.04	弹簧床垫；寝具及类似用品，装有弹簧、内部用任何材料填充、衬垫或用海绵橡胶、泡沫塑料制成，不论是否包面（例如，褥垫、被子、羽绒被、靠垫、坐垫及枕头）：	
	……	
9404.40	-被子（包括羽绒被）、床罩	新增
9404.90	-其他	商品范围缩小

(四) 品目 94.05 的调整

随着节能光源的大力发展，为发光二极管（LED）类商品修订《协调制度》，将品目 94.05 项下的部分子目进行拆分，具体调整为：

1. 拆分子目 9405.1

将子目"9405.1-枝形吊灯及天花板或墙壁上的其他电气照明装置，但不包括公共露天场所或街道上的电气照明装置"拆分为子目"9405.11--设计为仅使用发光二极管

（LED）光源的"和"9405.19--其他"。

2. 拆分子目 9405.2

将子目"9405.2-电气的台灯、床头灯或落地灯"拆分为子目"9405.21--设计为仅使用发光二极管（LED）光源的"和"9405.29--其他"。

3. 修改子目 9405.3 的条文并拆分该子目

将子目 9405.3 的条文由"圣诞树用的成套灯具"修改为"圣诞树用的灯串"。

将子目"9405.3-圣诞树用的灯串"拆分为子目"9405.31--设计为仅使用发光二极管（LED）光源的"和"9405.39--其他"。

4. 拆分子目 9405.4

将子目"9405.4-其他电气灯具及照明装置"拆分为子目"9405.41--光伏的，且设计为仅使用发光二极管（LED）光源的""9405.42--其他，设计为仅使用发光二极管（LED）光源的"和"9405.49--其他"。

其中，子目 9405.41 是根据国际可再生能源署的建议为光伏产品修订的。

5. 拆分子目 9405.6

将子目"9405.6-发光标志、发光铭牌及类似品"拆分为子目"9405.61--设计为仅使用发光二极管（LED）光源的"和"9405.69--其他"。

调整后品目 94.05 的列目结构如表 94-4 所示。

表 94-4　调整后品目 94.05 的列目结构

HS 编码	商品名称	备注
94.05	其他品目未列名的灯具及照明装置，包括探照灯、聚光灯及其零件；装有固定光源的发光标志、发光铭牌及类似品，以及其他品目未列名的这些货品的零件：	
	-枝形吊灯及天花板或墙壁上的其他电气照明装置，但不包括公共露天场所或街道上的电气照明装置：	
9405.11	--设计为仅使用发光二极管（LED）光源的	新增
9405.19	--其他	新增
	-电气的台灯、床头灯或落地灯：	
9405.21	--设计为仅使用发光二极管（LED）光源的	新增
9405.29	--其他	新增
	-圣诞树用的灯串：	
9405.31	--设计为仅使用发光二极管（LED）光源的	新增
9405.39	--其他	新增
	-其他电气灯具及照明装置：	
9405.41	--光伏的，且设计为仅使用发光二极管（LED）光源的	新增
9405.42	--其他，设计为仅使用发光二极管（LED）光源的	新增

表94-4 续

HS 编码	商品名称	备注
9405.49	--其他	新增
9405.50	-非电气的灯具及照明装置	
	-发光标志、发光铭牌及类似品：	
9405.61	--设计为仅使用发光二极管（LED）光源的	新增
9405.69	--其他	新增

（五）品目94.06的调整

随着新型建筑模式的出现，为钢结构模块建筑单元新增子目"9406.20-钢结构模块建筑单元"。

钢结构模块建筑单元的相关定义见本章注释四新增加的内容。新增子目9406.20的商品来自原子目9406.90，调整后子目9406.90的商品范围缩小。

调整后品目94.06的列目结构如表94-5所示。

表94-5 调整后品目94.06的列目结构

HS 编码	商品名称	备注
94.06	活动房屋：	
9406.10	-木制的	
9406.20	-钢结构模块建筑单元	新增
9406.90	-其他	商品范围缩小

四、相关商品知识介绍

钢结构模块建筑单元

钢结构模块建筑是一种预制安装建筑（活动房屋），由多个箱体模块建筑单元组成，是将多个集装箱尺寸的模块进行拼接形成的建筑。

虽然组成模块从外观看是相似的，但是根据建筑用途不同，其内部结构和功能各不相同。它的每个单元均是以钢结构为基础，以不锈钢、防潮层及防火石膏板为墙壁，且搭配消防器材、水电装置、家具（床、书桌、椅子等）、装饰品（地毯、壁纸等）等设施。相关的家具及装饰品均已安装或准备安装于模块建筑单元内。钢结构模块建筑单元墙体的组成结构如图94-1所示，从图中可以看到它是带防火、防水、保温、隔音、抗震性能的墙壁。钢结构模块建筑单元内部的装修情况如图94-2所示，从图中可以看到其内部包含的一些家具等设施。钢结构模块建筑单元内部装修的效果图如图94-3所示。

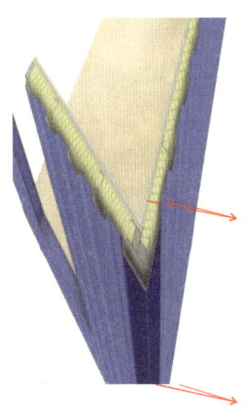

图94-1　钢结构模块建筑单元墙体的组成结构

图94-2　钢结构模块建筑单元内部的装修情况

图94-3　钢结构模块建筑单元内部装修的效果图

作为装配式建筑的一种,钢结构模块建筑是一种创新型整体式建筑体系。其采用整体式预制模块,大量运用钢结构,大大减少了对水泥等传统建筑材料的依赖,方便海洋、公路联运要求。模块之间实现自我支撑,建筑高度可达30层,工厂化完成比例可达90%以上。

1. 钢结构模块建筑单元与传统活动房屋的区别

钢结构模块建筑单元与传统活动房屋(如蒸汽房、移动演播室、移动活动房等小型的单功能性房屋)的不同在于:钢结构模块建筑以钢铁为主要材质,属于大型的、可供多人居住的活动房屋,且通常作为永久建筑使用,而传统的活动房屋则很少作为永久建筑使用。

2. 钢结构模块建筑单元与传统建筑的区别

钢结构模块建筑单元与传统建筑相比，具有如下特点：

（1）具有显著的环保优势。可减少施工用水及混凝土损耗60%，减少施工垃圾70%，节能50%，节约木材90%；可拆卸和搬迁到别处再次组装使用；报废后可完全按材料分解，废料利用率高。

（2）具有良好的社会效益。通过工厂预制及装修，提高工业化建筑水平，缩短建筑周期，提高生产效率。基于上述优点，钢结构集成模块建筑被誉为"建筑业的一次革命"。目前，钢结构模块建筑已被广泛应用于酒店、公寓及普通住宅。

3. 钢结构模块建筑从生产到装配成型的主要流程

钢结构模块建筑从生产到装配成型的主要流程包括：

（1）在工厂预制成标准化的箱体式模块；
（2）完成箱体式模块的内部装修及水电测试；
（3）运输到目的地；
（4）现场吊装，完成装配。

预制成标准化的箱体式模块建筑单元如图94-4所示；运输途中的钢结构模块建筑单元如图94-5所示；钢结构模块建筑单元的安装过程如图94-6所示；钢结构模块建筑单元的安装工地如图94-7所示；钢结构模块建筑单元安装完成后的建筑如图94-8所示。

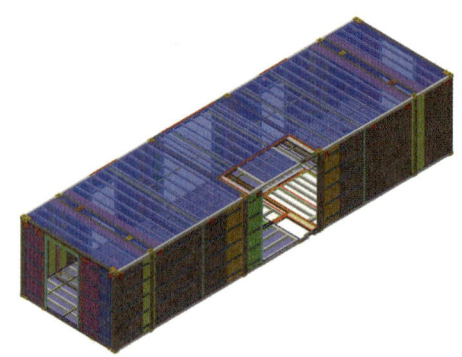

图94-4 预制成标准化的箱体式模块建筑单元

图94-5 运输途中的钢结构模块建筑单元

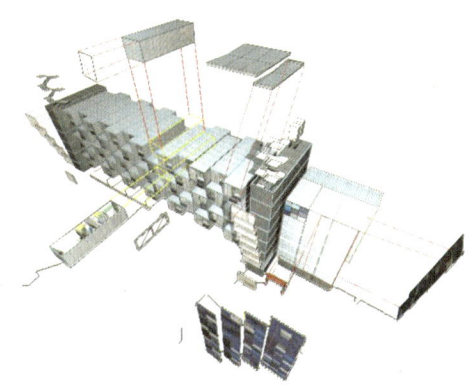

图 94-6 钢结构模块建筑单元的安装过程

图 94-7 钢结构模块建筑单元的安装工地

图 94-8 钢结构模块建筑单元安装完成后的建筑

第九十四章注释一(六)及一(十一)的修订
(为发光二极管类产品修订注释)

详细修订背景及会议讨论过程见"品目85.39条文的修订(为发光二极管类产品增列子目)""品目85.41条文的修订(为发光二极管类产品修改品目及增列子目)"。

第九十四章注释四的修订(为钢结构模块建筑单元新增注释)

详细修订背景及会议讨论过程见"品目94.06的修订(为钢结构模块建筑单元增列子目)"。

品目94.01条文的修订(为木制的坐具及坐具零件、木制的家具零件新增子目)

一、修订背景

该修订是联合国粮农组织提出在2022年版《协调制度》中修订第四十四和九十四章的议题的一部分。在2017年WCO会议上,联合国粮农组织建议为木制品修订品目94.01的条文,为木制产品单列子目,以便精确统计木制产品的贸易情况,其主要目的是保护环境。该组织称就此议题已向欧洲统计局、国际热带木组织和联合国欧洲经济委员会进行过咨询。

二、主要观点及讨论情况

为木制产品拆分子目的建议得到了各成员方代表的一致支持,有代表提出由于家具通常为多种材料制成,最好为木制的转动坐具制定子目注释。

三、结论

会议最终决定为木制的坐具及坐具零件、木制的家具零件新增子目。最终修订结果详见品目94.01、品目94.03。

品目94.04条文的修订(为被子类商品新增子目)

一、修订背景

WCO收到某成员方的来信,提议修订品目94.04相关条文,以降低错误适用优惠原产地规则的风险和减轻贸易方的管理成本。该成员方建议将被子和羽绒被从子目9404.90项下拆分出来作为一个新的独立子目。

二、主要观点及讨论情况

该修订建议的理由引起了较大争议,经讨论,会议决定以相关商品的贸易普遍性及贸易量作为修订的标准。关于具体修订条文讨论,有代表指出某些税则中的美式英语和英式英语用词在翻译时存在一些问题,因此建议新增子目9404.40的条文改为"duvets (comforters), eiderdowns and similararticles",以方便英文版条文的翻译、理解。秘书处提议,被子和羽绒被应与床罩放在同一个子目,因为它们在《协调制度注释》中是作为同一组商品介绍的,建议子目条文改为"9404.40--quilts, bedspreads, eiderdowns and duvets",同时也可避免在法律文本中使用"similar articles"这类不明确的表达方式。

三、结论

会议最终决定将子目9404.40的条文修改为"被子(包括羽绒被)、床罩"。

品目94.05条文的修订(为发光二极管类产品及太阳能产品增列子目)

一、修订背景

品目94.05的修订涉及以下两个议题:

一是为太阳能产品增列子目。

2017年3月,WCO收到国际可再生能源署的来信,信中提议为太阳能产品修订《协调制度》,以明确和更新太阳能产品的描述,包括明确太阳能灯具及照明装置的归类。该组织称在过去十年,可再生能源的产量和用量在持续增长,而太阳能资源走在能源改革的前沿,自2005年起太阳能发电量保持平均每年50%的增长速度。在现行《协调制度》中大部分太阳能产品或与其他产品归在同一个子目下或归到多个子目下。随着太阳能在能源产量中所占份额由小变大,应及时修订《协调制度》以使这些产品的归类更清晰。根据当前得到的国际贸易数据显示,太阳能照明产品的贸易量增长迅速,仅在有其独立税号的9个成员方的进口量记录就从2010年的350万美元增长到2015年的5050万美元。

二是为发光二极管类产品增列子目[略,详见"品目85.39条文的修订(为发光二极管类产品增列子目)""品目85.41条文的修订(为发光二极管类产品修改品目及增列子目)"]。

二、主要观点及讨论情况

国际可再生能源署建议将太阳能灯具和太阳能照明装置从现行子目9405.40项下拆分出来作为独立的子目,修改为:

-其他电气灯具及照明装置:

9405.41--太阳能灯具

9405.42--太阳能照明装置

9405.49-其他

有代表建议在子目9405.41和9405.42条文中应用"光伏的"表述,并对"太阳能照明装置"的表述表示疑问。一些代表认为很难区分新增子目9405.41的"太阳能灯具"和9405.42的"太阳能照明装置",如果必须要区分,最好有一个清晰的区分标准。国际可再生能源署认为此提议旨在将小型太阳能设备拆分出清晰的独立子目,至于进一步细分灯具种类并不是必要的,如果找不到区分这些灯具的可行性标准,那么可以将太阳能灯具和太阳能照明装置合并到一个子目下。

发光二极管类产品增列子目的讨论情况［略，详见"品目85.39条文的修订（为发光二极管类产品增列子目）""品目85.41条文的修订（为发光二极管类产品修改品目及增列子目）"］。

三、结论

由于涉及子目9405.40的修订有两个议题，WCO会议最终决定将两个议题合并，为发光二极管类产品及太阳能产品增列子目。最终修订结果详见品目94.05。

品目94.06的修订（为钢结构模块建筑单元增列子目）

一、修订背景

某成员方在WCO会议上提议在品目94.06项下为名为"钢结构集成模块建筑"的产品修订《协调制度》。

《协调制度》中品目94.06为"活动房屋"。根据《协调制度》第九十四章注释四，钢结构模块建筑单元符合注释表述，应归入品目94.06，因其以钢铁为主要材质，故应具体归入子目9406.90。与传统的活动房屋（如蒸汽房、移动演播室、移动活动房等小型的单功能性房屋）不同，钢结构集成模块建筑由多个模块建筑单元组成，以钢铁为主要材质，属于大型的、可供多人居住的活动房屋，且通常作为永久建筑使用。根据相关生产企业提供的统计数据，2016年该类商品的全球贸易额约4.8亿美元。钢结构模块建筑单元是新兴的、高技术含量的绿色环保产品，与传统的、低技术含量的活动板房（子目9406.90项下）存在本质区别。为了更精确地统计贸易数据、更好地反映相关行业的发展现状，同时也为了便于海关对相关产品进出口的监管，统一全球对该商品的归类以便利相关商品的贸易，参考其贸易量已经达到单列子目的阈值要求，建议为钢结构模块建筑单元增列新的子目9406.20。

二、主要观点及讨论情况

成员方代表一致同意为钢结构模块建筑单元增列新的子目9406.20，并在后续会议上，对拟新增子目9406.20的子目注释进行了讨论。关于该类商品与品目86.09项下的海运集装箱之间可能产生的归类混淆问题，会议代表认为作为一个品目级（品目86.09与品目94.06）归类问题，应该在类注释、章注释中予以明确，同时在品目86.09的注释中插入新的排除条款，并在品目94.06中进一步阐明"模块建筑单元"的定义，至于该定义是在品目条文中还是在品目注释中列明需要进一步讨论。

对于新的子目注释，一些代表提出了关于规格尺寸、预配设施的疑问以及对"独立支撑"的理解问题。一些代表指出，子目注释是对产品的一般性解释，作为法律条文来讲篇幅过于冗长，相关内容放在《协调制度注释》中更合适。对于将品目94.06的"模块建筑单元"与品目86.09的集装箱进行区分，最好是对其作相对简练的定义并作为第九十四章注释四的内容，因为子目注释不能在品目级别归类时适用。

三、结论

会议最终决定，在第九十四章注释四中增列一个较为简练的注释，而比较详细的解释条文则增列在《协调制度注释》中，其中在第九十四章注释四中增列第二段，用于补充"活动房屋"注释内容——"包括钢结构的'模块建筑单元'，它们通常具有标准集装箱的形状和尺寸，其内部已部分或者全部进行了预装配。这种模块建筑单元通常设计用于组装为永久的建筑物"。关于新增子目9406.20 的条文，会议一致同意为"钢结构模块建筑单元"。

最终修订结果详见 94.06。

第九十五章　玩具、游戏品、运动用品及其零件、附件

一、概述

本章章注释新增 2 条，修改 1 条；4 位数品目条文修改 2 条；5、6 位数子目新增 10条，删除 1 条。

二、章注释及子目注释的修改情况

（一）章注释一的调整

1. 新增章注释一（十五）

由于为无人驾驶航空器新增品目 88.06，在章注释一原有条文的基础上新增排他条款"（十五）无人驾驶航空器（品目 88.06）；"。

原章注释一（十五）至（二十二）相应地调整为注释一（十六）至（二十三）。

2. 修改章注释一（二十）[原章注释一（十九）]

为发光二极管（LED）产品进行修订，该注释的条文由"各种<u>电气彩</u>灯串（品目94.05）"修改为"各种灯串（品目 94.05）"。

修订后的章注释一如下：

"一、本章不包括：

"……

"（十五）无人驾驶航空器（品目88.06）；

"（十六）运动用船艇，例如，轻舟、赛艇（第八十九章）及其桨、橹和类似品（木制的归入第四十四章）；

"（十七）运动及户外游戏用的眼镜、护目镜及类似品（品目90.04）；

"（十八）媒诱音响器及哨子（品目92.08）；

"（十九）第九十三章的武器及其他物品；

"（二十）各种灯串（品目94.05）；

"（二十一）独脚架、双脚架、三脚架及类似品（品目96.20）；

"（二十二）球拍线、帐篷或类似的野营用品、分指手套、连指手套及露指手套（按其构成材料归类）；或

"（二十三）餐具、厨房用具、盥洗用品、地毯及纺织材料制的其他铺地制品、服装、床上、餐桌、盥洗及厨房用的织物制品及具有实用功能的类似货品（按其构成材料归类）。"

（二）新增章注释六

为大型主题公园、水上乐园的游乐设施或娱乐设备增列子目并明确它们所包括的商品范围，新增章注释六，具体条文如下：

"六、品目95.08中：

"（一）'游乐场乘骑游乐设施'是指主要目的为游乐或娱乐的装置、组合装置或设备，用于运载、传送、导引一人或多人越过或穿行某一固定或限定的路径（包括水道），或者特定区域，这些设施不包括通常安装在住宅区或操场内的设备；

"（二）'水上乐园娱乐设备'是指特征为特定的涉水区域且无设定路径的装置、组合装置或设备。这些设备仅包括专为水上乐园设计的设备；及

"（三）'游乐场娱乐设备'是指凭借运气、力量或技巧来玩的游戏设备，通常需要操作员或服务员，可安装在永久性建筑物或独立的摊位，这些设备不包括品目95.04的设备。

"本品目不包括在本协调制度其他品目中列名更为具体的设备。"

本章子目注释未作修改。

三、目录结构及品目条文的调整情况

（一）品目95.04的调整

为进一步规范该品目所包含的商品范围，将原条文"视频游戏控制器及设备、游艺场所、桌上或室内游戏用品，包括弹球机、台球、娱乐专用桌及保龄球自动球道设备"修改为"视频游戏控制器及设备，桌上或室内游戏，包括弹球机、台球、娱乐专用桌及保龄球自动球道设备，使用硬币、钞票、银行卡、代币或任何其他支付方式使其工作的游乐机器"。

条文修改后，该品目项下的子目未作调整，商品范围未发生改变。

（二）品目95.08的调整

1. 品目95.08条文的修改

为大型主题公园、水上乐园的游乐设施或娱乐设备增列子目，修订品目95.08的条文，将原条文"旋转木马、秋千、射击用靶及其他游乐场的娱乐设备；流动马戏团及流动动物园；流动剧团"修改为"流动马戏团及流动动物园；游乐场乘骑游乐设施和水上乐园娱乐设备；游乐场娱乐设备，包括射击用靶；流动剧团"。

2. 删除子目9508.9

删除子目9508.9，所删除的商品全部转移至新增的子目9508.2至9508.4项下。

3. 新增子目 9508.2

新增子目"9508.2-游乐场乘骑游乐设施和水上乐园娱乐设备",并在此基础上拆分为子目"9508.21--过山车""9508.22--旋转木马,秋千和旋转平台""9508.23--碰碰车""9508.24--运动模拟器和移动剧场""9508.25--水上乘骑游乐设施""9508.26--水上乐园娱乐设备"和"9508.29--其他"。其中"游乐场乘骑游乐设施"要符合新增的章注释六(一)的规定,"水上乐园娱乐设备"要符合新增的章注释六(二)的规定。

新增子目 9508.21 至 9508.29 的商品全部为原子目 9508.9 的部分商品。

4. 新增子目 9508.30

新增子目"9508.30-游乐场娱乐设备",该商品要符合新增的章注释六(三)的规定。

新增子目的商品为原子目 9508.9 的部分商品。

5. 新增子目 9508.40

新增子目"9508.40-流动剧团"。新增子目的商品全部为原子目 9508.9 的部分商品。

调整后品目 95.08 的列目结构如表 95-1 所示。

表 95-1 调整后品目 95.08 的列目结构

HS 编码	商品名称	备注
95.08	流动马戏团及流动动物园;游乐场乘骑游乐设施和水上乐园娱乐设备;游乐场娱乐设备,包括射击用靶;流动剧团:	条文修改,商品范围不变
9508.10	-流动马戏团及流动动物园	
	-游乐场乘骑游乐设施和水上乐园娱乐设备:	新增
9508.21	--过山车	新增
9508.22	--旋转木马,秋千和旋转平台	新增
9508.23	--碰碰车	新增
9508.24	--运动模拟器和移动剧场	新增
9508.25	--水上乘骑游乐设施	新增
9508.26	--水上乐园娱乐设备	新增
9508.29	--其他	新增
9508.30	-游乐场娱乐设备	新增
9508.40	-流动剧团	新增

第九十五章注释一(十五)至一(二十二)的修订
(无人机新增品目产生的注释序号调整)

详细修订背景及会议讨论过程见"第八十八章注释二、子目注释二、品目 88.02、88.03、88.06、88.07 的对照(为无人机新增注释、修订品目条文、删除及新增品目)"。

第九十五章注释六、品目 95.04 及品目 95.08 的修订
(为游乐园设备修订注释、修订品目条文及新增子目)

一、修订背景

某成员方在 WCO 会议上提议对品目 95.08 的游乐场设备进行细化拆分,增设新的子目并修改第九十五章注释,以适应该行业的迅速发展。该成员方提出永久性的娱乐设施通常价值很高,如过山车的价格在 300~3000 万美元,平均价格为 800 万美元,占主题公园或游乐场收入的很大一部分,但其并没有专门的子目,而是和大量普通娱乐设备共同使用子目 9508.90,在海关的统计数据中无法追踪到具体商品,不利于监管和贸易。根据国际游艺机游乐园协会提供的数据,2015 年 1—12 月欧盟市场大型游乐设备的进口总值为 7800 万欧元,出口总值为 3900 万欧元。2015 年,全球主题公园消费总额达 404 亿美元,较 2014 年增长 7.4%,人流量增长 5.2%,达到 10 亿人次。因此,该成员方认为上述设备已经达到了增设子目的门槛,希望修订《协调制度》如下:

新增第九十五章注释:

六、品目 95.08 所称:

(一)"游乐园乘骑游乐设施"(Amusement park rides)是指可承载、运送、导向一个或若干个人,越过或穿过指定通道(包括水道),或在指定区域内主要供娱乐消遣的一台或一组设备,不包括品目 95.04 和 95.06 的室内或室外游戏用设备;

(二)"游乐场娱乐设备"(Fairground amusements)是指永久安装在建筑内或独立摊位上,常配有操作人员或服务员,以机会、强壮度、技巧性为娱乐的设备,不包括品目 95.04 的设备。

品目 95.08 条文及其子目条文修订为:

95.08 流动马戏团及流动动物园;游乐园游乐设备;游乐场的娱乐设备,包括射击用靶;流动剧团:

9508.10-流动马戏团及流动动物园

-游乐园乘骑游乐设施:

9508.21--过山车

9508.22--旋转木马、秋千和迂回游乐设备

9508.23--碰碰车

9508.24--运动模拟器和移动剧院

9508.25--水滑梯和水上游乐设施；波浪池

9508.29--其他

9508.30-游乐场的娱乐设备

9508.40-流动剧团

二、主要观点及讨论情况

WCO 相关会议同意在品目 95.08 项下为游乐场设施增列子目，并进行了讨论。围绕该议题主要有以下问题需要明确：一是在"游乐园乘骑游乐设施"下增列多个二级子目的必要性；二是应该完善章注释的修订以明确大型游乐园设施的商品范围；三是子目 9508.25 项下的"波浪池"与 95.06 项下的"游泳池及戏水池"，以及子目 9508.25 项下的"波浪池"使用的一些机器设备与第八十五章的"产生波浪的设备"可能会产生归类混淆；四是品目 95.04 和 95.08 的商品范围可能会有重叠，建议考虑增加排除条款，或修改条文将部分商品转移到品目 95.08 项下。

针对上述问题，该成员方答复如下：

（1）细分的子目是国际游艺机游乐园协会根据众多游乐设施的交易数据和与游乐设施有关的设备和部件提出的，每个子目的贸易额均达到了 5000 万美元以上。

（2）子目 9508.25 的条文删除"波浪池"，改为"水上游乐设施（供骑乘）和水上乐园娱乐设备"，以区分于品目 95.06 的设备。在第九十五章注释六中新增"水上乐园娱乐设备"的定义："水上乐园娱乐设备"指以特定水域为特征的一台或一组设备，带有无特定目标（非实用性）的通道。它们包括水滑梯，可攀爬并带有防翻越部件的水上游戏组件、复合水上游戏建筑、用户控制、喷水、喷泉、造浪、休闲河流和漩涡池。水上游乐设施（供骑乘）和水上乐园娱乐设备有所不同，如冲浪槽、木筏、轮胎筏、参与者坐在乘具内，或者通过设定的路线或在规定的区域内用水推进或移动。水上游乐设施和水上乐园娱乐设备所使用的循环水系统或造浪设备的归类，在第九十五章注释三中已有规定："凡专用于或主要用于本章各品目所列物品的零件、附件，应与有关物品一并归类。"这条注释用于区分第八十五章的一般机器设备和经过特别设计并专用于水上游乐设施和水上乐园娱乐设备所使用的循环水系统或造浪设备。另外，第八十五章的排他条款中也排除了第九十五章的商品。

（3）修订品目 95.04 的条文，以区分品目 95.04 和 95.08。

三、结论

在后续会议上，各成员方代表对修订方案进行了充分讨论。会议最终决定，为游乐场游乐设施增列子目，并在第九十五章新增章注释六以明确游乐场乘骑游乐设施、水上乐园娱乐设备、游乐场娱乐设备的定义和商品范围，并修订品目 95.04 及品目 95.08 相关条文。

最终修订结果详见第九十五章新增注释九、品目 95.04 及品目 95.08。

第九十六章 杂项制品

一、概述

本章章注释修改1条（仅英文修改，中文无变化）；4位数品目条文修改2条；5、6位数子目修改1条。

二、章注释及子目注释的修改情况

章注释一（十）的修改

为发光二极管（LED）类商品修改章注释一（十）的英文，但中文无变化。

本章无子目注释。

三、目录结构及品目条文的调整情况

（一）品目96.09的调整

修改子目9609.10的条文

为统一英、法文的条文，在子目9609.10原条文的基础上增加"笔芯包裹在外壳中"，修改后的条文为"9609.10-铅笔及颜色铅笔，笔芯包裹在外壳中"。

条文修改后，商品范围未发生改变。

调整后品目96.09的列目结构如表96-1所示。

表96-1 调整后品目96.09的列目结构

HS编码	商品名称	备注
96.09	铅笔（品目96.08的铅笔除外）、颜色铅笔、铅笔芯、蜡笔、图画碳笔、书写或绘画用粉笔及裁缝划粉：	
9609.10	-铅笔及颜色铅笔，笔芯包裹在外壳中	商品范围不变
9609.20	-铅笔芯，黑的或其他颜色的	
9609.90	-其他	

（二）品目96.17的调整

为统一钢铁制真空保温容器的英、法文条文而修订，删除原品目条文中"带壳的"，修订后的条文为"96.17 保温瓶和其他真空容器及其零件，但玻璃瓶胆除外"。

条文修改后，商品范围未发生改变。

（三）品目96.19的调整

考虑到尿布中除了婴儿尿布以外，还有成人尿布，所以本次修订中将品目96.19条文中的"婴儿尿布"修改为"尿布"，修订后的条文为"96.19 任何材料制的卫生巾（护垫）及卫生棉条、尿布及尿布衬里和类似品"。

条文修改后，商品范围未发生改变。

第九十六章注释一（十）的修订［基于发光二极管类商品的修订（仅英文修改）］

详细修订背景及会议讨论过程见"品目85.39条文的修订（为发光二极管类产品增列子目）""品目85.41条文的修订（为发光二极管类产品修改品目及增列子目）"。仅英文"lamps"修改为"luminaires"，中文无变化。

品目96.09条文的修订（为明确铅笔和颜色铅笔商品范围修订子目条文）

一、修订背景

2018年，某成员方向WCO提出一种可弯曲铅笔的归类问题。它是一种由不同成分制成的商品，由一支可弯曲铅笔和一块通过一个金属环附着其上的橡皮组成。铅笔带有塑料外壳，并且是易弯曲的，此铅笔甚至可以打一个结，如图96-1所示。

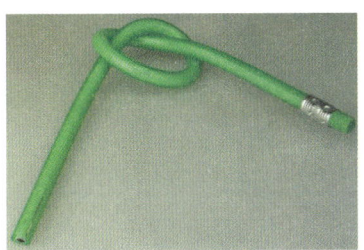

图96-1 可弯曲铅笔

目前子目9609.10的英文文本为"9609.10-Pencils and crayons, with leads encased in a rigid sheath"。品目96.09的注释指明此品目包含"（6）9609.10-Pencils and crayons, with leads encased in a rigid sheath"。注释中没有更多的信息，也没有其他归类选择。"rigid"在牛津字典中的意思是"不能弯曲或改变形状的"。法文版本的子目9609.10为"9609.10-Crayons àgaine"，注释中有相似的用词"6）Les crayons àgaine"。法文版本仅指出铅笔的铅芯需要在一个外壳中（可能是弯曲或可弯曲的），但是英文版本列明外壳是坚硬的，两种官方语言版本出现了不一致的情况。

二、主要观点及讨论情况

秘书处指出，经查阅WCO的历史文件发现，子目9609.10的英文和法文文本自1988年《协调制度》第一版以来，从未发生过改变。1978年至1988年间进行过一些讨论，但是没有任何记录解释两种语言版本不一致的原因。

该成员方提议应该修订英文版本,从而使其与法文版本保持一致,便于归类统一。修改后的文本为"9609.10-Pencils and crayons, with leads encased in arigid sheath"。

三、结论

会议一致同意对子目 9609.10 的修订,以及对相应注释相关内容的修订。

最终修订结果详见品目 96.09。

品目 96.17 的修订(为明确保温容器商品范围修订品目条文)

一、修订背景

2015 年 WCO 会议上,某成员方提出不锈钢抽真空制保温瓶的归类问题。不锈钢真空保温瓶由不锈钢制成,其瓶身由双层不锈钢组成,中间被抽出部分空气,形成接近真空的环境以阻止热传导及热交换,同时通过瓶身内胆外部贴附的铝箔反射,还可以最小化热辐射产生的热传输以达到保温的目的。真空保温瓶的结构如图 96-2 所示。

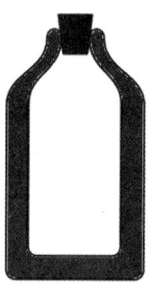

图 96-2 真空保温瓶的结构示意图

其加工过程为:

(1)冲压,内外层分别冲压加工成型,形成两个瓶状的内外胆,构成瓶身的内壁和外壁;

(2)清洗烘干内外胆;

(3)内胆的外层贴铝膜;

(4)焊接,将内胆放入外胆内,焊接内外胆的颈部;

(5)抽真空,将内外层缝隙中的空气抽出,形成近真空的环境以阻止热传导及热交换;

(6)电解抛光;

(7)瓶身外部喷漆及印刷;

(8)另配上杯盖,杯盖由塑料制成,有螺纹及垫圈,起密封保温作用。

该商品通常作为盛水或其他液体、食物的容器,使其较长时间保温(冷或热)。典型的家用型真空保温瓶可以保持液体几个小时温热。由于杯体的内外两层之间为真空且内层有铝膜,较大程度地阻止了热传导及热辐射,使其保温效果非常好。市场上该类商品的容量为 0.1~2 升。根据某生产企业提供的信息及互联网上的调查结果，传统的真空保温瓶保温部分由玻璃制成，由于保温的玻璃内胆容易破碎，需要借助外壳来保护。1978 年，随着技术的发展，出现了不锈钢瓶身的真空保温瓶。其结构与原传统保温瓶相似，但其瓶身内外壁都由不锈钢制成，坚硬的不锈钢外壳已经足够抗冲击，不必再加一层外壳保护。这种特性还提高了它的便于携带性。

二、主要观点及讨论情况

该成员方认为关于该商品的归类目前有两个品目值得考虑。一是品目 96.17，因为该商品属于真空容器，其作用与品目 96.17 的商品一样，都是可在一段时间里使液体、食品或其他产品保持恒温，其结构为双壁容器，两壁之间为真空，但没有外壳。品目 96.17 的条文规定，该品目的商品是"带壳的保温瓶和其他真空容器及其零件，但玻璃瓶胆除外"，该商品的瓶身为坚硬的不锈钢材质，本身就可以构成商品的外壳，而且瓶身确实起到了传统的真空保温瓶的外壳作用。因此，应该适用归类总规则一，将该商品归入品目 96.17 项下。二是品目 73.23，因为该商品不符合品目 96.17"带壳的保温瓶和其他真空容器及其零件，但玻璃瓶胆除外"的描述，该商品不带有保护性外壳，因此应该按材料归类，其材质是不锈钢，可以作为家用钢铁器具归类，根据归类总规则一及六，归入品目 73.23，子目 7323.93。

该成员方认为，该商品与品目 96.17 的保温瓶及类似真空保温容器很像，只是没有带壳。传统的真空保温瓶用玻璃制成，需要外壳保护。而以金属制成的保温瓶由于其瓶体具有抗压抗冲击特性而不需要外壳的保护。随着技术的发展，原有的《协调制度》条文不能反映新产品的特点，法律条文需要与时俱进，不能以"带壳"作为判断品目 96.17 真空容器的标准。判断品目 96.17 产品的条件应该在于是否抽真空并带有保温功能。如果 WCO 决定将该商品归入品目 96.17，建议考虑是否需要修订品目 96.17 的条文以明确相关商品的归类。

秘书处还提出在考虑该商品是否归入品目 73.23 之前，需首先考虑品目 96.17 是否存在英、法文版本不一致的问题。

根据法文版本的品目 96.17 条文及注释，该商品具有"双壁"，且"两壁之间为真空"，符合法文版本的相关商品描述，应该归入该品目。条文提到有"保护性的外壳"，作为玻璃的内胆需要保护性外壳，但作为不锈钢的容器则不需要。而虽然英文版本的品目条文及注释要求"带壳的"，但是注释条文规定"它们由一个通常用玻璃制成的双壁容器（瓶胆）构成，两壁之间为真空，并罩以金属、塑料或其他材料制成的保护性外壳，有时则包上纸、皮革、漆布等。"

三、结论

会议通过投票表决，最终决定将该商品归入品目 96.17，归类依据为归类总规则一。同时修订品目 96.17 英文版本的品目条文以解决该品目英、法文版本不一致的问题，品目 73.10 注释的排除条款"（八）品目 96.17 的带壳暖水瓶及其他真空容器"以及品目 76.12 注释的相关排除条款也进行相应修订。

最终修订结果详见品目 96.17。

品目 96.19 的修订（为尿布及尿布衬里修订品目条文）

一、修订背景

在 WCO 会议上，某成员方提议为成人用的尿布及尿布衬里修订品目 96.19 的条文，因品目 96.19 注释中包括成人用的尿布及尿布衬里，应删除该品目条文中"婴儿尿布及尿布衬里"的"婴儿"一词。

二、主要观点及讨论情况

秘书处指出，品目 96.19 是在 2012 版《协调制度》中创建的，其目的是将在 2012 年 1 月 1 日之前根据其组成材料不同而归入不同品目的"吸收性"产品归入一个单独的品目中。秘书处认为该提议是基于品目 96.19 关于尿布和尿布衬里的品目条文的合并，以使品目 96.19 覆盖所有的尿布，而不考虑使用者及使用原因。大部分代表同意删除英文条文中的"for babies"（婴儿用）。另有代表提出，需在英文版本的"napkins"后面加入"diapers"，因为英式英语中尿布的单词是"diapers"。

三、结论

会议最终决定，删除品目 96.19 英文条文中的"for babies"（婴儿用），并在第五十六章注释一（六）和品目 96.19 英文条文中的"napkins"后面加入"diapers"的表述。

最终修订结果详见品目 96.19。

第二十一类 艺术品、收藏品及古物

本类共有 1 章,即第九十七章。2022 年版《协调制度》章注释新增 1 条,修改 1 条;4 位数品目修改 2 条;5、6 位数子目新增 21 条,删除 1 条。

第九十七章 艺术品、收藏品及古物

一、概述

本章章注释新增 1 条,修改 1 条;4 位数品目条文修改 2 条;5、6 位数子目新增 21 条,删除 1 条。

二、章注释及子目注释的修改情况

(一) 新增章注释二

为了明确某些具有商业性质的传统工艺品、复制品等文化产品不能作为艺术品、收藏品归入本章,新增章注释二"二、品目 97.01 不适用于成批生产的镶嵌画复制品、铸造品及具有商业性质的传统工艺品,即使这些物品是由艺术家设计或创造的。"

同时,原章注释二至五的序号相应调整为章注释三至六。

(二) 原章注释四 (一) 的修改

由于章注释序号的变化,原章注释四 (一) 相应调整为注释五 (一),条文中的"注释一至三"修改为"注释一至四"。

本章无子目注释。

三、目录结构及品目条文的调整情况

根据本章原章注释四 (二) 的条文,品目 97.06 只包括第九十七章以外的超过 100 年的古物,品目 97.01 至 97.05 所包含的商品中既有超过 100 年的,也有不超过 100 年的,所以本次修订在品目 97.01 至 97.05 项下又相应地按是否"超过 100 年"拆分出相应的子目。

(一) 品目 97.01 的调整

1. 修改品目 97.01 的条文

本次修订,在品目 97.01 的条文中增加"镶嵌画",修改后品目条文为"97.01 油画、粉画及其他手绘画,但带有手工绘制及手工描饰的制品或品目 49.06 的图纸除外;拼贴画、镶嵌画及类似装饰板"。

条文修改后,商品范围未发生改变。

2. 删除子目 9701.1

删除子目"9701.1-油画、粉画及其他手绘画",删除子目的商品转移至新增的子

目 9701.21 和 9701.91 项下。

3. 新增子目 9701.2

新增子目"9701.2-超过 100 年的",并在此基础上再拆分为子目"9701.21--油画、粉画及其他手绘画""9701.22--镶嵌画"和"9701.29-其他"。

新增子目 9701.21 的商品为已删除的子目 9701.1 的部分商品,新增子目 9701.22 至 9701.29 的商品为原子目 9701.9 的部分商品。

4. 拆分子目 9701.9

本次调整后,子目"9701.9-其他"只包括"不超过 100 年的"商品,商品范围改变。并在此基础上再拆分为子目"9701.91--油画、粉画及其他手绘画""9701.92--镶嵌画"和"9701.99--其他"。

新增子目 9701.91 的商品为已删除的子目 9701.1 的部分商品,新增子目 9701.92 至 9701.99 的商品为原子目 9701.9 的部分商品。

调整后品目 97.01 的列目结构如表 97-1 所示。

表 97-1 调整后品目 97.01 的列目结构

HS 编码	商品名称	备注
97.01	油画、粉画及其他手绘画,但带有手工绘制及手工描饰的制品或品目 49.06 的图纸除外;拼贴画、镶嵌画及类似装饰板:	条文修改,商品范围不变
	-超过 100 年的:	新增
9701.21	--油画、粉画及其他手绘画	新增
9701.22	--镶嵌画	新增
9701.29	--其他	新增
	-其他:	商品范围缩小
9701.91	--油画、粉画及其他手绘画	新增
9701.92	--镶嵌画	新增
9701.99	--其他	新增

(二)品目 97.02 的调整

将品目 97.02 按是否"超过 100 年"拆分出子目"9702.10-超过 100 年的"和"9702.90-其他"。

调整后品目 97.02 的列目结构如表 97-2 所示。

表 97-2 调整后品目 97.02 的列目结构

HS 编码	商品名称	备注
97.02	雕版画、印制画、石印画的原本:	
9702.10	-超过 100 年的	新增
9702.90	-其他	新增

(三) 品目 97.03 的调整

将品目 97.03 按是否"超过 100 年"拆分出子目"9703.10-超过 100 年的"和"9703.90-其他"。

调整后品目 97.03 的列目结构如表 97-3 所示。

表 97-3 调整后品目 97.03 的列目结构

HS 编码	商品名称	备注
97.03	各种材料制的雕塑品原件：	
9703.10	-超过 100 年的	新增
9703.90	-其他	新增

(四) 品目 97.05 的调整

根据联合国教科文组织的建议，调整优化品目 97.05 的结构，拆分子目并对其进行细化，有利于各国海关打击文物走私，加强对人类珍贵遗产的保护。

1. 修改品目 97.05 的条文

将品目 97.05 的条文"具有动物学、植物学、矿物学、解剖学、历史学、考古学、古生物学、人种学或钱币学意义的收集品及珍藏品"修改为"具有考古学、人种学、历史学、动物学、植物学、矿物学、解剖学、古生物学或钱币学意义的收集品及珍藏品"。

条文修改后，商品范围未发生变化。

2. 新增子目 9705.1

新增子目"9705.1-具有考古学、人种学或历史学意义的收集品及珍藏品"。新增子目的商品为原子目 9705.00 的部分商品。

3. 新增子目 9705.2

新增子目"9705.2-具有动物学、植物学、矿物学、解剖学或古生物学意义的收集品及珍藏品"，并在此基础上再拆分为子目"9705.21--人类标本及其部分""9705.22--灭绝或濒危物种及其部分"和"9705.29--其他"。

新增子目的商品均为原子目 9705.00 的部分商品。

4. 新增子目 9705.3

新增子目"9705.3-具有钱币学意义的收集品及珍藏品"，并在此基础上再拆分为子目"9705.31--超过 100 年的"和"9705.39--其他"。

新增子目的商品均为原子目 9705.00 的部分商品。

调整后品目 97.05 的列目结构如表 97-4 所示。

表 97-4　调整后品目 97.05 的列目结构

HS 编码	商品名称	备注
97.05	具有考古学、人种学、历史学、动物学、植物学、矿物学、解剖学、古生物学或钱币学意义的收集品及珍藏品：	条文修改，商品范围不变
9705.10	-具有考古学、人种学或历史学意义的收集品及珍藏品	新增
	-具有动物学、植物学、矿物学、解剖学或古生物学意义的收集品及珍藏品：	新增
9705.21	--人类标本及其部分	新增
9705.22	--灭绝或濒危物种及其部分	新增
9705.29	--其他	新增
	-具有钱币学意义的收集品及珍藏品：	新增
9705.31	--超过 100 年的	新增
9705.39	--其他	新增

（五）品目 97.06 的调整

品目 97.06 按是否"超过 250 年"拆分出子目"9706.10-超过 250 年的"和"9706.90-其他"。

调整后品目 97.06 的列目结构如表 97-5 所示。

表 97-5　调整后品目 97.06 的列目结构

HS 编码	商品名称	备注
97.06	超过 100 年的古物：	
9706.10	-超过 250 年的	新增
9706.90	-其他	新增

四、相关商品知识介绍

镶嵌画

镶嵌画是以各种材料拼贴、镶嵌而成的工艺艺术品。镶嵌画所采用的材料一般质地较硬、色彩丰富，如天然彩石、宝石、玻璃、陶瓷片、金属片等。

镶嵌画一般制作于建筑的墙面、天花板或地面，每一个镶嵌点表现为一个色块，通过这种不同颜色、质地、形状的材料并置给人一种色彩斑斓的视觉效果，同时因镶嵌材料本身的凹凸造成或浑厚沉雄或轻快平滑的触觉。

镶嵌画的制作有着悠久的历史，早在公元前 4000 年前，美索不达米亚平原上的苏美尔人就开始制作镶嵌画，公元前 4 世纪至公元前 1 世纪，镶嵌画的制作手段日趋完善，古希腊和罗马帝国制作的许多镶嵌壁画，大多用彩色大理石碎片镶嵌而成，色调朴素。5 世纪时大部分的教堂都用镶嵌画来装饰，内容主要为圣经故事、宗教人物、图案等，这一时期的镶嵌画多用各色石块、陶片、珐琅片、镀金玻璃片组成色彩绚丽、工艺精湛的画面。到近现代，许多国家制作了大量具有本民族特色的镶嵌画。我国的镶嵌画历史也很悠久，早期主要表现在工艺品制作上，如青铜器上的错金银、嵌玉等，以后的镶嵌画主要体现在漆器、景泰蓝等工艺品和用卵石制作的建筑上。

第九十七章注释二至五及品目 97.01、97.02、97.03、97.05、97.06 的修订（为某些文化产品新增章注释、修订品目条文及新增子目）

一、修订背景

在 WCO 会议上，某成员方提议为第九十七章修订《协调制度》目录和相关注释。该成员方指出，现行的《协调制度》第九十七章已不能辨别和充分捕捉及监控当前某些受管控的文化物品的贸易。WCO 在 2016 年 7 月注意到此项不足，已通过了一项海关在防止非法贩运文化物品方面的作用的决议。在此项决议中，WCO 指出了非法贩运文化物品、洗钱、其他犯罪活动及可能存在的恐怖主义活动之间的联系，国际边境提供了拦截被盗抢文物的最佳机会，并且海关可在防止世界范围内非法贩运文化物品方面发挥重要的作用。

2017 年 3 月 24 日，联合国安理会通过了第 2347 号决议，要求会员国采用适当措施防范和制止源自武装冲突地区的，特别是恐怖组织的非法贸易和贩运文化财产和其他考古、历史和文化遗产的行为。联合国第 2347 号决议指出，联合国教科文组织于 1970 年设立了超过 130 个国家通过的《关于禁止和防止非法进出口文化财产和非法转移其所有权的方法的公约》。在联合国第 2347 号决议的第 17（c）段中，安理会呼吁会员国更新《协调制度》以防止和打击文化财产的非法贸易和贩运。2017 年 3 月 27 日，WCO 对联合国第 2347 号决议表示了强烈支持。

二、主要观点及讨论情况

该成员方认为现行的《协调制度》第九十七章未能充分反映国际贸易的现状，因为该章品目将大量能够自由交易的现代文化物品和一些源自古代的不能自由交易的物品混在一起。具有考古学和人种学意义的物品在众多方面与近代及当代艺术作品不同。最值得注意的是，它们来源于被保护的和不可再生的考古活动及其他形式，它们也不是为了现代商业及审美趋势而生。同时，受到盗窃及伪造的影响，现代及当代艺术作品具有历史记录的可能性要比那些源自考古活动的、存在时间未知的物品高得多。

该成员方提议更新《协调制度》第九十七章法律条文及相关注释以区分可能的已知制造和收集历史的物品（例如，从生产出来即被收藏的现代/当代的艺术作品）与直到被（合法地或非法地）发现都可能未知制造和收集历史的物品（例如，考古学的和人种学的物品）。并且，现行的品目97.05条文中出现了另一个问题，它提供了具有历史学意义的、考古学意义的、人种学意义的收集品及珍藏品的全部范围，但是没有进一步区分这三类物品的具体分类。该成员方建议品目97.05的法律文本应更新为区分动物学、植物学、矿物学、解剖学和古生物学意义的收藏品，历史学、考古学意义的收藏品和人种学意义的收藏品、钱币学意义的收藏品。

目前《协调制度》中存在这些混合和泛化的问题，无法对许多受控物品进行充分的监控，这些物品包括被世界上大多数国家控制发现和转移所有权的；在地面、地下和水下发现的考古文物；被联合国安理会决议和教科文组织的相关公约保护的文化财产。事实上，每个国家（地区）对于境内哪种文化物品需要保护及保护到何种程度都有相关决定。即便如此，世界上某些种类的文化物品仍然更频繁地被贩卖。这些物品的种类需要在《协调制度》第九十七章中更加明确。

该成员方认为，某些文化物品及作品具有见证当地文化发展的历史价值，以及独一无二的和不可复制的特征，构成了开展重新编订《协调制度》第九十七章工作的合理理由。同时，要足够精准地命名该类商品以维护《协调制度》的基本目的之一，即所有使用者的统一适用必须能够对这些第九十七章新列子目收集的统计信息作出恰当的比较。同样地，定义该领域的商品归类是一件审慎的事情，因此修订《协调制度》第九十七章的某些品目及相关注释的某些段落不能脱离有关文化财产的国际和地区机构所进行的工作。

对于具体修改方案，该成员方又提供了新的建议，主要为：

（1）按照是否超过100年，将品目97.01、97.02、97.03拆分子目。

（2）在品目97.05条文中新增"其他动物，准备用于标本展示的，干的或在液体中的（other animals, prepared for display by taxidermy, drying or in fluids）"，并按照历史学、考古学、人种学和动物学、植物学、矿物学、解剖学、古生物学拆分子目。

（3）为品目97.05的收集品及珍藏品（collectors' pieces）增列章注四。

（4）按是否超过150年拆分品目97.06。该提议得到部分代表支持，一些代表质疑品目97.05按历史学、考古学、人种学拆分一个一杠子目，又按动物学、植物学、矿物学、解剖学、古生物学拆分一个一杠子目，那么两者之间如何区分？是否存在商品范围交叉？此外，还质疑为何品目97.06要按是否超过150年拆分子目，而不是其他年数。该成员方回应这是基于贸易形态而定的。

经讨论，会议并未采纳在第九十七章注释中为"收集品及珍藏品"作定义的建议，但建议增设新的注释二作为品目97.01的排他条款。

在后续会议上，某成员方代表指出，对《协调制度》第九十七章的修订是一项非常值得重视的会议议程，但在现阶段还是建议保持现状不进行修订；《协调制度》的目录结构需要贴合相关领域的贸易现实及贸易惯例，不能增加《协调制度》使用者的负担，故需要预留更多时间去研究该修订方案。该建议得到部分代表的支持。会议对是否继续讨论该修订议题进行投票，根据表决结果，会议决定继续进行讨论。

关于在品目97.01插入"镶嵌画"的问题，提议代表指出在决定增设第九十七章注释二时，已接受在品目97.01中为镶嵌画拆分子目。此外，尽管某些镶嵌画产品在其他品目中被认定为普通陶瓷制品，但在联合国安理会层面，某些作为古物的镶嵌画产品，在出口时已被认定为属于盗用产品目录中的物品。某成员方代表认为，品目97.01没有必要插入"镶嵌画"，原因之一是需要识别哪些品目是包含作为普通产品的镶嵌画的，二是需增设排他条款，用于定位第九十七章的古代镶嵌画产品的归类。

关于是以"250年"还是以"100年"作为品目97.06拆分子目标准的问题，某成员方代表建议使用"250年"，认为这样可以把目标锁定在具有高风险的（年代更久远）的文物的非法跨境运输上。另一代表建议使用"100年"，认为各品目间的拆分标准应该统一。

三、结论

关于品目97.01的修订建议，会议经投票表决，最终决定在品目97.01中插入"镶嵌画"，并为其新增子目9701.22和9701.92。某些代表接着提出了对品目97.01的简化方案，大会同意其建议。

根据投票结果，以"100年"作为品目97.01、97.02、97.03拆分子目的标准；通过品目97.02和97.03的修订；通过为品目97.05拆分子目的修订建议。关于是否保留子目9705.21、9705.22和9705.29的问题，经投票决定保留相关子目。通过品目97.06按照"250年"的标准进一步拆分子目的修订建议。通过第九十七章新增注释二。

最终修订结果详见第九十七章注释二至五及品目97.01、97.02、97.03、97.05、97.06。

附　录

附录 1

2022 年版《协调制度》修订目录（法文、英文）

FRANCAIS	ENGLISH
AMENDEMENTS DE LA NOMENCLATURE	AMENDMENTS TO THE NOMENCLATURE
TABLE DES MATIÈRES. SECTION Ⅲ.	TABLE OF CONTENT. SECTION Ⅲ.
Nouvelle rédaction： "SECTION Ⅲ GRAISSES ET HUILES ANIMALES, VEGETALES OU D'ORIGINE MICROBIENNE ET PRODUITS DE LEUR DISSOCIATION; GRAISSES ALIMENTAIRES ELABOREES; CIRES D'ORIGINE ANIMALE OU VEGETALE 15 Graisses et huiles animales, végétales ou d'origine microbienne et produits de leur dissociation; graisses alimentaires élaborées; cires d'origine animale ou végétale.".	Delete and substitute： "SECTION Ⅲ ANIMAL, VEGETABLE OR MICROBIAL FATS AND OILS AND THEIR CLEAVAGE PRODUCTS; PREPARED EDIBLE FATS; ANIMAL OR VEGETABLE WAXES 15 Animal, vegetable or microbial fats and oils and their cleavage products; prepared edible fats; animal or vegetable waxes.".
TABLE DES MATIERES. SECTION IV.	TABLE OF CONTENT. SECTION IV.
Nouvelle rédaction： "SECTION Ⅳ PRODUITS DES INDUSTRIES ALIMENTAIRES; BOISSONS, LIQUIDES ALCOOLIQUES ET VINAIGRES; TABACS ET SUCCEDANES DE TABAC FABRIQUES; PRODUITS CONTENANT OU NON DE LA NICOTINE, DESTINES A UNE INHALATION SANS COMBUSTION; AUTRES PRODUITS, CONTENANT DE LA NICOTINE DESTINES A L'ABSORPTION DE LA NICOTINE DANS LE CORPS HUMAIN".	Delete and substitute： "SECTION Ⅳ PREPARED FOODSTUFFS; BEVERAGES, SPIRITS AND VINEGAR; TOBACCO AND MANUFACTURED TOBACCO SUBSTITUTES; PRODUCTS, WHETHER OR NOT CONTAINING NICOTINE, INTENDED FOR INHALATION WITHOUT COMBUSTION; OTHER NICOTINE CONTAINING PRODUCTS INTENDED FOR THE INTAKE OF NICOTINE INTO THE HUMAN BODY ".

FRANCAIS	ENGLISH
TABLE DES MATIERES. CHAPITRE 16. Nouvelle rédaction： "16 Préparations de viande, de poissons, de crustacés, de mollusques, d'autres invertébrés aquatiques ou d'insectes.".	TABLE OF CONTENT. CHAPTER 16. Delete and substitute： "16 Preparations of meat, of fish, of crustaceans, molluscs or other aquatic invertebrates, or of insects.".
TABLE DES MATIERES. CHAPITRE 24. Nouvelle rédaction： "24 Tabacs et succédanés de tabac fabriqués; produits, contenant ou non de la nicotine, destinés à une inhalation sans combustion; autres produits contenant de la nicotine destinés à l'absorption de la nicotine dans le corps humain.".	TABLE OF CONTENT. CHAPTER 24. Delete and substitute： "24 Tobacco and manufactured tobacco substitutes; products, whether or not containing nicotine, intended for inhalation without combustion; other nicotine containing products intended for the intake of nicotine into the human body.".
TABLE DES MATIERES. CHAPITRE 94. Nouvelle rédaction： "94 Meubles; mobilier médico-chirurgical; articles de literie et similaires; luminaires et appareils d'éclairage non dénommés ni compris ailleurs; lampes-réclames, enseignes lumineuses, plaques indicatrices lumineuses et articles similaires; constructions préfabriquées.".	TABLE OF CONTENT. CHAPTER 94. Delete and substitute： "94 Furniture; bedding, mattresses, mattress supports, cushions and similar stuffed furnishings; luminaires and lighting fittings, not elsewhere specified or included; illuminated signs, illuminated name-plates and the like; prefabricated buildings.".
CHAPITRE 2. Nouvelle Note 1 b) du Chapitre 2. Insérer la nouvelle Note 1 b) suivante： "b) les insectes comestibles, non vivants (n° 04.10);". Les Notes 1 b) et 1 c) actuelles deviennent les Notes 1 c) et 1 d), respectivement.	CHAPTER 2. New Note 1 (b) to Chapter 2. Insert the following new Note 1 (b)： "(b) Edible, non-living insects (heading 04.10);". Renumber present Notes 1 (b) and 1 (c) as Notes 1 (c) and 1 (d), respectively.

FRANCAIS	ENGLISH
CHAPITRE 3. Nouvelle Note 3. Insérer la nouvelle Note 3 suivante： "3. -Les n°s 03.05 à 03.08 ne comprennent pas les farines, poudres et agglomérés sous forme de pellets, propres à l'alimentation humaine (n° 03.09).".	CHAPTER 3. New Note 3. Insert the following new Note 3： "3. -Headings 03.05 to 03.08 do not cover flours, meals and pellets, fit for human consumption (heading 03.09).".
N° 0302.3. Nouvelle rédaction： " -Thons (du genre *Thunnus*), listaos (bonites à ventre rayé) (*Katsuwonus pelamis*), à l'exclusion des abats de poissons comestibles des n°s 0302.91 à 0302.99：".	Subheading 0302.3. Delete and substitute： " -Tunas (of the genus *Thunnus*), skipjack tuna (stripe-bellied bonito) (*Katsuwonus pelamis*), excluding edible fish offal of subheadings 0302.91 to 0302.99：".
N° 0302.33. Nouvelle rédaction： "0302.33--Listaos (bonites à ventre rayé) (*Katsuwonus pelamis*) ".	Subheading 0302.33. Delete and substitute： "0302.33--Skipjack tuna (stripe-bellied bonito) (*Katsuwonus pelamis*) ".
N° 0302.55. Texte anglais seulement.	Subheading 0302.55. Delete and substitute： "0302.55--Alaska Pollock (*Theragra chalcogramma*) ".
N° 0303.4. Nouvelle rédaction： " -Thons (du genre *Thunnus*), listaos (bonites à ventre rayé) (*Katsuwonus pelamis*), à l'exclusion des abats de poissons comestibles des n°s 0303.91 à 0303.99：".	Subheading 0303.4. Delete and substitute： " -Tunas (of the genus *Thunnus*), skipjack tuna (stripe-bellied bonito) (*Katsuwonus pelamis*), excluding edible fish offal of subheadings 0303.91 to 0303.99：".

FRANCAIS	ENGLISH
N° 0303.43. Nouvelle rédaction： "0303.43--Listaos（bonites à ventre rayé）（*Katsuwonus pelamis*）".	Subheading 0303.43. Delete and substitute： "0303.43--Skipjack tuna（stripe-bellied bonito）（*Katsuwonus pelamis*）".
N° 0303.67. Texte anglais seulement.	Subheading 0303.67. Delete and substitute： "0303.67--Alaska Pollock（*Theragra chalcogramma*）".
N° 0304.75. Texte anglais seulement.	Subheading 0304.75. Delete and substitute： "0304.75--Alaska Pollock（*Theragra chalcogramma*）".
N° 0304.87. Nouvelle rédaction： "0304.87--Thons（du genre *Thunnus*），listaos（bonites à ventre rayé）（*Katsuwonus pelamis*）".	Subheading 0304.87. Delete and substitute： "0304.87--Tunas（of the genus *Thunnus*），skipjack tuna（stripe-bellied bonito）（*Katsuwonus pelamis*）".
N° 0304.94. Texte anglais seulement.	Subheading 0304.94. Delete and substitute： "0304.94--Alaska Pollock（*Theragra chalcogramma*）".
N° 0304.95. Texte anglais seulement.	Subheading 0304.95. Delete and substitute： "0304.95--Fish of the families *Bregmacerotidae*, *Euclichthyidae*, *Gadidae*, *Macrouridae*, *Melanonidae*, *Merlucciidae*, *Moridae* and *Muraenolepididae*, other than Alaska Pollock（*Theragra chalcogramma*）".

FRANCAIS	ENGLISH
N° 03.05. Libellé. Nouvelle rédaction： "03.05　Poissons séchés, salés ou en saumure ; poissons fumés, même cuits avant ou pendant le fumage.".	Heading 03.05. Heading text. Delete and substitute： "03.05　Fish, dried, salted or in brine ; smoked fish, whether or not cooked before or during the smoking process.".
N° 0305.10. Supprimer cette sous-position.	Subheading 0305.10. Delete this subheading.
N° 03.06. Libellé. Nouvelle rédaction： "03.06　Crustacés, même décortiqués, vivants, frais, réfrigérés, congelés, séchés, salés ou en saumure ; crustacés, même décortiqués, fumés, même cuits avant ou pendant le fumage ; crustacés non décortiqués, cuits à l'eau ou à la vapeur, même réfrigérés, congelés, séchés, salés ou en saumure.".	Heading 03.06. Heading text. Delete and substitute： "03.06　Crustaceans, whether in shell or not, live, fresh, chilled, frozen, dried, salted or in brine ; smoked crustaceans, whether in shell or not, whether or not cooked before or during the smoking process ; crustaceans, in shell, cooked by steaming or by boiling in water, whether or not chilled, frozen, dried, salted or in brine.".
N° 0306.19. Nouvelle rédaction： "0306.19--Autres".	Subheading 0306.19. Delete and substitute： "0306.19--Other".
N° 0306.3. Libellé. Nouvelle rédaction： "　　-Vivants, frais ou réfrigérés：".	Subheading 0306.3. Subheading text. French text only.
N° 0306.39. Nouvelle rédaction： "0306.39--Autres".	Subheading 0306.39. Delete and substitute： "0306.39--Other".
N° 0306.99. Nouvelle rédaction： "0306.99--Autres".	Subheading 0306.99. Delete and substitute： "0306.99--Other".

FRANCAIS	ENGLISH
N° 03.07. Libellé. Nouvelle rédaction: "03.07　Mollusques, même séparés de leur coquille, vivants, frais, réfrigérés, congelés, séchés, salés ou en saumure; mollusques, même décortiqués, fumés, même cuits avant ou pendant le fumage.".	Heading 03.07. Heading text. Delete and substitute: "03.07　Molluscs, whether in shell or not, live, fresh, chilled, frozen, dried, salted or in brine; smoked molluscs, whether in shell or not, whether or not cooked before or during the smoking process.".
N°s 0307.2 à 0307.29. Nouvelle rédaction: "　　-Coquilles St Jacques et autres mollusques de la famille *Pectinidae*: 0307.21--Vivants, frais ou réfrigérés 0307.22--Congelés 0307.29--Autres".	Subheadings 0307.2 to 0307.29. Delete and substitute: "　　-Scallops and other molluscs of the family *Pectinidae*: 0307.21--Live, fresh or chilled 0307.22--Frozen 0307.29--Other".
N° 0307.9. Nouvelle rédaction: "　　-Autres:".	Subheading 0307.9. Delete and substitute: "　　-Other:".
N° 03.08. Libellé. Nouvelle rédaction: "03.08　Invertébrés aquatiques autres que les crustacés et mollusques, vivants, frais, réfrigérés, congelés, séchés, salés ou en saumure; invertébrés aquatiques autres que les crustacés et mollusques, fumés, même cuits avant ou pendant le fumage.".	Heading 03.08. Heading text. Delete and substitute: "03.08　Aquatic invertebrates other than crustaceans and molluscs, live, fresh, chilled, frozen, dried, salted or in brine; smoked aquatic invertebrates other than crustaceans and molluscs, whether or not cooked before or during the smoking process.".
Nouveau n°03.09. Insérer la nouvelle position suivante: "03.09　Farines, poudres et agglomérés sous forme de pellets de poisson, crustacés, mollusques et autres invertébrés aquatiques, propres à l'alimentation humaine. 0309.10-De poisson 0309.90-Autres".	New heading 03.09. Insert the following new heading: "03.09　Flours, meals and pellets of fish, crustaceans, molluscs and other aquatic invertebrates, fit for human consumption. 0309.10-Of fish 0309.90-Other".

FRANCAIS	ENGLISH
CHAPITRE 4. Nouvelle Note 2. Insérer la nouvelle Note 2 suivante： "2. -Aux fins du 04.03, le yoghourt peut être concentré, ou aromatisé ou additionné de sucre ou d'autres édulcorants, de fruits, de cacao, de chocolat, d'épices, de café ou d'extraits de café, de plantes, de parties de plantes, de céréales ou de produits de la boulangerie, pour autant que les substances ajoutées ne soient pas utilisées en vue de remplacer, en tout ou en partie, l'un des constituants du lait et que le produit conserve le caractère essentiel de yoghourt.". Les Notes 2 à 4 actuelles deviennent les Notes 3 à 5, respectivement.	CHAPTER 4. New Note 2. Insert the following new Note 2： "2. -For the purposes of heading 04.03, yogurt may be concentrated or flavoured and may contain added sugar or other sweetening matter, fruit, nuts, cocoa, chocolate, spices, coffee or coffee extracts, plants, parts of plants, cereals or bakers' wares, provided that any added substance is not used for the purpose of replacing, in whole or in part, any milk constituent, and the product retains the essential character of yogurt.". Renumber present Notes 2 to 4 as Notes 3 to 5 respectively.
Nouvelle Note 5 a）. Insérer la nouvelle Note 5 a）suivante： "a）les insectes non vivants, impropres à l'alimentation humaine（n° 05.11）；". Les Notes 4 a）à 4 c）actuelles（renumérotées 5 a）à 5 c））deviennent les Notes 5 b）à 5 d）, respectivement.	New Note 5（a）. Insert the following new Note 5（a）： "（a）Non-living insects, unfit for human consumption（heading 05.11）；". Renumber present Notes 4（a）to 4（c）（renumbered 5（a）to 5（c））as Notes 5（b）to 5（d）, respectively.
Nouvelle Note 6. Insérer la nouvelle Note 6 suivante： "6. -Aux fins du n° 04.10, le terme *insectes* s'entend des insectes comestibles non vivants, entiers ou en morceaux, frais, réfrigérés, congelés, séchés, fumés, salés ou en saumure, ainsi que des farines et poudres d'insectes, propres à l'alimentation humaine. Toutefois il ne couvre pas les insectes comestibles non vivants, autrement préparés ou conservés（Section IV généralement）.".	New Note 6. Insert the following new Note 6： "6. -For the purposes of heading 04.10, the term "insects" means edible non-living insects, whole or in parts, fresh, chilled, frozen, dried, smoked, salted or in brine, as well as flours and meals of insects, fit for human consumption. However, it does not cover edible non-living insects otherwise prepared or preserved（generally Section IV）.".

FRANCAIS	ENGLISH
N° 04.03. Libellé. Nouvelle rédaction： "04.03　Yoghourt; babeurre, lait et crème caillés, képhir et autres laits et crèmes fermentés ou acidifiés, même concentrés ou additionnés de sucre ou d'autres édulcorants ou aromatisés ou additionnés de fruits ou de cacao.".	Heading 04.03. Heading text. Delete and substitute： "04.03　Yogurt; buttermilk, curdled milk and cream, kephir and other fermented or acidified milk and cream, whether or not concentrated or containing added sugar or other sweetening matter or flavoured or containing added fruit, nuts or cocoa.".
N° 0403.10. Supprimer cette sous-position.	Subheading 0403.10. Delete this subheading.
Nouveau n° 0403.20. Insérer la nouvelle sous-position suivante： "0403.20-Yoghourt".	New subheading 0403.20. Insert the following new subheading： "0403.20-Yogurt".
N° 04.10. Nouvelle rédaction： "04.10　Insectes et autres produits comestibles d'origine animale, non dénommés ni compris ailleurs. 0410.10-Insectes 0410.90-Autres".	Heading 04.10. Delete and substitute： "04.10　Insects and other edible products of animal origin, not elsewhere specified or included. 0410.10-Insects 0410.90-Other".
CHAPITRE 7. Nouvelle Note 5. Insérer la nouvelle Note 5 suivante： "5. -Le n° 07.11 comprend les légumes qui ont subi un traitement ayant exclusivement pour effet de les conserver provisoirement pendant le transport et le stockage avant leur utilisation (au moyen de gaz sulfureux ou dans l'eau salée, soufrée ou additionnée d'autres substances servant à assurer provisoirement leur conservation, par exemple), pour autant, cependant, qu'ils soient, dans cet état, impropres à l'alimentation.".	CHAPTER 7. New Note 5. Insert the following new Note 5： "5. -Heading 07.11 applies to vegetables which have been treated solely to ensure their provisional preservation during transport or storage prior to use (for example, by sulphur dioxide gas, in brine, in sulphur water or in other preservative solutions), provided they remain unsuitable for immediate consumption in that state.".

FRANCAIS	ENGLISH
N° 0704.10. Nouvelle rédaction： "0704.10-Choux-fleurs et choux brocolis".	Subheading 0704.10. Delete and substitute： "0704.10-Cauliflowers and broccoli".

Nouveaux n°s 0709.52 à 0709.56.
Insérer les nouvelles sous-positions suivantes：
"0709.52--Champignons du genre *Boletus*
  0709.53--Champignons du genre *Cantharellus*
  0709.54--Shiitake (*Lentinus edodes*)
  0709.55--Matsutake (*Tricholoma matsutake*, *Tricholoma magnivelare*, *Tricholoma anatolicum*, *Tricholoma dulciolens*, *Tricholoma caligatum*)
  0709.56--Truffes (*Tuber spp.*) ".
	New subheadings 0709.52 to 0709.56.
	Insert the following new subheadings：
	"0709.52--Mushrooms of the genus *Boletus*
	  0709.53--Mushrooms of the genus *Cantharellus*
	  0709.54--Shiitake (*Lentinus edodes*)
	  0709.55--Matsutake (*Tricholoma matsutake*, *Tricholoma magnivelare*, *Tricholoma anatolicum*, *Tricholoma dulciolens*, *Tricholoma caligatum*)
	  0709.56--Truffles (*Tuber spp.*) ".

N° 07.11. Libellé. Nouvelle rédaction： "07.11 Légumes conservés provisoirement, mais impropres, en l'état, à l'alimentation.".	Heading 07.11. Heading text. Delete and substitute： "07.11 Vegetables provisionally preserved, but unsuitable in that state for immediate consumption.".
Nouveau n° 0712.34. Insérer la nouvelle sous-position suivante： "0712.34--Shiitake (*Lentinus edodes*) ".	New subheading 0712.34. Insert the following new subheading： "0712.34--Shiitake (*Lentinus edodes*) ".
CHAPITRE 8. Nouvelle Note 4. Insérer la nouvelle Note 4 suivante： "4.-Le n° 08.12 comprend les fruits qui ont subi un traitement ayant exclusivement pour effet de les conserver provisoirement pendant le transport et le stockage avant leur utilisation (au moyen de gaz sulfureux ou dans l'eau salée, soufrée ou additionnée d'autres substances servant à assurer provisoirement leur conservation, par exemple), pour autant, cependant, qu'ils soient, dans cet état, impropres à l'alimentation.".	CHAPTER 8. New Note 4. Insert the following new Note 4： "4.-Heading 08.12 applies to fruit and nuts which have been treated solely to ensure their provisional preservation during transport or storage prior to use (for example, by sulphur dioxide gas, in brine, in sulphur water or in other preservative solutions), provided they remain unsuitable for immediate consumption in that state.".

FRANCAIS	ENGLISH
N° 0802. 90. Nouvelle rédaction: " -Autres: 0802. 91--Pignons, en coques 0802. 92--Pignons, sans coques 0802. 99--Autres".	Subheading 0802. 90. Delete and substitute: " -Other: 0802. 91--Pine nuts, in shell 0802. 92--Pine nuts, shelled 0802. 99--Other".
N° 0805. 40. Texte anglais seulement.	Subheading 0805. 40. Delete and substitute: "0805. 40-Grapefruit and pomelos".
N° 08. 12. Libellé. Nouvelle rédaction: "08. 12 Fruits conservés provisoirement, mais impropres, en l'état, à l'alimentation.".	Heading 08. 12. Heading text. Delete and substitute: "08. 12 Fruit and nuts provisionally preserved, but unsuitable in that state for immediate consumption.".
CHAPITRE 10. Note 1 B). Nouvelle rédaction: "B) Le présent Chapitre ne comprend pas les grains qui ont été mondés ou autrement travaillés. Toutefois, le riz décortiqué, blanchi, poli, glacé, étuvé ou en brisures reste compris dans le n° 10. 06. De même, le quinoa dont le péricarpe a été entièrement ou partiellement enlevé afin de séparer la saponine, mais qui n'a pas subi d'autres ouvraisons, reste compris dans le n° 10. 08.".	CHAPTER 10. Note 1 (B). Delete and substitute: "(B) The Chapter does not cover grains which have been hulled or otherwise worked. However, rice, husked, milled, polished, glazed, parboiled or broken remains classified in heading 10. 06. Similarly, quinoa from which the pericarp has been wholly or partly removed in order to separate the saponin, but which has not undergone any other processes, remains classified in heading 10. 08.".
Nouveau n° 1211. 60. Insérer la nouvelle sous-position suivante: "1211. 60-Écorce de cerisier africain (*Prunus africana*)".	New subheading 1211. 60. Insert the following new subheading: "1211. 60-Bark of African cherry (*Prunus africana*)".

FRANCAIS	ENGLISH
CHAPITRE 13. Note 1 g). Remplacer "30. 06" par "38. 22".	CHAPTER 13. Note 1 (g). Delete "30. 06" and substitute "38. 22".
SECTION Ⅲ. Titre. Nouvelle rédaction: "GRAISSES ET HUILES ANIMALES, VEGETALES OU D'ORIGINE MICROBIENNE ET PRODUITS DE LEUR DISSOCIATION; GRAISSES ALIMENTAIRES ELABOREES; CIRES D'ORIGINE ANIMALE OU VEGETALE".	SECTION Ⅲ. Title. Delete and substitute: "ANIMAL, VEGETABLE OR MICROBIAL FATS AND OILS AND THEIR CLEAVAGE PRODUCTS; PREPARED EDIBLE FATS; ANIMAL OR VEGETABLE WAXES".
CHAPITRE 15. Titre. Nouvelle rédaction: "Graisses et huiles animales, végétales ou d'origine microbienne et produits de leur dissociation; graisses alimentaires élaborées; cires d'origine animale ou végétale".	CHAPTER 15. Title. Delete and substitute: "Animal, vegetable or microbial fats and oils and their cleavage products; prepared edible fats; animal or vegetable waxes".
Chapitre 15. Note de sous-positions. Titre. Nouvelle rédaction: "Notes de sous-positions.".	Chapter 15. Subheading Note. Title. Delete and substitute: "Subheading Notes.".
Nouvelle Note 1 de sous-positions. Insérer la nouvelle Note 1 de sous-positions suivante: "1. -Aux fins de l'application du n° 1509. 30, l'huile d'olive vierge possède une acidité libre exprimée en acide oléique ne dépassant pas 2. 0g/100g et se distingue des autres catégories d'huiles d'olive vierges par les caractéristiques fixées par la norme 33-1981 du Codex Alimentarius.". La Note 1 de sous-positions actuelle devient la Note 2 de sous-positions.	New Subheading Note 1. Insert the following new Subheading Note 1: "1. -For the purposes of subheading 1509. 30, virgin olive oil has a free acidity expressed as oleic acid not exceeding 2. 0g/100g and can be distinguished from the other virgin olive oil categories according to the characteristics indicated in the Codex Alimentarius Standard 33-1981.". Renumber present Subheading Note 1 as Subheading Note 2.

FRANCAIS	ENGLISH
N° 1509. 10. Nouvelle rédaction : "1509. 20-Huile d'olive vierge extra 　1509. 30-Huile d'olive vierge 　1509. 40-Autres huiles d'olive vierges".	Subheading 1509. 10. Delete and substitute : "1509. 20-Extra virgin olive oil 　1509. 30-Virgin olive oil 　1509. 40-Other virgin olive oils".
N° 15. 10. Nouvelle rédaction : "15. 10　Autres huiles et leurs fractions, obtenues exclusivement à partir d'olives, même raffinées, mais non chimiquement modifiées et mélanges de ces huiles ou fractions avec des huiles ou fractions du n° 15. 09. 1510. 10-Huile de grignons d'olive brute 1510. 90-Autres".	Heading 15. 10. Delete and substitute : "15. 10　Other oils and their fractions, obtained solely from olives, whether or not refined, but not chemically modified, including blends of these oils or fractions with oils or fractions of heading 15. 09. 1510. 10-Crude olive pomace oil 1510. 90-Other".
N° 15. 15. Libellé. Nouvelle rédaction : "15. 15　Autres graisses et huiles végétales ou d'origine microbienne (y compris l'huile de jojoba) et leurs fractions, fixes, même raffinées, mais non chimiquement modifiées. ".	Heading 15. 15. Heading text. Delete and substitute : "15. 15　Other fixed vegetable or microbial fats and oils (including jojoba oil) and their fractions, whether or not refined, but not chemically modified. ".
Nouveau n° 1515. 60. Insérer la nouvelle sous-position suivante : "1515. 60-Graisses et huiles d'origine microbienne et leurs fractions".	New Subheading 1515. 60. Insert the following new subheading : "1515. 60-Microbial fats and oils and their fractions".
N° 15. 16. Libellé. Nouvelle rédaction : "15. 16　Graisses et huiles animales, végétales ou d'origine microbienne et leurs fractions, partiellement ou totalement hydrogénées, interestérifiées, réestérifiées ou élaïdinisées, même raffinées, mais non autrement préparées. ".	Heading 15. 16. Heading text. Delete and substitute : "15. 16　Animal, vegetable or microbial fats and oils and their fractions, partly or wholly hydrogenated, inter-esterified, re-esterified or elaidinised, whether or not refined, but not further prepared. ".

FRANCAIS	ENGLISH
Nouveau n°1516. 30. Insérer la nouvelle sous-position suivante : "1516. 30-Graisses et huiles d'origine microbienne et leurs fractions".	New Subheading 1516. 30. Insert the following new subheading : "1516. 30-Microbial fats and oils and their fractions".
N° 15. 17. Libellé. Nouvelle rédaction : "15. 17 Margarine ; mélanges ou préparations alimentaires de graisses ou d'huiles animales, végétales ou d'origine microbienne ou de fractions de différentes graisses ou huiles du présent Chapitre, autres que les graisses et huiles alimentaires ou leurs fractions du n° 15. 16. ".	Heading 15. 17. Heading text. Delete and substitute : "15. 17 Margarine ; edible mixtures or preparations of animal, vegetable or microbial fats or oils or of fractions of different fats or oils of this Chapter, other than edible fats and oils or their fractions of heading 15. 16. ".
N° 15. 18. Nouvelle rédaction : "15. 18 1518. 00 Graisses et huiles animales, végétales ou d'origine microbienne et leurs fractions, cuites, oxydées, déshydratées, sulfurées, soufflées, standolisées ou autrement modifiées chimiquement, à l'exclusion de celles du n° 15. 16 ; mélanges ou préparations non alimentaires de graisses ou d'huiles animales, végétales ou d'origine microbienne ou de fractions de différentes graisses ou huiles du présent Chapitre, non dénommés ni compris ailleurs. ".	Heading 15. 18. Delete and substitute : "15. 18 1518. 00 Animal, vegetable or microbial fats and oils and their fractions, boiled, oxidised, dehydrated, sulphurised, blown, polymerised by heat in vacuum or in inert gas or otherwise chemically modified, excluding those of heading 15. 16 ; inedible mixtures or preparations of animal, vegetable or microbial fats or oils or of fractions of different fats or oils of this Chapter, not elsewhere specified or included. ".

FRANCAIS	ENGLISH
SECTION IV. Titre. Nouvelle rédaction: "PRODUITS DES INDUSTRIES ALIMENTAIRES; BOISSONS, LIQUIDES ALCOOLIQUES ET VINAIGRES; TABACS ET SUCCEDANES DE TABAC FABRIQUES; PRODUITS CONTENANT OU NON DE LA NICOTINE, DESTINES A UNE INHALATION SANS COMBUSTION; AUTRES PRODUITS, CONTENANT DE LA NICOTINE DESTINES A L'ABSORPTION DE LA NICOTINE DANS LE CORPS HUMAIN ".	SECTION IV. Title. Delete and substitute: "PREPARED FOODSTUFFS; BEVERAGES, SPIRITS AND VINEGAR; TOBACCO AND MANUFACTURED TOBACCO SUBSTITUTES; PRODUCTS, WHETHER OR NOT CONTAINING NICOTINE, INTENDED FOR INHALATION WITHOUT COMBUSTION; OTHER NICOTINE CONTAINING PRODUCTS INTENDED FOR THE INTAKE OF NICOTINE INTO THE HUMAN BODY ".
CHAPITRE 16. Titre. Nouvelle rédaction: "Préparations de viande, de poissons, de crustacés, de mollusques, d'autres invertébrés aquatiques ou d'insectes ".	CHAPTER 16. Title. Delete and substitute: "Preparations of meat, of fish, of crustaceans, molluscs or other aquatic invertebrates, or of insects ".
CHAPITRE 16. Note 1. Nouvelle rédaction: "1.-Le présent Chapitre ne comprend pas les viandes, les abats, les poissons, crustacés, mollusques et autres invertébrés aquatiques, ainsi que les insectes, préparés ou conservés par les procédés énumérés aux Chapitres 2 et 3, à la Note 6 du Chapitre 4 ou au n° 05.04.".	CHAPTER 16. Note 1. Delete and substitute: "1.-This Chapter does not cover meat, meat offal, fish, crustaceans, molluscs or other aquatic invertebrates, as well as insects, prepared or preserved by the processes specified in Chapter 2 or 3, Note 6 to Chapter 4 or in heading 05.04.".

FRANCAIS	ENGLISH
Note 2. Nouvelle rédaction： "2. -Les préparations alimentaires relèvent du présent Chapitre à condition de contenir plus de 20% en poids de saucisse, de saucisson, de viande, d'abats, de sang, d'insectes, de poisson ou de crustacés, de mollusques ou d'autres invertébrés aquatiques ou une combinaison de ces produits. Lorsque ces préparations contiennent deux ou plusieurs produits mentionnés ci-dessus, elles sont classées dans la position du Chapitre 16 correspondant au composant qui prédomine en poids. Ces dispositions ne s'appliquent ni aux produits farcis du n° 19.02, ni aux préparations des n°s 21.03 ou 21.04.".	Note 2. Delete and substitute： "2. -Food preparations fall in this Chapter provided that they contain more than 20% by weight of sausage, meat, meat offal, blood, insects, fish or crustaceans, molluscs or other aquatic invertebrates, or any combination thereof. In cases where the preparation contains two or more of the products mentioned above, it is classified in the heading of Chapter 16 corresponding to the component or components which predominate by weight. These provisions do not apply to the stuffed products of heading 19.02 or to the preparations of heading 21.03 or 21.04.".
Note 1 de sous-positions. Nouvelle rédaction： "1. -Au sens du n° 1602.10, on entend par *préparations homogénéisées* des préparations de viande, d'abats, de sang ou d'insectes, finement homogénéisées, conditionnées pour la vente au détail comme aliments pour nourrissons et enfants en bas âge ou pour usages diététiques, en récipients d'un contenu d'un poids net n'excédant pas 250g. Pour l'application de cette définition, il est fait abstraction des divers ingrédients ajoutés, le cas échéant, à la préparation, en faible quantité, comme assaisonnement ou en vue d'en assurer la conservation ou à d'autres fins. Ces préparations peuvent contenir, en faible quantité, des fragments visibles de viande, d'abats ou d'insectes. Le n° 1602.10 a la priorité sur toutes les autres sous-positions du n° 16.02.".	Subheading Note 1. Delete and substitute： "1. -For the purposes of subheading 1602.10, the expression "homogenised preparations" means preparations of meat, meat offal, blood or insects, finely homogenised, put up for retail sale as food suitable for infants or young children or for dietetic purposes, in containers of a net weight content not exceeding 250g. For the application of this definition no account is to be taken of small quantities of any ingredients which may have been added to the preparation for seasoning, preservation or other purposes. These preparations may contain a small quantity of visible pieces of meat, meat offal or insects. This subheading takes precedence over all other subheadings of heading 16.02.".

FRANCAIS	ENGLISH
N° 16.01. Nouvelle rédaction: "16.01 1601.00 Saucisses, saucissons et produits similaires, de viande, d'abats, de sang ou d'insectes; préparations alimentaires à base de ces produits.".	Heading 16.01. Delete and substitute: "16.01 1601.00 Sausages and similar products, of meat, meat offal, blood or insects; food preparations based on these products.".
N° 16.02. Libellé. Nouvelle rédaction: "16.02 Autres préparations et conserves de viande, d'abats, de sang ou d'insectes."	Heading 16.02. Heading text. Delete and substitute: "16.02 Other prepared or preserved meat, meat offal, blood or insects.".
N° 1604.14. Texte anglais seulement.	Subheading 1604.14. Delete and substitute: "1604.14--Tunas, skipjack tuna and bonito (*Sarda spp.*)".
CHAPITRE 18. Note 1. Nouvelle rédaction: "1.-Le présent Chapitre ne comprend pas: a) les préparations alimentaires contenant plus de 20% en poids de saucisse, de saucisson, de viande, d'abats, de sang, d'insectes, de poisson ou de crustacés, de mollusques ou d'autres invertébrés aquatiques ou une combinaison de ces produits (Chapitre 16); b) les préparations des n°s 04.03, 19.01, 19.02, 19.04, 19.05, 21.05, 22.02, 22.08, 30.03 ou 30.04.".	CHAPTER 18 Note 1. Delete and substitute: "1.-This Chapter does not cover: (a) Food preparations containing more than 20% by weight of sausage, meat, meat offal, blood, insects, fish or crustaceans, molluscs or other aquatic invertebrates, or any combination thereof (Chapter 16); (b) Preparations of headings 04.03, 19.01, 19.02, 19.04, 19.05, 21.05, 22.02, 22.08, 30.03 or 30.04.".

FRANCAIS	ENGLISH
CHAPITRE 19. Note 1 a). Nouvelle rédaction： "a) à l'exception des produits farcis du n° 19.02, les préparations alimentaires contenant plus de 20% en poids de saucisse, de saucisson, de viande, d'abats, de sang, d'insectes, de poisson ou de crustacés, de mollusques ou d'autres invertébrés aquatiques ou une combinaison de ces produits (Chapitre 16);".	CHAPTER 19 Note 1 (a). Delete and substitute： "(a) Except in the case of stuffed products of heading 19.02, food preparations containing more than 20% by weight of sausage, meat, meat offal, blood, insects, fish or crustaceans, molluscs or other aquatic invertebrates, or any combination thereof (Chapter 16);".
CHAPITRE 20. Nouvelle Note 1 b). Insérer la nouvelle Note 1 b) suivante： "b) les graisses et huiles végétales (Chapitre 15);". Les Notes 1 b) à 1 d) actuelles deviennent les Notes 1 c) à 1 e), respectivement.	CHAPTER 20. New Note 1 (b). Insert the following new Note 1 (b)： "(b) Vegetable fats and oils (Chapter 15);". Renumber current Notes 1 (b) to 1 (d) as 1 (c) to 1 (e), respectively.
CHAPITRE 20. Note 1 c). Nouvelle rédaction： "c) les préparations alimentaires contenant plus de 20% en poids de saucisse, de saucisson, de viande, d'abats, de sang, d'insectes, de poisson ou de crustacés, de mollusques ou d'autres invertébrés aquatiques ou une combinaison de ces produits (Chapitre 16);".	CHAPTER 20 Note 1 (c). Delete and substitute： "(c) Food preparations containing more than 20% by weight of sausage, meat, meat offal, blood, insects, fish or crustaceans, molluscs or other aquatic invertebrates, or any combination thereof (Chapter 16);".

FRANCAIS	ENGLISH
N° 2008.93. Nouvelle rédaction： "2008.93--Canneberges（*Vaccinium macrocarpon*, *Vaccinium oxycoccos*）；airelles rouges（*Vaccinium vitis-idaea*）".	Subheading 2008.93. Delete and substitute： "2008.93--Cranberries（*Vaccinium macrocarpon*, *Vaccinium oxycoccos*）；lingonberries（*Vaccinium vitis-idaea*）".
N° 20.09. Libellé. Nouvelle rédaction： "20.09 Jus de fruits（y compris les moûts de raisin et l'eau de noix de coco）ou de légumes, non fermentés, sans addition d'alcool, avec ou sans addition de sucre ou d'autres édulcorants."	Heading 20.09. Heading text. Delete and substitute： "20.09 Fruit or nut juices（including grape must and coconut water）and vegetable juices, unfermented and not containing added spirit, whether or not containing added sugar or other sweetening matter."
N° 2009.2. Nouvelle rédaction： "　　-Jus de pamplemousse；jus de pomelo：".	Subheading 2009.2. Delete and substitute： "　　-Grapefruit juice；pomelo juice：".
N° 2009.8. Texte anglais seulement.	Subheading 2009.8. Delete and substitute： "　　-Juice of any other single fruit, nut or vegetable：".
N° 2009.81. Nouvelle rédaction： "2009.81--Jus de canneberge（*Vaccinium macrocarpon*, *Vaccinium oxycoccos*）；jus d'airelle rouge（*Vaccinium vitis-idaea*）".	Subheading 2009.81. Delete and substitute： "2009.81--Cranberry（*Vaccinium macrocarpon*, *Vaccinium oxycoccos*）juice；lingonberry（*Vaccinium vitis-idaea*）juice".
CHAPITRE 21. Note 1 e）. Remplacer "de sang, de poisson" par "de sang, d'insectes, de poisson".	CHAPTER 21. Note 1（e）. Delete "blood, fish" and substitute "blood, insects, fish".

FRANCAIS	ENGLISH
CHAPITRE 21. Nouvelle Note 1 f). Insérer la nouvelle Note 1 f) suivante： "f) les produits du n° 24.04;". Les Notes 1 f) et 1 g) actuelles deviennent les Notes 1 g) et 1 h), respectivement.	CHAPTER 21. New Note 1 (f). Insert the following new Note 1 (f)： "(f) Products of heading 24.04;". Renumber present Notes 1 (f) and 1 (g) as Notes 1 (g) and 1 (h), respectively.
N° 22.02. Libellé. Texte anglais seulement.	Heading 22.02. Heading text. Delete and substitute： "22.02　Waters, including mineral waters and aerated waters, containing added sugar or other sweetening matter or flavoured, and other non-alcoholic beverages, not including fruit, nut or vegetable juices of heading 20.09.".
CHAPITRE 23. N° 23.06. Libellé. Nouvelle rédaction： "23.06　Tourteaux et autres résidus solides, même broyés ou agglomérés sous forme de pellets, de l'extraction de graisses ou huiles végétales ou d'origine microbienne, autres que ceux des n°s 23.04 ou 23.05.".	CHAPTER 23. Heading 23.06. Heading text. Delete and substitute： "23.06　Oil-cake and other solid residues, whether or not ground or in the form of pellets, resulting from the extraction of vegetable or microbial fats or oils, other than those of heading 23.04 or 23.05.".
CHAPITRE 24. Titre. Nouvelle rédaction： "Tabacs et succédanés de tabac fabriqués; produits, contenant ou non de la nicotine, destinés à une inhalation sans combustion; autres produits contenant de la nicotine destinés à l'absorption de la nicotine dans lecorps humain".	CHAPTER 24. Title. Delete and substitute： "Tobacco and manufactured tobacco substitutes; products, whether or not containing nicotine, intended for inhalation without combustion; other nicotine containing products intended for the intake of nicotine into the human body".
CHAPITRE 24. Note. Titre. Nouvelle rédaction： "Notes.".	CHAPTER 24. Note. Title. Delete and substitute： "Notes.".

FRANCAIS	ENGLISH
<u>Nouvelle Notes 2 et 3.</u> Insérer les nouvelles Notes suivantes: "2. -Tout produit susceptible de relever à la fois du n° 24.04 et d'une autre position de ce Chapitre est à classer au n° 24.04. 3. -Au sens du n° 24.04, on entend par *inhalation sans combustion*, l'inhalation effectuée par le biais d'un chauffage ou par d'autres moyens, sans combustion.".	<u>New Notes 2 and 3.</u> Insert the following new Notes: "2. -Any products classifiable in heading 24.04 and any other heading of the Chapter are to be classified in heading 24.04. 3. -For the purposes of heading 24.04, the expression "inhalation without combustion" means inhalation through heated delivery or other means, without combustion.".
<u>Nouveau n° 24.04.</u> Insérer le nouveau n° 24.04 suivant: "24.04 Produits contenant du tabac, du tabac reconstitué, de la nicotine ou des succédanés de tabac ou de nicotine, destinés à une inhalation sans combustion; autres produits contenant de la nicotine, destinés à l'absorption de la nicotine dans le corps humain. 　　-Produits destinés à une inhalation sans combustion: 2404.11--Contenant du tabac ou du tabac reconstitué 2404.12--Autres, contenant de la nicotine 2404.19--Autres 　　-Autres: 2404.91--Pour une application orale 2404.92--Pour une application percutanée 2404.99--Autres".	<u>New heading 24.04.</u> Insert the following new heading 24.04: "24.04 Products containing tobacco, reconstituted tobacco, nicotine, or tobacco or nicotine substitutes, intended for inhalation without combustion; other nicotine containing products intended for the intake of nicotine into the human body. 　　-Products intended for inhalation without combustion: 2404.11--Containing tobacco or reconstituted tobacco 2404.12--Other, containing nicotine 2404.19--Other 　　-Other: 2404.91--For oral application 2404.92--For transdermal application 2404.99--Other".

一本书读懂 2022 年版《协调制度》

FRANCAIS	ENGLISH
CHAPITRE 25. Nouvelle Note 2 e）． Insérer la nouvelle Note 2 e) suivante： "e) les pisés de dolomie (n° 38.16)；". Les Notes 2 e) à 2 ij) actuelles deviennent les Notes 2 f) à 2 k), respectivement.	CHAPTER 25. New Note 2 (e)． Insert the following new Note 2 (e)： " (e) Dolomite ramming mix (heading 38.16)；". Renumber present Notes 2 (e) to 2 (ij) as Notes 2 (f) to 2 (k), respectively.
N° 25.18. Libellé. Nouvelle rédaction： "25.18 Dolomie, même frittée ou calcinée, y compris la dolomie dégrossie ou simplement débitée, par sciage ou autrement, en blocs ou en plaques de forme carrée ou rectangulaire.".	Heading 25.18. Heading text. Delete and substitute： "25.18 Dolomite, whether or not calcined or sintered, including dolomite roughly trimmed or merely cut, by sawing or otherwise, into blocks or slabs of a rectangular (including square) shape."
N° 2518.30. Supprimer cette sous-position.	Subheading 2518.30. Delete this subheading.
CHAPITRE 26. Note 1 f）． Remplacer "（n° 71.12）" par "（n°s 71.12 ou 85.49）".	CHAPTER 26. Note 1 (f)． Delete "(heading 71.12)" and substitute "(heading 71.12 or 85.49)".
CHAPITRE 27. Note 3 b）． Nouvelle rédaction： "b) les boues d'huiles provenant de réservoirs de produits pétroliers, contenant principalement des huiles de ce type et une forte concentration d'additifs (produits chimiques, par exemple), utilisés dans la fabrication des produits primaires；".	CHAPTER 27. Note 3 (b)． French text only.

FRANCAIS	ENGLISH
CHAPITRE 27. Note 5 de sous-positions. Nouvelle rédaction： "5. -Aux fins des sous-positions du n° 27. 10, le terme *biodiesel* désigne les esters mono-alkylés d'acides gras du type de ceux utilisés comme carburants ou combustibles, dérivés de graisses et d'huiles animales, végétales ou d'origine microbienne même usagées.".	CHAPTER 27. Subheading Note 5. Delete and substitute： "5. -For the purposes of the subheadings of heading 27. 10, the term "biodiesel" means mono-alkyl esters of fatty acids of a kind used as a fuel, derived from animal, vegetable or microbial fats and oils whether or not used.".
SECTION VI. Nouvelle Note 4. Insérer la nouvelle Note 4 suivante： "4. -Lorsqu'un produit répond à la fois aux spécifications d'une ou de plusieurs positions de la Section VI du fait que son nom ou sa fonction y sont mentionnés et aux spécifications du n° 38. 27, il est à classer dans la position dont le libellé mentionne son nom ou sa fonction et non pas dans le n° 38. 27.".	SECTION VI. New Note 4. Insert following New Note 4： "4. -Where a product answers to a description in one or more of the headings in Section VI by virtue of being described by name or function and also to heading 38. 27, then it is classifiable in a heading that references the product by name or function and not under heading 38. 27.".
N° 2844. 40. Nouvelle rédaction： " -Eléments et isotopes et composés radioactifs autres que ceux des n°s 2844. 10, 2844. 20 ou 2844. 30; alliages, dispersions (y compris les cermets), produits céramiques et mélanges renfermant ces éléments, isotopes ou composés; résidus radioactifs： 2844. 41--Tritium et ses composés; alliages, dispersions (y compris les cermets), produits céramiques et mélanges renfermant du tritium ou ses composés	Subheading 2844. 40. Delete and substitute： " -Radioactive elements and isotopes and compounds other than those of subheading 2844. 10, 2844. 20 or 2844. 30; alloys, dispersions (including cermets), ceramic products and mixtures containing these elements, isotopes or compounds; radioactive residues： 2844. 41--Tritium and its compounds; alloys, dispersions (including cermets), ceramic products and mixtures containing tritium or its compounds

FRANCAIS	ENGLISH
2844. 42--Actinium-225, actinium-227, californium-253, curium-240, curium-241, curium-242, curium-243, curium-244, einsteinium-253, einsteinium-254, gadolinium-148, polonium-208, polonium-209, polonium-210, radium-223, uranium-230 ou uranium-232, et leurs composés ; alliages, dispersions (y compris les cermets), produits céramiques et mélanges renfermant ces éléments ou composés 2844. 43--Autres éléments et isotopes et composés radioactifs ; alliages, dispersions (y compris les cermets), produits céramiques et mélanges renfermant ces éléments, isotopes ou composés 2844. 44--Résidus radioactifs".	2844. 42--Actinium-225, actinium-227, californium-253, curium-240, curium-241, curium-242, curium-243, curium-244, einsteinium-253, einsteinium-254, gadolinium-148, polonium-208, polonium-209, polonium-210, radium-223, uranium-230 or uranium-232, and their compounds ; alloys, dispersions (including cermets), ceramic products and mixtures containing these elements or compounds 2844. 43--Other radioactive elements and isotopes and compounds ; other alloys, dispersions (including cermets), ceramic products and mixtures containing these elements, isotopes or compounds 2844. 44--Radioactive residues".
Nouveaux n°s 2845. 20 à 2845. 40. Insérer les nouvelles sous-positions suivantes : "2845. 20-Bore enrichi en bore-10 et ses composés 2845. 30-Lithium enrichi en lithium-6 et ses composés 2845. 40-Hélium-3".	New subheadings 2845. 20 to 2845. 40. Insert the following new subheadings : "2845. 20-Boron enriched in boron-10 and its compounds 2845. 30-Lithium enriched in lithium-6 and its compounds 2845. 40-Helium-3".

FRANCAIS	ENGLISH
CHAPITRE 29. NOTE 1 g). Nouvelle rédaction： "g) les produits des paragraphes a), b), c), d), e) ou f) ci-dessus, additionnés d'une substance anti-poussiéreuse, d'un colorant ou d'un odoriférant ou d'un émétique, afin d'en faciliter l'identification ou pour des raisons de sécurité, pour autant que ces additions ne rendent pas le produit apte à des emplois particuliers plutôt qu'à son emploi général;".	CHAPTER 29. NOTE 1 (g). Delete and substitute： "(g) The products mentioned in (a), (b), (c), (d), (e) or (f) above with an added anti-dusting agent or a colouring or odoriferous substance or an emetic added to facilitate their identification or for safety reasons, provided that the additions do not render the product particularly suitable for specific use rather than for general use;".
Note 4. Dernier paragraphe. Nouvelle rédaction： "Pour l'application des n°s 29.11, 29.12, 29.14, 29.18 et 29.22, l'expression *fonctions oxygénées* (les groupes organiques caractéristiques contenant de l'oxygène compris dans ces positions) se limite aux fonctions oxygénées mentionnées dans les libellés des n°s 29.05 à 29.20.".	Note 4. Last paragraph. Delete and substitute： "For the purposes of headings 29.11, 29.12, 29.14, 29.18 and 29.22, "oxygen function", the characteristic organic oxygen-containing group of those respective headings, is restricted to the oxygen-functions referred to in headings 29.05 to 29.20.".
N°s 2903.3 à 2903.39. Nouvelle rédaction： " -Dérivés fluorés saturés des hydrocarbures acycliques： 2903.41--Trifluorométhane (HFC-23) 2903.42--Difluorométhane (HFC-32) 2903.43--Fluorométhane (HFC-41), 1,2-difluoroéthane (HFC-152) et 1,1-difluoroéthane (HFC-152a) 2903.44--Pentafluoroéthane (HFC-125), 1,1,1-trifluoroéthane (HFC-143a) et 1,1,2-trifluoroéthane (HFC-143) 2903.45--1,1,1,2-Tétrafluoroéthane (HFC-134a) et 1,1,2,2-tétrafluoroéthane (HFC-134)	Subheadings 2903.3 to 2903.39. Delete and substitute： " -Saturated fluorinated derivatives of acyclic hydrocarbons： 2903.41--Trifluoromethane (HFC-23) 2903.42--Difluoromethane (HFC-32) 2903.43--Fluoromethane (HFC-41), 1,2-difluoroethane (HFC-152) and 1,1-difluoroethane (HFC-152a) 2903.44--Pentafluoroethane (HFC-125), 1,1,1-trifluoroethane (HFC-143a) and 1,1,2-trifluoroethane (HFC-143) 2903.45--1,1,1,2-Tetrafluoroethane (HFC-134a) and 1,1,2,2-tetrafluoroethane (HFC-134)

FRANCAIS	ENGLISH
2903.46--1, 1, 1, 2, 3, 3, 3-Heptafluoropropane（HFC-227ea）, 1, 1, 1, 2, 2, 3-hexafluoropropane（HFC-236cb）, 1, 1, 1, 2, 3, 3-hexafluoropropane（HFC-236ea）et 1, 1, 1, 3, 3, 3-hexafluoropropane（HFC-236fa）	2903.46--1, 1, 1, 2, 3, 3, 3-Heptafluoropropane（HFC-227ea）, 1, 1, 1, 2, 2, 3-hexafluoropropane（HFC-236cb）, 1, 1, 1, 2, 3, 3-hexafluoropropane（HFC-236ea）and 1, 1, 1, 3, 3, 3-hexafluoropropane（HFC-236fa）
2903.47--1, 1, 1, 3, 3-Pentafluoropropane（HFC-245fa）et 1, 1, 2, 2, 3-pentafluoropropane（HFC-245ca）	2903.47--1, 1, 1, 3, 3-Pentafluoropropane（HFC-245fa）and 1, 1, 2, 2, 3-pentafluoropropane（HFC-245ca）
2903.48--1, 1, 1, 3, 3-Pentafluorobutane（HFC-365mfc）et 1, 1, 1, 2, 2, 3, 4, 5, 5, 5-décafluoropentane（HFC-43-10mee）	2903.48--1, 1, 1, 3, 3-Pentafluorobutane（HFC-365mfc）and 1, 1, 1, 2, 2, 3, 4, 5, 5, 5-decafluoropentane（HFC-43-10mee）
2903.49--Autres -Dérivés fluorés non saturés des hydrocarbures acycliques：	2903.49--Other -Unsaturated fluorinated derivatives of acyclic hydrocarbons：
2903.51--2, 3, 3, 3-Tétrafluoropropène（HFO-1234yf）, 1, 3, 3, 3-tétrafluoropropène（HFO-1234ze）et（Z）-1, 1, 1, 4, 4, 4-hexafluoro-2-butène（HFO-1336mzz）	2903.51--2, 3, 3, 3-Tetrafluoropropene（HFO-1234yf）, 1, 3, 3, 3-tetrafluoropropene（HFO-1234ze）and（Z）-1, 1, 1, 4, 4, 4-hexafluoro-2-butene（HFO-1336mzz）
2903.59--Autres -Dérivés bromés ou dérivés iodés d'hydrocarbures acycliques：	2903.59--Other -Brominated or iodinated derivatives of acyclic hydrocarbons：
2903.61--Bromure de méthyle（bromométhane）	2903.61--Methyl bromide（bromomethane）
2903.62--Dibromure d'éthylène（ISO）（1, 2-dibromoéthane）	2903.62--Ethylene dibromide（ISO）（1, 2-dibromoethane）
2903.69--Autres".	2903.69--Other".

FRANCAIS	ENGLISH
N°s 2903. 71 à 2903. 76. Nouvelle rédaction： "2903. 71--Chlorodifluorométhane（HCFC-22） 　2903. 72--Dichlorotrifluoroéthanes（HCFC-123） 　2903. 73--Dichlorofluoroéthanes（HCFC-141, 141b） 　2903. 74--Chlorodifluoroéthanes（HCFC-142, 142b） 　2903. 75--Dichloropentafluoropropanes（HCFC-225, 225ca, 225cb） 　2903. 76--Bromochlorodifluorométhane（halon-1211）, bromotrifluorométhane（halon-1301）et dibromotétrafluoroéthanes（halon-2402）".	Subheadings 2903. 71 to 2903. 76. Delete and substitute： "2903. 71--Chlorodifluoromethane（HCFC-22） 　2903. 72--Dichlorotrifluoroethanes（HCFC-123） 　2903. 73--Dichlorofluoroethanes（HCFC-141, 141b） 　2903. 74--Chlorodifluoroethanes（HCFC-142, 142b） 　2903. 75--Dichloropentafluoropropanes（HCFC-225, 225ca, 225cb） 　2903. 76--Bromochlorodifluoromethane（Halon-1211）, bromotrifluoromethane（Halon-1301）and dibromotetrafluoroethanes（Halon-2402）".
CHAPITRE 29. Sous-Chapitre IV. Titre. Remplacer "PEROXYDES D'ETHERS," par "PEROXYDES D'ETHERS, PEROXYDES D'ACETALS ET D'HEMI-ACETALS,".	CHAPTER 29. Sub-Chapter IV. Title. Delete "ETHER PEROXIDES," and substitute "ETHER PEROXIDES, ACETAL AND HEMIACETAL PEROXIDES,".
N° 29. 09. Libellé. Remplacer "peroxydes d'éthers," par "peroxydes d'éthers, peroxydes d'acétals et d'hémi-acétals,".	Heading 29. 09. Heading text. Delete "ether peroxides," and substitute "ether peroxides, acetal and hemiacetal peroxides,".
N° 2909. 60 Libellé. Remplacer "peroxydes d'éthers," par "peroxydes d'éthers, peroxydes d'acétals et d'hémi-acétals,".	Subheading 2909. 60. Subheading text. Delete "ether peroxides," and substitute "ether peroxides, acetal and hemiacetal peroxides,".
Nouveau n° 2930. 10. Insérer la nouvelle sous-position suivante： "2930. 10-2-（N, N-Diméthylamino）éthanethiol".	New subheading 2930. 10. Insert the following new subheading： "2930. 10-2-（N, N-Dimethylamino）ethanethiol".

FRANCAIS	ENGLISH
N° 29.31.	Heading 29.31.
Nouvelle rédaction：	Delete and substitute：
"**29.31　Autres composés organo-inorganiques.**	"**29.31　Other organo-inorganic compounds.**
2931.10-Plomb tétraméthyle et plomb tétraéthyle	2931.10-Tetramethyl lead and tetraethyl lead
2931.20-Composés du tributylétain	2931.20-Tributyltin compounds
-Dérivés organo-phosphoriques non halogénés：	-Non-halogenated organo-phosphorous derivatives：
2931.41--Méthylphosphonate de diméthyle	2931.41--Dimethyl methylphosphonate
2931.42--Propylphosphonate de diméthyle	2931.42--Dimethyl propylphosphonate
2931.43--Ethylphosphonate de diéthyle	2931.43--Diethyl ethylphosphonate
2931.44--Acide méthylphosphonique	2931.44--Methylphosphonic acid
2931.45--Sel d'acide méthylphosphonique et de l'(aminoiminométhyl) urée (1∶1)	2931.45--Salt of methylphosphonic acid and (aminoiminomethyl) urea (1∶1)
2931.46--2,4,6-Trioxide de 2,4,6-tripropyl-1,3,5,2,4,6-trioxatriphosphinane	2931.46--2,4,6-Tripropyl-1,3,5,2,4,6-trioxatriphosphinane 2,4,6-trioxide
2931.47--Méthylphosphonate de (5-éthyl-2-méthyl-2-oxido-1,3,2-dioxaphosphinan-5-yl) méthyle et de méthyle	2931.47--(5-Ethyl-2-methyl-2-oxido-1,3,2-dioxaphosphinan-5-yl) methyl methyl methylphosphonate
2931.48--3,9-Dioxyde de 3,9-diméthyl-2,4,8,10-tetraoxa-3,9-diphosphaspiro[5.5] undécane	2931.48--3,9-Dimethyl-2,4,8,10-tetraoxa-3,9-diphosphaspiro[5.5] undecane 3,9-dioxide
2931.49--Autres	2931.49--Other
-Dérivés organo-phosphoriques halogénés：	-Halogenated organo-phosphorous derivatives：
2931.51--Dichlorure méthylphosphonique	2931.51--Methylphosphonic dichloride
2931.52--Dichlorure propylphosphonique	2931.52--Propylphosphonic dichloride
2931.53--Méthylphosphonothionate de O-(3-chloropropyl) O-[4-nitro-3-(trifluorométhyl) phényle]	2931.53--O-(3-chloropropyl) O-[4-nitro-3-(trifluoromethyl) phenyl] methylphosphonothionate
2931.54--Trichlorfon (ISO)	2931.54--Trichlorfon (ISO) 2931.59--Other
2931.59--Autres	2931.90-Other".
2931.90-Autres".	

FRANCAIS	ENGLISH
Nouveau n° 2932.96. Insérer la nouvelle sous-position suivante : "2932.96--Carbofurane (ISO)".	New subheading 2932.96. Insert the following new subheading : "2932.96--Carbofuran (ISO)".
N° 2933.33. Nouvelle rédaction : "2933.33--Alfentanil (DCI), aniléridine (DCI), bézitramide (DCI), bromazépam (DCI), carfentanil (DCI), cétobémidone (DCI), difénoxine (DCI), diphénoxylate (DCI), dipipanone (DCI), fentanyl (DCI), méthylphénidate (DCI), pentazocine (DCI), péthidine (DCI), péthidine (DCI) intermédiaire A, phencyclidine (DCI) (PCP), phénopéridine (DCI), pipradrol (DCI), piritramide (DCI), propiram (DCI), remifentanil (DCI) et trimépéridine (DCI) ; sels de ces produits".	Subheading 2933.33. Delete and substitute : "2933.33--Alfentanil (INN), anileridine (INN), bezitramide (INN), bromazepam (INN), carfentanil (INN), difenoxin (INN), diphenoxylate (INN), dipipanone (INN), fentanyl (INN), ketobemidone (INN), methylphenidate (INN), pentazocine (INN), pethidine (INN), pethidine (INN) intermediate A, phencyclidine (INN) (PCP), phenoperidine (INN), pipradrol (INN), piritramide (INN), propiram (INN), remifentanil (INN) and trimeperidine (INN) ; salts thereof".

Nouveaux n°s 2933.34, 2933.35, 2933.36 et 2933.37.
Insérer les nouvelles sous-positions suivantes :
"2933.34--Autres fentanyls et leurs dérivés
  2933.35--Quinuclidin-3-ol
  2933.36--4-Anilino-N-phénéthylpipéridine (ANPP)
  2933.37--N-Phénéthyl-4-pipéridone (NPP)".
	New subheadings 2933.34, 2933.35, 2933.36 and 2933.37.
	Insert the following new subheadings :
	"2933.34--Other fentanyls and their derivatives
	  2933.35--3-Quinuclidinol
	  2933.36--4-Anilino-N-phenethylpiperidine (ANPP)
	  2933.37--N-Phenethyl-4-piperidone (NPP)".

FRANCAIS	ENGLISH
Nouveau n° 2934.92. Insérer la nouvelle sous-position suivante : "2934.92--Autres fentanyls et leurs dérivés".	New subheading 2934.92. Insert the following new subheading : "2934.92--Other fentanyls and their derivatives".
Sous-position 2936.24. Nouvelle rédaction : "2936.24--Acide D-ou DL-pantothénique (vitamine B5) et ses dérivés".	Subheading 2936.24. Delete and substitute : "2936.24--D-or DL-Pantothenic acid (Vitamin B5) and its derivatives".
N°s 2939.4 à 2939.49. Nouvelle rédaction : " -Alcaloïdes de l'ephedra et leurs dérivés; sels de ces produits : 2939.41--Ephédrine et ses sels 2939.42--Pseudoéphédrine (DCI) et ses sels 2939.43--Cathine (DCI) et ses sels 2939.44--Noréphédrine et ses sels 2939.45--Lévométamfétamine, métamfétamine (DCI), racémate de métamfétamine et leurs sels 2939.49--Autres".	Subheadings 2939.4 to 2939.49. Delete and substitute : " -Alkaloids of ephedra and their derivatives; salts thereof : 2939.41--Ephedrine and its salts 2939.42--Pseudoephedrine (INN) and its salts 2939.43--Cathine (INN) and its salts 2939.44--Norephedrine and its salts 2939.45--Levometamfetamine, metamfetamine (INN), metamfetamine racemate and their salts 2939.49--Other".
N°s 2939.7 à 2939.79. Nouvelle rédaction : " -Autres, d'origine végétale : 2939.72--Cocaïne, ecgonine; sels, esters et autres dérivés de ces produits 2939.79--Autres".	Subheadings 2939.7 to 2939.79. Delete and substitute : " -Other, of vegetal origin : 2939.72--Cocaine, ecgonine; salts, esters and other derivatives thereof 2939.79--Other".

FRANCAIS	ENGLISH
CHAPITRE 30. Note 1 b) . Nouvelle rédaction : "b) les produits, tels que les comprimés, les gommes à mâcher ou les timbres ou rondelles autocollants (administrés par voie percutanée), contenant de la nicotine et destinés à aider le sevrage tabagique (n° 24.04) ;".	CHAPTER 30. Note 1 (b) . Delete and substitute : " (b) Products, such as tablets, chewing gum or patches (transdermal systems), containing nicotine and intended to assist tobacco use cessation (heading 24.04) ;".
Note 1 g) . Texte anglais seulement.	Note 1 (g) . Delete "or" at the end of the Note.
Note 1 h) . Remplacer à la fin de la phrase "." par ";".	Note 1 (h) . Delete "." and substitute "; or".
Nouvelle Note 1 ij) . Insérer la nouvelle Note 1 ij) suivante : "ij) les réactifs de diagnostic du n° 38.22.".	New Note 1 (ij) . Insert following new Note 1 (ij) : " (ij) Diagnostic reagents of heading 38.22.".
Note 4 e) . Nouvelle rédaction : "e) placebos et trousses pour essais cliniques masqués (ou à double insu), destinés à être utilisés dans le cadre d'essais cliniques reconnus, présentés sous forme de doses, même contenant des médicaments actifs ;".	Note 4 (e) . Delete and substitute : " (e) Placebos and blinded (or double-blinded) clinical trial kits for use in recognised clinical trials, put up in measured doses, even if they might contain active medicaments ;".
N° 30.02. Libellé. Remplacer "produits similaires." par "produits similaires ; cultures de cellules, même modifiées.".	Heading 30.02. Heading text. Delete "similar products." and substitute "similar products ; cell cultures, whether or not modified.".
N° 3002.11. Supprimer cette sous-position.	Subheading 3002.11. Delete this subheading.
N° 3002.19. Supprimer cette sous-position.	Subheading 3002.19. Delete this subheading.

FRANCAIS	ENGLISH

N°s 3002.20 et 3002.30.
Nouvelle rédaction :
"   -Vaccins, toxines, cultures de
              micro-organismes (à l'exclusion
              des levures) et produits
              similaires :
3002.41--Vaccins pour la médecine humaine
3002.42--Vaccins pour la
            médecine vétérinaire
3002.49--Autres".
	Subheadings 3002.20 and 3002.30.
	Delete and substitute :
	" -Vaccines, toxins, cultures of
	              micro-organisms (excluding
	              yeasts) and similar products :
	3002.41--Vaccines for human medicine
	3002.42--Vaccines for veterinary medicine
	3002.49--Other".

Nouveaux n°s 3002.5 à 3002.59.
Insérer les nouveaux n°s 3002.5 à 3002.59 suivants :
"   -Cultures de cellules,
              même modifiées :
3002.51--Produits de thérapie cellulaire
3002.59--Autres".
	New subheadings 3002.5 to 3002.59.
	Insert the following new subheadings 3002.5 to 3002.59 :
	" -Cell cultures, whether or not
	              modified :
	3002.51--Cell therapy products
	3002.59--Other".

N° 3006.20. Supprimer cette sous-position.	Subheading 3006.20. Delete this subheading.

Nouveau n° 3006.93.
Insérer la nouvelle sous-position suivante :
"3006.93--Placebos et trousses pour essais
            cliniques masqués (ou à double
            insu), destinés à un essai
            clinique reconnu, présentés sous
            forme de doses".
	New subheading 3006.93.
	Insert the following new subheading :
	"3006.93--Placebos and blinded (or
	            double-blinded) clinical trial kits
	            for a recognised clinical trial,
	            put up in measured doses".

Nouveau n° 3204.18.
Insérer la nouvelle sous-position suivante :
"3204.18--Matières colorantes caroténoïdes
            et préparations à base de ces
            matières".
	New subheading 3204.18.
	Insert the following new subheading :
	"3204.18--Carotenoid colouring matters and
	            preparations based thereon".

FRANCAIS	ENGLISH
<u>CHAPITRE 33.</u> <u>Note 4.</u> Nouvelle rédaction: "4. -On entend par *produits de parfumerie ou de toilette préparés et préparations cosmétiques* au sens du n° 33. 07, notamment les produits suivants: les petits sachets contenant une partie de plante aromatique; les préparations odoriférantes agissant par combustion; les papiers parfumés et les papiers imprégnés ou enduits de produits cosmétiques; les solutions liquides pour verres de contact ou pour yeux artificiels; les ouates, feutres et nontissés, imprégnés, enduits ou recouverts de parfum ou de produits cosmétiques; les produits de toilette préparés pour animaux.".	<u>CHAPTER 33.</u> <u>Note 4.</u> French text only.
<u>CHAPITRE 34.</u> <u>Note 1 a).</u> Nouvelle rédaction: "a) les mélanges ou préparations alimentaires de graisses ou d'huiles animales, végétales ou d'origine microbienne des types utilisés comme préparations pour le démoulage (n° 15. 17);".	<u>CHAPTER 34.</u> <u>Note 1 (a).</u> Delete and substitute: "(a) Edible mixtures or preparations of animal, vegetable or microbial fats or oils of a kind used as mould release preparations (heading 15. 17);".

FRANCAIS	ENGLISH
N°s 3402. 1 à 3402. 20. Nouvelle rédaction： " -Agents de surface organiques anioniques, même conditionnés pour la vente au détail： 3402. 31--Acides sulfoniques d'alkylbenzènes linéaires et leurs sels 3402. 39--Autres -Autres agents de surface organiques, même conditionnés pour la vente au détail： 3402. 41--Cationiques 3402. 42--Non-ioniques 3402. 49--Autres 3402. 50-Préparations conditionnées pour la vente au détail".	Subheading 3402. 1 to 3402. 20. Delete and substitute： " -Anionic organic surface-active agents, whether or not put up for retail sale： 3402. 31--Linear alkylbenzene sulphonic acids and their salts 3402. 39--Other -Other organic surface-active agents, whether or not put up for retail sale： 3402. 41--Cationic 3402. 42--Non-ionic 3402. 49--Other 3402. 50-Preparations put up for retail sale".
N° 36. 03. Nouvelle rédaction： "36. 03 **Mèches de sûreté; cordeaux détonants; amorces et capsules fulminantes; allumeurs; détonateurs électriques.** 3603. 10-Mèches de sûreté 3603. 20-Cordeaux détonants 3603. 30-Amorces fulminantes 3603. 40-Capsules fulminantes 3603. 50-Allumeurs 3603. 60-Détonateurs électriques".	Heading 36. 03. Delete and substitute： "36. 03 Safety fuses; detonating cords; percussion or detonating caps; igniters; electric detonators. 3603. 10-Safety fuses 3603. 20-Detonating cords 3603. 30-Percussion caps 3603. 40-Detonating caps 3603. 50-Igniters 3603. 60-Electric detonators".
CHAPITRE 37. Note 2. Nouvelle rédaction： "2. -Dans le présent Chapitre, le terme *photographique* qualifie le procédé grâce auquel des images visibles sont formées, directement ou indirectement, par l'action de la lumière ou d'autres formes de rayonnement sur des surfaces photosensibles, y compris thermosensibles.".	CHAPTER 37. Note 2. Delete and substitute： "2. -In this Chapter the word "photographic" relates to the process by which visible images are formed, directly or indirectly, by the action of light or other forms of radiation on photosensitive, including thermosensitive, surfaces.".

FRANCAIS	ENGLISH
CHAPITRE 38. Nouvelle Note 1 c). Insérer la nouvelle Note 1 c) suivante: "c) les produits du n° 24.04;". Les Notes 1 c) à e) actuelles deviennent les Notes 1 d) à f), respectivement.	CHAPTER 38. New Note 1 (c). Insert the following new Note 1 (c): "(c) Products of heading 24.04;". Renumber present Notes 1 (c) to (e) as Notes 1 (d) to (f), respectively.
Note 4 a). Nouvelle rédaction: "a) les matières ou articles qui ont été séparés des déchets, comme par exemple les déchets de matières plastiques, de caoutchouc, de bois, de papier, de matières textiles, de verre ou de métal, ou encore les déchets et débris électriques et électroniques (y compris les batteries usagées) qui suivent leur régime propre;".	Note 4 (a). Delete and substitute: "(a) Individual materials or articles segregated from the waste, for example wastes of plastics, rubber, wood, paper, textiles, glass or metals, electrical and electronic waste and scrap (including spent batteries) which fall in their appropriate headings of the Nomenclature;".
Note 7. Nouvelle rédaction: "7. -Aux fins du n° 38.26, le terme *biodiesel* désigne les esters mono-alkylés d'acides gras du type de ceux utilisés comme carburants ou combustibles, dérivés de graisses et d'huiles animales, végétales ou d'origine microbienne même usagées.".	Note 7. Delete and substitute: "7. -For the purposes of heading 38.26, the term "biodiesel" means mono-alkyl esters of fatty acids of a kind used as a fuel, derived from animal, vegetable or microbial fats and oils whether or not used.".
Note 1 de sous-positions. Nouvelle rédaction: "1. -Les n°s 3808.52 et 3808.59 couvrent uniquement les marchandises du n° 38.08, contenant une ou plusieurs des substances suivantes: de l'acide perfluorooctane sulfonique et ses sels; de l'alachlore (ISO); de l'aldicarbe (ISO); de l'aldrine (ISO); de l'azinphos-méthyl (ISO); du binapacryl (ISO); du camphéchlore (ISO)	Subheading Note 1. Delete and substitute: "1. -Subheadings 3808.52 and 3808.59 cover only goods of heading 38.08, containing one or more of the following substances: alachlor (ISO); aldicarb (ISO); aldrin (ISO); azinphos-methyl (ISO); binapacryl (ISO); camphechlor (ISO) (toxaphene); captafol (ISO); carbofuran (ISO); chlordane (ISO); chlordimeform (ISO); chlorobenzilate (ISO); DDT

FRANCAIS	ENGLISH
(toxaphène); du captafol (ISO); du carbofurane (ISO); du chlordane (ISO); du chlordiméforme (ISO); du chlorobenzilate (ISO); des composés du mercure; des composés du tributylétain; du DDT (ISO) (clofénotane (DCI), 1, 1, 1-trichloro-2, 2-bis (p-chlorophényl) éthane); du dibromure d'éthylène (ISO) (1, 2-dibromoéthane); du dichlorure d'éthylène (ISO) (1, 2-dichloroéthane); de la dieldrine (ISO, DCI); du 4, 6-dinitro-o-crésol (DNOC (ISO)) ou ses sels; du dinosèbe (ISO), ses sels ou ses esters; de l'endosulfan (ISO); du fluoroacétamide (ISO); du fluorure de perfluorooctane sulfonyle; de l'heptachlore (ISO); de l'hexachlorobenzène (ISO); du 1, 2, 3, 4, 5, 6-hexachlorocyclohexane (HCH (ISO)), y compris le lindane (ISO, DCI); du méthamidophos (ISO); du monocrotophos (ISO); de l'oxiranne (oxyde d'éthylène); du parathion (ISO); du parathion-méthyle (ISO) (méthyl-parathion); du pentachlorophénol (ISO), ses sels ou ses esters; des perfluorooctane sulfonamides; du phosphamidon (ISO); du 2, 4, 5-T (ISO) (acide 2, 4, 5-trichlorophénoxyacétique), ses sels ou ses esters; du trichlorfon (ISO).".	(ISO) (clofenotane (INN), 1, 1, 1-trichloro-2, 2-bis (p-chlorophenyl) ethane); dieldrin (ISO, INN); 4, 6-dinitro-o-cresol (DNOC (ISO)) or its salts; dinoseb (ISO), its salts or its esters; endosulfan (ISO); ethylene dibromide (ISO) (1, 2-dibromoethane); ethylene dichloride (ISO) (1, 2-dichloroethane); fluoroacetamide (ISO); heptachlor (ISO); hexachlorobenzene (ISO); 1, 2, 3, 4, 5, 6-hexachlorocyclohexane (HCH (ISO)), including lindane (ISO, INN); mercury compounds; methamidophos (ISO); monocrotophos (ISO); oxirane (ethylene oxide); parathion (ISO); parathion-methyl (ISO) (methyl-parathion); pentachlorophenol (ISO), its salts or its esters; perfluorooctane sulphonic acid and its salts; perfluorooctane sulphonamides; perfluorooctane sulphonyl fluoride; phosphamidon (ISO); 2, 4, 5-T (ISO) (2, 4, 5-trichlorophenoxyacetic acid), its salts or its esters; tributyltin compounds; trichlorfon (ISO).".

FRANCAIS	ENGLISH
<u>Note 3 de sous-positions.</u> <u>Nouvelle rédaction</u>： "3. -Les n°s 3824. 81 à 3824. 89 couvrent uniquement les mélanges et préparations contenant une ou plusieurs des substances suivantes：de l'oxiranne (oxyde d'éthylène)；des polybromobiphényles (PBB)；des polychlorobiphényles (PCB)；des polychloroterphényles (PCT)；du phosphate de tris (2, 3-dibromopropyle)；de l'aldrine (ISO)；du camphéchlore (ISO) (toxaphène)；du chlordane (ISO)；du chlordécone (ISO)；du DDT (ISO) (clofénotane (DCI)；1, 1, 1-trichloro-2, 2-bis (p-chlorophényl) éthane)；de la dieldrine (ISO, DCI)；de l'endosulfan (ISO)；de l'endrine (ISO)；de l'heptachlore (ISO)；du mirex (ISO)；du 1, 2, 3, 4, 5, 6-hexachlorocyclohexane (HCH (ISO)), y compris lindane (ISO, DCI)；du pentachlorobenzène (ISO)；du hexachlorobenzène (ISO)；de l'acide perfluorooctane sulfonique, ses sels；des perfluorooctane sulfonamides；du fluorure de perfluorooctane sulfonyle；des éthers tétra-, penta-, hexa-, hepta-ou octabromodiphényliques；des paraffines chlorées à chaîne courte. Les paraffines chlorées à chaîne courte sont des mélanges de composés, ayant un degré de chloration supérieur à 48% en poids, et dont la formule moléculaire est $CxH_{(2x-y+2)}Cly$, où x = 10-13 et y = 1-13.".	<u>Subheading Note 3.</u> <u>Delete and substitute</u>： "3. -Subheadings 3824. 81 to 3824. 89 cover only mixtures and preparations containing one or more of the following substances：oxirane (ethylene oxide)；polybrominated biphenyls (PBBs)；polychlorinated biphenyls (PCBs)；polychlorinated terphenyls (PCTs)；tris (2, 3-dibromopropyl) phosphate；aldrin (ISO)；camphechlor (ISO) (toxaphene)；chlordane (ISO)；chlordecone (ISO)；DDT (ISO) (clofenotane (INN)；1, 1, 1-trichloro-2, 2-bis (p-chlorophenyl) ethane)；dieldrin (ISO, INN)；endosulfan (ISO)；endrin (ISO)；heptachlor (ISO)；mirex (ISO)；1, 2, 3, 4, 5, 6-hexachlorocyclohexane (HCH (ISO)), including lindane (ISO, INN)；pentachlorobenzene (ISO)；hexachlorobenzene (ISO)；perfluorooctane sulphonic acid, its salts；perfluorooctane sulphonamides；perfluorooctane sulphonyl fluoride；tetra-, penta-, hexa-, hepta-or octabromodiphenyl ethers；short-chain chlorinated paraffins. Short-chain chlorinated paraffins are mixtures of compounds, with a chlorination degree of more than 48% by weight, with the following molecular formula：$CxH_{(2x-y+2)}Cly$, where x = 10-13 and y = 1-13.".

FRANCAIS	ENGLISH
N° 38. 16. Nouvelle rédaction： "38. 16 3816. 00 Ciments, mortiers, bétons et compositions similaires réfractaires y compris les pisés de dolomie, autres que les produits du n° 38. 01. ".	Heading 38. 16. Delete and substitute： "38. 16 3816. 00 Refractory cements, mortars, concretes and similar compositions, including dolomite ramming mix, other than products of heading 38. 01. ".
N° 38. 22. Nouvelle rédaction： "38. 22 Réactifs de diagnostic ou de laboratoire sur tout support et réactifs de diagnostic ou de laboratoire préparés, même sur un support, même présentés sous forme de trousses, autres que ceux du n° 30. 06; matériaux de référence certifiés. -Réactifs de diagnostic ou de laboratoire sur tout support et réactifs de diagnostic ou de laboratoire préparés, même sur un support, même présentés sous forme de trousses： 3822. 11--Pour le paludisme 3822. 12--Pour le Zika et d'autres maladies transmises par les moustiques du genre *Aedes* 3822. 13--Pour la détermination des groupes ou des facteurs sanguins 3822. 19--Autres 3822. 90-Autres".	Heading 38. 22. Delete and substitute： "38. 22 Diagnostic or laboratory reagents on a backing, prepared diagnostic or laboratory reagents whether or not on a backing, whether or not put up in the form of kits, other than those of heading 30. 06; certified reference materials. -Diagnostic or laboratory reagents on a backing, prepared diagnostic or laboratory reagents whether or not on a backing, whether or not put up in the form of kits： 3822. 11--For malaria 3822. 12--For Zika and other diseases transmitted by mosquitoes of the genus *Aedes* 3822. 13--For blood-grouping 3822. 19--Other 3822. 90-Other".
N°s 3824. 7 à 3824. 79. Supprimer ces sous-positions.	Subheadings 3824. 7 to 3824. 79. Delete these subheadings.

FRANCAIS	ENGLISH
N° 3824. 88. Libellé. Texte anglais seulement.	Subheading 3824. 88. Subheading text. Delete "hexa-hepta-" and substitute "hexa-, hepta-".
Nouveau n° 3824. 89. Insérer la nouvelle sous-position suivante : "3824. 89--Contenant des paraffines chlorées à chaîne courte".	New subheading 3824. 89. Insert the following new subheading : "3824. 89--Containing short-chain chlorinated paraffins".
Nouveau n° 3824. 92. Insérer la nouvelle sous-position suivante : "3824. 92--Esters de polyglycol d'acide méthylphosphonique".	New subheading 3824. 92. Insert the following new subheading : "3824. 92--Polyglycol esters of methylphosphonic acid".

Nouveau n° 38. 27.
Insérer la nouvelle position suivante :
"38. 27   Mélanges contenant des dérivés halogénés du méthane, de l'éthane ou du propane, non dénommés ni compris ailleurs.
    -Contenant des chlorofluorocarbures (CFC), même contenant des hydrochlorofluorocarbures (HCFC), des perfluorocarbures (PFC) ou des hydrofluorocarbures (HFC); contenant des hydrobromofluorocarbures (HBFC); contenant du tétrachlorure de carbone; contenant du 1, 1, 1-trichloroéthane (méthylchloroforme) :
3827. 11--Contenant des chlorofluorocarbures (CFC), même contenant des hydrochlorofluorocarbures (HCFC), des perfluorocarbures (PFC) ou des hydrofluorocarbures (HFC)
	New heading 38. 27.
	Insert the following new heading :
	"38. 27 Mixtures containing halogenated derivatives of methane, ethane or propane, not elsewhere specified or included.
	    -Containing chlorofluorocarbons (CFCs), whether or not containing hydrochlorofluorocarbons (HCFCs), perfluorocarbons (PFCs) or hydrofluorocarbons (HFCs); containing hydrobromofluorocarbons (HBFCs); containing carbon tetrachloride; containing 1, 1, 1-trichloroethane (methyl chloroform) :
	3827. 11--Containing chlorofluorocarbons (CFCs), whether or not containing hydrochlorofluorocarbons (HCFCs), perfluorocarbons (PFCs) or hydrofluorocarbons (HFCs)

FRANCAIS	ENGLISH
3827.12--Contenant des hydrobromofluorocarbures (HBFC)	3827.12--Containing hydrobromofluorocarbons (HBFCs)
3827.13--Contenant du tétrachlorure de carbone	3827.13--Containing carbon tetrachloride
3827.14--Contenant du 1,1,1-trichloroéthane (méthylchloroforme)	3827.14--Containing 1,1,1-trichloroethane (methyl chloroform)
3827.20-Contenant du bromochlorodifluorométhane (halon-1211), du bromotrifluorométhane (halon-1301) ou des dibromotétrafluoroéthanes (halon-2402) -Contenant des hydrochlorofluorocarbures (HCFC), même contenant des perfluorocarbures (PFC) ou des hydrofluorocarbures (HFC), mais ne contenant pas de chlorofluorocarbures (CFC):	3827.20-Containing bromochlorodifluoromethane (Halon-1211), bromotrifluoromethane (Halon-1301) or dibromotetrafluoroethanes (Halon-2402) -Containing hydrochlorofluorocarbons (HCFCs), whether or not containing perfluorocarbons (PFCs) or hydrofluorocarbons (HFCs), but not containing chlorofluorocarbons (CFCs):
3827.31--Contenant des substances des n°s 2903.41 à 2903.48	3827.31--Containing substances of subheadings 2903.41 to 2903.48
3827.32--Autres, contenant des substances des n°s 2903.71 à 2903.75	3827.32--Other, containing substances of subheadings 2903.71 to 2903.75
3827.39--Autres	3827.39--Other
3827.40-Contenant du bromure de méthyle (bromométhane) ou du bromochlorométhane -Contenant du trifluorométhane (HFC-23) ou des perfluorocarbures (PFC) mais ne contenant pas de chlorofluorocarbures (CFC) ou d'hydrochlorofluorocarbures (HCFC):	3827.40-Containing methyl bromide (bromomethane) or bromochloromethane -Containing trifluoromethane (HFC-23) or perfluorocarbons (PFCs) but not containing chlorofluorocarbons (CFCs) or hydrochlorofluorocarbons (HCFCs):

FRANCAIS	ENGLISH
3827.51--Contenant du trifluorométhane (HFGC-23)	3827.51--Containing trifluoromethane (HFC-23)
3827.59--Autres	3827.59--Other
-Contenant d'autres hydrofluorocarbures (HFC) mais ne contenant pas de chlorofluorocarbures (CFC) ou d'hydrochlorofluorocarbures (HCFC):	-Containing other hydrofluorocarbons (HFCs) but not containing chlorofluorocarbons (CFCs) or hydrochlorofluorocarbons (HCFCs):
3827.61--Contenant en masse 15% ou plus de 1,1,1-trifluoroéthane (HFC-143a)	3827.61--Containing 15% or more by mass of 1,1,1-trifluoroethane (HFC-143a)
3827.62--Autres, non mentionnés dans la sous-position ci-dessus, contenant en masse 55% ou plus de pentafluoroéthane (HFC-125) mais ne contenant pas de dérivés fluorés non saturés des hydrocarbures acycliques (HFO)	3827.62--Other, not included in the subheading above, containing 55% or more by mass of pentafluoroethane (HFC-125) but not containing unsaturated fluorinated derivatives of acyclic hydrocarbons (HFOs)
3827.63--Autres, non mentionnés dans les sous-positions ci-dessus, contenant en masse 40% ou plus de pentafluoroéthane (HFC-125)	3827.63--Other, not included in the subheadings above, containing 40% or more by mass of pentafluoroethane (HFC-125)
3827.64--Autres, non mentionnés dans les sous-positions ci-dessus, contenant en masse 30% ou plus de 1,1,1,2-tétrafluoroéthane (HFC-134a) mais ne contenant pas de dérivés fluorés non saturés des hydrocarbures acycliques (HFO)	3827.64--Other, not included in the subheadings above, containing 30% or more by mass of 1,1,1,2-tetrafluoroethane (HFC-134a) but not containing unsaturated fluorinated derivatives of acyclic hydrocarbons (HFOs)

FRANCAIS	ENGLISH
3827.65--Autres, non mentionnés dans les sous-positions ci-dessus, contenant en masse 20% ou plus de difluorométhane (HFC-32) et 20% ou plus de pentafluoroéthane (HFC-125) 3827.68--Autres, non mentionnés dans les sous-positions ci-dessus, contenant des substances des n°s 2903.41 à 2903.48 3827.69--Autres 3827.90-Autres".	3827.65--Other, not included in the subheadings above, containing 20% or more by mass of difluoromethane (HFC-32) and 20% or more by mass of pentafluoroethane (HFC-125) 3827.68--Other, not included in the subheadings above, containing substances of subheadings 2903.41 to 2903.48 3827.69--Other 3827.90-Other".
SECTION Ⅶ. Note 2. Texte anglais seulement.	SECTION Ⅶ. Note 2. Delete and substitute: "2. -Except for the goods of heading 39.18 or 39.19, plastics, rubber, and articles thereof, printed with motifs, characters or pictorial representations, which are not merely subsidiary to the primary use of the goods, fall in Chapter 49.".
CHAPITRE 39. Note 2 x). Remplacer "appareils d'éclairage" par "luminaires et appareils d'éclairage".	CHAPTER 39. Note 2 (x). Delete "lamps and lighting fittings" and substitute "luminaires and lighting fittings".
N° 3907.20. Nouvelle rédaction: " -Autres polyéthers: 3907.21--Méthylphosphonate de bis (polyoxyéthylène) 3907.29--Autres".	Subheading 3907.20. Delete and substitute: " -Other polyethers: 3907.21--Bis (polyoxyethylene) methylphosphonate 3907.29--Other".
Nouveau n° 3911.20. Insérer la nouvelle sous-position suivante: "3911.20-Poly (1,3-phénylène méthylphosphonate)".	New subheading 3911.20. Insert the following new subheading: "3911.20-Poly (1,3-phenylene methylphosphonate)".

FRANCAIS	ENGLISH
N° 4015.11. Supprimer cette sous-position.	Subheading 4015.11. Delete this subheading.
Nouveau n° 4015.12. Insérer la nouvelle sous-position suivante : "4015.12--Des types utilisés pour la médecine, la chirurgie, l'art dentaire ou l'art vétérinaire".	New subheading 4015.12. Insert the following new subheading : "4015.12--Of a kind used for medical, surgical, dental or veterinary purposes".
CHAPITRE 42. Note 2 k). Remplacer "appareils d'éclairage" par "luminaires et appareils d'éclairage".	CHAPTER 42. Note 2 (k). Delete "lamps and lighting fittings" and substitute "luminaires and lighting fittings".
CHAPITRE 44. Note 1 o). Remplacer "appareils d'éclairage" par "luminaires et appareils d'éclairage".	CHAPTER 44. Note 1 (o). Delete "lamps and lighting fittings" and substitute "luminaires and lighting fittings".
Chapitre 44. Note de sous-positions. Titre. Nouvelle rédaction : **"Notes de sous-positions."**.	Chapter 44. Subheading Note. Title. Delete and substitute : **"Subheading Notes."**.
CHAPITRE 44. Nouvelle Note 2 de sous-positions : Insérer la nouvelle Note 2 de sous-positions suivante : "2.-Aux fins du n° 4401.32, l'expression *briquettes de bois* désigne les sous-produits, tels que les éclats de coupe, les sciures ou les bois en plaquettes, issus de l'industrie mécanique de transformation du bois, de l'industrie du meuble ou d'autres activités de transformation du bois, agglomérés soit par simple pression, soit par adjonction d'un liant dans une proportion n'excédant pas 3% en poids. Ces briquettes sont présentées sous forme d'unités cubiques, polyédriques ou cylindriques et la dimension minimale de leur coupe transversale excède 25 mm.".	CHAPTER 44. New Subheading Note 2. Insert the following new subheading Note 2 : "2.-For the purposes of subheading 4401.32, the expression "wood briquettes" means by-products such as cutter shavings, sawdust or chips, of the mechanical wood processing industry, furniture making or other wood transformation activities, which have been agglomerated either directly by compression or by addition of a binder in a proportion not exceeding 3% by weight. Such briquettes are in the form of cubiform, polyhedral or cylindrical units with the minimum cross-sectional dimension greater than 25 mm.".

FRANCAIS	ENGLISH
CHAPITRE 44. Nouvelles Notes 3 et 4 de sous-positions. Insérer les nouvelles Notes de sous-positions 3 et 4 suivantes: "3. -Aux fins du n° 4407. 13, l'abréviation *E-P-S* fait référence aux bois provenant de peuplements mixtes d'épicéa, de pin et de sapin où la proportion de chaque essence varie et n'est pas connue. 4. -Aux fins du n° 4407. 14, la désignation *Hem-fir* fait référence aux bois provenant de peuplements mixtes d'hemlock de l'Ouest et de sapin où la proportion de chaque essence varie et n'est pas connue."	CHAPTER 44. New Subheading Notes 3 and 4. Insert the following new Subheading Notes 3 and 4: "3. -For the purposes of subheading 4407. 13, "S-P-F" refers to wood sourced from mixed stands of spruce, pine and fir where the proportion of each species varies and is unknown. 4. -For the purposes of subheading 4407. 14, "Hem-fir" refers to wood sourced from mixed stands of Western hemlock and fir where the proportion of each species varies and is unknown.".
N° 4401. 3 Libellé. Texte anglais seulement.	Subheading 4401. 3. Subheading text. Delete "agglomerated, in logs," and substitute "agglomerated in logs,".
Nouveau n° 4401. 32. Insérer la nouvelle sous-position suivante: "4401. 32--Briquettes de bois".	New subheading 4401. 32. Insert the following new subheading: "4401. 32--Wood briquettes".
N° 4401. 40. Nouvelle rédaction: " -Sciures, déchets et débris de bois, non agglomérés: 4401. 41--Sciures 4401. 49--Autres".	Subheading 4401. 40. Delete and substitute: " -Sawdust and wood waste and scrap, not agglomerated: 4401. 41--Sawdust 4401. 49--Other".
Nouveau n° 4402. 20. Insérer la nouvelle sous-position suivante: "4402. 20-De coques ou de noix".	New subheading 4402. 20. Insert the following new subheading: "4402. 20-Of shell or nut".

FRANCAIS	ENGLISH
N° 4403.21. Nouvelle rédaction： "4403.21--De pin (*Pinus spp.*), dont la plus petite dimension de la coupe transversale est égale ou supérieure à 15 cm".	Subheading 4403.21. Delete and substitute： "4403.21--Of pine (*Pinus spp.*), of which the smallest cross-sectional dimension is 15 cm or more".
N° 4403.23. Nouvelle rédaction： "4403.23--De sapin (*Abies spp.*) et d'épicéa (*Picea spp.*), dont la plus petite dimension de la coupe transversale est égale ou supérieure à 15 cm".	Subheading 4403.23. Delete and substitute： "4403.23--Of fir (*Abies spp.*) and spruce (*Picea spp.*), of which the smallest cross-sectional dimension is 15 cm or more".
N° 4403.25. Nouvelle rédaction： "4403.25--Autres, dont la plus petite dimension de la coupe transversale est égale ou supérieure à 15 cm".	Subheading 4403.25. Delete and substitute： "4403.25--Other, of which the smallest cross-sectional dimension is 15 cm or more".
Nouveau n° 4403.42. Insérer la nouvelle sous-position suivante： 4403.42--Teak".	New subheading 4403.42. Insert the following new subheading： "4403.42--Teak".
N° 4403.93. Nouvelle rédaction： "4403.93--De hêtre (*Fagus spp.*), dont la plus petite dimension de la coupe transversale est égale ou supérieure à 15cm".	Subheading 4403.93. Delete and substitute： "4403.93--Of beech (*Fagus spp.*), of which the smallest cross-sectional dimension is 15 cm or more".
N° 4403.95. Nouvelle rédaction： "4403.95--De bouleau (*Betula spp.*), dont la plus petite dimension de la coupe transversale est égale ou supérieure à 15 cm".	Subheading 4403.95. Delete and substitute： "4403.95--Of birch (*Betula spp.*), of which the smallest cross-sectional dimension is 15 cm or more".

FRANCAIS	ENGLISH
Nouvelles Sous-positions 4407.13 et 4407.14. Insérer les nouvelles sous-positions suivantes : "4407.13--De E-P-S (épicéa (*Picea spp.*), pin (*Pinus spp.*) et sapin (*Abies spp.*)) 4407.14--De Hem-fir (hemlock de l'Ouest (*Tsuga heterophylla*) et sapin (*Abies spp.*))".	New Subheadings 4407.13 and 4407.14. Insert the following new subheadings : "4407.13--Of S-P-F (spruce (*Picea spp.*), pine (*Pinus spp.*) and fir (*Abies spp.*)) 4407.14--Of Hem-fir (Western hemlock (*Tsuga heterophylla*) and fir (*Abies spp.*))".
Nouveau n° 4407.23. Insérer la nouvelle sous-position suivante : "4407.23--Teak".	New subheading 4407.23. Insert the following new subheading : "4407.23--Teak".
N° 4412.33. Libellé. Remplacer "cerise (*Prunus spp.*)," par "cerisier (*Prunus spp.*),".	Subheading 4412.33. Subheading text. French text only.
Nouveaux n°s 4412.4 à 4412.49. Insérer les nouvelles sous-positions suivantes : " -Bois de placage stratifié (lamibois (LVL)) : 4412.41--Ayant au moins un pli extérieur en bois tropicaux 4412.42--Autres, ayant au moins un pli extérieur en bois autres que de conifères 4412.49--Autres, ayant les deux plis extérieurs en bois de conifères".	New subheadings 4412.4 to 4412.49. Insert the following new subheadings : " -Laminated veneered lumber (LVL) : 4412.41--With at least one outer ply of tropical wood 4412.42--Other, with at least one outer ply of non-coniferous wood 4412.49--Other, with both outer plies of coniferous wood".

FRANCAIS	ENGLISH
Nouveaux n°s 4412. 5 à 4412. 59. Insérer les nouvelles sous-positions suivantes: " -À âme panneautée, lattée ou lamellée: 4412. 51--Ayant au moins un pli extérieur en bois tropicaux 4412. 52--Autres, ayant au moins un pli extérieur en bois autres que de conifères 4412. 59--Autres, ayant les deux plis extérieurs en bois de conifères".	New subheadings 4412. 5 to 4412. 59. Insert the following new subheadings: " -Blockboard, laminboard and battenboard: 4412. 51--With at least one outer ply of tropical wood 4412. 52--Other, with at least one outer ply of non-coniferous wood 4412. 59--Other, with both outer plies of coniferous wood".
N°s 4412. 9 à 4412. 99. Nouvelle rédaction: " -Autres: 4412. 91--Ayant au moins un pli extérieur en bois tropicaux 4412. 92--Autres, ayant au moins un pli extérieur en bois autres que de conifères 4412. 99--Autres, ayant les deux plis extérieurs de bois de conifères".	Subheadings 4412. 9 to 4412. 99. Delete and substitute: " -Other: 4412. 91--With at least one outer ply of tropical wood 4412. 92--Other, with at least one outer ply of non-coniferous wood 4412. 99--Other, with both outer plies of coniferous wood".
N° 44. 14. Nouvelle rédaction: "44. 14 Cadres en bois pour tableaux, photographies, miroirs ou objets similaires. 4414. 10-En bois tropicaux 4414. 90-Autres".	Heading 44. 14. Delete and substitute: "44. 14 Wooden frames for paintings, photographs, mirrors or similar objects. 4414. 10-Of tropical wood 4414. 90-Other".

FRANCAIS	ENGLISH
N° 4418.10. Nouvelle rédaction： " -Fenêtres, portes-fenêtres et leurs cadres et chambranles： 4418.11--En bois tropicaux 4418.19--Autres".	Subheading 4418.10. Delete and substitute： " -Windows, French-windows and their frames： 4418.11--Of tropical wood 4418.19--Other".
N° 4418.20. Nouvelle rédaction： " -Portes et leurs cadres, chambranles et seuils： 4418.21--En bois tropicaux 4418.29--Autres".	Subheading 4418.20. Delete and substitute： " -Doors and their frames and thresholds： 4418.21--Of tropical wood 4418.29--Other".
Nouveau n° 4418.30. Insérer la nouvelle sous-position suivante： "4418.30-Poteaux et poutres autres que les produits des n°s 4418.81 à 4418.89".	New subheading 4418.30. Insert the following new subheading： "4418.30-Posts and beams other than products of subheadings 4418.81 to 4418.89".
N° 4418.60. Supprimer cette sous-position.	Subheading 4418.60. Delete this subheading.
Nouveaux n°s 4418.8 à 4418.89. Insérer les nouvelles sous-positions suivantes： " -Bois d'ingénierie structural： 4418.81--Bois lamellé-collé (BLC) 4418.82--Bois lamellé croisé (CLT ou X-lam) 4418.83--Poutres en I 4418.89--Autres".	New subheadings 4418.8 to 4418.89. Insert the following new subheadings： " -Engineered structural timber products： 4418.81--Glue-laminated timber (glulam) 4418.82--Cross-laminated timber (CLT or X-lam) 4418.83--I beams 4418.89--Other".
Nouveau n° 4418.92. Insérer la nouvelle sous-position suivante： "4418.92--Panneaux cellulaires en bois".	New subheading 4418.92. Insert the following new subheading： "4418.92--Cellular wood panels".
Nouveau n° 4419.20. Insérer la nouvelle sous-position suivante： "4419.20-En bois tropicaux".	New Subheading 4419.20. Insert the following new subheading： "4419.20-Of tropical wood".

FRANCAIS	ENGLISH
N° 4420. 10. Nouvelle rédaction: " -Statuettes et autres objets d'ornement: 4420. 11--En bois tropicaux 4420. 19--Autres".	Subheading 4420. 10. Delete and substitute: " -Statuettes and other ornaments: 4420. 11--Of tropical wood 4420. 19--Other".
Nouveau n° 4421. 20. Insérer la nouvelle sous-position suivante: "4421. 20-Cercueils".	New subheading 4421. 20. Insert the following new subheading: "4421. 20-Coffins".
CHAPITRE 46. Note 2 e). Remplacer "appareils d'éclairage" par "luminaires et appareils d'éclairage".	CHAPTER 46. Note 2 (e). Delete "lamps and lighting fittings" and substitute "luminaires and lighting fittings".
CHAPITRE 48. Note 2 c). Nouvelle rédaction: "c) les papiers parfumés et les papiers imprégnés ou enduits de produits cosmétiques (Chapitre 33);".	CHAPTER 48. Note 2 (c). French text only.
CHAPITRE 48. Note 2 q). Nouvelle rédaction: "q) les articles du Chapitre 96 (boutons, serviettes et tampons hygiéniques, couches, par exemple).".	CHAPTER 48. Note 2 (q). Delete and substitute: "(q) Articles of Chapter 96 (for example, buttons, sanitary towels (pads) and tampons, napkins (diapers) and napkin liners).".
CHAPITRE 48. Note 4. Texte anglais seulement.	CHAPTER 48. Note 4. Delete "apply" and substitute "applies" after the expression "weighing not less than 40 g/m^2 and not more than 65 g/m^2, and".

FRANCAIS	ENGLISH
CHAPITRE 48.	CHAPTER 48.
<u>Note 5.</u>	<u>Note 5.</u>
Nouvelle rédaction：	Delete and substitute：

"5.-Au sens du n° 48.02 les termes *papiers et cartons des types utilisés pour l'écriture, l'impression ou d'autres fins graphiques et papiers* et *cartons pour cartes ou bandes à perforer, non perforés* s'entendent des papiers et cartons fabriqués principalement à partir de pâte blanchie ou à partir de pâte obtenue par un procédé mécanique ou chimico-mécanique et qui satisfont à l'une des conditions ci-après：
 A) Pour les papiers ou cartons d'un poids au m² n'excédant pas 150 g：
   a) contenir 10% ou davantage de fibres obtenues par un procédé mécanique ou chimico-mécanique, et
     1) avoir un poids au m² n'excédant pas 80 g, ou
     2) être colorés dans la masse
   b) contenir plusde 8% de cendres, et
     1) avoir un poids au m² n'excédant pas 80 g, ou
     2) être colorés dans la masse
   c) contenir plus de 3% de cendres et posséder un indice de blancheur (facteur de réflectance) de 60% ou plus
	"5.-For the purposes of heading 48.02, the expressions "paper and paperboard, of a kind used for writing, printing or other graphic purposes" and "non perforated punch-cards and punch tape paper" mean paper and paperboard made mainly from bleached pulp or from pulp obtained by a mechanical or chemi-mechanical process and satisfying any of the following criteria：
	 (A) For paper or paperboard weighing not more than 150 g/m²：
	   (a) containing 10% or more of fibres obtained by a mechanical or chemi-mechanical process, and
	     1. weighing not more than 80 g/m², or
	     2. coloured throughout the mass; or
	   (b) containing more than 8% ash, and
	     1. weighing not more than 80 g/m², or
	     2. coloured throughout the mass; or
	   (c) containing more than 3% ash and having a brightness of 60% or more; or

FRANCAIS	ENGLISH
d) contenir plus de 3% mais pas plus de 8% de cendres, posséder un indice de blancheur (facteur de réflectance) inférieur à 60% et un indice de résistance à l'éclatement n'excédant pas 2,5 kPa·m²/g e) contenir 3% de cendres ou moins, posséder un indice de blancheur (facteur de réflectance) de 60% ou plus et un indice de résistance à l'éclatement n'excédant pas 2,5 kPa·m²/g. B) Pour les papiers ou cartons d'un poids au m² excédant 150 g: a) êtrecolorés dans la masse b) posséder un indice de blancheur (facteur de réflectance) de 60% ou plus, et 　1) une épaisseur n'excédant pas 225 micromètres (microns), ou 　2) une épaisseur supérieure à 225 micromètres (microns) mais n'excédant pas 508 micromètres (microns) et une teneur en cendres supérieure à 3% c) posséder un indice de blancheur (facteur de réflectance) inférieur à 60%, une épaisseur n'excédant pas 254 micromètres (microns) et une teneur en cendres supérieure à 8%. Le n° 48.02 ne comprend pas, toutefois, les papiers et cartons filtres (y compris les papiers pour sachets de thé), les papiers et cartons feutres.".	(d) containing more than 3% but not more than 8% ash, having a brightness less than 60%, and a burst index equal to or less than 2.5 kPa·m²/g; or (e) containing 3% ash or less, having a brightness of 60% or more and a burst index equal to or less than 2.5 kPa·m²/g. (B) For paper or paperboard weighing more than 150 g/m²: (a) coloured throughout the mass; or (b) having a brightness of 60% or more, and 　1. a caliper of 225 micrometres (microns) or less, or 　2. a caliper of more than 225 micrometres (microns) but not more than 508 micrometres (microns) and an ash content of more than 3%; or (c) having a brightness of less than 60%, a caliper of 254 micrometres (microns) or less and an ash content of more than 8%. Heading 48.02 does not, however, cover filter paper or paperboard (including tea-bag paper) or felt paper or paperboard.".

FRANCAIS	ENGLISH
CHAPITRE 48. Note 12. Texte anglais seulement.	CHAPTER 48. Note 12. Delete and substitute: "12. -Except for the goods of heading 48.14 or 48.21, paper, paperboard, cellulose wadding and articles thereof, printed with motifs, characters or pictorial representations, which are not merely subsidiary to the primary use of the goods, fall in Chapter 49.".
N° 4905.10. Supprimer cette sous-position.	Subheading 4905.10. Delete this subheading.
N° 4905.9 à 4905.99. Nouvelle rédaction: "4905.20-Sous forme de livres ou de brochures 4905.90-Autres.".	Subheadings 4905.9 to 4905.99. Delete and substitute: "4905.20-In book form 4905.90-Other".
SECTION XI. Note 1 b). Remplacer "les étreindelles et tissus épais" par "les toiles filtrantes, les tissus épais et les étreindelles".	SECTION XI. Note 1 (b). Delete "straining cloth" and substitute "filtering or straining cloth".
SECTION XI. Note 1 s). Remplacer "appareils d'éclairage" par "luminaires et appareils d'éclairage".	SECTION XI. Note 1 (s). Delete "lamps and lighting fittings" and substitute "luminaires and lighting fittings".
SECTION XI. Note 1 u). Nouvelle rédaction: "u) les articles du Chapitre 96 (brosses, assortiments de voyage pour la couture, fermetures à glissière, rubans encreurs pour machines à écrire, serviettes et tampons hygiéniques, couches, par exemple);".	SECTION XI. Note 1 (u). Delete and substitute: "(u) Articles of Chapter 96 (for example, brushes, travel sets for sewing, slide fasteners, typewriter ribbons, sanitary towels (pads) and tampons, napkins (diapers) and napkin liners); or".

FRANCAIS	ENGLISH
SECTION XI. Nouvelle Note 15. Insérer la nouvelle Note 15 suivante： "15. -Sous réserve des dispositions de la Note 1 de la Section XI, les textiles, vêtements et autres articles textiles, incorporant des composants chimiques, mécaniques ou électroniques pour ajouter une fonctionnalité, qu'ils soient incorporés en tant que composants intégrés ou à l'intérieur de la fibre ou du tissu, sont classés dans leurs positions respectives de la Section XI à condition qu'ils conservent le caractère essentiel des articles de cette Section.".	SECTION XI. New Note 15. Insert the following new Note 15： "15. -Subject to Note 1 to Section XI, textiles, garments and other textile articles, incorporating chemical, mechanical or electronic components for additional functionality, whether incorporated as built-in components or within the fibre or fabric, are classified in their respective headings in Section XI provided that they retain the essential character of the goods of this Section.".
N° 5501.10. Nouvelle rédaction： " -De nylon ou d'autres polyamides： 5501.11--D'aramides 5501.19--Autres".	Subheading 5501.10. Delete and substitute： " -Of nylon or other polyamides： 5501.11--Of aramids 5501.19--Other".
CHAPITRE 56. Note 1 a）. Nouvelle rédaction： "a）les ouates, feutres et nontissés, imprégnés, enduits ou recouverts de substances ou de préparations（de parfum ou de produits cosmétiques du Chapitre 33, de savon ou détergent du n° 34.01, de cirage, crème, encaustique, brillant, etc. ou préparations similaires du n° 34.05, d'adoucissant pour textiles du n° 38.09, par exemple）, lorsque ces matières textiles ne servent que de support；".	CHAPTER 56. Note 1（a）. French text only.

FRANCAIS	ENGLISH
CHAPITRE 56. Note 1 f). Nouvelle rédaction： "f) les serviettes et tampons hygiéniques, couches et articles similaires du n° 96.19.".	CHAPTER 56. Note 1 (f). Delete and substitute： "(f) Sanitary towels (pads) and tampons, napkins (diapers) and napkin liners and similar articles of heading 96.19.".
N° 57.03. Nouvelle rédaction： "57.03　Tapis et autres revêtements de sol en matières textiles (y compris le gazon), touffetés, 　　　même confectionnés. 5703.10-De laine ou de poils fins 　　　-De nylon ou d'autres polyamides： 5703.21--Gazon 5703.29--Autres 　　　-D'autres matières textiles synthétiques ou de matières textiles artificielles： 5703.31--Gazon 5703.39--Autres 5703.90-D'autres matières textiles".	Heading 57.03. Delete and substitute： "57.03　Carpets and other textile floor coverings (including turf), 　　　tufted, whether or not made up. 5703.10-Of wool or fine animal hair 　　　-Of nylon or other polyamides： 5703.21--Turf 5703.29--Other 　　　-Of other man-made textile materials： 5703.31--Turf 5703.39--Other 5703.90-Of other textile materials".
CHAPITRE 58. N°s 5802.1 à 5802.19. Nouvelle rédaction： "5802.10-Tissus bouclés du genre éponge, en coton".	CHAPTER 58. Subheadings 5802.1 to 5802.19. Delete and substitute： "5802.10-Terry towelling and similar woven terry fabrics, of cotton".

FRANCAIS	ENGLISH
CHAPITRE 59. Nouvelle Note 3. Insérer la nouvelle Note 3 suivante : "3. -Au sens du n° 59.03, on entend par *tissus stratifiés avec de la matière plastique* les produits obtenus par assemblage d'une ou de plusieurs couches de tissus avec une ou plusieurs couches de feuilles ou de pellicules en matières plastiques que l'on combine par tout procédé qui lie ensemble les couches, que les couches de feuilles ou de pellicules en matières plastiques soient ou non visibles à l'œil nu en section transversale.". Les Notes 3 à 7 actuelles deviennent respectivement les Notes 4 à 8.	CHAPTER 59. New Note 3. Insert the following new Note 3 : "3. -For the purposes of heading 59.03, "textile fabrics laminated with plastics" means products made by the assembly of one or more layers of fabrics with one or more sheets or film of plastics which are combined by any process that bonds the layers together, whether or not the sheets or film of plastics are visible to the naked eye in the cross-section.". Renumber current Notes 3 to 7 as Notes 4 to 8.
CHAPITRE 59. Note 7 a) 3ème tiret actuelle (renumérotée Note 8 a) 3ème tiret). Nouvelle rédaction : " -les toiles filtrantes, les tissus épais et les étreindelles des types utilisés pour les presses d'huilerie ou pour des usages techniques analogues, y compris ceux en cheveux ;".	CHAPTER 59. Present Note 7 (a) (ⅲ) (renumbered Note 8 (a) (ⅲ)). Delete and substitute : "(ⅲ) Filtering or straining cloth of a kind used in oil presses or the like, of textile material or of human hair ;".
N° 59.11. Libellé. Remplacer "**Note 7**" par "**Note 8**".	Heading 59.11. Heading text. Delete "**Note 7**" and substitute "**Note 8**".
N° 5911.40. Libellé. Nouvelle rédaction : "5911.40-Toiles filtrantes, tissus épais et étreindelles des types utilisés sur des presses d'huilerie ou pour des usages techniques analogues, y compris ceux en cheveux".	Subheading 5911.40. Subheading text. Delete and substitute : "5911.40-Filtering or straining cloth of a kind used in oil presses or the like, including that of human hair".

FRANCAIS	ENGLISH
CHAPITRE 61. Note 4. Nouvelle rédaction： "4. -Les n°s 61.05 et 61.06 ne couvrent pas les vêtements comportant des poches au-dessous de la taille ou des bords côtes ou autres moyens permettant de resserrer le bas du vêtement, ni les vêtements comportant en moyenne moins de dix rangées de mailles par centimètre linéaire dans chaque direction, comptées sur une superficie d'au moins 10cm×10cm. Le n° 61.05 ne comprend pas de vêtements sans manches. Les *chemises*, *chemisiers*, *blouses-chemisiers* et *chemisettes* sont des vêtements destinés à couvrir la partie supérieure du corps et comportant des manches, longues ou courtes, ainsi qu'une ouverture, même partielle, partant de l'encolure. Les *blouses* sont des articles amples également destinés à couvrir la partie supérieure du corps. Elles peuvent être sans manches et comporter ou non une ouverture à l'encolure. Les *chemisiers*, *blouses*, *blouses-chemisiers* et *chemisettes* peuvent également avoir un col.".	CHAPTER 61. Note 4. Delete and substitute： "4. -Headings 61.05 and 61.06 do not cover garments with pockets below the waist, with a ribbed waistband or other means of tightening at the bottom of the garment, or garments having an average of less than 10 stitches per linear centimetre in each direction counted on an area measuring at least 10cm×10cm. Heading 61.05 does not cover sleeveless garments. "Shirts" and "shirt-blouses" are garments designed to cover the upper part of the body, having long or short sleeves and a full or partial opening starting at the neckline. "Blouses" are loose-fitting garments also designed to cover the upper part of the body but may be sleeveless and with or without an opening at the neckline. "Shirts", "shirt-blouses" and "blouses" may also have a collar.".
N° 6116.10. Nouvelle rédaction： "6116.10-Imprégnés, enduits, recouverts de matières plastiques ou de caoutchouc ou stratifiés avec ces mêmes matières".	Subheading 6116.10. Delete and substitute： "6116.10-Impregnated, coated, covered or laminated with plastics or rubber".

FRANCAIS	ENGLISH
<u>CHAPITRE 62.</u> <u>Nouvelle Note 4.</u> Insérer la nouvelle Note 4 suivante : "4.-Les n°s 62.05 et 62.06 ne couvrent pas les vêtements comportant des poches au-dessous de la taille ou des bords côtes ou autres moyens permettant de resserrer le bas du vêtement. Le n° 62.05 ne comprend pas de vêtements sans manches. Les *chemises*, *chemisiers*, *blouses-chemisiers* et *chemisettes* sont des vêtements destinés à couvrir la partie supérieure du corps et comportant des manches, longues ou courtes, ainsi qu'une ouverture, même partielle, partant de l'encolure. Les *blouses* sont des articles amples également destinés à couvrir la partie supérieure du corps. Elles peuvent être sans manches et comporter ou non une ouverture à l'encolure. Les *chemisiers*, *blouses*, *blouses-chemisiers* et *chemisettes* peuvent également avoir un col.". Les Notes 4 à 9 actuelles deviennent les Notes 5 à 10, respectivement.	<u>CHAPTER 62.</u> <u>New Note 4.</u> Insert the following new Note 4 : "4.-Headings 62.05 and 62.06 do not cover garments with pockets below the waist, with a ribbed waistband or other means of tightening at the bottom of the garment. Heading 62.05 does not cover sleeveless garments. "Shirts" and "shirt-blouses" are garments designed to cover the upper part of the body, having long or short sleeves and a full or partial opening starting at the neckline. "Blouses" are loose-fitting garments also designed to cover the upper part of the body but may be sleeveless and with or without an opening at the neckline. "Shirts", "shirt-blouses" and "blouses" may also have a collar.". Renumber present Notes 4 to 9 as Notes 5 to 10, respectively.
N° 62.01. Nouvelle rédaction : "62.01 Manteaux, cabans, capes, anoraks, blousons et articles similaires, pour hommes ou garçonnets, à l'exclusion des articles du n° 62.03. 6201.20-De laine ou de poils fins 6201.30-De coton 6201.40-De fibres synthétiques ou artificielles 6201.90-D'autres matières textiles".	Heading 62.01. Delete and substitute : "62.01 Men's or boys' overcoats, car-coats, capes, cloaks, anoraks (including ski-jackets), wind-cheaters, wind-jackets and similar articles, other than those of heading 62.03. 6201.20-Of wool or fine animal hair 6201.30-Of cotton 6201.40-Of man-made fibres 6201.90-Of other textile materials".

FRANCAIS	ENGLISH
N° 62.02. Nouvelle rédaction： "62.02　Manteaux, cabans, capes, anoraks, blousons et articles similaires, pour femmes ou fillettes, à l'exclusion des articles du n° 62.04. 6202.20-De laine ou de poils fins 6202.30-De coton 6202.40-De fibres synthétiques ou artificielles 6202.90-D'autres matières textiles".	Heading 62.02. Delete and substitute： "62.02　Women's or girls' overcoats, car-coats, capes, cloaks, anoraks (including ski-jackets), wind-cheaters, wind-jackets and similar articles, other than those of heading 62.04. 6202.20-Of wool or fine animal hair 6202.30-Of cotton 6202.40-Of man-made fibres 6202.90-Of other textile materials".
N° 6210.20. Nouvelle rédaction： "6210.20-Autres vêtements, des types visés dans le n° 62.01".	Subheading 6210.20. Delete and substitute： "6210.20-Other garments, of the type described in heading 62.01".
N° 6210.30. Nouvelle rédaction： "6210.30-Autres vêtements, des types visés dans le n° 62.02".	Subheading 6210.30. Delete and substitute： "6210.30-Other garments, of the type described in heading 62.02".
N° 63.06. Libellé. Nouvelle rédaction： "63.06　Bâches et stores d'extérieur; tentes (y compris les tonnelles temporaires et articles similaires); voiles pour embarcations, planches à voile ou chars à voile; articles de campement.".	Heading 63.06. Heading text. Delete and substitute： "63.06　Tarpaulins, awnings and sunblinds; tents (including temporary canopies and similar articles); sails for boats, sailboards or landcraft; camping goods.".
N° 6306.2. Nouvelle rédaction： "　　-Tentes (y compris les tonnelles temporaires et articles similaires):".	Subheading 6306.2. Delete and substitute： "　　-Tents (including temporary canopies and similar articles):".

FRANCAIS	ENGLISH
CHAPITRE 67. Note 1 a). Remplacer "les étreindelles" par "les toiles filtrantes et les étreindelles".	CHAPTER 67. Note 1 (a). Delete "Straining cloth" and substitute "Filtering or straining cloth".
CHAPITRE 68. Note 1 k). Remplacer "appareils d'éclairage" par "luminaires et appareils d'éclairage".	CHAPTER 68. Note 1 (k). Delete "lamps and lighting fittings" and substitute "luminaires and lighting fittings".
N° 6802. 10. Texte anglais seulement.	Subheading 6802. 10. Delete and substitute: "6802. 10-Tiles, cubes and similar articles, whether or not rectangular (including square), the largest face of which is capable of being enclosed in a square the side of which is less than 7 cm; artificially coloured granules, chippings and powder".
N°s 6812. 92 et 6812. 93. Supprimer ces sous-positions.	Subheadings 6812. 92 and 6812. 93. Delete these subheadings.
N° 6815. 10. Nouvelle rédaction: " -Fibres de carbone; ouvrages en fibres de carbone pour usages autres qu'électriques; autres ouvrages en graphite ou autre carbone pour usages autres qu'électriques: 6815. 11--Fibres de carbone 6815. 12--Textiles en fibres de carbone 6815. 13--Autres ouvrages en fibres de carbone 6815. 19--Autres".	Subheading 6815. 10. Delete and substitute: " -Carbon fibres; articles of carbon fibres for non-electrical uses; other articles of graphite or other carbon for non-electrical uses: 6815. 11--Carbon fibres 6815. 12--Fabrics of carbon fibres 6815. 13--Other articles of carbon fibres 6815. 19--Other".

FRANCAIS	ENGLISH
N° 6815.91. Nouvelle rédaction： "6815.91--Contenant de la magnésite, de la magnésie sous forme de périclase, de la dolomie y compris sous forme de chaux dolomitique, ou de la chromite".	Subheading 6815.91. Delete and substitute： "6815.91--Containing magnesite, magnesia in the form of periclase, dolomite including in the form of dolime, or chromite".
CHAPITRE 69. Note 1. Nouvelle rédaction： "1.-Le présent Chapitre ne comprend que les produits céramiques qui ont été cuits après avoir été préalablement mis en forme ou façonnés： a) les n°s 69.04 à 69.14 visent uniquement les produits autres que ceux susceptibles d'être classés dans les n°s 69.01 à 69.03； b) ne sont pas considérés comme cuits les produits qui ont été chauffés à des températures inférieures à 800 °C pour provoquer le durcissement des résines qu'ils contiennent, l'accélération des réactions d'hydratation ou l'élimination de l'eau ou d'autres substances volatiles éventuellement présentes. Ces produits sont exclus du Chapitre 69； c) les articles céramiques sont obtenus en faisant cuire des matières non métalliques inorganiques après les avoir préparées et façonnées préalablement, d'ordinaire à température ambiante. Les matières	CHAPTER 69. Note 1. Delete and substitute： "1.-This Chapter applies only to ceramic products which have been fired after shaping： (a) Headings 69.04 to 69.14 apply only to such products other than those classifiable in headings 69.01 to 69.03； (b) Articles heated to temperatures less than 800 °C for purposes such as curing of resins, accelerating hydration reactions, or for the removal of water or other volatile components, are not considered to be fired. Such articles are excluded from Chapter 69； and (c) Ceramic articles are obtained by firing inorganic, non-metallic materials which have been prepared and shaped previously at, in general, room temperature. Raw materials comprise, *inter alia*, clays, siliceous materials including fused silica, materials with a high melting point, such as oxides, carbides, nitrides,

FRANCAIS	ENGLISH
premières utilisées sont, notamment, des argiles, des matières siliceuses (y compris de la silice fondue), des matières à point de fusion élevé telles que les oxydes, les carbures, les nitrures, le graphite ou autre carbone, et, dans certains cas, des liants tels que les argiles réfractaires et les phosphates.".	graphite or other carbon, and in some cases binders such as refractory clays or phosphates."
CHAPITRE 69. Note 2 ij). Remplacer "appareils d'éclairage" par "luminaires et appareils d'éclairage".	CHAPTER 69. Note 2 (ij). Delete "lamps and lighting fittings" and substitute "luminaires and lighting fittings".
CHAPITRE 69. N° 69.03. Libellé. Nouvelle rédaction: "69.03 Autres articles céramiques réfractaires (cornues, creusets, moufles, busettes, tampons, supports, coupelles, tubes, tuyaux, gaines, baguettes, plaques pour tiroir, par exemple), autres que ceux en farines siliceuses fossiles ou en terres siliceuses analogues.".	CHAPTER 69. Heading 69.03. Heading text. Delete and substitute: "69.03 Other refractory ceramic goods (for example, retorts, crucibles, muffles, nozzles, plugs, supports, cupels, tubes, pipes, sheaths, rods and slide gates), other than those of siliceous fossil meals or of similar siliceous earths.".
N° 6903.10. Nouvelle rédaction: "6903.10-Contenant en poids plus de 50% de carbone libre".	Subheading 6903.10. Delete and substitute: "6903.10-Containing by weight more than 50% of free carbon".

FRANCAIS	ENGLISH
CHAPITRE 70. Nouvelles Notes 1 d) et 1 e). Insérer les nouvelles Notes 1 d) et 1 e) suivants : " d) les pare-brises, vitres arrières et autres glaces, encadrés, pour véhicules des Chapitres 86 à 88; e) les pare-brises, vitres arrières et autres glaces, même encadrés, incorporant des dispositifs chauffants ou autres dispositifs électriques ou électroniques, pour véhicules des Chapitres 86 à 88;". Les alinéas d) à g) actuels deviennent les alinéas f) à ij), respectivement.	CHAPTER 70. New Notes 1 (d) and 1 (e). Insert the following new Notes 1 (d) and 1 (e): " (d) Front windscreens (windshields), rear windows and other windows, framed, for vehicles of Chapters 86 to 88; (e) Front windscreens (windshields), rear windows and other windows, whether or not framed, incorporating heating devices or other electrical or electronic devices, for vehicles of Chapters 86 to 88;". Reletter items (d) to (g) as items (f) to (ij), respectively.
Note 1 e) actuelle (renumérotée Note 1 g)). Remplacer "les appareils d'éclairage" par "les luminaires et appareils d'éclairage".	Present Note 1 (e) (renumbered Note 1 (g)). Delete "Lamps or lighting fittings" and substitute "Luminaires and lighting fittings".
N° 70.01. Nouvelle rédaction : "70.01 7001.00 Calcin et autres déchets et débris de verre, à l'exclusion du verre de tubes cathodiques et autres verres activés du n° 85.49; verre en masse.".	Heading 70.01. Delete and substitute : "70.01 7001.00 Cullet and other waste and scrap of glass, excluding glass from cathode-ray tubes or other activated glass of heading 85.49; glass in the mass.".
N° 70.11. Libellé. Remplacer "lampes électriques, tubes cathodiques ou similaires." par "lampes et sources lumineuses électriques, tubes cathodiques ou similaires.".	Heading 70.11. Heading text. Delete "electric lamps, cathode-ray tubes or the like." and substitute "electric lamps and light sources, cathode-ray tubes or the like.".

FRANCAIS	ENGLISH
N° 70.19. Nouvelle rédaction : "70.19 Fibres de verre (y compris la laine de verre) et ouvrages en ces matières (fils, stratifils (rovings), tissus, par exemple). -Mèches, stratifils (rovings), fils coupés ou non et mats en ces matières : 7019.11--Fils coupés (chopped strands), d'une longueur n'excédant pas 50 mm 7019.12--Stratifils (rovings) 7019.13--Autres fils, mèches 7019.14--Mats liés mécaniquement 7019.15--Mats liés chimiquement 7019.19--Autres -Etoffes liées mécaniquement : 7019.61--Tissus de stratifils (rovings) à maille fermée 7019.62--Autres étoffes de stratifils (rovings) à maille fermée 7019.63--Tissus de fils à maille fermée, à armure toile non enduits ni stratifiés 7019.64--Tissus de fils à maille fermée, à armure toile, enduits ou stratifiés 7019.65--Tissus à maille ouverte d'une largeur n'excédant pas 30 cm 7019.66--Tissus à maille ouverte d'une largeur excédant 30 cm 7019.69--Autres -Etoffes liées chimiquement : 7019.71--Voiles (fines couches) 7019.72--Autres étoffes à maille fermée 7019.73--Autres étoffes à maille ouverte 7019.80-Laine de verre et ouvrages en ces matières 7019.90-Autres".	Heading 70.19. Delete and substitute : "70.19 Glass fibres (including glass wool) and articles thereof (for example, yarn, rovings, woven fabrics). -Slivers, rovings, yarn and chopped strands and mats thereof : 7019.11--Chopped strands, of a length of not more than 50 mm 7019.12--Rovings 7019.13--Other yarn, slivers 7019.14--Mechanically bonded mats 7019.15--Chemically bonded mats 7019.19--Other -Mechanically bonded fabrics : 7019.61--Closed woven fabrics of rovings 7019.62--Other closed fabrics of rovings 7019.63--Closed woven fabrics, plain weave, of yarns, not coated or laminated 7019.64--Closed woven fabrics, plain weave, of yarns, coated or laminated 7019.65--Open woven fabrics of a width not exceeding 30 cm 7019.66--Open woven fabrics of a width exceeding 30 cm 7019.69--Other -Chemically bonded fabrics : 7019.71--Veils (thin sheets) 7019.72--Other closed fabrics 7019.73--Other open fabrics 7019.80-Glass wool and articles of glass wool 7019.90-Other".

FRANCAIS	ENGLISH
N° 7104. 20. Nouvelle rédaction： " -Autres, brutes ou simplement sciées ou dégrossies： 7104. 21--Diamants 7104. 29--Autres".	Subheading 7104. 20. Delete and substitute： " -Other, unworked or simply sawn or roughly shaped： 7104. 21--Diamonds 7104. 29--Other".
N° 7104. 90. Nouvelle rédaction： " -Autres： 7104. 91--Diamants 7104. 99--Autres".	Subheading 7104. 90. Delete and substitute： " -Other： 7104. 91--Diamonds 7104. 99--Other".
N° 71. 12. Libellé. Nouvelle rédaction： "71. 12 Déchets et débris de métaux précieux ou de plaqué ou doublé de métaux précieux ; autres déchets et débris contenant des métaux précieux ou des composés de métaux précieux du type de ceux utilisés principalement pour la récupération des métaux précieux autres que les produits du n° 85. 49. ".	Heading 71. 12. Heading text. Delete and substitute： "71. 12 Waste and scrap of precious metal or of metal clad with precious metal ; other waste and scrap containing precious metal or precious metal compounds, of a kind used principally for the recovery of precious metal other than goods of heading 85. 49. ".
SECTION XV. Note 1 k). Remplacer "appareils d'éclairage" par "luminaires et appareils d'éclairage".	SECTION XV. Note 1 (k). Delete "lamps and lighting fittings" and substitute "luminaires and lighting fittings".

FRANCAIS	ENGLISH
SECTION XV. Note 2 a). Nouvelle rédaction: "a) les articles des n°s 73.07, 73.12, 73.15, 73.17 ou 73.18, ainsi que les articles similaires en autres métaux communs, autres que les articles spécialement conçus pour être utilisés exclusivement comme implants pour la médecine, la chirurgie, l'art dentaire ou l'art vétérinaire (n° 90.21);".	SECTION XV. Note 2 (a). Delete and substitute: "(a) Articles of heading 73.07, 73.12, 73.15, 73.17 or 73.18 and similar articles of other base metal, other than articles specially designed for use exclusively in implants in medical, surgical, dental or veterinary sciences (heading 90.21);".
SECTION XV. Note 7. Premier paragraphe. Nouvelle rédaction: "Sauf dispositions contraires résultant du libellé des positions, les ouvrages en métaux communs (y compris les ouvrages en matériaux mélangés considérés comme tels selon les Règles générales interprétatives), qui comprennent deux ou plusieurs métaux communs, sont classés avec l'ouvrage correspondant du métal prédominant en poids sur chacun des autres métaux.".	SECTION XV. Note 7. First paragraph. Delete "under the Interpretative Rules" and substitute "under the General Interpretative Rules".

SECTION XV.
Note 8 a).
Nouvelle rédaction:
"a) **Déchets et débris**
  1°) tous les déchets et débris métalliques;
  2°) les ouvrages en métaux définitivement inutilisables en tant que tels par suite de bris, découpage, usure ou autres motifs.".
	SECTION.
	Note 8 (a).
	Delete and substitute:
	"(a) **Waste and scrap**
	  (i) All metal waste and scrap;
	  (ii) Metal goods definitely not usable as such because of breakage, cutting-up, wear or other reasons.".

FRANCAIS	ENGLISH
SECTION XV. Nouvelle Note 9. Insérer la nouvelle Note 9 de la Section XV suivante： "9.-Au sens des Chapitres 74 à 76 et 78 à 81, on entend par： a) **Barres** lesproduits laminés, filés, étirés ou forgés, non enroulés, dont la section transversale pleine et constante sur toute leur longueur est en forme de cercle, d'ovale, de carré, de rectangle, de triangle équilatéral ou de polygone convexe régulier (y compris les *cercles aplatis* et les *rectangles modifiés*, dont deux côtés opposés sont en forme d'arc de cercle convexe, les deux autres étant rectilignes, égaux et parallèles). Les produits de section transversale carrée, rectangulaire, triangulaire ou polygonale peuvent présenter des angles arrondis sur toute leur longueur. L'épaisseur des produits de section transversale rectangulaire (y compris les produits de section *rectangulaire modifiée*) excède le dixième de la largeur. On considère également comme tels les produits de mêmes formes et dimensions, obtenus par moulage, coulage ou frittage, lorsqu'ils ont reçu postérieurement à leur obtention une ouvraison supérieure à un ébarbage grossier, pourvu que cette ouvraison n'ait pas pour effet de conférer à ces produits le caractère d'articles ou d'ouvrages repris ailleurs.	SECTION XV. New Note 9. Insert the following new Note 9 to Section XV： "9.-For the purposes of Chapters 74 to 76 and 78 to 81, the following expressions have the meanings hereby assigned to them： (a) **Bars and rods** Rolled, extruded, drawn or forged products, not in coils, which have a uniform solid cross-section along their whole length in the shape of circles, ovals, rectangles (including squares), equilateral triangles or regular convex polygons (including "flattened circles" and "modified rectangles", of which two opposite sides are convex arcs, the other two sides being straight, of equal length and parallel). Products with a rectangular (including square), triangular or polygonal cross-section may have corners rounded along their whole length. The thickness of such products which have a rectangular (including "modified rectangular") cross-section exceeds one-tenth of the width. The expression also covers cast or sintered products, of the same forms and dimensions, which have been subsequently worked after production (otherwise than by simple trimming or de-scaling), provided that they have not thereby assumed the character of articles or products of other headings. Wire-bars and billets of Chapter 74 with their ends tapered or otherwise worked simply to facilitate their entry into machines for converting them

FRANCAIS	ENGLISH
Sont toutefois à considérer comme cuivre sous forme brute du n° 74.03, les barres à fil et les billettes du Chapitre 74 qui ont été appointées ou autrement ouvrées à leurs extrémités, pour faciliter simplement leur introduction dans les machines destinées à les transformer en fil machine ou en tubes. Cette disposition s'applique *mutatis mutandis* aux produits du Chapitre 81. b) **Profilés** lesproduits laminés, filés, étirés, forgés ou obtenus par formage ou pliage, enroulés ou non, d'une section transversale constante sur toute leur longueur, qui ne correspondent pas à l'une quelconque des définitions des barres, fils, tables, bandes, feuilles, tubes ou tuyaux. On considère également comme tels les produits de mêmes formes, obtenus par moulage, coulage ou frittage, lorsqu'ils ont reçu postérieurement à leur obtention une ouvraison supérieure à un ébarbage grossier, pourvu que cette ouvraison n'ait pas pour effet de conférer à ces produits le caractère d'articles ou d'ouvrages repris ailleurs.	into, for example, drawing stock (wire-rod) or tubes, are however to be taken to be unwrought copper of heading 74.03. This provision applies *mutatis mutandis* to the products of Chapter 81. (b) **Profiles** Rolled, extruded, drawn, forged or formed products, coiled or not, of a uniform cross-section along their whole length, which do not conform to any of the definitions of bars, rods, wire, plates, sheets, strip, foil, tubes or pipes. The expression also covers cast or sintered products, of the same forms, which have been subsequently worked after production (otherwise than by simple trimming or de-scaling), provided that they have not thereby assumed the character of articles or products of other headings. (c) **Wire** Rolled, extruded or drawn products, in coils, which have a uniform solid cross-section along their whole length in the shape of circles, ovals, rectangles (including squares), equilateral triangles or regular convex polygons (including "flattened circles"

FRANCAIS	ENGLISH
c) **Fils** les produits laminés, filés, étirés ou tréfilés, enroulés, dont la section transversale pleine et constante sur toute leur longueur est en forme de cercle, d'ovale, de carré, de rectangle, de triangle équilatéral ou de polygone convexe régulier (y compris les *cercles aplatis* et les *rectangles modifiés*, dont deux côtés opposés sont en forme d'arc de cercle convexe, les deux autres étant rectilignes, égaux et parallèles). Les produits de section transversale carrée, rectangulaire, triangulaire ou polygonale peuvent présenter des angles arrondis sur toute leur longueur. L'épaisseur des produits de section transversale rectangulaire (y compris les produits de section *rectangulaire modifiée*) excède le dixième de la largeur. d) **Tôles, bandes et feuilles** les produits plats (autres que les produits sous forme brute), enroulés ou non, de section transversale pleine rectangulaire même avec angles arrondis (y compris *les rectangles modifiés*, dont deux côtés opposés sont en forme d'arc de cercle convexe, les deux autres étant rectilignes, égaux et parallèles) à épaisseur constante, présentés:	and "modified rectangles", of which two opposite sides are convex arcs, the other two sides being straight, of equal length and parallel). Products with a rectangular (including square), triangular or polygonal cross-section may have corners rounded along their whole length. The thickness of such products which have a rectangular (including "modified rectangular") cross-section exceeds one-tenth of the width. (d) **Plates, sheets, strip and foil** Flat-surfaced products (other than the unwrought products), coiled or not, of solid rectangular (other than square) cross-section with or without rounded corners (including "modified rectangles" of which two opposite sides are convex arcs, the other two sides being straight, of equal length and parallel) of a uniform thickness, which are: -of rectangular (including square) shape with a thickness not exceeding one-tenth of the width; -of a shape other than rectangular or square, of any size, provided that they do not assume the character of articles or products of other headings. Headings for plates, sheets, strip, and foil apply, *inter alia*, to

FRANCAIS	ENGLISH
-sous forme carrée ou rectangulaire, dont l'épaisseur n'excède pas le dixième de la largeur; -sous forme autre que carrée ou rectangulaire, de n'importe quelle dimension, pourvu qu'ils n'aient pas le caractère d'articles ou d'ouvrages repris ailleurs. Les positions se référant aux tôles, bandes et feuilles, couvrent notamment les tôles, bandes et feuilles présentant des motifs (cannelures, stries, gaufrages, larmes, boutons, rhombes, par exemple) ainsi que celles perforées, ondulées, polies ou revêtues, pourvu que ces ouvraisons n'aient pas pour effet de conférer aux produits de l'espèce le caractère d'articles ou d'ouvrages repris ailleurs. e) **Tubes et tuyaux** les produits creux, enroulés ou non, dont la section transversale, qui est constante sur toute leur longueur et ne présente qu'un seul creux fermé, est en forme de cercle, d'ovale, de carré, de rectangle, de triangle équilatéral ou de polygone convexe régulier, et dont les parois ont une épaisseur constante. On considère également comme tubes et tuyaux les produits de section transversale carrée, rectangulaire, triangulaire	plates, sheets, strip, and foil with patterns (for example, grooves, ribs, chequers, tears, buttons, lozenges) and to such products which have been perforated, corrugated, polished or coated, provided that they do not thereby assume the character of articles or products of other headings. (e) **Tubes and pipes** Hollow products, coiled or not, which have a uniform cross-section with only one enclosed void along their whole length in the shape of circles, ovals, rectangles (including squares), equilateral triangles or regular convex polygons, and which have a uniform wall thickness. Products with a rectangular (including square), equilateral triangular or regular convex polygonal cross-section, which may have corners rounded along their whole length, are also to be considered as tubes and pipes provided the inner and outer cross-sections are concentric and have the same form and orientation. Tubes and pipes of the foregoing cross-sections may be polished, coated, bent, threaded, drilled, waisted, expanded, cone-shaped or fitted with flanges, collars or rings.".

FRANCAIS	ENGLISH
équilatérale ou polygonale convexe régulière, qui peuvent présenter des angles arrondis sur toute leur longueur, pour autant que les sections transversales intérieure et extérieure aient la même forme, la même disposition et le même centre. Les tubes et tuyaux ayant les sections transversales citées ci-dessus peuvent être polis, revêtus, cintrés, filetés, taraudés, percés, rétreints, évasés, coniques ou munis de brides, de collerettes ou de bagues.".	
N° 73.18. Libellé. Supprimer le terme "**chevilles**".	Heading 73.18. Heading text. 3) French text only.
N°s 7318.24. Supprimer le terme "chevilles".	Subheadings 7318.24. 4) French text only.
CHAPITRE 74. Notes 1 d) à 1 h). Supprimer ces Notes.	CHAPTER 74. Notes 1 (d) to 1 (h). Delete these Notes.
N° 7419.10. Supprimer cette sous-position.	Subheadings 7419.10. Delete this subheading.
N° 7419.9 à 7419.99. Nouvelle rédaction: "7419.20-Coulés, moulés, estampés ou forgés, mais non autrement travaillés 7419.80-Autres".	Subheadings 7419.9 to 7419.99. Delete and substitute: "7419.20-Cast, moulded, stamped or forged, but not further worked 7419.80-Other".
CHAPITRE 75. Note. Titre. Supprimer "**Note.**".	CHAPTER 75. Note. Title. Delete "**Note.**".
CHAPITRE 75. Note 1. Supprimer cette Note.	CHAPTER 75. Note 1. Delete this Note.

FRANCAIS	ENGLISH
CHAPITRE 75. Note 2 de sous-positions. Remplacer "Note 1 c) du présent Chapitre" par "Note 9 c) de la Section XV".	CHAPTER 75. Subheading Note 2. Delete "Chapter Note 1 (c)" and substitute "Note 9 (c) to Section XV".
CHAPITRE 76. Note. Titre. Supprimer "**Note.**".	CHAPTER 76. Note. Title. Delete "**Note.**".
CHAPITRE 76. Note 1. Supprimer cette Note.	CHAPTER 76. Note 1. Delete this Note.
CHAPITRE 76. Note 2 de sous-positions. Remplacer "Note 1 c) du présent Chapitre" par "Note 9 c) de la Section XV".	CHAPTER 76. Subheading Note 2. Delete "Chapter Note 1 (c)" and substitute "Note 9 (c) to Section XV".
CHAPITRE 78. Note. Titre. Supprimer "**Note.**".	CHAPTER 78. Note. Title. Delete "**Note.**".
CHAPITRE 78. Note 1. Supprimer cette Note.	CHAPTER 78. Note 1. Delete this Note.
N° 78.04. Libellé. Remplacer "**Tables**" par "**Tôles**".	Heading 78.04. Heading text. French text only.
N° 7804.1. Libellé. Remplacer "**Tables**" par "**Tôles**".	Subheading 7804.1. Subheading text. French text only.
CHAPITRE 79. Note. Titre. Supprimer "**Note.**".	CHAPTER 79. Note. Title. Delete "**Note.**".
CHAPITRE 79. Note 1. Supprimer cette Note.	CHAPTER 79. Note 1. Delete this Note.
CHAPITRE 80. Note. Titre. Supprimer "**Note.**".	CHAPTER 80. Note. Title. Delete "**Note.**".
CHAPITRE 80. Note 1. Supprimer cette Note.	CHAPTER 80. Note 1. Delete this Note.

FRANCAIS	ENGLISH
CHAPITRE 81. Note de sous-positions. Titre. Supprimer " Note de sous-positinos. ".	CHAPTER 81. Subheading Note. Title. Delete "**Subheading Note.**".
CHAPITRE 81. Note 1 de sous-positions. Supprimer cette Note.	CHAPTER 81. Subheading Note 1. Delete this Note.
N° 8103. 90. Nouvelle rédaction： " -Autres： 8103. 91--Creusets 8103. 99--Autres".	Subheading 8103. 90. Delete and substitute： " -Other： 8103. 91--Crucibles 8103. 99--Other".
N° 81. 06. Nouvelle rédaction： "81. 06 Bismuth et ouvrages en bismuth, y compris les déchets et débris. 8106. 10-Contenant plus de 99, 99% en poids de bismuth 8106. 90-Autres".	Heading 81. 06. Delete and substitute： "81. 06 Bismuth and articles thereof, including waste and scrap. 8106. 10-Containing more than 99. 99% of bismuth, by weight 8106. 90-Other".
N° 81. 07. Supprimer cette position.	Heading 81. 07. Delete this heading.

N°s 8109. 20 à 8109. 90.
Nouvelle rédaction：
"   -Zirconium sous forme brute; poudres：
8109. 21--Contenant moins d'une partie de hafnium pour 500 parties en poids de zirconium
8109. 29--Autres
     -Déchets et débris：
8109. 31--Contenant moins d'une partie de hafnium pour 500 parties en poids de zirconium
8109. 39--Autres
     -Autres：
8109. 91--Contenant moins d'une partie de hafnium pour 500 parties en poids de zirconium
8109. 99--Autres".
	Subheadings 8109. 20 to 8109. 90.
	Delete and substitute：
	" -Unwrought zirconium; powders：
	8109. 21--Containing less than 1 part hafnium to 500 parts zirconium by weight
	8109. 29--Other
	     -Waste and scrap：
	8109. 31--Containing less than 1 part hafnium to 500 parts zirconium by weight
	8109. 39--Other
	     -Other：
	8109. 91--Containing less than 1 part hafnium to 500 parts zirconium by weight
	8109. 99--Other".

FRANCAIS	ENGLISH
N° 81.12. Libellé. Nouvelle rédaction： "81.12 Béryllium, chrome, hafnium (celtium), rhénium, thallium, cadmium, germanium, vanadium, gallium, indium et niobium (columbium), ainsi que les ouvrages en ces métaux, y compris les déchets et débris. ".	Heading 81.12. Heading text. Delete and substitute： "81.12 Beryllium, chromium, hafnium, rhenium, thallium, cadmium, germanium, vanadium, gallium, indium and niobium (columbium), and articles of these metals, including waste and scrap. ".

Nouveaux n°s 8112.3 à 8112.49.
Insérer les nouvelles sous-positions suivantes：
"   -Hafnium (celtium)：
8112.31--Sous forme brute; déchets et débris; poudres
8112.39--Autres
    -Rhénium：
8112.41--Sous forme brute; déchets et débris; poudres
8112.49--Autres".
	New subheadings 8112.3 to 8112.49.
	Insert the following new subheadings：
	" -Hafnium：
	8112.31--Unwrought; waste and scrap; powders
	8112.39--Other
	    -Rhenium：
	8112.41--Unwrought; waste and scrap; powders
	8112.49--Other".

Nouvelles n°s 8112.6 à 8112.69. Insérer les nouveaux n°s suivants： " -Cadmium： 8112.61--Déchets et débris 8112.69--Autres".	New subheadings 8112.6 to 8112.69. Insert the following new subheadings： " -Cadmium： 8112.61--Waste and scrap 8112.69--Other".
SECTION XVI. Note 2 b). Deuxième partie. Nouvelle rédaction： "toutefois, les parties destinées principalement aussi bien aux articles du n°85.17 qu'à ceux des n°s 85.25 à 85.28 sont rangées au n° 85.17, et les autres parties exclusivement ou principalement destinées aux articles du n° 85.24 sont à classer dans le n° 85.29;".	SECTION XVI. Note 2 (b). Second sentence. Delete and substitute： "However, parts which are equally suitable for use principally with the goods of headings 85.17 and 85.25 to 85.28 are to be classified in heading 85.17, and parts which are suitable for use solely or principally with the goods of heading 85.24 are to be classified in heading 85.29;".

FRANCAIS	ENGLISH
Nouvelle Note 6. Insérer la nouvelle Note 6 suivante： "6. - A) Dans la Nomenclature, l'expression *déchets et débris électriques et électroniques* désigne des assemblages électriques et électroniques et des cartes de circuits imprimés ainsi que des articles électriques ou électroniques qui： 　　a) ont été rendus inutilisables pour leur fonction d'origine par suite de bris, découpage ou autres processus ou pour lesquels une réparation, une remise en état ou une restauration visant à rétablir leurs fonctions d'origine serait économiquement inappropriée； 　　b) sont emballés ou expédiés de telle manière que les articles ne sont pas protégés séparément d'éventuels dégâts qui pourraient survenir durant le transport, le chargement ou le déchargement. 　B) Les envois contenant un mélange de *déchets et débris électriques et électroniques* et d'autres déchets et débris doivent être classés dans le n° 85.49. 　C) La présente Section ne couvre pas les déchets municipaux tels que définis dans la Note 4 du Chapitre 38.".	New Note 6. Insert the following new Note 6： "6. - (A) Throughout the Nomenclature, the expression "electrical and electronic waste and scrap" means electrical and electronic assemblies, printed circuit boards, and electrical or electronic articles that： 　　(i) have been rendered unusable for their original purposes by breakage, cutting-up or other processes or are economically unsuitable for repair, refurbishment or renovation to render them fit for their original purposes； and 　　(ii) are packaged or shipped in a manner not intended to protect individual articles from damage during transportation, loading and unloading operations. 　(B) Mixed consignments of "electrical and electronic waste and scrap" and other waste and scrap are to be classified in heading 85.49. 　(C) This Section does not cover municipal waste, as defined in Note 4 to Chapter 38.".

FRANCAIS	ENGLISH

CHAPITRE 84.
Note 2.
Nouvelle rédaction :
"2.-Sous réserve des dispositions de la Note 3 de la Section XVI et de la Note 11 du présent Chapitre, les machines et appareils susceptibles de relever à la fois des n°s 84.01 à 84.24 ou du n° 84.86, d'une part, et des n°s 84.25 à 84.80, d'autre part, sont classés dans les n°s 84.01 à 84.24 ou dans le n° 84.86, selon le cas.
Toutefois,
A) Ne relèvent pas du n° 84.19 :
  1°) les couveuses et éleveuses artificielles pour l'aviculture et les armoires et étuves de germination (n° 84.36) ;
  2°) les appareils mouilleurs de grains pour la minoterie (n° 84.37) ;
  3°) les diffuseurs de sucrerie (n° 84.38) ;
  4°) les machines et appareils thermiques pour le traitement des fils, tissus ou ouvrages en matières textiles (n° 84.51) ;
  5°) les appareils, dispositifs ou équipements de laboratoire conçus pour réaliser une opération mécanique, dans lesquels le changement de température, encore que nécessaire, ne joue qu'un rôle accessoire.
	CHAPTER 84.
	Note 2.
	Delete and substitute :
	"2.-Subject to the operation of Note 3 to Section XVI and subject to Note 11 to this Chapter, a machine or appliance which answers to a description in one or more of the headings 84.01 to 84.24, or heading 84.86 and at the same time to a description in one or more of the headings 84.25 to 84.80 is to be classified under the appropriate heading of the former group or under heading 84.86, as the case may be, and not the latter group.
	(A) Heading 84.19 does not, however, cover :
	  (i) Germination plant, incubators or brooders (heading 84.36) ;
	  (ii) Grain dampening machines (heading 84.37) ;
	  (iii) Diffusing apparatus for sugar juice extraction (heading 84.38) ; (iv) Machinery for the heat-treatment of textile yarns, fabrics or made up textile articles (heading 84.51) ; or
	  (V) Machinery, plant or laboratory equipment, designed for a mechanical operation, in which a change of temperature, even if necessary, is subsidiary.

FRANCAIS	ENGLISH
B) Ne relèvent pas du n° 84.22： 　1°) les machines à coudre pour la fermeture des emballages (n° 84.52)； 　2°) les machines et appareils de bureau du n° 84.72. C) Ne relèvent pas du n° 84.24： 　1°) les machines à imprimer à jet d'encre (n° 84.43)； 　2°) les machines à découper par jet d'eau (n° 84.56).".	(B) Heading 84.22 does not cover： 　(ⅰ) Sewing machines for closing bags or similar containers (heading 84.52)；or 　(ⅱ) Office machinery of heading 84.72. (C) Heading 84.24 does not cover： 　(ⅰ) Ink-jet printing machines (heading 84.43)；or 　(ⅱ) Water-jet cutting machines (heading 84.56).".
Nouvelle Note 5. Insérer la nouvelle Note 5 suivante： "5. -Aux fins du n° 84.62, une *ligne de refendage* pour produits plats est une ligne de production composée d'un dérouleur, un dispositif de planage, un refendeur et un enrouleur. Une *ligne de découpe à longueur* pour produits plats est composée d'un dérouleur, un dispositif pour aplanir et une cisaille.". Les Notes 5 à 8 actuelles deviennent les nouvelles Notes 6 à 9, respectivement.	New Note 5. Insert the following New Note 5： "5. -For the purposes of heading 84.62, a "slitting line" for flat products is a processing line composed of an uncoiler, a coil flattener, a slitter and a recoiler. A "cut-to-length line" for flat products is a processing line composed of an uncoiler, a coil flattener, and a shear.". Renumber present Notes 5 to 8 as 6 to 9, respectively.
Note 5 D) actuelle (renumérotée Note 6 D)). Remplacer "Note 5 C)" par "Note 6 C)".	Present Note 5 (D) (renumbered Note 6 (D)). Delete "Note 5 (C)" and substitute "Note 6 (C)".

FRANCAIS	ENGLISH
Nouvelle Note 10. Insérer la nouvelle Note 10 ci-après : "10. -Au sens du n° 84. 85, l'expression *fabrication additive* (également dénommée impression 3D) désigne la formation, sur la base d'un modèle numérique, d'objets physiques par addition et dépôts successifs de couches de matière (métal, matières plastiques, matières céramiques, par exemple), puis consolidation et solidification de la matière. Sous réserve des dispositions de la Note 1 de la Section XVI et de la Note 1 du Chapitre 84, les machines répondant aux spécifications du libellé du n°84. 85 devront être classées sous cette position, et non dans une autre position de la Nomenclature." La Note 9 actuelle devient la Note 11.	New Note 10. Insert the following new Note 10: "10. -For the purposes of heading 84. 85, the expression "additive manufacturing" (also referred to as 3D printing) means the formation of physical objects, based on a digital model, by the successive addition and layering, and consolidation and solidification, of material (for example, metal, plastics or ceramics). Subject to Note 1 to Section XVI and Note 1 to Chapter 84, machines answering to the description in heading 84. 85 are to be classified in that heading and in no other heading of the Nomenclature." Renumber present Note 9 as Note 11.
Note 9 A) actuelle (renumérotée Note 11 A)). Remplacer "Note 9 a) et 9 b) " par "Notes 12 a) et 12 b)".	Present Note 9 (A) (renumbered Note 11 (A)). Delete "Note 9 (a) and 9 (b)" and substitute "Note 12 (a) and 12 (b)".
Note 2 de sous-positions. Remplacer "Note 5 C)" par "Note 6 C)".	Subheading Note 2. Delete "Note 5 (C)" and substitute "Note 6 (C)".
N° 84. 14. Libellé. Remplacer "filtrantes. " par "filtrantes; enceintes de sécurité biologique étanches aux gaz, même filtrantes. ".	Heading 84. 14. Heading text. Delete "filters. " and substitute "filters; gas-tight biological safety cabinets, whether or not fitted with filters. ".

FRANCAIS	ENGLISH
Nouveau n° 8414. 70. Insérer la nouvelle sous-position suivante : " 8414. 70-Enceintes de sécurité biologique étanches aux gaz ".	New subheading 8414. 70. Insert the following new subheading : " 8414. 70-Gas-tight biological safety cabinets ".
N° 8418. 10. Nouvelle rédaction : " 8418. 10-Combinaisons de réfrigérateurs et de congélateurs-conservateurs munis de portes ou de tiroirs extérieurs séparés, ou d'une combinaisons de ces éléments ".	Subheading 8418. 10. Delete and substitute : " 8418. 10-Combined refrigerator-freezers, fitted with separate external doors or drawers, or combinations thereof ".
Nouveau n° 8419. 12. Insérer la nouvelle sous-position suivante : " 8419. 12--Chauffe-eau solaires ".	New subheading 8419. 12. Insert the following new subheading : " 8419. 12--Solar water heaters ".
N°s 8419. 3 à 8419. 39. Nouvelle rédaction : " -Séchoirs : 8419. 33--Appareils de lyophilisation, appareils de cryodessiccation et séchoirs à pulvérisation 8419. 34--Autres, pour produits agricoles 8419. 35--Autres, pour le bois, la pâte à papier, le papier ou le carton 8419. 39--Autres ".	Subheadings 8419. 3 to 8419. 39. Delete and substitute : " -Dryers : 8419. 33--Lyophilisation apparatus, freeze drying units and spray dryers 8419. 34--Other, for agricultural products 8419. 35--Other, for wood, paper pulp, paper or paperboard 8419. 39--Other ".
Nouveau n° 8421. 32. Insérer la nouvelle sous-position suivante : " 8421. 32--Convertisseurs catalytiques et filtres à particules, même combinés, pour l'épuration ou la filtration des gaz d'échappement des moteurs à allumage par étincelles ou par compression ".	New subheading 8421. 32. Insert the following new subheading : " 8421. 32--Catalytic converters or particulate filters, whether or not combined, for purifying or filtering exhaust gases from internal combustion engines ".
Nouveau n° 8428. 70. Insérer la nouvelle sous-position suivante : " 8428. 70-Robots industriels ".	New subheading 8428. 70. Insert the following new subheading : " 8428. 70-Industrial robots ".

FRANCAIS	ENGLISH
N° 84.38. Libellé. Nouvelle rédaction : "84.38　Machines et appareils, non dénommés ni compris ailleurs dans le présent Chapitre, pour la préparation ou la fabrication industrielles d'aliments ou de boissons, autres que les machines et appareils pour l'extraction ou la préparation des huiles ou graisses végétales ou d'origine microbienne fixes ou animales.".	Heading 84.38. Heading text. Delete and substitute : "84.38　Machinery, not specified or included elsewhere in this Chapter, for the industrial preparation or manufacture of food or drink, other than machinery for the extraction or preparation of animal or fixed vegetable or microbial fats or oils.".
N° 84.62. Nouvelle rédaction : "84.62　Machines (y compris les presses) à forger ou à estamper, moutons, marteaux-pilons et martinets pour le travail des métaux (à l'exclusion des laminoirs) ; machines (y compris les presses, les lignes de refendage et les lignes de découpe à longueur) à rouler, cintrer, plier, dresser, planer, cisailler, poinçonner, gruger ou à grignoter les métaux (à l'exclusion des bancs à étirer) ; presses pour le travail des métaux ou des carbures métalliques, autres que celles visées ci-dessus. 　-Machines pour le travail à chaud (y compris les presses) à forger par matriçage ou à forgeage libre ou à estamper, moutons, marteaux-pilons et martinets : 8462.11--Machines pour le forgeage à matrice fermée	Heading 84.62. Delete and substitute : "84.62　Machine-tools (including presses) for working metal by forging, hammering or die forging (excluding rolling mills) ; machine-tools (including presses, slitting lines and cut-to-length lines) for working metal by bending, folding, straightening, flattening, shearing, punching, notching or nibbling (excluding draw-benches) ; presses for working metal or metal carbides, not specified above. 　-Hot forming machines for forging, die forging (including presses) and hot hammers : 8462.11--Closed die forging machines 8462.19--Other 　-Bending, folding, straightening or flattening machines (including press brakes) for flat products :

FRANCAIS	ENGLISH

8462.19--Autres
    -Machines (y compris les presses plieuses) à rouler, cintrer, plier, dresser ou planer, pour produits plats：
8462.22--Machines de formage des profilés
8462.23--Presses plieuses, à commande numérique
8462.24--Presses à panneaux, à commande numérique
8462.25--Machines à profiler à galets, à commande numérique
8462.26--Autres machines à rouler, cintrer, plier, dresser ou planer, à commande numérique
8462.29--Autres
    -Lignes de refendage, lignes de découpe à longueur et autres machines (à l'exclusion des presses) à cisailler, autres que les machines combinées à poinçonner et à cisailler, pour produits plats：
8462.32--Lignes de refendage et lignes de découpe à longueur
8462.33--Machines à cisailler, à commande numérique
8462.39--Autres
    -Machines (à l'exclusion des presses) à poinçonner, à gruger ou à grignoter, pour produits plats, y compris les machines combinées à poinçonner et à cisailler：
8462.42--À commande numérique
	8462.22--Profile forming machines
	8462.23--Numerically controlled press brakes
	8462.24--Numerically controlled panel benders
	8462.25--Numerically controlled roll forming machines
	8462.26--Other numerically controlled bending, folding, straightening or flattening machines
	8462.29--Other
	    -Slitting lines, cut-to-length lines and other shearing machines (excluding presses) for flat products, other than combined punching and shearing machines：
	8462.32--Slitting lines and cut-to-length lines
	8462.33--Numerically controlled shearing machines
	8462.39--Other
	    -Punching, notching or nibbling machines (excluding presses) for flat products including combined punching and shearing machines：
	8462.42--Numerically controlled
	8462.49--Other
	    -Machines for working tube, pipe, hollow section and bar (excluding presses)：
	8462.51--Numerically controlled
	8462.59--Other
	    -Cold metal working presses：
	8462.61--Hydraulic presses
	8462.62--Mechanical presses

FRANCAIS	ENGLISH
8462. 49--Autres 　　-Machines pour travailler les tubes, tuyaux, profilés creux, profilés, et barres (à l'exclusion des presses) : 8462. 51--À commande numérique 8462. 59--Autres 　　-Presses à froid à métaux: 8462. 61--Presses hydrauliques 8462. 62--Presses mécaniques 8462. 63--Servopresses 8462. 69--Autres 8462. 90-Autres".	8462. 63--Servo-presses 8462. 69--Other 8462. 90-Other".
N° 8479. 20. Nouvelle rédaction: "8479. 20-Machines et appareils pour l'extraction ou la préparation des huiles ou graisses végétales ou d'origine microbienne fixes ou animales".	Subheading 8479. 20. Delete and substitute: "8479. 20-Machinery for the extraction or preparation of animal or fixed vegetable or microbial fats or oils".
Nouveau n° 8479. 83. Insérer la nouvelle sous-position suivante: "8479. 83--Presses isostatiques à froid".	New subheading 8479. 83. Insert the following new subheading: "8479. 83--Cold isostatic presses".
N°s 8482. 40 et 8482. 50. Nouvelle rédaction: "8482. 40-Roulements à aiguilles, y compris les assemblages de cages et de rouleaux à aiguilles 　8482. 50-Roulements à rouleaux cylindriques, y compris les assemblages de cages et de rouleaux".	Subheadings 8482. 40 and 8482. 50. Delete and substitute: "8482. 40-Needle roller bearings, including cage and needle roller assemblies 　8482. 50-Other cylindrical roller bearings, including cage and roller assemblies".

FRANCAIS	ENGLISH
Nouveau n° 84.85. Insérer le nouveau n° 84.85 ci-après： "84.85　Machines pour la fabrication additive. 8485.10-Par dépôt métallique 8485.20-Par dépôt de matières plastiques ou de caoutchouc 8485.30-Par dépôt de plâtre, de ciment, de céramique ou de verre 8485.80-Autres 8485.90-Parties".	New heading 84.85. Insert the following new heading 84.85： "84.85　Machines for additive manufacturing. 8485.10-By metal deposit 8485.20-By plastics or rubber deposit 8485.30-By plaster, cement, ceramics or glass deposit 8485.80-Other 8485.90-Parts".
N° 84.86. Libellé. Remplacer "**Note 9 C)**" par "**Note 11 C)**".	Heading 84.86. Heading text. Delete "**Note 9 (C)**" and substitute "**Note 11 (C)**".
N° 8486.40. Libellé. Remplacer "Note 9 C)" par "Note 11 C)".	Subheading 8486.40. Subheading text. Delete "Note 9 (C)" and substitute "Note 11 (C)".
CHAPITRE 85. Nouvelle Note 5. Insérer la nouvelle Note 5 suivante： "5.-Au sens du n° 85.17, on entend par *téléphones intelligents* les téléphones pour réseaux cellulaires, équipés d'un système d'exploitation conçu pour assurer les fonctions d'une machine automatique de traitement de l'information telles que le téléchargement et le fonctionnement de manière simultanée de plusieurs applications, y compris des applications tierces, et même dotés d'autres fonctionnalités telles qu'un appareil photographique numérique ou un système de navigation.". La Note 5 devient la Note 6.	CHAPTER 85. New Note 5. Insert the following new Note 5： "5.-For the purposes of heading 85.17, the term "smartphones" means telephones for cellular networks, equipped with a mobile operating system designed to perform the functions of an automatic data processing machine such as downloading and running multiple applications simultaneously, including third-party applications, and whether or not integrating other features such as digital cameras and navigational aid systems.". Renumber present Note 5 as Note 6.

FRANCAIS	ENGLISH
Nouvelle Note 7. Insérer la nouvelle Note 7 suivante: "7. -Au sens du n° 85.24, on entend par *modules d'affichage à écran plat* les dispositifs ou appareils destinés à afficher des informations, équipés au minimum d'un écran d'affichage, qui sont conçus pour être incorporés dans des articles relevant d'autres positions avant leur utilisation. Les écrans de visualisation des modules d'affichage à écran plat peuvent notamment-mais pas seulement-être plats, incurvés, flexibles, pliables ou extensibles. Les modules d'affichage à écran plat peuvent incorporer des éléments supplémentaires, y compris ceux nécessaires à la réception de signaux vidéo et à la répartition de ces signaux en pixels sur l'écran. Toutefois, le n° 85.24 ne comprend pas les modules d'affichage dotés de composants destinés à convertir des signaux vidéo (par exemple, un circuit intégré pour scaler, un circuit intégré pour décodeur ou un processeur d'application) ou qui ont pris le caractère de marchandises d'autres positions. Aux fins du classement des modules d'affichage à écran plat définis dans la présente Note, le n° 85.24 a priorité sur toute autre position de la Nomenclature.". Les Notes 6 à 8 actuelles deviennent les Notes 8 à 10, respectivement.	New Note 7. Insert the following new Note 7: "7. -For the purposes of heading 85.24, "flat panel display modules" refer to devices or apparatus for the display of information, equipped at a minimum with a display screen, which are designed to be incorporated into articles of other headings prior to use. Display screens for flat panel display modules include, but are not limited to, those which are flat, curved, flexible, foldable or stretchable in form. Flat panel display modules may incorporate additional elements, including those necessary for receiving video signals and the allocation of those signals to pixels on the display. However, heading 85.24 does not include display modules which are equipped with components for converting video signals (e.g., a scaler IC, decoder IC or application processor) or have otherwise assumed the character of goods of other headings. For the classification of flat panel display modules defined in this Note, heading 85.24 shall take precedence over any other heading in the Nomenclature.". Renumber present Notes 6 to 8 as Notes 8 to 10, respectively.

FRANCAIS	ENGLISH

Nouvelle Note 11.
Insérer la nouvelle Note 11 suivante :
"11. -Au sens du n° 85.39, l'expression *sources lumineuses à diodes émettrices de lumière (LED)* couvre :
   a) *Les modules à diodes émettrices de lumière (LED)*, qui sont des sources lumineuses électriques basées sur les diodes émettrices de lumière (LED), disposées en circuits électriques et comportant des éléments électriques, mécaniques, thermiques ou optiques. Ils contiennent aussi des éléments discrets actifs ou passifs ou des articles des n°s 85.36 ou 85.42 dans le but de fournir l'alimentation ou de contrôler la puissance. *Les modules à diodes émettrices de lumière (LED)* ne possèdent pas de culot conçu pour être facilement installé ou remplacé dans un luminaire et pour permettre le contact électrique et la fixation mécanique.
   b) *Les lampes et tubes à diodes émettrices de lumière (LED)*, qui sont des sources lumineuses électriques composées d'un ou plusieurs m*odules* à LED, contenant d'autres éléments tels que des éléments électriques, mécaniques, thermiques ou optiques. Ils se distinguent des modules à diodes émettrices de lumière (LED) par leur culot conçu pour être facilement installé ou remplacé dans un luminaire et pour permettre le contact électrique et la fixation mécanique.".
La Note 9 actuelle devient la Note 12.
Note 9 a) actuelle (renumérotée Note 12 a)).
	New Note 11.
	Insert the following new Note 11 :
	"11. -For the purposes of heading 85.39, the expression "light-emitting diode (LED) light sources" covers :
	  (a) "Light-emitting diode (LED) modules" which are electrical light sources based on light-emitting diodes (LED) arranged in electrical circuits and containing further elements like electrical, mechanical, thermal or optical elements. They also contain discrete active elements, discrete passive elements, or articles of heading 85.36 or 85.42 for the purposes of providing power supply or power control. Light-emitting diode (LED) modules do not have a cap designed to allow easy installation or replacement in a luminaire and ensure mechanical and electrical contact.
	  (b) "Light-emitting diode (LED) lamps" which are electrical light sources containing one or more LED modules containing further elements like electrical, mechanical, thermal or optical elements. The distinction between light-emitting diode (LED) modules and light-emitting diode (LED) lamps is that lamps have a cap designed to allow easy installation or replacement in a luminaire and ensure mechanical and electrical contact.".
	Renumber present Note 9 as Note 12.
	Present Note 9 (a) (renumbered Note 12 (a)).

FRANCAIS	ENGLISH
Nouvelle rédaction: "a) 1°) *Dispositifs à semi-conducteur*, les dispositifs dont le fonctionnement repose sur la variation de la résistivité sous l'influence d'un champ électrique ou les transducteurs à semi-conducteur. Les dispositifs à semi-conducteur peuvent également inclure un assemblage de plusieurs éléments, même équipés de dispositifs actifs ou passifs dont la fonction est auxiliaire. Les *transducteurs à semi-conducteur*, aux fins de cette définition, sont les capteurs à semi-conducteur, les actionneurs à semi-conducteur, les résonateurs à semi-conducteur et les oscillateurs à semi-conducteur, qui sont des types de dispositifs discrets à semi-conducteur, qui remplissent une fonction intrinsèque, qui peuvent convertir tout type de phénomène physique ou chimique ou une action en signal électrique ou convertir un signal électrique en tout type de phénomène physique ou une action. Tous les éléments composant un transducteur sont réunis de façon pratiquement indissociable et peuvent également comprendre des matériaux indissociables nécessaires à la construction ou au fonctionnement d'un dispositif à semi-conducteur. Aux fins de la présente définition: 1) L'expression *à semi-conducteur* signifie construit ou fabriqué sur un substrat de semi-conducteur ou constitué de matériaux à base de semi-conducteur, fabriqués au moyen de la technologie de semi-conducteurs, dans	Delete and substitute: "(a) (i) "Semiconductor devices" are semiconductor devices the operation of which depends on variations in resistivity on the application of an electric field or semiconductor-based transducers. Semiconductor devices may also include assembly of plural elements, whether or not equipped with active and passive device ancillary functions. "Semiconductor-based transducers" are, for the purposes of this definition, semiconductor-based sensors, semiconductor-based actuators, semiconductor-based resonators and semiconductor-based oscillators, which are types of discrete semiconductor-based devices, which perform an intrinsic function, which are able to convert any kind of physical or chemical phenomena or an action into an electrical signal or an electrical signal into any type of physical phenomenon or an action. All the elements in semiconductor-based transducers are indivisibly combined, and may also include necessary materials indivisibly attached, that enable their construction or function. The following expressions mean: (1) "Semiconductor-based" means built or manufactured on a semiconductor substrate or made of semiconductor materials, manufactured by semiconductor technology,

FRANCAIS	ENGLISH
lesquels le substrat ou matériaux semiconducteur joue un rôle critique et irremplaçable sur la fonction et les performances du transducteur et dont le fonctionnement est basé sur les propriétés semi conductrices, physiques, électriques, chimiques et optiques. 2) Les *phénomènes physiques ou chimiques* ont trait à des phénomènes tels que la pression, les ondes sonores, l'accélération, la vibration, le mouvement, l'orientation, la contrainte, l'intensité de champ magnétique, l'intensité de champ électrique, la lumière, la radioactivité, l'humidité, le fluage, la concentration de produits chimiques, etc. 3) Les *capteurs à semi-conducteur* sont un type de dispositifs à semi-conducteur constitués par des structures microélectroniques ou mécaniques qui sont créées dans la masse ou à la surface d'un semi-conducteur et dont la fonction est de détecter des quantités physiques ou chimiques et de les convertir en signaux électriques produits par les variations résultantes de propriétés électriques ou une déformation de la structure mécanique. 4) Les *actionneurs à semi-conducteur* sont un type de dispositifs à semi-conducteur constitués par des structures microélectroniques et mécaniques qui sont créées dans la masse ou à la surface d'un semi-conducteur et dont la fonction est de convertir les signaux électriques en mouvement physique.	in which the semiconductor substrate or material plays a critical and unreplaceable role of transducer function and performance, and the operation of which is based on semiconductor properties including physical, electrical, chemical and optical properties. (2) "Physical or chemical phenomena" relate to phenomena, such as pressure, acoustic waves, acceleration, vibration, movement, orientation, strain, magnetic field strength, electric field strength, light, radioactivity, humidity, flow, chemicals concentration, etc. (3) "Semiconductor-based sensor" is a type of semiconductor device, which consists of microelectronic or mechanical structures that are created in the mass or on the surface of a semiconductor and that have the function of detecting physical or chemical quantities and converting these into electric signals caused by resulting variations in electric properties or displacement of a mechanical structure. (4) "Semiconductor-based actuator" is a type of semiconductor device, which consists of microelectronic or mechanical structures that are created in the mass or on the surface of a semiconductor and that have the function of converting electric signals into physical movement.

FRANCAIS	ENGLISH
5) Les *résonateurs à semi-conducteurs* sont un type de dispositifs à semi-conducteur constitués par des structures microélectroniques et mécaniques qui sont créées dans la masse ou à la surface d'un semi-conducteur et dont la fonction est de générer une oscillation mécanique ou électrique d'une fréquence prédéfinie qui dépend de la géométrie physique de ces structures en réponse à un signal électrique externe. 6) Les *oscillateurs à semi-conducteurs* sont un type de dispositifs à semi-conducteur constitués par des structures microélectroniques ou mécaniques qui sont créées dans la masse ou à la surface d'un semi-conducteur et dont la fonction est de générer une oscillation mécanique ou électrique d'une fréquence prédéfinie qui dépend de la géométrie physique de ces structures. 2°) *Les diodes émettrices de lumière (LED)* sont des dispositifs à semi-conducteur fabriqués à partir de matériaux semi-conducteurs, qui transforment l'énergie électrique en rayonnements visibles, infrarouges ou ultraviolets, même connectées électriquement entre elles et même combinées avec des diodes de protection. *Les diodes émettrices de lumière (LED)* du n° 85.41 ne comportent pas d'éléments dans le but de fournir l'alimentation ou de contrôler la puissance;".	(5) "Semiconductor-based resonator" is a type of semiconductor device, which consists of microelectronic or mechanical structures that are created in the mass or on the surface of a semiconductor and that have the function of generating a mechanical or electrical oscillation of a predefined frequency that depends on the physical geometry of these structures in response to an external input. (6) "Semiconductor-based oscillator" is a type of semiconductor device, which consists of microelectronic or mechanical structures that are created in the mass or on the surface of a semiconductor and that have the function of generating a mechanical or electrical oscillation of a predefined frequency that depends on the physical geometry of these structures. (ii) "Light-emitting diodes (LED)" are semiconductor devices based on semiconductor materials which convert electrical energy into visible, infra-red or ultra-violet rays, whether or not electrically connected among each other and whether or not combined with protective diodes. Light-emitting diodes (LED) of heading 85.41 do not incorporate elements for the purposes of providing power supply or power control;".

FRANCAIS	ENGLISH
Note 9 b) 4°) 3. a) actuelle (renumérotée Note 12 b) 4°) 3. a)). Nouvelle rédaction： "3. a) Les *capteurs au silicium* sont constitués par des structures microélectroniques ou mécaniques qui sont créées dans la masse ou à la surface d'un semi-conducteur et dont la fonction est de détecter des phénomènes physiques ou chimiques et de les convertir en signaux électriques lorsque se produisent des variations de propriétés électriques ou une déformation de la structure mécanique. Les *phénomènes physiques ou chimiques* ont trait à des phénomènes tels que la pression, les ondes sonores, l'accélération, la vibration, le mouvement, l'orientation, la contrainte, l'intensité de champ magnétique, l'intensité de champ électrique, la lumière, la radioactivité, l'humidité, le fluage, la concentration de produits chimiques, etc.".	Present Note 9（b）（iv）3.（a）（renumbered Note 12（b）（iv）3.（a）). Delete and substitute： "3.（a）"Silicon-based sensors" consist of microelectronic or mechanical structures that are created in the mass or on the surface of a semiconductor and that have the function of detecting physical or chemical phenomena and transducing these into electric signals, caused by resulting variations in electric properties or displacement of a mechanical structure. "Physical or chemical phenomena" relates to phenomena, such as pressure, acoustic waves, acceleration, vibration, movement, orientation, strain, magnetic field strength, electric field strength, light, radioactivity, humidity, flow, chemicals concentration, etc.".
Note 10 actuelle. Supprimer cette Note.	Present Note 10. Delete this Note.
Chapitre 85. Note de sous-positions. Titre. Nouvelle rédaction： "**Notes de sous-positions.** ".	Chapter 85. Subheading Note. Title. Delete and substitute： "**Subheading Notes.** ".

FRANCAIS	ENGLISH
Nouvelles Notes 1 à 3 de sous-positions. Insérer les nouvelles Notes 1 à 3 de sous-positions suivantes : " 1. -Le n° 8525.81 comprend uniquement les caméras de télévision, les appareils photographiques numériques et les caméscopes ultrarapides qui possèdent une ou plusieurs des caractéristiques suivantes : 　-vitesse d'enregistrement supérieure à 0,5 mm par microseconde; 　-résolution temporelle de 50 nanosecondes ou moins; 　-fréquence d'image excédant 225.000 images par seconde. 2. -En ce qui concerne le n° 8525.82, les caméras résistant aux rayonnements sont conçues ou blindées de façon à pouvoir fonctionner dans des environnements soumis à des rayonnements élevés. Ces caméras sont conçues pour résister à une dose de rayonnement totale de plus de 50×10^3 Gy (silicium) (5×10^6 rad (silicium)) sans que leur fonctionnement soit altéré. 3. -La sous-position 8525.83 couvre les caméras de télévision, les appareils photographiques numériques et les caméscopes à vision nocturne qui utilisent une photocathode pour convertir la lumière naturelle disponible en électrons qui peuvent être amplifiés et convertis pour produire une image visible. Cette sous-position exclut les caméras à imagerie thermique (n° 8525.89, généralement).". La Note 1 de sous-positions actuelle devient la Note 4 de sous-positions.	New Subheading Notes 1 to 3. Insert the following new Subheading Notes 1 to 3 : " 1. -Subheading 8525.81 covers only high-speed television cameras, digital cameras and video camera recorders having one or more of the following characteristics : 　-writing speed exceeding 0.5 mm per microsecond; 　-time resolution 50 nanoseconds or less; 　-frame rate exceeding 225,000 frames per second. 2. -In respect of subheading 8525.82, radiation-hardened or radiation-tolerant television cameras, digital cameras and video camera recorders are designed or shielded to enable operation in a high-radiation environment. These cameras are designed to withstand a total radiation dose of at least 50×10^3 Gy (silicon) (5×10^6 RAD (silicon)), without operational degradation. 3. -Subheading 8525.83 covers night vision television cameras, digital cameras and video camera recorders which use a photocathode to convert available light to electrons, which can be amplified and converted to yield a visible image. This subheading excludes thermal imaging cameras (generally subheading 8525.89).". Renumber present Subheading Note 1 as Subheading Note 4.

FRANCAIS	ENGLISH
Nouvelle Note 5 de sous-positions. Insérer la nouvelle Note 5 de sous-positions suivante: "5. -Au sens des n°s 8549. 11 à 8549. 19, on entend par *piles et batteries de piles électriques hors d'usage et accumulateurs électriques hors d'usage* ceux qui sont devenues inutilisables en tant que tels par suite de bris, découpage, usure ou autres motifs ou qui ne sont pas susceptibles d'être rechargés.".	New Subheading Note 5. Insert the following new Subheading Note 5: "5. -For the purposes of subheadings 8549. 11 to 8549. 19, "spent primary cells, spent primary batteries and spent electric accumulators" are those which are neither usable as such because of breakage, cutting-up, wear or other reasons, nor capable of being recharged.".
N° 8501. 3. Nouvelle rédaction: " -Autres moteurs à courant continu; machines génératrices à courant continu, autres que les machines génératrices photovoltaïques:".	Subheading 8501. 3. Delete and substitute: " -Other DC motors; DC generators, other than photovoltaic generators:".
N° 8501. 6. Nouvelle rédaction: " -Machines génératrices à courant alternatif (alternateurs), autres que les machines génératrices photovoltaïques:".	Subheading 8501. 6. Delete and substitute: " -AC generators (alternators), other than photovoltaic generators:".
Nouveaux n°s 8501. 7 à 8501. 80. Insérer les nouvelles sous-positions suivantes: " -Machines génératrices photovoltaïques à courant continu: 8501. 71--D'une puissance n'excédant pas 50W 8501. 72--D'une puissance excédant 50 W 8501. 80-Machines génératrices photovoltaïques à courant alternatif".	New subheadings 8501. 7 to 8501. 80. Insert the following new subheadings: " -Photovoltaic DC generators: 8501. 71--Of an output not exceeding 50 W 8501. 72--Of an output exceeding 50 W 8501. 80-Photovoltaic AC generators".
N° 8507. 40. Supprimer cette sous-position.	Subheading 8507. 40. Delete this subheading.

FRANCAIS	ENGLISH
N° 85. 13. Libellé. Nouvelle rédaction： "85. 13　Lampes électriques portatives, conçues pour fonctionner au moyen de leur propre source d'énergie (à piles, à accumulateurs, électromagnétiques, par exemple), autres que les appareils d'éclairage du n° 85. 12. ".	Heading 85. 13.　Heading text. French text only.
N° 8514. 10. Nouvelle rédaction： "　　-Fours à résistance (à chauffage indirect)： 8514. 11--Presses isostatiques à chaud 8514. 19--Autres".	Subheading 8514. 10. Delete and substitute： "　　-Resistance heated furnaces and ovens： 8514. 11--Hot isostatic presses 8514. 19--Other".
N° 8514. 30. Nouvelle rédaction： "　　-Autres fours： 8514. 31--Fours à faisceau d'électrons 8514. 32--Fours à plasma et fours à arc sous vide 8514. 39--Autres".	Subheading 8514. 30. Delete and substitute： "　　-Other furnaces and ovens： 8514. 31--Electron beam furnaces 8514. 32--Plasma and vacuum arc furnaces 8514. 39--Other".
N° 85. 17. Libellé. Remplacer le terme "**téléphones**" par "**téléphones intelligents et autrestéléphones**".	Heading 85. 17.　Heading text. Delete "**telephones**" and substitute "**smartphones and other telephones**".
N° 8517. 1. Libellé de sous-position. Remplacer le terme "téléphones" par "téléphones intelligents et autres téléphones".	Subheading 8517. 1.　Subheading text. Delete "telephones" and substitute "smartphones and other telephones".

FRANCAIS	ENGLISH

N° 8517. 12.
Nouvelle rédaction：
"8517. 13--Téléphones intelligents
  8517. 14--Autres téléphones pour réseaux cellulaires ou autres réseaux sans fil".
	Subheading 8517. 12.
	Delete and substitute：
	"8517. 13--Smartphones
	  8517. 14--Other telephones for cellular networks or for other wireless networks".

N° 8517. 70. Nouvelle rédaction： " -Parties： 8517. 71--Antennes et réflecteurs d'antennes de tous types；parties reconnaissables comme étant utilisées conjointement avec ces articles 8517. 79--Autres".	Subheading 8517. 70. Delete and substitute： " -Parts： 8517. 71--Aerials and aerial reflectors of all kinds；parts suitable for use therewith 8517. 79--Other".
N° 8519. 50. Supprimer cette sous-position.	Subheading 8519. 50. Delete this subheading.

Nouveau n° 85. 24.
Insérer la nouvelle position suivante：
"85. 24 Modules d'affichage à écran plat, même comprenant des écrans tactiles.
    -Sans pilotes ni circuits de commande：
8524. 11--A cristaux liquides
8524. 12--A diodes émettrices de lumière organiques (OLED)
8524. 19--Autres
    -Autres：
8524. 91--A cristaux liquides
8524. 92--A diodes émettrices de lumière organiques (OLED)
8524. 99--Autres".
	New heading 85. 24.
	Insert the following new heading：
	"85. 24 Flat panel display modules, whether or not incorporating touch-sensitive screens.
	    -Without drivers or control circuits：
	8524. 11--Of liquid crystals
	8524. 12--Of organic light-emitting diodes (OLED)
	8524. 19--Other
	    -Other：
	8524. 91--Of liquid crystals
	8524. 92--Of organic light-emitting diodes (OLED)
	8524. 99--Other".

FRANCAIS	ENGLISH
N° 8525. 80. Nouvelle rédaction : " -Caméras de télévision, appareils photographiques numériques et caméscopes : 8525. 81--Ultrarapides, mentionnés dans la Note 1 de sous-positions du présent Chapitre 8525. 82--Autres, résistants aux rayonnements, mentionnés dans la Note 2 de sous-positions du présent Chapitre 8525. 83--Autres, à vision nocturne, mentionnés dans la Note 3 de sous-positions du présent Chapitre 8525. 89--Autres".	Subheading 8525. 80. Delete and substitute : " -Television cameras, digital cameras and video camera recorders : 8525. 81--High-speed goods as specified in Subheading Note 1 to this Chapter 8525. 82--Other, radiation-hardened or radiation-tolerant goods as specified in Subheading Note 2 to this Chapter 8525. 83--Other, night vision goods as specified in Subheading Note 3 to this Chapter 8525. 89--Other".
N° 85. 29. Libellé. Remplacer " **85. 25** " par " **85. 24** ".	Heading 85. 29. Heading text. Delete " **85. 25** " and substitute " **85. 24** ".
N° 85. 39. Libellé. Remplacer "lampes et tubes à diodes émettrices de lumière (LED) ." par "sources lumineuses à diodes émettrices de lumière (LED) .".	Heading 85. 39. Heading text. Delete "light-emitting diode (LED) lamps." and substitute "light-emitting diode (LED) light sources.".
N° 8539. 50. Nouvelle rédaction : " -Sources lumineuses à diodes émettrices de lumière (LED) : 8539. 51--Modules à diodes émettrices de lumière (LED) 8539. 52--Lampes et tubes à diodes émettrices de lumière (LED) ".	Subheading 8539. 50. Delete and substitute : " -Light-emitting diode (LED) light sources : 8539. 51--Light-emitting diode (LED) modules 8539. 52--Light-emitting diode (LED) lamps".

FRANCAIS	ENGLISH
N° 85.41. Libellé. Nouvelle rédaction: "85.41 Dispositifs à semi-conducteur (par exemple, diodes, transistors, transducteurs à semi-conducteur); dispositifs photosensibles à semi-conducteur, y compris les cellules photovoltaïques même assemblées en modules ou constituées en panneaux; diodes émettrices de lumière (LED), même assemblées avec d'autres diodes émettrices de lumière (LED); cristaux piézo-électriques montés.".	Heading 85.41. Heading text. Delete and substitute: "85.41 Semiconductor devices (for example, diodes, transistors, semiconductor-based transducers); photosensitive semiconductor devices, including photovoltaic cells whether or not assembled in modules or made up into panels; light-emitting diodes (LED), whether or not assembled with other light-emitting diodes (LED); mounted piezo-electric crystals.".
N°s 8541.40 et 8541.50. Nouvelle rédaction: " -Dispositifs photosensibles à semi-conducteur, y compris les cellules photovoltaïques même assemblées en modules ou constituées en panneaux; diodes émettrices de lumière (LED): 8541.41--Diodes émettrices de lumière (LED) 8541.42--Cellules photovoltaïques non assemblées en modules ni constituées en panneaux 8541.43--Cellules photovoltaïques assemblées en modules ou constituées en panneaux 8541.49--Autres -Autres dispositifs à semi-conducteur: 8541.51--Transducteurs à semi-conducteur 8541.59--Autres".	Subheadings 8541.40 and 8541.50. Delete and substitute: " -Photosensitive semiconductor devices, including photovoltaic cells whether or not assembled in modules or made up into panels; light-emitting diodes (LED): 8541.41--Light-emitting diodes (LED) 8541.42--Photovoltaic cells not assembled in modules or made up into panels 8541.43--Photovoltaic cells assembled in modules or made up into panels 8541.49--Other -Other semiconductor devices: 8541.51--Semiconductor-based transducers 8541.59--Other".

FRANCAIS	ENGLISH
Nouveau n° 85.43. Insérer la nouvelle sous-position suivante : "8543.40-Cigarettes électroniques et dispositifs de vaporisation électriques personnels similaires".	New subheading 85.43. Insert the following new subheading : "8543.40-Electronic cigarettes and similar personal electric vaporising devices".
N° 85.48. Nouvelle rédaction : "85.48 8548.00 Parties électriques de machines ou d'appareils, non dénommées ni comprises ailleurs dans le présent Chapitre.".	Heading 85.48. Delete and substitute : "85.48 8548.00 Electrical parts of machinery or apparatus, not specified or included elsewhere in this Chapter.".
Nouveau n° 85.49. Insérer la nouvelle position suivante : "85.49 Déchets et débris électriques et électroniques. -Déchets et débris de piles, de batteries de piles et d'accumulateurs électriques ; piles et batteries de piles électriques hors d'usage et accumulateurs électriques hors d'usage : 8549.11--Déchets et débris d'accumulateurs au plomb et à l'acide ; accumulateurs au plomb et à l'acide hors d'usage 8549.12--Autres, contenant du plomb, du cadmium ou du mercure 8549.13--Triés par type de composant chimique et ne contenant ni plomb, ni cadmium ni mercure 8549.14--En vrac et ne contenant ni plomb, ni cadmium ni mercure	New heading 85.49. Insert the following new heading : "85.49 Electrical and electronic waste and scrap. -Waste and scrap of primary cells, primary batteries and electric accumulators ; spent primary cells, spent primary batteries and spent electric accumulators : 8549.11--Waste and scrap of lead-acid accumulators ; spent lead-acid accumulators 8549.12--Other, containing lead, cadmium or mercury 8549.13--Sorted by chemical type and not containing lead, cadmium or mercury 8549.14--Unsorted and not containing lead, cadmium or mercury

FRANCAIS	ENGLISH
8549.19--Autres 　-Des types utilisés principalement pour la récupération des métaux précieux : 8549.21--Contenant des piles et batteries de piles électriques, des accumulateurs électriques, des interrupteurs au mercure, du verre de tubes cathodiques et autres verres activés, ou des composants électriques ou électroniques contenant du cadmium, du mercure, du plomb ou des polychlorobiphényles (PCB) 8549.29--Autres 　-Autres assemblages électriques et électroniques et les cartes de circuits imprimés : 8549.31--Contenant des piles et batteries de piles électriques, des accumulateurs électriques, des interrupteurs au mercure, du verre de tubes cathodiques et autres verres activés, ou des composants électriques ou électroniques contenant du cadmium, du mercure, du plomb ou des polychlorobiphényles (PCB) 8549.39--Autres 　-Autres : 8549.91--Contenant des piles et batteries de piles électriques, des accumulateurs électriques, des interrupteurs au mercure, du verre de tubes cathodiques et autres verres activés, ou des composants électriques ou électroniques contenant du cadmium, du mercure, du plomb ou des polychlorobiphényles (PCB) 8549.99--Autres".	8549.19--Other 　-Of a kind used principally for the recovery of precious metal : 8549.21--Containing primary cells, primary batteries, electric accumulators, mercury-switches, glass from cathode-ray tubes or other activated glass, or electrical or electronic components containing cadmium, mercury, lead or polychlorinated biphenyls (PCBs) 8549.29--Other 　-Other electrical and electronic assemblies and printed circuit boards : 8549.31--Containing primary cells, primary batteries, electric accumulators, mercury-switches, glass from cathode-ray tubes or other activated glass, or electrical or electronic components containing cadmium, mercury, lead or polychlorinated biphenyls (PCBs) 8549.39--Other 　-Other : 8549.91--Containing primary cells, primary batteries, electric accumulators, mercury-switches, glass from cathode-ray tubes or other activated glass, or electrical or electronic components containing cadmium, mercury, lead or polychlorinated biphenyls (PCBs) 8549.99--Other".

FRANCAIS	ENGLISH
SECTION XVII. Note 2 k). Remplacer "les appareils d'éclairage et leurs parties" par "les luminaires et appareils d'éclairage, et leurs parties".	SECTION XVII. Note 2 (k). Delete "Lamps or lighting fittings" and substitute "Luminaires and lighting fittings and parts thereof".

CHAPTER 87.
Nouvelle Note 1 de sous-positions.
Insérer la nouvelle Note 1 de sous-positions suivante:
"Note de sous-positions.
1. -Le n° 8708. 22 couvre:
  a) les pare-brises, vitres arrières et autres glaces, encadrés;
  b) les pare-brises, vitres arrières et autres glaces, même encadrés, incorporant des dispositifs chauffants ou autres dispositifs électriques ou électroniques, pour autant qu'ils soient destinés exclusivement ou principalement aux véhicules automobiles des n°s 87.01 à 87.05.".
	CHAPTER 87.
	New Subheading Note 1.
	Insert the following new Subheading Note 1:
	"Subheading Note.
	1. -Subheading 8708. 22 covers:
	  (a) front windscreens (windshields), rear windows and other windows, framed; and
	  (b) front windscreens (windshields), rear windows and other windows, whether or not framed, incorporating heating devices or other electrical or electronic devices, when suitable for use solely or principally with the motor vehicles of headings 87.01 to 87.05.".

N° 8701. 20. Nouvelle rédaction: " -Tracteurs routiers pour semi-remorques: 8701. 21--Uniquement à moteur à piston à allumage par compression (diesel ou semi-diesel) 8701. 22--Equipés à la fois, pour la propulsion, d'un moteur à piston à allumage par compression (diesel ou semi-diesel) et d'un moteur électrique 8701. 23--Equipés à la fois, pour la propulsion, d'un moteur à piston à allumage par étincelles et d'un moteur électrique 8701. 24--Uniquement à moteur électrique pour la propulsion 8701. 29--Autres".	Subheading 8701. 20. Delete and substitute: " -Road tractors for semi-trailers: 8701. 21--With only compression-ignition internal combustion piston engine (diesel or semi-diesel) 8701. 22--With both compression-ignition internal combustion piston engine (diesel or semi-diesel) and electric motor as motors for propulsion 8701. 23--With both spark-ignition internal combustion piston engine and electric motor as motors for propulsion 8701. 24--With only electric motor for propulsion 8701. 29--Other".

FRANCAIS	ENGLISH
N° 8702. 30. Libellé. Supprimer "alternatif".	Subheading 8702. 30. Subheading text. Delete "reciprocating".
N° 8703. 2. Libellé. Supprimer "alternatif".	Subheading 8703. 2. Subheading text. Delete "reciprocating".
N° 8703. 40. Libellé. Supprimer "alternatif".	Subheading 8703. 40. Subheading text. Delete "reciprocating".
N° 8703. 60. Libellé. Supprimer "alternatif".	Subheading 8703. 60. Subheading text. Delete "reciprocating".
N°s 8704. 2 à 8704. 32. Nouvelle rédaction: "　　-Autres, uniquement à moteur à piston à allumage par compression (diesel ou semi-diesel): 8704. 21--D'un poids en charge maximal n'excédant pas 5 tonnes 8704. 22--D'un poids en charge maximal excédant 5 tonnes mais n'excédant pas 20 tonnes 8704. 23--D'un poids en charge maximal excédant 20 tonnes 　　-Autres, uniquement à moteur à piston à allumage par étincelles: 8704. 31--D'un poids en charge maximal n'excédant pas 5 tonnes 8704. 32--D'un poids en charge maximal excédant 5 tonnes 　　-Autres, équipés à la fois, pour la propulsion, d'un moteur à piston à allumage par compression (diesel ou semi-diesel) et d'un moteur électrique: 8704. 41--D'un poids en charge maximal n'excédant pas 5 tonnes	Subheadings 8704. 2 to 8704. 32. Delete and substitute: "　　-Other, with only compression-ignition internal combustion piston engine (diesel or semi-diesel): 8704. 21--g. v. w. not exceeding 5 tonnes 8704. 22--g. v. w. exceeding 5 tonnes but not exceeding 20 tonnes 8704. 23--g. v. w. exceeding 20 tonnes 　　-Other, with only spark-ignition internal combustion piston engine: 8704. 31--g. v. w. not exceeding 5 tonnes 8704. 32--g. v. w. exceeding 5 tonnes 　　-Other, with both compression-ignition internal combustion piston engine (diesel or semi-diesel) and electric motor as motors for propulsion: 8704. 41--g. v. w. not exceeding 5 tonnes 8704. 42--g. v. w. exceeding 5 tonnes but not exceeding 20 tonnes 8704. 43--g. v. w. exceeding 20 tonnes 　　-Other, with both spark-ignition internal combustion piston engine and electric motor as motors for propulsion:

FRANCAIS	ENGLISH
8704.42--D'un poids en charge maximal excédant 5 tonnes mais n'excédant pas 20 tonnes 8704.43--D'un poids en charge maximal excédant 20 tonnes -Autres, équipés à la fois, pour la propulsion, d'un moteur à piston à allumage par étincelles et d'un moteur électrique： 8704.51--D'un poids en charge maximal n'excédant pas 5 tonnes 8704.52--D'un poids en charge maximal excédant 5 tonnes 8704.60-Autres, uniquement à moteur électrique pour la propulsion".	8704.51--g. v. w. not exceeding 5 tonnes 8704.52--g. v. w. exceeding 5 tonnes 8704.60-Other with only electric motor for propulsion".
Nouveau n° 8708.22. Insérer la nouvelle sous-position suivante： "8708.22--Pare-brises, vitres arrières et autres glaces visés à la Note 1 de sous-positions du présent Chapitre".	New subheading 8708.22. Insert the following new subheading： "8708.22--Front windscreens (windshields), rear windows and other windows specified in Subheading Note 1 to this Chapter".
N° 8711.10. Libellé. Supprimer "alternatif".	Subheading 8711.10. Subheading text. Delete "reciprocating".
N° 8711.20. Libellé. Supprimer "alternatif".	Subheading 8711.20. Subheading text. Delete "reciprocating".
N° 8711.30. Libellé. Supprimer "alternatif".	Subheading 8711.30. Subheading text. Delete "reciprocating".
N° 8711.40. Libellé. Supprimer "alternatif".	Subheading 8711.40. Subheading text. Delete "reciprocating".
N° 8711.50. Libellé. Supprimer "alternatif".	Subheading 8711.50. Subheading text. Delete "reciprocating".

FRANCAIS	ENGLISH
CHAPITRE 88. Nouvelle Note 1. Insérer la nouvelle Note 1 suivante： "1. -Au sens du présent Chapitre, on entend par *véhicule aérien sans pilote* tout véhicule aérien, autre que ceux du n° 88.01, conçu pour voler sans pilote à bord. Ils peuvent être conçus pour transporter une charge utile ou équipés d'appareils photographiques numériques intégrés de façon permanente ou d'autres dispositifs leur permettant de remplir des fonctions utilitaires pendant leur vol. L'expression *véhicule aérien sans pilote* ne couvre toutefois pas les jouets volants, conçus uniquement pour des fins récréatives (n° 95.03).".	CHAPTER 88. New Note 1. Insert the following new Note 1： "1. -For the purposes of this Chapter, the expression "unmanned aircraft" means any aircraft, other than those of heading 88.01, designed to be flown without a pilot on board. They may be designed to carry a payload or equipped with permanently integrated digital cameras or other equipment which would enable them to perform utilitarian functions during their flight. The expression "unmanned aircraft", however, does not cover flying toys, designed solely for amusement purposes (heading 95.03).".
Chapitre 88. Note de sous-positions. Titre. Nouvelle rédaction： "**Notes de sous-positions.**".	Chapter 88. Subheading Note. Title. Delete and substitute： "**Subheading Notes.**".
CHAPITRE 88. Nouvelle Note 2 de sous-positions. Insérer la nouvelle Note 2 de sous-positions suivante： "2. -Pour l'application des n°s 8806.21 à 8806.24 et 8806.91 à 8806.94, on entend par *poids maximal au décollage* le poids maximal des appareils en ordre normal de vol au décollage, y compris le poids de la charge utile, de l'équipement et du carburant.".	CHAPTER 88. New Subheading Note 2. Insert the following new Subheading Note 2： "2. -For the purposes of subheadings 8806.21 to 8806.24 and 8806.91 to 8806.94, the expression "maximum take-off weight" means the maximum weight of the machine in normal flying order, at take-off, including the weight of payload, equipment and fuel.".

FRANCAIS	ENGLISH
N° 88.02. Libellé. Remplacer "Autres véhicules aériens, à l'exception des véhicules aériens sans pilote du n° 88.06 (hélicoptères, avions, par exemple)" par "Autres véhicules aériens (hélicoptères, avions, par exemple), à l'exception des véhicules aériens sans pilote du n° 88.06".	Heading 88.02. Heading text. Delete "Other aircraft, except unmanned aircraft of heading 88.06 (for example, helicopters, aeroplanes)" and substitute "Other aircraft (for example, helicopters, aeroplanes), except unmanned aircraft of heading 88.06".
N° 88.03. Supprimer cette position.	Heading 88.03. Delete this heading.
Nouveau N° 88.06. Insérer la nouvelle position suivante: "**88.06 Véhicules aériens sans pilote.** 8806.10-Conçus pour le transport de passagers -Autres, conçus uniquement pour être téléguidés: 8806.21--D'un poids maximal au décollage n'excédant pas 250 g 8806.22--D'un poids maximal au décollage excédant 250 g mais n'excédant pas 7 kg 8806.23--D'un poids maximal au décollage excédant 7 kg mais n'excédant pas 25 kg 8806.24--D'un poids maximal au décollage excédant 25 kg mais n'excédant pas 150 kg 8806.29--Autres -Autres: 8806.91--D'un poids maximal au décollage n'excédant pas 250 g 8806.92--D'un poids maximal au décollage excédant 250 g mais n'excédant pas 7 kg	New Heading 88.06. Insert the following new heading: "**88.06 Unmanned aircraft.** 8806.10-Designed for the carriage of passengers -Other, for remote-controlled flight only: 8806.21--With maximum take-off weight not more than 250 g 8806.22--With maximum take-off weight more than 250 g but not more than 7 kg 8806.23--With maximum take-off weight more than 7 kg but not more than 25 kg 8806.24--With maximum take-off weight more than 25 kg but not more than 150 kg 8806.29--Other -Other: 8806.91--With maximum take-off weight not more than 250 g 8806.92--With maximum take-off weight more than 250 g but not more than 7 kg

FRANCAIS	ENGLISH
8806.93--D'un poids maximal au décollage excédant 7 kg mais n'excédant pas 25 kg 8806.94--D'un poids maximal au décollage excédant 25 kg mais n'excédant pas 150 kg 8806.99--Autres".	8806.93--With maximum take-off weight more than 7 kg but not more than 25 kg 8806.94--With maximum take-off weight more than 25 kg but not more than 150 kg 8806.99--Other".
Nouveau N° 88.07. Insérer la nouvelle position 88.07: "88.07　Parties des appareils des n°s 88.01, 88.02 ou 88.06. 8807.10-Hélices et rotors, et leurs parties 8807.20-Trains d'atterrissage et leurs parties 8807.30-Autres parties d'avions, d'hélicoptères ou de véhicules aériens sans pilote 8807.90-Autres".	New Heading 88.07. Insert the following new heading 88.07: "88.07　Parts of goods of heading 88.01, 88.02 or 88.06. 8807.10-Propellers and rotors and parts thereof 8807.20-Under-carriages and parts thereof 8807.30-Other parts of aeroplanes, helicopters or unmanned aircraft 8807.90-Other".
N°s 8903.10 à 8903.99. Nouvelle rédaction: "　　　-Bateaux gonflables, même à coque rigide: 8903.11--Comportant un moteur ou conçus pour comporter un moteur, d'un poids à vide sans moteur n'excédant pas 100 kg 8903.12--Non conçus pour être utilisés avec un moteur et d'un poids à vide n'excédant pas 100 kg 8903.19--Autres 　　　-Bateaux à voile, autres que gonflables, même avec moteur auxiliaire: 8903.21--D'une longueur n'excédant pas 7,5 m 8903.22--D'une longueur excédant 7,5 m mais n'excédant pas 24 m	Subheadings 8903.10 to 8903.99. Delete and substitute: "　　　-Inflatable (including rigid hull inflatable) boats: 8903.11--Fitted or designed to be fitted with a motor, unladen (net) weight (excluding the motor) not exceeding 100 kg 8903.12--Not designed for use with a motor and unladen (net) weight not exceeding 100 kg 8903.19--Other 　　　-Sailboats, other than inflatable, with or without auxiliary motor: 8903.21--Of a length not exceeding 7.5 m 8903.22--Of a length exceeding 7.5 m but not exceeding 24 m

FRANCAIS	ENGLISH
8903.23--D'une longueur excédant 24 m -Bateaux à moteur, autres que gonflables, ne comportant pas de moteur hors-bord: 8903.31--D'une longueur n'excédant pas 7,5 m 8903.32--D'une longueur excédant 7,5 m mais n'excédant pas 24 m 8903.33--D'une longueur excédant 24 m -Autres: 8903.93--D'une longueur n'excédant pas 7,5m 8903.99--Autres".	8903.23--Of a length exceeding 24 m -Motorboats, other than inflatable, not including outboard motorboats: 8903.31--Of a length not exceeding 7.5 m 8903.32--Of a length exceeding 7.5 m but not exceeding 24 m 8903.33--Of a length exceeding 24 m -Other: 8903.93--Of a length not exceeding 7.5 m 8903.99--Other".
CHAPITRE 90. Note 1 f). Nouvelle rédaction: "f) les parties et fournitures d'emploi général, au sens de la Note 2 de la Section XV, en métaux communs (Section XV) et les articles similaires en matières plastiques (Chapitre 39); relèvent toutefois du n° 90.21 les articles spécialement conçus pour être utilisés exclusivement comme implants pour la médecine, la chirurgie, l'art dentaire ou l'art vétérinaire;".	CHAPTER 90. Note 1 (f). Delete and substitute: "(f) Parts of general use, as defined in Note 2 to Section XV, of base metal (Section XV) or similar goods of plastics (Chapter 39); however, articles specially designed for use exclusively in implants in medical, surgical, dental or veterinary sciences are to be classified in heading 90.21;".
N°s 9006.51 et 9006.52. Supprimer ces sous-positions.	Subheadings 9006.51 and 9006.52. Delete these subheadings.
N° 9006.53. Nouvelle rédaction: "9006.53--Pour pellicules en rouleaux d'une largeur de 35 mm.".	Subheading 9006.53. Delete and substitute: "9006.53--For roll film of a width of 35 mm.".

FRANCAIS	ENGLISH
N° 90.13. Libellé. Nouvelle rédaction： "90.13　Lasers, autres que les diodes laser; autres appareils et instruments d'optique, non dénommés ni compris ailleurs dans le présent Chapitre.".	Heading 90.13. Heading text. Delete and substitute： "90.13　Lasers, other than laser diodes; other optical appliances and instruments, not specified or included elsewhere in this Chapter.".
N° 90.22. Libellé. Remplacer "ou gamma" par ", gamma ou d'autres radiations ionisantes".	Heading 90.22. Heading text. Delete "or gamma" and substitute ", gamma or other ionising".
N° 9022.2. Libellé. Remplacer "ou gamma" par ", gamma ou d'autres radiations ionisantes".	Subheading 9022.2. Subheading text. Delete "or gamma" and substitute ", gamma or other ionising".
N° 9027.80. Nouvelle rédaction： "　　　-Autres instruments et appareils： 9027.81--Spectromètres de masse 9027.89--Autres".	Subheading 9027.80. Delete and substitute： "　　　-Other instruments and apparatus： 9027.81--Mass spectrometers 9027.89--Other".
N° 9030.3. Libellé. Remplacer "de la puissance：" par " de la puissance (autres que ceux pour la mesure ou le contrôle des disques ou des dispositifs à semi-conducteur)：".	Subheading 9030.3. Subheading text. Delete "power：" and substitute "power (other than those for measuring or checking semiconductor wafers or devices)：".
N° 9030.82. Nouvelle rédaction： "9030.82--Pour la mesure ou le contrôle des disques ou des dispositifs à semi-conducteur (y compris les circuits intégrés) ".	Subheading 9030.82. Delete and substitute： "9030.82--For measuring or checking semiconductor wafers or devices (including integrated circuits) ".

FRANCAIS	ENGLISH
N° 9031.41. Nouvelle rédaction: "9031.41--Pour le contrôle des disques ou des dispositifs à semi-conducteur (y compris les circuits intégrés) ou pour le contrôle des masques photographiques ou des réticules utilisés dans la fabrication de dispositifs à semi-conducteur (y compris les circuits intégrés)".	Subheading 9031.41. Delete and substitute: "9031.41--For inspecting semiconductor wafers or devices (including integrated circuits) or for inspecting photomasks or reticles used in manufacturing semiconductor devices (including integrated circuits)".
N° 9114.10. Supprimer cette sous-position.	Subheading 9114.10. Delete this subheading.
CHAPITRE 94. TITRE DU CHAPITRE 94. Remplacer "appareils d'éclairage" par "**luminaires et appareils d'éclairage**".	CHAPTER 94. TITLE OF CHAPTER 94. Delete "**lamps and lighting fittings**" and substitute "**luminaires and lighting fittings**".
Note 1 f). Remplacer "les appareils d'éclairage" par "les sources lumineuses et appareils d'éclairage, et leurs parties".	Note 1 (f). Delete "Lamps or lighting fittings" and substitute "Lamps or light sources and parts thereof".
Note 1 l). Première ligne. Remplacer "et appareils d'éclairage" par, "luminaires et appareils d'éclairage". Troisième ligne. Texte anglais seulement.	Note 1 (l). First line. Delete "lamps or lighting fittings" and substitute "luminaires and lighting fittings". Third line. Delete "electric garlands" and substitute "lighting strings".
Note 4. Nouveau deuxième paragraphe. Insérer le nouveau deuxième paragraphe suivant: "Sont considérées comme constructions préfabriquées les *unités de construction modulaires* en acier, qui sont normalement de la taille et de la forme d'un conteneur d'expédition standard, mais qui sont en grande partie ou entièrement pré-équipées. Ces unités de construction modulaires sont généralement conçues pour être assemblées ensemble afin de constituer des constructions permanentes.".	Note 4. New second paragraph. Add the following new second paragraph: "Prefabricated buildings include 'modular building units' of steel, normally presented in the size and shape of a standard shipping container, but substantially or completely pre-fitted internally. Such modular building units are normally designed to be assembled together to form permanent buildings.".

FRANCAIS	ENGLISH
N° 9401. 30. Nouvelle rédaction： " -Sièges pivotants, ajustables en hauteur： 9401. 31--En bois 9401. 39--Autres".	Subheading 9401. 30. Delete and substitute： " -Swivel seats with variable height adjustment： 9401. 31--Of wood 9401. 39--Other".
N° 9401. 40. Nouvelle rédaction： " -Sièges autres que le matériel de camping ou de jardin, transformables en lits： 9401. 41--En bois 9401. 49--Autres".	Subheading 9401. 40. Delete and substitute： " -Seats other than garden seats or camping equipment, convertible into beds： 9401. 41--Of wood 9401. 49--Other".
N° 9401. 90. Nouvelle rédaction： " -Parties： 9401. 91--En bois 9401. 99--Autres".	Subheading 9401. 90. Delete and substitute： " -Parts： 9401. 91--Of wood 9401. 99--Other".
N° 9403. 90. Nouvelle rédaction： " -Parties： 9403. 91--En bois 9403. 99--Autres".	Subheading 9403. 90. Delete and substitute： " -Parts： 9403. 91--Of wood 9403. 99--Other".
Nouveau n° 9404. 40. Insérer la nouvelle sous-position suivante： "9404. 40-Couvre-pieds, couvre-lits, édredons et couettes".	New subheading 9404. 40. Insert the following new subheading： "9404. 40-Quilts, bedspreads, eiderdowns and duvets（comforters）".
N° 94. 05. Libellé. Remplacer "Appareils d'éclairage" par "Luminaires et appareils d'éclairage".	Heading 94. 05. Heading text. Delete "Lamps and lighting fittings" and substitute "Luminaires and lighting fittings".

FRANCAIS	ENGLISH

N°s 9405.10 à 9405.60.
Nouvelle rédaction :
"   -Lustres et autres luminaires électriques à suspendre ou à fixer au plafond ou au mur, à l'exclusion de ceux des types utilisés pour l'éclairage des espaces et voies publiques :
9405.11--Conçus pour être utilisés uniquement avec des sources lumineuses à diodes émettrices de lumière (LED)
9405.19--Autres
          -Lampes de table, lampes de bureau, lampes de chevet et lampadaires d'intérieur, électriques :
9405.21--Conçus pour être utilisés uniquement avec des sources lumineuses à diodes émettrices de lumière (LED)
9405.29--Autres
          -Guirlandes électriques des types utilisés pour les arbres de Noël :
9405.31--Conçues pour être utilisées uniquement avec des sources lumineuses à diodes émettrices de lumière (LED)
9405.39--Autres
          -Autres luminaires et appareils d'éclairage électriques :
9405.41--Photovoltaïques, conçus pour être utilisés uniquement avec des sources lumineuses à diodes émettrices de lumière (LED)
	Subheadings 9405.10 to 9405.60.
	Delete and substitute :
	" -Chandeliers and other electric ceiling or wall lighting fittings, excluding those of a kind used for lighting public open spaces or thoroughfares :
	9405.11--Designed for use solely with light-emitting diode (LED) light sources
	9405.19--Other
	          -Electric table, desk, bedside or floor-standing luminaires :
	9405.21--Designed for use solely with light-emitting diode (LED) light sources
	9405.29--Other
	          -Lighting strings of a kind used for Christmas trees :
	9405.31--Designed for use solely with light-emitting diode (LED) light sources
	9405.39--Other
	          -Other electric luminaires and lighting fittings :
	9405.41--Photovoltaic, designed for use solely with light-emitting diode (LED) light sources
	9405.42--Other, designed for use solely with light-emitting diode (LED) light sources
	9405.49--Other
	9405.50-Non-electrical luminaires and lighting fittings

FRANCAIS	ENGLISH
9405.42--Autres, conçus pour être utilisés uniquement avec des sources lumineuses à diodes émettrices de lumière (LED) 9405.49--Autres 9405.50-Luminaires et appareils d'éclairage non électriques 　　-Lampes-réclames, enseignes lumineuses, plaques indicatrices lumineuses et articles similaires： 9405.61--Conçus pour être utilisés uniquement avec des sources lumineuses à diodes émettrices de lumière (LED) 9405.69--Autres".	-Illuminated signs, illuminated name-plates and the like： 9405.61--Designed for use solely with light-emitting diode (LED) light sources 9405.69--Other".
Nouveau n° 9406.20. Insérer la nouvelle sous-position suivante： "9406.20-Unités de construction modulaires en acier".	New subheading 9406.20. Insert the following new subheading： "9406.20-Modular building units, of steel".
CHAPITRE 95. Note 1 e). Remplacer "Les travestis" par "les travestis".	CHAPTER 95. Note 1 (e). French text only.
Nouvelle Note 1 p). Insérer la nouvelle Note 1 p) suivante： "p) les véhicules aériens sans pilote (n° 88.06)；". Les alinéas p) à w) deviennent les alinéas q) à x) respectivement.	New Note 1 (p). Insert the following new exclusion Note 1 (p)： "(p) Unmanned aircraft (heading 88.06)；". Reletter present items (p) to (w) as (q) to (x), respectively.
CHAPITRE 95. Note 1 u). Texte anglais seulement.	CHAPTER 95. Note 1 (u). Delete "Electric garlands" and substitute "Lighting strings".

FRANCAIS	ENGLISH

Nouvelle Note 6.
Insérer la nouvelle Note 6 suivante :
"6. -Au sens du n° 95.08 :
  a) l'expression *manèges pour parcs de loisirs* désigne un appareil ou une combinaison d'appareils qui permettent de transporter, d'acheminer ou d'orienter une ou plusieurs personnes sur des parcours convenus ou restreints, y compris des parcours aquatiques, ou encore à l'intérieur d'un secteur défini et ce, principalement à des fins de loisirs ou d'amusement. Ces manèges peuvent faire partie d'un parc d'attraction, d'un parc à thème, d'un parc aquatique ou d'une foire. Ces manèges pour parcs de loisirs ne comprennent pas les matériels des types de ceux habituellement installés dans les résidences ou sur les aires de jeux ;
  b) l'expression *attractions de parcs aquatiques* désigne un appareil ou une combinaison d'appareils placés dans un secteur défini impliquant de l'eau, sans parcours aménagé. Les attractions de parcs aquatiques ne comprennent que du matériel spécialement conçu pour un usage dans des parcs aquatiques ;
  c) l'expression *attractions foraines* désigne les jeux de hasard, de force ou d'adresse qui nécessitent généralement la présence d'un opérateur ou d'un surveillant et peuvent être installés dans des bâtiments en dur ou dans des stands indépendants sous concession. Les attractions foraines ne comprennent pas le matériel du n° 95.04.
Cette position ne couvre pas le matériel classé plus spécifiquement ailleurs dans la Nomenclature.".
	New Note 6.
	Insert the following new Note 6 :
	"6. -For the purposes of heading 95.08 :
	  (a) The expression "amusement park rides" means a device or combination of devices or equipment that carry, convey, or direct a person or persons over or through a fixed or restricted course, including watercourses, or within a defined area for the primary purposes of amusement or entertainment. Such rides may be combined within an amusement park, theme park, water park or fairground. These amusement park rides do not include equipment of a kind commonly installed in residences or playgrounds ;
	  (b) The expression "water park amusements" means a device or combination of devices or equipment that are characterised by a defined area involving water, with no purposes built path. Water park amusements only include equipment designed specifically for water parks ; and
	  (c) The expression "fairground amusements" means games of chance, strength or skill, which commonly employ an operator or attendant and may be installed in permanent buildings or independent concession stalls. Fairground amusements do not include equipment of heading 95.04.
	This heading does not include equipment more specifically classified elsewhere in the Nomenclature.".

FRANCAIS	ENGLISH
N° 95.04. Libellé. Nouvelle rédaction : "95.04 Consoles et machines de jeux vidéo, jeux de société, y compris les jeux à moteur ou à mouvement, les billards, les tables spéciales pour jeux de casino, les jeux de quilles automatiques (bowlings, par exemple), les jeux fonctionnant par l'introduction d'une pièce de monnaie, d'un billet de banque, d'une carte bancaire, d'un jeton ou par tout autre moyen de paiement.".	Heading 95.04. Heading text. Delete and substitute : "95.04 Video game consoles and machines, table or parlour games, including pintables, billiards, special tables for casino games and automatic bowling equipment, amusement machines operated by coins, banknotes, bank cards, tokens or by any other means of payment.".
N° 95.08. Nouvelle rédaction : "95.08 Cirques ambulants et ménageries ambulantes; manèges pour parcs de loisirs et attractions de parcs aquatiques; attractions foraines, y compris les stands de tir; théâtres ambulants. 9508.10-Cirques ambulants et ménageries ambulantes -Manèges pour parcs de loisirs et attractions de parcs aquatiques : 9508.21--Montagnes russes 9508.22--Carrousels, balançoires et manèges 9508.23--Autos tamponneuses 9508.24--Simulateurs de mouvements et cinémas dynamiques 9508.25--Manèges aquatiques 9508.26--Attractions de parcs aquatiques 9508.29--Autres 9508.30-Attractions foraines 9508.40-Théâtres ambulants".	Heading 95.08. Delete and substitute : "95.08 Travelling circuses and travelling menageries; amusement park rides and water park amusements; fairground amusements, including shooting galleries; travelling theatres. 9508.10-Travelling circuses and travelling menageries -Amusement park rides and water park amusements : 9508.21--Roller coasters 9508.22--Carousels, swings and roundabouts 9508.23--Dodge'em cars 9508.24--Motion simulators and moving theatres 9508.25--Water rides 9508.26--Water park amusements 9508.29--Other 9508.30-Fairground amusements 9508.40-Travelling theatres".

FRANCAIS	ENGLISH
CHAPITRE 96. Note 1 k). Remplacer "appareils d'éclairage" par "luminaires et appareils d'éclairage".	CHAPTER 96. Note 1 (k). Delete "lamps and lighting fittings" and substitute "luminaires and lighting fittings".
N° 9609.10. Texte anglais seulement.	Subheading 9609.10. Delete and substitute: "9609.10-Pencils and crayons, with leads encased in a sheath".
N° 96.17. Texte anglais seulement.	Heading 96.17. Delete and substitute: "96.17 9617.00 Vacuum flasks and other vacuum vessels, complete; parts thereof other than glass inners.".
N° 96.19. Nouvelle rédaction: "96.19 9619.00 Serviettes et tampons hygiéniques, couches, langes et articles similaires, en toutes matières.".	Heading 96.19. Delete and substitute: "96.19 9619.00 Sanitary towels (pads) and tampons, napkins (diapers), napkin liners and similar articles, of any material.".
CHAPITRE 97. Nouvelle Note 2. Insérer la nouvelle Note 2 suivante: "2.-Ne relèvent pas du n° 97.01 les mosaïques ayant un caractère commercial (reproductions en séries, moulages et œuvres artisanales, par exemple), même lorsque ces ouvrages ont été conçus ou créés par des artistes.". Les Notes de 2 à 5 actuelles deviennent les Notes 3 à 6, respectivement.	CHAPTER 97. New Note 2. Insert the following new Note 2: "2.-Heading 97.01 does not apply to mosaics that are mass-produced reproductions, casts or works of conventional craftsmanship of a commercial character, even if these articles are designed or created by artists.". Renumber present Notes 2 to 5 as Notes 3 to 6, respectively.
CHAPITRE 97. Note 5 A). Remplacer "Note 1, 2 et 3" par "Notes 1 à 4".	CHAPTER 97. Note 5 (A). Delete "Notes 1 to 3" and substitute "Notes 1 to 4".

FRANCAIS	ENGLISH
N° 97.01. Nouvelle rédaction: "97.01　Tableaux, peintures et dessins, faits entièrement à la main, à l'exclusion des dessins du n° 49.06 et des articles manufacturés décorés à la main; collages, mosaïques et tableautins similaires. 　-Ayant plus de 100 ans d'âge: 9701.21--Tableaux, peintures et dessins 9701.22--Mosaïques 9701.29--Autres 　-Autres: 9701.91--Tableaux, peintures et dessins 9701.92--Mosaïques 9701.99--Autres".	Heading 97.01. Delete and substitute: "97.01　Paintings, drawings and pastels, executed entirely by hand, other than drawings of heading 49.06 and other than hand-painted or hand-decorated manufactured articles; collages, mosaics and similar decorative plaques. 　-Of an age exceeding 100 years: 9701.21--Paintings, drawings and pastels 9701.22--Mosaics 9701.29--Other 　-Other: 9701.91--Paintings, drawings and pastels 9701.92--Mosaics 9701.99--Other".
N° 97.02. Nouvelle rédaction: "97.02　Gravures, estampes et lithographies originales. 9702.10-Ayant plus de 100 ans d'âge 9702.90-Autres".	Heading 97.02. Delete and substitute: "97.02　Original engravings, prints and lithographs. 9702.10-Of an age exceeding 100 years 9702.90-Other".
N° 97.03. Nouvelle rédaction: "97.03　Productions originales de l'art statuaire ou de la sculpture, en toutes matières. 9703.10-Ayant plus de 100 ans d'âge 9703.90-Autres".	Heading 97.03. Delete and substitute: "97.03　Original sculpture and statuary, in any material. 9703.10-Of an age exceeding 100 years 9703.90-Other".

FRANCAIS	ENGLISH
N° 97.05. Nouvelle rédaction : "97.05 Collections et pièces de collection présentant un intérêt archéologique, ethnographique, historique, zoologique, botanique, minéralogique, anatomique, paléontologique ou numismatique. 9705.10-Collections et pièces de collection présentant un intérêt archéologique, ethnographique ou historique 　-Collections et pièces de collection présentant un intérêt zoologique, botanique, minéralogique, anatomique ou paléontologique : 9705.21--Spécimens humains et leurs parties 9705.22--Espèces éteintes ou menacées d'extinction, et leurs parties 9705.29--Autres 　-Collections et pièces de collection présentant un intérêt numismatique : 9705.31--Ayant plus de 100 ans d'âge 9705.39--Autres".	Heading 97.05. Delete and substitute : "97.05 Collections and collectors' pieces of archaeological, ethnographic, historical, zoological, botanical, mineralogical, anatomical, paleontological or numismatic interest. 9705.10-Collections and collectors' pieces of archaeological, ethnographic or historical interest 　-Collections and collectors' pieces of zoological, botanical, mineralogical, anatomical or paleontological interest : 9705.21--Human specimens and parts thereof 9705.22--Extinct or endangered species and parts thereof 9705.29--Other 　-Collections and collectors' pieces of numismatic interest : 9705.31--Of an age exceeding 100 years 9705.39--Other".
N° 97.06. Nouvelle rédaction : "97.06 Objets d'antiquité ayant plus de 100 ans d'âge. 9706.10-Ayant plus de 250 ans d'âge 9706.90-Autres".	Heading 97.06. Delete and substitute : "97.06 Antiques of an age exceeding 100 years. 9706.10-Of an age exceeding 250 years 9706.90-Other".

附录2

WCO 2022—2017 年版《协调制度》目录修订转换关系对照表[1]

2022 年版	2017 年版	备注
0208.90	ex0208.90[2]	根据联合国粮农组织的建议,为可食用的死昆虫修订《协调制度》。 由于为可食用的死昆虫新增子目0410.10,子目0208.90的范围缩小。 根据本国归类实践,此品目不存在转换。
0210.99	ex0210.99	根据联合国粮农组织的建议,为可食用的死昆虫修订《协调制度》。 由于为可食用的死昆虫新增子目0410.10,子目0210.99的范围缩小。 根据本国归类实践,此品目不存在转换。
0306.19 0306.39 0306.99	ex0306.19 ex0306.39 ex0306.99	为鱼、甲壳动物、软体动物和其他水生无脊椎动物的细粉、粗粉及团粒产品增列品目03.09。
0307.21 0307.22 0307.29	0307.21 ex0307.91 0307.22 ex0307.92 0307.29 ex0307.99	因扇贝所涵盖产品的英、法文本不一致而进行的修订。
0307.91 0307.92 0307.99	ex0307.91 ex0307.92 ex0307.99	为鱼、甲壳动物、软体动物和其他水生无脊椎动物的细粉、粗粉及团粒产品增列品目03.09。
0308.90	ex0308.90	为鱼、甲壳动物、软体动物和其他水生无脊椎动物的细粉、粗粉及团粒产品增列品目03.09。
0309.10	0305.10	为明确归类,为鱼、甲壳动物、软体动物和其他水生无脊椎动物的细粉、粗粉及团粒产品增列品目03.09。

[1] WCO建议不具有法律效力,各国在转换中会根据本国实践有所调整。
[2] 本书中"ex"表示该子目项下有部分商品转入和转出。

2022年版	2017年版	备注
0309.90	ex0306.19 ex0306.39 ex0306.99 ex0307.91 ex0307.92 ex0307.99 ex0308.90	为明确归类，为鱼、甲壳动物、软体动物和其他水生无脊椎动物的细粉、粗粉及团粒产品增列品目03.09。
0403.20	0403.10 ex1901.90	对子目0403.10进行重构，以反映品目04.03的品目范畴的扩大，即酸奶可以添加香料、咖啡或咖啡提取物、植物、植物的部分、谷物或面包制品。
0410.10	ex0208.90 ex0210.99 ex0410.00	根据联合国粮农组织的建议，明确用于食物和营养安全监测的可食用昆虫的归类。 各缔约方对可食用昆虫的归类不同，本表包括讨论中确定的可食用昆虫及其配制品的所有可能归入的子目。
0410.90	ex0410.00	根据联合国粮农组织的建议，明确用于食物和营养安全监测的可食用昆虫的归类。 各缔约方对可食用昆虫的归类不同，本表包括讨论中确定的可食用昆虫及其配制品的所有可能归入的子目。
0704.10 0704.90	0704.10 ex0704.90 ex0704.90	扩大子目0704.10的范围，以便将所有品种的西兰花归入该子目。
0709.52 0709.53 0709.54 0709.55 0709.56 0709.59	ex0709.59 ex0709.59 ex0709.59 ex0709.59 ex0709.59 ex0709.59	由于松露及某些特定品种蘑菇的贸易量不断增加，联合国粮农组织提议在《协调制度》中对它们进行单列，将子目0709.59再细分。
0712.34 0712.39	ex0712.39 ex0712.39	由于松露及某些特定品种蘑菇的贸易量不断增加，联合国粮农组织提议在《协调制度》中对它们进行单列，将子目0712.39再细分。
0802.91 0802.92 0802.99	ex0802.90 ex0802.90 ex0802.90	由于带壳及去壳松子的贸易量不断增加，联合国粮农组织提议在《协调制度》中对它们进行单列，将子目0802.90再细分。

2022年版	2017年版	备注
1211.60 1211.90	ex1211.90 ex1211.90	因联合国粮农组织提议在《协调制度》中单列非洲李（Prunus africana）的树皮，故将子目1211.90再细分，以便监测因非洲李树皮的使用越来越多，尤其是国际制药业对该树皮的过度开发所造成的潜在影响。
1509.20 1509.30 1509.40	ex1509.10 ex1509.10 ex1509.10	对子目1509.10进行重构，以便在《协调制度》中分别明确代表贸易量大的某些油类的归类，并将其描述与国际橄榄油理事会贸易标准中规定的适用于橄榄油和橄榄渣油的定义保持一致。
1510.10 1510.90	ex1510.00 ex1510.00	对子目1510.00进行重构，以便在《协调制度》中分别明确代表贸易量大的某些产品的归类，并将其描述与国际橄榄油理事会贸易标准中规定的适用于橄榄油和橄榄渣油的定义保持一致。
1515.60 1515.90	ex1515.90 ex1515.90	增设新子目1515.60，以便在《协调制度》中单独明确微生物来源的油脂的归类。
1516.20 1516.30	ex1516.20 ex1516.20	由于在子目1516.30中单独规定了微生物来源的化学改性的油脂的归类，子目1516.20的范围缩小。
1601.00	ex0410.00 1601.00 ex2106.90	根据联合国粮农组织的建议，对第二、七、八、十二章进行的修订，关于昆虫类食品及其制品的修订。
1602.10	ex0410.00 1602.10 ex2106.90	根据联合国粮农组织的建议，对第二、七、八、十二章进行的修订，关于昆虫类食品及其制品的修订。
1602.90	ex0410.00 1602.90 ex1704.90 ex1806.90 ex1901.90 ex1904.90 ex2106.90	根据联合国粮农组织的建议进行的修订，为进行食品和营养安全检测，在《协调制度》目录中列出可食用昆虫。 各缔约方对可食用昆虫的归类不同，本表包括讨论中确定的可食用昆虫及其配制品的所有可能归入的子目。
1704.90	ex1704.90	由于将已配定计量的用于经许可的临床试验的安慰剂和盲法（或双盲法）临床试验试剂盒归入新的子目3006.93，子目1704.90的商品范围缩小。 依据第十六章新的注释二，按重量计含有20%以上的可食用昆虫产品归入子目1602.90，子目1704.90的商品范围缩小。 各缔约方对可食用昆虫的归类不同，本表包括讨论中确定的可食用昆虫及其配制品的所有可能归入的子目。

2022 年版	2017 年版	备注
1806.90	ex1806.90	依据第十六章新的注释二，按重量计含有 20% 以上的可食用昆虫产品归入子目 1602.90，子目 1806.90 的商品范围缩小。各缔约方对可食用昆虫的归类不同，本表包括讨论中确定的可食用昆虫及其配制品的所有可能归入的子目。
1901.90	ex1901.90	由于将含有添加香料、咖啡或咖啡提取物、植物、植物的部分、谷物或面包制品的酸奶归入新的子目 0403.20，子目 1901.90 的商品范围缩小。 依据第十六章新的注释二，按重量计含有 20% 以上的可食用昆虫产品归入子目 1602.90，子目 1901.90 的商品范围缩小。各缔约方对可食用昆虫的归类不同，本表包括讨论中确定的可食用昆虫及其配制品的所有可能归入的子目。
1904.90	ex1904.90	依据第十六章新的注释二，按重量计含有 20% 以上的可食用昆虫产品归入子目 1602.90，子目 1904.90 的商品范围缩小。各缔约方对可食用昆虫的归类不同，本表包括讨论中确定的可食用昆虫及其配制品的所有可能归入的子目。
2106.90	ex2106.90	由于将含有尼古丁的辅助戒烟产品归入新的品目 24.04，子目 2106.90 的商品范围缩小。 由于将已配定计量的用于经许可的临床试验的安慰剂和盲法（或双盲法）临床试验试剂盒归入新的子目 3006.93，子目 2106.90 的商品范围缩小。 依据第十六章新的注释二，按重量计含有 20% 以上的可食用昆虫产品归入子目 1602.90，子目 2106.90 的商品范围缩小。各缔约方对可食用昆虫的归类不同，本表包括讨论中确定的可食用昆虫及其配制品的所有可能归入的子目。
2202.99	ex2202.99	由于将已配定计量的用于经许可的临床试验的安慰剂和盲法（或双盲法）临床试验试剂盒归入新的子目 3006.93，子目 2202.99 的商品范围缩小。
2403.91	ex2403.91	由于将非经燃烧吸用的再造烟草产品归入新的品目 24.04，子目 2403.91 的商品范围缩小。
2403.99	ex2403.99	由于将非经燃烧吸用的含有烟草或烟草代用品的产品归入新的品目 24.04，子目 2403.99 的商品范围缩小。
2404.11	ex2403.91 ex2403.99	为非经燃烧吸用的含烟草或再造烟草产品增列子目 2404.11 而新增第二十四章注释三进行定义。

2022年版	2017年版	备注
2404.12	ex3824.99	为非经燃烧吸用的含尼古丁产品单独增列子目2404.12而新增第二十四章注释三进行定义。
2404.19	ex2403.99 ex3824.99	为非经燃烧吸用的含有烟草或尼古丁代用品的产品单独增列子目2404.19，新增第二十四章注释三进行定义。
2404.91	ex2106.90	为辅助戒烟的经口腔摄入的含有尼古丁的产品单独增列子目2404.91。
2404.92	ex3824.99	为辅助戒烟的经皮肤摄入的含有尼古丁的产品单独增列子目2404.92。
2404.99	ex3824.99	为辅助戒烟的除经口腔或皮肤摄入外的含尼古丁产品（例如，吸入器、滴鼻剂或注射剂）单独增列子目2404.99。
2844.41 2844.42 2844.43 2844.44	ex2844.40 ex2844.40 ex2844.40 ex2844.40	子目2844.40被拆分为新子目2844.41至2844.44，以便于监管含放射性元素和同位素的两用物项。
2845.20 2845.30 2845.40 2845.90	ex2845.90 ex2845.90 ex2845.90 ex2845.90	从子目2845.90中拆分出新子目2845.20至2845.40，以便于监管含同位素的两用物项。
2903.41 2903.42 2903.43 2903.44 2903.45 2903.46 2903.47 2903.48 2903.49 2903.51 2903.59 2903.61 2903.62 2903.69	ex2903.39 ex2903.39 ex2903.39 ex2903.39 ex2903.39 ex2903.39 ex2903.39 ex2903.39 ex2903.39 ex2903.39 ex2903.39 ex2903.39 2903.31 ex2903.39	子目2903.31、2903.39被删除，由新子目2903.41至2903.69替代，以便于监管《蒙特利尔议定书》基加利修正案管控的臭氧消耗物质。

2022年版	2017年版	备注
2909.60	2909.60 ex2911.00	为明确品目29.09有机过氧化物的归类，修订第二十九章注释四最后一段以及品目29.09，使缩醛及半缩醛过氧化物从品目29.11（2911.00）转移至品目29.09（子目2909.60）。
2911.00	ex2911.00	见品目29.09的说明。
2930.10 2930.90	ex2930.90 ex2930.90	为2-（N,N-二甲基氨基）乙硫醇新增子目2930.10，以便于监管《禁止化学武器公约》管控物质。
2931.41 2931.42 2931.43 2931.44 2931.45 2931.46 2931.47 2931.48 2931.49 2931.51 2931.52 2931.53 2931.54 2931.59	2931.31 2931.32 2931.33 ex2931.39 2931.38 2931.35 2931.36 ex2931.39 2931.34 2931.37 ex2931.39 ex2931.39 ex2931.39 ex2931.39 ex2931.39 ex2931.39	子目2931.31至2931.39被删除，由新子目2931.41至2931.49，子目2931.51至2931.53及子目2931.59替代，以便于监管《禁止化学武器公约》管控物质。 与此同时，为敌百虫（ISO）新增子目2931.54，以便于监管《鹿特丹公约》管控物质。
2932.96 2932.99	ex2932.99 ex2932.99	为克百威（ISO）新增子目2932.96，以便于监管《鹿特丹公约》管控物质。
2933.33 2933.34 2933.35 2933.36 2933.37 2933.39	2933.33 ex2933.39 ex2933.39 ex2933.39 ex2933.39 ex2933.39 ex2933.39	扩大子目2933.33的范围以包括卡芬太尼（INN）、瑞芬太尼（INN），并为其他芬太尼及它们的衍生物和两种芬太尼前体新增子目2933.34、2933.36、2933.37，以便于监管《1961年联合国麻醉品单一公约》管控物质。 与此同时，为3-奎宁醇新增子目2933.35，以便于监管《禁止化学武器公约》管控物质。
2934.92 2934.99	ex2934.99 ex2934.99	为其他芬太尼及它们的衍生物新增子目2934.92，以便于监管《1961年联合国麻醉品单一公约》管控物质。

2022年版	2017年版	备注
2939.45 2939.49 2939.72 2939.79	ex2939.71 2939.49 ex2939.71 ex2939.79 ex2939.71 ex2939.79	为与现行品目29.39的其他衍生物归类保持一致，扩大子目2939.4的范围以包括麻黄生物碱衍生物，使麻黄生物碱衍生物从子目2939.71转移至新子目2939.45，从子目2939.71、2939.79转移至子目2939.49。
3002.13	ex3002.13	见品目38.22的说明。
3002.14	ex3002.14	见品目38.22的说明。
3002.15	ex3002.15	见品目38.22的说明。
	(3002.19)	协调制度委员会认为该子目为空，故删除。
3002.41 3002.42 3002.49 3002.51 3002.59 3002.90	3002.20 3002.30 ex3002.90 ex3002.90 ex3002.90 ex3002.90	子目3002.20和3002.30已被删除，由新子目3002.41、3002.42和3002.49替代，以便于监测和控制新子目3002.49所涵盖的两用物项商品（例如，毒素及类似产品）。 同时，增设子目3002.51和3002.59，以明确细胞培养物（包括细胞治疗产品）的归类。
3006.93	ex1704.90、 ex2106.90、 ex2202.99、 ex30.04中的适用子目 ex3824.99	为用于经批准的临床试验，已制成一定剂量的安慰剂和盲法（或双盲法）临床试验试剂盒增设新子目3006.93，从而使得现行《协调制度》目录其他品目的子目项下的特定产品发生转移，特别是（但不限于）品目： 17.04，如果由糖制成； 21.06，如果由淀粉或其他食品制成； 22.02，如果是口服液体； 30.04，如果是含药剂的药盒；以及 38.24，如果含有其他化工品。
3204.18 3204.19	ex3204.19 ex3204.19	为类胡萝卜素着色料及以其为基本成分的制品新增子目3204.18，使得子目3204.19的产品转移至新子目3204.18。
3402.31 3402.39 3402.41 3402.42 3402.49 3402.50	ex3402.11 ex3402.11 3402.12 3402.13 3402.19 3402.20	为直链烷基苯磺酸及其盐单独列目，子目3402.11至3402.19、3402.20被删除，由新子目3402.31至3402.50代替。

2022年版	2017年版	备注
3603.10 3603.20 3603.30 3603.40 3603.50 3603.60	ex3603.00 ex3603.00 ex3603.00 ex3603.00 ex3603.00 ex3603.00	新增子目3603.10至3603.60，以便于监管简易爆炸装置生产及使用所需产品。
3808.59 3808.91 3808.92 3808.93 3808.94 3808.99	3808.59 ex3808.91 ex3808.92 ex3808.93 ex3808.94 ex3808.99 ex3808.91 ex3808.92 ex3808.93 ex3808.94 ex3808.99	修订第三十八章子目注释一，增加克百威（ISO）、敌百虫（ISO），扩大子目3808.59的范围，以便于监管《鹿特丹公约》管控物质。
3816.00	2518.30 3816.00	新增第二十五章章注释二（五），修订品目25.18，删除子目2518.30，扩大品目38.16的范围，将夯混白云石从品目25.18（子目2518.30）调整至品目38.16（3816.00），使所有耐火原材料归入相同品目。
3822.11 3822.12 3822.13 3822.19 3822.90	3002.11 ex3002.13 ex3002.14 ex3002.15 ex3002.13 ex3002.14 ex3002.15 ex3822.00 3006.20 ex3002.13 ex3002.14 ex3002.15 ex3822.00 ex3822.00	新增第三十章注释一（九），新增子目3822.11、3822.12及3822.19，使诊断试剂及试剂盒（包括疟疾诊断试剂盒）从子目3002.11、3002.12及3002.15转移至新子目3822.11、3822.12及3822.19。 与此同时，修订第三十章注释四（五）以及新增子目3822.13，使得血型试剂从子目3006.20转移至新子目3822.13。

2022年版	2017年版	备注
3824.89 3824.92 3824.99	ex3824.99 ex3824.99 ex3824.99	为含短链氯化石蜡的产品新增子目3824.89，以便于监管《鹿特丹公约》管制物质。 与此同时，为甲基膦酸聚乙二醇酯新增子目3824.92，以便于监管《禁止化学武器公约》管制物质。 含尼古丁的非经燃烧吸用的产品及其他供人体摄入尼古丁的含尼古丁的产品转至新子目2404.12、2404.19、2404.92及2404.99，使得子目3824.99的范围缩小。 用于经许可临床试验的已配定剂量的安慰剂和盲法（或双盲法）临床试验试剂盒产品转移至新子目3006.93，也使得子目3824.99的范围缩小。
3827.11 3827.12 3827.13 3827.14 3827.20 3827.31 3827.32 3827.39 3827.40 3827.51 3827.59 3827.61 3827.62 3827.63 3827.64 3827.65 3827.68 3827.69 3827.90	3824.71 3824.73 3824.75 3824.76 3824.72 ex3824.74 ex3824.74 ex3824.74 3824.77 ex3824.78 ex3824.78 ex3824.78 ex3824.78 ex3824.78 ex3824.78 ex3824.78 ex3824.78 ex3824.78 3824.79	新增第六类类注释四，新增品目38.27，删除子目3824.7，使得含甲烷、乙烷或丙烷的卤化衍生物的混合物从子目3824.7转移至新品目38.27，以便于监管《蒙特利尔议定书》基加利修正案管控的臭氧消耗物质。
3907.21 3907.29	ex3907.20 ex3907.20	为双（聚氧乙烯）甲基膦酸酯从子目3907.20拆分出新子目3907.21，以便于监管《禁止化学武器公约》管控物质。
3911.20 3911.90	ex3911.90 ex3911.90	为聚（1,3-亚苯基甲基膦酸酯）新增子目3911.20，以便于监管《禁止化学武器公约》管控物质。

2022年版	2017年版	备注
4015.12 4015.19	4015.11 ex4015.19 ex4015.19	子目 4015.11 被改写并重新编号，以包括医疗、外科、牙科或兽医用。
4401.32 4401.39	ex4401.39 ex4401.39	为木屑块新增子目 4401.32。
4401.41 4401.49	ex4401.40 ex4401.40	分别为锯末、其他木废料及碎片新增子目 4401.41 和 4401.49。
4402.20 4402.90	ex4402.90 ex4402.90	为果壳或果核的木炭新增子目 4402.20。
4403.21 4403.22	ex4403.21 ex4403.21 4403.22	将子目 4403.21 中的"任何"一词替换为"最小"，以使英文文本与法文文本一致。 子目 4403.21 范围缩小，相应地子目 4403.22 范围扩大，以涵盖原 4403.21 中横截面积非固定，既有 15 厘米以下，也有 15 厘米及以上的木材。
4403.23 4403.24	ex4403.23 ex4403.23 4403.24	将子目 4403.23 中的"任何"一词替换为"最小"，以使英文文本与法文文本一致。 子目 4403.23 范围缩小，相应地子目 4403.24 范围扩大，以涵盖原 4403.23 中横截面积非固定，既有 15 厘米以下，也有 15 厘米及以上的木材。
4403.25 4403.26	ex4403.25 ex4403.25 4403.26	将子目 4403.25 中的"任何"一词替换为"最小"，以使英文文本与法文文本一致。 子目 4403.25 范围缩小，相应地子目 4403.26 范围扩大，以涵盖原 4403.25 中横截面积非固定，既有 15 厘米以下，也有 15 厘米及以上的木材。
4403.42 4403.49	ex4403.49 ex4403.49	拆分子目 4403.49，以便为柚木新增子目 4403.42。
4403.93 4403.94	ex4403.93 ex4403.93 4403.94	将子目 4403.93 中的"任何"一词替换为"最小"，以使英文文本与法文文本一致。 子目 4403.93 范围缩小，相应地子目 4403.94 范围扩大，以涵盖原 4403.93 中横截面积非固定，既有 15 厘米以下，也有 15 厘米及以上的木材。

2022年版	2017年版	备注
4403.95 4403.96	ex4403.95 ex4403.95 4403.96	将子目4403.95中的"任何"一词替换为"最小",以使英文文本与法文文本一致。 子目4403.95范围缩小,相应地子目4403.96范围扩大,以涵盖原4403.95中横截面积非固定,既有15厘米以下,也有15厘米及以上的木材。
4407.11	ex4407.11	从子目4407.11中转移某些货品至新子目4407.13。
4407.12	ex4407.12	从子目4407.12中转移某些货品至新子目4407.13和4407.14。
4407.13 4407.14 4407.19	ex4407.11 ex4407.12 ex4407.19 ex4407.12 ex4407.19 ex4407.19	拆分子目4407.19,以新增子目4407.13和4407.14,分别对云杉-松木-冷杉和铁杉-冷杉的混合物作出专门规定。
4407.23 4407.29	ex4407.29 ex4407.29	拆分子目4407.29,以便为柚木新增子目4407.23。 根据联合国粮农组织的建议修订,以加强对全球贸易的监控。
4412.41 4412.42 4412.49	ex4412.99 ex4412.99 ex4412.99	拆分子目4412.99,以便为热带木、针叶木和非针叶木的单板层积材(LVL)新增子目4412.41、4412.42和4412.49。 根据联合国粮农组织的建议修订,以加强对全球贸易的监控。
4412.51 4412.52 4412.59	ex4412.94 ex4412.94 ex4412.94	拆分子目4412.94,以便为热带木、针叶木和非针叶木的木块芯胶合板、侧板条芯胶合板及板条芯胶合板新增子目4412.51、4412.52和4412.59。 根据联合国粮农组织的建议修订,以加强对全球贸易的监控。
4412.91 4412.92 4412.99	ex4412.99 ex4412.99 ex4412.99	拆分子目4412.99,以便为热带木、针叶木和非针叶木的其他多层板新增子目4412.51、4412.52和4412.59。 根据联合国粮农组织的建议修订,以加强对全球贸易的监控。
4414.10 4414.90	ex4414.00 ex4414.00	将品目44.14拆分为子目4414.10和4414.90,以便区分特定的热带木货品。 根据联合国粮农组织的建议修订,以加强对全球贸易的监控。

2022年版	2017年版	备注
4418.11 4418.19	ex4418.10 ex4418.10	将子目4418.10拆分为子目4418.11和4418.19，以便区分特定的热带木货品。 根据联合国粮农组织的建议修订，以加强对全球贸易的监控。
4418.21 4418.29	ex4418.20 ex4418.20	将子目4418.20拆分为子目4418.21和4418.29，以便区分特定的热带木货品。 根据联合国粮农组织的建议修订，以加强对全球贸易的监控。
4418.30	ex4418.60	为柱及横梁新增子目4418.30，将子目4418.60的某些货品转移至新子目4418.30项下。
4418.81 4418.82 4418.83 4418.89	ex4418.60 ex4418.91 ex4418.99 ex4418.60 ex4418.91 ex4418.99 ex4418.60 ex4418.91 ex4418.99 ex4418.60 ex4418.91 ex4418.99	新增子目4418.81、4418.82、4418.83和4418.89，分别对工程结构木材产品［胶合层积材（Gluel-lam）］、交叉层压木材（CLT或X-lam）和工字梁作出规定。基于制造工艺和尺寸划分。 根据联合国粮农组织的建议修订，以加强对全球贸易的监控。
4418.91	ex4418.91	将子目4418.91项下的某些货品转移至新增子目4418.8。 根据联合国粮农组织的建议修订，以加强对全球贸易的监控。
4418.92	ex4418.99	拆分子目4418.99，以便为蜂窝结构木镶板新增子目4418.92。 根据联合国粮农组织的建议修订，以加强对全球贸易的监控。
4418.99	ex4418.99	将子目4418.99项下的某些货品转移至新增子目4418.8和4418.92。 根据联合国粮农组织的建议修订，以加强对全球贸易的监控。

2022年版	2017年版	备注
4419.20 4419.90	ex4419.90 ex4419.90	拆分子目4419.90，新增子目4419.20，以便区分特定的热带木货品。 根据联合国粮农组织的建议修订，以加强对全球贸易的监控。
4420.11 4420.19	ex4420.10 ex4420.10	将子目4420.10拆分为子目4420.11和4420.19，以便区分特定的热带木货品。 根据联合国粮农组织的建议修订，以加强对全球贸易的监控。
4421.20 4421.91 4421.99	ex4421.91 ex4421.99 ex4421.91 ex4421.99	新增子目4421.20以单独区分棺材，这需要从子目4421.91和4421.99中转移某些货品。 根据联合国粮农组织的建议修订，以加强对全球贸易的监控。
4905.20 4905.90	4905.91 4905.10 4905.99	由于贸易量低，删除子目4905.10，品目49.05重新调整结构。 子目4905.91改名为4905.20，子目4905.99改名为4905.90。 同时，删除子目4905.10意味着将该子目的产品转移至子目4905.90，该子目的范围有修改。
5501.11 5501.19	ex5501.10 ex5501.10	子目5501.10为芳族聚酰胺制产品单独列目，以便于监测和控制两用物项商品。
5703.21 5703.29 5703.31 5703.39	ex5703.20 ex5703.20 ex5703.30 ex5703.30	为人造草皮拆分出新子目5703.21和5703.31。
5802.10	5802.11 5802.19	由于贸易量低，删除子目5802.11和5802.19，相应调整为子目5802.10。
6116.10 6116.91 6116.92 6116.93 6116.99	6116.10 ex6116.91 ex6116.92 ex6116.93 ex6116.99 ex6116.91 ex6116.92 ex6116.93 ex6116.99	扩大子目6116.10的范围，将"塑料或橡胶层压的"纳入针织或钩编的分指手套、连指手套和露指手套范围。

2022 年版	2017 年版	备注
6201.20 6201.30 6201.40 6201.90	6201.11 6201.91 6201.12 6201.92 6201.13 6201.93 6201.19 6201.99	调整品目 62.01，与品目 61.01 的结构对齐。这样便消除了品目 62.01 中服装按类型所导致的区别，只保留按材料所导致的区别。
6202.20 6202.30 6202.40 6202.90	6202.11 6202.91 6202.12 6202.92 6202.13 6202.93 6202.19 6202.99	调整品目 62.02，与品目 61.02 的结构对齐。这样便消除了品目 62.01 中服装按类型所导致的区别，只保留按材料所导致的区别。
6210.20 6210.30 6210.40 6210.50	6210.20 ex6210.40 6210.30 ex6210.50 ex6210.40 ex6210.50	子目 6210.20 和 6210.30 扩大范围，分别包括品目 62.01 和 62.02 的所有服装，以反映品目 62.01 和 62.02 的结构调整。
6812.99	6812.92 6812.93 6812.99	由于贸易量低，删除子目 6812.92 和 6812.93，子目 6812.99 的范围修改，以适应子目 6812.92 和 6812.93 的商品转移。
6815.11 6815.12 6815.13 6815.19	ex6815.99 ex6815.99 ex6815.99 6815.10	为碳纤维、碳纤维织物、其他非电气用碳纤维及石墨制品将子目 6815.10 拆分为子目 6815.11、6815.12、6815.13 及 6815.19。
6815.91 6815.99	6815.91 ex6815.99 ex6815.99	子目 6815.91 的范围扩大，以包括方镁石形态的氧化镁和煅烧白云石。这意味着有商品从子目 6815.99 转移至子目 6815.91。

2022年版	2017年版	备注
7001.00	ex7001.00	修改品目70.01的范围，明确排除来源于阴极射线管或品目85.49的其他活化玻璃。 为来源于阴极射线管或品目85.49的其他活化玻璃新增子目8549.21、8549.31和8549.91。 部分商品从品目70.01转移至子目8549.21、8549.31和8549.91。
7019.13	7019.19	对子目7019.1进行重构，扩大商品范围，以包括当前子目7019.31的梳条、粗纱、纱线和短切纤维及其毡等。
7019.14 7019.15	ex7019.31 ex7019.31	对子目7019.1进行重构，扩大商品范围，以包括当前子目7019.31的梳条、粗纱、纱线和短切纤维及其毡等。
7019.19	ex7019.31	对子目7019.1进行重构，扩大商品范围，以包括当前子目7019.31的梳条、粗纱、纱线和短切纤维及其毡等。
7019.61 7019.62 7019.63 7019.64 7019.65 7019.66 7019.69	ex7019.40 ex7019.39 ex7019.51 ex7019.52 ex7019.59 ex7019.51 ex7019.52 ex7019.59 ex7019.40 ex7019.51 ex7019.40 ex7019.52 ex7019.59 ex7019.39 ex7019.51 ex7019.59	删除子目7019.40，为紧密粗纱机织物和其他紧密粗纱织物分别增列子目7019.61和7019.62。 对品目70.19进行重构，以为机械粘合织物增列子目。同时，子目7019.39、7019.40和7019.5被重新整合为新子目7019.6。 该修订是为了基于制造工艺来澄清某些玻璃纤维制品的归类，并监测其全球贸易。
7019.71 7019.72 7019.73	7019.32 ex7019.39 ex7019.39	对品目70.19进行重构，以为化学粘合织物增列子目。同时，子目7019.32和7019.39被重新整合为新子目7019.7。 该修订是为了基于制造工艺来澄清某些玻璃纤维制品的归类，并监测其全球贸易。
7019.80	ex7019.39 ex7019.90	从子目7019.90拆分出新子目7019.80，以包括玻璃棉及其制品。 这使得部分商品从子目7019.90转移至子目7019.80。

2022年版	2017年版	备注
7019.90	ex7019.39 ex7019.40 ex7019.51 ex7019.52 ex7019.59 ex7019.90	另外，所有未纳入新增的机械粘合织物和化学粘合织物的子目的，原子目7019.40、7019.51、7019.52、7019.59的商品将转移至2022年版《协调制度》的子目7019.90。
7104.21 7104.29	ex7104.20 ex7104.20	子目7104.20被拆分为新子目7104.21和7104.29，以为合成钻石增列子目。 根据金伯利进程的建议进行修订，以加强对天然钻石和合成钻石的全球贸易的监控。
7104.91 7104.99	ex7104.90 ex7104.90	子目7104.90被拆分为新子目7104.91和7104.99，以为天然钻石和合成钻石增列子目。 根据金伯利进程的建议进行修订，以加强对天然钻石和合成钻石的全球贸易的监控。
7112.91 7112.92 7112.99	ex7112.91 ex7112.92 ex7112.99	修订品目71.12的条文以排除品目85.49的电子电气废弃物及碎料。 根据《巴塞尔公约》秘书处的建议进行修订，以加强对该公约管制的电子电气废弃物及碎料的国际流通情况的监控。
7317.00	ex7317.00	该子目的范围缩小是因为对第十五类类注释二（一）进行了修订，以澄清专门用于医学、外科、牙科或兽医学植入物的贱金属制品应归入品目90.21。
7318.14 7318.15 7318.16 7318.19 7318.22 7318.24 7318.29	ex7318.14 ex7318.15 ex7318.16 ex7318.19 ex7318.22 ex7318.24 ex7318.29	该子目的范围缩小是因为对第十五类类注释二（一）进行了修订，以澄清专门用于医学、外科、牙科或兽医学植入物的贱金属制品应归入品目90.21。
7419.20 7419.80	ex7419.10 7419.91 ex7419.10 7419.99	因贸易量低删除子目7419.10，其商品转移至子目7419.80。由于以上原因，品目74.19拆分出新子目7419.20和7419.80。
8103.91 8103.99	ex8103.90 ex8103.90	子目8103.90为坩埚拆分出新子目8103.91和8103.99。

2022年版	2017年版	备注
8106.10 8106.90	ex8106.00 ex8106.00	子目8106.00为按重量计铋含量在99%以上的铋及其制品拆分出新子目8106.10和8106.90。 根据《巴塞尔公约》秘书处的建议进行修订，以加强对该公约管制的含铋的废碎料的国际流通情况的监控。
8108.90	ex8108.90	该子目的范围缩小是因为对第十五类类注释二（一）进行了修订，以澄清专门用于医学、外科、牙科或兽医学植入物的贱金属制品应归入品目90.21。
8109.21 8109.29	ex8109.20 ex8109.20	子目8109.20为按重量计铪与锆之比低于1：500的未锻轧锆拆分出新子目8109.21和8109.29。 根据《巴塞尔公约》秘书处的建议进行修订，以加强对该公约管制的未锻轧锆粉的国际流通情况的监控。
8109.31 8109.39	ex8109.30 ex8109.30	子目8109.30为按重量计铪与锆之比低于1：500的锆废碎料拆分出新子目8109.31和8109.39。 根据《巴塞尔公约》秘书处的建议进行修订，以加强对该公约管制的锆废碎料的国际流通情况的监控。
8109.91 8109.99	ex8109.90 ex8109.90	子目8109.90为按重量计铪与锆之比低于1：500的其他锆制品拆分出新子目8109.91和8109.99。 根据《巴塞尔公约》秘书处的建议进行修订，以加强对该公约管制的其他锆制品的国际流通情况的监控。
8112.31 8112.39	ex8112.92 ex8112.99	从品目81.12拆分出新子目8112.31和8112.39，为"未锻轧铪；废碎料；粉末"增列子目。这使得商品从子目8112.92和8112.99转移至新子目8112.3。 根据《巴塞尔公约》秘书处的建议进行修订，以加强对该公约管制的铪的国际流通情况的监控。
8112.41 8112.49	ex8112.92 ex8112.99	从品目81.12拆分出新子目8112.41和8112.49，为"未锻轧铼；废碎料；粉末"增列子目。 部分商品从子目8112.92和8112.99转移至新子目8112.4。 根据《巴塞尔公约》秘书处的建议进行修订，以加强对该公约管制的铼的国际流通情况的监控。
8112.61 8112.69	8107.30 8107.20 8107.90	因贸易量低删除品目81.07后，为镉的废碎料及其他制品新增子目8112.61和8112.69。 原品目81.07的商品转移至新子目8112.61和8112.69。

2022年版	2017年版	备注
8112.92 8112.99	ex8112.92 ex8112.99	从子目8112.92和8112.99拆分出新子目8112.3和8112.4，为铪和铼增列子目。 原子目8112.92和8112.99的部分商品转移至新子目8112.3和8112.4。
8414.60 8414.70 8414.80 8414.90	ex8414.60 ex8414.60 ex8414.80 ex8414.80 8414.90	为便于对两用物项商品（气密生物安全柜）进行监控，将子目8414.60和子目8414.80移至子目8414.70。
8418.10 8418.50	8418.10 ex8418.50 ex8418.50	为装有独立抽屉或门和抽屉组合的组合式冰箱修订子目8418.10的条文，并将此类商品从子目8418.50移至子目8418.10。
8419.12 8419.19	ex8419.19 ex8419.19	为太阳能热水器新增子目8419.12。
8419.33 8419.34 8419.35 8419.39	ex8419.31 ex8419.32 ex8419.39 ex8419.31 ex8419.32 ex8419.39	为便于对两用物项商品（冷冻干燥装置、冷冻干燥单元和喷雾式干燥器）进行监控，新增子目8419.33。同时将子目8419.31和子目8419.32调整为8419.34和8419.35。
8421.32 8421.39	ex8421.39 ex8421.39	基于环保的理由，为车用催化转化器和微粒过滤器新增子目8421.32。
8421.99	ex8421.99	为便于对两用物项商品（气密生物安全柜）进行监控，新增子目8414.70，将部分子目8421.99项下商品的零件从子目8421.99移至子目8414.90。
8428.70 8428.90	ex8428.90 ex8428.90	为便于对两用物项商品（工业机器人）进行监控，新增子目8428.70。
8438.80	ex8438.80	缩小品目84.38的范围，将用于提取或制备微生物油脂的机械排除在外，同时扩大子目8479.20的范围以涵盖用于提取或制备微生物油脂的机械。
8441.80	ex8441.80	由于部分商品被移至为3D打印机新增的品目84.85项下，子目8441.80的范围缩小。

2022年版	2017年版	备注
8462.11	ex8462.10	对品目84.62现行子目进行修订并新增子目，以反映技术发展和日益增长的商业价值。
8462.19	ex8462.10	
8462.22	ex8462.21	对子目8462.1（涵盖热加工机器）的修订仅涉及将其中的冷加工机器转移至新子目8462.6项下。
	ex8462.29	
8462.23	ex8462.21	
8462.24	ex8462.21	
8462.25	ex8462.21	
8462.26	ex8462.21	
8462.29	ex8462.21	
	ex8462.29	
8462.32	ex8462.31	
	ex8462.39	
8462.33	ex8462.31	
8462.39	ex8462.39	
8462.42	ex8462.41	
	ex8462.99	
8462.49	ex8462.49	
	ex8462.99	
8462.51	ex8462.10	
	ex8462.21	
	ex8462.31	
	ex8462.41	
8462.59	ex8462.10	
	ex8462.29	
	ex8462.39	
	ex8462.49	
8462.61	ex8462.10	
	ex8462.21	
	ex8462.29	
	ex8462.31	
	ex8462.39	
	ex8462.41	
	ex8462.49	
	ex8462.91	

2022 年版	2017 年版	备注
8462.62	ex8462.10	对品目 84.62 现行子目进行修订并新增子目，以反映技术发展和日益增长的商业价值。
	ex8462.21	
	ex8462.29	
	ex8462.31	
	ex8462.39	
	ex8462.41	
	ex8462.49	
	ex8462.99	
8462.63	ex8462.10	
	ex8462.21	
	ex8462.29	
	ex8462.31	
	ex8462.39	
	ex8462.41	
	ex8462.49	
	ex8462.99	
8462.69	ex8462.10	
	ex8462.21	
	ex8462.29	
	ex8462.31	
	ex8462.39	
	ex8462.41	
	ex8462.49	
	ex8462.99	
8462.90	ex8462.10	
	ex8462.21	
	ex8462.29	
	ex8462.31	
	ex8462.39	
	ex8462.41	
	ex8462.49	
	ex8462.91	
	ex8462.99	
8463.90	ex8463.90	由于部分商品被移至为 3D 打印机新增的品目 84.85 项下，子目 8463.90 的范围缩小。
8465.99	ex8465.99	由于部分商品被移至为 3D 打印机新增的品目 84.85 项下，子目 8465.99 的范围缩小。

2022年版	2017年版	备注
8466.94	ex8466.94	由于部分商品被移至为3D打印机新增的品目84.85项下，子目8466.94的范围缩小。
8475.29 8475.90	ex8475.29 ex8475.90	由于部分商品被移至为3D打印机新增的品目84.85项下，品目84.75部分子目的范围缩小。
8477.80 8477.90	ex8477.80 ex8477.90	由于部分商品被移至为3D打印机新增的品目84.85项下，品目84.77部分子目的范围被缩小。
8479.20	8479.20 ex8438.80	缩小品目84.38的范围，将用于提取或制备微生物油脂的机械排除在外，同时扩大子目8479.20的范围以涵盖用于提取或制备微生物油脂的机械。
8479.83 8479.81 8479.89 8479.90	ex8479.81 ex8479.89 ex8479.81 ex8479.89 ex8479.90	为便于对两用物项商品（冷等静压机）进行监控，新增子目8479.83。
8485.10 8485.20 8485.30 8485.80 8485.90	ex8463.90 ex8477.80 ex8475.29 ex8479.89 ex8441.80 ex8465.99 ex8479.89 ex8466.94 ex8475.90 ex8477.90 ex8479.90	为3D打印机增列新的品目84.85及其相应的子目架构。
8501.31 8501.32 8501.33 8501.34 8501.71 8501.72 8501.80	ex8501.31 ex8501.32 ex8501.33 ex8501.34 ex8501.31 ex8501.31 ex8501.32 ex8501.33 ex8501.34 ex8501.61 ex8501.62 ex8501.63 ex8501.64	根据国际可再生能源署的建议，为太阳能产品修订《协调制度》。

2022年版	2017年版	备注
8507.80	8507.40 8507.80	由于贸易量低，删除子目8507.40"镍铁蓄电池"。
8514.11 8514.19	ex8514.10 ex8514.10	为便于对两用物项商品进行监控，新增子目8514.11和8514.19。
8514.31 8514.32 8514.39	ex8514.30 ex8514.30 ex8514.30	为便于对两用物项商品进行监控，新增子目8514.31、8514.32和8514.39。
8517.13 8517.14	ex8517.12 ex8517.12	为智能手机新增子目8517.13。
8517.71 8517.79	ex8517.70 ex8517.70	为通信天线及其零件新增子目8517.71。
8519.81	8519.50 8519.81	由于贸易量低，删除子目8519.50"电话应答机"。
8524.11 8524.12 8524.19 8524.91 8524.92 8524.99	适用子目，特别是在第八十四、八十五、九十和九十五章的	为平板显示模组新增第八十五章章注释七和品目85.24，所涵盖的商品可能来自以下现行品目（例如，84.13、84.14、84.15、84.17、84.18、84.19、84.21、84.22、84.23、84.24、84.31、84.36、84.38、84.41、84.43、84.48、84.50、84.51、84.52、84.66、84.73、84.75、84.76、84.77、84.78、84.79、84.79、84.86、85.03、85.04、85.04、85.08、85.09、85.09、85.10、85.12、85.12、85.14、85.16、85.17、85.18、85.22、85.29、85.30、85.31、85.38、85.38、85.43、85.48、86.07、87.08、87.14、87.14、87.16、87.16、88.03、85.05、85.05、90.05、90.05、90.06、90.07、90.08、90.10、90.10、90.11、90.11、90.12、90.12、90.12、90.13、90.15、90.17、90.18、90.19、90.20、90.21、90.22、90.23、90.24、90.25、90.26、90.27、90.28、90.29、90.30、90.31、90.32、90.33、95.03、95.04、95.05和95.06）。
8525.81 8525.82 8525.83 8525.89	ex8525.80 ex8525.80 ex8525.80 ex8525.80	为便于对两用物项商品（子目注释中所定义的电视摄像机、数字照相机和视频摄录一体机）进行监控，新增子目8525.81、8525.82、8525.83和8525.89，并新增第八十五章子目注释一、二、三。

2022年版	2017年版	备注
8529.90	8529.90适用子目,特别是在第八十四、八十五、九十和九十五章的	为平板显示模组修订第十六类类注释二(二)的第二句,因此以下品目所包含的商品可能被移入子目8529.90项下(84.13、84.14、84.15、84.17、84.18、84.19、84.21、84.22、84.23、84.24、84.31、84.36、84.38、84.41、84.43、84.48、84.50、84.51、84.52、84.66、84.73、84.75、84.76、84.77、84.78、84.79、84.86、85.03、85.04、85.08、85.09、85.10、85.12、85.14、85.16、85.17、85.18、85.22、85.29、85.30、85.31、85.38、85.43、85.48、86.07、87.08、87.14、87.16、88.03、88.05、90.05、90.06、90.07、90.08、90.10、90.11、90.12、90.13、90.14、90.15、90.17、90.18、90.19、90.20、90.21、90.22、90.23、90.24、90.25、90.26、90.27、90.28、90.29、90.30、90.31、90.32、90.33、95.03、95.04、95.05和95.06)。
8539.51	ex8539.90 ex8543.70 ex9405.10 ex9405.20 ex9405.30 ex9405.40	为LED产品新增子目8539.51和8539.52。
8539.52	8539.50	
8539.90	ex8539.90 ex8543.90 ex9405.99	由于新增子目8539.51,子目8539.90的范围被扩大。
8541.41 8541.42 8541.43 8541.49	ex8541.40 ex8541.40 ex8541.40 ex8541.40	根据国际可再生能源署的建议,为太阳能产品新增子目8541.41至8541.49。
8541.51 8541.59	适用子目,特别是在第八十四、八十五、九十、九十三和九十五章的	为半导体基换能器扩大品目85.41的范围,因此以下品目所包含的商品可能被移入(包括但不仅限于84.22、84.31、84.43、84.50、84.66、84.73、84.76、85.04、85.17、85.18、85.22、85.29、85.30、85.31、85.35、85.36、85.37、85.38、85.43、85.48、90.25、90.26、90.30、90.31、90.32、90.33、93.05、93.06和95.04)。

2022 年版	2017 年版	备注
8543.40 8543.70 8543.90	ex8543.70 ex8543.70 ex8543.90	为电子烟及类似的个人电子雾化设备新增子目 8543.40。 由于新增子目 8539.51，部分零件也被连带移入子目 8539.90，子目 8543.90 的范围缩小。
8548.00	8548.90	由于为电子电气废弃物及碎料新增品目 85.49，品目 85.48 的范围缩小，仅包括原子目 8548.90 项下的商品。
8549.11 8549.12 8549.13 8549.14 8549.19	ex8548.10 ex8548.10 ex8548.10 ex8548.10 ex8548.10	为原子目 8548.10 的商品新增子目 8549.11 至 8549.19。这些商品的定义被新的子目注释五所规范，内容与被删除的原第八十五章章注释十相同。
8549.21 8549.29 8549.31 8549.39 8549.91 8549.99	适用子目，特别是在第三十八、七十、七十一、八十四、八十五、九十、九十一和九十五章的	新增品目 85.49，部分商品可能从下列品目移至子目 8549.21 至 8549.99（包括但不仅限于 38.25、70.01、71.12，以及第八十四、八十五、九十、九十一及九十五章的部分品目）。
8701.21 8701.22 8701.23 8701.24 8701.29	ex8701.20 ex8701.20 ex8701.20 ex8701.20 ex8701.20	为混动车和电动车新增子目 8701.21 至 8701.29。
8704.21 8704.22 8704.23 8704.31 8704.32 8704.41 8704.42 8704.43	ex8704.21 ex8704.22 ex8704.23 ex8704.31 ex8704.32 ex8704.21 ex8704.90 ex8704.22 ex8704.90 ex8704.23 ex8704.90	为电动车修改子目 8704.21 至 8704.23，8704.31 至 8704.32，新增子目 8704.41 至 8704.43，8704.51 至 8704.52 以及 8704.60。

2022年版	2017年版	备注
8704.51	ex8704.31	
	ex8704.90	
8704.52	ex8704.32	
	ex8704.90	
8704.60	ex8704.90	
8704.90	ex8704.90	
8708.22	ex8708.29	为第八十七章所列车辆用车窗新增子目8708.22。
8708.29	ex8708.29	
8802.11	ex8802.11	缩小子目8802.11、8802.12、8802.20、8802.30、8802.40的商品范围，部分商品转移至为无人驾驶航空器新增的品目88.06项下。
8802.12	ex8802.12	
8802.20	ex8802.20	
8802.30	ex8802.30	
8802.40	ex8802.40	
8806.10	ex8802.11	为无人驾驶航空器新增品目88.06。
	ex8802.12	
	ex8802.20	
	ex8802.30	
	ex8802.40	
8806.21	ex8802.11	
	ex8802.20	
	ex8525.80	
8806.22	ex8802.11	
	ex8802.20	
	ex8525.80	
8806.23	ex8802.11	
	ex8802.20	
	ex8525.80	
8806.24	ex8802.11	
	ex8802.20	
	ex8525.80	
8806.29	ex8802.11	
	ex8802.12	
	ex8802.20	
	ex8802.30	
	ex8802.40	
	ex8525.80	

2022年版	2017年版	备注
8806.91	ex8802.11	
	ex8802.20	
	ex8525.80	
8806.92	ex8802.11	
	ex8802.20	
	ex8525.80	
8806.93	ex8802.11	
	ex8802.20	
	ex8525.80	
8806.94	ex8802.11	
	ex8802.20	
	ex8525.80	
8806.99	ex8802.11	
	ex8802.12	
	ex8802.20	
	ex8802.30	
	ex8802.40	
	ex8525.80	
8807.10	8803.10	新增品目88.07，以包括新增品目88.06的无人驾驶航空器的零件，以及品目88.01和88.02项下商品的零件。后者原属于品目88.03项下，品目88.03已删除。
8807.20	8803.20	
8807.30	8803.30	
8807.90	8803.90	
8903.11	ex8903.10	为充气船、帆船和汽艇新增子目8903.1、8903.2、8903.3，修改子目8903.9。
8903.12	ex8903.10	
8903.19	ex8903.10	
8903.21	ex8903.91	
8903.22	ex8903.91	
8903.23	ex8903.91	
8903.31	ex8903.92	
8903.32	ex8903.92	
8903.33	ex8903.92	
8903.93	ex8903.99	
8903.99	ex8903.99	

2022年版	2017年版	备注
9006.53 9006.59	ex9006.51 9006.53 ex9006.51 9006.52 9006.59	由于贸易量低，删除子目9006.51和9006.52（使用胶卷的照相机），扩大了子目9006.53的范围。
9018.90	ex9018.90	扩大子目9022.21和9022.29的范围以涵盖基于使用除X射线、α射线、β射线或γ射线以外的其他离子射线的设备。
9021.10 9021.29	9021.10 ex7317.00 ex7318.14 ex7318.15 ex7318.16 ex7318.19 ex7318.22 ex7318.24 ex7318.29 ex8108.90 9021.29 ex7317.00 ex7318.14 ex7318.15 ex7318.16 ex7318.19 ex7318.22 ex7318.24 ex7318.29 ex8108.90	由于第十五类类注释二（一）对专门设计用于医学、外科、牙科或兽医学植入物的贱金属制品的分类进行修订，扩大了子目9021.10的范围。
9022.21 9022.29	9022.21 ex9018.90 9022.29 ex9018.90	扩大子目9022.21和9022.29的范围以涵盖基于使用除X射线、α射线、β射线或γ射线以外的其他离子射线的设备。
9027.81 9027.89	ex9027.80 ex9027.80	为便于对两用物项商品（质谱仪）进行监控，新增子目9027.81。
9114.90	9114.10 9114.90	由于贸易量低，删除子目9114.10"发条，包括游丝"，将其移至子目9114.90项下。

2022年版	2017年版	备注
9401.31	ex9401.30	为子目 9401.30、9401.40 和 9401.90 项下的木制产品拆分这些子目。
9401.39	ex9401.30	
9401.41	ex9401.40	根据联合国粮农组织的建议进行修订，为扩大木材种类的覆盖范围，以便更好地了解其贸易方式。
9401.49	ex9401.40	
9401.91	ex9401.90	
9401.99	ex9401.90	
9403.91	ex9403.90	为子目 9403.90 项下的木制产品拆分这些子目。
9403.99	ex9403.90	根据联合国粮农组织的建议进行修订，为扩大木材种类的覆盖范围，以便更好地了解其贸易方式。
9404.40	ex9404.90	为被子（包括羽绒被）、床罩新增子目 9404.40，以便适用原产地规则。
9404.90	ex9404.90	
9405.11	ex9405.10	为发光二极管（LED）光源产品拆分子目 9405.10 至 9405.40 及 9405.60。
9405.19	ex9405.10	同时，为光伏的且设计为仅使用发光二极管（LED）光源的产品新增子目 9405.41。
9405.21	ex9405.20	缩小子目 9405.99 的商品范围，部分商品转移至新增子目 8539.51，以及相应零件转移至子目 8539.90。
9405.29	ex9405.20	
9405.31	ex9405.30	
9405.39	ex9405.30	
9405.41	ex9405.40	
9405.42	ex9405.40	
9405.49	ex9405.40	
9405.61	ex9405.60	
9405.69	ex9405.60	
9405.99	ex9405.99	
9406.20	ex9406.90	为钢结构模块建筑单元新增子目 9406.20，该商品已在第九十四章章注释四条文中明确。
9406.90	ex9406.90	
9508.21	ex9508.90	调整品目 95.08 的结构，除流动马戏团和流动动物园外，为游乐场乘骑游乐设施、水上乐园娱乐设备、游乐场娱乐设备及流动剧团增列子目。
9508.22	ex9508.90	
9508.23	ex9508.90	
9508.24	ex9508.90	
9508.25	ex9508.90	
9508.26	ex9508.90	
9508.29	ex9508.90	
9508.30	ex9508.90	
9508.40	ex9508.90	

2022年版	2017年版	备注
9701.21 9701.22 9701.29 9701.91 9701.92 9701.99	ex9701.10 ex9701.90 ex9701.90 ex9701.10 ex9701.90 ex9701.90	以100年时间为标准为文化产品拆分子目9701.10和9701.90，以便监控它们的全球贸易和打击文化产品领域的非法交易。 同时，为文化产品中的镶嵌画增列子目9701.22和9701.92。
9702.10 9702.90	ex9702.00 ex9702.00	以100年时间为标准为文化产品拆分品目97.02，以便监控它们的全球贸易和打击文化产品领域的非法交易。
9703.10 9703.90	ex9703.00 ex9703.00	以100年时间为标准为文化产品拆分品目97.03，以便监控它们的全球贸易和打击文化产品领域的非法交易。
9705.10 9705.21 9705.22 9705.29 9705.31 9705.39	ex9705.00 ex9705.00 ex9705.00 ex9705.00 ex9705.00 ex9705.00	为不同种类的文化产品拆分品目97.05，以便监控它们的全球贸易和打击文化产品领域的非法交易。
9706.10 9706.90	ex9706.00 ex9706.00	以250年时间为标准拆分品目97.06，以便监控它们的全球贸易和打击文化产品领域的非法交易。

WCO Correlating the 2022 Version to the 2017 Version of the Harmonized System

2022 Version	2017 Version	Remarks
0208.90	ex0208.90	Amendment of the scope of subheading 0208.90 as a result of the separate identification of edible, non-living insects in new subheading 0410.10. Amendment adopted as a result of the FAO proposal to provide separately in the HS for edible insects. Edible insects were classified differently in the Contracting Parties. This Table includes all likely correlations of edible insects and their preparations that were identified in the discussions.
0210.99	ex0210.99	Amendment of the scope of subheading 0210.99 as a result of the separate identification of edible, non-living insects in new subheading 0410.10. Amendment adopted as a result of the FAO proposal to provide separately in the HS for edible insects for food and nutritional security monitoring. Edible insects were classified differently in the Contracting Parties. This Table includes all likely correlations of edible insects and their preparations that were identified in the discussions.
0306.19 0306.39 0306.99	ex0306.19 ex0306.39 ex0306.99	Amendment of the scope of heading 03.06, as a result of the creation of new heading 03.09 which makes separate provision for flours, meals and pellets of fish and crustaceans, molluscs and other aquatic invertebrates, fit for human consumption.
0307.21 0307.22 0307.29	0307.21 ex0307.91 0307.22 ex0307.92 0307.29 ex0307.99	Expansion of the scope of series 0307.2, and subheadings 0307.21, 0307.22 and 0307.29 in order to cover all molluscs of the family *Pectinidae*, which, in HS 2017, are included in the 0307.2 and 0307.9 series.

2022 Version	2017 Version	Remarks
0307.91 0307.92 0307.99	ex0307.91 ex0307.92 ex0307.99	Amendment of the scope of subheadings 0307.91, 0307.92 and 0307.99, as a result of the creation of new heading 03.09 which makes separate provision for flours, meals and pellets of fish and crustaceans, molluscs and other aquatic invertebrates, fit for human consumption. Amendment of the scope of subheadings 0307.91, 0307.92 and 0307.99, as a result of all molluscs of the family *Pectinidae* being classified together in series 0307.2 and subheadings 0307.21, 0307.22 and 0307.29.
0308.90	ex0308.90	Amendment of the scope of heading 03.08, as a result of the creation of new heading 03.09 which makes separate provision for flours, meals and pellets of fish and crustaceans, molluscs and other aquatic invertebrates, fit for human consumption.
0309.10	0305.10	Creation of new subheading 0309.10 to provide separately for flours, meals and pellets of fish, fit for human consumption.
0309.90	ex0306.19 ex0306.39 ex0306.99 ex0307.91 ex0307.92 ex0307.99 ex0308.90	Creation of new subheading 0309.90 to provide separately for flours, meals and pellets of crustaceans, molluscs and other aquatic invertebrates, fit for human consumption.
0403.20	0403.10 ex1901.90	Restructuring of subheading 0403.10 to reflect the expansion of the scope of heading 04.03 in respect of yogurt containing added spices, coffee or coffee extracts, plants, parts of plants, cereals or bakers'wares.
0410.10	ex0208.90 ex0210.99 ex0410.00	Amendment adopted as a result of the FAO proposal to provide separately in the HS for edible insects for food and nutritional security monitoring. Edible insects were classified differently in the Contracting Parties. This Table includes all likely correlations of edible insects and their preparations that were identified in the discussions.

2022 Version	2017 Version	Remarks
0410.90	ex0410.00	Amendment adopted as a result of the FAO proposal to provide separately in the HS for edible insects for food and nutritional security monitoring. Edible insects were classified differently in the Contracting Parties. This Table includes all likely correlations of edible insects and their preparations that were identified in the discussions.
0704.10 0704.90	0704.10 ex0704.90 ex0704.90	Expansion of the scope of subheading 0704.10 in order to group all varieties of broccoli in that subheading.
0709.52 0709.53 0709.54 0709.55 0709.56 0709.59	ex0709.59 ex0709.59 ex0709.59 ex0709.59 ex0709.59 ex0709.59	Subheading 0709.59 has been subdivided as a result of the FAO proposal to provide separately in the HS for truffles and certain varieties of mushrooms, because of the increasing volume of trade in these products.
0712.34 0712.39	ex0712.39 ex0712.39	Subheading 0712.39 has been subdivided as a result of the FAO proposal to provide separately in the HS for truffles and certain varieties of mushrooms, because of the increasing volume of trade in these products.
0802.91 0802.92 0802.99	ex0802.90 ex0802.90 ex0802.90	Subheading 0802.90 has been subdivided as a result of the FAO proposal to provide separately in the HS for pine nuts in shell, and shelled, because of the increasing volume of trade in these products.
1211.60 1211.90	ex1211.90 ex1211.90	Subheading 1211.90 has been subdivided as a result of the FAO proposal to provide separately in the HS for the bark of African cherry (Prunus africana), in order to monitor the potential impact of the over-exploitation of this tree in the wild because of the increasing use of its bark, especially by the international pharmaceutical industry.
1509.20 1509.30 1509.40	ex1509.10 ex1509.10 ex1509.10	Restructuring of subheading 1509.10 to separately identify in the HS certain categories of oils representing a considerable volume of trade, and to align their descriptions with the definitions specified in the IOC trade standard applicable to olive oils and olive pomace oils.

2022 Version	2017 Version	Remarks
1510.10 1510.90	ex1510.00 ex1510.00	Restructuring of subheading 1510.00 to separately identify in the HS certain categories of products representing a considerable volume of trade, and to align their descriptions with the definitions specified in the IOC trade standard applicable to olive oils and olive pomace oils.
1515.60 1515.90	ex1515.90 ex1515.90	Creation of new subheading 1515.60 to provide separately in the HS for oils of microbial origin.
1516.20 1516.30	ex1516.20 ex1516.20	Reduction of the scope of subheading 1516.20 as a result of the separate identification in subheading 1516.30 of chemically modified oils of microbial origin.
1601.00	ex0410.00 1601.00 ex2106.90	Amendment adopted as a result of the FAO proposal to provide separately in the HS for edible insects for food and nutritional security monitoring. Edible insects were classified differently in the Contracting Parties. This Table includes all likely correlations of edible insects and their preparations that were identified in the discussions.
1602.10	ex0410.00 1602.10 ex2106.90	Amendment adopted as a result of the FAO proposal to provide separately in the HS for edible insects for food and nutritional security monitoring. Edible insects were classified differently in the Contracting Parties. This Table includes all likely correlations of edible insects and their preparations that were identified in the discussions.
1602.90	ex0410.00 1602.90 ex1704.90 ex1806.90 ex1901.90 ex1904.90 ex2106.90	Amendment adopted as a result of the FAO proposal to provide separately in the HS for edible insects for food and nutritional security monitoring. Edible insects were classified differently in the Contracting Parties. This Table includes all likely correlations of edible insects and their preparations that were identified in the discussions.

2022 Version	2017 Version	Remarks
1704.90	ex1704.90	The scope of subheading 1704.90 was narrowed because of the transfer of goods to the new 3006.93 for placebos and blinded (or double-blinded) clinical trial kits for a recognized clinical trial, put up in measured doses. The scope of this subheading was also narrowed because of the transfer of goods containing more than 20% by weight of edible insects to subheading 1602.90 by virtue of new Note 2 to Chapter 16. Edible insects were classified differently in the Contracting Parties. This Table includes all likely correlations of edible insects and their preparations that were identified in the discussions.
1806.90	ex1806.90	The scope of subheading 1806.90 was narrowed because of the transfer of goods containing more than 20% by weight of edible insects to subheading 1602.90 by virtue of new Note 2 to Chapter 16. Edible insects were classified differently in the Contracting Parties. This Table includes all likely correlations of edible insects and their preparations that were identified in the discussions.
1901.90	ex1901.90	Reduction of the scope of subheading 1901.90 as a result of the transfer to new subheading 0403.20 of yogurt containing added spices, coffee or coffee extracts, plants, parts of plants, cereals or bakers'wares. The scope of this subheading was also narrowed because of the transfer of goods containing more than 20% by weight of edible insects to subheading 1602.90 by virtue of new Note 2 to Chapter 16. Edible insects were classified differently in the Contracting Parties. This Table includes all likely correlations of edible insects and their preparations that were identified in the discussions.

2022 Version	2017 Version	Remarks
1904.90	ex1904.90	The scope of subheading 1904.90 was also narrowed because of the transfer of goods containing more than 20% by weight of edible insects to subheading 1602.90 by virtue of new Note 2 to Chapter 16. Edible insects were classified differently in the Contracting Parties. This Table includes all likely correlations of edible insects and their preparations that were identified in the discussions.
2106.90	ex2106.90	Reduction of the scope of subheading 2106.90 as a result of the transfer to new heading 24.04 of products containing nicotine and intended to assist tobacco use cessation. The scope of this subheading was also narrowed because of the transfer of goods to the new 3006.93 for placebos and blinded (or double-blinded) clinical trial kits for a recognized clinical trial, put up in measured doses. The scope of this subheading was also narrowed because of the transfer of goods containing more than 20% by weight of edible insects to subheading 1602.90 by virtue of new Note 2 to Chapter 16. Edible insects were classified differently in the Contracting Parties. This Table includes all likely correlations of edible insects and their preparations that were identified in the discussions.
2202.99	ex2202.99	The scope of this subheading was also narrowed because of the transfer of goods to the new 3006.93 for placebos and blinded (or double-blinded) clinical trial kits for a recognized clinical trial, put up in measured doses.
2403.91	ex2403.91	Reduction of the scope of subheading 2403.91 as a result of the transfer to new heading 24.04 of reconstituted tobacco products intended for inhalation without combustion.
2403.99	ex2403.99	Reduction of the scope of subheading 2403.99 as a result of the transfer to new heading 24.04 of products containing tobacco or tobacco substitutes and intended for inhalation without combustion.

2022 Version	2017 Version	Remarks
2404.11	ex2403.91 ex2403.99	Creation of new subheading 2404.11 to provide separately for products containing tobacco or reconstituted tobacco and intended for inhalation without combustion, as defined in new Note 3 to Chapter 24.
2404.12	ex3824.99	Creation of new subheading 2404.12 to provide separately for products containing nicotine and intended for inhalation without combustion, as defined in new Note 3 to Chapter 24.
2404.19	ex2403.99 ex3824.99	Creation of new subheading 2404.19 to provide separately for products containing tobacco or nicotine substitutes and intended for inhalation without combustion, as defined in new Note 3 to Chapter 24.
2404.91	ex2106.90	Creation of new subheading 2404.91 to provide separately for products for oral application containing nicotine and intended to assist tobacco use cessation.
2404.92	ex3824.99	Creation of new subheading 2404.92 to provide separately for products for transdermal application containing nicotine and intended to assist tobacco use cessation.
2404.99	ex3824.99	Creation of new subheading 2404.99 to provide separately for products for application otherwise than orally or transdermally (for example, inhalers, nose drops or injections), containing nicotine and intended to assist tobacco use cessation.
2844.41 2844.42 2844.43 2844.44	ex2844.40 ex2844.40 ex2844.40 ex2844.40	Subheading 2844.40 has been subdivided to create new subheadings 2844.41 to 2844.44 to facilitate the monitoring and control of dual use items containing certain radioactive elements and isotopes.
2845.20 2845.30 2845.40 2845.90	ex2845.90 ex2845.90 ex2845.90 ex2845.90	Subheading 2845.90 has been subdivided to create new subheadings 2845.20 to 2845.40 to facilitate the monitoring and control of dual use items containing certain isotopes.

2022 Version	2017 Version	Remarks
2903.41 2903.42 2903.43 2903.44 2903.45 2903.46 2903.47 2903.48 2903.49 2903.51 2903.59 2903.61 2903.62 2903.69	ex2903.39 ex2903.39 ex2903.39 ex2903.39 ex2903.39 ex2903.39 ex2903.39 ex2903.39 ex2903.39 ex2903.39 ex2903.39 ex2903.39 2903.31 ex2903.39	Subheadings 2903.31 and 2903.39 have been deleted and substituted by new subheadings 2903.41 to 2903.69 to facilitate the monitoring and control of substances controlled by virtue of the Kigali Amendments to the Montreal Protocol that deplete the ozone layer.
2909.60	2909.60 ex2911.00	Amendments of the last paragraph of Note 4 to Chapter 29 and heading 29.09 to clarify almost all organic peroxides in heading 29.09 entails the transfer of acetal and hemiacetal peroxides from heading 29.11 (2911.00) to heading 29.09 (subheading 2909.60).
2911.00	ex2911.00	See the remarks of heading 29.09.
2930.10 2930.90	ex2930.90 ex2930.90	Creation of new subheading 2930.10 for 2-(N,N-Dimethlyamino) ethanethiol to facilitate the monitoring and control of substances controlled under the Chemical Weapon Convention.
2931.41 2931.42 2931.43 2931.44 2931.45 2931.46 2931.47 2931.48 2931.49	2931.31 2931.32 2931.33 ex2931.39 2931.38 2931.35 2931.36 ex2931.39 2931.34 2931.37 ex2931.39	Subheadings 2931.31 to 2931.39 have been deleted and substituted by new subheadings 2931.41 to 2931.49, subheadings 2931.51 to 2931.53 and subheading 2931.59 to facilitate the monitoring and control of substances controlled under the Chemical Weapon Convention. At the same time, new subheading 2931.54 has been created for trichlorfon (ISO) to facilitate the monitoring and control of substance controlled under the Rotterdam Convention.

2022 Version	2017 Version	Remarks
2931.51 2931.52 2931.53 2931.54 2931.59	ex2931.39 ex2931.39 ex2931.39 ex2931.39 ex2931.39	
2932.96 2932.99	ex2932.99 ex2932.99	New subheading 2932.96 has been created for carbofuran (ISO) to facilitate the monitoring and control of substance controlled under the Rotterdam Convention.
2933.33 2933.34 2933.35 2933.36 2933.37 2933.39	2933.33 ex2933.39 ex2933.39 ex2933.39 ex2933.39 ex2933.39 ex2933.39	Expansion of the scope of subheading 2933.33 to include cartentanil (INN) and remifentanil (INN) and creation of new subheadings 2933.34, 2933.36 and 2933.37 for other fentanyls and their derivatives as well as two fentanyls precursors, to facilitate the monitoring and control of substances controlled under the Schedules of the United Nations Single Convention on Narcotic Drugs, 1961. At the same time, creation of new subheading 2933.35 for 3-quinuclidinol to facilitate the monitoring and control of substance controlled under the Chemical Weapon Convention.
2934.92 2934.99	ex2934.99 ex2934.99	Creation of new subheading 2934.92 for other fentanyls and their derivatives to facilitate the monitoring and control of substances controlled under the Schedules of the United Nations Single Convention on Narcotic Drugs, 1961.
2939.45 2939.49 2939.72 2939.79	ex2939.71 2939.49 ex2939.71 ex2939.79 ex2939.71 ex2939.79	Expansion of the scope of subheading 2939.4 to include derivatives of alkaloids of ephedra to be in line with the current classification of other derivatives in heading 29.39 entails the transfer of derivatives of alkaloids of ephedra from subheading 2939.71 to new subheading 2939.45 and from subheadings 2939.71 and 2939.79 to subheading 2939.49.
3002.13	ex3002.13	See the remarks of heading 38.22.
3002.14	ex3002.14	See the remarks of heading 38.22.
3002.15	ex3002.15	See the remarks of heading 38.22.
	(3002.19)	This subheading was considered by the HS Committee as empty and therefore was deleted.

2022 Version	2017 Version	Remarks
3002.41 3002.42 3002.49 3002.51 3002.59 3002.90	3002.20 3002.30 ex3002.90 ex3002.90 ex3002.90 ex3002.90	Subheadings 3002.20 and 3002.30 have been deleted and substituted by new subheadings 3002.41, 3002.42 and 3002.49 to facilitate the monitoring and control of certain dual use items covered under new subheading 3002.49 (e.g., toxins and similar products). At the same time, new subheadings 3002.51 and 3002.59 have been created to clarify the classification of cell cultures, including cell therapy products.
3006.93	ex1704.90, ex2106.90, ex2202.99, applicable subheadings of heading ex30.04, and ex3824.99	Creation of new subheading 3006.93 for placebos and blinded (or double-blinded) clinical trial kits for a recognized clinical trial, put up in measured does entails the transfer of certain products currently covered under subheadings of other headings of the Nomenclature, in particular, but not limited to, headings: 17.04, if made of sugar; 21.06, if made of starch or other foodstuff; 22.02, if in liquid form for oral intake; 30.04, if kits containing medicaments; and 38.24, if containing other chemicals.
3204.18 3204.19	ex3204.19 ex3204.19	Creation of new subheading 3204.18 for carotenoid colouring matters and preparations based thereon entails the transfer of products from subheading 3204.19 to new subheading 3204.18 in relation to the previous Classification Opinion 3204.19/1.
3402.31 3402.39 3402.41 3402.42 3402.49 3402.50	ex3402.11 ex3402.11 3402.12 3402.13 3402.19 3402.20	Subheadings 3402.11 to 3402.19 and 3402.20 have been deleted and substituted by new subheadings 3402.31 to 3402.50 to provide separately for linear alkylbenzene sulphonic acids and their salts.
3603.10 3603.20 3603.30 3603.40 3603.50 3603.60	ex3603.00 ex3603.00 ex3603.00 ex3603.00 ex3603.00 ex3603.00	Creation of new subheadings 3603.10 to 3603.60 to facilitate the monitoring and control of goods required for the production and use of Improvised Explosive Devices.

2022 Version	2017 Version	Remarks
3808.59	3808.59 ex3808.91 ex3808.92 ex3808.93 ex3808.94 ex3808.99	Amendment of Subheading Note 1 to Chapter 38 by added carbofuran (ISO) and trichlorfon (ISO) expands the scope of subheading 3808.59 to facilitate the monitoring and control of substances controlled under the Rotterdam Convention.
3808.91	ex3808.91	
3808.92	ex3808.92	
3808.93	ex3808.93	
3808.94	ex3808.94	
3808.99	ex3808.99	
3816.00	2518.30 3816.00	Creation of new exclusion Note 2 (e) to Chapter 25, amendment of heading 25.18, deletion of subheading 2518.30 and expansion of the scope of heading 38.16 to transfer dolomite ramming mix from heading 25.18 (subheading 2518.30) to heading 38.16 (3816.00) to classify all refractory raw materials under the same heading.
3822.11	3002.11 ex3002.13 ex3002.14 ex3002.15	Creation of new exclusion Note 1 (ij) to Chapter 30 and new subheadings 3822.11, 3822.12 and 3822.19 entail the transfer of diagnostic reagents and kits (including malaria diagnostic kits) from subheadings 3002.11, 3002.13, 3002.14 and 3002.15 to new subheadings 3822.11, 3822.12 and 3822.19. At the same time, deletion and substitution of Note 4 (e) to Chapter 30 and creation of new subheading 3822.13 entail the transfer of blood grouping reagents from subheading 3006.20 to new subheading 3822.13.
3822.12	ex3002.13 ex3002.14 ex3002.15 ex3822.00	
3822.13	3006.20 ex3002.13 ex3002.14 ex3002.15 ex3822.00	
3822.19		
3822.90	ex3822.00	

2022 Version	2017 Version	Remarks
3824.89 3824.92 3824.99	ex3824.99 ex3824.99 ex3824.99	Creation of new subheading 3824.89 for products containing short-chain chlorinated paraffins to facilitate the monitoring and control of substances controlled under the Rotterdam Convention. At the same time, creation of new subheading 3824.92 for polyglycol esters of methylphosphonic acid to facilitate the monitoring and control of substances controlled under the Chemical Weapon Convention. Reduction of the scope of subheading 3824.99 as a result of the transfer to new subheadings 2404.12, 2404.19, 2404.92 and 2404.99 of products containing nicotine and intended for inhalation without combustion, and of other nicotine containing products intended for the intake of nicotine into the human body. The scope of subheading 3824.99 was also narrowed because of the transfer of goods to the new 3006.93 for placebos and blinded (or double-blinded) clinical trial kits for a recognized clinical trial, put up in measured doses.
3827.11 3827.12 3827.13 3827.14 3827.20 3827.31 3827.32 3827.39 3827.40 3827.51 3827.59 3827.61 3827.62 3827.63 3827.64 3827.65 3827.68 3827.69 3827.90	3824.71 3824.73 3824.75 3824.76 3824.72 ex3824.74 ex3824.74 ex3824.74 3824.77 ex3824.78 ex3824.78 ex3824.78 ex3824.78 ex3824.78 ex3824.78 ex3824.78 ex3824.78 ex3824.78 3824.79	Creation of new Note 4 to Section VI and new heading 38.27 and deletion of subheading 3824.7 entail the transfer of the products of mixtures containing halogenated derivatives of methane, ethane and propane from subheading 3824.7 to new heading 38.27, to facilitate the monitoring and control of substances controlled by virtue of the Kigali Amendments to the Montreal Protocol that deplete the ozone layer.

2022 Version	2017 Version	Remarks
3907.21 3907.29	ex3907.20 ex3907.20	Subheading 3907.20 has been subdivided to create new subheading 3920.21 for bis (polyoxyethylene) methylphosphonate to facilitate the monitoring and control of substances controlled under the Chemical Weapon Convention.
3911.20 3911.90	ex3911.90 ex3911.90	Creation of new subheading 3911.20 for Poly (1, 3-phenylene methylphosphonate) to facilitate the monitoring and control of substances controlled under the Chemical Weapon Convention.
4015.12 4015.19	4015.11 ex4015.19 ex4015.19	Subheading 4015.11 has been redrafted and renumbered to cover medical, surgical, dental or veterinary gloves.
4401.32 4401.39	ex4401.39 ex4401.39	Creation of new subheading 4401.32 for wood briquettes.
4401.41 4401.49	ex4401.40 ex4401.40	Creation of new subheadings 4401.41 and 4401.49 for sawdust and other waste and scrap, respectively.
4402.20 4402.90	ex4402.90 ex4402.90	Creation of new subheading 4402.20 for wood charcoal of shell or nut.
4403.21 4403.22	ex4403.21 ex4403.21 4403.22	Alignment of the English with the French text of subheading 4403.21 to replace the word "any" with "smallest". The scope of subheading 4403.22 is enlarged to cover wood with variable cross section dimensions where the piece includes measurements both under 15 cm and 15 cm or more.
4403.23 4403.24	ex4403.23 ex4403.23 4403.24	Alignment of the English with the French text of subheading 4403.23 to replace the word "any" with "smallest". The scope of subheading 4403.24 is enlarged to cover wood with variable cross section dimensions where the piece includes measurements both under 15 cm and 15 cm or more.
4403.25 4403.26	ex4403.25 ex4403.25 4403.26	Alignment of the English with the French text of subheading 4403.25 to replace the word "any" with "smallest". The scope of subheading 4403.26 is enlarged to cover wood with variable cross section dimensions where the piece includes measurements both under 15 cm and 15 cm or more.
4403.42 4403.49	ex4403.49 ex4403.49	Subheading 4403.49 has been subdivided to create new subheading 4403.42 for Teak.

2022 Version	2017 Version	Remarks
4403.93 4403.94	ex4403.93 ex4403.93 4403.94	Alignment of the English and with the French the text of subheading 4403.93 to replace the word "any" with "smallest". The scope of subheading 4403.94 is enlarged to cover wood with variable cross section dimensions where the piece includes measurements both under 15 cm and 15 cm or more.
4403.95 4403.96	ex4403.95 ex4403.95 4403.96	Alignment of the English with the French of the text of subheading 4403.95 to replace the word "any" with "smallest". The scope of subheading 4403.96 is enlarged to cover wood with variable cross section dimensions where the piece includes measurements both under 15 cm and 15 cm or more.
4407.11	ex4407.11	Creation of new subheading 4407.13 entails the transfer of products from subheading 4407.11.
4407.12	ex4407.12	Creation of new subheadings 4407.13 and 4407.14 entails the transfer of products from subheading 4407.12.
4407.13 4407.14 4407.19	ex4407.11 ex4407.12 ex4407.19 ex4407.12 ex4407.19 ex4407.19	Subheading 4407.19 has been subdivided to create new subheadings 4407.13 and 4407.14 to specifically provide for mixtures of S-P-F (spruce, pine and fir) and Hem-fir (Western hemlock and fir), respectively.
4407.23 4407.29	ex4407.29 ex4407.29	Subheading 4407.29 has been subdivided to create new subheading 4407.23 for Teak. Amendment adopted as a result of the FAO proposal to enhance the monitoring of the global trade.
4412.41 4412.42 4412.49	ex4412.99 ex4412.99 ex4412.99	Subheading 4412.99 has been subdivided to create new subheadings 4412.41, 4412.42 and 4412.49 for laminated veneered lumber (LVL) to include tropical, coniferous and non-coniferous wood. Amendment adopted as a result of the FAO proposal to enhance the monitoring of the global trade.

2022 Version	2017 Version	Remarks
4412.51 4412.52 4412.59	ex4412.94 ex4412.94 ex4412.94	Subheading 4412.94 has been subdivided to create new subheadings 4412.51, 4412.52 and 4412.59 for blockboard, laminboard and battenboard to include tropical, coniferous and non-coniferous wood species. Amendment adopted as a result of the FAO proposal to enhance the monitoring of the global trade.
4412.91 4412.92 4412.99	ex4412.99 ex4412.99 ex4412.99	Subheading 4412.99 has been subdivided to create new subheadings 4412.91 and 4412.92 for other laminated wood to include tropical, coniferous and non-coniferous wood species. Amendment adopted as a result of the FAO proposal to enhance the monitoring of global trade.
4414.10 4414.90	ex4414.00 ex4414.00	Heading 44.14 has been subdivided to create new subheadings 4414.10 and 4414.90 to provide separately for certain articles of tropical wood. Amendment adopted as a result of the FAO proposal to enhance the data on tropical wood trade.
4418.11 4418.19	ex4418.10 ex4418.10	Subheading 4418.10 has been subdivided to create new subheadings 4418.11 and 4418.19 to provide separately for certain articles of tropical wood. Amendment adopted as a result of the FAO proposal to enhance the monitoring of global trade.
4418.21 4418.29	ex4418.20 ex4418.20	Subheading 4418.20 has been subdivided to create new subheadings 4418.21 and 4418.29 to provide separately for certain articles of tropical wood. Amendment adopted as a result of the FAO proposal to enhance the monitoring of global trade.
4418.30	ex4418.60	Creation of new subheading 4418.30 to provide for posts and beam. This entail the transfer of products of subheading 4418.60 to new subheading 4418.30.

2022 Version	2017 Version	Remarks
4418.81 4418.82 4418.83 4418.89	ex4418.60 ex4418.91 ex4418.99 ex4418.60 ex4418.91 ex4418.99 ex4418.60 ex4418.91 ex4418.99 ex4418.60 ex4418.91 ex4418.99	Creation of new subheadings 4418.81, 4418.82, 4418.83 and 4418.89 to provide separately for engineered structural timber products (glue-laminated timber (glulam), cross-laminated timber (CLT or X-lam) and I beams. Divided based manufacturing process and size. Amendment adopted as a result of the FAO proposal to enhance the monitoring of global trade.
4418.91	ex4418.91	The creation of new subheadings 4418.8 entails the transfer of products from subheading 4418.91. Amendment adopted as a result of the FAO proposal to enhance the monitoring of global trade.
4418.92	ex4418.99	Subheading 4418.99 has been subdivided to create new subheading 4418.92 to provide separately for cellular wood panels. Amendment adopted as a result of the FAO proposal to enhance the monitoring of global trade.
4418.99	ex4418.99	The creation of new subheadings 4418.8 and 4418.92 entails the transfer of products from subheading 4418.99. Amendment adopted as a result of the FAO proposal to enhance the monitoring of global trade.
4419.20 4419.90	ex4419.90 ex4419.90	Subheading 4419.90 has been subdivided to create new subheading 4419.20 to provide separately for certain articles of tropical wood. Amendment adopted as a result of the FAO proposal to enhance the monitoring of global trade.
4420.11 4420.19	ex4420.10 ex4420.10	Subheading 4420.10 has been subdivided to create new subheadings 4420.11 and 4420.19 to provide separately for certain articles of tropical wood. Amendment adopted as a result of the FAO proposal to enhance the monitoring of global trade.

2022 Version	2017 Version	Remarks
4421.20	ex4421.91 ex4421.99	New subheading 4421.20 has been created to provide separately for coffins.
4421.91	ex4421.91	This entails the transfer of products from subheadings 4421.91 and 4421.99.
4421.99	ex4421.99	Amendment adopted as a result of the FAO proposal to enhance the monitoring of global trade.
4905.20 4905.90	4905.91 4905.10 4905.99	Heading 49.05 has been restructured following the deletion of subheading 4905.10 due to low volume of trade. Subheadings 4905.91 and 4905.99 have been renamed 4905.20 and 4905.90 respectively. At the same time, the deletion of subheading 4905.10 entails the transfer of the products of this subheading to subheading 4905.90 and amending the scope of the subheading.
5501.11 5501.19	ex5501.10 ex5501.10	Subheading 5501.10 has been subdivided to provide separately for filament tow of aramid, to facilitate the monitoring and control of dual use items.
5703.21 5703.29 5703.31 5703.39	ex5703.20 ex5703.20 ex5703.30 ex5703.30	Creation of new subheadings 5703.21 and 5703.31 to provide separately for turf.
5802.10	5802.11 5802.19	Subheading 5802.10 has been created as a consequential amendment to the deletion of subheadings 5802.11 and 5802.19 because of a low volume of trade.
6116.10 6116.91 6116.92 6116.93 6116.99	6116.10 ex6116.91 ex6116.92 ex6116.93 ex6116.99 ex6116.91 ex6116.92 ex6116.93 ex6116.99	Expansion of the scope of subheading 6116.10 to include gloves, mittens and mitts, knitted or crocheted, laminated with plastics or rubber.

2022 Version	2017 Version	Remarks
6201.20 6201.30 6201.40 6201.90	6201.11 6201.91 6201.12 6201.92 6201.13 6201.93 6201.19 6201.99	Restructuring of heading 62.01 to align the structure of heading 61.01. This removes the distinction by type between garments of heading 62.01 and leaves only a distinction by material.
6202.20 6202.30 6202.40 6202.90	6202.11 6202.91 6202.12 6202.92 6202.13 6202.93 6202.19 6202.99	Restructuring of heading 62.02 to align the structure of heading 61.02. This removes the distinction by type between garments of heading 62.01 and leaves only a distinction by material.
6210.20 6210.30 6210.40 6210.50	6210.20 ex6210.40 6210.30 ex6210.50 ex6210.40 ex6210.50	Subheadings 6210.20 and 6210.30 have been expanded to include all garments of headings 62.01 and 62.02 respectively, to reflect the restructuring of headings 62.01 and 62.02.
6812.99	6812.92 6812.93 6812.99	Subheadings 6812.92 and 6812.93 have been deleted due low volume of trade. This entails amending the scope of subheading 6812.99 to accommodate the transfer of goods from subheadings 6812.92 and 6812.93 respectively.
6815.11 6815.12 6815.13 6815.19	ex6815.99 ex6815.99 ex6815.99 6815.10	Subheading 6815.10 has been subdivided to create new subheadings 6815.11, 6815.12, 6815.13 and 6815.19 to provide separately for carbon fIbres, fabrics and other articles of carbon fibres and graphite for non-electrical use.
6815.91 6815.99	6815.91 ex6815.99 ex6815.99	The scope of subheading 6815.91 is enlarged to cover magnesia in the form of periclase and dolomite in the form of dolime. This entails the transfer of goods from subheading 6815.99 to subheading 6815.91.

2022 Version	2017 Version	Remarks
7001.00	ex7001.00	The scope of heading 70.01 was amended to specifically exclude glass from cathode ray tubes or other activated glass of heading 85.49. New subheading 8549.21, 8549.31 and 8549.91 have been created to provide for glass from cathode ray tubes or other activated glass. At the same time, the change entails the transfer of products from heading 70.01 to subheading 8549.21, 8549.31 and 8549.91.
7019.13	7019.19	Subheading 7019.1 has been reorganized and its scope was enlarged with the products of current subheading 7019.31 to provide separately for silvers, rovings, yarns and chopped strands and mats thereof.
7019.14 7019.15	ex7019.31 ex7019.31	Subheading 7019.1 has been reorganized and its scope was enlarged with the products of current subheading 7019.31 to provide separately for silvers, rovings, yarns and chopped strands and mats thereof.
7019.19	ex7019.31	Subheading 7019.1 has been reorganized and its scope was enlarged with the products of current subheading 7019.31 to provide separately for silvers, rovings, yarns and chopped strands and mats thereof.
7019.61 7019.62 7019.63 7019.64 7019.65 7019.66 7019.69	ex7019.40 ex7019.39 ex7019.51 ex7019.52 ex7019.59 ex7019.51 ex7019.52 ex7019.59 ex7019.40 ex7019.51 ex7019.40 ex7019.52 ex7019.59 ex7019.39 ex7019.51 ex7019.59	Subheading 7019.40 was deleted and new subheadings 7019.61 and 7019.62 created to provide separately for closed woven fabrics and other closed fabrics of rovings. The structure of heading 70.19 has been modified to provide separately for mechanically bonded fabrics. At the same time, subheadings 7019.39, 7019.40 and 7019.5 have been restructured into new subheading 7019.6. The amendment was adopted to clarify the classification of certain articles of glass fibres based on the manufacturing process and to monitor global trade.

2022 Version	2017 Version	Remarks
7019.71 7019.72 7019.73	7019.32 ex7019.39 ex7019.39	The structure of heading 70.19 has been modified to provide separately for chemically bonded fabrics. At the same time, subheadings 7019.32, and 7019.39 has been restructured into new subheading 7019.7. The amendment was adopted to clarify the classification of certain articles of glass fibres based on manufacturing process and to monitor world trade.
7019.80	ex7019.39 ex7019.90	Subheading 7019.90 has been subdivided to create new subheading 7019.80 to specifically cover glass wool and articles of glass wool. This has resulted in the movement of some goods from subheading 7019.90 to subheading 7019.80.
7019.90	ex7019.39 ex7019.40 ex7019.51 ex7019.52 ex7019.59 ex7019.90	In addition, any fabrics from HS 2017 subheadings 7019.40, 7019.51, 7019.52, 7019.59 which do not fall into the provisions for mechanically bonded or chemically bonded fabrics would transfer to HS 2022 subheading 7019.90.
7104.21 7104.29	ex7104.20 ex7104.20	Subheading 7104.20 has been subdivided to create new subheadings 7104.21 and 7104.29 to provide separately for synthetic diamonds. Amendment adopted as a result of the proposal by Kimberley Process to enhance the monitoring of the global trade in natural and synthetic diamonds.
7104.91 7104.99	ex7104.90 ex7104.90	Subheading 7104.90 has been subdivided to create new subheadings 7104.91 and 7104.99 to provide separately for natural and synthetic diamonds. Amendment adopted as a result of the proposal by Kimberley Process to enhance the monitoring of the global trade in natural and synthetic diamonds.
7112.91 7112.92 7112.99	ex7112.91 ex7112.92 ex7112.99	The text of heading 71.12 was amended to specifically exclude electrical and electronic waste and scrap of heading 85.49. Amendment adopted as a result of the proposal by the Secretariat of the Basel Convention to enhance the comparison of data on the international movement of electrical and electronic waste controlled under the Convention.

2022 Version	2017 Version	Remarks
7317.00	ex7317.00	The scope of this subheading was narrowed because of the amendment to Note 2 (a) to Section XV to clarify that articles of base metals specially designed for use exclusively in implants in medicine, surgery, dentistry or veterinary sciences should be classified in heading 90.21.
7318.14 7318.15 7318.16 7318.19 7318.22 7318.24 7318.29	ex7318.14 ex7318.15 ex7318.16 ex7318.19 ex7318.22 ex7318.24 ex7318.29	The scope of these subheadings was narrowed because of the amendment to Note 2 (a) to Section XV to clarify that articles of base metals specially designed for use exclusively in implants in medicine, surgery, dentistry or veterinary sciences should be classified in heading 90.21.
7419.20 7419.80	ex7419.10 7419.91 ex7419.10 7419.99	Deletion of subheading 7419.10 because of the low volume of trade entails the transfer of the products of this subheading to subheading 7419.80. As a result heading 74.19 has been restructured to create new subheading 7419.20 and 7419.80 respectively.
8103.91 8103.99	ex8103.90 ex8103.90	Subheading 8103.90 has been subdivided to create new subheadings 8103.91 and 8103.99 to provide separately for crucibles.
8106.10 8106.90	ex8106.00 ex8106.00	Heading 81.06 has been subdivided to create new subheadings 8106.10 and 8106.90 to provide separately for waste and scrap containing more than 99.99% of bismuth, by weight. Amendment adopted as a result of the proposal by the Secretariat of the Basel Convention to enhance the monitoring data on the international movement of mineral waste and scrap containing bismuth controlled under the Convention.
8108.90	ex8108.90	The scope of this subheading was narrowed because of the amendment to Note 2 (a) to Section XV to clarify that articles base metals, specially designed for use exclusively in implants in medicine, surgery, dentistry or veterinary sciences should be classified in heading 90.21.

2022 Version	2017 Version	Remarks
8109.21 8109.29	ex8109.20 ex8109.20	Subheading 8109.20 has been subdivided to create new subheadings 8109.21 and 8109.29 to provide separately for unwrought zirconium; powders containing less than 1 part hafnium to 500 parts zirconium by weight. Amendment adopted as a result of the proposal by the Secretariat of the Basel Convention to enhance monitoring the international movement of unwrought zirconium; powders controlled under the Convention.
8109.31 8109.39	ex8109.30 ex8109.30	Subheading 8109.30 has been subdivided to create new subheadings 8109.31 and 8109.39 to provide separately for zirconium waste and scrap containing less than 1 part hafnium to 500 parts zirconium by weight. Amendment adopted as a result of the proposal by the Secretariat of the Basel Convention to enhance monitoring the international movement of zirconium waste and scrap controlled under the Convention.
8109.91 8109.99	ex8109.90 ex8109.90	Subheading 8109.90 has been subdivided to create new subheadings 8109.91 and 8109.99 to provide separately for other articles of zirconium containing less than 1 part hafnium to 500 parts zirconium by weight. Amendment adopted as a result of the proposal by the Secretariat of the Basel Convention to enhance monitoring the international movement of other articles of zirconium controlled under the Convention.
8112.31 8112.39	ex8112.92 ex8112.99	Heading 81.12 has been further subdivided to create new subheadings 8112.31 and 8112.39 to specifically cover hafnium unwrought; waste and scrap; powders and other forms. This resulted in the movement of some products from Subheadings 8112.92 and 8112.99 to subheading 8112.3. Amendment adopted as a result of the proposal by the Secretariat of the Basel Convention to enhance monitoring the international movement of hafnium controlled under the Convention.

2022 Version	2017 Version	Remarks
8112.41 8112.49	ex8112.92 ex8112.99	Heading 81.12 has been further subdivided to create new subheadings 8112.41 and 8112.49 to specifically cover rhenium unwrought; waste and scrap; powders and other forms. This resulted in the movement of some products from Subheadings 8112.92 and 8112.99 to new subheading 8112.4. Amendment adopted as a result of the proposal by the Secretariat of the Basel Convention to enhance monitoring the international movement of rhenium controlled under the Convention.
8112.61 8112.69	8107.30 8107.20 8107.90	Creation of new subheadings 8112.61 and 8112.69 to specifically cover cadmium waste and scrap and other forms following the deletion of heading 81.07 because of low volume of trade. This entails the transfer of products of heading 81.07 to new subheadings 8112.61 and 8112.69 to provide for waste and scrap of cadmium and articles thereof.
8112.92 8112.99	ex8112.92 ex8112.99	Subheading 8112.92 and 8112.99 has been subdivided to create new subheadings 8112.3 and 8112.4 to provide separately for hafnium and rhenium respectively. This resulted in the movement of some goods from Subheadings 8112.92 and 8112.99 to new subheadings 8112.3 and 8112.4 respectively.
8414.60 8414.70 8414.80 8414.90	ex8414.60 ex8414.60 ex8414.80 ex8421.39 ex8414.80 8414.90 ex8421.99	The amendment to heading 84.14 and creation of new subheading 8414.70 to facilitate the monitoring and control of dual use items (gas-tight biological cabinets) entails the transfer of certain hoods and filtering or purifying machinery and apparatus for gasses from subheadings 8414.60, 8414.80 and 8421.39, respectively, to subheading 8414.70. Consequently, parts of the particular machines of current subheading 8421.39 are transferred from subheading 8421.99 to subheading 8414.90.

2022 Version	2017 Version	Remarks
8418.10 8418.50	8418.10 ex8418.50 ex8418.50	The amendment of the text of subheading 8418.10 concerning combined refrigerator-freezers fitted with separate drawers or combinations of doors and drawers, entails the transfer those machines from subheadings 8418.50.
8419.12 8419.19	ex8419.19 ex8419.19	New subheading 8419.12 has been created for solar water heaters.
8419.33 8419.34 8419.35 8419.39	ex8419.31 ex8419.32 ex8419.39 ex8419.31 ex8419.32 ex8419.39	New subheading 8419.33 has been created to facilitate the monitoring and control of dual use items (lyophilisation apparatus, freeze drying units and sprays). As a consequence, subheadings 8419.31 and 8419.32 have been modified and renumbered as new subheadings 8419.34 and 8419.35.
8421.32 8421.39	ex8421.39 ex8421.39	New subheading 8421.32 has been created for catalytic converters and particulate filters for motor vehicles to monitor and keep abreast of the efforts being made in the field of environmental protection.
8421.99	ex8421.99	The amendment to heading 84.14 and creation of new subheading 8414.70 to facilitate the monitoring and control of dual use items (gas-tight biological cabinets) entails the transfer of certain filtering or purifying machinery and apparatus for gasses from subheading 8421.39 to subheading 8414.90.
8428.70 8428.90	ex8428.90 ex8428.90	New subheading 8428.70 has been created to facilitate the monitoring and control of dual use items (industrial robots).
8438.80	ex8438.80	Heading 84.38 has been narrowed by excluding machinery for the extraction or preparation of microbial fats and oils and subheading 8479.20 has been expanded to cover machinery for the extraction or preparation of microbial fats and oils.
8441.80	ex8441.80	The scope of subheading 8441.80 has been narrowed due to the transfer of goods to the new heading 84.85 for 3D printers.

2022 Version	2017 Version	Remarks
8462.11	ex8462.10	Heading 84.62 has been amended as a result of amendments to the existing subheadings and the creation of new subheadings to reflect the technological developments and increasing commercial significance.
8462.19	ex8462.10	
8462.22	ex8462.21	
	ex8462.29	
8462.23	ex8462.21	The amendment to subheading 8462.1 to cover hot working machines only entails the transfer of cold working machines of subheading 8462.1 to new subheading 8462.6.
8462.24	ex8462.21	
8462.25	ex8462.21	
8462.26	ex8462.21	
8462.29	ex8462.21	
	ex8462.29	
8462.32	ex8462.31	
	ex8462.39	
8462.33	ex8462.31	
8462.39	ex8462.39	
8462.42	ex8462.41	
	ex8462.99	
8462.49	ex8462.49	
	ex8462.99	
8462.51	ex8462.10	
	ex8462.21	
	ex8462.31	
	ex8462.41	
8462.59	ex8462.10	
	ex8462.29	
	ex8462.39	
	ex8462.49	
8462.61	ex8462.10	
	ex8462.21	
	ex8462.29	
	ex8462.31	
	ex8462.39	
	ex8462.41	
	ex8462.49	
	ex8462.91	

2022 Version	2017 Version	Remarks
8462.62	ex8462.10 ex8462.21 ex8462.29 ex8462.31 ex8462.39 ex8462.41 ex8462.49 ex8462.99	Heading 84.62 has been amended as a result of amendments to the existing subheadings and the creation of new subheadings to reflect the technological developments and increasing commercial significance.
8462.63	ex8462.10 ex8462.21 ex8462.29 ex8462.31 ex8462.39 ex8462.41 ex8462.49 ex8462.99	
8462.69	ex8462.10 ex8462.21 ex8462.29 ex8462.31 ex8462.39 ex8462.41 ex8462.49 ex8462.99	
8462.90	ex8462.10 ex8462.21 ex8462.29 ex8462.31 ex8462.39 ex8462.41 ex8462.49 ex8462.91 ex8462.99	
8463.90	ex8463.90	The scope of subheading 8463.90 has been narrowed due to the transfer of goods to the new heading 84.85 for 3D printers.

2022 Version	2017 Version	Remarks
8465.99	ex8465.99	The scope of subheading 8465.99 has been narrowed due to the transfer of goods to the new heading 84.85 for 3D printers.
8466.94	ex8466.94	The scope of subheadings 8463.90 has been narrowed due to the transfer of goods to the new heading 84.85 for 3D printers. Consequently, parts of particular machines of subheading 8463.90 are transferred from subheading 8466.94 to subheading 8485.90.
8475.29 8475.90	ex8475.29 ex8475.90	New heading 84.85 and subheadings 8485.10 to 8485.90 have been created for machines for additive manufacturing (3D printers).
8477.80 8477.90	ex8477.80 ex8477.90	The scope of these subheadings was narrowed because of the transfer of goods to the new heading 84.85 for additive manufacturing (3D printers).
8479.20	8479.20 ex8438.80	Heading 84.38 has been narrowed by excluding machinery for the extraction or preparation of microbial fats and oils and subheading 8479.20 has been expanded to cover machinery for the extraction or preparation of microbial fats and oils.
8479.83 8479.81 8479.89 8479.90	ex8479.81 ex8479.89 ex8479.81 ex8479.89 ex8479.90	New subheading 8479.83 has been created to facilitate the monitoring and control of dual use items (cold isostatic presses).
8485.10 8485.20 8485.30 8485.80 8485.90	ex8463.90 ex8477.80 ex8475.29 ex8479.89 ex8441.80 ex8465.99 ex8479.89 ex8466.94 ex8475.90 ex8477.90 ex8479.90	New heading 84.85 and subheadings 8485.10 to 8485.90 have been created for machines for additive manufacturing (3D printers).

2022 Version	2017 Version	Remarks
8501.31 8501.32 8501.33 8501.34 8501.71 8501.72 8501.80	ex8501.31 ex8501.32 ex8501.33 ex8501.34 ex8501.31 ex8501.31 ex8501.32 ex8501.33 ex8501.34 ex8501.61 ex8501.62 ex8501.63 ex8501.64	Amendment to the Nomenclature to provide for solar energy products (Proposal by the International Renewable Energy Agency-IRENA).
8507.80	8507.40 8507.80	Subheading 8507.40 for nickel-iron accumulators has been deleted due to low volume of trade.
8514.11 8514.19	ex8514.10 ex8514.10	New subheadings 8514.11 and 8514.19 have been created to facilitate the monitoring and control of dual use items.
8514.31 8514.32 8514.39	ex8514.30 ex8514.30 ex8514.30	New subheadings 8514.31, 8514.32 and 8514.39 have been created to facilitate the monitoring and control of dual use items.
8517.13 8517.14	ex8517.12 ex8517.12	New subheading 8517.13 has been created to provide for "Smartphones".
8517.71 8517.79	ex8517.70 ex8517.70	New subheading 8517.71 has been created to provide for communication antennae and their parts.
8519.81	8519.50 8519.81	Subheading 8519.50 has been deleted due to low volume of trade.

2022 Version	2017 Version	Remarks
8524.11 8524.12 8524.19 8524.91 8524.92 8524.99	Applicable subheadings, in particular, in Chapters 84, 85, 90 and 95.	New Note 7 to Chapter 85 and new heading 85.24 for flat panel display modules entail the possible transfer of certain products currently covered by other headings of the Nomenclature (such as 84.13, 84.14, 84.15, 84.17, 84.18, 84.19, 84.21, 84.22, 84.23, 84.24, 84.31, 84.36, 84.38, 84.41, 84.43, 84.48, 84.50, 84.51, 84.52, 84.66, 84.73, 84.75, 84.76, 84.77, 84.78, 84.79, 84.86, 85.03, 85.04, 85.08, 85.09, 85.10, 85.12, 85.14, 85.16, 85.17, 85.18, 85.22, 85.29, 85.30, 85.31, 85.38, 85.43, 85.48, 86.07, 87.08, 87.14, 87.16, 88.03, 88.05, 90.05, 90.06, 90.07, 90.08, 90.10, 90.11, 90.12, 90.13, 90.14, 90.15, 90.17, 90.18, 90.19, 90.20, 90.21, 90.22, 90.23, 90.24, 90.25, 90.26, 90.27, 90.28, 90.29, 90.30, 90.31, 90.32, 90.33, 95.03, 95.04, 95.05 and 95.06) to heading 85.24.
8525.81 8525.82 8525.83 8525.89	ex8525.80 ex8525.80 ex8525.80 ex8525.80	New subheadings 8525.81, 8525.82, 8525.83 and 8525.89 and new subheading Notes 1, 2 and 3 to Chapter 85 have been created to facilitate the monitoring and control of dual use items (Television cameras, digital cameras and video camera recorders as specified in the Subheading Notes).
8529.90	8529.90 Applicable subheadings, in particular, in Chapters 84, 85, 90 and 95.	The second sentence of Note 2 (b) to Section XVI has been amended for flat panel display modules and, as a result entails the possible transfer of certain products currently covered by other headings of the Nomenclature (such as 84.13, 84.14, 84.15, 84.17, 84.18, 84.19, 84.21, 84.22, 84.23, 84.24, 84.31, 84.36, 84.38, 84.41, 84.43, 84.48, 84.50, 84.51, 84.52, 84.66, 84.73, 84.75, 84.76, 84.77, 84.78, 84.79, 84.86, 85.03, 85.04, 85.08, 85.09, 85.10, 85.12, 85.14, 85.16, 85.17, 85.18, 85.22, 85.29, 85.30, 85.31, 85.38, 85.43, 85.48, 86.07, 87.08, 87.14, 87.16, 88.03, 88.05, 90.05, 90.06, 90.07, 90.08, 90.10, 90.11, 90.12, 90.13, 90.14, 90.15, 90.17, 90.18, 90.19, 90.20, 90.21, 90.22, 90.23, 90.24, 90.25, 90.26, 90.27, 90.28, 90.29, 90.30, 90.31, 90.32, 90.33, 95.03, 95.04, 95.05 and 95.06) to subheading 8529.90.

2022 Version	2017 Version	Remarks
8539.51 8539.52	ex8539.90 ex8543.70 ex9405.10 ex9405.20 ex9405.30 ex9405.40 8539.50	New subheadings 8539.51 and 8539.52 have been created to provide for light-emitting diode (LED) products.
8539.90	ex8539.90 ex8543.90 ex9405.99	Expansion of the scope of this subheading, covering parts, because of the creation of the new subheading 8539.51.
8541.41 8541.42 8541.43 8541.49	ex8541.40 ex8541.40 ex8541.40 ex8541.40	New subheadings 8541.41 to 8541.49 have been created to provide for solar energy products (Proposal by the International Renewable Energy Agency-IRENA).
8541.51 8541.59	Applicable subheadings, in particular, in Chapters 84, 85, 90, 93 and 95.	The expansion of the scope of heading 85.41 to provide for semiconductor-based transducers entails the possible transfer of certain products currently covered by other headings of the Nomenclature (in particular, but not limited to, headings 84.22, 84.31, 84.43, 84.50, 84.66, 84.73, 84.76, 85.04, 85.17, 85.18, 85.22, 85.29, 85.30, 85.31, 85.35, 85.36, 85.37, 85.38, 85.43, 85.48, 90.25, 90.26, 90.30, 90.31, 90.32, 90.33, 93.05, 93.06 and 95.04) to subheadings 8541.51 and 8541.59.
8543.40 8543.70 8543.90	ex8543.70 ex8543.70 ex8543.90	Creation of new subheading 8543.40 to provide for electronic cigarettes and similar personal electric vaporizing devices. The scope of subheading 8543.90 was narrowed because of the creation of new subheading 8539.51 and the consecutive transfer of parts to 8539.90.
8548.00	8548.90	The scope of the heading 85.48 has been narrowed because of the creation of the new heading 85.49 for electrical and electronical waste and scrap which cover inter alia the goods of the former subheading 8548.10.

2022 Version	2017 Version	Remarks
8549.11 8549.12 8549.13 8549.14 8549.19	ex8548.10 ex8548.10 ex8548.10 ex8548.10 ex8548.10	Creation of new heading 85.49 for electrical and electronical waste and scrap, Subheading 8549.11 to 8549.19 covers goods from the former 8548.10. These goods are defined in the New Subheading Note 5 which is identical to the deleted Note 10 to Chapter 85.
8549.21 8549.29 8549.31 8549.39 8549.91 8549.99	Applicable subheadings, in particular, in Chapters 38, 70, 71, 84, 85, 90, 91 and 95.	The creation of new heading 85.49 entails the possible transfer of certain products currently covered by other headings of the Nomenclature (in particular, but not limited to, headings 38.25, 70.01, 71.12, headings of Chapter 84, 85, 90, 91 and 95) to the new subheadings 8549.21 to 8549.99.
8701.21 8701.22 8701.23 8701.24 8701.29	ex8701.20 ex8701.20 ex8701.20 ex8701.20 ex8701.20	New subheadings 8701.21 to 8701.29 have been created to provide for hybrid and electric vehicles.
8704.21 8704.22 8704.23 8704.31 8704.32 8704.41 8704.42 8704.43 8704.51 8704.52 8704.60 8704.90	ex8704.21 ex8704.22 ex8704.23 ex8704.31 ex8704.32 ex8704.21 ex8704.90 ex8704.22 ex8704.90 ex8704.23 ex8704.90 ex8704.31 ex8704.90 ex8704.32 ex8704.90 ex8704.90 ex8704.90	New subheadings 8704.21 to 8704.23, 8704.31 to 8704.32, 8704.41 to 8704.43, 8704.51 to 8704.52 and 8704.60 have been created to provide for electric vehicles.

2022 Version	2017 Version	Remarks
8708.22 8708.29	ex8708.29 ex8708.29	New subheading 8708.22 has been created to provide for windows for the motor vehicles of Chapter 87.
8802.11 8802.12 8802.20 8802.30 8802.40	ex8802.11 ex8802.12 ex8802.20 ex8802.30 ex8802.40	The scope of those subheading was narrowed because of the transfer of goods to the new heading 88.06 which has been created to provide for unmanned aircrafts.
8806.10	ex8802.11 ex8802.12 ex8802.20 ex8802.30 ex8802.40	New heading 88.06 has been created to provide for unmanned aircraft (drones).
8806.21	ex8802.11 ex8802.20 ex8525.80	
8806.22	ex8802.11 ex8802.20 ex8525.80	
8806.23	ex8802.11 ex8802.20 ex8525.80	
8806.24	ex8802.11 ex8802.20 ex8525.80	
8806.29	ex8802.11 ex8802.12 ex8802.20 ex8802.30 ex8802.40 ex8525.80	
8806.91	ex8802.11 ex8802.20 ex8525.80	
8806.92	ex8802.11 ex8802.20 ex8525.80	

2022 Version	2017 Version	Remarks
8806.93	ex8802.11	
	ex8802.20	
	ex8525.80	
8806.94	ex8802.11	
	ex8802.20	
	ex8525.80	
8806.99	ex8802.11	
	ex8802.12	
	ex8802.20	
	ex8802.30	
	ex8802.40	
	ex8525.80	
8807.10	8803.10	New heading 88.07 has been created to provide for parts of unmanned aircraft (drones) of new heading 88.06, as well as parts of goods of headings 88.01 and 88.02. The latter were covered by heading 88.03, which has been deleted.
8807.20	8803.20	
8807.30	8803.30	
8807.90	8803.90	
8903.11	ex8903.10	New subheadings 8903.1, 8903.2, 8903.3 and 8903.9 in heading 89.03 to provide for inflatable boats, sailboats and motorboats.
8903.12	ex8903.10	
8903.19	ex8903.10	
8903.21	ex8903.91	
8903.22	ex8903.91	
8903.23	ex8903.91	
8903.31	ex8903.92	
8903.32	ex8903.92	
8903.33	ex8903.92	
8903.93	ex8903.99	
8903.99	ex8903.99	
9006.53	ex9006.51	Enlargement of the scope of subheading 9006.53 because of the deletion of subheadings 9006.51 and 9006.52 (cameras for roll films) due to low volume of trade.
	9006.53	
9006.59	ex9006.51	
	9006.52	
	9006.59	
9018.90	ex9018.90	Enlargement of the scope of subheadings 9022.21 and 9022.29 in order to cover apparatus based on the use of radiations other than X-rays, alpha, beta or gamma radiations.

2022 Version	2017 Version	Remarks
9021.10 9021.29	9021.10 ex7317.00 ex7318.14 ex7318.15 ex7318.16 ex7318.19 ex7318.22 ex7318.24 ex7318.29 ex8108.90 9021.29 ex7317.00 ex7318.14 ex7318.15 ex7318.16 ex7318.19 ex7318.22 ex7318.24 ex7318.29 ex8108.90	The scope of subheading 9021.10 was enlarged because of the amendment to Note 2 (a) to Section XV to clarify the classification of base metals articles specially designed for use exclusively in implants in medicine, surgery, dentistry or veterinary sciences.
9022.21 9022.29	9022.21 ex9018.90 9022.29 ex9018.90	Enlargement of the scope of subheadings 9022.21 and 9022.29 in order to cover apparatus based on the use of radiations other than X-rays, alpha, beta or gamma radiations.
9027.81 9027.89	ex9027.80 ex9027.80	New subheading 9027.81 has been created to facilitate the monitoring and control of dual use items (Mass spectrometers).
9114.90	9114.10 9114.90	Deletion of subheading 9114.10 (Springs, including hairsprings) due to low volume of trade and transfer of goods to subheading 9114.90 (Other clock or watch parts).
9401.31 9401.39 9401.41 9401.49 9401.91 9401.99	ex9401.30 ex9401.30 ex9401.40 ex9401.40 ex9401.90 ex9401.90	Subheadings 9401.30, 9401.40 and 9401.90 have been subdivided to provide separately for the products of these subheadings, of wood. Amendment adopted as a result of the FAO proposal to enhance the coverage of wood species in order to get a better picture of trade patterns.

2022 Version	2017 Version	Remarks
9403.91 9403.99	ex9403.90 ex9403.90	Subheading 9403.90 has been subdivided to provide separately for the products of this subheading, of wood. Amendment adopted as a result of the FAO proposal to enhance the coverage of wood species in order to get a better picture of trade patterns.
9404.40 9404.90	ex9404.90 ex9404.90	Creation of new subheading 9404.40 to provide separately for quilts, bedspreads, eiderdowns and duvets, to facilitate application of the rules of origin.
9405.11 9405.19 9405.21 9405.29 9405.31 9405.39 9405.41 9405.42 9405.49 9405.61 9405.69 9405.99	ex9405.10 ex9405.10 ex9405.20 ex9405.20 ex9405.30 ex9405.30 ex9405.40 ex9405.40 ex9405.40 ex9405.60 ex9405.60 ex9405.99	Subheadings 9405.10 to 9405.40 and 9405.60 have been subdivided to provide separately for light-emitting diode (LED) products. At the same time, subheading 9405.41 has been created to provide separately for solar energy LED products (IRENA). The scope of subheading 9405.99 was narrowed because of the creation of new subheading 8539.51 and the consecutive transfer of parts to 8539.90.
9406.20 9406.90	ex9406.90 ex9406.90	Creation of new subheading 9404.20 to provide separately for modular building units of steel, specified in Note 4 to Chapter 94.
9508.21 9508.22 9508.23 9508.24 9508.25 9508.26 9508.29 9508.30 9508.40	ex9508.90 ex9508.90 ex9508.90 ex9508.90 ex9508.90 ex9508.90 ex9508.90 ex9508.90 ex9508.90	The structure of heading 95.08 has been redrafted to provide separately, in addition to travelling circuses and travelling menageries, for amusement park rides and water park amusements, fairground amusements, and traveling theatres.

2022 Version	2017 Version	Remarks
9701.21 9701.22 9701.29 9701.91 9701.92 9701.99	ex9701.10 ex9701.90 ex9701.90 ex9701.10 ex9701.90 ex9701.90	Subheadings 9701.10 and 9701.90 have been subdivided to provide separately for cultural articles based on the 100-year age criterion, to facilitate the monitoring their global trade and countering illicit trade and trafficking in cultural articles. At the same time, creation of new subheadings 9701.22 and 9701.92 to provide separately for mosaics of the kind to be cultural articles.
9702.10 9702.90	ex9702.00 ex9702.00	Heading 97.02 has been subdivided to provide separately for cultural articles based on the 100-year age criterion, to facilitate the monitoring their global trade and countering illicit trade and trafficking in cultural articles.
9703.10 9703.90	ex9703.00 ex9703.00	Heading 97.03 has been subdivided to provide separately for cultural articles based on the 100-year age criterion, to facilitate the monitoring their global trade and countering illicit trade and trafficking in cultural articles.
9705.10 9705.21 9705.22 9705.29 9705.31 9705.39	ex9705.00 ex9705.00 ex9705.00 ex9705.00 ex9705.00 ex9705.00	Heading 97.05 has been subdivided to provide separately for different categories of cultural articles, to facilitate the monitoring their global trade and countering illicit trade and trafficking in cultural articles.
9706.10 9706.90	ex9706.00 ex9706.00	Heading 97.06 has been subdivided to provide separately based on the 250-year age criterion, to facilitate the monitoring their global trade and countering illicit trade and trafficking in cultural articles.

附录 3

WCO 2017—2022 年版《协调制度》目录修订转换关系对照表[1]

2017 年版	2022 年版
0208.90	0208.90 ex0410.10
0210.99	0210.99 ex0410.10
0305.10	0309.10
0306.19	0306.19 ex0309.90
0306.39	0306.39 ex0309.90
0306.99	0306.99 ex0309.90
0307.21	ex0307.21
0307.22	ex0307.22
0307.29	ex0307.29
0307.91	0307.91 ex0307.21 ex0309.90
0307.92	0307.92 ex0307.22 ex0309.90
0307.99	0307.99 ex0307.29 ex0309.90
0308.90	0308.90 ex0309.90

① WCO 建议不具有法律效力,各国在转换中会根据本国实践有所调整。

2017 年版	2022 年版
0403.10	ex0403.20
0410.00	ex0410.10 0410.90 ex1601.00 ex1602.10 ex1602.90
0704.10	ex0704.10
0704.90	ex0704.10 0704.90
0709.59	0709.52 0709.53 0709.54 0709.55 0709.56 0709.59
0712.39	0712.34 0712.39
0802.90	0802.91 0802.92 0802.99
1211.90	1211.60 1211.90
1509.10	1509.20 1509.30 1509.40
1510.00	1510.10 1510.90
1515.90	1515.60 1515.90
1516.20	1516.20 1516.30
1601.00	ex1601.00
1602.10	ex1602.10

2017 年版	2022 年版
1602.90	ex1602.90
1704.90	ex1602.90 1704.90 ex3006.93
1806.90	ex1602.90 1806.90
1901.90	ex0403.20 ex1602.90 1901.90
1904.90	ex1602.90 1904.90
2106.90	ex1601.00 ex1602.10 ex1602.90 2106.90 2404.91 ex3006.93
2202.99	2202.99 ex3006.93
2403.91	2403.91 ex2404.11
2403.99	2403.99 ex2404.11 ex2404.19
2518.30	ex3816.00
2844.40	2844.41 2844.42 2844.43 2844.44
2845.90	2845.20 2845.30 2845.40 2845.90

2017 年版	2022 年版
2903.31 2903.39	2903.62 2903.41 2903.42 2903.43 2903.44 2903.45 2903.46 2903.47 2903.48 2903.49 2903.51 2903.59 2903.61 2903.69
2909.60	ex2909.60
2911.00	ex2909.60 2911.00
2930.90	2930.10 2930.90
2931.31 2931.32 2931.33 2931.34 2931.35 2931.36 2931.37 2931.38 2931.39	2931.41 2931.42 2931.43 ex2931.49 2931.46 2931.47 ex2931.49 2931.45 2931.44 2931.48 ex2931.49 2931.51 2931.52 2931.53 2931.54 2931.59

2017 年版	2022 年版
2932.99	2932.96
	2932.99
2933.33	ex2933.33
2933.39	ex2933.33
	2933.34
	2933.35
	2933.36
	2933.37
	2933.39
2934.99	2934.92
	2934.99
2939.49	ex2939.49
2939.71	2939.45
	ex2939.49
	2939.72
2939.79	ex2939.49
	2939.79
3002.11	ex3822.11
3002.13	3002.13
	ex3822.11
	ex3822.12
	ex3822.19
3002.14	3002.14
	ex3822.11
	ex3822.12
	ex3822.19
3002.15	3002.15
	ex3822.11
	ex3822.12
	ex3822.19
3002.20	3002.41
3002.30	3002.42
3002.90	3002.49
	3002.51
	3002.59
	3002.90

2017年版	2022年版
3002.19	协调制度委员会认为该子目为空，故删除。
30.04 适用子目	ex3006.93 品目30.04中的适用子目
3006.20	3822.13
3204.19	3204.18 3204.19
3402.11 3402.12 3402.13 3402.19 3402.20	3402.31 3402.39 3402.41 3402.42 3402.49 3402.50
3603.00	3603.10 3603.20 3603.30 3603.40 3603.50 3603.60
3808.59 3808.91 3808.92 3808.93 3808.94 3808.99	ex3808.59 ex3808.59 3808.91 ex3808.59 3808.92 ex3808.59 3808.93 ex3808.59 3808.94 ex3808.59 3808.99
3816.00	ex3816.00

2017 年版	2022 年版
3822.00	ex3822.12
	ex3822.19
	ex3822.90
3824.71	3827.11
3824.72	3827.20
3824.73	3827.12
3824.74	3827.31
	3827.32
	3827.39
3824.75	3827.13
3824.76	3827.14
3824.77	3827.40
3824.78	3827.51
	3827.59
	3827.61
	3827.62
	3827.63
	3827.64
	3827.65
	3827.68
	3827.69
3824.79	3827.90
3824.99	2404.12
	ex2404.19
	2404.92
	2404.99
	ex3006.93
	3824.89
	3824.92
	3824.99
3907.20	3907.21
	3907.29
3911.90	3911.20
	3911.90

2017 年版	2022 年版
4015.11 4015.19	ex4015.12 ex4015.12 4015.19
4401.39	4401.32 4401.39
4401.40	4401.41 4401.49
4402.90	4402.20 4402.90
4403.21 4403.22	4403.21 ex4403.22 ex4403.22
4403.23 4403.24	4403.23 ex4403.24 ex4403.24
4403.25 4403.26	4403.25 ex4403.26 ex4403.26
4403.49	4403.42 4403.49
4403.93 4403.94	4403.93 ex4403.94 ex4403.94
4403.95 4403.96	4403.95 ex4403.96 ex4403.96
4407.11	4407.11 ex4407.13
4407.12	4407.12 ex4407.13 ex4407.14

2017 年版	2022 年版
4407.19	ex4407.13 ex4407.14 4407.19
4407.29	4407.23 4407.29
4412.94	4412.51 4412.52 4412.59
4412.99	4412.41 4412.42 4412.49 4412.91 4412.92 4412.99
4414.00	4414.10 4414.90
4418.10	4418.11 4418.19
4418.20	4418.21 4418.29
4418.60	4418.30 ex4418.81 ex4418.82 ex4418.83 ex4418.89
4418.91	ex4418.81 ex4418.82 ex4418.83 ex4418.89 4418.91
4418.99	ex4418.81 ex4418.82 ex4418.83 ex4418.89 ex4418.92 4418.99

2017 年版	2022 年版
4419.90	4419.20
	4419.90
4420.10	4420.11
	4420.19
4421.91	ex4421.20
	4421.91
4421.99	ex4421.20
	4421.99
4905.10	ex4905.90
4905.91	4905.20
4905.99	ex4905.90
5501.10	5501.11
	5501.19
5703.20	5703.21
	5703.29
5703.30	5703.31
	5703.39
5802.11	ex5802.10
5802.19	ex5802.10
6116.10	ex6116.10
6116.91	ex6116.10
	6116.91
6116.92	ex6116.10
	6116.92
6116.93	ex6116.10
	6116.93
6116.99	ex6116.10
	6116.99

2017年版	2022年版
6201.11	ex6201.20
6201.12	ex6201.30
6201.13	ex6201.40
6201.19	ex6201.90
6201.91	ex6201.20
6201.92	ex6201.30
6201.93	ex6201.40
6201.99	ex6201.90
6202.11	ex6202.20
6202.12	ex6202.30
6202.13	ex6202.40
6202.19	ex6202.90
6202.91	ex6202.20
6202.92	ex6202.30
6202.93	ex6202.40
6202.99	ex6202.90
6210.20	ex6210.20
6210.30	ex6210.30
6210.40	ex6210.20 6210.40
6210.50	ex6210.30 6210.50
6812.92	ex6812.99
6812.93	ex6812.99
6812.99	ex6812.99
6815.10	6815.19
6815.91	ex6815.91
6815.99	6815.11 6815.12 6815.13 ex6815.91 6815.99

2017年版	2022年版
7001.00	7001.00 ex8549.21 ex8549.31 ex8549.91
7019.19	7019.13
7019.31	7019.14 7019.15 7019.19
7019.32	7019.71
7019.39	7019.62 ex7019.69 7019.72 7019.73 ex7019.80 ex7019.90
7019.40	7019.61 ex7019.65 ex7019.66 ex7019.90
7019.51	ex7019.63 ex7019.64 ex7019.65 ex7019.69 ex7019.90
7019.52	ex7019.63 ex7019.64 ex7019.66 ex7019.90
7019.59	ex7019.63 ex7019.64 ex7019.66 ex7019.69 ex7019.90

2017 年版	2022 年版
7019.90	ex7019.80
	ex7019.90
7104.20	7104.21
	7104.29
7104.90	7104.91
	7104.99
7112.91	7112.91
	ex8549.21
	ex8549.29
7112.92	7112.92
	ex8549.21
	ex8549.29
7112.99	7112.99
	ex8549.21
	ex8549.29
7317.00	7317.00
	ex9021.10
	ex9021.29
7318.14	7318.14
	ex9021.10
	ex9021.29
7318.15	7318.15
	ex9021.10
	ex9021.29
7318.16	7318.16
	ex9021.10
	ex9021.29
7318.19	7318.19
	ex9021.10
	ex9021.29

2017 年版	2022 年版
7318.22	7318.22
	ex9021.10
	ex9021.29
7318.24	7318.24
	ex9021.10
	ex9021.29
7318.29	7318.29
	ex9021.10
	ex9021.29
7419.10	ex7419.20
	ex7419.80
7419.91	ex7419.20
7419.99	ex7419.80
8103.90	8103.91
	8103.99
8106.00	8106.10
	8106.90
8107.20	ex8112.69
8107.30	8112.61
8107.90	ex8112.69
8108.90	8108.90
	ex9021.10
	ex9021.29
8109.20	8109.21
	8109.29
8109.30	8109.31
	8109.39
8109.90	8109.91
	8109.99
8112.92	8112.31
	8112.41
	8112.92

2017 年版	2022 年版
8112.99	8112.39
	8112.49
	8112.99
8414.60	8414.60
	ex8414.70
8414.80	ex8414.70
	ex8414.80
8414.90	ex8414.90
8418.10	ex8418.10
8418.50	ex8418.10
	8418.50
8419.19	8419.12
	8419.19
8419.31	ex8419.33
	8419.34
8419.32	ex8419.33
	8419.35
8419.39	ex8419.33
	8419.39
8421.39	8421.32
	8421.39
	ex8414.70
8421.99	ex8414.90
	8421.99
8428.90	8428.70
	8428.90
8438.80	8438.80
	ex8479.20
8441.80	8441.80
	ex8485.80
8462.10	8462.11
	8462.19
	ex8462.51
	ex8462.59

2017 年版	2022 年版
8462.21	ex8462.61
	ex8462.62
	ex8462.63
	ex8462.69
	ex8462.90
	ex8462.22
	8462.23
	8462.24
	8462.25
	8462.26
	ex8462.29
	ex8462.51
	ex8462.61
	ex8462.62
	ex8462.63
	ex8462.69
	ex8462.90
8462.29	ex8462.22
	ex8462.29
	ex8462.59
	ex8462.61
	ex8462.62
	ex8462.63
	ex8462.69
	ex8462.90
8462.31	ex8462.32
	8462.33
	ex8462.51
	ex8462.61
	ex8462.62
	ex8462.63
	ex8462.69
	ex8462.90

2017 年版	2022 年版
8462.39	ex8462.32
	8462.39
	ex8462.59
	ex8462.61
	ex8462.62
	ex8462.63
	ex8462.69
	ex8462.90
8462.41	ex8462.42
	ex8462.51
	ex8462.61
	ex8462.62
	ex8462.63
	ex8462.69
	ex8462.90
8462.49	ex8462.49
	ex8462.59
	ex8462.61
	ex8462.62
	ex8462.63
	ex8462.69
	ex8462.90
8462.91	ex8462.61
	ex8462.90
8462.99	ex8462.42
	ex8462.49
	ex8462.62
	ex8462.63
	ex8462.69
	ex8462.90
8463.90	8463.90
	8485.10
8465.99	8465.99
	ex8485.80
8466.94	8466.94
	ex8485.90

2017年版	2022年版
8475.29	8475.29 ex8485.30
8475.90	8475.90 ex8485.90
8477.80	8477.80 8485.20
8477.90	8477.90 ex8485.90
8479.20	ex8479.20
8479.81 8479.89 8479.90	8479.81 ex8479.83 ex8479.83 8479.89 ex8485.30 ex8485.80 8479.90 ex8485.90
8501.31	8501.31 8501.71 ex8501.72
8501.32	8501.32 ex8501.72
8501.33	8501.33 ex8501.72
8501.34	8501.34 ex8501.72
8501.61	8501.61 ex8501.80
8501.62	8501.62 ex8501.80
8501.63	8501.63 ex8501.80
8501.64	8501.64 ex8501.80

2017 年版	2022 年版
8507.40 8507.80	ex8507.80 ex8507.80
8514.10	8514.11 8514.19
8514.30	8514.31 8514.32 8514.39
8517.12	8517.13 8517.14
8517.70	8517.71 8517.79
8519.50 8519.81	ex8519.81 ex8519.81
适用子目，特别是在品目 84.13、84.14、84.15、84.17、84.18、84.19、84.21、84.22、84.23、84.24、84.31、84.36、84.38、84.41、84.43、84.48、84.50、84.51、84.52、84.66、84.73、84.75、84.76、84.77、84.78、84.79、84.86、85.03、85.04、85.08、85.09、85.10、85.12、85.14、85.16、85.17、85.18、85.22、85.29、85.30、85.31、85.38、85.43、85.48、86.07、87.08、87.14、87.16、88.03、88.05、90.05、90.06、90.07、90.08、90.10、90.11、90.12、90.13、90.14、90.15、90.17、90.18、90.19、90.20、90.21、90.22、90.23、90.24、90.25、90.26、90.27、90.28、90.29、90.30、90.31、90.32、90.33、95.03、95.04、95.05 和 95.06 中的。	ex8524.11 ex8524.12 ex8524.19 ex8524.91 ex8524.92 ex8524.99

2017 年版	2022 年版
8525.80	8525.81
	8525.82
	8525.83
	8525.89
	ex8806.21
	ex8806.22
	ex8806.23
	ex8806.24
	ex8806.29
	ex8806.91
	ex8806.92
	ex8806.93
	ex8806.94
	ex8806.99
适用子目，特别是在品目84.13、84.14、84.15、84.17、84.18、84.19、84.21、84.22、84.23、84.24、84.31、84.36、84.38、84.41、84.43、84.48、84.50、84.51、84.52、84.66、84.73、84.75、84.76、84.77、84.78、84.79、84.86、85.03、85.04、85.08、85.09、85.10、85.12、85.14、85.16、85.17、85.18、85.22、85.29、85.30、85.31、85.38、85.43、85.48、86.07、87.08、87.14、87.16、88.03、88.05、90.05、90.06、90.07、90.08、90.10、90.11、90.12、90.13、90.14、90.15、90.17、90.18、90.19、90.20、90.21、90.22、90.23、90.24、90.25、90.26、90.27、90.28、90.29、90.30、90.31、90.32、90.33、95.03、95.04、95.05 和 95.06 中的。	8529.90
8539.50	8539.52
8539.90	ex8539.51
	8539.90
8541.40	8541.41
	8541.42
	8541.43
	8541.49

2017 年版	2022 年版
适用子目，特别是在品目 84.22、84.31、84.43、84.50、84.66、84.73、84.76、85.04、85.17、85.18、85.22、85.29、85.30、85.31、85.35、85.36、85.37、85.38、85.43、85.48、90.25、90.26、90.30、90.31、90.32、90.33、93.05、93.06 和 95.04 中的	8541.51 8541.59
8543.70	ex8539.51 8543.40 8543.70
8543.90	ex8539.90 8543.90
8548.10	8549.11 8549.12 8549.13 8549.14 8549.19
8548.90	8548.00
适用子目，特别是第三十八、七十、七十一、八十四、八十五、九十、九十一和九十五章的	8549.21 8549.29 8549.31 8549.39 8549.91 8549.99
8701.20	8701.21 8701.22 8701.23 8701.24 8701.29
8704.21	8704.21 ex8704.41
8704.22	8704.22 ex8704.42
8704.23	8704.23 ex8704.43

2017 年版	2022 年版
8704.31	8704.31 ex8704.51
8704.32	8704.32 ex8704.52
8704.90	ex8704.41 ex8704.42 ex8704.43 ex8704.51 ex8704.52 8704.60 8704.90
8708.29	8708.22 8708.29
8802.11	8802.11 ex8806.10 ex8806.21 ex8806.22 ex8806.23 ex8806.24 ex8806.29 ex8806.91 ex8806.92 ex8806.93 ex8806.94 ex8806.99
8802.12	8802.12 ex8806.10 ex8806.29 ex8806.99

2017 年版	2022 年版
8802.20	8802.20
	ex8806.10
	ex8806.21
	ex8806.22
	ex8806.23
	ex8806.24
	ex8806.29
	ex8806.91
	ex8806.92
	ex8806.93
	ex8806.94
	ex8806.99
8802.30	8802.30
	ex8806.10
	ex8806.29
	ex8806.99
8802.40	8802.40
	ex8806.10
	ex8806.29
	ex8806.99
8803.10	8807.10
8803.20	8807.20
8803.30	8807.30
8803.90	8807.90
8903.10	8903.11
	8903.12
	8903.19
8903.91	8903.21
	8903.22
	8903.23
8903.92	8903.31
	8903.32
	8903.33
8903.99	8903.93
	8903.99

2017年版	2022年版
9006.51	ex9006.53
	ex9006.59
9006.52	ex9006.59
9006.53	ex9006.53
9006.59	ex9006.59
9018.90	9018.90
	ex9022.21
	ex9022.29
9021.10	ex9021.10
9021.29	ex9021.29
9022.21	ex9022.21
9022.29	ex9022.29
9027.80	9027.81
	9027.89
9114.10	ex9114.90
9401.30	9401.31
	9401.39
9401.40	9401.41
	9401.49
9401.90	9401.91
	9401.99
9403.90	9403.91
	9403.99
9404.90	9404.40
	9404.90

2017 年版	2022 年版
9405.10	ex8539.51
	9405.11
	9405.19
9405.20	ex8539.51
	9405.21
	9405.29
9405.30	ex8539.51
	9405.31
	9405.39
9405.40	ex8539.51
	9405.41
	9405.42
	9405.49
9405.60	9405.61
	9405.69
9405.99	ex8539.90
	9405.99
9406.90	9406.20
	9406.90
9508.90	9508.21
	9508.22
	9508.23
	9508.24
	9508.25
	9508.26
	9508.29
	9508.30
	9508.40
9701.10	9701.21
	9701.91
9701.90	9701.22
	9701.29
	9701.92
	9701.99

2017 年版	2022 年版
9702.00	9702.10
	9702.90
9703.00	9703.10
	9703.90
9705.00	9705.10
	9705.21
	9705.22
	9705.29
	9705.31
	9705.39
9706.00	9706.10
	9706.90

附录 4

海关总署根据 WCO 归类意见作出的商品归类决定
（与 2022 年版《协调制度》转版相关）

归类决定编号	W2018-1（自 2018 年 12 月 1 日起执行）
发布日期	2018 年 11 月 2 日（见海关总署公告 2018 年第 159 号）
商品税则号列	0307.99（2017）、0309.90（2022）
商品名称	冻干墨鱼（乌贼属）(*Sepia officinalis*)
英文名称	Freeze-dried cuttle fish (*Sepia officinalis*)
其他名称	
商品描述	冻干乌贼（乌贼属）(*Sepia officinalis*)，粉末状，由鲜乌贼制得，用于食品生产。
归类依据	归类总规则一（第三章注释三）及六

归类决定编号	W2018-4（自 2018 年 12 月 1 日起执行）
发布日期	2018 年 11 月 2 日（见海关总署公告 2018 年第 159 号）
商品税则号列	1515.90（2017）、1515.60（2022）
商品名称	花生四烯酸（ARA）油
英文名称	Arachidonic Acid（ARA）Oil
其他名称	
商品描述	花生四烯酸（ARA）油，室温下是黄色或橙色液体，以葡萄糖等为原材料发酵的真菌（Mortierella Alpina）制得。产品中甘油三酯含量为 95%~98%、甘油二酯及甘油一酯含量为 2%~5%。产品中含有的主要脂肪酸为多不饱和脂肪酸，如 40%~50% 的花生四烯酸和 0%~15% 的亚油酸。 该产品可作为食品、动物饲料、药品或化妆品的成分。
归类依据	归类总规则一、四及六

归类决定编号	W2020-8（自 2020 年 10 月 1 日起实施）
发布日期	2020 年 9 月 15 日（见海关总署公告 2020 年第 108 号）
商品税则号列	2403.99（2017）、2404.11（2022）
商品名称	烟弹
英文名称	Tobacco capsule
其他名称	
商品描述	烟弹，单独报验，用于特定的电子加热设备。这种加热设备由烟弹仓和电池两部分组成。 烟弹呈圆柱形（长 22.9 毫米，直径 9.5 毫米/8.4 毫米），聚丙烯外壳，内有约 0.31 克粒状再造烟草、水、香精、碳酸钾及其他助剂的混合物，以及一个醋酸纤维素制的烟嘴。烟弹总重约 0.56 克。 使用时，烟弹需插入烟弹仓的末端。烟弹仓中含有丙二醇、甘油和水组成的液体。烟弹仓接上电池后，将烟弹部分放入口中吸食。吸食时，电池部分的传感器激活，烟弹仓内部开始加热，使其中的液体蒸发。蒸汽经过烟弹时将粒状再造烟草加热，并吸收其释放的香精和尼古丁。产生含有尼古丁的气溶胶（蒸汽）时烟草没有被点燃。
归类依据	归类总规则一及六

归类决定编号	W2018-20（自 2018 年 12 月 1 日起执行）
发布日期	2018 年 11 月 2 日（见海关总署公告 2018 年第 159 号）
商品税则号列	3002.15（2017）、3822.12（2022）
商品名称	寨卡病毒诊断试剂盒
英文名称	Diagnostic kit for detecting the Zika virus
其他名称	
商品描述	寨卡病毒诊断试剂盒，包括一个 ELISA（酶联免疫吸附分析）试剂盒，可以在体外半定量地测定人血清中寨卡病毒免疫球蛋白（IgM）类的人体抗体。 本产品包括以下组件：（1）涂有寨卡病毒重组非结构蛋白的微孔板，有 12 列、8 排微孔；（2）标准品（IgM，人）；（3）阳性对照（IgM，人）；（4）阴性对照（IgM，人）；（5）酶联过氧化酶标记抗人 IgM（羊）；（6）样本缓冲液，含有 IgG/RF 吸收剂（羊抗人 IgM 抗体）；（7）冲洗缓冲液；（8）显色剂 TMB/H_2O_2；（9）终止液 0.5M 硫酸；（10）保护膜；（11）测试说明；（12）质量控制证书。 使用的第一步是将稀释好的患者样本放入微孔中培养。如果是阳性样本，特定的 IgM（还有 IgA 和 IgG）抗体会与抗原结合。下一步用用酶标记的抗人 IgM 来催化进行显色反应，以检测结合后的抗体。 本产品可用于对刚感染或已感染一段时间的寨卡病毒感染者进行检测。 又见归类意见 3822.00/1。
归类依据	归类总规则一、三（二）及六

归类决定编号	W2018-21（自 2018 年 12 月 1 日起执行）
发布日期	2018 年 11 月 2 日（见海关总署公告 2018 年第 159 号）
商品税则号列	3002.15（2017）、3822.12（2022）
商品名称	奇昆古尼亚病毒诊断试剂盒
英文名称	Diagnostic kit for detecting the Chikungunya virus
其他名称	
商品描述	奇昆古尼亚病毒诊断试剂盒，包括一个 ELISA（酶联免疫吸附分析）试剂盒，可以在体外半定量地测定人血清或血浆中奇昆古尼亚病毒免疫球蛋白（IgM）类的人体抗体，用于诊断奇昆古尼亚热和鉴定诊断出血热。 本产品包括以下组件：（1）涂有奇昆古尼亚病毒重组非结构蛋白的微孔板，有 12 列、8 排微孔；（2）标准品（IgM，人）；（3）阳性对照（IgM，人）；（4）阴性对照（IgM，人）；（5）酶联过氧化酶标记抗人 IgM（羊）；（6）样本缓冲液，含有 IgG/RF 吸收剂（羊抗人 IgM 抗体）；（7）冲洗缓冲液；（8）显色剂 TMB/H_2O_2；（9）终止液 0.5M 硫酸；（10）保护膜；（11）测试说明；（12）质量控制证书。 使用的第一步是将稀释好的患者样本放入微孔中培养。如果是阳性样本，特定的 IgM（还有 IgA 和 IgG）抗体会与抗原结合。下一步用用酶标记的抗人 IgM 来催化进行显色反应，以检测结合后的抗体。 本产品可用于对刚感染或已感染一段时间的寨卡病毒感染者进行检测。 又见归类意见 3822.00/1。
归类依据	归类总规则一、三（二）及六

归类决定编号	W2014-115（自 2015 年 1 月 1 日起执行）
发布日期	2014 年 12 月 22 日（见海关总署公告 2014 年第 93 号）
商品税则号列	3402.11（2017）、3402.31（2022）
商品名称	十二烷基苯磺酸
英文名称	Dodecylbenzenesulphonic acids
其他名称	
商品描述	由于其表面活性作用，中和后或直接用于电镀、酸洗、除锈、去脂、浮选及乳液聚合。
归类依据	归类总规则一及六

归类决定编号	W2005-183（自 2005 年 12 月 23 日起实施）
发布日期	2005 年 12 月 23 日（见海关总署公告 2005 年第 63 号）
商品税则号列	3402.13（可归入品目：34.02）（2017）、3402.42（2022）
商品名称	乙氧基脂肪醇
英文名称	Fatty alcohol ethoxylate
其他名称	
商品描述	通过 1H 和 13C 核磁共振（NMR）分析，确定该产品是一种乙氧基脂肪醇 RO（CH_2CH_2O）nH，R 是一个线性烷基链，n＝3。还确定该原料不是一种单一已有定义的化合物，因为 $13CH_2OH$ 信号的多样性显示了多分散性级数。 （档案 2413）
归类依据	温度在 20℃时于 100 毫升容量瓶内与水混合配成 0.5%浓度（m/v）的水溶液，并在同样温度下搁置一小时后，混合物形成的乳液没有不溶物可见的分层。此混合物将水的表面张力减低到 $2.5×10^{-2}$N/m（每厘米 25 达因）。由于以上原因，委员会决定将产品作为子目 3402.13 的非离子表面活性剂归类。 根据归类总规则一。 为阐明第三十四章注释三（一）的依据，委员会通过了《协调制度注释》关于品目 34.02 的修改。

归类决定编号	W2014-116（自 2015 年 1 月 1 日起执行）
发布日期	2014 年 12 月 22 日（见海关总署公告 2014 年第 93 号）
商品税则号列	3402.13（2017）、3402.42（2022）
商品名称	多元醇
英文名称	Polyols
其他名称	Pluronic polyols
商品描述	具有非离子表面活性剂特性，用作表面活性剂，也用于制聚氨酯泡沫塑料。
归类依据	归类总规则一及六

归类决定编号	W2014-117（自 2015 年 1 月 1 日起执行）
发布日期	2014 年 12 月 22 日（见海关总署公告 2014 年第 93 号）
商品税则号列	3402.13（2017）、3402.42（2022）
商品名称	多元醇
英文名称	Polyols
其他名称	Tetronic polyols
商品描述	具有非离子表面活性剂特性，由环氧丙烷及环氧乙烷与乙二胺连续加成获得。用作表面活性剂，也用于制聚氨酯泡沫塑料。
归类依据	归类总规则一及六

归类决定编号	W2014-125（自 2015 年 1 月 1 日起执行）
发布日期	2014 年 12 月 22 日（见海关总署公告 2014 年第 93 号）
商品税则号列	3808.91（2017）、3808.59（2022）
商品名称	中间制剂
英文名称	Intermediate preparation
其他名称	Furadan 75 DB
商品描述	按含有唯一有效成分 Carbofuran（2，3-二氢化-2，2-二甲基-7-苯并呋喃甲基氨基甲酸酯）的重量计约为 75%，并具有杀虫作用。其用于制作辅助杀线虫的杀虫剂。
归类依据	归类总规则一及六（第三十八章子目注释一）

归类决定编号	W2005-192（自 2005 年 12 月 23 日起实施）
发布日期	2005 年 12 月 23 日（见海关总署公告 2005 年第 63 号）
商品税则号列	3822.00*（2017）　　（可归入品目：38.22/48.11/48.23）、38.22（2022）
商品名称	化学药品或其他试剂或指示剂浸渍的纸
英文名称	Paper impregnated with chemical or other reagents or indicators
其他名称	
商品描述	
归类依据	根据现行条文，委员会同意这些浸渍的纸不能作为品目 38.22 的复合诊断或实验用试剂归类（纸层被视为载体），由于有明确的浸渍纸的品目存在，即 48.11。因此委员会决定该货品应按照归类总规则一适当归入子目 4811.90 或 4823.90。 * 这类产品在 1996 年版《协调制度》中被重新编列入品目 38.22。

归类决定编号	W2005-193（自 2005 年 12 月 23 日起实施）
发布日期	2005 年 12 月 23 日（见海关总署公告 2005 年第 63 号）
商品税则号列	3822.00*（2017）　　（可归入品目：38.22/48.11/48.23）、38.22（2022）
商品名称	试验指示剂条
英文名称	Test indicator strips
其他名称	
商品描述	由纸浸渍了化学药品或其他试剂或指示剂制成，以塑料支撑。
归类依据	根据现行条文，委员会同意这些浸渍的纸不能作为品目 38.22 的复合诊断或实验用试剂归类（纸层被视为载体），由于有明确的浸渍纸的品目存在，即 48.11。因此委员会决定该货品应按照归类总规则一适当归入子目 4811.90 或 4823.90。 * 这类产品在 1996 年版《协调制度》中被重新编列入品目 38.22。

归类决定编号	W2018-30（自 2018 年 12 月 1 日起执行）
发布日期	2018 年 11 月 2 日（见海关总署公告 2018 年第 159 号）
商品税则号列	3822.00（2017）、3822.12（2022）
商品名称	寨卡病毒诊断试剂盒
英文名称	Diagnostic kit for detecting the Zika virus
其他名称	
商品描述	寨卡病毒诊断试剂盒，通过实时聚合酶链反应（RT-PCR）对寨卡病毒 RNA 进行逆转录来检测其含量，从而对寨卡病毒实现体外诊断。 本产品包括以下组件： （1）PCR 溶液：引物、探针、TRIS-HCl； （2）混合 Taq：聚合酶、dNTPs、$MgCl_2$； （3）混合缓冲液：TRIS-HCl； （4）PCR 溶液 Cl：引物、探针、TRIS-HCl； （5）内部对照：质粒、TRIS-HCl； （6）阴性对照：TRIS-HCl； （7）标准 A（$2×10^5$ 样本/μL）：质粒、TRIS-HCl、EDTA； （8）稀释剂：TRIS-HCl、EDTA； （9）水：不含脱氧核糖核酸酶/核糖核酸酶； （10）使用说明（手册）。 本产品使用时需使用从血清、血浆、尿液、脑脊髓液或羊水中提取的 RNA 样本。 RT-PCR 是为了扩增病原体的 RNA。每经过一个热循环，可检测的荧光探针的含量都会增加。软件通过与试剂盒中的标准曲线进行对照计算出寨卡病毒 RNA 的含量，显示单位是样本/μL。
归类依据	归类总规则一及三（二）

归类决定编号	W2020-86（自 2020 年 10 月 1 日起实施）
发布日期	2020 年 9 月 15 日（见海关总署公告 2020 年第 108 号）
商品税则号列	3822.00（2017）、3822.19（2022）
商品名称	溶血洗净液
英文名称	Hemolysis washing solution
其他名称	
商品描述	溶血洗净液，一种含有叠氮化钠、磷酸盐和表面活性剂的液体制剂，包装规格为 2 升一瓶。这种溶液的主要功能是溶解红细胞的细胞膜，释放出少量血红蛋白以通过高效液相色谱（HPLC）柱。 该商品与其他物质联合使用作为体外诊断试剂，用于检测人体全血中的血红蛋白 A1c（HbA1c）。
归类依据	归类总规则一

归类决定编号	W2005-215（自 2005 年 12 月 23 日起实施）
发布日期	2005 年 12 月 23 日（见海关总署公告 2005 年第 63 号）
商品税则号列	3907.20（可归入品目：39.07）（2017）、3907.29（2022）
商品名称	聚酰胺聚醚缩聚物
英文名称	Polyamide-polyether polycondensate
其他名称	
商品描述	具有羧基末端的聚酰胺（聚酰胺-6,6 与过量己二酸聚合）与具有羟基末端的聚醚（聚氧化乙烯）（聚乙二醇）相聚合所得的嵌段共聚物。共聚物中，由环氧乙烷衍生的单体单元重量大于己二胺与己二酸合计衍生的单体单元重量。 上述聚合物具有下列结构： $$HO-[(OC(CH_2)_4COHN(CH_2)_6NH)_m-OC(CH_2)_4COOCH_2CH_2O-(CH_2CH_2O)_n]_L-H$$ （酯键；聚酰胺；聚醚） 平均值：m＝2，n＝13，L＝5
归类依据	会议同意该讨论中的产品是一种聚酰胺和聚醚共缩聚物，而且聚合物间的酯键与决定产品的归类无关。根据第三十九章注释四及基于聚合物的分子结构式，确定乙二醇单体单元的重量高于己二胺和己二酸单体单元。因此，会议同意该讨论中的产品应作为一种聚醚归入子目 3907.20。 根据归类总规则一。

归类决定编号	W2005-216（自 2005 年 12 月 23 日起实施）
发布日期	2005 年 12 月 23 日（见海关总署公告 2005 年第 63 号）
商品税则号列	3907.20（可归入品目：34.02/39.07）（2017）、3907.29（2022）
商品名称	聚醚多元醇共聚物
英文名称	Polyether polyol copolymer
其他名称	
商品描述	无色透明液状，由约 3∶1 比例的氧化丙烯及氧化乙烯单体单元构成，平均分子量约 2000，用作制造聚氨酯的中间体。
归类依据	基于海关化验室的分析，委员会全体一致决定将此讨论的产品归入品目 39.07（子目 3907.20），因为此产品不是一种有机表面活性剂而是一种初级形状的聚醚多元醇。 根据归类总规则一。

归类决定编号	W2014-160（自 2015 年 1 月 1 日起执行）
发布日期	2014 年 12 月 22 日（见海关总署公告 2014 年第 93 号）
商品税则号列	4412.94 或 4412.99（2017）、4412.59 或 4412.99（2022）
商品名称	矩形层压木板
英文名称	Rectangular pieces of laminated wood
其他名称	
商品描述	其尺寸为：213 厘米（长）×11.26 厘米（宽）×23.8 毫米（厚），用于制门框。由一厚芯层外覆盖两层薄针叶木构成，两边都为连续槽榫状，适于门外框，且板的一面适于装门闭锁器。预在门外框及闭锁器装入槽后，切成一定尺寸制成门框成品。
归类依据	第四十四章注释四

归类决定编号	W2005-246（自 2015 年 12 月 23 日起实施）
发布日期	2005 年 12 月 23 日（见海关总署公告 2005 年第 63 号）
商品税则号列	4418.90（2007 年修订为 4418.60）（可归入品目：44.07/44.18/44.21）、4418.30（2022）
商品名称	钻孔木板
英文名称	Drilled spruce/pine/fir（softwood）boards
其他名称	
商品描述	木材用于房屋的结构框架，厚 3.81 厘米（1 1/2 英寸），宽 8.25 厘米（3 1/4 英寸），长 243.83 厘米至 365.76 厘米（8 至 12 英尺），边缘粗糙，端部未经加工。木材上钻有直径 2.54 厘米（1 英寸）的钻孔，孔距间隔 40.64 厘米（16 英寸），可使电线、缆线或管道通过。
归类依据	委员会指出，品目 44.07 的范围限定于经过该税目条文及第四十四章总注释所述及的加工，以及需经历的诸如端切、刨光、浸渍、干燥等一般性加工的多用途标准尺寸的木材。 由于孔距精确的定位使得电线、缆线可以穿过墙壁，委员会认为该产品已成为品目 44.18 的某项木工制品。因经过这种加工，根据品目 44.07 注释排他条款（六），该产品不应归入品目 44.07 而应归入子目 4418.90。 根据归类总规则一。

归类决定编号	W2016-027（自 2017 年 1 月 1 日起执行）
发布日期	2016 年 12 月 13 日（见海关总署公告 2016 年第 79 号）
商品税则号列	6202.13（2017）、6202.40（2022）
商品名称	长袖服
英文名称	Long-sleeved garment
其他名称	
商品描述	该商品为机织聚酯织物制，有领，有衣兜，衣长至大腿中部以下，正面为右压左全开襟，有纽扣和腰带。
归类依据	归类总规则一及六

归类决定编号	W2016-028（自 2017 年 1 月 1 日起执行）
发布日期	2016 年 12 月 13 日（见海关总署公告 2016 年第 79 号）
商品税则号列	6202.93（2017）、6202.40（2022）
商品名称	类似带风帽的防寒短上衣的服装
英文名称	Anorak-like garment
其他名称	
商品描述	该商品为机织聚酯织物制，衣长至腰部以下，有领、兜帽及侧兜。尽管门襟为左压右并有拉链、按扣和腰带，但该服装的裁剪明显表明其为女性服装。另外，下摆处还有罗纹腰带和拉绳，以系紧衣服。
归类依据	归类总规则一及六

归类决定编号	W2005-306（自 2005 年 12 月 23 日起实施）
发布日期	2005 年 12 月 23 日（见海关总署公告 2005 年第 63 号）
商品税则号列	6815.99（2017）（可归入品目：68.15/69.02）、6815.91（2022）
商品名称	镁碳砖
英文名称	Magnesium carbon bricks
其他名称	
商品描述	由烧结氧化镁、碳（典型的天然石墨）、抗氧化剂（典型元素铝、硅或镁）及一种树脂构成。成型后，这些砖需经 500℃ 高温加热，在加热过程中，树脂熟化然后随着挥发性成分的丧失而碳化。
归类依据	会议指出，第六十九章第一分章总注释第二项表述，品目 69.02 及 69.03 包括的耐火材料货品，是指具有耐冶金、玻璃工业等高温（例如，1500℃ 及以上）特殊性能需要的烧制物品。 由于产品的耐火温度大大低于 800℃，委员会一致决定将其归入品目 68.15（子目 6815.99）。 根据归类总规则一。

归类决定编号	W2016-033（自 2017 年 1 月 1 日起执行）
发布日期	2016 年 12 月 13 日（见海关总署公告 2016 年第 79 号）
商品税则号列	7019.39（2017）、7019.80（2022）
商品名称	适用于隔热和隔音的玻璃纤维（玻璃棉）
英文名称	Glass fibre (glass wool) product suitable for heat or sound
其他名称	
商品描述	呈卷状。产品有以下尺寸：长度 6250～10000 毫米，宽度 1200 毫米，厚度 50 毫米。从结构来说，该产品由占大部分的不平行的玻璃纤维（随机分布）与合成纤维长丝粘结。除非破坏产品，否则不可能将纤维从此种工艺的材料中分离出来。
归类依据	归类总规则一及六

归类决定编号	W2005-352（自 2005 年 12 月 23 日起实施）
发布日期	2005 年 12 月 23 日（见海关总署公告 2005 年第 63 号）
商品税则号列	8462.21 或 8462.29（可归入品目：84.55/84.62）（2017）、8462.25 或 8462.29（2022）
商品名称	焊管轧压设备
英文名称	Welded tube mill machinery
其他名称	
商品描述	进口时不含焊接设备，其用于将卷状的金属带加工成管状形状。该设备包括以下部件：切边机、成形辊等。
归类依据	会议注意到品目 84.55 的注释规定了其他滚压设备［例如，折弯机、折叠机、矫直机或轧平机（品目 84.62）］不应视为轧机，并因此而排除在品目 84.55 外。 虽然在品目 84.55 注释中描述，轧机的加工过程是通过加热和压轧对固体钢坯进行进一步加工，但是这个商品的弯曲处理既没有对钢进行进一步加工，也没有改变成卷金属板的横截面尺寸。 因为该进口没有焊接部件的焊管轧压设备不符合品目 84.55 条文的金属轧机范围，委员会一致认为焊管轧压设备不应归入金属轧机（品目 84.55）。在子目级别归类时，认为如果该设备是数控的，应归入子目 8462.21；否则归入子目 8462.29。 根据归类总规则一和六。

归类决定编号	W2020-41（自 2020 年 10 月 1 日起实施）
发布日期	2020 年 9 月 15 日（见海关总署公告 2020 年第 108 号）
商品税则号列	8517.12（2017）、8517.13（2022）
商品名称	多功能智能手机
英文名称	Multifunctional apparatus known as "smartphone"
其他名称	
商品描述	具体技术规格为：32GB 到 128GB 的容量；长 138.3 毫米、重 143 克、带触摸功能的高清宽屏（分辨率 1334×750 且像素密度达 326ppi）、1200 万像素摄像头。该商品具有多功能，例如，拨打和接听电话、发送和接收电邮及文本信息、浏览社交网络、处理数据、使用互联网、拍照（静态和视频）、GPS 定位、播放音乐以及玩电子游戏。
归类依据	归类总规则一（第十六类注释三）及六

归类决定编号	W2016-044（自 2017 年 1 月 1 日起执行）
发布日期	2016 年 12 月 13 日（见海关总署公告 2016 年第 79 号）
商品税则号列	8517.70（2017）、8517.79（2022）
商品名称	手机用透明电容触屏
英文名称	Transparent capacitive touch screen for a mobile phone
其他名称	
商品描述	尺寸：56 毫米×109 毫米×1.3 毫米，包括两个透明的铟锡氧化物导电层和一个钢化玻璃保护层（顶层），彼此通过光学透明胶粘层结合在一起。屏幕还装有一块柔性印刷电路板，其上配有一个触摸集成电路。触摸屏幕后，氧化铟锡导电层形成的静电区域对人体自然电流的反应，会发生形变。触摸集成电路会对静电区域的形变作出感应，计算出触摸发生的位置并将信息传递给手机的应用处理器。触摸屏自身不具备显示功能。 该屏幕与手机的液晶显示屏或者有源矩阵有机发光二极管显示器件（AMOLED）一起使用。该屏幕四个边角是圆弧形，并已经为手机面板的主键、照相机镜头和一个扬声器等预留位置。
归类依据	归类总规则一［第十六类注释二（二）］及六

归类决定编号	W2016-045（自 2017 年 1 月 1 日起执行）
发布日期	2016 年 12 月 13 日（见海关总署公告 2016 年第 79 号）
商品税则号列	8517.70（2017）、8517.79（2022）
商品名称	触感显示模块（AMOLED）
英文名称	Touch-sensitive, active-matrix organic light-emitting diode (AMOLED) display module
其他名称	
商品描述	尺寸：长 123×宽 76×高 1（毫米），设计用于安装在移动电话上。有源矩阵有机发光二极管模块功能是作为电话的显示及电容触感操作板。其对角线尺寸是 5.3 英寸（134 毫米），分辨率是 1200×800 像素。 有源矩阵有机发光二极管模块包括：（1）一块透明玻璃盖板用于商品保护。（2）一个有源矩阵有机发光二极管模块的显示板，包括一个有机复合层夹在上下两层玻璃之间，上层玻璃是透明导电玻璃（钢锡氧化物）。（3）一块柔性印刷电路板，为主机（移动电话）和触控屏之间提供连接。
归类依据	归类总规则一［第十六类注释二（二）］及六

归类决定编号	W2016-046（自 2017 年 1 月 1 日起执行）
发布日期	2016 年 12 月 13 日（见海关总署公告 2016 年第 79 号）
商品税则号列	8517.70（2017）、8517.79（2022）
商品名称	钢化导电玻璃面板
英文名称	Electro-conductive tempered cover glass
其他名称	
商品描述	用于生产触屏手机，尺寸为长 165 毫米×宽 86 毫米×高 0.55 毫米。该商品除经过钢化处理和形状裁切（包括打孔和边角钝化）外，还要经过以下印制过程：印制公司标识以及用导电墨水印制导电点；用不导电阻热墨水印制非导电边，防止触屏故障或失灵，以及遮挡从液晶背光源投射的光线；印制两个红外线的墨点，确保手机装配好以后光线顺利进入红外线传感器；用不导电阻热墨水印制触控按钮。
归类依据	归类总规则一［第十六类注释二（二）］及六

归类决定编号	W2018-55（自 2018 年 12 月 1 日起执行）
发布日期	2018 年 11 月 2 日（见海关总署公告 2018 年第 159 号）
商品税则号列	8517.70（2017）、8517.79（2022）
商品名称	蜂窝（移动）手机用组件
英文名称	Assembly designed to be mounted into a cellular (mobile) phone
其他名称	
商品描述	蜂窝（移动）手机用组件，由一个塑料框架与下列部件组合而成：（1）手势传感器，无须触屏即可捕获手的动作。呈片状，由发光二极管（光发射区域）和传感器（光接收区域）组成。发光二极管（LED）发射红外线（IR），传感器接收从手反射的红外线并识别使用者的手势。（2）红外线发光二极管（IR LED），产生 IR 信号，用以对外部设备（例如，电视机、机顶盒等）的功能进行遥控。（3）连接器，用以将组件与手机主板进行连接。（4）柔性印刷电路板（FPCB），起支撑作用，并使组件的各个元件实现电路连接。 手势传感器和红外线发光二极管（IR LED）独立执行各自的功能。
归类依据	归类总规则一［第十六类注释二（二）］及六

归类决定编号	W2018-56（自 2018 年 12 月 1 日起执行）
发布日期	2018 年 11 月 2 日（见海关总署公告 2018 年第 159 号）
商品税则号列	8517.70（2017）、8517.79（2022）
商品名称	蜂窝（移动）手机用组件
英文名称	Assembly designed to be mounted into a cellular (mobile) phone
其他名称	
商品描述	蜂窝（移动）手机用组件，由下列元件组合而成：（1）线性振动电机，由线圈和磁铁组成，通电时产生机械振动；采用"静音"模式。（2）扬声器（或接收器）（尺寸：12.1 毫米×7.1 毫米×3.5 毫米；有效频带：300Hz~3.4kHz），通话时将输入的电信号转换为音频信号，以再现另一方的声音（其他声音和信号，例如，铃声、音乐等，可通过另一个扬声器再现）。（3）麦克风，用以将环绕立体声（例如，在录制视频时）转换成电话使用的电信号（安装在电话底部的另一麦克风用于电话通信）。（4）外插耳机用连接器。（5）互连组件与电话主板用连接器。（6）柔性印刷电路板（FPCB），起支撑作用，并使组件的各个元件实现电路连接。 振动电机、扬声器、麦克风和外插耳机用连接器独立执行各自的功能。
归类依据	归类总规则一［第十六类注释二（二）］及六

归类决定编号	W2020-63（自 2020 年 10 月 1 日起实施）
发布日期	2020 年 9 月 15 日（见海关总署公告 2020 年第 108 号）
商品税则号列	8517.70（2017）、8517.71（2022）
商品名称	基站天线
英文名称	Antenna for base station
其他名称	
商品描述	基站天线，是一种定向双极化平板天线，宽度为 0.3 米，长度为 1.4 米。该天线是移动通信基站的一部分，工作频段为 1.7~2.7GHz。应用于移动通信系统，基站天线在基站系统中实现电磁波的发射和接收。其主要特征如下： （1）定向性：水平波束宽度 65 度，用于蜂窝扇区组网；（2）高增益：18dBi；（3）垂直面波束指向可调功能；（4）通信专用 4.3-10 连接器。
归类依据	归类总规则一［第十六类注释二（二）］及六

归类决定编号	W2020-64（自 2020 年 10 月 1 日起实施）
发布日期	2020 年 9 月 15 日（见海关总署公告 2020 年第 108 号）
商品税则号列	8517.70（2017）、8517.71（2022）
商品名称	微波天线
英文名称	Microwave antenna
其他名称	
商品描述	微波天线，是一种超高性能的双极化天线，工作频段为 14.4~15.35 GHz。微波天线在微波通讯设备中实现电磁波的发射和接收。其主要特征如下：（1）高增益，可达 42.9dBi；（2）天线口径为 1.2 米；（3）波束宽度为 1.2 度；（4）XPD（交叉极化鉴别率）为 30。
归类依据	归类总规则一［第十六类注释二（二）］及六

归类决定编号	W2008-088（自2008年7月3日起实施）
发布日期	2008年7月3日（见海关总署公告2008年第47号）
商品税则号列	8525.80（2017）、8525.89（2022）
商品名称	照相装置
英文名称	Camera apparatus Color QuickCam
其他名称	
商品描述	装在一个盒子里用于零售，组成包括一个数码相机，一个橡胶支架，一段用于连接自动数据处理设备的电缆，一张用于静止图像和视频图像捕捉软件的安装软盘，一本手册。照相机包含一个可调焦镜头、一个带有CCD器件的视频捕捉卡、一个VIDEC压缩卡。该装置用于捕捉视频图像或静止图像，将图像转换成数字信号并将信号直接传送到一部可以记录数据以及能通过相应软件对数据进行重新加工和编辑的自动数据处理设备。通过该装置及一部装有适当软件的自动数据处理设备，可以制作视频图像和静止图像，可以召开视频会议并制作插图文件。根据第八十四章注释五（四）4，该装置不能归入品目84.71。安装软盘与照相装置作为成套货品一并归入子目8525.80。
归类依据	根据归类总规则一、三（二）及六，应归入品目8525.80

归类决定编号	W2014-299（自2015年1月1日起执行）
发布日期	2014年12月22日（见海关总署公告2014年第93号）
商品税则号列	8525.80（2017）、8525.89（2022）
商品名称	数码相机
英文名称	Digital still camera LCD Digital camera QV-10
其他名称	
商品描述	内装有电荷耦合器件（CCD）并依据视频摄录技术原理。该装置以数字格式记录、处理及存储图像。装有内置式高清晰度1.8英寸彩色液晶显示屏，当拍摄图像时用作取景器，而当观看记录的图像时用作监视器。该装置的半导体存储器可保存96幅彩色静止图像，这些图像可通过选择组件（转换部件）传送到ADP机上观赏及存储。因此，该装置设计有内置数字式输入及输出连接端口，还设计有视频缆线连接端口以使图像能直接传送到电视机或视频摄录机上。它也能与专用于数字相机的标签印制机连接，将其存储的图像印到标签上。
归类依据	归类总规则一、三（二）及六

归类决定编号	W2020-65（自 2020 年 10 月 1 日起实施）
发布日期	2020 年 9 月 15 日（见海关总署公告 2020 年第 108 号）
商品税则号列	8525.80（2017）、8806.22（2022）
商品名称	集成在四旋翼遥控无人机上的数码相机
英文名称	Digital camera integrated on to a remote-controlled four-rotor helicopter
其他名称	
商品描述	集成在四旋翼遥控无人机上的数码相机，也称为"无人机"或"四旋翼无人机"（对角线尺寸：35 厘米；重量：1388 克），与一个带有 14 厘米（5.5 英寸）内置显示器和 Wi-Fi 连接功能的遥控器，一个电池和一个充电器，电线以及其他配件装在同一个盒中，以零售包装的形式报验。 数码相机配备 2.54 厘米（1 英寸）20 兆像素 CMOS 传感器，能够以每秒 14 帧拍摄静态照片及录制每秒 60 帧的 4K 视频。 该商品安装有 GPS 和 GLONASS 模块，用于稳定地悬停并飞回起飞点。它还具有用于避开障碍物的计算机视觉系统，以及用于自动识别物体的主动跟踪功能。最大飞行高度为 500 米但被限制为 120 米以下，充电后的飞行时间约为 30 分钟。
归类依据	归类总规则一、三（二）及六

归类决定编号	W2020-25（自 2020 年 10 月 1 日起实施）
发布日期	2020 年 9 月 15 日（见海关总署公告 2020 年第 108 号）
商品税则号列	8541.40（2017）、8541.43（2022）
商品名称	薄膜太阳能电池模组
英文名称	Thin-film solar module
其他名称	
商品描述	尺寸为长 1409 毫米、宽 1009 毫米、厚 46 毫米，模组前部由阳极电镀处理的铝合金框架与低铁非钢化玻璃构成，含有 630 个太阳能电池单元。这些电池单元分为 14 组，每组由 45 个太阳能电池单元串联而成。14 组电池组并联连接，并装有正负极端子。模组后部为接线盒（尺寸为长 74 毫米、宽 74 毫米、厚 18 毫米），盒内装有一个旁路二极管起保护作用。有两根 900 毫米长、装有太阳能电池连接器的电缆（双重绝缘，可防护紫外线、水分、臭氧和隔热）与接线盒内电池组接线端子连接。
归类依据	归类总规则一（第八十五章注释二）及六

归类决定编号	W2014-377（自 2015 年 1 月 1 日起执行）
发布日期	2014 年 12 月 22 日（见海关总署公告 2014 年第 93 号）
商品税则号列	8543.70（2017）、8543.40（2022）
商品名称	电子香烟
英文名称	Electronic cigarette
其他名称	
商品描述	使用电池工作的一种装置，外形呈圆管状，类似卷烟，长约 150 毫米，直径约 11 毫米。当使用者从该装置中吸气，气流传感器探测到气流，启动一个雾化器，加热并使烟弹内的液体蒸发，使用者吸入该装置产生的雾气。成套装配用于零售，配有电源线、充电器和 5 支备用的烟弹。
归类依据	归类总规则一、三（二）及六

归类决定编号	W2010-029（自 2010 年 12 月 3 日起执行）
发布日期	2010 年 12 月 3 日（见海关总署公告 2010 年第 75 号）
商品税则号列	8704.90（2017）、8704.60（2022）
商品名称	多用途四轮机动车
其他名称	
商品描述	主要由一个前排座椅和一个敞开的后部载货区组成。由电动机驱动，最高时速 21 公里，载重量为 450 千克（包括司机、乘客、附件和货物）。该车长 2.8 米，宽 1.26 米，转弯直径为 6.7 米。该车适用于包括草地养护在内的多种工作领域。
归类依据	根据归类总规则一及六

归类决定编号	W2020-42（自 2020 年 10 月 1 日起实施）
发布日期	2020 年 9 月 15 日（见海关总署公告 2020 年第 108 号）
商品税则号列	8708.29（2017）、8708.22（2022）
商品名称	经涂层的汽车加热玻璃
英文名称	Coated heating automotive glass
其他名称	
商品描述	经涂层的汽车加热玻璃，已制成一定尺寸，适合用作机动车辆的挡风玻璃，由玻璃和几片带有电气连接件的 50~250 纳米厚金属薄膜夹层层压而成。与汽车的动力系统相连时，薄膜作为一个加热电阻，加热玻璃的表面，进而除掉霜雪。
归类依据	归类总规则一及六

归类决定编号	W2020-43（自 2020 年 10 月 1 日起实施）
发布日期	2020 年 9 月 15 日（见海关总署公告 2020 年第 108 号）
商品税则号列	8708.29（2017）、8708.22（2022）
商品名称	经印刷的汽车加热玻璃
英文名称	Print heating automotive glass
其他名称	
商品描述	经印刷的汽车加热玻璃，已制成一定尺寸，适合用作机动车辆的挡风玻璃。银浆通过丝网印刷技术印刷在玻璃上，经高温烧结形成加热回路，构成加热电阻功能。电气连接件焊接在银浆上。该商品将与汽车的动力系统相连。当动力开启时，玻璃表面被加热，进而除掉霜雪。
归类依据	归类总规则一及六

归类决定编号	W2020-70（自 2020 年 10 月 1 日起实施）
发布日期	2020 年 9 月 15 日（见海关总署公告 2020 年第 108 号）
商品税则号列	8708.29（2017）、8708.22（2022）
商品名称	带橡胶包边条的汽车玻璃
英文名称	Automotive glass with a rubber strip
其他名称	
商品描述	带橡胶包边条的汽车玻璃，尺寸和形状适合作为机动车辆的挡风玻璃。包边条通过注射成型制造，硬度（邵氏硬度）在 60~95 之间，厚度在 3~15 毫米之间。包边条与汽车玻璃永久连接作为其边框。该带边框产品拟作为挡风玻璃直接安装在机动车上。
归类依据	归类总规则一及六

归类决定编号	W2020-44（自 2020 年 10 月 1 日起实施）
发布日期	2020 年 9 月 15 日（见海关总署公告 2020 年第 108 号）
商品税则号列	9027.80（2017）、9027.89（2022）
商品名称	基于实时聚合酶链式反应（PCR）技术的全自动分子诊断系统
英文名称	Fully automated, real-time Polymerase Chain Reaction (PCR)-based molecular diagnostic system
其他名称	
商品描述	基于实时聚合酶链式反应（PCR）技术的全自动分子诊断系统。完全集成化系统使临床实验室能够在更广泛的领域，包括肿瘤学、传染病和基因检测方面开展应用。处理步骤包括：（1）液化；（2）细胞裂解；（3）DNA/RNA 提取；（4）数据分析和报告。
归类依据	归类总规则一及六

归类决定编号	W2020-45（自 2020 年 10 月 1 日起实施）
发布日期	2020 年 9 月 15 日（见海关总署公告 2020 年第 108 号）
商品税则号列	9027.80（2017）、9027.89（2022）
商品名称	自动定量血液分析仪和白细胞差异计数器
英文名称	Quantitative automated hematology analyser and leukocyte differential counter
其他名称	
商品描述	自动定量血液分析仪和白细胞差异计数器，用于临床实验室的体外诊断（IVD）。该装置使用以下两种独立的测量方法：（1）阻抗法测定WBC（白细胞或白血球）、RBC（红细胞或红血球）和 PLT（血小板）数据；（2）比色法测定 HGB（血红蛋白浓度）。
归类依据	归类总规则一及六

归类决定编号	W2018-70（自 2018 年 12 月 1 日起执行）
发布日期	2018 年 11 月 2 日（见海关总署公告 2018 年第 159 号）
商品税则号列	9401.90（2017）、9401.99（2022）
商品名称	汽车座椅包面
英文名称	Covers for seats of motor vehicles
其他名称	
商品描述	汽车座椅包面，由皮革、纺织品或塑料材料所制部件组成，配有多个用于将其固定并贴合到汽车座椅本体的元件和切口。该产品是特定机动车辆座椅的永久性覆盖物，装配完成后不可随意拆卸。
归类依据	归类总规则一及六

归类决定编号	W2020-91(自 2020 年 10 月 1 日起实施)
发布日期	2020 年 9 月 15 日(见海关总署公告 2020 年第 108 号)
商品税则号列	9403.90(2017)、9403.99(2022)
商品名称	带滑动装置的抽屉侧板
英文名称	Drawer sides fitted with runners
其他名称	
商品描述	带滑动装置的抽屉侧板,设计用于装配滑动抽屉。每块侧板均由双层金属型材及带有凹槽和缺口的底座结合而成。凹槽和缺口的设计用于容纳抽屉的滑轨、前板、后板和底板。该侧板报验时带有滑轨和将抽屉固定在家具上的固定件及夹子。该商品已制成特定尺寸,并与其他部件一起构成家具的抽屉,例如,用于各种柱腿桌、橱柜、书桌、梳妆台或其他带抽屉的桌子。
归类依据	归类总规则一及六

归类决定编号	W2020-76(自 2020 年 10 月 1 日起实施)
发布日期	2020 年 9 月 15 日(见海关总署公告 2020 年第 108 号)
商品税则号列	9405.10(2017)、9405.11(2022)
商品名称	LED 平板灯
英文名称	LED light panels
其他名称	
商品描述	LED 平板灯是适合安装到吊顶格栅中的照明产品,外观尺寸(英尺)为 1×1、2×2、1×4 和 2×4 等。这些灯面板为铝框(阳极氧化铝)或钢框包边,带有亚克力导光板,由低压恒流驱动器提供电力,并配有电线可连接到插座或直接连接电源。这些灯为标准的 T 字形安装,四边带有卡夹,有接线螺母。该商品在进口后可直接使用,报验时无安装硬件。
归类依据	归类总规则一及六

归类决定编号	W2014-338（自 2015 年 1 月 1 日起执行）
发布日期	2014 年 12 月 22 日（见海关总署公告 2014 年第 93 号）
商品税则号列	9508.90（2017）、9508.24（2022）
商品名称	计算机控制的运动模拟剧场系统
英文名称	Computer controlled motion simulation theatre system
其他名称	Motion master
商品描述	该商品包括一个计算机化系统，用来控制及监视系统的运动；一组成排座位，每排永久安装有 8、10 或 12 的可运动的独立座位；液压缸系统可使座位在 8 个方向上移动；70 毫米的影片；投射及声音设备，以及巨大银幕。该系统可根据影片中的动作而作相应运动，给予观看者以身历其境的感觉。用于博览会、体育场、展览中心及娱乐公园等消遣场所。
归类依据	归类总规则一及六

归类决定编号	W2016-058（自 2017 年 1 月 1 日起执行）
发布日期	2016 年 12 月 13 日（见海关总署公告 2016 年第 79 号）
商品税则号列	9705.00（2017）、9705.22（2022）
商品名称	已安装有底座的北极熊
英文名称	Mounted polar bear
其他名称	
商品描述	已安装有底座的北极熊。 又见 4303.90/1、9705.00/2 和 9705.00/3。
归类依据	归类总规则一

归类决定编号	W2016-059（自 2017 年 1 月 1 日起执行）
发布日期	2016 年 12 月 13 日（见海关总署公告 2016 年第 79 号）
商品税则号列	9705.00（2017）、9705.29（2022）
商品名称	鸟类标本
英文名称	Two stuffed birds
其他名称	
商品描述	两个鸟类标本安装于带有实境的底座上。 又见 4303.90/1、9705.00/1 和 9705.00/3。
归类依据	归类总规则一

归类决定编号	W2016-060（自 2017 年 1 月 1 日起执行）
发布日期	2016 年 12 月 13 日（见海关总署公告 2016 年第 79 号）
商品税则号列	9705.00（2017）、9705.29（2022）
商品名称	麋鹿头装饰
英文名称	Ornamental shoulder mounted head（cape）of an elk
其他名称	
商品描述	包括麋鹿的头颈部，带有毛皮和多叉鹿角。内部除了头盖骨支撑鹿角以外的部分均被聚氨酯填充，眼睛替换为人造眼睛。 又见 4303.90/1、9705.00/1 和 9705.00/2。
归类依据	归类总规则一